政府采购招投标范本汇编

主　编　何红锋
副主编　李德华　汤　炀

华中科技大学出版社
中国·武汉

——编写委员会——

主编

何红锋

副主编

李德华　汤　炀

参编人员

焦洪宝　李东光　孙小红

杨猛宗　付大学　李英杰

内容提要

本书按政府采购的内容分类，设有货物编、服务编、工程编三编，考虑到政府采购招标投标的实际需要，增设了国际编与地方编。虽然我国工程领域推行招标投标的时间较长，发布的招标投标文件范本也较多，但由于政府采购在实践操作中偏重于货物与服务，因此本书范本的选取以货物与服务为主。世界银行发布的范本和亚洲开发银行的贷款采购指南在国际上有较大影响，符合市场经济的交易规律，对我国政府采购的影响也最大，并且是我国采用最多的国际招标投标文件范本和指南，因此本书在国际编中收录了世界银行的部分招标投标文件范本和亚洲开发银行的贷款采购指南。另外，书中还汇编了少量地方发布的招标文件范本，以供有关单位参考使用。

该书还收录了有关权威部门发布的各类范本，为使读者对这些范本有直观感觉，本书在版式体例上基本保留了它们的原貌。为方便读者查阅，在每份范本的封面后均设小目录，小目录按范本正文的编号进行编辑。

前　言

政府采购是我国财政支出的重要组成部分，政府采购被称为“阳光采购”，以公开、公平、公正为其原则，政府采购的正确、顺利进行会对国民经济产生重大影响。《政府采购法》明确规定以公开招标作为政府采购的主要方式。招标投标制度是市场经济中的一种重要制度，是能够充分体现市场公开、公平、公正竞争的一种提高交易效率、规范政府采购行为的重要制度，具有重要的意义，对政府采购而言，招标投标是实现其目的的最佳方式。

我国政府采购的方式就是以招标为主，在实践操作中，由于经验的不足或条件的不成熟，经常会有不合规定的招标出现，尤其是由于不够专业，很多发布的招标文件中存在较大的瑕疵和问题，最终导致招标不能顺利进行，政府采购的目的无法圆满实现。因此，政府采购招标文件的规范化，对于我国政府采购的发展有重要意义。

我国自从推行政府采购制度以来，相关权威部门已经发布了大量的招标投标文件范本，不过，宣传和推广这些招标投标文件范本应当是长期坚持的工作。大量范本都是在不同时期由不同部门发布的，对其进行收集存在一定的困难。因此，我们汇编了本书，尽可能多地将典型的政府采购招标投标文件范本收入其中，以方便相关人员学习、查阅、使用这些范本，使政府采购招标投标更为规范，政府采购的进行更为顺利。

本书分为五大部分：货物编、服务编、工程编、国际编、地方编。按照《政府采购法》的规定，政府采购的内容分为货物、服务、工程三部分，因此，招标投标文件范本按照以上三类内容进行分类，设货物编、服务编、工程编三编。在国际编中收录了世界银行的部分招标投标文件范本和亚洲开发银行的贷款采购指南，因为世界银行发布的范本和亚洲开发银行的贷款采购指南在国际上有较大影响，符合市场经济的交易规律，对我国政府采购的影响也最大，并且是我国采用最多的国际招标投标文件范本和指南。另外，书中还汇集了少量地方发布的招标文件范本，以供有关单位参考使用。

在本书的每一部分中都收录了较为典型的招标投标文件的范本，并精心进行了格式整理，以方便相关人员查阅使用。本书的特点有两点：第一，按照政府采购实践中的操作情况，将范本的选取重点放在货物与服务；第二，将各项中具有典型性的范本收录其中。全书由主编提出体例设想，并且进行范本筛选与统稿，副主编协助主编进行主要工作，各编写人员收集并调整所收录的范本。

本书是一本全面、完整的收录政府采购招标投标文件范本的工具书，可供政府部门、政府采购中心、政府采购代理机构、政府采购相关研究机构的人员参考使用。

由于时间仓促，书中难免存在遗漏、错误或不当之处，敬请读者批评指正，以期使本书更为完善。

何红锋

2008 年 4 月

总 目 录

货 物 编

服 务 编

工 程 编

国 际 编

地 方 编

货　物　编

货 物 编

目 录

货　物　编

1　电梯设备采购标书范本

电梯设备采购标书范本

目 录

第一部分 招标邀请函

经研究决定,就________市__________楼配置的电梯设备及安装调试服务进行公开招标采购,欢迎国内有供货能力的商家参加投标。

一、招标编号:__________

二、招标项目名称、数量:

型号	规格	数量	选用品牌

三、供应人的资格要求:凡国内具有独立法人资格,有以上设备生产、销售、安装能力的,并具有较强的经济实力、良好信誉和售后服务能力的商家,均可参加投标。

四、购买标书时间和地点:于____年____月____日至____日下午____时止到______市政府采购中心购买招标文件和投标书。本标书售价______元,售后不退。

联系人:__________

联系电话:__________

传真:__________

五、购买标书时,必须携带单位营业执照副本(原件)和复印件(加盖单位公章)、法人委托书、公司介绍、企业资质证书原件及复印件、近三年完成类似项目业绩。

六、投标截止及开标时间:____年____月____日上午____时。

七、开标地点:__________。

八、投标方应于____年____月____日前向招标方提供投标保证金______元。(如用电汇请在用途栏内注明"政府采购中心投标保证金"字样)

投标保证金汇至:__________

银行账号名称:__________

银 行 账 号:__________

开 户 银 行:__________

______市政府采购中心

____年____月____日

第二部分 招标项目要求

一、本次采购的项目为__________市____________________楼配置的电梯设备及安装调试服务，详见“招标货物一览表”。

二、投标方要求为具有独立法人资格，有电梯设备生产、销售和施工安装能力的，并具有较强的经济实力、良好信誉和售后服务能力的单位。

三、投标方须提供现货、全新、符合国家质量检测标准或具有中国商检部门合格证明的电梯设备(包括零部件)，并符合“招标货物一览表”中要求的规格型号和技术性能，随机持有产品合格证书、保修卡。

四、投标方均须负责安装调试工作，并免费提供一年维修保养期(设备另有超过一年质保规定的，按原规定执行)。

五、采购合同由中标单位与使用单位签订。

六、交货地点和时间：按“招标货物一览表”要求执行。

七、特殊条款(货款结算方式)：

(一)在合同签订后10天内支付合同设备总款的10%作为定金。

(二)货物送达验收合格后10天内付货物总价的80%。

(三)其余款项在保修期满后，10天内付清。

(四)货款由__________市____________________单位统一支付。

第三部分 招标货物一览表

型号	规格	数量	选用品牌

一、交货时间：本次采购的电梯设备必须在______年______月______日前安装完工并经验收交付使用。具体时间由业主按基建施工计划、进度另行通知。

交货地点：__________市____________________楼工地。

二、乘客电梯要求：标准装潢，轿厢发纹不锈钢，二层为发纹不锈钢大门套，其余层为发纹不锈钢标准小门套，梯厅门材料规格同上；地坎采用硬质铝，轿厢地面为塑胶地板，轿厢天花板应备安全紧急出口；开门方式为中分；机房位置在井道顶部。电源动力为380V、50Hz，照明为220 V、50Hz。除标准配置外还应具有监视屏、并连控制等功能。井道尺寸及机房平面、乘梯剖面详见所附图纸。

三、杂梯要求：调速方式为交流单速，开门方式为手开双折式(上、下)，控制系统选用品牌的原装PC电脑，操作方式为门外按钮数码显示(不锈钢面板)，导轨采用T形导轨，门厅、轿门1.5 mm冷轧钢板，钢缆采用专用电梯钢缆。井道尺寸及机房平面、杂梯剖面详见所附图纸。

四、投标方须根据招标货物要求进行方案的设计，并附进口部件清单。

五、投标报价精确到元。

第四部分 投标方须知

一、适用范围

(一)招标文件仅适用于本次招标采购所叙述的货物和服务。

二、定义

(一)“招标方”系指组织本次招标的＿＿＿＿＿市政府采购中心。

(二)“投标方”系指向招标方提交投标文件的供应商。

三、合格的投标方

(一)具有中国独立法人资格和独立承担民事责任的能力。

(二)遵守国家法律、行政法规,具有良好的信誉和商业道德。

(三)承诺履行中华人民共和国政府采购有关规定。

(四)具有履行合同的能力和良好的履行合同记录。

(五)良好的资金、财务状况。

(六)产品及生产所需装备符合中国政府规定的相应技术标准和环保标准。

(七)没有违反政府采购法规、政策的记录。

(八)法人代表及财务主管在本次投标前五年内没有刑事犯罪记录,没有行贿受贿或者偷税漏税等欺诈行为。

(九)没有发生重大经济纠纷及走私犯罪记录。

四、投标费用

(一)无论投标过程中的作法和结果如何,投标方自行承担所有与参加投标有关的全部费用。

五、投标报价

(一)投标报价以人民币为结算货币,须包括途中运输费用、安装调试费用和税费(水、电、土建修补由使用单位提供)。投标报价为最低、最终报价。

(二)投标方应在投标书的“开标一览表”上写明投标货物的单价和投标总价。如果单价与总价有出入,以单价为准。

六、投标方资格的证明文件

(一)投标方必须提交证明其有资格进行投标和有能力履行合同的文件,作为投标文件的一部分。

七、投标保证金

(一)投标保证金为投标文件的组成部分之一。

(二)投标方应在＿＿＿年＿＿＿月＿＿＿日时前向招标方提供投标保证金＿＿＿＿＿元。

(三)投标保证金应以银行保函或支票形式提交。

(四)未按规定提交投标保证金的投标,将被视为无效投标。

(五)未中标的投标方的保证金,在开标后7日内退还。

(六)中标的投标方的投标保证金转为履约保证金,在安装调试验收合格后7日内退还。

八、投标有效期

(一)投标文件从开标之日起,投标有效期为30天。

九、投标文件的密封和标记

(一)投标方应将投标文件正本和副本各一份分别用信封密封,并标明招标编号、投标货物名称及“正本”或“副本”。

(二)为方便开标唱标,投标方应将正本的投标书和“开标一览表”单独密封于一小信封内,并在信封上标明“开标一览表”字样,然后装入招标文件的正本密封袋中。

(三)每一密封信封上注明“于______月______日前不准启封”的字样。

十、递交投标文件的截止时间

(一)开标地点即为投标文件的递交地点,招标方在开标仪式开始前30分钟即接收投标文件。

(二)开标时间即为投标截止时间,招标方将拒绝在投标截止时间后收到的投标文件。

十一、开标仪式中向投标方宣布开标、评标办法

第五部分　投标文件格式

致：__________市政府采购中心

根据贵方为____________________项目的投标邀请__________（招标编号），签字代表____________________（全名、职务）经正式授权并代表投标方____________________（投标方名称、地址）。

(1)开标一览表。

(2)货物简要说明一览表。

(3)资格证明文件。

(4)由____________________（银行名称）出具的投标保证金支票，金额为元。

据此函，签字代表宣布同意如下：

一、所附投标报价表中规定的应提供和支付的货物投标总价为__________（注明币种），即____________________（大写）。

二、投标方已详细审查全部招标文件，我们完全理解并同意放弃对这方面有____________________不明及误解的权利。

三、投标方将按招标文件规定履行合同责任和义务。

四、其投标自开标日起有效期______个工作日。

五、如果在规定的开标时间后，投标方在投标有效期内撤回投标，其投标保证金将被贵方没收。

六、投标方同意提供按照贵方可能要求的与其投标有关的一切数据或资料，理解贵方不一定要接受最低价的投标或收到的任何投标。

七、与本投标有关的一切正式往来通讯请寄：____________________

地址：______________________________

邮编：______________________________

电话：______________________________

传真：______________________________

投　标　方　名　称：____________________（公章）

投标方代表姓名、职务：____________________

全　权　代　表　签　字：____________________

投　　标　　日　　期：__________年__________月__________日

开标一览表

投标方名称							
招标编号							
货物名称	规格	型号	投标单价（人民币）	数量	投标总价（人民币）	安装完工时间	总计

投标方代表签字：＿＿＿＿＿＿＿＿＿＿＿＿ 职务：＿＿＿＿＿＿＿＿＿＿ 日期：＿＿＿＿

备注：

①投标报价以人民币为结算单位，投标单价包括电梯设备的价款、途中运输、安装调试、税费等所有费用。

②此表与投标书正本一同装在一单独的小信封内，密封后再放于投标文件正本封件中。

③此表在不改变表式的情况下，可自行制作。

④此表中的“安装完工时间”是指交货、安装完毕所需时间。

货物简要说明一览表

投标方名称：＿＿＿＿＿＿＿＿＿＿

投标方名称					
序号	设备名称	型号及配置	数量	性能说明	备注

第六部分　开标和评标须知

一、总则

(一)为保证＿＿＿＿＿＿＿＿＿＿电梯设备采购及安装招标开标工作顺利进行，充分体现公开、公平、公正的原则，依据国家的有关规定，结合本工程特点和市场情况，特制定本评标办法。

(二)本次评标采用综合评价法评标。

(三)评标委员会依法组建，评标委员会负责整个评标工作。

(四)评标委员会成员应当客观、公正地履行职责，遵守职业道德。

(五)招标人将采取必要措施，保证开标工作在保密的情况下进行。评标委员会依法接受纪检部门的监督。

二、评标程序

开标前在开标室由招标监督人员宣布评标纪律，招标人代表介绍本工程概况。

在招标监督机构人员、纪检部门人员、招标人代表、招标代理机构代表、投标人代表同时在场的情况下，按照后到先开的顺序，由招标监督机构人员逐一核对投标人法定代表人或委托代理人身份证、法定代表人身份证明书或授权委托书、企业法人营业执照副本、机电类特种设备安装改造维修 C 级或以上许可证、电梯安装工程专业承包二级或以上资质证书、非本市注册的投标申请人应提供进入本市的备案通知书、《中华人民共和国特种设备生产制造许可证》A 级、项目经理资质证书和 IC 卡、安全项目经理资质证书和 IC 卡。各证照单位名称必须相符、一致。对于招标监督机构人员核对后认为符合要求的投标人，进入下一阶段。

在招标监督机构人员、纪检部门人员、招标人代表、招标代理机构代表、投标人代表同时在场的情况下，在开标室对于在规定的投标文件递交截止时间以前送达的投标文件进行包封的检查，当众开启合格的投标文件，并宣读投标价。将投标文件在纪检人员的监督下，由招标代理机构送到评标室进行评标，评标过程由纪检人员监督。

评标委员会对投标人提交的投标文件的技术标进行评审。

评标委员会按照评标办法对投标文件的资信标进行评审，不满足要求的投标文件视为废标，不再参与评审。

评标委员会按照评标办法对投标文件的商务标进行评审，不满足要求的投标文件视为废标，不再参与评审。

计算各投标人的综合得分(综合得分＝技术标得分＋资信标得分＋商务标得分)。

评标委员会完成评标后，编写评标报告，将有效投标文件的投标人按照综合得分由高到低的顺序，对各投标人进行排序，并推荐前 3 名为中标候选人。

在招标文件规定的时限内由招标人按照招标文件规定的原则确定中标人并向中标人发出中标通知书。

三、技术标评审(满分 40 分)

(一)电梯质量性能等技术内容，合计最高 30 分。

1. 电梯性能，8 分。

等于或高于本文件技术要求的为性能先进，得 5～8 分；低于本文件技术要求的为性能一般，但能满足使用的，得 0～3 分。

2. 曳引机的性能及驱动方式，4 分。

等于或高于本文件技术要求的为性能先进，得 3～4 分；低于本文件技术要求的为性能一般，但能满足使用的，得 0～2 分。

3.悬挂装置的技术参数，2 分。

完全满足工程要求，得 2 分；基本能满足工程要求，得 0～1 分。

4. 缓冲器的安全系数，2 分。

安全系数高，得 2 分；安全系数一般，得 0～1 分。

5. 能否长期供应配件(备品备件和易损件)，2 分。

6. 安全装置，2 分。

等于或高于本文件技术要求的为性能先进，得 2 分；低于本文件技术要求的为性能一般，但能满足使用的，得 0～1 分。

7. 电梯的状态监视和故障诊断功能，2 分。

等于或高于本文件技术要求的为性能先进，得 2 分；低于本文件技术要求的为性能一般，但能满足使用的，得 0～1 分。

8.电控系统性能，2 分。

等于或高于本文件技术要求的为性能先进，得 2 分；低于本文件技术要求的为性能一般，但能满足使用的，得 0～1 分。

9.门机系统性能，2 分。

等于或高于本文件技术要求的为性能先进，得 2 分；低于本文件技术要求的为性能一般，但能满足使用的，得 0～1 分。

10.电梯功能部分，4 分。

等于或高于本文件技术要求的为性能先进，得 3～4 分；低于本文件技术要求的为性能一般，但能满足使用的，得 1～2 分。

(二)安装调试部分，合计最高 6 分。

1.安装进度满足工期要求，安装施工方案应符合相关规定的规范和要求，并详细可行，4 分；评委酌情打分。

2.本工程的安装调试班子组成情况，2 分；评委酌情打分。

(三)培训及售后服务，合计最高 4 分；评委酌情打分。

1.系统调试竣工前，投标方提供免费培训的内容、人数及方式等。

2.系统调试竣工后，系统试运行期内，投标方提供所能培训操作人员和系统工程人员的内容、人数、方式等。

3.质保期内、外的维修保养售后服务方案。

(四)评标委员会每位评委根据上述评标办法对各投标人的技术标分别进行评审打分，评委评分的平均值作为技术标的最后得分。只有技术标合格的投标人方能参加下一步评审。

(五)评标委员会每位评委根据上述评标办法对各投标人的技术标分别进行评审打分，评委评分的平均值作为技术标的最后得分。

四、资信标评审(满分 10 分)

(一)评委对于资信标的内容进行评审，对评委的评分计算平均值，作为资信标的最后得分，满分 10 分。只有资信标合格的投标人方能参加下一步评审。

(二)资信评审细则(资信标涉及的证件或证明材料，开标时投标人必须带原件备查，评审过程中如评标委员会要求提供原件而不能提供的，视为没有。)

指标	满分	评审项目
投标产品业绩	3	完成同类工程业绩[以单项合同超过30台(含30台)的合同原件为证明材料。3年内5项有达不到得0分;3年内有5项得1分,每多一项业绩加1分]
生产能力	1	具有的加工厂房、设备性能及数量、实验和检验设备数量(视情况打分)
注册资金	2	注册资金(5000万元及以下得0分,比5000万元每增加1000万元加0.5分,不足1000万元的忽略不计)
安装调试人员的配备	1	项目经理为高级工程师的得1分,为工程师的得0分,工程师以下的废标
投标产品自行生产情况	1	(视情况打分)
评委总体评价	2	根据经过审计的财务报表、获奖情况、社会信誉、电梯通过权威部门的检测报告、企业的各种管理体系认证等情况由评委视情况打分
合计	10	

五、商务标评审

商务标评分标准为:商务标满分50分。去掉最低投标报价和最高投标报价后[如有效投标文件(即不算废标)少于4家,则不取最低投标报价和最高投标报价;最低投标报价和最高投标报价的投标人的投标文件仍为有效投标文件],以其他投标人平均报价的95%为基准评标价,投标报价比基准评标价每增加1%减0.5分,每减少1%减0.25分,百分比不够整数的按内差法计算。最低得分0分。

有下列情况的,投标人的投标文件将作为废标:

(1)投标报价明显高于或低于市场价格,而投标人无合理解释。

(2)提交的商务标投标函,不满足招标文件的要求。

六、确定中标候选人

(一)评标委员会完成评标后应向招标人提出由评标委员会全体成员签字的书面评标报告,将有效投标文件的投标人按投标人综合得分由高到低的顺序,确定出第一到第三中标候选人。如果出现相同的综合得分,则技术标得分高的投标人,作为第一中标候选人,依次类推,确定其他中标候选人。当发生以下情况时,招标人授权评标委员会确定三名不排序的中标候选人,并且经招标委员会确认此种情况不存在串标和恶意投标。该情况为:商务标中出现了两个或两个以上综合得分完全相同的最低价,且以上投标人技术标得分也相同。

(二)招标人有权对中标候选人进行考察,在考察过程中如发现中标候选人在投标文件中的描述与实际情况不符,招标人有权取消该投标人的中标候选人资格。招标人在通过考察的中标候选人中将排名最靠前的中标候选人确定为中标人。当确定的中标人因不可抗力提出不能履行合同,或者招标文件规定应当提交履约担保而在规定的期限内未能提交的,或者未在规定时间内与招标人签订合同的,招标人可以按照中标候选人的顺序考察下一个中标候选人,如果该中标候选人通过招标人的考察,该中标候选人将被确定为中标人,以此类推。

按招标文件规定的时限,向中标人发出“中标通知书”。

招标人对未中标人不作未中标原因的解释。

第七部分 ____________市政府采购合同

合同由双方当事人按照招标文件和投标文件另行拟定。

货 物 编

2 计算机项目招标范本

计算机项目招标范本

目 录

第一部分 投标邀请

编号：____________________

我中心举办邀请招标采购，诚邀感兴趣的国内制造商或供应商投标。

(一)招标简介

1. 本次共设8个标的，投标人可任选1个或多个投标；详情见“标的清单”。

2. 招标采取邀请招标、密封递价方式。

3. 定标方式为：对招标做到实质性响应的情况下，以最低报价的投标人为中标人。

(二)标书售价：每份__________元，售后不退。

(三)认购时间：______年______月______日。

认购地点：__________________________

(四)投标截止时间：______年______月______日下午______时止。

(五)开标时间：______年______月______日下午。

开标地点：__________市政府采购中心。

(六)招标单位：__________市政府采购中心。

地 址：____________________

联系人：____________________

电话：____________________

第二部分 投标须知

一、说明及注意事项

(一) 参与本次招标的投标人要求

1. 具有法人资格。

2. 遵守国家法律、行政法规，具有良好的信誉和诚实的商业道德。

3. 具有履行合同的能力和良好的履行合同的记录。

4. 生产或销售的产品符合中国政府规定的相应技术标准和环保标准。

5. 满足本招标文件规定的要求。

(二)投标有效期

从投标截止日起，投标报价的有效期为90天。

二、投标文件的编写

(一)要求

1. 投标人应仔细阅读招标文件的所有内容，按招标文件的要求提供投标文件，并保证所提供的全部资料真实有效。

2. 投标文件的书面内容不得涂抹或改写。

(二)投标文件的构成

1. 投标承诺书、投标报价表、规格响应表、投标事项承诺、特别声明。

2. 投标资格证明文件。

（三）投标报价说明

1. 除招标文件中另有规定外，计量单位为我国法定计量单位。

2. 投标报价、货款一律使用人民币结算。

3. 投标报价为含税价（包括运费和安装调试费），是指标的物到达用户指定地点并安装调试完毕后开发票的价格。

三、投标文件的递交

（一）投标文件的密封和标记

1. 投标文件应用信封密封，并在封面注明招标编号、投标项目等，同时在密封处加盖骑缝章。

2. 投标文件要求：正本一份。

（二）投标文件的递交、修改和撤回

1. 投标人应在投标截止时间前将密封合格的投标文件送达长沙市政府采购中心，电报、电话、传真的投标概不接受。

2. 投标人递交投标文件后，可修改或撤回投标文件，但必须在投标截止时间前书面通知招标人；投标截止后不得修改或撤回投标文件。

四、开标、评标和定标

（一）开标

1. 采购中心和用户按投标邀请中规定的时间和地点开标；因本次是最低价中标，投标人不参加。

2. 开标时，查验投标文件的密封状况，确认无误后拆封唱标。

（二）评标和定标

1. 评标工作的基本原则：遵循国家有关法律、法规；保护采购人的合法利益；客观、公正地对待所有投标人；以招标文件作为评标的基本依据；凡涉及审查、评估和比较投标文件以及定标等意见，均不得向投标人及与评标无关的人员透露。

2. 采购中心和用户在确定最低报价的投标人对招标做到实质性响应后，确认中标人。

3. 招标人不向落标的投标人退还投标文件。

（三）投标文件的澄清

1. 为了有助于投标文件的审查、评估和比较，招标人有权向投标人质疑并请投标人澄清其投标内容。投标人应当按照招标人通知的时间、地点，指派专人进行答疑和澄清。

2. 重要的澄清应是书面的，但不得对投标内容进行实质性修改。

五、采购合同

（一）合同签订

1. 中标人与用户签订采购合同，市政府采购中心予以监证。

2. 招标文件、中标人的投标文件（含澄清文件）均为签订采购合同的依据。

3. 招标人在授予合同时有权对货物的数量和服务予以适当的增加或减少。

4. 中标人不与用户签订采购合同的，招标人可单方面取消其中标资格，依实际情况追究责任。

（二）合同执行

1. 甲乙双方严格按合同条款执行。

2. 因特殊原因不能按时交货，乙方应在合同规定的交货期限内电话或书面告知甲方。

3. 如需变更合同标的，甲乙双方须和市政府采购中心协商之后再定。

4. 无特殊原因甲方拒不履行合同，招标人可单方面取消其中标资格，并追究违约责任。

第三部分　标的清单及说明

一、标的清单

序号	名称	厂商品牌	型号及配置	数量

二、标的说明

1.投标人认为招标项目存在不完善或不清楚的地方,可在"特别声明"中提出自己的意见及解决方案。

2.标的一、三、四、五的中标人要负责局域网的安装调试工作。

第四部分　采购合同

一、一般条款

(一)合同签订方

1.甲方:________________(采购单位)。

2.乙方:________________(中标单位)。

3.监证方:________(市政府采购中心)。

(二)合同标的

依据招标文件、中标人的投标文件(含澄清文件)和用户实际数量等确定。

(三)交货时间及地点

1.乙方在签订采购合同后________内全部交付并安装调试完毕。

2.乙方自定运输方式,自负费用将合同标的送达用户指定地点。

(四)技术规格

1.乙方提供的产品的技术规格有国家标准的应符合现行国家标准,无国家标准的应符合部颁标准或企业标准,并满足标的清单中的规定。

2.乙方保证提供的产品是全新的正品,并可享受厂家承诺的所有服务。

(五)随机备品、配件

按产品所附使用说明书及清单执行,包括厂家在促销等特别期间承诺提供的附件。

(六)售后服务

1.产品质量:在质保期内,甲方正常使用乙方所供产品而出现质量问题时,乙方负责________。

2.产品使用:甲方在使用乙方所供产品中出现问题需乙方指导解决时,乙方应____________________。

(七)验收及异议

1.甲方为主验收,市政府采购中心监督验收。

2.甲方在验收中,如果发现有与合同规定不符的,应在三天内向乙方提出书面异议,不签发验收单;同时将该书面异议送市政府采购中心。

3.甲方未按规定期限提出书面异议并且未按期限签发验收单的,视为甲方违反合同。乙方在接到甲方书面异议后,应在__________天内予以纠正,并对纠正情况以书面形式告知市政府采购中心,否则视为违约。

(八)货款结算

参见特殊条款中的有关规定。

(九)违约责任

1.乙方不能按时交货或因特殊原因不能按时交货而未在交货期限内书面或电话告知甲方的,应向甲方偿付不能交货部分货款__________%的违约金。

2.乙方所交标的的品牌、型号、规格、花色、质量等不符合合同规定,且不能修理或者不能调换的,按违约处理,并承担由此给甲方带来的损失。

3.甲方未按合同要求验收并未按时签发验收单的,由甲方支付货款总值__________%的违约金。

4.市政府采购中心未按甲方提供的验收单在约定期限付款的,除向乙方支付货款外,并按中国人民银行有关滞纳金的规定向乙方支付滞纳金。

(十)由于不可抗力的原因不能履行合同时,应及时向对方通报不能履行或不能完全履行的理由,在取得有关权威部门的证明以后,允许延期履行、部分履行或者不履行合同,并根据情况可部分或全部免予承担违约责任。

(十一)其他约定事项。

(十二)本合同如发生纠纷,甲方、乙方和市政府采购中心三方协商解决,协商不成时,约定由仲裁委员会仲裁。

(十三)本合同自签字之日起生效,甲、乙和监证方三方均不得随意变更或解除合同。

(十四)合同如有未尽事宜,须经甲乙双方和市政府采购中心共同协商,作出补充约定,补充约定与本合同具有同等效力。

(十五)本合同一式四份,甲乙双方各一份,市政府采购中心两份。

二、特殊条款

(一) 交货时间及地点

1.乙方在签订采购合同后__________内全部交付并安装调试完毕。

2.货物送达用户指定地点。

3.投标人如对交货时间有异议,可在投标文件"投标事项承诺"中说明。

(二)售后服务

投标人应在投标文件"投标事项承诺"中分产品质量及产品使用两部分进行说明,并特别指出厂家的承诺和投标人自己的承诺。

(三)货款结算

1.中标人安装调试完毕后,市政府采购中心按甲方签发的验收单__________日内支付采购合同的全部货款。

2.中标人安装调试完毕后,市政府采购中心按甲方签发的验收单三日内支付采购合同全部货款的__________%,余款在系统正常运行一个月后支付。

3.中标人在交付货物时应同时开具发票给用户,否则甲方有权拒签验收单。

(四)其他约定事项

签订合同前,由甲、乙方及市政府采购中心协商。

第五部分 附 件

一、投标文件格式

格式1 投标承诺书

致__________市政府采购中心：

根据贵方投标邀请____________________(编号)，签字代表____________________(姓名、职务)已被正式授权代表投标人____________________(投标人名称)提交下述文件。

(1)投标报价表。

(2)规格响应表。

(3)投标事项承诺。

(4)特别声明。

(5)投标资格证明文件。

同时，签字代表宣布承诺如下：

(1)投标人已详细阅读全部招标文件(含修改文件)，并理解其实质性内容，同意承担其规定的全部义务和相关责任。

(2)投标人严格按照招标文件的规定报价，如被确定为中标人后，将全面履行合同。

(3)所附投标报价表中提供的货物投标总价为人民币(大写)：________________________________，(小写)：__________。

(4)本投标有效期为______天；若在投标有效期内撤回投标，其投标保证金将被招标人没收。

(5)投标人同意提供招标人可能要求的与其投标有关的一切数据或资料。

与本投标有关的一切正式往来通讯如下。

电话：__________________ 传真：__________________

地 址：______________________________________

投标人(公章)：______________________________________

授权代表(签字)：______________________________________

______年______月______日

格式2 投标报价表格式

投标人：__________(盖章) 单位：(元)

序号	名称	型号及配置	数量	单价	总价	分项	合计

合计金额：人民币(大写)____________________，(小写)__________

授权代表(签字)：____________________

联系方式：__________________________

格式3 规格响应表格式

投标人：__________（盖章）

序号	货物名称	投标的规格型号	招标的规格型号

投标人(签字)：____________________

注:如不变动“标的清单”中的产品,不需填写。

格式4 投标承诺事项

内容包括如下：

(1)对交货期和付款方式的承诺。

(2)对产品质量和使用的售后服务承诺。

(3)投标人的其他承诺。

投标人(签字)：____________________

格式5 特别声明

内容包括:投标人认为招标项目存在不完善或不清楚的地方,可在此提出自己的意见及解决方案。

授权代表(签字)：____________________

二、投标资格证明文件

1.营业执照(复印件加盖公章)。

2.法定代表人资格证明书或法定代表人授权书。

3.经办人身份证(复印件)。

4.基本情况说明。

(1)投标人简介：______________

(2)与投标货物有关的情况：______________

(3)开户银行名称及地址：______________

(4)投标人认为需要声明的其他情况(如投标人经营业绩等)。

投标人(公章)：____

授权代表签字：____

______年______月______日

货物编

3 仪器仪表招标文件范本

仪器仪表招标文件范本

目 录

仪器仪表招标文件范本

＿＿＿＿＿＿＿＿＿＿＿＿（单位名称）

＿＿＿＿＿＿＿＿＿＿＿＿采购广告

＿＿＿＿＿＿＿＿＿＿＿＿因检测业务需要，需购置＿＿＿＿光谱仪、＿＿＿＿定氮仪各＿＿＿＿台。现就仪器技术指标与有关服务进行公开询价采购，欢迎具有本采购项目生产供应能力和法人资格的供应商参加本次采购活动。

1.本次采购的仪器设备为＿＿＿＿＿＿＿＿＿＿各一台，每一台设备为一标的。

2.招标文件为免费材料，请供应商与中心联系，查看、索取招标文件，也可从网上下载。

3.凡拟参加投标的供应商须于＿＿＿年＿＿＿月＿＿＿日8:00时（北京时间）前以书面形式向中心声明欲投的标的，并按＿＿＿元/标的交纳有关费用（此款不退）。

4.中心将于＿＿＿年＿＿＿月＿＿＿日9:00时（北京时间），在中心会议室公开招标，届时请参加投标的代表光临。

5.参加本次采购活动的供应商代表要求是法人代表或者具有法人代表授权资格的代表。

地　址：＿＿＿＿＿＿＿＿＿＿＿＿＿＿＿＿＿＿＿＿

电　话：＿＿＿＿＿＿＿＿＿＿＿＿＿＿＿＿＿＿＿＿

传　真：＿＿＿＿＿＿＿＿＿＿＿＿＿＿＿＿＿＿＿＿

邮　编：＿＿＿＿＿＿＿＿＿＿＿＿＿＿＿＿＿＿＿＿

联系人：＿＿＿＿＿＿＿＿＿＿＿＿＿＿＿＿＿＿＿＿

第一部分 招标书

一、投标人须知前附表

序号	内容
1	项目名称：
2	招标单位：
3	招标方式：
4	招标有效期：
5	投标书递交至：
6	开标时间：
7	交货地点：
8	正本份数：
9	签订合同地点：
10	交货时间：

二、投标人须知

(一)总则

1. 资金来源

1.1 资金来源于项目专项资金，资金可靠。

2. 招标方式及投标人资质要求

2.1 本次招标采取“投标人须知前附表”序号3规定的招标方式。

2.2 凡有能力提供本次招标货物并符合招标公告中规定资质要求的法人或其他经济组织，均可参加投标。

3. 投标费用

3.1 投标人应自行承担所有与参加投标有关的费用。不论投标的结果如何，招标方在任何情况下均无义务和责任承担这些费用。

3.2 招标文件为免费材料。凡拟参加投标的供应商须于______年______月______日______时(北京时间)前以书面形式向本中心声明欲投的标的(每台仪器为一标的)，并按600元/标的交纳有关费用(此款不退)。

(二)招标文件

4. 招标文件构成

4.1 招标文件包括：

第一章

一、投标人须知前附表

二、投标人须知

三、合同条款前附表

四、合同条款

五、合同格式及履约保证金格式

六、预购仪器设备技术参数

七、其他要求

第二章

一、投标书格式

二、投标一览表

三、供货及投标报价表

四、规格响应表

五、合同条款偏离表

六、法定代表人授权书

七、资格证明文件

4.2　投标人应认真阅读和充分理解招标文件中所有的内容。如果没有满足招标文件的有关要求，其风险由投标人自行承担。

5. 招标文件的澄清

5.1　投标方有权要求＿＿＿＿＿＿＿＿＿＿对采购文件中的有关问题进行答疑和澄清。

5.2　任何要求对招标文件进行澄清的投标人，均应以书面形式（如传真、信件、电报等）通知＿＿＿＿＿＿检验测试中心。＿＿＿＿＿＿＿＿＿＿对其在投标截止期15天以前收到的对招标文件的澄清要求均以书面形式予以答复，同时将书面答复发给每个已申明参与竞标的投标人（答复中不包括问题的来源）。

6. 招标文件的修改

6.1　在投标截止期前的任何时候，无论出于何种原因，招标机构可主动地或在解答投标人提出的澄清问题时对招标文件进行修改。

6.2　招标文件的修改将在网上公告，或以书面形式通知已正式申明参与竞标的投标人，并对其具有约束力。已申明竞标投标人在收到上述通知后，应立即向招标机构回函确认。

6.3　为使投标人准备投标时有充分时间对招标文件的修改部分进行研究，招标机构可适当延长投标截止日期。

（三）投标书的编写

7. 投标的语言及度量衡单位

7.1　投标人提交的投标文件以及投标人与＿＿＿＿＿＿＿＿＿＿就有关投标的所有来往函电均应使用中文。

7.2　投标人提交的支持文件和印制的文献可以用中文以外的其他语言，但相应内容应附有中文的翻译本，在解释该文件时以翻译本为准。

7.3　除技术要求中另有规定外，投标书所使用的度量衡单位，均需采用公制。

8. 投标书构成

8.1　投标人应确保其投标书的真实性与准确性。投标人一旦中标，其投标文件将作为合同的重要组成部分。

8.2　投标人不得在未征得＿＿＿＿＿＿＿＿＿＿许可的情况下，擅自对招标文件的格式、条款和技术要求进行修改。否则，其投标书有可能被认为未对招标文件作出实质性的响应。

8.3　投标书应包括第4.1条第二章所包括的全部内容。

9. 投标报价

9.1　投标文件的投标报价表上应清楚地标明投标人拟提供货物的单价和总价。如果单价和总价不符，以单价为准。除＿＿＿＿＿外，每一投标文件只允许有一个方案、一个报价，多方案、多报价的投标文件将不被接受。

9.2 投标报价表上货物的价格应为交货地点的验收价格，其总价即为履行合同的固定价格。

9.3 技术要求中规定的安装、调试、培训和售后服务的费用应包括在投标报价中。

10. 投标货币

10.1 投标以美元报价。

11. 证明投标人合格的资格文件

11.1 投标人在其投标文件中，应包括证明其有资格参加投标和中标后有能力履行合同的资质证明文件。

11.2 投标人按照合同提供的关键货物如果不是自己制造的，投标人应得到货物制造厂家正式授权同意提供该货物。

11.3 投标人必须具有履行合同所必需的生产、技术、服务和财务管理等方面的能力。

11.4 由两家或两家以上供应商组成的联营体进行投标应满足以下要求：

(1)联营体应签订联合投标的协议，并指定其中的一个成员作为投标人，其他联营体成员应授予该主办人代表联营体任何成员和全体成员承担责任。此协议授权书应作为投标文件的一部分。

(2)联营体投标人应能全权处理投标过程中的有关问题。一旦联营体中标，联营体投标人应负责合同的全面实施，包括合同款项的收付。

(3)联营体的每一成员应在投标书中提交11.1至11.3节要求的资质证明文件。

12. 证明货物的合格性和符合招标文件规定的文件

12.1 投标人应提交证明文件证明其拟供的合同项下的货物和服务的合格性符合招标文件规定，该证明文件作为投标文件的一部分。

12.2 为使所采购的关键性货物正常、连续的使用，投标人应提供关键性货物正常使用两年期间所需的完整的零配件、特种工具等清单，以及他们的货源及现行价格，此价格包括在总报价中。

12.3 采购文件在技术要求中指出的工艺、材料等仅作为说明并没有限制性，投标人可以在其提供的文件资料中选用替代标准，但这些替代标准要优于或相当于技术规格中要求的标准。

13. 投标有效期

13.1 投标有效期在“投标人须知前附表”序号中有效期的规定。投标人承诺的投标有效期短于此规定时间的，将被视为非响应性投标而予以拒绝。

13.2 在特殊情况下，____________________可于原投标有效期之前，向投标人提出延长投标有效期的要求。这种要求与答复均应采用书面形式如传真、信件或电报等。投标人可以拒绝____________________的这种要求。同意延长的投标人既不能要求也不允许修改其投标书。

14. 投标书份数和签署

14.1 投标人应准备投标人须知前附表序号8规定份数的投标书。每套投标书必须清楚地标明“正本”或“副本”；若正本和副本不符，以正本为准。

14.2 投标文件的正本需打印或用不褪色墨水书写，并由投标人或经正式授权的代表在投标书上签字。授权代表须将以书面形式出具的“授权证书”附在投标文件中。除没有修改过的印刷文献外，投标书的每一页都应由投标人或其授权代表签字。投标书的副本可采用正本的复印件。

14.3 任何行间插字、涂改和增删，必须由投标书签字人用姓名在旁边签字才有效。

(四)投标书的递交

15. 投标书的密封和标记

15.1 投标人应将投标文件正本和所有的副本分开密封装在单独的信封中，且在信封上标明“正本”“副本”字样。然后再将所有信封封装在一个外层信封中。

15.2 内外层密封袋均应：

(1)按“投标人须知前附表”注明的地址发至____________________(地址)。

(2)注明项目名称、正本或副本，及“请勿在______年______月______日上午______时(开标时间)之前启封”的字样。

15.3 投标人应在内外层信封上写明投标人名称和地址，以便若其投标被宣布为“迟到”投标时，能原封退回。

16. 迟交的投标书

16.1 按照第 15 条的规定，______________将拒绝并原封退回其在规定的截止期后收到的任何投标书。

17. 投标书的修改和撤回

17.1 投标人在递交投标书后，可以在规定的投标截止期之前修改或撤回其投标书。但这种修改或撤回，必须以书面通知递交到______________。

17.2 投标人的修改书或撤回通知书，应有法人代表或其授权代表签署，并按第 15 条的规定进行密封、标记和发送。

(五)开标与评标

18. 开标

18.1 ______________将在“投标人须知前附表”中规定的日期、时间和地点组织开标、议标。开标时邀请所有投标人代表参加，参加议标的代表应签名报到以证明其出席。

18.2 开标前，可由投标人或其推选的代表检查投标文件的密封情况，也可以由公证机构检查并公证。经确认无误后，由工作人员当众拆封。

18.3 开标时，______________当众宣读投标人名称、修改和撤回投标的通知、投标价格、折扣声明以及本中心认为合适的其他内容。

18.4 ______________将做开标记录。

19. 评标办法

19.1 开标会结束后，评标随即开始。

19.2 评标由评标委员会主任主持，有关专家、行政主管人员和招标人代表组成(奇数)评标委员会(简称评委会)。

19.3 评委会按先初审、后复审的程序对投标文件进行评审。

19.4 在初审阶段，属于下列情况的投标书将不得进入复审阶段：

(1)投标书未经法人代表或其授权代表签字、盖章的。

(2)投标书编排混乱且擅自修改招标文件格式化的。

(3)未能满足招标公告或招标文件要求资质条件的。

19.5 在复审阶段，评委会将采用打分法，从经济、技术、资信、服务四个方面按开标前确定的评标办法，对投标书进行评审。打分法采取百分制。

(1)经济上的评审，主要是评审投标人的现场交货价格，该价格包括货物的生产成本、运输费用、保险费用、运输和保管过程中发生的合理损耗费用、国家对供应商征收的各种税费、安装调试费、培训费和相关的服务费用等。

(2)技术上的评审，主要是审查投标书对招标文件技术要求的响应程度。如招标文件有要求，评委会还将评审投标技术方案等。

(3)资信上的评审，主要是针对招标文件要求投标人提供的资格证明文件进行评审，以确定投标人承担本项目信誉、经验方面的能力，以及所提供货物与服务的正当性、可靠性等。

(4)服务上的评审，主要评审投标书所承诺的技术服务。

19.6 评委会在评标时将分别与各投标人就其产品的质量、服务、价格进行咨询。其后，评委会将根据议定的结果，综合评价各投标人的条件，排出拟授标人的名单。

20. 投标书的澄清

20.1 为有助于对投标书的审查、评价和比较，评委会可分别要求投标人对投标书中含义不清的内容进行澄清。

21. 评标过程的保密性

21.1 开标后，直到授予中标人合同止，凡是与标书审查、澄清、评价、比较以及授标建议等方面的情况，均不得向投标人或其他无关的人员透露。

21.2 在评审过程中，投标人如向评委会成员施加任何影响，都将会导致其投标被拒绝。

22. 议标结果的公示

22.1 议标结束后，______________________将现场通报议标结果。

(六)授予合同

23. 合同授予标准

23.1 评委会将评审情况写出评标报告提交项目招标领导小组，对进入复审阶段(实质上响应招标文件)的投标人，按其得分的高低，由高到低排出第一中标人、第二中标人、第三中标人等拟授标的先后顺序。

23.2 评标报告经项目招标领导小组批准后，买方与第一中标人(卖方)签订合同。

24. 买方授标时更改采购货物数量的权利

24.1 买方在授予合同时，有权对规定的采购货物的配置和服务的数量予以适量增加或减少。

25. 否决所有投标和重新招标

25.1 如评委会认为所有投标书均未能对招标文件作出实质性响应，可以否决所有的投标，经项目招标领导小组批准，______________________宣布本次招标无效，并重新组织招标。

26. 中标通知书

26.1 在投标有效期满之前，________________将以传真、电报等书面形式，将中标通知书发至中标人。

26.2 中标通知书是合同不可分割的组成部分。

27. 履约保证金

27.1 中标人在签订合同的同时，必须按照合同规定向______________________提交由国内的一家银行出具的总额为合同金额10%的履约保证金保函(也可为银行保函或现金)。

28. 签订合同

28.1 中标人应按中标通知书指定的时间、地点与买方签订合同。

28.2 如果中标人没有按照第27条的规定去做，______________________将取消该授标。在此情况下，经项目招标领导小组研究决定后，______________________可将合同授予第二中标人，或重新招标。

(七)投标人须知的补充与修改

29. 未尽事宜

29.1 如以上投标人须知不能满足项目的要求，其具体的补充与修改内容见“投标人须知补充事项”。

三、合同条款前附表

序号	内容
1	付款人：
2	付款条件：
3	履约保证金：

四、合同条款

1. 定义

本合同条款中的术语解释如下：

1.1 合同价系指根据合同规定，卖方在完全履行合同义务后农业部农产品质量安全监督检验测试中心(______________________)应支付给卖方的价款。

1.2 货物系指卖方根据合同规定须向买方提供的一切设备、机械、仪表、备件、工具、手册和其他技术资料及其他材料。

1.3 服务系指根据合同规定卖方承担与供货有关的技术支持，如安装、调试、维修、培训和其他类似的义务。

1.4 工程施工：系指卖方根据合同规定须向买方提供的、与货物安装相关的房屋改造、装修等。

2.技术规格

2.1 买方提供和交付的货物技术规格、工程施工应与招标文件规定的技术要求以及所附的技术规格响应表相一致。

3.专利权

3.1 卖方应保证买方在使用该货物或其任何一部分时，不受第三方提出侵犯其专利权、商标权和工业设计权的起诉。

4.包装要求

4.1 除合同另有规定外，卖方供应的全部货物均应按标准保护措施进行包装。该包装应适应远距离运输、防潮、防震、防锈和防野蛮装卸，确保货物安全无损运抵现场。由于包装不善所引起的货物锈蚀、损坏和损失均由卖方承担。

4.2 每件包装箱内应付一份详细装箱单和质量合格证。

5.装运条件

5.1 卖方负责安排运输，运费由卖方承担。

5.2 卖方装运的货物不应超过合同规定的数量或重量。否则，卖方应对超交数量或重量而产生的一切后果负责。

6.支付

6.1 卖方应按照签订的合同规定交货。交货后卖方应向买方提供下列单据，买方依合同规定审核后依合同条款前附表规定的付款条件付款：

(1)运输部门出具的凭证。

(2)发票。

(3)制造厂家出具的质量检验证书和数量证明书。

(4)装箱单。

(5)验收证书。

7.技术资料

7.1 卖方应在交货的同时____________最迟应不晚于项目的竣工验收结束时，向买方移交所有与项目有关的技术资料，如样本、图纸、操作手册、使用指南、应用软件开发文档、维修指南等。

7.2 如合同的标的物为进口货物，卖方除必须向买方提供一套完整的原版的技术资料外，还必须向买方提供一套与原版技术资料相对应的中文技术资料。

8.质量保证

8.1 卖方应保证货物是全新、未使用过的，并完全符合合同规定的质量、规格和性能的要求的正品。卖方应保证其货物在正确安装、使用和保养条件下，在其使用寿命内应具有满意的性能。在货物最终验收的后的24个月质量保证期内，卖方应对由于设计、工艺或材料的缺陷而发生的任何不足或故障负责，费用由卖方负担。

8.2 卖方在收到买方关于产品质量问题的通知后期7天内，应免费维修更换有缺陷的货物或部件。

8.3 如果卖方在收到通知7天后没有弥补缺陷，买方可采取必要的补救措施，但风险和费用将由卖方承担。

9.检验

9.1 在发货前，卖方应对货物的质量、规格、性能、数量和重量等进行标准而全面的自我检验，并出具一份证明货物符合合同的自我检验报告。该报告应作为卖方向买方要求付款时提交的付款单据之一。但有关质量、规格、性能、数量或重量的检验不能视为最终检验。

10.索赔

10.1 如果货物的质量和规格与合同不符,或在质量保证期内证实货物是有缺陷的,包括潜在缺陷或使用不符合要求的材料,买方应报请当地质检局或有关部门进行检查,并有权凭质检证书向卖方提出索赔。但应由保险公司或运输部门承担责任的除外。

10.2 在合同质量保证期内,如果卖方对差异负有责任,当买方提出索赔时,卖方应按照买方同意的下列一种或多种方式解决索赔事宜:

(1)卖方同意退货,并将货款退还给买方,并承担由此发生的一切损失和费用,包括利息费、银行手续费、运费、保险费、检验费、仓储费、装卸费以及为保护拒收的货物所需的其他必要费用。

(2)根据货物的低劣和损坏的程度,以及买方所遭受损失的数额,由买卖双方协商降低货物的价格。

(3)卖方用符合合同规定要求的新零件、部件或设备来更换有缺陷的部分,卖方应承担一切费用和风险并负担买方所遭受的一切直接损失费用。同时,卖方应按合同的第8条规定,对更换件相应延长质量保证期。

10.3 买方发出索赔通知后20天内,如果卖方未作答复,上述索赔将被视为已被卖方接受;如卖方未能在买方提出索赔通知后20天内或买方同意的延长时间内,按照本合同第10.2条规定的任何一种方法解决索赔事宜,买方将通过从卖方开具的履约保证金中获得赔偿。

11.卖方误期赔偿

11.1 卖方承担的项目须严格按照其在投标函中确定的完工日期完工,并经规定的各方验收合格后交付买方使用。

11.2 卖方在履行合同过程中,如果遇到不能按时交货和提供服务的情况,应及时以书面形式将不能按期履行合同的理由、延误的时间通知买方。买方在收到卖方通知后,应对情况进行分析、研究,以决定是否修改合同、酌情延长合同的履行时间,或终止合同。

11.3 除合同第12条规定外,如果卖方由于自身的原因未能按期履行完合同,买方可从应支付给卖方未履行完的合同款项中获得经济上的赔偿。其标准为按每延期一周收取0.5%,但误期赔偿总额不得超过为履行完合同额的5%。一周按7天计算,不足7天按一周计算。如果达到最高限额,买方可考虑终止合同。在此情况下,卖方不得要求买方退还其履约保证金。

12.不可抗力

12.1 如果双方中任何一方由于战争、地震、洪涝、火灾等不能预见、不能避免的,并不能克服的不可抗力事件影响合同履行时,履行合同的期限应予以延长,延长的期限应相当于事故所影响的时间;如不可抗力事件导致整个全部或部分合同无法履行时,受事件影响的一方可部分或全部免除责任。

13.税费

13.1 卖方的投标报价中应包含国家规定的应交纳的所有税费。

14.履约保证金

14.1 卖方应在收到中标通知书后通过国内的任何一家银行,向买方提供合同条款前附表中序号3规定比例的履约保证金。履约保证金的有效期到合同标的物质保证期期满为止。

14.2 卖方提供的履约保证金保函应按照标的文件所附的格式提供,与此有关的费用由卖方负担。

14.3 如卖方经__________________正式确实未能履行其合同规定的义务,买方有权要求从履约保证金中取得补偿。

15.买方的责任

15.1 在合同实施期间,买方应指派专人配合卖方工作,并为卖方履行合同提供必要的场地、资料、人员上的帮助。

15.2 买方不得强迫卖方接受合同以外的无理要求。在此情况下,卖方可拒绝买方的此类要求而不被视为违约。

15.3 在合同实施期间，买卖双方可就合同的未尽事宜签订补充协议，但不得签订背离原合同实质内容的协议；合同履行期间的重大问题，买卖双方应及时相互通报。

15.4 在由买方直接支付货款的情况下，当卖方忠实地履行了合同，向买方提交了付款所必需的凭证和相关文件并经买方审查合格后，买方应按合同条款前附表中规定的条件付款，不得无故拖延。

16.仲裁

16.1 在本合同执行中所发生的一切争端，买卖双方通过友好协商的办法加以解决。如从协商开始30天内仍得不到解决，双方应将争端提交有关省、市政府的行业主管部门寻求解决的办法。如仍得不到解决，则应申请仲裁。

16.2 仲裁应根据《中华人民共和国仲裁法》的规定，向双方共同约定的仲裁机构申请仲裁。仲裁裁决为终局裁决，对双方均有约束力。

17.转让

17.1 除买方同意外，卖方不得将自己应履行的全部或部分合同义务转让给他人。

18.合同生效及其他

18.1 本合同一式四份，以中文书就，买方、卖方各执两份。

18.2 合同应由买卖双方签字、盖章，并在买方收到卖方提交的履约保证金后即开始生效。

19.本合同条款未尽事宜

19.1 本合同条款未尽事宜由买卖双方协商解决。

五、合同格式及履约保证金格式

(一)合同格式

买方：________________________电话：________________

卖方：________________________电话：________________

买方通过公开询价，经评标委员会的认真评审并经招标领导小组批准，决定将本项目采购合同授予卖方。为进一步明确双方责任，确保合同的顺利履行，买卖双方商定同意按如下条款和条件签订本合同：

1.合同的名称、技术规格和数量

本合同所采购货物的名称、技术规格和数量在卖方投标书“供货及投标报价表”中有明确规定。

2.合同文件内容

以下文件是合同不可分割的部分：

(1)本项目招标文件合同条款及前附表。

(2)卖方提交的投标书。

(3)中标通知书。

(4)本合同的补充协议。

3.合同金额

根据招标文件的要求和卖方承诺，本合同的总金额为____美元(大写：____________________)，分项价格在卖方投标书的投标报价表中有明确规定。

4.付款条件

按招标文件中合同条款前附表第2条。

5.项目完工时间

卖方应于合同签字生效后开始计算的两个月内，完成合同规定的全部责任与义务，提交一份完整的自我验收报告，提交买方进行验收。

6.合同生效

本合同经买卖双方代表签字盖章，并在买方收到卖方提交的履约保证金后立即生效。履约保证金的金额为__________元(大写：____________________)。

买　　方：____________　　卖　　方：____________

单位盖章：____________　　单位盖章：____________

代表签字：____________　　代表签字：____________

______年______月______日

(二)履约保证金保函

本保函签订合同后提交：____________

本保函是____________(银行全称)为____________(以下简称为卖方)根据公开询价结果与买方签订的合同提供的担保。保证金额为____________(大写)，即合同金额的10%。

当我行在收到贵方说明卖方违约的书面通知后，就无条件地向贵方支付保函限额之内的一笔或数笔款项，而贵方无须证明说明要求的原因。

本保函的有效期自开出之日起，至______年______月______日前一直有效。

银行全称：____________

(盖章)

开 具 人：____________

(盖章)

职　　务：____________

______年______月______日

六、预购仪器设备技术参数及性能需求

七、其他要求

投标人应按技术规格提出的标准要求提供仪器。如仪器设计、制造、安装、检测和试验依据是其他相当的标准，则应明确提出其差异，并提交相应的标准供买方审查。投标人提供的货物品质须相当于或优于各标准技术细则提出的技术要求。

投标人对本应响应的内容采取回避，或本应提供技术数据而以文字叙述所答非所问的，评标时将被视为不能满足要求。随同投标文件提供的技术资料包括有关法定检测机构提供的测试报告、鉴定文件(复印件)和样本。所提供的技术资料必须规范、完整、统一、清晰，且须与技术规格对应一致，不接受似是而非的资料。实行生产、推广许可证的产品还须提供生产、推广许可证复印件。

每台仪器都须附有出厂产品检验合格证。不接受用试制品或未定型的仪器。各仪器在质量保证期(交货验收后两年)内必不可少的随机易损件、常用工具，此项费用金额包含在投标总报价中。

卖方负责安装调试，并应在接到买方要求指导安装调试通知7天内到达安装调试现场。负责安装调试的技术人员应有一定资质。只有经安装调试并且技术性能达到技术规格提出的要求后，买方才能接受货物。所有安装调试的费用都应包含在投标报价中。

如需培训的，在买方验收仪器之后，卖方应为买方选送的有关人员进行技术培训。培训人数、培训内容(仪器构造特点、操作程序、使用操作注意事项、仪器的日常保养、常见故障排除方法等)及培训时间、教材等由投标人自报。

第二部分 投标书

项目名称：__________________________

投标人：____________________________

日期：_____________________________

附一 投标书格式

投标书

致：__________________

根据编号为__________________的招标书及相应的补充事项，__________________（投标人法定名称）授权签字代表__________________（名称、职务）提交投标书正本一套、副本四套和相应的两份计算机软盘，投标书由下列文件构成：

(1)投标书。

(2)投标一览表。

(3)供货及投标报价表。

(4)规格响应表。

(5)合同条款偏离表。

(6)资质证明文件。

(7)投标人授权投标人代表签署投标书的授权书。

我们已详细审阅全部招标文件及相应的补充事项，如果中标，我们将按招标文件的规定履行合同的责任和义务，保证于合同签字生效后_____日内完成项目的施工、安装、调试，并交付买方验收、使用。

我们愿意按招标文件及相应补充事项的要求，向买方提供所需的货物与服务，总投标价为_____________________（美元大写）。

此外，签字代表授权同意如下：

1.本投标书有效期为自开标日起六十(60)天。

2.我们同意提供按贵方要求的与投标有关的一切数据或资料，并保证我方已提供和将要提供的文件是真实的、准确的。

3.我们完全理解贵方不一定要接受最低价的投标或收到的任何投标。

4.如果我们中标，我们将按招标文件要求，于收到中标通知书20天（日历日）内提供履约保函，其金额为合同金额的10%。

5.如果我们中标，我们将按招标文件要求与业主（或代理）签订正式供货合同，本投标文件和贵方的招标文件，以及相应的有效修改书及澄清文件，将构成正式供货合同及合同附件的基础。

投标单位名称：____________________________

（公章）

投标单位授权代表姓名：_______________________（签字）

日期：____________________________

通讯地址：____________________________

邮政编码：______

电话：______

传真：______

投标单位开户行：______

账号：______

附二　投标一览表格式

投标一览表

投标人名称：______

项目名称	
所投设备名称	
型号	
投标报价	
交货期	
备注	

投标人代表签字：______

注：请将此表一式两份放入正本包装袋中，密封标记单独存放。

附三　供货投标报价表格式

供货及投标报价表

投标人名称：______

序号	货物名称	型号规格	原产国单价	数量	金额	货物分类	备注

货物总价	
设计费	
资料费	
软件费	
培训费	
专利和技术秘密费	
调试费	
技术指导费	
投标总价	

投标人代表签字：__________

附四 规格响应表格式

规格响应表

投标人名称：__________

序号	货物名称	技术参数	响应情况	备注
	买方填写部分		卖方填写部分	

投标人代表签字：__________

注：买方填写部分就是货物需求一览表中技术规格，投标人应在所提供的文件中填写上，再将拟提供货物的技术参数如实在卖方填写栏中一一对应填上，并在响应情况中注明是否响应。如完全一样就填响应，低于就填低于，优于就填优于。决不允许弄虚作假，若投标人不如实填写，一经发现作为欺诈行为处理。

附五 合同条款偏离表格式

合同条款偏离表

投标人名称：__________

序号	招标文件条目号	招标文件技术参数	投标文件技术参数	说明

投标人代表签字：__________

附六 法定代表人授权书格式

法定代表人授权书

致：____________________

本授权书声明：____________________（投标人名称）的____________________（法定代表人姓名、职务）授权____________________（被授权人的姓名、职务）为我方就______号“____________________”项目投标活动的合法代理人，以我方名义全权处理与该项目投标、签订合同以及合同执行有关的一切事务。

特此声明。

法定代表人签字盖章：____________________

职务：____________________

单位名称：____________________

代理人（被授权人）签字盖章：____________________

职务：____________________

单位名称：____________________

投标人名称：____________________

（公章）

______年______月______日

附七 资格证明文件

1. 营业执照和税务登记表（复印件）。
2. 法定代表人授权书。
3. 贸易公司（作为代理）的资格声明及授权书。
4. 售后服务承诺。
5. 业绩证明材料。
6. 财务状况资料。
7. 制造厂家资格声明。
8. 其他有关资格证书。

货 物 编

4 政府采购自动化办公招标文件范本

政府采购自动化办公招标文件范本

目 录

第一部分 政府采购公告

根据中华人民共和国财政部有关《政府采购管理暂行办法》、《政府采购招标投标管理暂行办法》及______的规定，现就2001年度第十期______市行政事业单位办公电脑设备采购进行公开招标，欢迎国内有供货能力的厂商或商家参加投标。

一、招标编号：______。

二、招标内容：电脑及外设等。

三、发布标书时间：____年____月____日至____月____日。

四、领取标书地点：______市政府采购中心（______市财政局内）。

五、联系电话：______；联系人：______先生。

六、投标、开标时间：____年____月____日____时____分（逾期或不符合规定的投标文件恕不接受）。

七、投标、开标地点：______市财政局西______楼会议室。

八、领取标书时必须携带公司营业执照副本复印件（加盖公章）及软盘一张。

九、本标书也可在我中心网站下载，同时请于____年____月____日上午____时前来我中心办理投标手续，同时携带公司营业执照副本复印件（加盖公章）、法人资格代码证复印件并交纳200元报名费。否则投标无效，一经报名不退还报名费。

十、下载网址：______下载后请打电话通知我中心，以便及时获得最新信息。

______市人民政府采购中心

____年____月____日

第二部分 招标项目要求

一、投标单位要求具有独立法人资格和具有独立承担民事责任能力的，具有相当经济实力和良好的信誉，并具有较强的售后服务能力的厂家、商家，均可参加本次招投标。

二、各投标单位所投的电脑设备必须符合本标书所要求。

三、投标单位需负责免费送货到使用单位，认真履行采购合同。

四、本次采购的服务对象均为______市行政事业单位，投标单位在价格方面应予以充分的考虑，并提供最佳的售后服务。

附：采购项目及投标报价一览表。

采购项目表

序号	名称	厂商品牌	型号及配置	数量

投标报价一览表

序号	名称	型号及配置	数量	单价	总价	分项	总计

合计金额：人民币（大写）____________________，（小写）____________

授权代表（签字）：____________________________________

联系方式：____

第三部分　投标方须知

一、说明

（一）适用范围

1. 本招标文件适用于本次投标要求中所叙述项目的设备和服务采购。

（二）定义

1.“招标方”系指组织本次招标的__________市政府采购中心。

2.“投标方”系指向招标方提交投标文件的供应商。

3.“设备”系指卖方按招标文件规定，须向买方提供办公自动化设备、网络工程、售后服务以及其他有关技术资料和材料。

4.“服务”系指招标文件规定卖方须承担的运输、售后服务和其他类似的义务。

（三）合格的投标方

1. 凡有能力提供招标货物及服务的供应商均为合格的投标方。

2. 投标方应遵守有关的法律和招标条例。

（四）投标费用

1. 无论投标过程中的做法和结果如何，投标方自行承担所有与参加投标有关的全部费用。

二、招标文件说明

（一）招标文件的构成

1. 招标文件是用以阐明所需设备及服务情况，以及招标、投标程序和相应的合同条款。“招标文件”由下述部分组成：

1.1　政府采购公告。

1.2　招标项目要求。

1.3　投标方须知。

1.4 ＿＿＿＿＿市政府采购专用合同。

1.5 投标文件附件。

(二)“招标文件”的修改

1.“招标文件”的修改将构成招标文件的一部分，对投标方有约束力。

三、投标文件的编写

(一)要求

1.投标方应仔细阅读“招标文件”的所有内容，按“招标文件”的要求编制“投标文件”，并保证所提供的全部资料的真实性、完整性及有效性，以使其投标对“招标文件”作出实质性响应。否则，其投标可能被拒绝。

(二)“投标文件”的组成

1.“投标文件”应包括下列部分：

1.1 投标书。

1.2 招标项目及报价一览表。

1.3 从业人员及其技术资格一览表。

1.4 售后服务计划书。

1.5 投标人资格证明(法人代表授权书)。

1.6 投标方认为需加以说明的其他内容。

1.7 投标保证金(投标前递交)。

1.8 投标方应按招标文件规定将“投标文件”装订成册。

(三)“投标文件”格式

1.投标方应按“招标文件”中提供的“投标文件格式”填写投标书、“招标项目及报价一览表”“从业人员及其技术资格一览表”和“售后服务计划书”等系列表。投标方应分别在以上表格中认真填写。

2.投标方不得对标中所列设备分开投标。

(四)投标报价

1.投标报价应为＿＿＿＿＿用户价，以人民币为结算单位。

2.投标报价应在“招标文件”所附的“招标项目及报价一览表”上写明投标货物的投标单价。

3.投标方应按上述条款的要求填写设备报价，此报价作为招标方评标标准。

(五)投标方资格的证明文件

1.投标方必须提交证明其有资格进行投标和有能力履行合同的证明文件(资格声明函中所叙述的项目)，作为投标文件的一部分。

1.1 投标方具有履行合同所需的财务、技术和生产能力。

1.2 投标方应有能力履行“招标文件”中合同条款和技术要求所规定的由卖方售后服务和其他技术服务的义务。

(六)投标保证金

1.投标保证金为“投标文件”的组成部分之一。

2.投标方应向招标方提供投标保证金(伍仟元整)。

3.投标保证金必须为银行汇票或转账支票(限＿＿＿＿＿市区)。

账户名称：＿＿＿＿＿＿＿＿市人民政府采购中心

账号：＿＿＿＿＿＿＿＿＿＿

开户银行：＿＿＿＿＿＿＿＿

在递交投标文件时将投标保证金一同交给政府采购中心(现金不受理)。

4.未按规定提交投标保证金的投标，将被视为无效投标。

5.开标结束后未中标的投标保证金当场全额退还；中标者在签订合同时全额退还。

6.发生下列情况之一，投标保证金将被没收：

(1)开标后，投标方在投标有效期内撤回投标的。

(2)中标方拒绝按规定与招标方签订合同的全额没收。

(七)投标有效期

1."投标文件"从开标之日起，投标有效期至确定中标单位止。

2.特殊情况下，招标方可于投标有效期期满之前，要求投标方同意延长投标有效期。投标方可以拒绝或同意上述要求，但要求与答复均须是书面文件。对于同意该要求的投标方，招标方既不要求也不允许其修改"投标文件"。

(八)"投标文件"的签署及规定

1.投标方应准备一份正本和一份副本，并在每一份"投标文件"右上角要明确注明"正本"或"副本"字样。一旦正本和副本有差异，以正本为准。

2."投标文件"正本和副本的每份表格和文件均须打印，并经正式授权的投标方代表签字。

3.除投标方对错处作必要修改外，"投标文件"中不许有加行、涂抹或改写。

4.电报、电话、传真形式的投标概不接受。

四、投标文件的递交

(一)"投标文件"的密封和标记

1.投标方应将"投标文件"正本和副本分别用信封密封，在密封处加盖公章，在信封面上标明招标编号、投标项目名称、"正本"或"副本"和"于______年______月______日______时______分之前不得开启的字样"。

2."投标文件"必须由专人送交。投标方应按1项中的规定进行密封和标记后，将"投标文件"按照"招标文件"中注明的投标时间和地址送至招标方。

(二)递交"投标文件"的时间

1.所有"投标文件"都必须按招标方在"政府采购公告"中规定的投标时间之前送至招标方。

(三)迟交的"投标文件"

1.招标方将拒绝接收在投标截止时间后递交的"投标文件"。

(四)投标人在投标截止前，对所递交的投标文件可以补充、修改或者撤回，并书面通知招标人，补充、修改的内容为投标文件的组成部分。对投标方具有约束力。

(五)投标人根据招标文件载明的标的实际情况，拟在中标后将中标项目的部分工作交由他人完成的，应当在投标文件中载明。

(六)两个以上供应商可以组成一个投标联合体，以一个投标方的身份投标。联合体各方应当签订共同投标协议，明确约定各方承担的工作和相应的责任，并将共同投标协议连同投标文件一并提交招标方。联合体中标的，联合体各方应当共同与招标人签订合同，就中标项目向招标人承担连带责任，共同投标协议另有约定的除外。

五、开标和评标

(一)开标

1.招标方在"政府采购公告"或"投标邀请函"规定的时间和地点公开开标，投标方须派法人代表或委托代理人参加。

2.开标时，由招标方检查"投标文件"的密封情况，确认无误后当众拆封由投标方代表唱标。唱标主要内容为投标文件正本中"投标书"和"售后服务计划书"中的内容，以及招标方认为合适的其他内容，并做唱标记录。

3.招标方在投标截止时间前收到的所有投标文件，开标时都应当众予以拆封、检查文件格式是否符合要求，并宣读有关内容。

(二)评标委员会组成

1.招标方将根据招标项目的特点组建评标委员会,其成员由招标方的代表和有关技术、经济等方面的专家组成。成员人数为5人以上单数,其中技术、经济等方面的专家不少于成员总数的三分之二。

(三)询标及对投标文件的澄清

1.开标后,评标委员会将会对“投标文件”进行审查、质疑、评估和比较,并对“投标文件”中的问题向投标单位进行询问。

2.接受询标的投标方必须按招标方通知的时间、地点,由法人代表或委托代理人进行解答或澄清。

3.重要澄清的答复应是书面的,但不得对投标内容进行实质性修改,其将构成“投标文件”的组成部分。

(四)对“投标文件”的审查和响应性的确定

1.开标后,招标方将组织审查“投标文件”是否完整;是否有计算错误;招标方所要求的投标保证金是否已提供;文件是否恰当地签署。如果单价与总价有出入,以单价为准;若文字大写表示的数据与数字表示的有差别,则以文字大写表示的数据为准。若投标方拒绝接受上述修正,其投标将被拒绝。

2.在对“投标文件”进行详细评估前,招标方将依据投标方提供的“资格证明文件”审查投标方的财务、技术和生产能力。如果确定投标方无资格履行合同,其投标将被拒绝。

3.招标方将确定每份投标是否对“招标文件”的要求,作出了实质性的响应而没有重大偏离。实质性响应的投标是指符合“招标文件”的所有条款、条件和规定,且没有重大偏离或保留。重大偏离或保留系指影响到“招标文件”规定的范围、质量和性能,或限制了买方的权力和投标方的义务的规定。而纠正这些偏离将影响到其他提交实质性响应投标的投标方的公平竞争地位。

4.招标方判断“投标文件”的响应性,仅基于“投标文件” 本身而不靠外部证据。

5.招标方将拒绝被确定为非实质性响应的投标方。投标方不能通过修正或撤销不符之处,而使其投标成为实质性响应的投标。

6.招标方允许修改投标中不构成重大偏离的、微小的、非正规、不一致或不规则的地方。

(五)评标原则、依据和方法

1.评标委员会负责审查投标文件是否符合招标文件的要求,并作出评价。评标委员会认为必要时,可向投标人进行质疑。评标委员会有权决定全部或部分废标。

2.当投标报价超出或低于投标平均价15%时或高于预算价时,评标委员会有权决定全部废标或要求全部投标人重新报价,并报政府采购管理部门备案。

3.评标委员会就所有投标文件是否对招标文件的实质性要求作出完全响应进行审查,确定合格投标人。

4.评标前后,招标方将视需要安排评委会与投标方双方作技术和商务交流。届时评委会将对投标文件中有关问题分别向投标方进行询问。各投标方应予以认真答复。重要或复杂问题的回答后需以书面形式,并经法定代表人或授权人签署。回答文件将作为“投标文件”的组成部分。

5.评标委员会将综合分析合格投标方的各项指标,而不是以单项指标的优劣评选出中标单位。

6.评标委员会对投标者所报价格、技术性能、供货条件进行综合评定。

7.对其他内容进行分析比较:

7.1 投标者的资质情况(财务状况、企业资质)。

7.2 履约能力(曾经中标的情况实例及用户反馈)。

7.3 投标者的供货状况及销售服务措施。

7.4 投标者提供的其他情况。

(六)评标委员会负责完成全部评标过程,综合以上分析比较结果向招标人提出书面评标报告,并推荐合格的中标投标候选人。

(七)根据投标和评标情况,招标结果可能是一次定标,但不排除再次竞争的可能性。

(八)保密及其他注意事项

1.评标是招标工作的重要环节,评标工作在评委会内独立进行。评委会将遵照评标原则,公正、平等地对待所有投标方。

2.在开标、投标期间,投标方不得向评委询问评标情况,不得进行旨在影响评标结果的活动。

3.在确定中标人前,招标方不得与投标方就投标价格、投标方案等实质性内容进行谈判。

4.为保证定标的公正性,在评标过程中,评委不得与投标人私下交换意见。在招标工作结束后,凡与评标情况有接触的任何人,不得也不应将评标情况扩散出评委人员之外。

5.投标方不得与招标方相互串通投标报价,不得排挤其他投标方的公平竞争,损害招标方或者其他投标方的合法权益。

投标方不得与招标方串通投标,损害国家利益、公众利益或者他人的合法权益。

6.评委会不向落标方解释落标原因,不退还投标文件。

六、授予合同

(一)定标原则

1.严格按照"招标文件"的要求和条件进行评标,择优定标。

2.本次招标,合同将授予符合"招标文件"的要求,并且报价最合理,能提供最佳服务的投标者。

(二)中标通知

1.评标结束后,由__________市政府采购中心通过互联网签发"中标通知书",并同时将中标结果在政府采购网站上公布。

2."中标通知书"将作为签订合同的重要依据,对招标人和中标人具有法律效力。招标人改变中标结果或者中标人放弃中标项目的都应承担法律责任。中标人不得向他人转让中标项目,也不得将中标项目肢解后分别向他人转让。

(三)授予合同时变更数量的权力

1.招标方在授予合同时,有权根据评标的情况,对"采购项目一览表"中列明的货物的数量和服务予以增加或减少。

(四)签订合同

1.中标方自招标方在网络上发出"中标通知书"之日起7天内与招标方签订合同。

2."招标文件"、中标方的"投标文件"及其澄清文件等,均为签订经济合同的依据。所签订的合同不得对招标文件和中标人的投标文件做实质性修改。

(五)中标人应当按照合同约定履行义务,完成中标项目。

第四部分 __________市政府采购专用合同

__________________采[2001]13—1号

甲方(需方):__________市人民政府采购中心

乙方(供方):____________________________

根据财政部《政府采购管理暂行办法》和__________市人民政府1号令《__________市政府采购管理办法(试行)》的文件精神,甲方与乙方签订以下条款。

一、招标文件、投标文件的所有内容是构成本合同不可分割的部分。乙方按招投标文件(招标编号:__________)中规定的商品品种、品牌、规格型号(配置)、数量、价格向甲方提供商品(见附件:中标项目标),合计货款人民币(大写)____________________元。

二、乙方必须按《招标文件》规定把商品送到附表中指定的使用单位,并完成安装调试工作,运费与安装调试费用由乙方负担。

三、乙方必须保证所供商品的质量,甲方由使用单位负责验收。验收标准执行国家规定的标准,无国家标准的，按部颁标准执行。使用单位的验收报告和所提质量、数量异议视同甲方的行为，与甲方提出具有同等效力。

四、乙方供应商品的售后服务必须符合国家的有关规定，享受厂家规定的售后服务的起码条件。乙方必须提供售后服务计划书中的项目，由使用单位直接与乙方联系，乙方不得拒绝；因乙方拒绝而使甲方及使用单位增加费用的，该费用乙方承担。

五、货款支付：乙方在规定时间内安装完设备后凭使用单位验收单向甲方办理货款结算，甲方在收到乙方提供的使用单位验收单后7个工作日内支付货款的100%，合同风险金在一年内结清。

六、乙方违约责任

(一)乙方未按规定供货的及乙方逾期交货一个月以上的，甲方及使用单位有权拒收，甲方有权拒付货款同时将给予合同风险金50%的处罚。

(二)由于乙方原因不能按合同规定供货的，乙方应承担违约部分货物金额的5%违约金。

七、甲方违约责任

甲方中途无故解除合同的，承担未履行部分货物金额的5%违约金。

八、乙方向甲方交纳合同风险金(货款的5%)____________(大写)，乙方不能完全履行合同的，风险金不返还，乙方履行合同的，凭用户单位反馈单退还风险金。

九、本合同不得转包或分包给他人。否则甲方有权拒付本次招标标的物的货款，同时没收乙方合同风险金并取消今后的投标资格。

十、其他约定________________。

十一、本合同双方签字(盖章)后生效，共一式三份，甲乙双方各留一份，政府采购管理办公室一份。合同附件与本合同具有同等法律效力。

甲　　方：________市政府采购中心	乙方(供方)：____________
(签章)	(签章)
负 责 人：____________	法定代表人：____________
联系电话：____________	联系电话：____________
联系地址：____________	联系地址：____________
	签订时间：____年____月____日

投标文件附件：

________市行政事业单位办公自动化设备投标文件

招标编号：____________________

投标商全称：________________(盖章)

法定代表人：________________(签字盖章)

授权代理人：________________(签字盖章)

投标时间：________年________月________日

公司地址：____________________

联系电话：____________________

附件一：投标书

致：________市政府采购中心

根据贵方为____________项目的政府采购公告____________(招标编号)，签字代表____________(全名、职务)经正式授权并代表投标方____________(投标方名称、地址)的提交下述文件正本一份和副本一份。

(1)招标项目及报价一览表。

(2)从业人员及其技术资格一览表。

(3)关于资格的声明函。

(4)投标代理人资格证明(法人代表授权书)。

(5)售后服务计划。

(6)履约能力证明文件(以往做过的项目实例)。

据此函,签字代表宣布同意如下:

1.提供和交付的设备投标价按“政府采购投标报价一览表”所列(人民币)。投标报价为__________(元),大写____________________。

2.投标方将按“招标文件”的规定履行合同责任和义务。

3.投标方已详细审查全部“招标文件”,包括修改文件(如有的话)以及全部参考资料和有关附件。我们完全理解并同意放弃对这方面有不明及误解的权利。

4.投标有效期自开标日起至确定中标单位并签订合同之日止。

5.如果在规定的开标时间后,投标方在投标有效期内撤回投标,其投标保证金将被贵方没收50%。中标后不签约的全额没收。

6.投标方同意提供,按照贵方要求与投标有关的一切数据或资料,理解贵方不一定接受最低的投标或收到的任何投标。

7.有关的一切正式往来通讯请寄:

地址:____________________ 邮编:____________________

电话:____________________ 传真:____________________

投标方代表姓名:__________ 职务:____________________

投标方名称:____

(公 章):____

______年______月______日

全权代表签字:____________

附件二:从业人员及其技术资格一览表

投标单位:____________________

序号	项目	姓名	职位	持何种资格证件	发证时间	从事本工作时间	技术管理人员	技术人员

注:在填写时,如本表格不适合投标单位的实际情况,可根据本表格格式自行画表填写。

附件三:关于资格的声明函

__________市政府采购中心:

关于贵方第____________________(招标编号)政府采购公告,本签字人愿意参加投标,提供采购项目一览表中规定的__________________(设备名称),并证明提交的下列文件和说明是准确的和真实的。

1. 由工商局签发的我方工商营业执照正本复印件(加盖公章)一份。

2. ______年______月份财务状况____________________(银行存款需由银行盖章证明)及履约记录____________________(由用户单位签字)等。

3. 本签字人确认资格文件中的说明是真实的、准确的。

单位名称和地址:受权签署本资格文件人:

名　　称:__________________________　　签　　字:__________________________

地　　址:__________________________　　签字人姓名:__________________________

传　　真:__________________________　　职　　务:__________________________

邮　　编:__________________________　　电　　话:__________________________

附件四:法定代表人授权书

本授权书声明:注册于__________的__________公司的在下面签字的____________________(法定代表姓名、职务)代表本公司授权____________________(单位)的__________(姓名)在下面签字的____________________(被授权人的姓名、职务)为本公司的合法代理人,就合同投标及合同的执行、完成和售后服务、保修,以本公司名义处理与之有关事务。

本授权书于______年______月______日签字生效,特此声明。

授权代表签字盖章:______________________________

代理人(被授权人)签字:______________________________

见证人签字:______________________________

单位名称:______________________________

单位地址:______________________________

单位电话:______________________________

附件五:售后服务计划书

(投标人自行书写)

必须包括验收方式、其他优惠条件等。

货 物 编

5 电力工程材料招标程序及招标文件范本

电力工程材料招标程序及招标文件范本

目 录

第一卷　招标程序

第一章　招标程序流程图

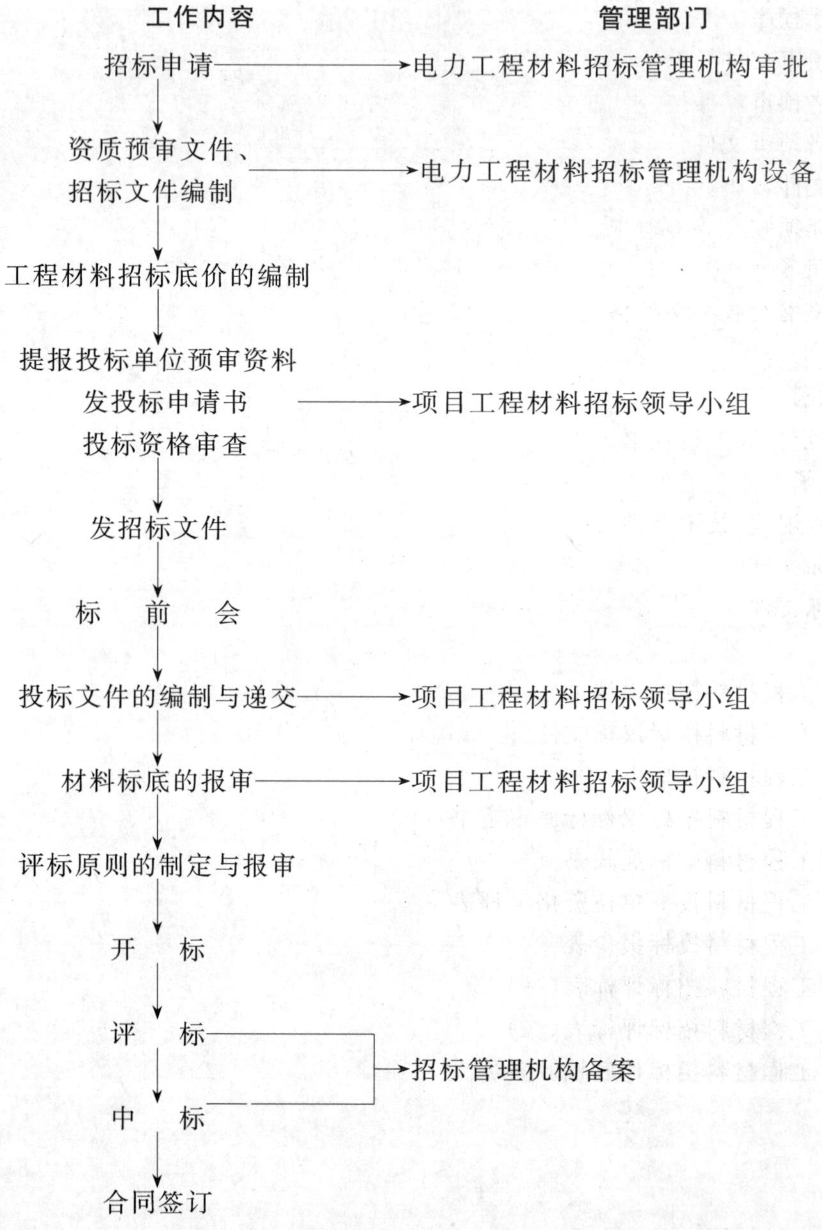

第二章 招标程序

一、招标申请

1.1 所有的大中型电力建设工程所需主要材料(钢材、木材、水泥电杆、铁塔、保温材料、水塔填料、树脂等)的采购必须采取招标方式。

1.2 招标单位应具备的条件:

1.2.1 必须是项目法人。

1.2.2 有组织大中型电力建设工程项目的材料供应管理经验,在本行业、本地区享有较高的信誉。

1.2.3 有从事大中型电力工程建设材料供应管理的业务人员,有一定的专业技术人员专门从事工程主要材料的技术经济信息、技术开发和材料质量管理等工作。

1.2.4 与设计部门、制造企业、施工单位、大中型物资流通企业有着较稳定的联系。熟悉国内主要供应厂商的供应能力和资质情况。熟悉国内外市场主要材料的供求形势,价格水平和发展趋势、并拥有健全的材料市场信息管理系统和丰富的资料。

1.2.5 能够掌握电力工程建设大宗材料招投标的工作程序和规章制度,具有对投标单位进行资格审查和组织招标和评标的能力。

凡不具备上述条件的项目法人,须委托具备条件的中介机构代理招标。项目法人与中介机构签订委托代理招标协议。

1.3 项目工程材料招标条件

1.3.1 已组建项目法人,董事会已成立;建设工期已确定;资金已落实。

1.3.2 工程项目初步设计审查已批准,有足够深度的设计文件满足材料计划的要求和编制招标条件的要求。

1.3.3 有设计单位确认的、符合施工进度要求的施工图纸交付进度。

1.4 具备招标条件后,招标单位在进行招标前,应向电力工程材料招标管理机构申报“电力工程材料招标申请书”(附件一)。

二、资格预审文件和招标文件的编制

2.1 资格预审文件

2.1.1 公开招标应采用资格预审,资格预审合格的投标单位可以参加投标,如不进行资格预审,则需在评标时进行资格后审。

2.1.2 采用资格预审时,招标单位需参照标准范本编写资格预审文件。

2.1.3 资格预审文件应包括下列主要内容:

(1)政府部门颁发的生产、经营许可证及企业资质证明。

(2)企业的资产状况。

(3)企业的业绩。

(4)质量保证体系及认证情况。

(5)仓储、运输能力。

(6)专业技术人员情况。

(7)企业财务状况。

2.2 招标文件的编制

2.2.1 招标文件应由招标单位依照招标文件的范本编制。

2.2.2 招标文件应包括下列主要内容:

(1)投标须知。

(2)合同主要条款。

(3)合同格式。

(4)技术规范标准和要求。

(5)有关技术资料及附件。

(6)投标文件。

(7)评标文件。

(8)附件。

2.2.3 招标文件的送审：

(1)国家电力公司系统内的电力工程项目，招标文件要报国家电力公司工程材料招标管理机构核备；

(2)国家电力公司系统外的电力工程项目，招标文件要由招标领导小组审定。

三、发布资格预审通告

3.1 资格预审通告由招标单位发布。

3.2 发布的形式为：在一家以上全国性报刊上刊登。

四、投标单位的资格审查

4.1 投标单位的资格材料由招标单位工作组负责审查。

4.2 在有必要的情况下，项目工程材料招标工作组可组织技术、商务专业人员对供货厂商进行现场考察，并写出考察报告。

4.3 经资格预审后，招标单位向资格预审合格的投标单位发放招标文件。

五、招标文件的发放

5.1 招标文件由招标单位发给具备投标资格的单位；采用邀请招标或议标的发给被邀请的，并且愿意投标的单位。

5.2 投标单位收到招标文件及有关资料后，应认真核对无误，并以书面形式予以确认。

5.3 招标单位对招标文件所做的任何修改或补充，在投标截止时间之前，同时发给所有获得招标文件的投标单位，投标单位须以书面的形式予以确认。

5.4 修改或补充文件是招标文件的组成部分，对投标单位起约束作用。

5.5 投标单位收到招标文件后，若有疑问或不清的问题需澄清解释时，应在收到招标文件后 3 日内以书面形式向招标单位提出。

六、招标文件的澄清

6.1 投标单位在领取、阅读招标文件、图纸和有关技术资料及勘察现场后提出的疑问问题，招标单位可通过以下方式进行解答。

6.1.1 书面解答：即招标单位收到投标单位提出的疑问问题后，应以书面形式进行解答并将解答同时送达所有获得招标文件的投标单位。

6.1.2 标前会的形式予以解答：即招标单位收到提出的疑问问题后，通过标前会进行解答，并以会议记录形式同时送达所有获得招标文件的投标单位。邀请招标和议标的不采取标前会的形式。

6.2 标前会

6.2.1 标前会的目的在于澄清招标文件中的疑问，解答投标单位对招标文件和在勘察现场后所提出的疑问问题。标前会可安排在发出招标文件之后 7 日内举行。

6.2.2 标前会由招标单位组织并主持召开。招标单位在标前会上要对招标文件和现场情况做介绍或解释，并解答投标单位提出的疑问问题，包括书面提出的和口头提出的询问。

6.2.3　在标前会上还应对技术条件(图纸)进行交底和解释。

6.2.4　标前会结束后，由招标单位整理出会议记录和解答内容，尽快以书面形式将问题及解答同时发送到所有获得招标文件的投标单位。

6.2.5　所有参加标前会的投标单位应签到登记，以证明出席标前会。

6.2.6　不论是招标单位向投标单位发放的资料文件，还是投标单位提出的问题，均应以书面形式予以确认。

6.2.7　标前会程序：

(1)宣布标前会开始。

(2)介绍参加会议单位和主要人员。

(3)介绍问题解答人。

(4)解答投标单位提出的问题，即招标文件中的疑问问题、勘查现场中的疑问问题。

(5)通知有关事项。

(6)宣布会议结束。

6.3　为了使投标单位在编写投标文件时充分考虑招标单位对招标文件的修改或补充内容以及标前会会议内容，招标单位可根据情况延长投标截止时间。

*标前会结束后，投标单位可进行投标文件的编制与递交。

七、投标文件的编制与递交

7.1　编制投标文件的准备工作

7.1.1　投标单位领取招标文件及有关技术资料后，首先应仔细阅读投标须知。投标须知是投标单位在投标时应注意和遵守的事项。

7.1.2　组织投标班子，确定参加投标文件编制人员，为编制好投标文件和投标报价，应收集现行定额标准、取费标准；收集掌握工程材料的市场资源、价格、铁路、公路及水路运输费用等信息。

7.2　投标文件编制

7.2.1　投标单位应根据招标文件要求和技术规范的要求编制材料投标报价单。

7.2.2　投标单位要按招标文件要求提交投标保证金。

7.2.3　投标文件编制完成后，应仔细整理、核对，按招标文件的约定进行密封和标志。

7.2.4　投标文件应响应招标文件，按照招标文件的各项要求编制，包括以下内容：

(1)投标书。

(2)投标保证金。

(3)法定代表人资格证明文件。

(4)授权委托书。

(5)具有标价的工程材料投标报价表。

7.3　投标文件的递交和接收

7.3.1　投标单位应在招标文件约定的地点和时间内把密封和有标志的投标文件递交至招标单位。

7.3.2　招标单位应做好接收时间的记录，并给投标单位出具接收证明。

*完成接收投标工作后，招标单位应按规定准时开标。

八、项目工程材料招标标底价的编制和报审

8.1　工程材料标底价格由项目工程材料招标工作组编制，由项目工程材料招标领导小组审定，未经审定的标底价格一律无效。

8.2　标底价格应由下列部分组成：

8.2.1　原价(出厂价)。

8.2.2　供销费用。

8.2.3　运杂费用(铁路、公路、水路、短途运输等费用)。

8.2.4　包装费用。

8.2.5　合理销售利润。

8.3　测算标底时,对同一产品,应针对不同商标、制造商及特殊要求分别列出标底价格。

8.4　“电力工程材料招标标底核算表”(附件十)。

8.5　标底价格的保密:标底价格的编制人员应在保密的环境中编制,完成之后应密封送审标底。标底价格审定完后应及时封存,直至开标。所有接触过标底价格的人员都有保密责任,不得泄露。

8.6　标底价格的审定时间一般在投标截止日期后、开标之前。一般情况下应在 2 日内审完,品种规格多、数量大的在 4 日内审完。

九、评标文件的编制与报审

9.1　评标文件是规范评标行为的指导性文件,由项目工程材料招标工作组编制,项目招标领导小组审定。

9.2　评标文件包括下列内容:

9.2.1　评标人员的构成。

9.2.2　评标原则及程序。

9.2.3　评审项目的设置。

9.2.4　评标办法。

十、开标

10.1　在投标截止后,按招标会议通知约定的时间、地点,在投标单位法定代表人或授权代理人在场的情况下举行开标会议,开标会议由招标单位组织并主持。

10.2　开标会议可请招标管理机构到场监督。

10.3　招标单位在开标前必须宣布评标原则、评标办法。

10.4　开标时,投标单位法定代表人或授权代理人应在场并签字确认标书密封是否完好。开标后投标单位法定代表人或授权代理人应退出,等候答疑。

10.5　唱标顺序应按各投标单位报送投标文件时间先后的逆顺序进行。评标小组应对唱标内容做好记录。

10.6　开标会议程序:

10.6.1　主持人宣布开标会议开始。

10.6.2　宣读招标单位法定代表人资格证明书及授权委托书。

10.6.3　介绍参加开标会议的单位和人员名单。

10.6.4　宣布公证、唱标、记录人员名单。

10.6.5　宣布评标原则、评标办法。

10.6.6　由招标单位检验投标单位提交的投标文件和资料并宣读核查结果。

10.6.7　宣读投标单位的投标报价、技术标准、供应量、到货期、服务质量、投标保证金、优惠条件等。

10.6.8　宣读评标期间的有关事项。

* 进入评标阶段。

十一、评标

11.1　评标机构及组成

11.1.1　项目法人负责组建评标委员会。评标委员会应由项目法人、主要投资方、招标代理机构的代表以及受聘的有关专家组成，总人数为5人以上单数。其中，受聘的专家不得少于三分之二。

11.2　评标项目、原则和程序

11.2.1　评标项目的设置、评标办法由招标单位的招标工作组编制，项目招标领导小组审定。

11.2.2　在评标过程中，要对投标厂商质疑时，可邀请投标单位的法定代表人或授权代理人就投标文件的疑问进行解答。

11.3　评标报告

11.3.1　根据评标委员会评审情况，招标工作组应写出评标报告，列出预中标单位清单，并附“电力工程材料招标评标表”(二)(附件九)报领导小组审定，一般情况下应在1日内审完，品种规格多、数量大的在2日内审完。

11.3.2　评标报告的核准：评标报告应送电力工程材料招标管理机构备案。

十二、中标

12.1　确定中标单位后，招标单位向中标单位发放“中标通知书”。

12.2　中标单位收到“中标通知书”后，按规定办理履约保函，并在规定日期、时间和地点与项目法人签订合同。定标结果报招标管理机构备案。

十三、合同签订

13.1　项目法人与中标单位在规定的期限按规定的日期、时间和地点签订合同。一般在3日以内完成。

13.2　中标单位拒绝在规定的时间内提交履约保函证件时，招标单位按规定没收其投标保证金，并与排在下一位的投标单位签订合同。

13.3　项目法人如拒绝与中标单位签订合同，除双倍返还投标保证金外还需赔偿中标单位的损失。

13.4　项目法人与中标单位签订合同后，招标单位应及时通知其他未中标的投标单位，按要求退回有关投标技术资料，同时退回投标保证金(无息)。

13.5　招标工作结束后，招标单位将开标、评标过程的有关纪要、资料、评标报告和中标单位的投标文件副本一份，报招标管理机构备案。

第二卷　资格预审文件

第一章　资格预审

1.1　投标资格评审的机构

投标资格的评审，由该项目工程材料招标工作组初评，提出参加投标单位的名单，由领导小组核定。

1.2　参加投标的单位资格预审条件

1.2.1　具有招标文件要求的资格证书，并为独立的法人实体。

1.2.2　具有进行大中型建设项目主要材料供应的专业人员和组织货源的能力及经验。

1.2.3　资产达到__________万元。

1.2.4　健全的质量保证体系。

1.2.5　商业信誉。

1.2.6　对专用材料应有电力部颁发的专用材料生产许可证。

1.3　投标资格预审的考评办法

采用项目评议法。招标工作组根据投标单位的申请书和提供的资料及考察小组现场考察报告，对14项考评内容作出优、良、一般、差四种情况的评定。经综合考评后，列出具备投标资格的单位名单，并附“电力工程材料投标单位资格考评表”(附件六)，报招标领导小组核定。

1.4 招标单位针对本次材料订货的特点(品种、规格、型号)，结合本地区制造商实际情况，择优选择参加投标的制造商。

1.5 投标资格预审合格通知：经招标单位评审批准，通知资格预审合格单位到招标单位领取招标文件、图纸和有关资料。

第二章 资格预审文件

一、资格预审通知书

______________(投标单位名称)：

______________(建设项目名称)工程，第______次材料招标订货需要______________材料，招标申请已得到招标管理机构的批准，现通过资格预审确定出合格的单位参加投标，请你单位于______年______月______日来人领取投标申请书，并根据其要求认真填写，于______年______月______日前交(招标单位)审查。

招 标 单 位：(盖章)______________

法定代表人：(签字)______________

地　　址：______________

邮 政 编 码：______________

联 系 人：______________

电　　话：______________

______年______月______日

二、投标申请书

电力工程材料投标申请书

建设项目名称：______________

工程材料类别：______________

投 标 单 位：______________

法定代表人：______________

地　　址：______________

邮 政 编 码：______________

电　　话：______________

联 系 人：______________

______年______月______日

投标人基本情况表

<table>
<tr><td colspan="2">企业名称</td><td colspan="2"></td><td colspan="2">隶属主管</td><td colspan="2"></td></tr>
<tr><td colspan="2">地址</td><td colspan="2"></td><td colspan="2">电话号码</td><td colspan="2"></td></tr>
<tr><td colspan="2">注册时间</td><td colspan="2"></td><td colspan="2">批准机关</td><td colspan="2"></td></tr>
<tr><td colspan="2">营业执照号码</td><td colspan="2"></td><td colspan="2">企业性质及级别</td><td colspan="2"></td></tr>
<tr><td rowspan="2">经营
范围</td><td>主营</td><td colspan="6"></td></tr>
<tr><td>兼营</td><td colspan="6"></td></tr>
<tr><td colspan="2"></td><td>姓名</td><td>职务</td><td>学历</td><td>技术职称</td><td colspan="2">专业年限</td></tr>
<tr><td colspan="2">法定代表人</td><td></td><td></td><td></td><td></td><td colspan="2"></td></tr>
<tr><td colspan="2">投标联系人</td><td></td><td></td><td></td><td></td><td colspan="2"></td></tr>
<tr><td rowspan="2">职工
情况</td><td>全年平均职工人数</td><td colspan="2"></td><td>固定职工人数</td><td colspan="3"></td></tr>
<tr><td>高级职称人数</td><td></td><td>中级职称人数</td><td></td><td>初级职称人数</td><td colspan="2"></td></tr>
<tr><td colspan="2">固定资产原值(万元)</td><td colspan="2"></td><td colspan="2">净值(万元)</td><td colspan="2"></td></tr>
<tr><td colspan="2">注册资金(万元)</td><td colspan="2"></td><td colspan="2">自有流动资金(万元)</td><td colspan="2"></td></tr>
<tr><td colspan="2">企业业绩及用户意见</td><td colspan="6"></td></tr>
<tr><td colspan="2">质量保证体系情况</td><td colspan="6"></td></tr>
<tr><td colspan="2">仓库容量
(吨或平方米)</td><td colspan="6"></td></tr>
<tr><td colspan="2">仓库装备水平</td><td colspan="2"></td><td></td><td></td><td colspan="2"></td></tr>
<tr><td colspan="2">计量手段</td><td colspan="2"></td><td></td><td></td><td colspan="2"></td></tr>
<tr><td colspan="2">质检标准</td><td colspan="2"></td><td></td><td></td><td colspan="2"></td></tr>
<tr><td colspan="2">质检能力</td><td colspan="2"></td><td></td><td></td><td colspan="2"></td></tr>
<tr><td colspan="2">运输能力</td><td colspan="2"></td><td></td><td></td><td colspan="2"></td></tr>
<tr><td colspan="2" rowspan="7">参加本投标项目主要管理人员情况</td><td colspan="2">姓名</td><td>学历及专业</td><td>从事本专业时间</td><td colspan="2">担任职务</td></tr>
<tr><td colspan="2"></td><td></td><td></td><td colspan="2"></td></tr>
<tr><td colspan="2"></td><td></td><td></td><td colspan="2"></td></tr>
<tr><td colspan="2"></td><td></td><td></td><td colspan="2"></td></tr>
<tr><td colspan="2"></td><td></td><td></td><td colspan="2"></td></tr>
<tr><td colspan="2"></td><td></td><td></td><td colspan="2"></td></tr>
<tr><td colspan="2"></td><td></td><td></td><td colspan="2"></td></tr>
<tr><td>其他</td><td colspan="7"></td></tr>
<tr><td colspan="4">项目法人意见：

签字：　　　　　　　　(公章)
年　月　日</td><td colspan="4">招标领导小组意见：

签字：　　　　　　　　(公章)
年　月　日</td></tr>
</table>

三、投标资格预审合格通知书

____________________:

根据你单位的投标申请，经我们评审核准，同意你单位参加____________(工程项目名称)工程材料第______次招标会议，请你单位派人于____年____月____日前，到____________(招标单位)领取招标文件、图纸和有关资料。根据招标文件的具体要求，认真填报投标书，若有疑问请于____月____日前以书面的方式提出，到招标单位咨询。投标标书按约定的标记于____年____月____日前交到____________(招标单位)。

招标会议通知另发。

招标单位:(盖章)____________________

法定代表人:(签字)____________________

联系人:____________________

地址:____________________

邮政编码:____________电话:____________

____年____月____日

第三卷 招标文件

第一章 投标须知

一、定义

1.1 项目法人:____________公司。

1.2 招标人:____________公司。在招标过程中，项目法人或招标代理单位称为招标人。

1.3 招标代理单位:受项目法人委托并在招标过程中负有相应责任的单位。

1.4 潜在投标人:指有兴趣参加投标的企事业单位和其他社会组织。

1.5 投标人:经过资格审查后符合本次招标所约定的相应资格条件的潜在投标人。

1.6 预中标人:经过评标而选定的进行合同谈判的投标人。

1.7 中标人:最终被授予合同的投标人。

1.8 项目招标领导小组:由招标人及有关单位按一定程序和要求而建立的机构，负责招标的领导工作。

1.9 招标工作小组:在招标领导小组的领导下，按一定的资格要求，由项目法人和招标代理单位组成的负责从事招标具体工作的机构。

1.10 评标小组:在项目招标领导小组的领导下，由聘请的专家和有关人员组成的负责具体评标工作的机构。

1.11 买方:____________公司。即项目法人，在招标阶段称招标人，在签订合同阶段称买方。为便于招标文件及附件直接转化为经济合同，在招标文件的第二、第三章中称招标人为买方。

1.12 卖方:在招标阶段称为投标人，在中标以后的签订阶段称为卖方。

为便于招标文件及附件直接转化为经济合同，在招标文件第二、第三章中称投标人为卖方。

二、工程概况

2.1 建设项目名称：____________________

2.2 建设地址：____________________

2.3 项目法人：____________________

2.4 建设规模：____________________(装机容量、台数、输变电线路电压等级、线路长度和变压器容量)。

2.5 工程依据：批准文件名称、批准机关、批准日期。

2.6 资金来源：投资、融资的构成、比例、币种，概算投资额______(万元)。

2.7 建设工期：自____年____月至____年____月。

2.8 交通情况。

2.8.1 铁路运输到站站名：____________；收货单位专用线名称：____________。

2.8.2 铁路到站至买方收货地点的公路运输距离______公里；铁路到站至买方厂区专用线栈台运距______公里及收费标准，每60吨车皮约______元。

2.8.3 水路运输线路：由______经______距买方收货地点______公里。

2.9 招标单位：____________________(项目法人或受项目法人委托的招标代理机构)。

2.10 本次招标的材料(包括品种、规格、数量等)。

三、投标人的资格

3.1 具有投标资格的投标人，应具备下列条件：

3.1.1 具有招标文件要求的资格证书，并为独立的法人实体。

3.1.2 具有进行大中型建设项目主要材料供应的专业人员和组织货源的能力及经验。

3.1.3 资产达到______万元。

3.1.4 健全的质量保证体系。

3.1.5 具有良好的商业信誉。

3.1.6 对专用材料应有电力部颁发的专用材料生产许可证。

3.2 投标人要填写“电力工程材料投标申请书”报招标人，经招标领导小组审定并同意后方能参加投标。

四、招标文件的组成

4.1 招标文件由“投标须知”“合同条件”“附件”等三部分组成。

4.2 招标人所补充的一切书面通知、修改及补充都是招标文件不可分割的组成部分。

五、招标文件的解释和澄清

5.1 招标文件的解释和澄清可采用书面和会议的形式。

5.2 招标文件的解释和澄清的问题在投标截止日期前______日完成。

六、招标文件的补充和修改

招标人对招标文件所作的补充和修改在投标须知截止日期前______日完成。

七、投标文件的语言

投标者编制的投标文件以及供需双方交换的文件来往函均以中文编写。

八、投标文件包括的内容

8.1 投标书。
8.2 投标保证金。
8.3 法定代表人资格证明书。
8.4 授权委托书。
8.5 具有标价的工程材料投标报价表。
8.6 按招标文件规定提交的其他材料。

九、投标文件的递交

9.1 投标文件
应于______年______月______日前递交给招标单位,否则视为无效。
招标单位地址______________________,电话__________,联系人__________。
9.2 投标文件的密封与标记
信封上注明项目工程名称、投标人、投标人地址、联系电话等,并在封口上加盖投标人的公章。
9.3 无效投标
发生下列情况之一者被视为无效投标:
9.3.1 投标文件未按约定密封和投标文件未按约定加盖公章和投标人签字。
9.3.2 投标文件中无投标保证金函。
9.3.3 投标文件中有两个以上的报价且未明确哪个报价有效。
9.3.4 投标文件未按“投标须知”约定的格式投标。
9.4 投标文件正本为1本,副本为3本,以正本作为投标文件。

十、开标

10.1 在投标截止后,按招标会议通知约定的时间、地点,在投标单位法定代表人或授权代理人在场的情况下举行开标会议,开标会议由招标单位组织并主持。
10.2 开标会议可请招标管理机构到场监督。
10.3 招标单位在开标前必须宣布评标原则、评标办法。
10.4 开标时,投标单位法定代表人或授权代理人应在场并签字确认。
开标后投标单位法定代表人或授权代理人应退出,等候答疑。
* 进入评标阶段。

十一、投标文件的澄清

为有助于对投标文件进行审查、评估和比较,买方可以请投标者澄清其投标内容。

提出澄清的要求和答复均应是书面的,但不得要求或提出改动价格或提出改动价格或对投标实质性内容进行修改。

十二、合同签订

12.1 项目法人与中标的投标单位在约定期限内按约定的日期、时间和地点签订合同。一般在3日以内完成。

12.2 中标单位拒绝在约定的时间内提交履约保函证件时,按规定没收其投标保证金,并考虑与排在下一位的投标单位签订合同。

12.3 项目法人如拒绝与中标单位签订合同,除双倍返还投标保证金外还需赔偿有关损失。

12.4　项目法人与中标单位签订合同后，招标单位应及时通知其他未中标的投标单位，按要求退回有关投标技术资料，同时退回投标保证金(无息)。

12.5　招标工作结束后，招标单位将开标、评标过程的有关纪要、资料、评标报告和中标单的投标文件副本一份报招标管理机构备案。

第二章　合同条件

一、定义

1.1　“买方”是指(买方法定名称)，包括该法人的法定代表人、法人的继任方和法人的受让方。

1.2　“卖方”是指(卖方法定名称)，包括该法人的法定代表人、法人的继任方和法人的受让方。

1.3　“合同”是指本文件及附件中的所有部分。

1.4　“合同价格”是指当运杂费用由卖方负担时，其合同单价栏标定的价格即为合同价格。当运杂费用由买方负担时，合同单价栏标定的价格加运杂费用的平均单价即为合同价格。

1.5　合同“生效日期”是指合同条款中约定的“有效期限”。

二、合同条件

2.1　合同标的

2.1.1　合同标的是指招标人在投标报价表中约定的材料名称、规格型号、技术条件及要求、制造商、计量单位、数量、计价单位、金额、供货时间等，经招标人的评委会评标后，由招标人授予投标人供货合同的材料名称、规格型号、技术条件及要求、制造商、计量单位、数量、计价单位、金额、供货时间等的全部内容。

2.1.2　合同价格

2.1.2.1　供货价格为闭口价时，合同价格不因出厂价、税率、铁路、公路、水路的运输价格的调整而发生变化。

2.1.2.2　供货价格为开口价时，双方在合同中应明确约定供货价格调整的条件(如由于国家宏观控制而导致价格变化，铁路运价、税率、关税等的调整导致价格变化)和因素。

2.1.3　供货时间

2.1.3.1　合同约定的交(提)货时间是______年______月______日至______年______月______日。在交货时间范围内的交(提)货均视为正常交货。

2.1.3.2　交(提)货时间的变更：供需双方因需要而变更材料的交(提)货时间，须在合同约定的交(提)货时间前______日通知对方，并且要得到对方的书面认可。

2.1.4　交(提)货数量

2.1.4.1　材料：交(提)货的数量与合同约定的数量量大可相差正负__________%。

2.1.4.2　专用材料：专用材料的交(提)货数量必须为合同约定的数量。

2.1.5　合同中，非标材料的特殊要求是材料验收的依据之一，卖方未经买方书面认可，不得变更。

2.2　质量技术标准、卖方对质量负责的条件和期限

2.2.1　质量技术准备：质量技术标准根据买方的需要可选用国家标准、行业标准、企业标准。因买方的需要在质量技术标准的基础上尚需补充时，买卖双方需签订质量技术协议，作为合同中附件之一，与合同正文具有同等效力。

2.2.2　卖方必须随货或于材料到达合同约定的买方指定地点之后______日内向买方提供制造商原始质量证明书(或复印件)两份，并加盖卖方的公章。质量证明书的内容同2.2.1项。

2.2.3　卖方对质量负责的条件和期限。

2.2.3.1　卖方对质量负责的条件

(1)抽样检验合格:对抽样检查的材料,在使用过程中,由于质量问题造成事故,经过国家法定检验机构对其检验后,确属材料质量问题时,卖方应负法律责任。

(2)全检检验合格:即按质量技术条件的标准和补充内容,由(质量监督机关)对全部产品以(检验方法)对(检验内容)进行检验,并达到合格。

2.2.3.2 卖方对质量负责的期限

(1)检验合格。

(2)对于有质保期的产品在抽样检验合格的情况下,使用后______日内质量不发生问题。

(3)产品未经检验,不得擅自使用。

2.3 交(提)货地点和方式

2.3.1 卖方送货:即卖方按照合同交货期的约定在接到买方的通知后______日,由卖方承运至合同约定的地点分批(或一次)交货,双方现场验收、交接。

2.3.2 卖方代办托运:即卖方在合同约定的交货期内,收到买方的信函、传真、电话通知后______日,将材料委托给承运单位托运,承运单位与买方按照合同约定的时间、地点分批发运。卖方须以信函、传真、电报等书面方式向买方通知,使买方作好接收准备。对铁路、水运托运的材料,买方须在货到期限内收到材料领取通知单,以便及时提取。

2.3.3 买方自提:即买方按照合同约定的时间内在合同约定地点分批(或一次)验收、交接。

2.3.4 如供需双方其中一方由于需要变更交(提)货地点和方式时,须在合同约定交(提)货时间______日前通知对方并需得到对方的书面认可,否则应按原合同执行。

2.4 运输方式,到达站、地、港及费用负担

2.4.1 运输方式,到达站、港。

2.4.1.1 铁路运输:材料到达合同约定的到站____________________(站名),由买方负责卸车。

2.4.1.2 公路运输:材料采用汽车运输至合同约定的地点,由买方负责卸车。

2.4.1.3 水路运输:材料经水路运至合同约定的港口或码头,由买方负责转运。

2.4.2 费用负担方式

2.4.2.1 卖方垫付从发货地至合同约定到货地点的约定费用,买方根据卖方发生的实际费用凭证向卖方支付。

2.4.2.2 卖方只负责从发货地至合同约定的到站____________________(站名)的费用。

2.4.2.3 由卖方委托铁路、水路运输部门整车(船)或零担托运的材料,卖方须在材料装车后______日内将货物领取通知单寄给买方,在此期间发生的车站(港)、码头的费用由买方负担。如由于货物领取通知单延迟不能提货所发生的车站(港)、码头的费用由卖方负担。

2.4.2.4 材料由卖方委托铁路、公路、水运部门运输时,在运输中所发生的破损、被盗、损坏、变形、变质所造成的损失,由买方在同承运单位验收时,做好商务记录后交给卖方,由卖方进行索赔。买方只按实际验收数量承付货款。

2.4.2.5 买(卖)方如需变更运输方式和线路、到货地点时,须在合同约定的交(提)货时间前______日,书面通知对方并取得同意,所发生的费用由双方协商。如协商不成时,仍按原合同执行。

2.5 合理损耗、磅差及计算办法

2.5.1 按照国家规定的损耗磅差标准,经抽样检验,超过标准的部分由卖方向买方补偿。

2.5.2 按照买、卖双方协商的标准,经抽样检验,超过标准的部分由卖方向买方补偿。

2.5.3 无损耗,即按照买方实际验收的数量验收。

2.6 包装标准、包装物的供应与回收

2.6.1 包装标准

2.6.1.1 按国家(GB ____________________)、行业、企业标准的规定进行包装。

2.6.1.2 按照买、卖双方约定的包装标准进行包装。

2.6.2 包装物的供应与回收

2.6.2.1 包装物由卖方提供,不回收。

2.6.2.2 包装物由卖方提供,按双方约定的条款由买方回收退回卖方。

2.7 验收标准、方法及提出异议的期限

2.7.1 验收定义:是指买方按照合同约定的标准和方法对材料进行检验和测试。

2.7.2 验收标准:按照合同约定的质量标准及要求进行检验(见第2.2条)。

2.7.3 验收方法

2.7.3.1 质量检验方法

(1)按合同约定由(国家法定质量检验机构)抽样检验,出示报告。

(2)按合同约定由(国家法定质量检验机构)全面检验,出示报告。

2.7.3.2 数量检验方法

(1)按合同约定由买方过磅验收。

(2)按合同约定由买方检尺按理论重量换算。

2.7.4 提出异议的期限

2.7.4.1 材料提(交)验收期限

(1)按合同约定对批量材料______日内验收完。

(2)按合同约定对零散材料______日内验收完。

2.7.4.2 提出异议的期限

买方验收完后,材料与合同验收条件或交货条件不符时,须在______日内以书面形式提出。若在此期限内未提出则视为买(卖)方验收条件、交货条件合格。

2.8 随货备品、配件、工具数量及供应方法

2.8.1 按合同约定,随货由卖方提供备品、配件、工具______件(套)。费用由卖方负担(或买方负担)。

2.8.2 无(即买方没有要求)。

2.9 结算方式及期限

2.9.1 结算方式

2.9.1.1 按合同约定凭买方验收检验单按合同价格以普通购货发票(或增值税发票)和运杂费发票或凭证(铁路货票、公路、水路运杂费、仓储费等)用银行汇票结算。

2.9.1.2 按合同约定凭买方验收检验单按合同价格以普通购货发票(或增值税发票)用银行汇票(商业汇票、银行本票、支票汇兑、委托收款)结算。

2.9.2 结算期限

2.9.2.1 货到验收合格的付款方式:按合同约定买方必须在收到材料、验收合格后期限内办理结算(遇节假日顺延),货款一次结清。

2.9.2.2 分期付款方式:在合同签订后,按合同约定买方按订货合同总价的__________%付给卖方定金,货到验收合格后付给卖方货款额__________%,其余货款如在质保期限______日内质量不发生问题,一次付清。

2.9.2.3 全额预付款方式:在合同签订后,买方在合同约定的时间内用(商业汇票、银行本票、支票、汇兑、委托收款等)预付款__________万元,其余货款待货到验收合格后,再进行结算。

2.10 违约责任

2.10.1 卖方的违约责任。

投标人在签订供货合同后,在履行期间违约,除按履约保函的条件及责任办理外,还应承担下列违约责任。

2.10.1.1 卖方无法交货时,除向买方退还本息外,还须偿付不能交货的货款额的__________%的违约金(通用产品的幅度为1%~5%,专用产品的幅度为10%~30%)。

2.10.1.2　逾期交货

(1)当买方向卖方提供定金时,若卖方逾期交货,造成损失超过定金的,超过部分应另行赔偿。

(2)当买方向卖方提供预付款时,若卖方逾期交货应比照中国人民银行有关延期付款的规定,按逾期交货部分货款额计算,向卖方偿付逾期的滞纳金,并承担买方因此所受的损失。

2.10.1.3　卖方所交的材料不符合合同约定的品种、型号、规格、材质、质量标准及要求的制造商时,卖方需在合同约定的时间内更换合格材料,并负担所发生的一切费用。超过约定的交货期限,按逾期交货处理。如买方同意降级利用,双方协商按质论价。

2.10.1.4　卖方因产品包装不符合同约定,造成材料损坏或丢失时,由卖方负担责任。

2.10.1.5　卖方提前交货的材料、多交的材料和不符合合同约定时,买方在代保管期内所发生的保管费用以及非因买方保管不善而发生的损失,应由卖方承担。

2.10.1.6　材料错发到站地点或收货人时,卖方除应负责催运材料到达合同约定的地点和收货人,还应承担买方逾期交货的违约金。卖方未经买方同意,单方改变运输路线和运输工具所增加的费用由卖方承担。

2.10.2　买方的违约责任

在签订供货合同后,买方在履约期间违约,应承担下列违约责任:

2.10.2.1　买方中途退货,应向卖方偿付退货部分货款 __________%的违约金(通用产品幅度为1%～5%,专用产品幅度为10%～30%)。

2.10.2.2　买方未按合同约定的时间要求通知卖方变更合同而拒收(不提货)时,应按中途退货处理。

2.10.2.3　买方自提的材料,未按合同约定的日期提货,应按照中国人民银行有关延期付款的约定,按逾期提货部分货款额计算,向卖方偿付逾期提货的滞纳金,并承担卖方实际支付的代管费。

2.10.2.4 买方未按合同约定的时间逾期向卖方付款,应按照中国人民银行有关延期付款的约定向卖方偿付逾期付款的滞纳金。

2.10.2.5　买方违反合同的约定拒绝收货,应承担卖方由此所造成的损失。

2.10.2.6　买方如向卖方错报到货地点或收货人,给卖方造成的经济损失由买方承担。

2.11　不可抗力及处理办法

2.11.1　不可抗力:不能预见、无法避免又不能克服的客观强制力量,如火山爆发、地震等。

2.11.2　不可抗力的处理办法:

2.11.2.1　因不可抗力致使合同不能按期履行时,允许延期履行。遭受不可抗力影响的一方应在不可抗力发生之日起__________日内以电传或传真通知另一方,同时应提供______级以上有关机关出具的证明文件。

此种情况下,免除遭受不可抗力方的违约责任。

2.11.2.2　发生不可抗力后,合同延期履行的期限由双方协商决定。

2.11.2.3　遭受不可抗力方应始终采取一切合理的措施,以减少由于不可抗力所导致的拖期。

2.11.2.4　当不可抗力事件消除后,遭受不可抗力方应尽快以电传或传真通知另一方,并以航空挂号信证实。

2.12　仲裁

2.12.1　因执行本合同所发生的或与本合同有关的一切争议,双方应通过友好协商解决。如协商不成,则应提交仲裁机构解决。

2.12.2　仲裁地点:____________________;仲裁机构:____________________。

2.13　因违约终止合同

2.13.1　发生下列情形时,买方可在不影响对违反合同所作的任何其他补救措施的条件下,用书面违约通知的形式通知卖方,终止全部合同或部分合同。

2.13.1.1　卖方未能在合同约定的时间内,未能在买方同意的延长期内提交全部材料或提供服务。

2.13.1.2　卖方未能履行合同约定的责任。

2.14　转让和分包

2.14.1　本合同不允许进行转让或分包。

2.15　法定语言和计量单位

2.15.1　合同应使用中文或__________两种语言书写，双方来往的与合同有关的信函和其他文件也应用中文或__________书写。发生歧义时，以中文为准。

2.15.2　除技术规范中另有规定外，所有计量单位均采用公制。

2.16　通知

2.16.1　任何一方根据合同提交给另一方的通知均应采用书面形式，用电传或传真并用书面确认，按合同约定的地址递交。

2.16.2　通知以递交之日或通知生效之日起生效，以较迟之日期为准。

2.17　合同文件或资料的使用

2.17.1　卖方事先未经买方的书面同意，不得把合同、合同其中的条款或以买方的名义提供的任何规范、规划、图纸、模型、样品或资料向卖方为履行合同而雇佣人员以外的其他任何人泄露，即使是对上述雇佣人员也应在对外保密的前提下提供，并且也只限于为履行合同所需的范围。

2.17.2　除为履行合同的目的以外，卖方未经买方事先书面同意不得利用第2.17.1款中所列举的文件或资料。

2.17.3　第2.17.1款中所列举的任何文件，除合同文件本身外，均应属于买方的财产，当买方提出要求时，卖方应在合同履约完成后将上述文件退还(包括所有副本)给买方。

2.18　合同生效及其他

2.18.1　合同生效要具备下列条件：

2.18.1.1　双方有关单位的批准合同(如果需要)。

2.18.1.2　买方收到卖方提交的履约保函。

2.18.1.3　本合同于______月______日由双方法定代表人或授权委托人签字。

*买方将以电传或传真方式通知卖方合同生效日期并用挂号信确认。

2.18.2　本合同有效期至双方均已完成合同下各自的义务。

2.18.3　本合同终止时双方未了的债权和债务不受合同终止的影响，债务人应对债权人继续偿还未了债务。

2.18.4　本合同附件__________至__________为本合同不可分割的组成部分，与合同正文具有同等效力。

2.18.5　对本合同条款的任何变更、修改或增减，须经双方协商同意以后，双方授权代表签署书面文件，作为本合同的组成部分并具有同等效力。

2.18.6　除本合同约定的责任和义务外，双方任何一方都不承担任何其他责任和义务。

2.19　其他

由招标人根据需要提出。

第三章　协议书及有关文件格式

一、协议书

____________________(卖方名称)(以下简称卖方)与____________________(买方名称)(以下简称买方)在____________________(地点)签订了____________________(合同编号)号合同协议，由卖方向买方供应____________________材料达成如下条款，双方共同遵守：

1.1　材料的名称、商标、规格型号、材质及要求、制造商、数量、金额、供货时间及数量(见材料订货明细表)：

材料订货明细表

材料名称	商标	材质要求	制造商	计量单位	数量	单价	金额	交(提)货时间及数量			备注	
合计人民币金额(大写)：												

1.2　质量要求技术标准、卖方对质量负责的条件和期限。
1.3　交(提)货地点和方式。
1.4　运输方式，到达站、港及费用负担。
1.5　合理损耗、磅差及计算办法。
1.6　包装标准、包装物的供应与回收。
1.7　验收标准、方法及提出异议的期限。
1.8　随机备品、配件、工具数量及供应方法。
1.9　结算方式及期限。
1.10　违约责任。
1.11　不可抗力条件及处理办法。
1.12　仲裁。
1.13　因违约终止合同。
1.14　转让和分包。
1.15　法定语言和计量单位。
1.16　通知。
1.17　合同文件或资料的使用。
1.18　合同生效及其他。
1.19　其他。

供　　方：＿＿＿＿＿＿＿＿　　需　　方：＿＿＿＿＿＿＿＿

法定代表人：＿＿＿＿＿＿＿＿　　法定代表人：＿＿＿＿＿＿＿＿

委托代理人：＿＿＿＿＿＿＿＿　　委托代理人：＿＿＿＿＿＿＿＿

单位地址：＿＿＿＿＿＿＿＿　　单位地址：＿＿＿＿＿＿＿＿

电　　话：＿＿＿＿＿＿＿＿　　电　　话：＿＿＿＿＿＿＿＿

邮　　编：＿＿＿＿＿＿＿＿　　邮　　编：＿＿＿＿＿＿＿＿

开户银行：＿＿＿＿＿＿＿＿　　开户银行：＿＿＿＿＿＿＿＿

账　　号：＿＿＿＿＿＿＿＿　　账　　号：＿＿＿＿＿＿＿＿

＿＿＿年＿＿＿月＿＿＿日

二、投标保函

______________(招标机构)

本保证金是作为______________(投标人名称)参加______________(工程项目名称)第______次材料招标而提供的投标文件保证。______________(投标人银行名称)无条件地、不可撤销地约束本行,如收到________(招标机构)的书面通知,说明以下事实中的任何一点时,保证付给______________(招标机构),金额为______________万元人民币保证金。

2.1　投标人在投标截止日期后,投标有效期内撤回其投标。

2.2　投标人在投标截止日期后对投标文件作了实质性修改。

2.3　投标人被通知为预中标人后,拒绝按预中标状态签订合同(即不按预中标时约定的标的、供货价格、交货期等签订合同)。

2.4　投标人违反招投标纪律而被取消投标资格。

本保证金函从签发日期起生效,直到投标文件有效期满后______日内有效。如果投标人中标,本保证金将在有效期满后继续有效,直至投标人与______________(招标人)签订了合同,并提供了所需的履约保函为止。

______________(投标人银行名称)　公章

______________(负责人)　签字

______年______月______日

三、投标法定代表人授权书

______________(招标机构名称)

______________(投标人名称)是中华人民共和国合法企业,位于______________(法定地址)。______________(授权人姓名)特授权______________(被授权人姓名)代表我公司全权办理______________(工程项目名称)第______次材料的投标、谈判、签约等具体工作,并签署全部有关的文件、协议及合同。我公司对授权人的签名负全部责任。

在撤销授权的书面通知以前,本授权书一直有效。在授权书有效时间内被授权人签署的所有文件不因授权的撤销而失效。

被授权人签名:______________　授权人签名:______________

职　　务:______________　职　　务:______________

投标人公章:______________

______年______月______日

四、履约保函

______________(买方名称)

本保函是为______________(卖方名称)(以下简称卖方)于______年______月______日与(买方名称)(以下简称买方)签订的第______________(合同编号)号供货合同而提供的履约担保。

______________(银行名称)以及他的继承人和受让人无条件地、不可撤销地约束本行,一旦收到(买方名称)书面提出卖方不能履行合同约定,发生下列违约条件之一的通知时,我行保证付给(买方名称)金额为______________万元人民币的保证金。

4.1　违约条件:

(1)在合同有效期内,卖方拒绝履行合同。

(2)在合同有效期内,卖方未经买方同意,变更供货合同的主要条款。

(3)产品质量在质保期内,经省级质量检验、监督机关鉴定。

(4)产品质量发生问题。

4.2 在合同执行期间,供需双方发生了纠纷,履约保函有效期限可延长到纠纷得到最终解决完毕后。

4.3 本保函自开立之日起有效,在合同约定的质量保证期满10日内予以退还,或接到买方的“产品质量验收合格的通知”后7日内予以退还。

卖方银行名称:____________________(公章)

签 发 人 签 字:____________________________

第四章 工程规范、技术条件

工程材料的技术规范条件按照国家和各行业的材料技术规范标准条件办理。没有国家和各行业的材料技术规范标准条件的,经供需双方协商采用企业材料技术规范标准条件。

第五章 投标文件

5.1 投标文件的组成

投标文件由以下三部分组成。

第一部分

(1)投标人的承诺函。

(2)投标人的法定授权书。

(3)投标人的资格证书,并为独立的法人实体。

(4)企业法人营业执照(复印件)。

(5)企业生产、经营许可证件以及有关机构的鉴定材料。

(6)企业简介。

(7)质量保证体系。

(8)组织供应的措施。

(9)投标保函。

第二部分 合同条件

(1)合同的标的,即投标报价中的产品名称、规格型号、材质及要求,制造商、计量单位、金额、供货时间及数量。

(2)交货的质量技术标准和对买方质量负责的条件和期限。

(3)交货地点和方式。

(4)运输方式,到站、港及费用负担。

(5)合理损耗及计算的方法。

(6)包装的标准、包装物的供应与回收。

(7)验收标准、方法及提出异议的期限。

(8)结算方式及期限。

(9)违约责任。

(10)解决合同纠纷的方式。

(11)不可抗力。

(12)其他约定事项。

第三部分　附件

(1)技术规范标准。

(2)售后技术服务和联络。

(3)投标人需要说明的其他问题。

(4)投标人对招标文件的建议。

(5)投标人的承诺。

(6)其他。

5.2　投标文件的编制

5.2.1　一般要求:投标人应严格按照招标文件的投标须知、合同条款附件的要求编制投标文件,逐项逐条回答招标文件,顺序和编号应与招标文件一致。投标文件对招标文件未提出异议的条款,均被视为接受和同意。

5.2.2　投标文件的语言:投标文件应用中文编写。采用国家法定的计量单位。

5.3　投标有效期

投标有效期为投标截止日期后__________日。若遇特殊情况,招标人或代理单位可于投标有效期之前要求投标人同意延长有效期。投标人应以书面形式答复同意,并相应延长投标保函有效期,此时投标人不能对投标文件进行任何修改;投标人若不同意延长有效期,则应以书面形式给予明确答复,此时投标人被视为自动退出,保证金予以全额退还。

5.4　投标保证

5.4.1　投标保证金金额不少于招标材料总额的__________%。投标保证金可以是投标人开户银行出具的投标保函、支票或银行汇票。

5.4.2　投标保函有效期为投标有效期后__________日。

5.4.3　发生下列情况之一者,投标保证金将予以没收:

(1)投标人在投标截止日期后投标有效期内撤回其投标。

(2)投标人在投标截止日期后对投标文件作了实质性的修改。

(3)投标人被通知预中标后,拒绝按预中标状态签订合同(即不按中标时约定的材料名称、规格型号、技术规范标准、价格、数量以及供货期等签订合同)。

5.4.4　落标的投标人的投标保证金,将在落标通知发出后__________日内予以退还。

5.4.5　中标人的投标保证金,将在签订合同且提供履约保证金函后予以退还。

5.5　投标人建议

投标人可提出补充建议或说明,包括:

(1)对招标文件和合同主要条件的承诺及补充意见。

(2)对招标文件的建议方案及建议报价。

(3)组织供应材料的措施方案。

(4)其他需要说明的问题。

5.6　标前会

在投标人对招标文件提出的问题较多时,投标人可在投标截止日期前__________日参加标前会,投标人需招标人解释和澄清的问题,应在招标文件发出后__________日以书面的形式向招标人提出。

5.7　投标报价

5.7.1　投标人应严格按照“投标须知”的要求,认真填写“电力工程材料投标报价表”(附件七)。

5.7.2　投标人的报价为闭口价时,中标后在合同有效期内价格固定不变。

5.7.3 投标人的报价为开口价时，应书面说明调整项目(出厂价、铁路运价等)和调整价格的条件(如国家部委对铁路运作的调整，对制造商产品出厂价格的调整双方协商按合同的约定办理)。

5.7.4 投标报价表应注明有效期，有效期应与投标有效期相一致。

5.7.5 投标报价表应在每页标明投标人的公章和法人代表的签字以及有效日期。

5.8 投标文件的递交

5.8.1 投标文件的密封与标记：信封上注明项目工程名称、投标人、投标人地址、联系电话等，并在封口上加盖投标人的公章。

5.9 投标截止日期

投标文件应于投标截止日期前送达招标人指定地点(招标人的地址)，所有迟交的投标文件都将被拒绝。

5.10 无效投标

发生下列情况之一者被视为无效投标：

(1)投标文件未按约定密封和投标文件未按约定加盖公章和投标人签字。

(2)投标文件中无投标保证金函。

(3)投标文件中有两个以上的报价且未明确哪个报价有效。

(4)投标文件未按"投标须知"约定的格式投标。

5.11 "电力工程材料投标书"(附件三)及"电力工程材料投标报价表"(附件七)

第六章 评标文件

6.1 评标的对象和依据

评标的对象为投标文件(包括有效的补充文件)，评标的依据为招标文件(包括有效的补充文件)。

6.2 评标的因素

评标文件的评标因素包括：

(1)技术评标因素。

(2)商务评标因素。

6.3 评标程序

6.3.1 阅读投标书，整理资料：评标小组可分为技术组和商务组，分别阅读投标书，整理资料。对投标文件中不满足招标文件要求的，不清楚、不明确之处要进行专门标注和记录，整理出需要投标人澄清的问题。

6.3.2 投标文件的澄清：开标以后，招标人和招标代理单位及评委可针对投标文件的内容，要求投标人澄清，澄清问题一般以澄清会的形式进行，投标人须当面澄清由招标人、招标代理单位及评委提出的需要澄清的问题，并整理出书面资料(由投标人代表签字，加盖公章，填写日期)，形成投标文件的有效补充。在澄清投标文件的疑问时，投标人不得对原投标文件做实质性的修改。

6.3.3 初评：评标小组对所有投标文件进行审查，检查投标文件是否对招标文件做出了实质性的响应，以确定其是否为有效投标文件(按投标文件中的5.10条判断)。

6.3.4 详评：分为技术评标和商务评标(并以商务评标为主)。

6.3.4.1 技术评标

(1)技术评标的因素包括：

①产品质量的可靠性、稳定性。

②制造工艺的水平。

③产品长度、宽度尺寸及工艺能否满足施工工艺要求。

(2)评标的条件：根据工程材料的特点，在技术评标中，所有的材料均应满足6.3.4.1的(1)技术评标三个因素的条件。

6.3.4.2 商务评标

(1)商务评标的因素：

①投标的价格。

②供货期。

③企业总资产(万元)。

④业绩。

⑤质量管理保证体系。

⑥商业信誉。

⑦质量检验的标准。

⑧质量检验的能力。

⑨制造商。

⑩计量手段。

⑪仓储能力。

⑫运输能力。

⑬保证材料供应的组织措施。

⑭现场考察情况。

(2)评标的方法：评标的方法可采用百分法、评议法、合理低标价法。

①百分法：这种方法是将评审的各因素分别在百分之内所占的比例，在招标文件中作以约定，评委根据投标文件以及现场考察的实际情况，对评标各因素给予评分。最后以总得分的高低顺序，根据需要逐项录取中标单位。

②评议法：评议法不是量化评标指标，而是通过对投标单位的14个评标因素进行定性的比较，评议后，选择出具备中标条件的投标单位。

③合理低标价法：按照评标程序，经初审后以合理的低标价作为中标的主要条件。

6.3.5 评标报告

评标小组根据评标的情况，整理出评标资料，列出中标单位供应材料的数量和结算价格的明细表，经各个评委签字后，报招标领导小组审核。

6.4 定标

招标领导小组根据评标小组的评标报告，应予以认真的审定，合理的确定中标单位以及供应的数量和结算价格，经审定后，领导小组成员应在评标报告上签字，并上报招标管理机构备案。

6.5 授予合同

6.5.1 “电力工程材料中标通知书”(附件五)

根据定标结果，招标人或招标代理单位向预中标人发出《电力工程材料中标通知书》。同时向落标人发出落标通知，并退还所有投标人的投标保函。

6.5.2 履约保证金

6.5.2.1 中标人应在签订合同以前向招标人或招标代理机构提交履约保证金函。

6.5.2.2 履约保证金为合同总价的__________%，其形式可以是履约保函、支票、银行汇票等。

6.5.2.3 履约保证金在合同条款执行完后__________日内退还。如果发生合同纠纷时，应在最终解决后__________日内予以退还。

6.5.3 合同的批准

中标人与项目法人或代理单位草签完合同后，经招标领导小组负责人审核签字、盖章后，再提交项目法人审定签字、盖章，供需双方进入合同履行阶段。

附件一　电力工程材料招标申请书

建设项目名称：________________

工程材料类别：________________

招标单位：________________

法定代表人：________________

地址：________________

邮政编码：________________

电话：________________

联系人：________________

年　月　日

建设项目名称及规模	
建设地址	
分项工程项目及规模	
分项工程概算造价	
招标单位及资质证号	
招标方式	
标底编制单位	
物资供应管理机构及管理人员情况	
工程概况	
招标范围、方式及标段划分情况	
建设前期准备情况	
技术资料准备情况	
采购资金准备情况	
工期要求	
材料质量标准及要求	
承包方式及合同主要条款、内容	
邀请投标单位名称、资质、隶属关系及性质	

	姓名	职务	学历	技术职称	专业年限
招标领导小组成员					

（续表）

招标办公室成员					

招标议标日程安排	日期	内容	地点	主持人	参加单位

招投标管理机构意见	（公章） 年 月 日	项目法人意见	（公章） 年 月 日

（续表）

附注：

附件二 电力工程材料招标议标文件

建设项目名称：____________________

工程材料类别：____________________

招 标 单 位：____________________

法定代表人：____________________

地 址：____________________

邮 政 编 码：____________________

电 话：____________________

联 系 人：____________________

建设工程名称	
建设规模及地点	
组织招标的单位	
工程项目概况	

年 月 日

招标范围及数量	（附清单）
供货期要求	
质量标准及管理要求	
计量标准及管理要求	
包装标准及要求	

（续表）

运输方式及要求	
投标报价要求	
合同主要条款	
材料价款的结算及要求	
施工现场接货条件和管理	
开评、评标、定标	
其他	

招标管理机构意见： （公章） 年 月 日	项目法人意见： （公章） 年 月 日
报价编制依据：	

附件三　电力工程材料投标书

建设项目名称：________________

工程材料类别：________________

招 标 单 位：________________

法 定 代 表 人：________________

地　　　　址：________________

邮 政 编 码：________________

电　　　　话：________________

联　系　人：________________

<table>
<tr><td colspan="2">建设工程项目名称</td><td></td></tr>
<tr><td colspan="2">投标项目名称</td><td></td></tr>
<tr><td rowspan="4">投标报价</td><td>厂供价</td><td></td></tr>
<tr><td>运杂费用</td><td></td></tr>
<tr><td>综合报价</td><td></td></tr>
<tr><td colspan="2">（品种多时按报价表填报）</td></tr>
<tr><td colspan="3">对招标文件和合同主要条款的承诺及补充意见：</td></tr>
</table>

年　　月　　日

材料供应组织措施方案：
对招标文件的建议方案及报价：
其他需要说明的问题：

注意事项：

① 投标书所有内容均不得涂改，确需涂改时，涂改处需加盖法人代表或委托人的印章，否则无效。

② 投标书应附上投标申请书及其他附件。

③ 投标书应附有规定金额的投标保函证书。

④ 如上述表内容多，可另附页。

附件四　电力工程材料招标议标标底审定书

建设项目名称：________________

工程材料类别：________________

招 标 单 位：________________

法 定 代 表 人：________________

地　　　址：________________

邮 政 编 码：________________

电　　　话：________________

联　系　人：________________

建设工程名称	
建设规模及地点	
工程材料招标类别	
标底编制单位	
材料订货数量	（附清单）
质量标准及要求	
供货期间	

年　月　日

运输方式及要求	
材料包装要求	
标底的经济分析	
最优报价	

（续表）

<table>
<tr><td rowspan="10">标底编制人员情况</td><td>姓名</td><td>年龄</td><td>学历及专长</td><td>职称</td><td>从事专业工作时间</td></tr>
<tr><td></td><td></td><td></td><td></td><td></td></tr>
<tr><td></td><td></td><td></td><td></td><td></td></tr>
<tr><td></td><td></td><td></td><td></td><td></td></tr>
<tr><td></td><td></td><td></td><td></td><td></td></tr>
<tr><td></td><td></td><td></td><td></td><td></td></tr>
<tr><td></td><td></td><td></td><td></td><td></td></tr>
<tr><td></td><td></td><td></td><td></td><td></td></tr>
<tr><td></td><td></td><td></td><td></td><td></td></tr>
<tr><td></td><td></td><td></td><td></td><td></td></tr>
<tr><td>审定意见</td><td colspan="5"></td></tr>
<tr><td>审定人签字</td><td colspan="5"></td></tr>
<tr><td>项目法人意见</td><td colspan="5">签字：　　　　（公章）
年　月　日</td></tr>
<tr><td colspan="6">标底编制依据：</td></tr>
</table>

附件五 电力工程材料中标通知书

________________(建设工程名称)工程,第______次材料招标,经____年____月____日开标后,经评标委员会(或评标小组)评定并报招标领导小组核准,确定______________为中标单位,中标标价为人民币______元,交货期为____年____月____日至____年____月____日。

中标单位收到中标通知书后,在____年____月____日前到__________(地点)与项目法人签订合同。

项 目 法 人:______________(盖章) 项 目 法 人:______________(盖章)

法定代表人:__________(签字、盖章) 法定代表人:__________(签字、盖章)

____年____月____日 ____年____月____日

附件六　电力工程材料投标单位资格考评表

建设项目：____________________

编制单位：____________________　　年　月　日

序号	考评内容	投标单位
1	企业等级	
2	资产(万元)	
3	企业业绩	
4	质保体系	
5	生产设备,工艺水平	
6	执行标准	
7	仓储能力	
8	质量、计量能力	
9	商业信誉	
10	售后服务	
11	交货期	
12	付款方式	
13	承诺内容	
14	现场考察情况	
15	综合考评	
项目法人意见： 签字　(公章)		项目工程招标领导小组意见： 签字：　(公章)

主管：　　编制人：

附件七　电力工程材料投标报价表

投标单位：________________　　　　年　　月　　日　　　　　　第　　页

序号	材料名称	规格型号	技术标准材质	制造商	计量单位	投标数量	计价单位	投标价格	其中								付款方式	备注
									原价	供销费用	运杂费用				包装费用	其他		
											合计	铁路运杂费	公路运杂费	其他				
1																		
2																		
3																		
4																		
5																		
6																		
7																		
8																		
9																		
10																		
11																		
12																		
13																		
14																		
15																		
16																		

单位主管：　　　　　　审核人：　　　　　　制表人：　　　　　　电话：

附件八 电力工程材料招标评标表(一)

建设项目：________________

编制单位：________________ 年 月 日

序号	材料名称	规格型号	计量单位	订货数量	标底价格	投标单位						中标单位					
						综合报价	与标底比较	产地	综合报价	与标底比较	产地	数量	供货价格	产地	数量	供货价格	产地
审批意见			招标办				（签字）				项目工程材料招标领导小组				（签字）		

附件九 电力工程材料招标评标表(二)

年 月 日

序号	考评项目	考核标准	商务评标情况							备注
1	投标价格									
2	供货期									
3	总资产									
4	业绩									
5	商业信誉									
6	质量检验标准									
7	质量检验能力									
8	质量保证体系情况									
9	产品制造商									
10	计量手段									
11	仓储能力									
12	运输能力									
13	供应措施情况									
14	现场考察情况									
综合考评情况										
招标机构意见：				评委会专家签字：						

附件十　电力工程材料招标标底核算表

编制单位：________________　　　　年　　月　　日

序号	材料名称	规格型号	商标	生产厂家	计量单位	订货数量	计价单位	标底价格	其中							付款方式	备注
									原价	供销费用	运杂费用			包装费用	其他费用		
											小计	铁路运杂费	公路运杂费				

货物编

6 电力设备招标文件范本

电力设备招标文件范本

目 录

第一部分 投标须知

一、定义

(一)项目法人:______________________(招标设备工程项目法人名称)。

(二)招标人:在招标过程中,项目法人称为招标人。即______________________(招标设备工程项目法人名称)。

(三)招标代理机构:具有相应的招标资质,受项目法人委托,在招标过程中负有相应责任的单位,即______________________(招标代理机构名称)。

(四)潜在投标人:指有意参加投标的企事业单位和其他社会经济组织。

(五)投标人:经过审查符合本次招标所规定的相应资质要求,参加投标竞争的潜在投标人。

(六)预中标人:经过评标而选定的进行合同谈判的投标人。

(七)中标人:最终被授予合同的投标人。

(八)项目招标领导小组:由招标人、招标代理机构及有关单位按一定的程序和要求而组建的机构,负责领导招标工作。

(九)评标委员会:在项目招标领导小组的领导下,由聘请专家和有关单位人员组成,负责具体评标工作。

(十)需方:______________________(招标设备工程项目法人名称)。即项目法人,在招标阶段称为招标人,在签订和执行合同阶段称为需方。为便于招标文件及附件直接转化为经济合同,在招标文件第二、三部分中称招标人为需方。

(十一)供方:在招、投标阶段称为投标人,在中标以后签订和执行合同阶段称为供方。为便于招标文件及附件直接转化为经济合同,在招标文件第二、三部分中称投标人为供方。

(十二)工程设计单位:负责本招标设备工程项目设计的单位,即______________________(工程设计单位名称)。

二、工程概况及招标范围

(一)工程概况。

(二)招标文件由第一部分"投标须知"、第二部分"合同条款"组成,招标设备的技术要求详见第三部分"技术规范"。

三、交货期

合同生效后________个月。

四、投标与开标

(一)投标时间:______年______月______日

(二)投标地点:______________________

(三)开标时间:______年______月______日

(四)开标地点:______________________

(五)投标人检查投标文件(含补充或修改文件)的密封情况,确认无误后,公证人员公布标书封存保管无失密后拆封,验证投标法人委托书、投标保证金等投标文件是否齐全。

投标文件正本保存备查,评标使用副本。

采用分段开标:第一步,开技术标,经过澄清后,投标人在规定的时间内可进行必要修改补充(如报价部分则应密封);第二步,开商务报价标。

五、投标人资质

(一)合格的投标人应具有圆满履行合同的能力,具体应符合下列条件:

1.具有独立订立合同的权利。

2.在专业技术、设备设施、人员组织、业绩经验等方面具有设计、制造、质量控制、经营管理的相应的资格和能力。

3.具有完善的质量保证体系。

4.业绩

(1)具有设计、制造与招标设备相同/相近设备1到2台套2年以上良好的运行经验,在安装调试运行中未发现重大的设备质量问题或已有有效的改进措施。

(2)或主机设备有相应业绩厂商的技术合作或技术支持。

5.具有良好的银行资信和商业信誉,没有处于被责令停业,财产被接管、冻结、破产状态。

6.电力工业部和机械工业部共同认定的主机设备制造厂商;电力工业部成套设备局与电力工业部电力规划设计总院共同发布的《火电机组主要辅机推荐厂家名录》所推荐的厂商,或由国家电力公司安全运行与发输电部(包括电力工业部原安全生产协调司)颁发入网许可证的厂商。

六、投标文件

(一)投标文件的组成

1.投标文件由下列三节及附件组成。

第1节 投标资格文件

1.1.1 投标人承诺函。

1.1.2 投标人法定代表人授权书。

1.1.3 投标人资格、资信证明文件。

(1)关于投标人资格的声明函。

(2)企业法人营业执照(工商局复印件)。

(3)生产许可证、有关鉴定材料。

(4)工厂简介(包括组织机构、生产能力、设备、厂房、人员等)。

(5)质量保证体系及其质量认证证明。

(6)近三年资产负债表、损益表及经营状况(包括销售额)。

(7)银行资信证明。

(8)业绩及目前正在执行合同情况(包括完成情况和出现的重要质量问题及改进措施)。

(9)近三年经济行为受到起诉情况。

(10)其他文件和资料。

1.1.4 投标保证金

第2节 合同条款

(1)定义。

(2)合同标的。

(3)供货范围。

(4)合同价格。

(5)付款。

(6)交货与运输。

(7)包装与标记。

(8)技术服务与联络。

(9)质量监造与检验。

(10)安装、调试、试运行和验收。

(11)保证与索赔。

(12)税费。

(13)配套与外购。

(14)合同的变更、修改、中止和终止。

(15)不可抗力。

(16)合同争议的解决。

(17)合同的生效。

(18)其他。

附件

附件一 供货范围。

附件二 投标(商务)报价表。

附件三 差异表。

附件四 设备交货进度表。

附件五 分包与外购。

附件六 履约保函(格式)。

第3节 技术规范

附件一 供货范围

1.一般要求

1.1 本附件规定了合同设备的供货范围。供方保证提供设备为全新的、先进的、成熟的、完整的和安全可靠的,且设备的技术经济性能符合附件一的要求。

1.2 供方应提供详细供货清单,清单中依次说明型号、数量、产地、生产厂家等内容。对于属于整套设备运行和施工所必需的部件,即使本合同附件未列出和/或数目不足,供方仍须在执行合同时补足。

1.3 除有特别注明外,所列数量均为一台所需。

1.4 供方应提供所有安装和检修所需专用工具和消耗材料等,并提供详细供货清单。

1.5 提供随机备品备件和年运行所需的备品备件,并在投标书中给出具体清单。

1.6 提供所供设备中的进口件清单。

2.供货范围

2.1 设备范围

供方要确认此范围并提供细化清单。

序号	名称	规格和型号	数量	产地	生产厂家	价格	备注

2.2 配套设备及专用工具

序号	名称	规格和型号	数量	产地	生产厂家	价格	备注

注:价格一项在商务报价中填写。

2.3 随机备品备件

随机备件、年用备件单独列表。

序号	名称	规格和型号	数量	产地	生产厂家	价格	备注

注:价格一项在商务报价中填写。

2.4 进口件清单

序号	名称	规格和型号	数量	产地	生产厂家	价格	备注

注:价格一项在商务报价中填写。

3.其他

附件二 投标(商务)报价表

1.一般要求

1.1 本表中的设备/部套分项须与供货范围中的分项内容的序号一致。

1.2 当分项价之和与总价不符时,以分项价为准。如有优惠条件,优惠条件要在分项价中体现。

1.3 报价币种为人民币,进口部分也应以人民币报价。

1.4 运杂费要单独报价。

1.5 价格表中报价为交货固定不变价格。

1.6 报价应注明日期、有效期、交货地点和法定代表人或其授权委托人的签章。

2.投标(商务)报价表

2.1 合同价格总表

合同价格总表

合同价格： 单位：(人民币)

序号	项目	单位	数量	单价	总价	生产厂家	备注
1	设备总价						
其中	①设备价格						
	②配套设备专用工具						
	③随机备品备件						
	④进口件						
2	技术服务费						
3	运杂费						
4	其他						
	合计						
	另：____年备品配件						

本表添置说明：

(1)本表中①项对应于2.1.1表。

(2)本表中②项对应于2.1.2表。

(3)本表中③项对应于2.1.3表。

(4)本表中④项对应于2.1.4表。

(5)本表中序号1为①②③之和。

(6)“另：________年备品配件”一栏作为选择项。

2.1.1 设备供货范围表

序号	名称	规格和型号	材质	数量	单位	单价	总价	生产厂家	备注

2.1.2 配套设备及专用工具

序号	名称	规格和型号	材质	数量	单位	单价	总价	生产厂家	备注

2.1.3　随机备品备件

序号	名称	规格和型号	材质	数量	单位	单价	总价	生产厂家	备注

2.1.4　其中进口件

序号	名称	规格和型号	材质	数量	单位	单价	总价	生产厂家	备注

2.2　________年备品备件

序号	名称	规格和型号	材质	数量	单位	单价	总价	生产厂家	备注

附件三　差异表

投标人要将投标文件和招标文件的差异之处汇集成表。技术部分和商务部分要单独列表。

技术部分/商务部分差异表

序号	招标文件		投标文件	
	条目	简要内容	条目	简要内容

附件四　设备交货进度表

交货顺序	设备名称型号	交货时间	交货地点	数量	重量

附件五　分包与外购

供方要按下列表格填写分包情况表并报分包厂家的简要资质情况。

分包情况表

序号	设备/部组件	型号	单位	数量	生产厂家名称	交货地点	备注

附件六　履约保函(格式)

(签订合同时提交)

致：____________________(需方名称)

本保函是为____________________(供方名称)(以下称供方)于____________________(日期)签订第____________________(合同号)合同为需方提供____________________(设备名称)提供履约担保。

____________________(以下简称银行)以及他的继承人，受让人为了无条件地、不可撤销地并放弃追索权，根据并同意下列条款，保证付给需方合同设备价格的__________%(百分之__________)，即__________万元人民币。

(1)当供方未能忠实地履行合同文件规定和此后双方同意的对合同的有效修改、补充和变更(以下简称违约)，无论供方有无不同意见，银行在收到需方的书面通知时，银行将按需方所要求的上述金额和方式付给需方。

(2)按上述承付的金额将是净数，不得扣除现在或将来应付的任何税捐、关税、费用，____________________(供方名称)(以下称供方)于____________________(日期)签订第____________________(合同号)合同为需方提手续费或任何性质的由任何人加予的保留款。

(3)本保函的规定是我们银行无条件的、不可撤销的直接义务。合同条件的修改，以及需方所允许的时间改变或任何让步，除条款中有规定免除银行的责任外，都不能解除我们银行在这方面的义务。

(4)本保函自开立之日起生效。履约保证金在合同条款规定的质量保证期满后不迟于30天退还；但如果此时存在合同争端并且未能解决，那么履约保证金的有效期应延长到上述争端最终解决且理赔完毕后。

______________________________(供方银行的名称)公章

______________________________(签发人名和签字)

______年______月______日

2.投标人所做的一切有效补充、修改文件，均被视为投标文件不可分割的部分。

(二)投标文件的编制

1.一般要求

投标人应严格按照招标文件要求编制投标文件，逐项逐条回答招标文件，顺序和编号应与招标文件一致。可以增加说明或描述性文字。投标文件对招标文件未提出异议的条款，均被视为接受和同意。投标文件与招标文件有差异之处，无论多么微小，均应汇总说明。

2. 投标文件的语言

投标文件应用中文编写。若其中有其他语言的书面材料，则应附有中文译文，并以中文译文为准。

3. 投标有效期

投标有效期应为投标截止日期后180天。若遇特殊情况，招标代理机构和招标人可于投标有效期之前要求投标人同意延长有效期，但延长期一般不超过3个月。投标人应以书面答复表示同意，并相应延长投标保函有效期，此时投标人不能对投标文件进行任何修改；投标人若不同意延长投标有效期，则应以书面形式给予明确答复，此时投标人被视为自动退出投标，投标保证金予以全额退还。如延长期超过______个月，招标人应对投标人因延长投标保函有效期所发生的费用进行适当补偿。

4. 投标保证金

(1)投标保证金金额为本次投标设备总金额的1%。投标保证金可以是投标人开户银行出具支票或银行汇票。

(2)发生以下情况之一者，投标保证金将予以没收：

① 投标人在投标截止日期后投标有效期内撤回其投标。

② 投标人在投标截止日期后对投标文件作实质性修改。

③ 投标人被通知预中标后，拒绝按预中标状态签订合同(即不按预中标时的规定的技术方案、供货范围和价格等签订合同)。

④ 投标人不接受招标文件的规定。

(3)落标的投标人的投标保证金，将在“落标通知书”发出后予以退还。

5. 投标人建议

投标人可提出补充建议或说明，提出比招标文件的要求更为合理的建议方案，列于附件中。同时应说明对技术条件、价格、运行、维护、检修、安装等方面的影响。

6. 标前会

如各投标人提出的问题较多，则可召开标前会。投标预备会一般在投标截止日期7天前完成。投标预备会上投标人需解释和澄清的问题应在招标文件发出后5天之内提出。

7. 投标文件的份数和签署

(1)投标文件一式十八份(二正十六副)，包括价格表(表中项目除价格数字外都要填写)及报价说明，一式六份。

(2)投标文件正本的每一页均应由投标人代表签字。报价表均由投标人代表签名并加盖公章。

(三)投标(商务)报价

1. 投标人应严格按照报价表的格式认真填写价格表和各种分项价格表。

2. 投标人的报价为闭口价，即中标后在合同有效期内价格固定不变。

3. 若单价和总价有差异，则以单价为准，并对总价进行修正；若数字和文字表示的金额之间有差异时，以文字金额为准，并对数字作相应的修正。

4. 投标报价应注明有效期，有效期应与投标有效期相一致。

(四)投标文件的递交

1. 投标文件的密封与标记

(1)投标文件的每份正本、副本均应用信封分别密封。信封上注明项目名称、投标人名址、“正本”“副本”字样及“不准提前启封”字样。信封上应加盖投标人公章。

(2)投标保函投标保证金应用信封单独密封，封面上注明“银行保函”“投标保证金”和“保密”字样。

(3)在投标文件澄清后提交分项价格部分应用信封单独密封，封面上注明“分项价格”和“保密”字样。

2. 投标截止日期

投标文件应于投标截止日期________________(日期、时间)以前送达指定地点______________。一切迟到的投标文件都将被拒绝。

3.投标文件的补充、修改和撤回

(1)投标截止日期前,投标人可以书面形式向招标代理机构对业已递交的投标文件提出补充或修改,相应部分以最后的补充和修改为准。该书面材料应密封,由投标人代表签字并加盖公章。

(2)投标人不得在投标截止日期至投标有效期满前撤回投标文件,否则其投标保证金将予以没收。

(五)无效投标

发生下列情况之一者,视为无效投标:

1.投标文件未密封和/或技标文件未按规定加盖公章和签字。

2.投标文件中无投标保证金。

3.投标文件未按规定格式、内容填写和/或投标文件内容与招标文件有严重背离。

4.在投标文件中有两个以上的报价,且未明确哪个报价有效。

5.其他不符合招标文件要求的投标。

七、开标

(一)从投标截止日期到授予合同时止,有关投标文件的审查、澄清、评议以及有关授予合同的意向等一切情况都不得透露给投标人或与上述工作无关的单位和个人。

(二)参与评标的人员应严格遵守国家有关保密的法律、法规和规定,严格自律,并接受上级主管部门和有关部门的审计和监督。

(三)投标人申报的关于资质、业绩等的文件和材料必须真实准确,不得弄虚作假。

(四)投标人不得串通作弊,哄抬标价,致使定标困难或无法定标。

(五)投标不得采用不正当手段妨碍、排挤其他投标人,扰乱指标市场,破坏公平竞争。

(六)投标人不得以任何形式打听和搜集评标机密,不得以任何形式干扰评标或授标工作。

(七)投标人若违反上述要求,其投标将被废除。

八、对技术规范的说明

(一)有关招标设备技术规范详见第3节内容。

(二)如未对规范书提出偏差,将认为供方提供的设备符合规范书和标准要求,偏差(无论大小)都须在附件三“技术部分差异表”中清晰表示。

(三)设备参数性能汇总表、结构尺寸/配置情况需按如下格式汇总填写。

设备参数性能汇总表

序号	参数名称	设计值	保证值	试验值	备注

结构尺寸/配置情况

序号	结构/配置名称	单位	型号	结构尺寸/配置情况	备注

第二部分　合同条款

一、定义

本文件和附件中所用下列名词的含义在此予以确定。

(一)"需方"是指(需方法定名称),包括该法人的法定代表人、法人的继任方和法人的受让方。

(二)"供方"是指(供方法定名称),包括该法人的法定代表人、法人的继任方和法人的受让方。

(三)"合同"是指本文件及其附件中的所有部分。

(四)"合同价格"是指在本合同4款中规定的部分。

(五)"生效日期"是指本合同18款中所规定的合同的生效日期。

(六)"技术资料"是指合同设备及其与电厂相关的设计、制造、监造、检验、安装、调试、验收、性能验收试验和技术指导等文件(包括图纸、各种文字说明、标准、各种软件)。

(七)"合同设备"是指供方根据合同所要供应的机器、装置、材料、物品、专用工具、备品备件和所有各种物品。

(八)"监造"是指在合同设备的制造过程中,由需方委托有资质的监造单位派出代表对供方提供的合同设备的关键部位进行质量监督,实行文件见证和现场见证。此种质量监造不解除供方对合同设备质量所负的责任。

(九)"验收"是指需方对合同设备保证期满后的验收。

(十)"日、月、年"是指公历的日、月、年,"天"是指24小时,"周"是指7天。

(十一)"电厂"是＿＿＿＿＿＿＿＿＿＿＿＿。

(十二)"技术服务"是指由供方提供的与本合同设备有关的工程设计、设备监造、检验、土建、安装、调试、验收、性能验收试验、运行、检修时相应的技术指导、技术配合、技术培训等全过程的服务。

(十三)"现场"是指位于为需方安装合同设备所在地。

(十四)"备品备件"是指根据本合同提供的(合同设备名称)备用部件,包括随机备品备件和足够一年运行使用的备品备件。

(十五)"书面文件"是指任何手稿、打字或印刷的有印章和或签名的文件。

(十六)"设备缺陷" 是指供方因设计、制造错误或疏忽所引起的本合同设备(包括部件、原材料、铸锻件、元器件等)达不到本合同规定的性能、质量标准要求的情形。

二、合同标的

本合同所订设备将用于＿＿＿＿＿＿＿＿＿＿(工程项目名称)工程。

(一)设备名称、规格(型号)、数量设备名称。

设备规格(型号):＿＿＿＿＿＿＿＿＿＿

数量:＿＿＿＿＿＿＿＿＿＿＿＿＿＿＿

交货期:＿＿＿年＿＿＿月＿＿＿日

(二)凡供方供应的设备应是全新的、技术先进的并且是成熟可靠的。

(三)设备的技术规范、技术经济指标和性能按技术规范。

(四)供方提供合同设备的供货范围按技术规范。

(五)供方提供的技术资料按技术规范。

(六)供方提供的技术服务按技术规范。

三、供货范围

(一)合同供货范围详见投标须知的技术规范。

(二)合同供货范围包括了所有设备、技术资料、专用工具、备品备件,但在执行合同过程中如发现有任何漏项和短缺,在发货清单中并未列入而且确实是供方供货范围中应该有的,并且是满足合同附件一对合同设备的性能保证值要求所必需的,均应由供方负责将所缺的设备、技术资料、专用工具、备品备件等补上,且不发生费用问题。

四、合同价格

(一)本合同价格即合同总价为__________万元(大写:______________________)。其中主机合同价格为__________万元(大写:______________________),配套辅机价格为__________万元(大写:______________________)。

本合同价格包括合同设备包装(含备品备件、专用工具)、技术资料、技术服务等费用,还包括合同设备的税费、运杂费(从制造厂至电厂施工现场)。

(二)本合同总价在合同交货期内为不变价。

五、付款

(一)本合同使用货币种类为人民币。

(二)付款方式:银行托收或汇票。

(三)合同设备款的支付:

1.合同生效日期起______个月内,供方提交金额为合同设备价格的______%不可撤销的履约保函和金额为合同设备价格10%的商业发票(正本一份,复印件四份),需方审核无误后______个月内,支付给供方合同设备价格的10%(______万元)作为预付款。

2.供方按交货顺序在规定的时间内将每批设备(部组件)运到交货地点,并将该批设备的商业发票(金额为该批设备价格的80%,正本一份,复印件四份)、清单、质量检验合格证明、货运提单提供给需方,需方验明无误后__________天内,支付该批设备价格的80%(__________万元)。

3.剩余合同设备价格的10%作为设备保证金,待每套合同设备保证期满没有问题,供方提交下列单据经需方审核无误后,需方在____个月内支付给供方该套合同设备价格的10%(如有问题,应扣除相应部分):

(1)金额为该套合同设备价格10%的商业发票(正本一份,复印件一式四份)。

(2)该套合同设备最终验收证书的复印件一式五份。

六、交货和运输

(一)本合同设备的交货期及交货顺序应满足工程建设设备安装进度和顺序的要求,应保证及时和部套的完整性。

(二)交货地点:合同设备的交货地点为需方施工现场。

(三)合同设备交货日期以到货车站通知单时间戳记为准。此日期即本合同计算迟交货物违约金时的根据。

(四)供方须向承运部门办理申请发运设备所需要的运输工具计划,负责合同设备从供方到现场交货地点的运输。

(五)在每批货物备妥及装运车辆发出24小时内,供方应以电报或传真将该批货物的如下内容通知需方。

1.合同号。

2.设备名称、规格型号。

3.货物备妥发运日期。

4.货物名称及编号和价格。

5.货物总毛重。

6.货物总体积。

7.总包装件数。

8.交运车站、车号和运单号。

9.重量或尺寸超标的每件货物的名称、重量、体积和件数,对每件该类设备(部件)必须标明重心和吊点位置,并附有草图。

10.对于特殊物品(易燃、易爆、有毒物品及其他危险品和运输过程中对温度等环境因素和震动有特殊要求的设备或物品)必须特别标明其品名、性质、特殊保护措施、保存方法以及处理意外情况的方法。

(六)供方应向需方分批提供满足电厂设计、监造、施工、调试、试验、检验、培训、运行和维修所需的技术资料,每套合设备10套。

(七)因需方原因要求供方推迟设备发货时(设备已制造完毕),由需方负担仓储费及必要时的保养费,并按本合同规定(视为供方已交货)支付该批设备的款项。

(八)到货站(整车):＿＿＿＿＿＿＿＿＿＿＿＿,(零担):＿＿＿＿＿＿＿＿＿＿＿。

(九)收货单位:工地,以需方或通知为准。

(十)技术资料邮寄地址:＿＿＿＿＿＿＿＿＿＿＿＿

单位:＿＿＿＿＿＿＿＿＿＿＿＿

邮编:＿＿＿＿＿＿＿＿＿＿＿＿

电话:＿＿＿＿＿＿＿＿＿＿＿＿

传真:＿＿＿＿＿＿＿＿＿＿＿＿

七、包装与标记

(一)供方交付的所有货物要符合铁路、公路、航空包装储运指示标志的规定及国家主管机关的规定,具有适合长途运输、多次搬运和装卸的坚固包装。包装应保证在运输、装卸过程中完好无损,并有减振、防冲击的措施。若包装无法防止运输、装卸过程中垂直、水平加速度引起的设备损坏,供方要在设备的设计结构上予以解决。包装应按设备特点,按需要分别加上防潮、防霉、防锈、防腐蚀的保护措施,以保证货物在没有任何损坏和腐蚀的情况下安全运抵合同设备安装现场。产品包装前,供方负责按部套进行检查清理,不留异物,并保证零部件齐全。

(二)供方对包装箱内和捆内的各散装部件在装配图中的部件号、零件号应标记清楚。

(三)供方应在每件包装箱的两个侧面上,用不褪色的油漆以明显易见的中文字样印刷以下标记。

(1)合同号。

(2)目的站。

(3)供货、收货单位名称。

(4)设备名称、机组号、图号。

(5)箱号/件号。

(6)毛重/净重(公斤)。

(7)体积(长×宽×高,以毫米表示)。

凡重量为2吨或超过2吨的货物,应在包装箱的侧面以运输常用的标记和图案标明重心位置及起吊,以便于装卸搬运。按照货物的特点,以及装卸和运输上的不同要求,包装箱上应明显地印刷有“轻放”“勿倒置”和“防雨”等字样。

(四)对裸装货物应以金属标签或直接在设备本身上注明上述有关内容。大件货物应带有足够的货物支架或包装垫木。

（五）每件包装箱内，应附有包括分件名称、数量、价格、机组号、图号的详细装箱单、合格证。外购件包装箱内应有产品出厂质量合格证明书、技术说明各一份。另邮寄装箱清单各二份。

（六）备品备件应分别包装并注明上述内容，专用工具也应分别包装。

（七）栅格式箱子和/或类似的包装，应能用于盛装不至于被偷窃或被其他物品或雨水造成损坏的设备及零部件。

（八）所有管道、管件、阀门及其他设备的端口必须用保护盖或其他方式妥善防护。

（九）对于需要精确装配的明亮洁净加工面的货物，加工面应采用优良、耐久的保护层（不得用油漆）以防止在安装前发生锈蚀和损坏。

（十）凡由于供方包装或保管不善致使货物遭到损坏或丢失时，不论在何时何地发现，一经证实，供方均应按本合同第11款的规定负责及时修理、更换或赔偿。在运输中如发生货物损坏和丢失时，供方负责与承运部门及保险公司交涉，同时供方应尽快向需方补供货物以满足工期需要。

八、技术服务和联络

（一）供方应及时提供与本合同设备有关的工程设计、设备监造、检验、土建、安装、调试、验收、性能验收试验、运行、检修等相应的技术指导、技术配合、技术培训等全过程的服务。

（二）供方需派代表到现场进行技术服务，指导需方按供方的技术资料进行安装、分部试运、调试和启动，并负责解决合同设备在安装调试、试运行中发现的制造质量及性能等有关问题。

（三）供方有义务在必要时邀请需方参与供方的技术设计，并向需方解释技术设计。

（四）如遇有重大问题需要双方立即研究协商时，任何一方均可建议召开会议，在一般情况下，另一方应同意参加。

（五）供需方有权将对方所提供的一切与本合同设备有关的资料分发给与本工程有关的各方，并不由此而构成任何侵权，但不得向任何与本工程无关的第三方提供。

（六）对盖有“密件”印章的供需方的资料，双方都有为其保密的义务。

（七）供方的配套商需要合同设备的部分技术服务或去现场工作，应由供方统一组织并征得需方同意，费用应由其自行负担。

（八）供方（包括分包与外购）须对一切与本合同有关的供货、设备及技术接口、技术服务等问题负全部责任。

（九）凡与本合同设备相连接的其他设备装置，供方有提供接口和技术配合的义务，并不由此而发生合同价格以外的任何费用。

（十）供方派到现场服务的技术人员应是有实践经验、可胜任此项工作的人员。需方有权提出更换不符合要求的供方现场服务人员，供方应根据现场需要，重新选派需方认可的服务人员。

（十一）由于供方技术服务人员对安装、调试、试运的技术指导的疏忽和错误以及供方未按要求派人指导而造成的损失应由供方负责。

九、质量监造与检验

（一）监造

1.需方认为必要时可进行设备监造。供方有配合监造的义务，在监造中及时提供相应资料和标准，并不由此而发生任何费用。

2.供方必须为需方驻厂代表和监造代表的监造检验提供：

(1)本合同设备投料时提供整套设备的生产计划及每一个月度实际生产进度和月度检验计划。

(2)与本合同设备监造有关的标准（包括工厂标准）、图纸、资料、工艺及实际工艺过程和检验记录（包括中间检验记录和/或不一致性报告）及有关文件以及复印件。

(3)向监造代表提供工作、生活方便。

3.监造代表在监造中如发现设备和材料存在质量问题或不符合本规定的标准或包装要求时，有权提出意见并暂不予以签字，供方须采取相应改进措施，以保证交货供应量。无论监造代表是否要求和是否知道，供方均有义务主动及时地向其提供合同设备制造过程中出现的较大的质量缺陷和问题，不得隐瞒，擅自处理。

（二）工厂检验与现场开箱检验

1.由供方供应的所有合同设备/部件（包括分包与外购），在生产过程中都须进行严格的检验和试验，合格者才能出厂发运。供方还应在随机文件中提供合格证和质量证明文件。

2.货物到达目的地后，供方在接到需方通知后应及时到现场，与需方一起根据运单和装箱单对货物的包装、外观及件数进行清点检验。如发现有任何不符之处经双方代表确认属供方责任后，由供方处理解决。当货物运到现场后，需方应尽快开箱检验，检验货物的数量，规格和质量。需方应在开箱检查前天通知供方开箱检验日期，供方应派遣检验人员参加现场检验工作，需方应为供方检验人员提供工作和生活方便。如检验时，供方人员未按时赴现场，需方有权自行开箱检验，检验结果和记录对双方同样有效，并作为需方向供方提出索赔的有效证据。如需方未通知供方而自行开箱或每一批设备到达现场个月后仍不开箱，产生的后果由需方承担。

3.现场检验时，如发现设备由于供方原因（包括运输）有任何损坏、缺陷、短少或不符合合同中规定的质量标准和规范时，应做好记录，并由双方代表签字，各执一份，作为需方向供方提出修理和/或更换和/或索赔的依据；如果供方委托需方修理损坏的设备，所有修理设备的费用由供方承担；如果由于需方原因，发现损坏或短缺，供方在接到需方通知后，应尽快提供或替换相应的部件，但费用由需方自负。

4.供方如对上述需方提出修理、更换、索赔的要求有异议，应在接到需方书面通知后________天内提出，否则上述要求即告成立。如有异议，供方在接到通知后个月内，自费派代表赴现场同需方代表共同复验。

5.如双方代表在会同检验中对检验记录不能取得一致意见时，可由双方委托权威的第三方检验机构/双方权威检验机构联合进行检验。检验结果对双方都有约束力，检验费用由责任方负担。

6.需方对到货检验的货物提出索赔的时间，不迟于货物抵达现场之日起的________个月。

7.上述各项检验仅是现场的到货检验，尽管没有发现问题，或供方已按索赔要求予以更换、修理，比均不能被视为供方按合同规定应承担的质量保证责任的解除。

十、安装、调试、试运和验收

（一）本合同设备由需方根据供方提供的技术资料、检验标准、图纸及说明书进行安装、调试、运行和维修。整个安装、调试过程须在供方现场技术服务人员指导下进行。

（二）合同设备的安装完毕后，供方应派人参加调试进行指导，并应尽快解决调试中出现的设备问题。

（三）性能验收试验应在每套机组全部设备运转稳定，达到额定出力连续稳定运行后.这项验收试验由需方负责，供方参加。

（四）在合同执行过程中的任何时候，对由于供方责任需要进行的检查、试验、再试验、修理或调换，在供方提出请求时，需方应作好安排进行配合以便进行上述工作。供方应负责修理或调换及其人员的费用。如果供方委托需方施工人员进行加工和/或修理、更换设备，或由于供方设计图纸错误或供方技术服务人员的指导错误造成返工，供方应按下列公式向需方支付费用（所有费用按发生时的费率水平计费）：

$$P=ah+M+cm$$

式中 P—— 总费用，元；

a—— 人工费，元/（小时·人）；

h—— 人时，（小时·人）；

M—— 材料费，元；

c—— 台班数，（台·班）；

m—— 每台设备的台班费，元/（台·班）。

十一、保证与索赔

(一)设备的保证期指合同设备签发初步验收证书之日起一年。

(二)供方保证其供应本合同的设备是全新的,技术水平是先进的、成熟的、质量优良的,设备的选型均符合安全可靠、经济运行和易于维护的要求。

(三)如由于供方责任需要更换、修理有缺陷的设备,而使合同设备停运或推迟安装时,则保证期应按实际修理或更换所延误的时间做相应的延长。其造成工程返工、报废,供方应立即无偿更换和修理,并承担其施工安装费用。

(四)在保证期内,如发现设备有缺陷,不符合本合同规定,如属供方责任,需方有权向供方提出索赔。

(五)由于供方所供设备的主要技术参数的保证值低于技术规范的要求,应向需方支付不超过本合同设备总价值的10%的罚款。

(六)如果不是由于需方原因或需方要求推迟交货而供方未能按本合同交货期交货时(不可抗力除外)需方有权按下列比例向供方收取违约金:

迟交1~4周,每周违约金金额为迟交货物金额的0.5%。

迟交5~8周,每周违约金金额为迟交货物金额的1%。

迟交9周,每周违约金金额为迟交货物金额的1.5%;不满一周按一周计算。

合同设备迟交货物的违约金总金额不超过合同设备总价的5%。

供方支付迟交违约金,并不解除供方按照合同继续交货的义务。

(七)供方支付迟交违约金并不解除按合同所规定的相应义务。

(八)如果由于需方原因,迟付货款,需方须按下列方式支付违约金:

迟交1~4周,每周违约金金额为迟付金额的0.3%。

迟交5~8周,每周违约金金额为迟付金额的0.7%。

迟交9周,每周违约金金额为迟付金额的1%;不满一周按一周计算。

需方除支付迟付款违约金外,还应支付迟交款的相应利息,每套合同设备迟付款违约金总额不超过每套合同设备总价的5%。

十二、税费

(一)根据国家有关税务的法律、法规和规定,供方应该交纳的与本合同有关的税费,由供方承担。

(二)本合同价格为含税价。供方提供的设备、技术资料、服务(也包括运输)、进口设备/部件等所有税费(包括保险费)已全部包含在合同价格内,由供方承担。

十三、分包与外购

(一)供方未经需方同意不得将本合同范围内的设备/部件进行分包(包括主要部件外购)。

(二)分包(外购)设备/部件的技术服务、技术配合由供方负全部责任。

(三)供方对所有配套设备、部件承担本合同项下的全部责任。

十四、合同的变更、修改、中止和终止

(一)本合同一经生效,合同双方均不得擅自对本合同的内容(包括附件)作任何单方的修改。但任何一方均可以对合同内容以书面形式提出变更、修改、取消或补充的建议。该项建议应以书面形式通知对方并经双方签字确认。如果该项修改改变了合同价格和交货进度,应在收到上述修改通知书后的______个工作日内,提出影响合同价格和/或交货期的详细说明。双方同意后经双方法定代表人或委托代理人(须经法定代表人书面授权委托)签字并报原合同审查单位审查后方能生效。将修改后的有关部分抄送原合同有关单位。

(二)如果供方有违反或拒绝执行本合同规定的行为时,需方将用书面通知供方,供方在接到通知后天内

确认无误后应对违反或拒绝作出修正，如果认为在__________天内来不及纠正时，应提出修正计划。如果得不到纠正或提不出修正计划，需方将保留中止本合同的一部分或全部份的权利。对于这种中止，需方将不出具变更通知书，由此而发生的一切费用、损失和索赔将由供方负担。如果供方的违约行为本合同其他条款有明确规定，则按有关条款处理。

（三）如果需方行使中止权利，需方有权停付到期应向供方支付中止部分的款项，并有权将在执行合同中预付给供方的中止部分款项索回。

（四）在合同执行过程中，若因国家计划调整而引起本合同无法正常执行时，供方和/或需方可以向对方提出中止执行合同或修改合同有关条款的建议，与之有关的事宜双方协商办理。

（五）因需方原因要求中途退货，需方应向供方偿付违约金，违约金为退货部分设备价格的10%到30%并赔偿供方由此产生的直接经济损失。

（六）因供方原因而不能交货，供方应向需方偿付违约金，违约金为不能交货部分设备价格的10%到30%并赔偿需方由此产生的直接经济损失。

（七）如果供方破产、产权变更〈被兼并、合并、解体、注销）或无偿还能力，或为了债权人的利益在破产管理下经营其业务，需方有权立即书面通知供方或破产清算管理人或合同归属人终止合同，或向该破产管理人、清算人或该合同归属人提供选择，视其给出合理忠实履行合同的保证情况，执行经过需方同意的一部分合同。

（八）若（七）款考虑的情况确实发生，需方有权从供方手中将与本合同设备有关的工作接管并收归己有，并在合理期限内从供方的现场房屋中迁出所有与本合同设备有关的设计、图纸、说明和材料，这些东西的所有权已属需方；供方应给需方提供全权处理并提供一切合理的方便，使其能搬走上述这类设计、图纸、说明和材料，需方对这种终止合同直接或间接引起的对供方的任何索赔不承担责任。此外，双方应对供方已经实际履行的合同部分评价达成协议，并处理合同提前结束的一切后果。

十五、不可抗力

（一）不可抗力是指：严重的自然灾害和灾难（如台风、洪水、地震、火灾和爆炸等）、战争（不论是否宣战）、叛乱、动乱等。合同双方中的任何一方，由于不可抗力事件而影响合同义务的执行时，则延迟履行合同义务的期限相当于不可抗力事件影响的时间，但是不能因为不可抗力的延迟而调整合同价格。

（二）受到不可抗力影响一方应在不可抗力事故发生后，尽快将所发生的不可抗力事件的情况以传真或电报通知另一方，并在天内将有关当局出具的证明文件提交给另一方审阅确认，受影响的一方同时应尽量设法缩小这种影响和由此而引起的延误，一旦不可抗力的影响消除后，应将此情况立即通知对方。

（三）如双方对不可抗力事件的影响估计将延续到120天以上时，双方应通过友好协商解决本合同的执行问题（包括交货、安装、试运行和验收等问题）。

十六、合同争议的解决

（一）凡与本合同有关而引起的一切争议，双方应首先通过友好协商解决，如经协商后仍不能达成协议时，则提交双方上级主管部门调解。如仍不能解决，双方同意任何一方可以提交双方约定的仲裁委员会仲裁或向法院提出诉讼。

（二）仲裁地点为__________市。

（三）仲裁裁决或法院判决对双方都有约束力。

（四）由上述过程发生的费用除上述仲裁裁决或法院判决另有规定外，应由败诉方承担。

（五）在进行仲裁或法院审理期间，除提交仲裁或法院审理的事项外，合同仍应继续履行。

十七、合同生效

（一）本合同生效需满足下列条件：

1. 本合同经双方法人代表或委托代理人(经法人代表书面授权)签字,加盖合同专用章。

2. 本合同经审查后方可生效。

(二)本合同开始执行日期:经国家有关部门批准开工报告日期为合同开始执行日期。

(三)本合同有效期:从合同生效之日起到签发设备运行"最终验收证书"并理赔完毕,货款两清之日为止。

十八、其他

(一)本合同包括的附件(含投标书),是本合同不可分割的一部分,具有同等法律效力。

(二)本合同项下双方相互提供的文件、资料,双方除为履行合同的目的外,均不得提供给与"合同设备"及相关工程无关的第三方。

(三)合同双方应指定二名授权代表,分别负责直接处理"本合同设备"的技术和商务问题。双方代表的名称、通讯地址在合同生效的同时书面通知对方。

(四)本合同一式______份,其中正本______份、副本______份,供需双方各执正本______份、副本______份。

(五)本合同双方的地址如下:

需　　方:______	供　　方:______
名　　称:______	名　　称:______
地　　址:______	地　　址:______
邮　　编:______	邮　　编:______
电　　话:______	电　　话:______
传　　真:______	传　　真:______
电　　传:______	电　　传:______
开户银行:______	开户银行:______
账　　号:______	账　　号:______
纳税人登记号:______	纳税人登记号:______
签字:(单位名称)______	签字:(单位名称)______
签 字 人:______	签 字 人:______
签字日期:______	签字日期:______

合同审查单位:______

______年______月______日

货 物 编

7 发电主机设备合同范本

说 明

1. 方括号“[ ]”内的数字或文字(有的空着)为合同双方谈判时协商确定。
2. 关于付款比例,可根据具体工程情况做相应调整;或采用其他付款方式,但相关条款要做相应调整。
3. 第 93 条中的“锅炉”“汽轮机”“发电机”在其相应的合同中选择其一。

发电主机设备合同范本

目 录

定 义

本文件和附件中所用下列名词的含义在此予以界定。

1."需方"是指____________________,包括法人的法定代表人、法人的继任方和法人的受让方。

2."供方"是指____________________,包括法人的法定代表人、法人的继任方和法人的受让方。

3."合同"是指本文件及其附件中的所有部分。

4."合同价格"是指在本合同第三章中规定的部分。

5."生效日期"是指本合同第十四章中所规定的合同的生效日期。

6."技术资料"是指合同设备及其与电厂相关的设计、制造、检验、施工、安装、调试、性能验收试验、验收和技术指导等文件(包括图纸和各种文字说明),以及本合同附件三规定的用于合同电厂正确运行和维护的文件。

7."合同设备"是指供方根据合同所要供应的机器、装置、材料、物品、专用工具、备品备件和所有各种物品,如本合同附件二所列示和规定。

8."性能验收试验"是指为检验本合同附件一规定的性能保证值按本合同附件五规定所进行的试验。

9."临时验收"是指当性能验收试验的结果表明已达到了合同附件一规定的保证值后,需方对每台机组合同设备的验收。

10."最终验收"是指需方对每一机组的合同设备保证期满后的验收。

11."日、月、年"是指公历的日、月、年。

12."电厂"是指____________________电厂。

13."服务"是指由供方提供的与设计、制造、检验、施工、安装、调试、性能验收试验、验收直至最终验收证书签发相关的技术指导(包括人员培训)服务。

14."现场"是指位于____________________,由需方为建设电厂所选定的地方。

15."备品备件"是指根据本合同提供的____________________备用部件,根据附件二足够3年运行用。

16."试运行"是指单机、整机或各系统和/或设备进行的试运行。

17."机组"是指锅炉、汽轮机、汽轮发电机和附属设备组成的一个完整机组。

18."书面文件"是指任何手稿、打字或印刷的有印章和/或签名的文件。

19."分包商"或"分供货商"是指由供方将合同供货范围内任何部分的供货分包给其他的法人及该法人的继任方和该法人允许的受让方。

20."最后一批交货"是指该批货物交付后,使得合同设备已交付的货物总价值达到合同设备价格98%以上,并且余下未交的设备不影响机组的安装、调试和性能验收试验。

21."开始日期"是指合同生效后,由需方通知供方使用本合同设备的工程项目已被正式列入(国家)开工计划的通知之日。

第一章　合同标的

本合同所定设备将用于________________________项目。

第一条　设备名称、规格(型号)、数量。

设备名称:__________________________

设备规格(型号):____________________

数量:____________________________套

第二条　凡供方供应的设备应是全新的、技术先进的,并且是成熟可靠的。

第三条　设备的技术规范、技术经济指标和性能按本合同附件一。

第四条　供方详细的供货范围按合同附件二。

第五条　供方供应的技术资料按合同附件三。

第六条　本合同包括为保证所供应的设备安全可靠、高效正常运行与维护所必需的专用工具与备品备件、技术服务(其中也包括技术配合和现场技术服务)及技术资料(其中包括图纸、资料、说明书等)。

第二章　供货范围

第七条　合同供货范围详见附件二。

第八条　本合同供货范围包括了所有设备、技术资料、专用工具、备品备件、服务及技术指导,但在执行合同过程中如发现有任何漏项和短缺,在发货清单中并未列入而且确实是供方供货范围中应该有的,并且是满足合同附件一对合同设备的性能保证值要求所必须的,均应由供方负责将所缺的设备、技术资料、专用工具及备品备件、服务及技术指导等补上,且不发生费用问题。

第三章　合同价格

第九条　供方按本合同供应的一套合同设备总价格为________万元(大写:________________)。其中第一套合同设备价格为________万元,第二套合同设备价格为________万元。

该价格还包括供方所应纳的税,以及技术资料(含邮递费用)和技术配合、技术服务费,从制造厂到始发站/码头的运输、装卸、保险费和所有设备包装费。

第十条　按合同供货范围(分部套及技术服务费)的分项价格见附件六。

第十一条　本价格在合同交货期内为不变价,若因需方原因推迟交货期,其价格变动按第十四条规定执行。

第四章　付款方式和付款比例

第十二条　本合同使用货币种类为人民币。

第十三条　付款方式:银行托收或票汇。

第十四条　合同价款按下列方式支付:

1.合同生效后1个月内,供方在提交下列单据经审核无误后,需方支付给供方合同总价款的____%(________万元)作为预付款。

(1)金额为合同总价款________%的商业发票(正本1份,影印件4份)。

(2)金额为合同总价款100%的形式发票(正本1份,影印件4份)。

2.合同开始日期起1个月内,且供方在提交金额为合同总价款________%的商业发票(正本1份,影印件4份)经审核无误后,需方支付给供方合同总价款的________%作为预付款。

若合同生效日期与开始日期时间相差超过2个月,则合同交货期开始顺延,顺延时间为生效日期与开始日期时间相差减去2个月;顺延时间每超过6个月,则合同价增加________%,顺延时间不到6个月则合同价不变(注:第十四条的1项和第十四条2项付款之和为合同总价款的10%)。

3.货款的支付。供方按交货顺序在规定的时间内将每批设备(部组件)交给指定的运输部门,在办理好全部运输手续后,应将全套的该批设备的商业发票(金额为该批设备价格的80%,正本1份,影印件4份)、清单、质量检验合格证明、货运提单提供给需方,需方在30天内验明上述文件无误后,支付该批货物货款的80%。

4.每套合同设备经168小时试运行通过,并需方在收到供方提交的金额为该套合同设备技术服务费80%的商业发票(正本1份,影印件4份),经审核无误后1个月内,需方支付给供方该套合同设备技术服务费的 80%。

5. 剩余合同总价的 10%作为设备质量保证金,待每套合同设备保证期满没有质量问题,在供方提交下列单据经需方审核无误后,需方应在 1 个月内支付给供方该套合同设备价格的 10%:

(1) 金额为该套合同设备价格 10%的商业发票(正本 1 份,影印件 4 份)。

(2) 该套合同设备最终验收证书的影印件一式 5 份。

第十五条 付款时间以需方银行承付日期为实际支付日期,此日期即本合同第一百条计算迟交款违约金的依据。

第五章 交 货

第十六条 本合同设备的交货期及具体分部套交货时间详见附件四。

第十七条 交货地点:凡供方制造的部套为供方厂铁路专用线(车上)/码头(船上);凡供方分包给其他单位制造的部套(除必须返供方厂的部套外),其交货地点为分包单位铁路专用线(车上)/码头(船上)。若供方(包括分包部分)没有铁路专用线/码头,则供方的交货地点为附近的铁路货运站(车上)/码头(船上)。

第十八条 合同生效后 6 个月内,供方应按照本合同附件四的规定向需方提供预计每批货物名称、总重量、总体积和交货日期的初步交货计划,及本合同项下的货物总清单。在每批货物预计启运[60]天前及[10]天前,供方应以电报或传真将第二十一条中的各项内容通知需方。

第十九条 每批合同设备交货日期以货物始发铁路部门/水运部门发货时间戳记为准。此日期即本合同第九十五条计算迟交货物违约金时的根据。

第二十条 需方可委托供方负责代办设备运输,运杂费、保险费等均由需方承担。供方需向承运部门办理申请发运设备所需要的运输工具计划。

第二十一条 在每批货物备妥及装运火车车辆/船发出[24]小时内,供方应以电报或传真将该批货物的如下内容通知需方:

(1)合同号。

(2)机组号。

(3)货物备妥发运日。

(4)货物名称、编号和价格。

(5)货物总毛重。

(6)货物总体积。

(7)总包装件数。

(8)交运车站/码头名称、车号/船号和运单号。

(9)重量超过 20 吨或尺寸超过 9 米×3 米×3 米的每件货物的名称、重量、体积和件数,对每件该类设备(部件)必须标明重心和吊点位置,并附有草图。

(10)对于特殊物品(易燃、易爆、有毒物品及其他危险品和运输过程中对温度等环境因素和震动有特殊要求的设备或物品)必须特别标明其品名、性质、特殊保护措施、保存方法以及处理意外情况的方法。

第二十二条 发货计划中没有开列的货物应配合安装进度进行交货。

第二十三条 在保证期内和在保证期满后至第一次大修时止,由于供方的过失或疏忽造成的供应设备(或部件)经双方确认的损坏或潜在缺陷,而动用了需方库存中的备品备件以调换损坏的设备或部件,则供方应负责免费在[6]个月内将动用的备品备件补交,运到指定目的车站/码头,并且通知需方。

第二十四条 供方应按附件一和附件三的规定,向需方分批提供:满足做电厂设计所需的厂家图纸、资料、技术文件。按附件一和附件三的规定提供全部安装图纸、资料、技术文件,每套合同设备[10]套。应分别列出上述图纸技术文件的清单及符合附件三规定的交付进度。

第二十五条 每批技术资料交邮后,供方应在[24]小时内将技术资料的交邮日期、邮单号、技术资料的详细清单、件数、重量及合同号等，以传真或电报通知需方。

第二十六条 技术资料以交邮印戳日期为技术资料的实际交付日期。此日期将作为按合同第九十六条对任何延期交付资料进行延期违约金计算的依据。如果技术资料经需方或需方代表检查后发现有缺少、丢失或损坏，且非需方原因，供方应在收到需方通知后[14]天内[对急用者应在3天内]免费向现场补充提供缺少、丢失或损坏的部分。如因需方原因发生缺少、丢失或损坏，供方应在接到需方通知后[14]天内[对急用者应在3天内]，向现场补充提供缺少、丢失或损坏部分，费用由需方承担。

第二十七条 需方可派遣代表到供方工厂及装货车站检查包装质量和监督装车情况。供方应提前[15]天通知需方交运日期。如果需方代表不能及时参加检验时，供方有权发货。上述需方代表的检查与监督不能免除供方应负的责任。

第二十八条 因需方原因要求供方推迟设备发货时，由需方负担仓储费及必要时的保养费，并按本合同规定支付该批设备的款项。

第二十九条 到货站(整车)/码头(整船)：____________________

(零担)/(散货)：____________________

第三十条 收货单位：____________________

第六章 包装与标记

第三十一条 供方交付的所有货物要符合“GB 191—73”包装储运指示标志的规定，按(79)机电联字第1029号文及国家主管机关的规定，具有适合长途运输多次搬运、装卸的坚固包装，不能造成运输过程中箱件破损，设备和零件散失，并应按设备特点，按需要分别加上防潮、防霉、防锈、防腐蚀的保护措施，以保证货物在没有任何损坏和腐蚀的情况下安全运抵合同设备安装现场。产品包装前，供方负责按部套进行检查清理，不留异物，并保证零部件齐全。

第三十二条 供方对包装箱内和捆内的各散装部件在装配图中的部件号、零件号应标记清楚。

第三十三条 供方应在每件包装箱的两个侧面上，用不褪色的油漆以明显易见的中文字样印刷以下标记：

(1)合同号。

(2)目的站/码头。

(3)收货单位名称。

(4)设备名称、机组号、图号。

(5)箱号/件号。

(6)毛重/净重(公斤)。

(7)体积(长×宽×高，以毫米表示)。

凡重量为2吨或超过2吨的货物，应在包装箱的侧面以运输常用的标记和图案标明重量及挂绳位置，以便于装卸搬运。按照货物的特点，装卸和运输上的不同要求，包装箱上应明显地印刷“轻放”“勿倒置”和“防雨”等字样。

第三十四条 对裸装货物应以金属标签或直接在设备本身上注明上述有关内容。大件货物应带有足够的货物支架或包装垫木。

第三十五条 每件包装箱内，应附有包括分件名称、数量、价格、机组号、图号的详细装箱单、合格证。外购件包装箱内应有产品出厂质量合格证明书、技术说明(如有的话)各1份。另邮寄装箱清单各2份。

第三十六条 附件二中列明的备品备件应按每台设备分别包装，并在包装箱外加以注明，一次性发货。

第三十七条 备品备件及工具应分别包装并按第三十二条注明上述内容。

第三十八条 各种设备及松散零星的部件应采用好的包装方式，装入最小的完善的箱件内，并尽可能整车发运以减少运输费用。

第三十九条 栅格式箱子及/或类似的包装,应能用于盛装不至于被偷窃或被其他物品或雨水造成损坏的设备及零部件。

第四十条 所有带坡口管子和管件的端口必须用保护盖或其他方式妥善防护。

第四十一条 供方及/或其分包商不得用同一箱号标明任何两个箱件。

第四十二条 对于需要保证精确装配的明亮洁净加工面的货物,这些加工面应采用优良、耐久的保护层(不得用油漆),以防止在安装前发生锈蚀。

第四十三条 供方交付的技术资料应使用适合于长途运输、多次搬运、防雨和防潮的包装。每包技术资料的封面上应注明下述内容:

(1)合同号。

(2)收货单位名称。

(3)目的站/码头。

(4)毛重。

(5)箱号/件号。

每一包资料内应附有技术资料的详细清单一式2份,标明技术资料的序号、文件项号、名称和页数。

第四十四条 凡由于供方包装或保管不善致使货物遭到损坏或丢失时,不论在何时何地发现,一经证实,供方均应按本合同第十章的规定负责及时修理、更换或赔偿。

在运输中如非供方包装原因发生货物损坏和丢失时,需方应立即向承运部门提出异议,索取商务证明,并通知供方7天内到达现场调查。供方负责与承运部门及保险公司交涉,需方协助供方尽快处理,同时供方应尽快向需方补供货物以满足工期需要。

第四十五条 需方应对多次使用的专用铁路包装箱、包装架等,在该部件到货清点之后[6]个月内返供方。

第七章 技术服务和联络

第四十六条 供方需派代表到现场进行技术服务,指导需方按供方的技术资料和图纸进行安装、分部调试、启动调试和试运行,并负责解决合同设备在安装调试、试运行中发现的制造质量及性能等有关问题。

第四十七条 供方应在合同生效后6个月内以邮寄方式向需方提交执行第四十六条中规定的服务工作的组织计划一式2份。

第四十八条 在合同生效后[3]个月内,双方确定技术联络会的次数、时间和地点。

第四十九条 供方有义务在必要时邀请需方参与供方的技术设计,并向需方解释技术设计。

第五十条 如遇有重大问题需要双方立即研究协商时,任何一方均可建议召开会议,在没有非常情况下,另一方应同意参加。

第五十一条 各次会议及其他联络方式双方均应签订会议纪要或联络纪要,所签纪要双方均应执行。如涉及合同条款有修改时,需经双方法定代表人批准,以修改本为准。

第五十二条 供方提出并经双方在会议上确定的安装、调试和运行技术服务方案,供方如有修改,须以书面形式通知需方,经需方确认后方可进行。为适应现场条件的要求,需方有权提出变更或修改意见,并书面通知供方,供方应给予充分考虑,应尽量满足需方要求。

第五十三条 需方有权将供方的设备设计、安装和技术服务方案,以及供方所提供的一切有关合同设备的资料和图纸等复印分发给需方和有关各方,需方并不由此而构成任何侵权。

第五十四条 为合同设备安装工程而雇佣的其他合同商,对盖有"密件"印章的图纸文件,需方应予以保密。

第五十五条 如果供方的分包商需要参加合同设备的部分技术服务或去现场工作,应事前通过供方征得需方同意,费用应由其自行负担。

第五十六条 对于供方主要部件的订货合同和分包合同，供方应对其分包商的一切有关供货范围、设备及技术接口等问题负责。

第五十七条 对于需方选购的与本合同设备有关的配套设备，供方有提供技术配合的义务，并不由此而发生任何费用问题。

第五十八条 供方派到现场服务的技术人员应在本合同生效后[6]个月内提交需方予以确认。需方有权提出更换不符合要求的供方现场服务人员，供方应根据现场需要，重新选派需方认可的服务人员。如果需方在书面提出该项要求[10]天内供方没有答复，将按第九十七条视为延误工期等同处理。

第五十九条 技术服务和联络的具体要求见附件七。

第八章 质量监造与检验

第六十条 供方应在本合同签字日起[3]个月内，向需方提供本合同设备的设计、制造和检验标准的目录。设计、制造和检验标准应符合附件一和附件五的规定。

第六十一条 需方有权在合同设备制造过程中派驻厂代表，在电力工业部驻厂总代表组的统一组织下进行监造和出厂前的检验，了解设备组装、检验、试验和设备包装质量情况，并签字确认。需方监造检验的标准应使用附件一和附件五所列的相应标准。供方有配合监造的义务，在监造中及时提供相应资料，并不由此而发生任何费用问题。

第六十二条 需方监造的范围及具体监造检验项目见附件五。

第六十三条 供方应为需方驻厂代表的监造检验提供下列方便。

(1)根据本合同设备每一个月度生产进度提交符合附件五要求的月度检验计划。

(2)提前[7]天将设备的监造项目和检验时间通知电力部总代表组和需方(或需方驻厂代表)。

(3)电力部总代表组和需方驻厂代表有权查(借)阅供方与本合同设备有关的标准(包括工厂标准)、图纸、资料、工艺及实际工艺过程和检验记录(包括中间检验记录或称不一致性报告)及附件五规定的有关文件；对于检验记录，如需方认为需要复印存档，供方应提供方便。

(4)向需方驻厂代表提供工作、生活方便。

第六十四条 需方的监造检验一般不得影响工厂的正常生产进度，应尽量结合供方工厂实际生产过程。若需方厂代表不能按供方通知时间及时到场，供方工厂的试验工作可正常进行，试验结果有效，但是需方代表有权事后了解和检查试验报告和结果。

第六十五条 需方代表在监造中如发现设备和材料存在质量问题或不符合本规定的标准或包装要求时，需方代表有权提出意见并暂不予签字，供方须采取相应改进措施，以保证交货质量。无论需方是否要求和是否知道，供方均有义务主动及时地向需方提供合同设备制造过程中出现的较大的质量缺陷和问题，不得隐瞒，在需方不知道的情况下供方不得擅自处理。

第六十六条 不论需方人员是否参与监造与出厂检验或者需方代表参加了监造与检验，并且签了监造与检验报告，均不能被视为供方按合同第十章规定应承担的质量保证责任的解除，也不能免除供方对设备质量应负的责任。

第六十七条 由供方供应的所有合同设备部件出厂时，应有供方制造厂签发的产品质量合格证作为交货的质量证明文件。对附件五列出的某些主要设备，还应有全套需方代表签字的监造与检验记录和试验报告。

第六十八条 货物到达目的地后，供方在接到需方通知后应及时到现场，与需方一起根据运单和装箱单组织对货物的包装、外观及件数进行清点检验。如发现有任何不符之处并由双方代表确认属供方责任后，由供方处理解决。当货物运到现场后，需方应尽快开箱检验，检验货物的数量、规范和质量。需方应在开箱检查前[14]天通知供方开箱检验日期，供方应派遣检验人员参加现场检验工作，需方应为供方检验人员提供工作和生活方便。如检验时，供方人员未按时赴现场，需方有权自行开箱检验，检验结果和记录对双方同样有效，并作为需方向供方提出索赔的有效证据。如需方未通知供方而自行开箱或最后一批设备到达现场[3]个月后仍不开箱，产生的后果由需方承担。

第六十九条 现场检验时，如发现设备由于供方原因有任何损坏、缺陷、短少或不符合合同中规定的质量标准和规范时，应做好记录，并由双方代表签字，各执1份，作为需方向供方提出修理或更换的依据；如果供方委托需方修理损坏的设备，所有修理设备的费用由供方承担；如果非供方原因或由于需方原因，发现损坏或短缺，供方在接到需方通知后，应尽快提供或替换相应的部件，但费用由需方自负。

第七十条 供方对上述索赔如有异议，应在接到需方索赔通知后[14]天内提出复议，否则索赔即告成立。如有异议，双方需进行协商，如果供方认为有必要，需方可同意供方在接到索赔通知后[1]个月内，自费派代表赴检验现场同需方代表共同复验。

第七十一条 如双方代表在会同检验中对检验记录不能取得一致意见时，任何一方均可提请中国商品检验局进行商检。商检局出具的商检证书是具有法律效力的最终检验结果，对双方都有约束力，商检费用由责任方负担。

第七十二条 供方接到需方按本合同第六十八条至第七十一条规定提出的索赔后，应按第七十三条的规定尽快修理、换货或补发短缺部分，由此产生的制造、修理和运费及保险费，均应由责任方负担。

第七十三条 供方修理或换货的时间，以不影响电厂建设进度为原则，但不迟于发现缺陷、损坏或短缺等之后3个月，对于关键部件重新供应的时间，由双方协商决定。

第七十四条 需方对到货检验的货物提出索赔的时间，不迟于货物抵达电厂工程设备储放场之日起的6个月。

第七十五条 本章以上条款所述的各项检验仅是现场的到货检验，尽管没发现问题或供方已按索赔要求予以更换或修理，均不能被视为供方按合同第十章及附件一的规定应承担的质量保证责任的解除。

第九章 安装、调试(试运)和验收

第七十六条 本合同设备由需方根据供方提供的技术资料、检验标准、图纸及说明书进行安装。双方应充分合作，采取一切必要措施，使合同设备尽快建成投产。

第七十七条 本合同设备安装完毕后的验收工作按照附件一、附件五的要求进行。

第七十八条 合同设备安装完毕后，供方应派人参加调试，并应尽快解决出现的问题，其所需时间应不超过3个月。在此期间，如合同设备都能安全稳定运行，即可由双方选择适当时间进行性能验收试验，这项验收试验由需方负责，供方参加。

第七十九条 性能验收试验应在每套合同设备全部设备运转稳定，达到额定出力下连续稳定运行168小时完毕后，应在6个月内进行。

当每套合同设备全部设备运行稳定，达到本合同附件一所规定的各项性能保证值指标后，则考核认为合格。此后10天内，需方应签署并由供方会签的本合同设备初步验收证书一式2份，双方各执1份。

如果合同设备不能达到本合同附件一、附件五所规定的一项或多项保证指标时，按第八十一条和第九十二条办理。

第八十条 在不影响本合同设备安全、可靠运行的条件下，如有个别微小缺陷，在双方商定的时间内由供方免费修理上述微小的缺陷的条件下，需方可同意签署初步验收证书。

第八十一条 如果在第一次性能验收试验时达不到本合同附件一、附件五所规定的一项或多项性能保证值时，则双方应共同分析原因，澄清责任，由责任一方采取措施，并在第一次验收试验结束后[2]个月内进行第二次验收试验。

第八十二条 在第二次性能验收试验后，如仍有一项或多项指标未能达到本合同附件一、附件五所规定的性能保证值，双方应共同研究，分析原因，澄清责任，经双方确认：

如属供方原因，则应按本合同第十章执行；

如属需方原因，本合同设备应被认为初步验收，此后10天内由需方代表签署并由供方代表会签本合同设备初步验收证书一式2份，双方各执1份。供方仍有义务与需方一起采取措施，使合同设备性能达到保证值。

第八十三条 每套合同设备最后一批设备到达现场之日起[36]个月内，如因非供方原因该合同设备未能进行试运行和性能验收试验，期满后即视为通过最终验收，此后15天内，应由需方签署并由供方会签本合同设备最终验收证书。

在合同设备稳定运行168小时后，如果非供方原因造成的性能验收试验的延误超过[6]个月，则此后15天内需方应签署并由供方会签的本合同设备初步验收证书。

第八十四条 不管合同设备性能验收试验进行一次或二次，需方将于初步验收证书签发之日起至一年并完成索赔后15天内按照第九十条规定签发最终验收证明书。

第八十五条 按第七十九条及第八十二条出具的初步验收证书只是证明供方所提供的设备性能和参数截至出具初步验收证明时可以按合同要求予以接受，但不能视为供方对设备中存在的可能引起合同设备损坏的潜在缺陷所应负的责任解除的证据。同样，最终验收证书也不能被视为供方对设备中存在可能引起合同设备损坏的潜在缺陷应负责任的解除的证据。潜在缺陷指设备的隐患在正常情况下不能在制造过程中被发现，供方对纠正潜在缺陷所应负的责任，其时间应保证到一年保证期终止后到第一次大修(通常为一年)。

当发现这类潜在缺陷时(经双方确认)，供方应按照本合同第二十三条及第八十九条1项的规定进行修理或调换。

第八十六条 在合同执行过程中的任何时候，对由于供方责任需要进行的检查、试验、再试验、修理或调换，在供方提出请求时，需方应做好安排，以便进行上述工作。供方应负担修理或调换及其人员的费用。如果供方委托需方施工人员进行加工和/或修理、调换设备，或由于供方设计图纸错误或供方技术服务人员的错误造成返工，供方应按下列公式向需方支付费用(所有费用按发生时的费率水平计费)：

$$P=an+M+cm$$

式中 P——总费用，元；

a——人工费，元/(小时·人)；

n——人时，(小时·人)；

M——材料费，元；

c——台班数，(台·班)；

m——每台设备的台班费，元/(台·班)。

第十章 保证与索赔

第八十七条 保证期一般是指合同设备签发初步验收证书之日起一年(签最终验收证书)，或供方发运最后一批交货的设备到货之日起[36]个月(签最终验收证书)。

二者以先到日期为准。该保证期的具体内容按第九章和第十章有关条款执行。

第八十八条 供方保证其供应的本合同设备的成套设备是全新的，技术水平是先进的、成熟的，质量优良的，设备的造型均符合安全可靠、经济运行和易于维护的要求。供方保证根据本合同附件三所交付的技术资料、图纸是清晰、完整统一和内容正确、准确的，并能满足合同设备的设计、安装、调试、运行和维修的要求，合同设备在投产后的第一年内，年可利用小时数要求大于[6500]小时；第二年及以后年可运行小时数要求大于[7500]时，年强迫停机率小于[2%]，供方为“合同设备”承担的保证期应到需方出具最终验收证书时止。

第八十九条

(1)本设备合同执行期间，如果供方提供的设备有缺陷和技术资料有错误，或者由于供方技术人员错误，造成工程返工、报废，供方应立即无偿换货和修理。如需换货，供方应负担由此产生的到安装现场换货的一切费用，换货或修理期限应不迟于证实属供方责任之日起的[2]个月内，对于那些在[2]个月内不可能修理或调换的货物,可经需方特殊允许另行商定期限。供方可委托需方在现场进行损坏设备的修理,所有费用由供方负担。

(2)由于需方未按供方所提供的技术资料、图纸、说明书及非供方技术人员的原因造成的设备损坏,由需方负责修理、更换,但供方有义务尽快提供所需更换的部件,对于需方要求的紧急部件,供方应安排最快的方式运输,所有费用均由需方负担。

第九十条 合同规定的保证期满后,由需方在15天内出具合同设备保证期满最终验收证书交给供方。条件是:在此期间供方应完成需方在保证期满前提出的索赔和赔偿。但供方对非正常维修和误操作以及由于正常磨损造成的损失不负责任。

第九十一条 在保证期内,如发现供方提供的设备有缺陷,不符合本合同规定时,如属供方责任,则需方有权向供方提出索赔。如供方对此索赔有异议,按第七十条办理。否则供方在接到需方索赔文件后,应立即无偿修理、换货、赔款或委托需方安排大型修理,包括由此产生的到安装现场的换货费用、运费及保险费由供方负担。

第九十二条 如由于供方责任需要更换、修理有缺陷的设备,而使合同设备停运或推迟安装时,则保证期应按实际修理或换货所延误的时间做相应的延长。

第九十三条 由于供方责任,在第九章规定的性能验收试验后,如经第二次验收试验(由于供方原因)仍不能达到本合同附件一所规定的一项或多项保证指标时,供方应承担违约金,其计算方法如下。

锅炉:

(1)如果锅炉效率在[铭牌出力]时低于保证值,每降低0.1%绝对值,供方向需方支付[ ]万元人民币的违约金。

(2)如果在按本合同附件一规定的额定条件下,锅炉出力低于保证值,每降低10吨/时,供方向需方支付[ ]万元人民币的违约金。

(3)在[铭牌出力]工况下,空气预热器内漏风系数$\triangle\alpha$值在按图纸要求安装和经过认真调试后,并经供方驻现场代表签字认可后,投产时要求小于__________,运行一年后要求小于__________,以上要求每升高0.01,供方向需方支付[ ]万元人民币的违约金。

汽轮机:

(1)如果汽轮机热耗高于保证值,每增高4.18千焦/(千瓦·时),供方向需方支付[ ]万元人民币的违约金。

(2)汽轮机在[铭牌工况]条件下出力每降低1兆瓦,供方向需方支付[ ]万元人民币的违约金。

(3)如果汽轮机在额定转速下,各轴承的振动值每高于保证值0.01毫米,供方向需方支付__________万元人民币的违约金。

发电机:

(1)发电机在额定氢压、额定功率、额定电压、额定功率因素、氢气冷却器入口冷却水温度为[℃]的条件下,且定、转子各部分的温度(或温升)不超过本合同附件一的规定值,出力每降低1兆瓦,供方向需方支付[ ]万元人民币的违约金。

(2)发电机的效率比保证值每降低0.1%绝对值,供方向需方支付[ ]万元人民币的违约金。

(3)如果发电机在额定转速下,各轴承的振动值每高于保证值0.01毫米,供方向需方支付__________万元人民币的违约金。

如上述任何一项的违约金比率超过以上条款指出的违约金比率的5倍时,需方有权要求供方以更大的违约金比率来支付违约金,其具体违约金可由双方协商决定。如果达不成协议,需方有权要求暂停全部或一部分性能考核试验。此时需方有权要求供方在需方同意的时间内尽快提供替换件。

每套合同设备按照以上(1)~(3)项累积计算的最大违约金总金额将不超过每套合同设备总价的10%。供方支付最后一笔违约金或者供方提供的满意的替换件被需方接受之日,即为需方承认设备可以初步验收并出具初步验收证书之日。

第九十四条 如合同设备在保证期内发现了双方共同确认的系供方责任的十分严重的缺陷(如设备性能达不到要求等),则其保证期将自该缺陷修正后开始计算一年。

第九十五条 如果不是由于需方原因或需方要求推迟交货而供方未能按本合同附件四规定的交货期交货时(不可抗力除外),实际交货日期按本合同第十六条、第十九条规定计算,需方有权按下列比例向供方收取违约金:

迟交1～4周,每周罚迟交货物金额的[0.5%]。

迟交5～8周,每周罚迟交货物金额的[1%]。

迟交9周以上,每周罚迟交货物金额的[1.5%]。

不满1周按1周计算。

由于铁路运输的责任而导致1个月以内的迟交,供方出具有关的设备入库单及车皮发运单,经需方代表确认后,需方可以考虑免于迟交违约金。每套合同设备迟交货物的违约金总金额不超过每套合同设备总价的[5%]。

供方支付迟交违约金,并不解除供方按照合同继续交货的义务。

对安装、试运行有重大影响的设备迟交超过6个月时,需方应保留与供方协商的权力,共同商定供方应向需方支付赔偿金的数额,如协商不能达成协议时,需方有权终止部分或全部合同。

第九十六条 如由于确属供方责任未能按本合同附件三的规定按时交付,经双方确认属严重影响施工的关键技术文件时,则每迟交1周,需方将要求供方支付违约金[5万元],迟交时间的计算以第二十六条规定为准。

第九十七条 如果由于供方服务的疏忽和/或错误,在执行合同中造成双方一致承认的延误,每延误工期1周,供方将向需方支付每套合同设备总价的[0.05%]违约赔偿金,每套合同设备这部分赔偿金最多不超过每套合同设备总价的[0.5%],且供方需支付由于供方技术服务错误或违约造成需方的直接损失。

第九十八条 供方对于根据本合同承担的每套合同设备索赔责任不论单项或多项,累计将不超过每套合同设备总价的[10%]。

第九十九条 供方支付迟交违约金并不解除按合同附件四继续交货的义务,对安装试验有重大影响的部套,迟交超过[6]个月时,需方保留与供方共同商定供方向需方支付赔款额的权力。

第一百条 如果由于需方原因,迟付货款,需方须按下列方式支付违约金:

迟交1～4周,每周罚迟付金额的[ ]。

迟交5～8周,每周罚迟付金额的[ ]。

迟交9周以上,每周罚迟付金额的[ ]。

不满1周按1周计算。

需方除支付以上违约金外,还应支付迟交款的相应利息,每套合同设备以上违约金款总额不超过每套合同设备总价的[5%]。

第十一章 合同的变更和修改、暂停(中止)和终止

第一百零一条 本合同一经生效,合同双方均不得擅自对本合同的内容(包括附件)做任何单方的修改。但任何一方均可以对合同内容以书面形式提出变更、修改、取消或补充的建议。该项建议由一方以顺序编号的修改通知书向对方签发,修改通知书副本经对方签署人会签后退还给修改通知书签发一方。如果双方共同认为该项修改会对合同价格和交货进度有重大影响时,供方应在收到上述修改通知书后的[14]个工作日内,提出影响合同价格和/或交货期的详细说明。双方同意后经双方法定代表人或委托代理人(须经法定代表人书面授权委托)签字并经主管部门审核后生效。将修改后的有关部分抄送原合同有关单位。

第一百零二条 如果供方有违反或拒绝执行本合同规定的行为时,需方将用书面通知供方,供方在接到通知后[15]天内确认无误后,应对违反或拒绝做出修正,如果认为在[15]天内来不及纠正时,应提出修正计划。如果得不到纠正或提不出修正计划,需方将保留暂停本合同的一部分或全部分的权利。对于这种暂停,需方将不出具变更通知书,由此而发生的一切费用、损失和索赔将由供方负担。

第一百零三条 根据第一百零二条规定，如果需方行使暂停权利后，需方有权停付到期应向供方支付暂停部分的款项，并有权将在执行合同中预付给供方的暂停部分款项索回。

第一百零四条 在合同执行期间，若因需方原因要求对合同设备进行重大的变更和/或要求增加超出附件二以外的范围，需方应考虑供方的设计和生产周期及由此而发生的费用变化；供方接到需方的方面通知后，应充分考虑需方意见，与需方一起尽早完成合同修改。

第一百零五条 在合同执行过程中，若因国家计划调整而引起本合同无法正常执行时，供方和/或需方可以向对方提出暂停执行合同或修改合同有关条款的建议，与之有关的事宜双方协商办理。

第一百零六条 因需方原因要求中途退货，需方应向供方偿付违约金，违约金为退货部分货款总值的[10％～30％]并赔偿供方由此产生的直接经济损失。

第一百零七条 因供方原因而不能交货，供方应向需方偿付违约金，违约金为不能交货部分货款总值的[10％～30％]并赔偿需方由此产生的直接经济损失。

第一百零八条 如果供方破产或无偿还能力，或为了债权人的利益在破产管理下经营其业务，需方有权立即书面通知供方或破产清算管理人或合同归属人终止合同，或向该破产管理人、清算人或该合同归属人提供选择，按其给出的合理忠实履行合同的保证，执行经过同意的一部分合同。

第一百零九条 若第一百零八条中考虑的情况确实发生，需方有权从供方手中将与本合同设备有关的工作接管并收归已有，并在合理期限内从供方的现场房屋中迁出所有与本合同设备有关的设计、图纸、说明和材料，这些东西的所有权已属需方，供方应给需方提供全权处理并提供一切合理的方便，使其能搬走上述这类设计、图纸、说明和材料，需方对这种终止合同直接或间接引起的对供方的任何索赔不承担责任。

此外，双方应对供方已经实际履行的合同部分评价达成协议，并处理合同提前结束的一切后果。

第十二章　不可抗力

第一百一十条 不可抗力，是指严重的自然灾害和灾难(如台风、洪水、地震、火灾和爆炸等)、战争(不论是否宣战)、叛乱、破坏、动乱等。合同双方中的任何一方，由于不可抗力事件而影响合同义务的执行时，则延迟履行合同义务的期限相当于不可抗力事件影响的时间，但是不能因为不可抗力的延迟而调整合同价格。

第一百一十一条 受到不可抗力影响的一方应在不可抗力事故发生后，尽快将所发生的不可抗力事件的情况以传真或电报通知另一方，并在[3 天]内用航空挂号信将有关当局出具的证明文件提交给另一方审阅确认，受影响的一方同时应尽量设法缩小这种影响和由此而引起的延误，一旦不可抗力的影响消除后，应将此情况立即通知对方。

第一百一十二条 如双方对不可抗力事件的影响估计将延续到[120 天以上]时，双方应通过友好协商解决本合同的执行问题(包括交货、安装、试运行和验收等问题)。

第十三章　合同争议的解决

第一百一十三条 本合同适用法律为中华人民共和国法律。

第一百一十四条 凡与本合同有关的一切争议，双方应通过友好协商解决，如经协商后仍不能达成协议时，则提交双方上级主管部门调解。如仍不能解决，可提交双方约定的仲裁委员会仲裁。

第一百一十五条 仲裁地点为[　　]。

第一百一十六条 仲裁裁决对双方都有约束力。

第一百一十七条 由上述过程发生的费用除上述仲裁裁决另有规定外，应由败诉方承担。

第一百一十八条 在进行仲裁期间，除提交仲裁的事项外，合同仍应继续履行。

第十四章　合同生效及其他事项

第一百一十九条 本合同生效需满足下列条件。

(1)本合同经双方法定代表人或委托代理人(须经法定代表人书面授权委托)签字,加盖合同专用章。

(2)本合同取得审查单位(电力工业部成套设备局)审查(加盖合同审查章)。

本合同有效期:从合同生效之日起到签发"最终验收证书"之日并货款两清止。

第一百二十条 本合同一式正本6份,副本40份;供需双方各执正本2份,副本18份。审查单位正本2份,副本4份。

第一百二十一条 双方任何一方未取得另一方事先同意前,不得将本合同项下的部分或全部权利或义务转让给第三方。

第一百二十二条 供方须将本合同供货范围中主要设备分包商的名单提交需方予以确认,供方应从被需方确认的名单中选定最后分包商并通知需方。分包商一旦选定,供方不得擅自改变。供方应对分包商的过失、疏忽和/或其他任何违反合同的行为承担全部责任。

第一百二十三条 本合同项下双方相互提供的文件、资料,双方除为履行合同的目的外,均不得提供给与"合同设备"和相关工程无关的第三方。

第一百二十四条 合同双方应指定2名授权代表,分别负责直接处理"本合同设备"的技术和商务问题。双方授权代表的名称和通讯地址在合同生效后的2周内通知对方。

第一百二十五条 本合同所包括的附件,是本合同不可分割的一部分,具有同等的法律效力。

第一百二十六条 合同双方承担的合同义务都不得超过合同的规定,合同任何一方也不得对另一方做出有约束力的声明、陈述、许诺或行动。

第一百二十七条 本合同列明了双方的责任、义务、补偿和补救条款。任何一方不承担本合同规定以外的责任、义务、补偿和补救。

第一百二十八条 任何一方向对方提出的函电通知或要求,如系正式书写并按对方下述地址派员递送或挂号、航空邮寄、电报、传真或电传发送的,在取得对方人员和/或通讯设施接收确认后,即被认为已经被对方正式接收。

第一百二十九条 本合同双方的地址如下:

需方	供方
名　　称:__________	名　　称:__________
地　　址:__________	地　　址:__________
邮　　编:__________	邮　　编:__________
电　　话:__________	电　　话:__________
传　　真:__________	传　　真:__________
电　　传:__________	电　　传:__________
开户银行:__________	开户银行:__________
账　　号:__________	账　　号:__________
纳税人登记号:__________	纳税人登记号:__________
法人代表:__________	法人代表:__________
签　　字:__________	签　　字:__________
签字日期:__________	签字日期:__________

合同审查单位:__________(盖章)

______年______月______日

附件一 技术规范

注释：

以下没有提供《技术规范》的内容。"技术规范"应根据项目具体情况编制，并与其他文件构成一份完整的合同文件。

附件二 供货范围及备品备件清单

1.设备范围(表格见下)

供方要确认此范围并提供细化清单。

序号	名称	规格和型号	数量	产地	生产厂家	价格	备注

2.配套设备及专用工具

序号	名称	规格和型号	数量	产地	生产厂家	价格	备注

注:价格一项在商务报价中填写。

3.随机备品备件

随机备件、年用备件单独列表。

序号	名称	规格和型号	数量	产地	生产厂家	价格	备注

注:价格一项在商务报价中填写。

4.进口件清单

序号	名称	规格和型号	数量	产地	生产厂家	价格	备注

注:价格一项在商务报价中填写。

附件三 技术资料及交付进度

注释：

以下没有提供“技术资料及交付进度”的内容。“技术资料及交付进度”应根据项目具体情况编制，并与其他文件构成一份完整的合同文件。

附件四 交货进度

交货顺序	设备名称、型号	交货时间	交货地点	数量	重量

附件五 设备监造(检验)和性能验收试验

注释：

以下没有提供“设备监造(检验)和性能验收试验”的内容。“设备监造(检验)和性能验收试验”应根据项目具体情况编制，并与其他文件构成一份完整的合同文件。

附件六 价格表

合同价格：____________________ 单位：(人民币)

序号	项目	单位	数量	单价	总价	生产厂家	备注
1	设备总价						
其中	①设备价格						
	②配套设备专用工具						
	③随机备品备件						
	④进口件						
2	技术服务费						
3	运杂费						
4	其他						
合计							
另：____年备品配件							

附件七 技术服务和联络

投标人名称：__________ 招标编号：__________

总目	内容	数量	单价	总价
			人民币部分	人民币
		1	2	3(1×2)
1	设计联络费			
2	安装督导			
3	调试、试车			
4	性能考核验收			
5	培训费			
6	其他			
总计(列入价格汇总表)				

投标人代表签字盖章：__________

货物编

8 机电产品采购国际竞争性招标文件

机电产品采购国际竞争性

招标文件

中华人民共和国对外贸易经济合作部

机电产品进出口司编

2002 年版

机电产品采购国际竞争性招标文件

目　录

第一章 投标人须知

一、说明

1. 资金来源

1.1 “投标资料表”中所述的招标人已获得一笔资金/贷款。招标人计划将一部分资金/贷款用于支付本次招标后所签订的合同项下的款项。

2. 机电产品国际招标代理机构及合格的投标人

2.1 机电产品国际招标代理机构

机电产品国际招标代理机构(以下简称“招标机构”)是指依照《国际招标机构资格审定办法》取得招标资格并从事机电产品国际招标代理业务的企业法人。

2.2 合格的投标人

(1)除非下文另有规定,凡是来自中华人民共和国或是与中华人民共和国有正常贸易往来的国家或地区(以下简称“合格来源国”)的供货人均可投标。

(2)投标人不得直接或间接地与招标人为采购本次招标的货物进行设计、编制规范和其他文件所委托的咨询公司或其附属机构有任何关联。

(3)只有在法律上和财务上独立、合法运作并独立于招标人和招标机构的供货人才能参加投标。

3. 合格的货物和服务

3.1 合同中提供的所有货物及其有关服务的原产地,均应来自上述2.2条款规定的合格来源国。本合同的支付也仅限于这些货物和服务。

3.2 本款所述的“原产地”是指货物开采、生长或生产或提供有关服务的来源地。所述的“货物”是指通过制造、加工或用重要的和主要的元部件装配而成的,其基本特性、功能或效用应是商业上公认的与元部件有着实质性区别的产品。

3.3 货物和服务的原产地有别于投标人的国籍。

4. 投标费用

4.1 投标人应承担所有与准备和参加投标有关的费用。不论投标的结果如何,“投标资料表”中所述的招标机构和招标人均无义务和责任承担这些费用。

二、招标文件

5. 招标文件构成

5.1 要求提供的货物、招标过程和合同条件在招标文件中均有说明。

招标文件共八章,分装两册,各册的内容如下。

第一册

第一章 投标人须知

第二章 合同条款

第三章 合同格式

第四章 附件

第二册

第五章 投标邀请

第六章 投标资料表

第七章 合同条款资料表

第八章 货物需求一览表及技术规格

5.2 投标人应认真阅读招标文件中所有的事项、格式、条款和技术规范等。

投标人没有按照招标文件要求提交全部资料，或者投标没有对招标文件在各方面都作出实质性响应是投标人的风险，并可能导致其投标被拒绝。

6. 招标文件的澄清

6.1 任何要求对招标文件进行澄清的投标人，均应以书面形式通知招标机构和招标人。招标机构对其在"投标资料表"中所述投标截止期十五(15)天以前收到的对招标文件的澄清要求均以书面形式予以答复，同时将书面答复发给每个购买招标文件的投标人(答复中不包括问题的来源)。

7. 招标文件的修改

7.1 在投标截止期前的任何时候，无论出于何种原因，招标机构可主动地或在解答投标人提出的澄清问题时对招标文件进行修改。

7.2 招标文件的修改将以书面形式通知所有购买招标文件的投标人，并对其具有约束力。投标人在收到上述通知后，应立即向招标机构回函确认。

7.3 为使投标人准备投标时有充分时间对招标文件的修改部分进行研究，招标机构可适当延长投标截止期。

三、投标文件的编制

8. 投标的语言

8.1 投标人提交的投标文件以及投标人与招标机构和招标人就有关投标的所有来往函电均应使用"投标资料表"中规定的语言书写。投标人提交的支持文件和印制的文献可以用另一种语言，但相应内容应附有"投标资料表"中规定语言的翻译本，在解释投标文件时以翻译本为准。

9. 投标文件构成

9.1 投标人编写的投标文件应包括下列部分：

(1)按照本须知第10、11和12条要求填写的投标书、投标分项报价表以及供唱标时使用的、单独密封的投标一览表。

(2)按照本须知第13条要求出具的资格证明文件，证明投标人是合格的，而且中标后有能力履行合同。

(3)按照本须知第14条要求出具的证明文件，证明投标人提供的货物及服务是合格的货物和服务，且符合招标文件规定。

(4)按照本须知第15条规定提交的投标保证金。

10. 投标书

10.1 投标人应完整地填写招标文件中提供的投标书、投标一览表和投标分项报价表。

11. 投标报价

11.1 投标人应在投标分项报价表上标明本合同拟提供货物的单价(如适用)和总价。

11.2 投标分项报价表上的价格应按下列方式分开填写。

11.2.1 从中华人民共和国提供的货物：

(1)报所供货物的EXW价(仓库交货价、展室交货价或货架交货价)，除应包括要向中华人民共和国政府缴纳的增值税和其他税，还应包括对以下ⓐⓑ两项已交纳或应交纳的全部关税、增值税和其他税：

ⓐ报EXW价的货物在制造或组装时使用的部件和原材料是从国外进口的；或

ⓑ报仓库交货价、展室交货价或货架交货价的货物是从国外进口的。

(2)如果“投标资料表”中有规定,货物运至最终目的地的内陆运输、保险和伴随货物交运的有关费用。

(3)投标资料表中列出的其他服务的费用(如果有的话)。

11.2.2 从国外提供的货物:

(1)按照“投标资料表”中的规定,报CIF(指定目的港)价,或CIP(指定目的地)价。报价时投标人可以选择在中华人民共和国注册的或是其他招标人同意的交通工具进行运输。同样,投标人可以从中华人民共和国或招标人同意的其他合格来源国取得保险服务。

(2)如果“投标资料表”中有规定,报FOB(指定装运港)价,或FCA(指定承运地点)价。

(3)如果“投标资料表”中有规定,货物从进口口岸运至最终目的地的内陆运输、保险和其他当地发生的伴随费用。

(4)“投标资料表”中列出的其他服务(伴随服务)费用(如果有的话)。

11.3 EXW、CIF和CIP等价格术语,应根据巴黎国际商会现行版本的《国际贸易术语解通则》(Incomers)的规定来解释。

11.4 投标人根据本须知第11.2条的规定将投标价分成几部分,只是为了方便招标机构和招标人对投标文件进行比较,并不限制招标人以上述任何条件订立合同的权力。

11.5 投标人所报的投标价在合同执行过程中是固定不变的,不得以任何理由予以变更。任何包含价格调整要求的投标,依据本须知第24.5条规定,将被认为是非响应性投标而予以拒绝。

12. 投标货币

12.1 除非另有规定或许可,投标人从中华人民共和国境内提供的货物和服务用人民币报价。

12.2 投标人从中华人民共和国境外提供的货物和服务用“投标资料表”中规定的货币报价。

13. 证明投标人合格和资格的文件

13.1 投标人应提交证明其有资格参加投标和中标后有能力履行合同的文件,并作为其投标文件的一部分。如果投标人为联合体,则联合体各方应分别提交资格文件、联合体协议并注明主办人。

13.2 投标人提交的合格性的证明文件应使招标机构和招标人满意,投标人在投标时应是来自本须知第2.2条定义的合格来源国。

13.3 投标人提交的证明其中标后能履行合同的资格证明文件应使招标机构和招标人满意,即:

(1) 如果投标人按照合同提供的货物不是投标人自己制造的,投标人应得到货物制造商同意其在本次投标中提供该货物的正式授权。

(2)投标人已具备履行合同所需的财务、技术和生产能力。

(3)投标人满足“投标资料表”中列出的业绩要求。

(4)投标人应提供银行在开标日前三个月内开具资信证明的原件或该原件的复印件。

14. 证明货物的合格性和符合招标文件规定的文件

14.1 投标人应提交证明文件证明其拟供的合同项下的货物和服务的合格性符合招标文件规定。该证明文件作为投标文件的一部分。

14.2 货物和服务合格性的证明文件应包括投标分项报价表中对货物和服务原产地的说明,并由装运货物时出具的原产地证书证实。

14.3 证明货物和服务与招标文件的要求相一致的文件,可以是文字资料、图纸和数据,它包括:

(1) 货物主要技术指标和性能的详细说明。

(2) 货物从招标人开始使用至“投标资料表”中规定的周期内正常、连续地使用所必需的备件和专用工具清单,包括备件和专用工具的货源及现行价格。

(3) 对照招标文件技术规格,逐条说明所提供货物和服务已对招标人的技术规格做出了实质性的响应,或申明与技术规格条文的偏差和例外。特别对于有具体参数要求的指标,投标人必须提供所投设备的具体参数值。

14.4 投标人在阐述上述第14.3(3)时应注意招标人和招标机构在技术规格中指出的工艺、材料和设备的标准以及参照的牌号或分类号仅起说明作用,并没有任何限制性。投标人在投标中可以选用替代标准、牌号或分类号,但这些替代要实质上相当于技术规格的要求,并且使招标机构和招标人满意。

15. 投标保证金

15.1 投标人应提交"投标资料表"规定数额的投标保证金,并作为其投标的一部分。

15.2 投标保证金是为了保护招标机构和招标人免遭因投标人的行为而蒙受损失。招标机构和招标人在因投标人的行为受到损害时可根据本须知第15.7条的规定没收投标人的投标保证金。

15.3 投标保证金应用投标货币或招标机构可接受的货币,并采用下列任何一种形式:

(1)由一家在中华人民共和国国内或国外信誉好的银行用招标文件提供的格式或招标机构接受的其他格式出具的银行保函或不可撤销的信用证,其有效期应超过投标有效期三十(30)天;或

(2)银行本票、保兑支票或现金。

15.4 凡没有根据本须知第15.1和15.3条的规定随附投标保证金的投标,应按本须知第24条的规定视为非响应性投标予以拒绝。

15.5 未中标的投标人的投标保证金,将尽速并不晚于按照本须知第16条规定的投标有效期满后三十(30)天原额退还投标人。

15.6 中标人的投标保证金,在中标人按本须知第35条规定签订合同并按本须知第36条规定交纳了履约保证金后予以退还。

15.7 下列任何情况发生时,投标保证金将被没收:

(1)投标人在招标文件中规定的投标有效期内撤回其投标;或

(2)中标人在规定期限内未能根据本须知第35条规定签订合同;或

(3)中标人在规定期限内未能根据按投标人须知第36条规定提交履约保证金。

16. 投标有效期

16.1 投标应自本须知第22.1条规定的开标日起,并在"投标资料表"中所述时期内保持有效。投标有效期不足的投标将被视为非响应性投标而予以拒绝。

16.2 特殊情况下,在原投标有效期截止之前,招标机构可要求投标人同意延长投标有效期。这种要求与答复均应以书面形式提交。投标人可拒绝招标机构的这种要求,其投标保证金将不会被没收。接受延长投标有效期的投标人将不会被要求和允许修正其投标,而只会被要求相应地延长其投标保证金的有效期。在这种情况下,本须知第15条有关投标保证金的退还和没收的规定将在延长了的有效期内继续有效。

17. 投标文件的式样和签署

17.1 投标人应准备一份投标文件正本和"投标资料表"中规定数目的副本,每套投标文件须清楚地标明"正本"或"副本"。若正本和副本不符,以正本为准。

17.2 投标文件的正本需打印或用不褪色墨水书写,并由投标人或经正式授权的代表在投标文件上签字。授权代表须将以书面形式出具的"授权证书"附在投标文件中。除没有修改过的印刷文献外,投标文件的每一页都应由投标人或其授权代表用姓名或首字母签字。投标文件的副本可采用正本的复印件。

17.3 任何行间插字、涂改和增删,必须由投标文件签字人用姓名或首字母在旁边签字才有效。

四、投标文件的递交

18. 投标文件的密封和标记

18.1 为方便开标唱标,投标人应将投标一览表和投标保证金单独密封提交,并在信封上标明"投标一览表"字样。投标人应将投标文件正本和所有的副本分开密封装在单独的信封中,且在信封上标明"正本""副本"字样,然后再将所有信封封装在一个外层信封中。

18.2 内外层信封均应：

(1)清楚标明递交至“投标资料表”中指明的地址。

(2)注明“投标资料表”中指明的项目名称、投标邀请的标题、编号和“在________之前不得启封”的字样，并根据本须知第22条的规定填入“投标资料表”中规定的开标日期和时间。

18.3 内层信封应写明投标人名称和地址，以便若其投标被宣布为“迟到”投标时，能原封退回。

18.4 如果外层信封未按本须知第18.2条要求加写标记和密封，招标机构对误投或过早启封概不负责。

19.投标截止期

19.1 投标人应在不迟于“投标资料表”中规定的截止日期和时间将投标文件递交至招标机构，递交地点应是“投标资料表”中指明的地址。

19.2 招标机构可以按本须知第7条规定，通过修改招标文件适当延长投标截止期。在此情况下，招标机构、招标人和投标人受投标截止期制约的所有权利和义务均应延长至新的截止期。

20.迟交的投标文件

20.1 招标机构将拒绝并原封退回在本须知第19条规定的截止期后收到的任何投标文件。

21.投标文件的修改和撤回

21.1 投标人在递交投标文件后，可以修改或撤回其投标，但投标人必须在规定的投标截止期之前将修改或撤回的书面通知递交到招标机构。

21.2 投标人的修改或撤回通知应按本须知第18条规定编制、密封、标记和递交。

21.3 在投标截止期之后，投标人不得对其投标做任何修改。

21.4 从投标截止期至投标人在投标书格式中确定的投标有效期期满这段时间内，投标人不得撤回其投标，否则其投标保证金将按照本须知第15.7条的规定被没收。

五、开标与评标

22.开标

22.1 招标机构在“投标资料表”中规定的日期、时间和地点组织公开开标。开标时邀请所有投标人代表参加。参加开标的代表应签名报到，以证明其出席。

22.2 开标时，招标机构当众宣读投标人名称、修改和撤回投标的通知、投标价格、折扣声明、是否提交了投标保证金，以及招标机构认为合适的其他内容。除了按照本须知第20条的规定原封退回迟到的投标之外，开标时将不得拒绝任何投标。

22.3 在开标时没有启封和没有读出的投标文件(包括按照本须知第21.2条递交的修改书)，在评标时将不予考虑。没有启封和读出的投标文件将原封退回给投标人。

22.4 招标机构将做开标记录。

23.投标文件的澄清

23.1 在评标期间，招标机构可要求投标人对其投标文件进行澄清，但不得寻求、提供或允许对投标价格等实质性内容做任何更改。有关澄清的要求和答复均应以书面形式提交。

24.投标文件的初审

24.1 招标机构和招标人将审查投标文件是否完整、总体编排是否有序、文件签署是否合格、投标人是否提交了投标保证金、有无计算上的错误等。

24.2 算术错误将按以下方法更正：若单价计算的结果与总价不一致，以单价为准修改总价；若用文字表示的数值与用数字表示的数值不一致，以文字表示的数值为准。如果投标人不接受对其错误的更正，其投标将被拒绝。

24.3 对于投标文件中不构成实质性偏差的不正规、不一致或不规则，招标机构和招标人可以接受，但这种接受不能损害或影响任何投标人的相对排序。

24.4 在详细评标之前，根据本须知第26条的规定，招标机构和招标人要审查每份投标文件是否实质上响应了招标文件的要求。实质上响应的投标应该是与招标文件要求的全部条款、条件和规格相符，没有重大偏离的投标。对关键条文的偏离、保留或反对，例如关于投标保证金、适用法律、税及关税等内容的偏离将被认为是实质上的偏离。招标机构决定投标的响应性只根据投标本身的内容，而不寻求外部的证据。

24.5 实质上没有响应招标文件要求的投标将被拒绝。投标人不得通过修正或撤销不合要求的偏离或保留从而使其投标成为实质上响应的投标。如发现下列情况之一的，其投标将被拒绝：

(1)投标人未提交投标保证金或金额不足、保函有效期不足、投标保证金形式或投标保函出证银行不符合招标文件要求的。

(2)超出经营范围投标的。

(3)资格证明文件不全的。

(4)投标文件无法定代表人签字，或签字无法定代表人有效委托书的。

(5)业绩不满足招标文件要求的。

(6)投标有效期不足的。

(7)不满足技术规格书中主要参数和超出偏差范围的。

25. 转换为单一货币

25.1 为了便于评标和比较，如果投标价中有多种货币，以开标当日中国银行卖出汇率统一转换成美元。

26. 投标的评价

26.1 招标机构和招标人将按照本须知第24条规定，只对确定为实质上响应招标文件要求的投标进行评价和比较。

26.2 计算评标总价时，以货物到达招标人指定安装地点为依据。国外产品为CIF价、进口环节税及国内运输费、保险费之和；国内产品为出厂价(含增值税和其他税费)及国内运输费、保险费之和。

26.3 招标机构和招标人在评标时，除根据本须知第11.2条的规定考虑投标人的报价之外，还要考虑量化以下因素：

(1)在中国国内所发生的内陆运输费、保险费，及其将货物运至最终目的地的伴随服务费用。

(2)投标文件申报的交货期。

(3)与合同条款规定的付款条件的偏差。

(4)所投货物零部件、备品备件和服务的费用。

(5)在中华人民共和国得到投标设备的备件和售后服务的可能性。

(6)投标设备在使用周期内预计的运营费和维护费。

(7)投标设备的性能和生产率。

(8)“投标资料表”和/或技术规格所列的其他具体标准。

26.4 根据本须知第26.3条的规定，对“投标资料表”中选定的评标因素，可采用以下量化方法调整评标价格。

26.4.1 在中国国内所发生的内陆运费、保险费及其他伴随服务的费用招标机构和招标人将按照铁路/公路等交通部门、保险公司和/或其他有关机构发布的收费标准，计算货物从出厂地/进口港/边境口岸运抵“投标资料表”所指明的项目现场所发生的内陆运输、保险及其他伴随服务的费用；为便于计算，投标人应在投标书中提供估计的货物尺寸、装运重量和每个合同包的估计EXW价/CIF价/CIP价的价值。招标人将把上述费用加到EXW价/CIF价/CIP价上。

26.4.2 投标文件申报的交货期

(1)本投标邀请项下的货物按照货物需求一览表规定的时间交货(或启运)。以上述规定的时间为基础，每超过基础时间一周，其评标价将在投标价的基础上增加“投标资料表”中规定的EXW价/CIF价/CIP价

的某一百分比(%)来考虑。提前交货不考虑降低评标价;或者

(2)本投标邀请项下的货物按照货物需求一览表规定的可接受的几周时间范围内交货(启运)。提前交货不考虑降低评标价,晚于交货时间范围供货的投标将被视为非响应性投标。在这段可接受的时间范围内,每超过货物需求一览表中规定的最早交货时间一周,其评标价格在投标价的基础上增加"投标资料表"中规定的某一百分比(%)来考虑;或者

(3)本投标邀请项下的货物按照货物需求一览表规定的分批装运交货(启运),提前交货或者推迟交货的投标将调整其评标价。方法是每提前或超过规定的交货时间一周,其评标价将在投标价的基础上减少或增加"投标资料表"中规定的 EXW 价/CIF 价/CIP 价的某一百分比(%)。

26.4.3 付款条件的偏差

(1)投标人应按照合同条款所列的付款条件报价。评标时以此报价为基础,但投标人可提出替代的付款计划并说明采用该替代的付款计划投标价可以降低多少。招标机构和招标人可以考虑中标的投标人的替代的付款计划;或者

(2)合同条款中规定了招标人提出的付款计划。如果投标书对此有偏离但又属招标人可以接受的,评标时将按"投标资料表"所述的利率计算提前支付所产生的利息,并将其计入其评标价中。

26.4.4 零部件和备品备件的费用

(1)投标人将所投货物的零部件及在"投标资料表"中规定的运行周期内必需的备品备件的名称和数量清单附在技术规格中,按投标文件中所报的单价来计算其总价,并计入投标价中;或者

(2)招标机构和招标人将开列经常使用的零部件和备件清单,以及在"投标资料表"中所规定的运行周期所需要的数量,按投标文件中所报的单价计算其总价,并计入投标价中;或者

(3)招标机构和招标人将根据每一投标人提供的信息,以及招标人过去的经验或其他购买人的经验来估算在"投标资料表"中所规定的运行周期所需要的零部件和备件的费用,并计入评标价。

26.4.5 中国国内的备件供应和售后服务设施

根据"投标资料表"或招标文件其他部分的规定,招标人建立最起码的维修服务设施和零部件库房所需的费用,评标时应计入评标价。

26.4.6 投标设备的预计运行和维护费用

由于所采购的货物的运行和维护费用是设备使用周期成本的一个主要部分,这些费用将根据"投标资料表"或技术规格中规定的标准进行评价。

26.4.7 投标设备的性能和生产率

(1)投标人应响应技术规格中的规定,说明所提供的货物保证达到的性能和效率。高于标准的,不考虑降低评标价;低于标准性能或效率的(假设为 100%),每低一个百分点,投标价将增加"投标资料表"中规定的调整金额。采用"投标资料表"或技术规格中规定的方法,计算设备在使用年限中的运行成本所额外增加的费用;或

(2)所提供的货物必须具备技术规格中相应条文所规定的最低性能或生产率才能被认为是具有响应性。若所提供的货物与规定的要求有偏离时,评标将根据该货物实际性能或生产率,采用"投标资料表"或技术规格中规定的方法,调整其评标价格。

26.4.8 其他额外的评标因素和标准

其他额外的评标因素和标准将在"投标资料表"和/或技术规格中详细规定。

27. 最终评标价的确定

27.1 根据本须知第 24、25 和 26 条所计算出的评标价应为最终评标价。

28. 与招标机构和招标人的接触

28.1 除本须知第 23 条的规定外,从开标之日起至授予合同期间,投标人不得就与其投标有关的事项与招标机构和招标人接触。

28.2 投标人试图对招标机构和招标人的评标、比较或授予合同的决定进行影响,都可能导致其投标被拒绝。

六、授予合同

29. 资格后审

29.1　招标机构将根据本须知第 13.3 条列出的标准审查最低评标价的投标人是否有能力令人满意地履行合同。

29.2　授标决定将考虑投标人的财务、技术和生产能力，其基础是审查投标人按照本须知第 13.3 条规定提交的资格证明文件和招标机构认为必要的、合适的其他资料。

29.3　如果审查通过，招标机构将把合同授予该投标人；如果审查没有通过，招标机构将拒绝其投标，并对下一个最低评标价的投标人能否令人满意地履行合同作类似的审查。

30. 合同授予标准

30.1　除第 33 条的规定之外，招标机构将把合同授予被确定为实质上响应招标文件的要求并有履行合同能力的最低评标价的投标人。

31. 授标时更改采购货物数量的权力

31.1　招标机构和招标人在授予合同时有权在"投标资料表"规定的幅度内对"货物需求一览表"中规定的货物数量和服务予以增加或减少，但不得对单价或其他的条款和条件做任何改变。

32. 评标结果的公示

32.1　评标结束后，招标机构和招标人将在"中国国际招标网"(www.chinabidding.com，以下简称"网站")公示评标结果。公示期为 10 个工作日。

32.2　投标人应于开标前在网站注册，并可通过网站查询评标结果，包括建议的中标人和/或该投标人未中标的原因。投标人有权在公示期内对评标结果进行投诉或提出质疑，但需对投诉或质疑内容的真实性承担责任。

32.3　评标结果公示期结束后，投标人可通过网站查询公示结果。

33. 接受和拒绝任何或所有投标的权力

33.1　招标机构和招标人保留在授标之前任何时候接受或拒绝任何投标，以及宣布招标程序无效或拒绝所有投标的权力，对受影响的投标人不承担任何责任。

34. 中标通知书

34.1　中标人确定后，招标机构将向中标人发出中标通知书。

34.2　中标通知书是合同的一个组成部分。

34.3　在中标人按照本须知第 36 条的规定提交履约保证金后，招标机构将按照本须知第 15 条的规定退还所有投标保证金。

35. 签订合同

35.1　招标机构和招标人在发送中标通知书的同时，将把招标文件中提供的合同格式连同双方达成的意向性协议递交给中标人。

35.2　中标人在收到合同格式后三十(30)天内，应在合同上签字并注明日期退给招标人。

36. 履约保证金

36.1　中标人在收到招标机构的中标通知书后三十(30)天内，应按照合同条款的规定，采用招标文件中提供的履约保证金保函格式或招标人可以接受的其他形式向招标人提交履约保证金。

36.2　如果中标人没有按照上述第 35 条或第 36.1 条规定执行，招标机构和招标人将有充分理由取消该中标决定，并没收其投标保证金。在此情况下，招标机构和招标人可将合同授予下一个最低评标价的投标人，或重新招标。

第二章 合同条款

1. 定义

1.1 本合同下列术语应解释为：

(1)"合同"系指买卖双方签署的、合同格式中载明的买卖双方所达成的协议，包括所有的附件、附录和上述文件所提到的构成合同的所有文件。

(2)"合同价"系指根据本合同规定卖方在正确地完全履行合同义务后买方应支付给卖方的价款。

(3)"货物"系指卖方根据本合同规定须向买方提供的一切设备、机械和/或其他材料。

(4)"服务"系指根据本合同规定卖方承担与供货有关的辅助服务，如运输、保险以及其他的伴随服务，例如安装、调试、提供技术援助、培训和合同中规定卖方应承担的其他义务。

(5)"合同条款"系指本合同条款。

(6)"买方"系指在合同条款资料表中指明的购买货物和服务的单位。

(7)"卖方"系指在合同条款资料表中指明的提供本合同项下货物和服务的公司或其他实体。

(8)"项目现场"系指本合同项下货物安装、运行的现场，其名称在合同条款资料表中指明。

(9)"天"指日历天数。

2. 适用性

2.1 本合同条款适用于没有被本合同其他部分的条款所取代的范围。

3. 原产地

3.1 本合同项下所提供的货物及服务均应来自于中华人民共和国或是与中华人民共和国有正常贸易往来的国家和地区(以下简称"合格来源国")。

3.2 本款所述的"原产地"是指货物开采、生长或生产或提供有关服务的来源地。所述的"货物"是指通过制造、加工或用重要的和主要元部件装配而成的，其基本特性、功能或效用应是商业上公认的与元部件有着实质性区别的产品。

3.3 货物和服务的原产地有别于卖方的国籍。

4. 标准

4.1 本合同下交付的货物应符合技术规格所述的标准。如果没有提及适用标准，则应符合货物来源国适用的官方标准。这些标准必须是有关机构发布的最新版本的标准。

4.2 除非技术规格中另有规定，计量单位均采用中华人民共和国法定计量单位。

5. 使用合同文件和资料

5.1 没有买方事先书面同意，卖方不得将由买方或代表买方提供的有关合同或任何合同条文、规格、计划、图纸、模型、样品或资料提供给与履行本合同无关的任何其他人。即使向与履行本合同有关的人员提供，也应注意保密并限于履行合同必须的范围。

5.2 没有买方事先书面同意，除了履行本合同之外，卖方不应使用合同条款第5.1条所列举的任何文件和资料。

5.3 除了合同本身以外，合同条款第5.1条所列举的任何文件都是买方的财产。如果买方有要求，卖方在完成合同后应将这些文件及全部复制件还给买方。

6. 专利权

6.1 卖方应保证，买方在中华人民共和国使用该货物或货物的任何一部分时，免受第三方提出的侵犯其专利权、商标权、著作权或其他知识产权的起诉。

7. 履约保证金

7.1 卖方应在收到中标通知书后三十(30)天内,向买方提交合同条款资料表中所规定金额的履约保证金。

7.2 履约保证金用于补偿买方因卖方不能完成其合同义务而蒙受的损失。

7.3 履约保证金应采用本合同货币,或买方可以接受的其他货币并采用下述方式之一提交:

(1)银行保函或不可撤销的信用证。由买方可接受的在中华人民共和国注册和营业的银行,或外国银行通过在中华人民共和国注册和营业的银行提交。其格式采用招标文件提供的格式或其他买方可接受的格式;或

(2)银行本票、保兑支票或现金。

7.4 在卖方完成其合同义务包括任何保证义务后三十(30)天内,买方将把履约保证金退还卖方。

8. 检验和测试

8.1 买方或其代表应有权检验和/或测试货物,以确认货物是否符合合同规格的要求,并且不承担额外的费用。合同条款和技术规格将说明买方要求进行的检验和测试,以及在何处进行这些检验和测试。买方将及时以书面形式把进行检验和/或买方测试代表的身份通知卖方。

8.2 检验和测试可以在卖方或其分包人的驻地、交货地点和/或货物的最终目的地进行。如果在卖方或其分包人的驻地进行,检测人员应能得到全部合理的设施和协助,买方不应承担费用。

8.3 如果任何被检验或测试的货物不能满足规格的要求,买方可以拒绝接受该货物,卖方应更换被拒绝的货物,或者免费进行必要的修改以满足规格的要求。

8.4 买方在货物到达目的港和/或现场后对货物进行检验、测试及必要时拒绝接受货物的权力将不会因为货物在从来源国启运前通过了买方或其代表的检验、测试和认可而受到限制或放弃。

8.5 在交货前,卖方应让制造商对货物的质量、规格、性能、数量和重量等进行详细而全面的检验,并出具一份证明货物符合合同规定的检验证书,检验证书是付款时提交给议付行的文件的一个组成部分,但不能作为有关质量、规格、性能、数量或重量的最终检验。制造商检验的结果和细节应附在质量检验证书后面。

8.6 货物抵达目的港和/或现场后,买方应向中华人民共和国国家出入境检验检疫局(以下称为“检验检疫局”)申请对货物的质量、规格、数量和重量进行检验,并出具交货后检验证书。如果检验检疫局发现规格或数量或两者有与合同规定不一致的地方,买方有权在货物到达现场后九十(90)天内向卖方提出索赔。

8.7 如果在合同条款第18条规定的保证期内,根据检验检疫局的检验结果,发现货物的质量或规格与合同要求不符,或货物被证实有缺陷,包括潜在的缺陷或使用不合适的材料,买方应及时向卖方提出索赔。

8.8 合同条款第8条的规定不能免除卖方在本合同项下的保证义务或其他义务。

9. 包装

9.1 卖方应提供货物运至合同规定的最终目的地所需要的包装,以防止货物在转运中损坏或变质。这类包装应采取防潮、防晒、防锈、防腐蚀、防震动及防止其他损坏的必要保护措施,从而保护货物能够经受多次搬运、装卸及远洋和内陆的长途运输。卖方应承担由于其包装或其防护措施不妥而引起货物锈蚀、损坏和丢失的任何损失的责任或费用。

10. 装运标记

10.1 卖方应在每一包装箱相邻的四面用不可擦除的油漆和明显的英语字样做出以下标记:

(1)收货人。

(2)合同号。

(3)发货标记(唛头)。

(4)收货人编号。

(5)目的港。

(6)货物名称、品目号和箱号。

(7)毛重/净重(用公斤表示)。

(8)尺寸(长×宽×高,用厘米表示)。

10.2 如果单件包装箱的重量在2吨或2吨以上,卖方应在包装箱两侧用英语和国际贸易通用的运输标记标注"重心"和"起吊点"以便装卸和搬运。根据货物的特点和运输的不同要求,卖方应在包装箱上清楚地标注"小心轻放""此端朝上,请勿倒置""保持干燥"等字样和其他国际贸易中使用的适当标记。

11. 装运条件

11.1 如果是CIF/CIP合同:

(1)卖方应负责安排订舱位、运输和支付运费,以确保按照合同规定的交货期交货。

(2)提单/空运提单日期应视为实际交货日期。

(3)除非另行同意,货物不能放在甲板上运输,也不能转运。

(4)承运的船只应来自合格来源国。

(5)目的港/项目现场在合同条款资料表中有规定。

11.2 如果是EXW合同:

(1)卖方应负责安排内陆运输,但由买方支付运费。

(2)有关运输部门出具的收据的日期应视为交货日期。

11.3 如果是FOB/FCA合同:

(1)卖方可负责安排订舱位、运输,但由买方支付运费。

(2)提单/空运提单日期应视为实际交货日期。

(3)除非另行同意,货物不能放在甲板上运输,也不能转运。

(4)承运的船只应来自合格来源国。

(5)目的港/项目现场在合同条款表中有规定。

11.4 卖方装运的货物不应超过合同规定的数量或重量。否则,买方对由此产生的一切费用和后果不承担责任。

12. 装运通知

12.1 如果是CIF/CIP合同:

(1)卖方应在预计的装运日期之前,即海运前三十(30)天或空运前七(7)天以电报或电传或传真形式将合同号、货物名称、数量、箱数、总毛重、总体积(用立方米表示)和在装运口岸备妥待运日期通知买方,同时,卖方应用航空信把详细的货物清单一式五(5)份,包括合同号、货物名称、规格、数量、总体积(用立方米表示)、每箱尺寸(长×宽×高)、单价、总金额、启运口岸、备妥待运日期和货物在运输、储存中的特殊要求和注意事项等寄给买方。

(2)卖方应在货物装船完成后二十四(24)小时之内以电报或电传或传真形式将合同号、货物名称、数量、毛重、体积(用立方米表示)、发票金额、运输工具名称及启运日期通知买方。如果每个包装箱的重量超过20吨或体积达到或超过长12米、宽2.7米和高3米,卖方应将每个包装箱的重量和体积通知买方,易燃品或危险品的细节还应另行注明。

12.2 如果是EXW合同:

(1)卖方应在预计的装运日期之前,即铁路/公路/水运前二十一(21)天或空运前七(7)天以电报或电传或传真形式将合同号、货物名称、数量、箱数、总毛重、总体积(用立方米表示)和备妥待运的日期通知买方,同时,卖方应用挂号信把详细的货物清单一式五份,包括合同号、货物名称、规格、数量、总毛重、总体积(用立方米表示)、每箱尺寸(长×宽×高)、单价、总金额、启运口岸、备妥待运日期和货物在运输、储存中的特殊要求和注意事项等通知买方。

(2)卖方应在货物装完后二十四(24)小时之内以电报或电传或传真形式将合同号、货物名称、数量、总毛重、体积(用立方米表示)、发票金额、运输工具名称及启运日期通知买方。如果每个包装箱的重量超过20

吨，或体积达到或超过长 12 米，宽 2.7 米和高 3 米，卖方应将每个包装箱的重量和体积通知买方，易燃品或危险品的细节还应另行注明。

(3)在出厂价合同项下，如果是因为卖方延误不能用电报或电传或传真形式将上述内容通知买方，使买方不能及时办理保险，由此而造成的全部损失应由卖方负责。

12.3 如果是 FOB/FCA 合同：

(1)卖方应在装运日期之前，即海运前三十(30)天或空运前七(7)天以电报或电传或传真形式将合同号、货物名称、数量、箱数、总毛重、总体积(用立方米表示)和在装运口岸备妥待运日期通知买方，同时，卖方应用航空信把详细的货物清单一式五(5)份，包括合同号、货物名称、规格、数量、总体积(用立方米表示)、每箱尺寸(长×宽×高×单价、总金额、启运口岸、备妥待运日期和货物在运输、储存中的特殊要求和注意事项等寄给买方。

(2)卖方应在货物装船完成后二十四(24)小时之内以电报或电传或传真形式将合同号、货物名称、数量、毛重、体积(用立方米表示)、发票金额、运输工具名称及启运日期通知买方。如果每个包装箱的重量超过 20 吨或体积达到或超过长 12 米、宽 2.7 米和高 3 米，卖方应将每个包装箱的重量和体积通知买方，易燃品或危险品的细节还应另行注明。

(3) 在 FOB/FCA 合同项下，如果是因为卖方延误不能用电报或电传或传真形式将上述内容通知买方，使买方不能及时办理保险，由此而造成的全部损失应由卖方负责。

13. 交货和单据

13.1 卖方应按照“货物需求一览表”规定的条件交货。卖方应提供的装运细节和/或其他单据见合同条款第 9、10、11、12 条规定。

13.2 EXW、FOB、FCA、CIF、CIP 及其他用于说明各方责任的贸易术语应按照巴黎国际商会现行版本的《国际贸易术语解释通则》(Incomers)来解释。

13.3 卖方应在货物装完启运后以传真形式将全部装运细节，包括合同号、货物说明、数量、运输工具名称、提单号码及日期、装货口岸、启运日期、卸货口岸等通知买方和保险公司。为合同支付的需要，卖方还应根据本合同条款第 20 条的规定，向买方寄交或通过卖方银行转交该条款规定的相关“支付单据”。

14. 保险

14.1 本合同下提供的货物应对其在制造、购置、运输、存放及交货过程中的丢失或损坏按本条款规定的方式，用一种可以自由兑换的货币进行全面保险。

14.2 如果买方要求按 CIF/CIP 价格条件交货，其货物保险将由卖方办理、支付，卖方应用一种可以自由兑换的货币办理以发票金额百分之一百一十(110%)投保的一切险和战争险，并以买方为受益人。如果按 FOB/FCA 价格条件交货，则保险由买方责任。

14.3 如果是 EXW 合同，装货后的保险应由买方办理。

15. 运输

15.1 如果合同要求卖方以 FOB 价格条件交货，卖方应负责办理、支付直至包括将货物在指定的装船港装上船的一切运输事项，相关费用包括在合同价中。如果合同要求卖方以 FCA 价格条件交货，卖方应负责办理、支付将货物在买方指定地点或其他同意的地点交由承运方保管的一切运输事项，相关费用应包括在合同价中。

15.2 如果合同要求卖方以 CIF/CIP 价格条件交货，卖方应负责办理、支付将货物运至目的港或合同中指定的其他目的地的一切运输事项，相关费用应包括在合同价中。

15.3 如果合同要求卖方以 CIF/CIP 价格条件交货，所选择承运人事先应获买方同意。如果合同要求以 FOB/FCA 价格条件交货，卖方应使用买方指定的承运人或挂中国国旗的船只(如果合同要求的话)，代表买方并由买方负担费用来安排国际运输，如果买方指定的承运人或挂中国国旗的船只不能在合同规定的时间内用于运输货物，卖方可安排别的承运人或船只运输货物。

16. 伴随服务

16.1 卖方可能被要求提供下列服务中的任一或所有服务，包括“合同条款资料表”与技术规格规定的附加服务(如果有的话)：

(1)实施或监督所供货物的现场组装和/或试运行。

(2)提供货物组装和/或维修所需的工具。

(3)为所供货物的每一适当的单台设备提供详细的操作和维护手册。

(4)在双方商定的一定期限内对所供货物实施运行或监督或维护或修理，但前提条件是该服务并不能免除卖方在合同保证期内所承担的义务。

(5) 在卖方厂家和/或在项目现场就所供货物的组装、试运行、运行、维护和/或修理对买方人员进行培训。

16.2 如果卖方提供的伴随服务的费用未含在货物的合同价中，双方应事先就其达成协议，但其费用单价不应超过卖方向其他人提供类似服务所收取的现行单价。

16.3 卖方应提供“合同条款资料表”/技术规格中规定的所有服务。为履行要求的伴随服务的报价或双方商定的费用应包括在合同价中。

17. 备件

17.1 正如合同条款所规定，卖方可能被要求提供下列与备件有关的材料、通知和资料：

(1)买方从卖方选购备件，但前提条件是该选择并不能免除卖方在合同保证期内所承担的义务。

(2)在备件停止生产的情况下，卖方应事先将要停止生产的计划通知买方使买方，有足够的时间采购所需的备件。

(3)在备件停止生产后，如果买方要求，卖方应免费向买方提供备件的蓝图、图纸和规格。

17.2 卖方应按照“合同条款资料表”/技术规格中的规定提供所需的备件。

18. 保证

18.1 卖方应保证合同项下所供货物是全新的、未使用过的，是最新或目前的型号，除非合同另有规定，货物应含有设计上和材料的全部最新改进。卖方进一步保证，合同项下提供的全部货物没有设计、材料或工艺上的缺陷(由于按买方的要求设计或按买方的规格提供的材料所产生的缺陷除外)，或者没有因卖方的行为或疏忽而产生的缺陷，这些缺陷是所供货物在最终目的地国家现行条件下正常使用可能产生的。

18.2 本保证应在合同货物最终验收后的一定期限内保持有效，或在最后一批合同货物到达目的港后的一定期限内保持有效(上述期限见合同条款资料表)，以先发生的为准。

18.3 买方应尽快以书面形式通知卖方保证期内所发现的缺陷。

18.4 卖方收到通知后应在“合同条款资料表”规定的时间内以合理的速度免费维修或更换有缺陷的货物或部件。

18.5 如果卖方收到通知后在合同规定的时间内没有以合理的速度弥补缺陷，买方可采取必要的补救措施，但其风险和费用将由卖方承担，买方根据合同规定对卖方行使的其他权力不受影响。

19. 索赔

19.1 如果卖方对偏差负有责任，而买方在合同条款第 18 条或合同的其他条款规定的检验、安装、调试、验收和质量保证期内提出了索赔，卖方应按照买方同意的下列一种或几种方式结合起来解决索赔事宜：

(1)卖方同意退货并用合同规定的货币退还给买方，并承担由此发生的一切损失和费有，包括利息、银行手续费、运费、保险费、检验费、仓储费、装卸费以及为看管和保护退回货物所需的其他必要费用。

(2)根据货物的偏差情况、损坏程度以及买方所遭受损失的金额，经买卖双方商定降低货物的价格。

(3)用符合合同规定的规格、质量和性能要求的新零件、部件和/或设备来更换有缺陷的部分和/或修补缺陷部分，卖方应承担一切费用和风险并负担买方蒙受的全部直接损失费用。同时，卖方应按合同条款第 18 条规定，相应延长所更换货物的质量保证期。

19.2 如果在买方发出索赔通知后三十(30)天内，卖方未作答复，上述索赔应视为已被卖方接受。如卖方未能在买方发出索赔通知后三十(30)天内或买方同意的延长期限内,按照买方同意的上述规定的任何一种方法解决索赔事宜,买方将从议付货款或从卖方开具的履约保证金中扣回索赔金额。

20. 付款

20.1 本合同项下的付款方法和条件在“合同条款资料表”中有规定。

21. 价格

21.1 卖方在本合同项下提交货物和履行服务的价格在合同中给出。

22. 变更指令

22.1 根据合同条款第 35 条的规定,买方可以在任何时候书面向卖方发出指令,在本合同的一般范围内变更下述一项或几项:

(1)本合同项下提供的货物是专为买方制造时,变更图纸、设计或规格。

(2)运输或包装的方法。

(3)交货地点。

(4)卖方提供的服务。

22.2 如果上述变更使卖方履行合同义务的费用或时间增加或减少,将对合同价或交货时间或两者进行公平的调整,同时相应修改合同。卖方根据本条进行调整的要求必须在收到买方的变更指令后三十(30)天内提出。

23. 合同修改

23.1 除了合同条款第 22 条的情况,不应对合同条款进行任何变更或修改,除非双方同意并签订书面的合同修改书。

24. 转让

24.1 除买方事先书面同意外,卖方不得部分转让或全部转让其应履行的合同义务。

25. 分包

25.1 卖方应书面通知买方其在本合同中所分包的全部分包合同,但此分包通知并不能解除卖方履行本合同的责任和义务。

25.2 分包必须符合合同条款第 3 条的规定。

26. 卖方履约延误

26.1 卖方应按照“货物需求一览表”中买方规定的时间表交货和提供服务。

26.2 在履行合同过程中,如果卖方及其分包人遇到妨碍按时交货和提供服务的情况时,应及时以书面形式将拖延的事实、可能拖延的时间和原因通知买方。买方在收到卖方通知后,应尽快对情况进行评价,并确定是否同意延长交货时间以及是否收取误期赔偿费。延期应通过修改合同的方式由双方认可。

26.3 除了合同条款第 29 条的情况外,除非拖延是根据合同条款第 26.2 条的规定取得同意而不收取误期赔偿费之外,卖方延误交货,将按合同条款第 27 条的规定被收取误期赔偿费。

27. 误期赔偿费

27.1 除合同条款第 29 条规定的情况外,如果卖方没有按照合同规定的时间交货和提供服务,买方应在不影响合同项下的其他补救措施的情况下,从合同价中扣除误期赔偿费。每延误一周的赔偿费按迟交货物交货价或未提供服务的服务费用的百分之零点五(0.5%)计收,直至交货或提供服务为止。误期赔偿费的最高限额为合同价格的百分之五(5%)。一旦达到误期赔偿费的最高限额,买方可考虑根据合同条款第 28 条的规定终止合同。

28. 违约终止合同

28.1 在买方对卖方违约而采取的任何补救措施不受影响的情况下,买方可向卖方发出书面违约通知书,提出终止部分或全部合同:

(1)如果卖方未能在合同规定的期限内或买方根据合同条款第26条的规定同意延长的期限内提供部分或全部货物。

(2)如果卖方未能履行合同规定的其他任何义务。

(3)如果买方认为卖方在本合同的竞争和实施过程中有腐败和欺诈行为。为此目的,定义下述条件:

a."腐败行为"是指提供、给予、接受或索取任何有价值的物品来影响买方在采购过程或合同实施过程中的行为。

b."欺诈行为"是指为了影响采购过程或合同实施过程而谎报或隐瞒事实,损害买方利益的行为。

28.2 如果买方根据上述第28.1条的规定,终止了全部或部分合同,买方可以依其认为适当的条件和方法购买与未交货物类似的货物或服务,卖方应承担买方因购买类似货物或服务而产生的额外支出。但是,卖方应继续执行合同中未终止的部分。

29. 不可抗力

29.1 签约双方任何一方由于不可抗力事件的影响而不能执行合同时,履行合同的期限应予以延长,其延长的期限应相当于事件所影响的时间。不可抗力事件系指买卖双方在缔结合同时所不能预见的,并且它的发生及其后果是无法避免和无法克服的事件,诸如战争、严重火灾、洪水、台风、地震等。

29.2 受阻一方应在不可抗力事件发生后尽快用电报、传真或电传通知对方,并于事件发生后十四(14)天内将有关当局出具的证明文件用特快专递或挂号信寄给对方审阅确认。一旦不可抗力事件的影响持续一百二十天(120)天以上,双方应通过友好协商在合理的时间内达成进一步履行合同的协议。

30. 因破产而终止合同

30.1 如果卖方破产或无清偿能力,买方可在任何时候以书面形式通知卖方,提出终止合同而不给卖方补偿。该合同的终止将不损害或影响买方已经采取或将要采取的任何行动或补救措施的权力。

31. 因买方的便利而终止合同

31.1 买方可在任何时候出于自身的便利向卖方发出书面通知全部或部分终止合同,终止通知应明确该终止合同是出于买方的便利,并明确合同终止的程度,以及终止的生效日期。

31.2 对卖方在收到终止通知后三十(30)天内已完成并准备装运的货物,买方应按原合同价格和条款予以接收,对于剩下的货物,买方可:

(1)仅对部分货物按照原来的合同价格和条款予以接受;或

(2)取消对所剩货物的采购,并按双方商定的金额向卖方支付部分完成的货物和服务以及卖方以前已采购的材料和部件的费用。

32. 争端的解决

32.1 合同实施或与合同有关的一切争端应通过双方协商解决如果协商开始后六十(60)天还不能解决,争端应提交仲裁。

32.2 仲裁应由中国国际经济贸易仲裁委员会(CIETAC)按其仲裁规则和程序在北京或中国的其他地点进行。除非双方另行同意,仲裁的官方语言应为英语。

32.3 仲裁裁决应为最终裁决,对双方均具有约束力。

32.4 仲裁费除仲裁机关另有裁决外均应由败诉方负担。

32.5 在仲裁期间,除正在进行仲裁的部分外,本合同其他部分应继续执行。

33. 合同语言

33.1 除非双方另行同意,本合同语言为英语。双方交换的与合同有关的信函应用合同语言书写。

34. 适用法律

34.1 本合同应按照中华人民共和国的法律进行解释。

35. 通知

35.1 本合同一方给对方的通知应用书面形式或电报、电传或传真送到"合同条款资料表"中规定的对方的地址。电报、电传或传真要经书面确认。

35.2 通知以送到日期或通知书的生效日期为生效日期,两者中以晚的一个日期为准。

36. 税和关税

36.1 中国政府根据现行税法对买方征收的与本合同有关的一切税费均应由买方负担。

36.2 如果本合同是授予中国国内的卖方,则中国政府根据现行税法对中国国内的卖方征收的与本合同有关的一切税费均应由该国内卖方负担。如果合同是授予中国国外的卖方,则中国政府根据现行税法规定和合同条款资料表中所述的协议(如果有此协议的话)对国外卖方征收的与实施本合同有关的一切税费均应由外国卖方负担。

36.3 在中国境外发生的与本合同执行有关的一切税费均应由卖方负担。

37. 合同生效及其他

37.1 本合同应在双方签字和买方收到卖方提交的履约保证金后生效。

37.2 如果本合同的货物在其所在国需要出口许可证,卖方应负责办理出口许可证,费用自理。

37.3 下述合同附件为本合同不可分割的部分并与本合同具有同等效力:

(1)供货范围及分项价格表。

(2)技术规格。

(3)交货批次及交货时间。

(4)信用证(格式)。

(5)履约保函(格式)。

(6)预付款保函(格式)。

第三章　合同格式

本合同于＿＿＿＿年＿＿＿＿月＿＿＿＿日由中华人民共和国的＿＿＿＿＿＿＿＿＿＿＿＿(买方名称)(以下简称“买方”)为一方和＿＿＿＿＿＿＿＿＿＿＿＿(卖方国家和城市)的＿＿＿＿＿＿＿＿＿＿＿＿(卖方名称)(以下简称“卖方”)为另一方按下述条款和条件签署。

鉴于买方为获得以下货物和伴随服务,即＿＿＿＿＿＿＿＿＿＿＿＿(货物和服务简介)而邀请投标,并接受了卖方以总金额＿＿＿＿＿＿＿＿＿＿＿＿(币种、用文字和数字表示的合同价)(以下简称“合同价”)提供上述货物和服务的投标。

本合同在此声明如下:

1.本合同中的词语和术语的含义与合同条款中定义的相同。

2.下述文件是本合同的一部分,并与本合同一起阅读和解释。

(1)合同条款。

(2)合同条款资料表。

(3)合同条款附件:

附件一　供货范围及分项价格表(略)。

附件二　技术规格(略)。

附件三　交货批次及交货时间。

附件四　信用证(格式)。

附件五　履约保函(格式)。

附件六　预付款保函(格式)。

(4)中标通知书。

3.考虑到买方将按照本合同向卖方支付,卖方在此保证全部按照合同的规定向买方提供货物和服务,并修补缺陷。

4.考虑到卖方提供的货物和服务并修补缺陷,买方在此保证按照合同规定的时间和方式向卖方支付合同价或其他按合同规定应支付的金额。

双方在上述日期签署本协议。

买方代表姓名:＿＿＿＿＿＿＿＿＿＿＿＿	卖方代表姓名:＿＿＿＿＿＿＿＿＿＿＿＿
买方代表签字:＿＿＿＿＿＿＿＿＿＿＿＿	卖方代表签字:＿＿＿＿＿＿＿＿＿＿＿＿
买 方 名 称:＿＿＿＿＿＿＿＿＿＿＿＿	卖 方 名 称:＿＿＿＿＿＿＿＿＿＿＿＿

注:附件一、附件二参见第四章的相关内容。

附件三 交货批次及交货时间

交货顺序	设备名称型号	交货时间	交货地点	数量	重量

附件四 信用证(格式)

(本证)由____________________转递

"ZHUNGKRO"__________________

(地点)________________________

________年________月________日

兹开立第________号不可撤销的信用证

受益人:________________________

开证人:________________________

最高金额:______________________

本信用证凭受益人开具以我行为付款人按发票金额100%计算无追索权的即期汇票用款,该汇票一式两份,并须附有下列写上数字的装运单据:

(1)全套清洁无疵,"货已装船""运费预付"、空白抬头,空白背书的海洋提单,并须注明:"通知目的港中国对外贸易运输公司"。

(2)发票(一式五份),注明合同号码。

(3)重量单/装箱单,一式二份,载明每箱毛重和净重。

(4)制造商出具的品质,数量/重量证明书________份。

(5)受益人出具的证明书证明上述各单据的另外四份已经分发如下:

一套已与货物一起,随船带交目的港中国对外贸易运输公司。一套已航空邮寄开证人,另外二套已航空邮寄交目的港中国对外贸易运输公司。此项单据,均已在载货船只启程后五天内付邮。

证明装运:________吨(允许溢交或短交以5%为限),每吨净重为____________________,包装费在内。

生产国别:____________________

制造厂商:____________________

包装:货物用适宜海运的新铁桶装。自________________运往________________。不得分批装运。准许转船,但须交联运提单。装运日期不得晚于_____年_____月_____日并须由"________________"轮装运。本证在________________议付有效期至_____年_____月_____日截止。所有根据本证开具的汇票须注明"________________"。本行兹向根据本证并按照本证内条款开出汇票的出票人、背书人和合法持有人保证,在单据提交本行办公室时,本行即应以电汇方式承兑该汇票。所有根据本证议付的汇票金额必须在本证背面批注。

单据处理办法:本证条件之一是,所有单据应分两次连续以航邮寄交本行。第一次邮寄包括所有各项单据,但如某项单据不只一份者则留下一份由第二次邮寄。本行一旦收到此证要求的各项单据,并审核无误后,即刻以即期电汇方式偿付。请将此证通知受益人。

特别指示:

(1)本证在通知行见到受益人提交的有关出口许可证以后,才开始生效。

(2)必须提交船舶代理人(海运代理人)出具的证明书,证明载运船只系由____________________。(需要此项单证时,租船提单可予接受。)

(3)必须提交轮船公司出具的预定航程表,表明载运船只在到达本证指定目的港以前,不经过也不停靠________________的任何口岸。

附件五 履约保函(格式)

履约保函

开立日期：____________

受益人：____________

地　址：____________

邮　编：____________

本保函作为____________(以下简称“卖方”)的履约保函，系为贵公司和卖方就____________(以下简称“项目”)订立的第________号合同(以下简称“合同”)出具。

我行，____________(履约保函出具银行)在此无条件且不可撤销地保证以________(币种)向贵公司支付相当于以支付的合同价格的百分之________(________%)的金额，即____________的金额。我行保证不以任何理由追索。我行的权利义务的继承人和受让人亦受同样的约束。我行同意下述条件：

1. 我行向贵公司保证卖方根据合同履行义务并承担责任。

2. 如果卖方未能履行或者承担由合同引起的或与合同有关的合同项下的任何义务或任何责任，我行将在收到贵公司书面通知后立即以通知中规定的方式支付贵方要求的合计不超过____________的款项。

3. 本保函适用于本合同以及在本合同项下作出的、给予的或同意的所有修订、更改或附加部分，不论我行是否收到该修订、更改或附加部分，我行放弃取得有关上述修订、更改或附加部分的通知的权利。本保函对贵方根据合同条款全部或部分地转让合同权利的有关受让方仍然有效。

4. 对于现在或将来的产生的税收、税费、收费、扣减费用或预提款项，不论这些款项是何种性质和由谁征收，都不应从本保函项下的支付中扣除。

5. 本保函条款构成我行无条件的不可撤销的直接责任。有关即将履行的合同条款的任何变更及贵方同意的时间的宽限或其他延长或特许或贵方的其他作为或不作为都不能免除、解除或豁免我行在本保函项下的责任。

保函受《见索即付保函统一规则》(即国际商会第458号出版物，1992年)的管辖并于合同项下的义务和责任得到充分履行且被贵公司彻底解除义务后失效。

____________(开立保函银行名称)

由____________(姓名及职务)签署

____________(盖　章)

附件六 预付款保函(格式)

日期：________________

致：________________________(受益人名称和地址)

在此我们提及贵方与________________________(承包人名称)(以下称“承包人”)于____________________(日期)签订的关于________________________(工程设施简述)的设计、执行和完工的承包合同协议(以下称“合同”)。

鉴于根据本合同条款，业主已同意向承包人支付或促使得到一笔应支付给承包人的占总合同价款百分(______%)的预付款，即__________________(大写外币金额)__________________(小写金额)及____________________(大写当地货币金额)__________________(小写金额)。

我行，____________________(银行名称)，一家根据____________________(银行所在国)法律组建的，注册/主要营业地址为____________________(银行地址)的银行____________________(或公司)，作为本担保函的签署方，谨此与承包人共同及分别的向贵方连带保证，在承包人未能开工或未能履行本合同项下的义务时，及在承包人无法或拒绝向业主偿还(依情况而定)所有或部分前述预付款时，在接到贵方第一次要求时，无条件的偿还前述款项。

鉴于根据合同规定的支付条款，业主的预付款余额会因为承包方不时的履行而减少(该种履行可通过适当的装运单据或支付证明得以证实)，银行的责任应当仅限于承包人未偿付的预付款余额部分。

从承包人收到所述预付款之日至承包人按合同条款向业主完全偿付预付款金额时止，本保函将保持完全的效力。当未结余额为零时，本保函即失效，不论此保函原件是否退还我行。

任何基于本保函提出的权利主张，应当在本保函有效期届满之前送达我行。

银行名称：____

授权签字人：____

盖　　章：____

第四章 附件

附件一 投标书格式

日 期：____________

投标邀请号：____________

致：____________（招标人名称和地址）

根据贵方为____________（项目名称）项目招标采购货物及服务的投标邀请____________（招标编号），签字代表____________（全名、职务）经正式授权并代表投标人____________（投标人名称、地址）提交下述文件正本一份及副本____________份：

1. 开标一览表。
2. 分项价格表。
3. 偏离表。
4. 按招标文件投标人须知和技术规格要求提供的有关文件。
5. 投标人的资格文件。
6. 由____________（银行名称）出具的投标保证金，金额为____________（金额数和币种）。
7. ____________
8. ____________
9. ____________
10. ____________

据此函，签字代表宣布同意如下：

1. 所附投标价格表中规定的应提交和交付的货物投标总价为____________（注明币种，并用文字和数字表示的投标总价）。
2. 投标人将按招标文件的规定履行合同责任和义务。
3. 投标人已详细审查全部招标文件，包括第____________（插入编号）（补遗书）（如果有的话）。我们完全理解并同意放弃对这方面有不明及误解的权力。
4. 本投标有效期为自开标日起____________日。
5. 如果在规定的开标时间后，投标人在投标有效期内撤回投标，其投标保证金将被贵方没收。
6. 根据投标人须知的规定，我方承诺，与业主聘请的为此项目提供咨询服务的公司及任何附属机构均无关联，我方不是业主的附属机构。
7. 投标人同意提供按照贵方可能要求的与其投标有关的一切数据或资料，完全理解贵方不一定接受最低价的投标或收到的任何投标。
8. 与本投标有关的一切正式往来信函请寄：
9. 我方同意接受____________（投标资料表提议的姓名）为调解人；或

我方不同意接受____________（投标资料表提议的姓名）为调解人，我方提议____________（姓名）为调解人，其简历和收费标准附后。

地　　　　　　址：________________

电　　　　　　话：________________

传　　　　　　真：________________

电 子 邮 件：________________

投标人授权代表签字：________________

投标人授权代表姓名、职务：________________

投 标 人 名 称：________________

公　　　　　　章：________________

附件二 投标一览表格式

项目名称：________________

招标编号：________________

序号	包号/品目号	设备名称	型号和规格	数量	制造商名称和国籍	报价方式	投标货币	投标总价	有无投标保证金	交货期	备注

投标人名称和国籍：________________

投标人代表签字盖章：________________

注：此表应按投标人须知的规定密封标记并与投标保证金一同密封单独提交。

附件三 投标分项报价表格式

表 1 国外供货的仪器、设备和随机备件分项价格表

投标人名称:__________ 招标编号:__________ 包号:__________ 货币单位:(外币)

1	2	3	4	5	6	7	8
品目号	货物名称	型号和规格	数量	原产地和制造商名称	单价		总价
					FOB	CIF	CIF(4×7)
合计(列入价格汇总表 5)							

投标人代表签字盖章:__________

注:①如果按单价计算的结果与总价不一致,以单价为准修正总价。

②如果不提供详细分项报价将视为没有实质性响应招标文件。

③本表包括标准件和专用工具。

表 2 国内供货的仪器、设备和随机备件分项价格表

投标人名称:__________ 招标编号:__________ 包号:__________ 货币单位:(人民币)

1	2	3	4	5	6	7
品目号	货物名称	型号和规格	数量	原产地和制造商名称	出厂价单价(注明装运地点)	出厂价总价(4×6)
合计(列入价格汇总表 5)						

投标人代表签字盖章:__________

注:①如果按单价计算的结果与总价不一致,以单价为准修正总价。

②如果不提供详细分项报价将视为没有实质性响应招标文件。

③本表包括标准件和专用工具。

表3　中国内陆运输及服务分项价格表

投标人名称：＿＿＿＿＿　招标编号：＿＿＿＿＿　包号：＿＿＿＿＿

品目	内容	数量	单价		总价	
			人民币部分	外币部分	人民币	（外币）
		1	2	3	4(1×2)	5(1×3)
1	中国内陆运输费					
2	中国内陆保险费					
3	卸货费					
4	其他					
合计（列入价格汇总表5）						

投标人代表签字盖章：＿＿＿＿＿＿＿＿

注：投标人必须列出价格的明细表。

表4　安装服务价格表

投标人名称：＿＿＿＿＿　招标编号：＿＿＿＿＿　包号：＿＿＿＿＿

品目	内容	数量	单价		总价	
			人民币部分	外币部分	人民币	（外币）
		1	2	3	4(1×2)	5(1×3)
1	设计联络费					
2	安装					
3	测试和检验					
4	调试及运行验收					
5	技术资料费					
6	技术服务费					
7	技术培训费（国内和国外）					
8	其他					
合计（列入价格汇总表5）						

投标人代表签字盖章：＿＿＿＿＿＿＿＿

注：投标人必须给出价格的详细说明和明细表。

表5　价格汇总表

投标人名称：＿＿＿＿＿＿＿　招标编号：＿＿＿＿＿＿　包号：＿＿＿＿＿＿

品目	内　　容	总　　价	
		人民币	（外币）
1	表1合计		
2	表2合计		
3	表3合计		
4	表4合计		
5	表5合计		
总计（列入投标函以及开标一览表）			

投标人名称：＿＿＿＿＿＿＿＿＿＿＿＿＿＿＿＿＿＿

投标人代表签字盖章：＿＿＿＿＿＿＿＿＿＿＿＿＿

附件四 货物说明一览表格式

供方要确认此范围并提供细化清单。

1.设备供货范围表

序号	名称	规格和型号	材质	数量	单位	单价	总价	生产厂家	备注

2.配套设备及专用工具

序号	名称	规格和型号	材质	数量	单位	单价	总价	生产厂家	备注

3.随机备品备件

序号	名称	规格和型号	材质	数量	单位	单价	总价	生产厂家	备注

4.其中进口件

序号	名称	规格和型号	材质	数量	单位	单价	总价	生产厂家	备注

5.年备品备件

序号	名称	规格和型号	材质	数量	单位	单价	总价	生产厂家	备注

附件五 技术规格偏离表格式

技术规格偏离表

序号	货物名称	招标文件条目号	招标规格	投标规格	偏离	说明

投标人名称：____________________

投标人代表签字盖章：____________________

注：投标人递交的技术规格书中与招标文件的技术规格书中的要求有不同时，应逐条列在技术偏离表中，否则将认为投标人接受招标文件技术规格书中的要求。

附件六 商务条款偏离表格式

商务条款偏离表

序号	招标文件条目号	招标文件的商务条款	投标文件的商务条款	说明

投标人名称：________________

投标人代表签字盖章：________________

注：投标人递交的投标文件中与招标文件的商务部分的要求有不同时，应逐条列在商务偏离表中，否则将认为投标人接受招标文件的要求。

附件七 投标保证金保函格式

投标保证金保函

日期：________________

招标编号：____________________

致：________________________(招标人名称及地址)

本保函作为____________________(投标人名称)(以下简称“投标人”)对____________________(招标人)(招标编号)的投标邀请提供____________________(货物名称)的投标保函。

____________________(保函开具银行名称)无条件地、不可撤销地具结保证本行、其继承人和受让人，一旦收到贵方提出的就下述任何一种事实的书面通知，立即无追索地向贵方支付金额为____________________(金额数和币种)保证金：

a.在开标之日后到投标有效期满前，投标人撤回投标；或

b.在收到中标通知后30日内，投标人未能与业主签订合同；或

c.在收到中标通知后30日内，投标人未能开具可接受的履约保函。

本保函自开标之日起__________个日历日内有效，并在贵方和投标人同意延长的有效期内保持有效。延长的有效期只需通知本行即可。贵方有权提前终止或解除本保函。

出具保函银行名称：______________________________________

签　　　　　　字：______________________________________

公　　　　　　章：________________(印刷字体姓名和职务)

附件八 法定代表人授权书

法定代表人授权书

本授权书声明：注册于____________（国家或地区的名称）的____________（公司名称）的在下面签字的____________（法定代表人姓名、职务）代表本公司授权____________（单位名称）的在下面签字的____________（被授权人的姓名、职务）为本公司的合法代理人，就____________（项目名称）的____________（设备合同名称）投标，以本公司名义处理一切与之有关的事务。

本授权书于____年____月____日签字生效，特此声明。

法定代表人签字盖章：____________

被授权人签字盖章：____________

见证人签字盖章：____________

职务：____________

单位名称：____________

地址：____________

附件九 资格证明文件格式

一、资格声明

致：____________________（招标人）

资格声明

尊敬的先生：

为响应你方______年______月______日的____________________（招标编号）投标邀请，下述签字人愿参与投标，提供第七章《技术规格和图纸》中规定的____________________（单机设备名称），提交下述文件并证明全部说明是真实的和正确的。

(1)由____________________（制造厂商名称）提供____________________（单机设备名称）的授权书1份正本，__________份副本，我方代表该制造厂商并受其约束（投标人是代理的贸易公司时填写）。

(2)我方和制造厂商的资格声明，各有1份正本，__________份副本。

(3)下述签字人在证书中证明本资格文件中的内容是真实的和正确的，同时附上我方银行____________________（银行名称）出具的资信证明。

制造商或贸易公司：

名称：____

地址：____

电话：____

传真：____

邮编：____

受权签署本资格文件人：

签字：____

签字人姓名、职务（印刷字体）

____

二、制造厂商资格声明

1.名称及概况

(1)制造厂商名称：________________

(2)总部地址：________________

电传/传真/电话号码：________________

(3)成立和/或注册日期：________________

(4)实收资本：________________

(5)近期资产负债表(到____年____月____日止)

①固定资产：________________

②流动资产：________________

③长期负债：________________

④流动负债：________________

⑤净值：________________

(6)主要负责人姓名：(可选填)________________

(7)制造厂商在中国的代表的姓名和地址(如有的话)：________________

2.(1)关于制造投标货物的设施及其他情况

工厂名称地址	生产的项目	年生产能力	职工人数

(2)本制造厂商不生产，而需从其他制造厂商购买的主要零部件：

制造厂商名称和地址	主要零部件名称

3.本制造厂商生产投标货物的经验（包括年限、项目业主、额定能力、商业运营的起始日期等）

____

____

4.近三年该货物主要销售给国内、外主要客户的名称地址

(1)国外销售

名称和地址	销售项目

(2)国内销售

名称和地址	销售项目

5.近三年的年营业额

年份	国内	国外	总额

6. 易损件供应商的名称和地址

部件名称　　　　　　　　供应商

______________　　______________

______________　　______________

7. 最近三年直接或通过贸易公司向中国公司提供的投标货物

合同编号：______________________________

签字日期：______________________________

项目名称：______________________________

数　　量：______________________________

合同金额：______________________________

8. 有关开户银行的名称和地址__________________

9. 制造厂商所属的集团公司(如有的话)__________

10. 其他情况______________________________

兹证明上述声明是真实、正确的，并提供了全部能提供的资料和数据，我们同意遵照贵方要求出示有关证明文件。

制 造 商 名 称：______________________________

授 权 代 表 签 字：______________________________

授权代表的职务：______________________________

传　　　　　真：______________________________

电　　　　　话：______________________________

电　子　函　件：______________________________

______年______月______日

三、贸易公司(作为代理)的资格声明

1. 名称及概况

(1)投标人名称：______________________

(2)总部地址：______________________

电传/传真/电话号码：______________________

(3)成立和/或注册日期：______________________

(4)实收资本：______________________

(5)近期资产负债表(截止______年______月______日)

①固定资产：______________________

②流动资产：______________________

③长期负债：______________________

④流动负债：______________________

⑤净值：______________________

(6)主要负责人姓名：(可选填)______________________

(7)制造厂商在中国的代表姓名和地址，如有的话：______________________

2. 近三年的年营业额

年份	国内	国外	总额

3. 近三年该货物主要销售给国内、外主要客户的名称地址

(1) 国外销售

名称和地址	销售项目

(2) 国内销售

名称和地址	销售项目

4. 同意为投标人制造货物的制造厂商(附制造厂商资格声明)

____

5. 由其他制造厂商提供和制造的货物部件，如有的话

制造厂商名称和地址	制造的部件

6. 过去三年向中国公司提供的投标货物，如有的话

合同编号：______________________

签字日期：______________________

项目名称：______________________

数　　量：______________________

合同金额：______________________

7. 有关开户银行的名称和地址____________________

8. 所属的集团公司____________________

9. 其他情况____________________

兹证明上述声明是真实、正确的，并提供了全部能提供的资料和数据，我们同意遵照贵方要求出示有关证明文件。

授 权 代 表 签 字：____________________

授权代表印刷字体姓名：____________________

授 权 代 表 的 职 务：____________________

传 真：____________________

电 话：____________________

电 子 函 件：____________________

______年______月______日

四、制造厂商出具的授权函

致：________________(招标人)

我们________________(制造商名称)是按________________(国家名称)法律成立的一家制造商，主要营业地点设在________________(制造商地址)。兹指派按________________(国家名称)的法律正式成立的，主要营业地点设在________________(贸易公司地址)的________________(贸易公司名称)作为我方真正的和合法的代理人进行下列有效的活动：

(1)代表我方在中华人民共和国办理贵方第______号招标邀请要求提供的由我方制造的货物的有关事宜，并对我方具有约束力。

(2)作为制造商，我方保证以投标合作者来约束自己，并对该投标共同和分别承担招标文件中所规定的义务。

(3)我方兹授予________________(贸易公司名称)全权办理和履行我方为完成上述各点所必需的事宜，具有替换或撤销的全权。兹确认________________(贸易公司名称)或其正式授权代表依此合法地办理一切事宜。

我方于_____年_____月_____日签署本文件，________________(贸易公司名称)于_____年_____月_____日接受此件，以此为证。

贸易公司名称：____________ 出具授权书的制造商名称：____________

正式授权签字的代表姓名：____________ 正式授权签字的代表姓名：____________

职务和部门：____________ 职务和部门：____________

五、证书

下述签字人证明本资格文件和要求的格式中的说明是真实的和正确的。

下述签字人在此授权并要求任何被征询的银行向买方提供任何买方所要求的资料，以验证本声明本公司实力和信誉。同时附上从我方银行________________(银行名称)出具的资情证明。

下述签字人知道，买方可能要求提供进一步的资格材料并同意按买方要求提交。

制造商或贸易公司名称：____________________

地址：____________________

邮编：____________________

电话：____________________

传真：____________________

受权签署本资格文件人签字：____________________

签字人姓名、职务(印刷字体)：____________________

货 物 编

9 工商领域企业固定资产投资项目招标文件范本

工商领域企业固定资产投资项目招标文件范本

目 录

工商领域企业固定资产投资项目

招 标 文 件 范 本(2002 版)

(商务部分)

单机设备采购

中华人民共和国国家经济贸易委员会编制

2002 年 12 月

前言

依据《中华人民共和国招标投标法》及《工商领域企业固定资产投资项目招标投标管理办法》(国家经贸委令第 39 号)等有关招投标的规定编制本文件。本文件适用于国家经贸委令第 39 号规定的工商领域企业固定资产投资项目的招标投标活动。

招标代理机构和自行招标项目单位应按照项目要求,参照本文件编制招标文件。本文件原则上不得修改,其中的"合同专用条款"不应在实质上改变"合同通用条款",所有关于具体项目的相关信息和资料以及投标者为响应投标所需要的信息和资料,应包括在"投标资料表""合同专用条款""技术规格和图纸"和"合同协议"等文件中。

为适应不同标的物采购的需要,本文件分为第一部分单机设备采购、第二部分成套设备采购和第三部分大型成套设备及安装采购。

单机设备,系指独立的设备、仪器、仪表等机电设备。根据采购的具体要求,单机设备合同应包括设备及相关的备件、材料、技术服务、技术培训和技术资料等内容,或包括其中部分项的内容。

成套设备,系指多设备的组合,该组合具有其特有的复杂性,只有通过充分的技术交流、拥有和掌握工艺技术、正确的工程设计、可靠的设备供货、精确的调试、严格的试车和考核验收,以及卖方提供机械和工艺技术保证等才能保证成套设备的运转成功。根据采购的具体要求,成套设备合同中应包括提供技术使用许可、设计、设备、技术服务、试运行和工艺性能保证等内容,或包括其中部分项的内容。

大型成套设备及安装,系指多设备、多系统的组合,设备供货部分的价值占整个合同估算价的主要部分,并伴随一定比例的安装服务;鉴于设备、系统的特征和复杂性,必须经过安装服务、精心的测试、调试和运行验收等程序,项目单位才能安全地接受。根据采购的具体要求,大型工程设施合同中应包括供货、运输、安装、设计、技术服务、培训、调试、试运行、功能保证等内容。

本文件的编制参照了世界银行和中国技术进出口总公司的招标文件范本。

中国机电产品进出口商会、中国技术进出口总公司、中机国际招标公司和中技贸易股份有限公司及世界银行中国代表处对编制本文件给予了大力支持,特此表示感谢。

本文件主要编写人员名单

傅　山　　国家经济贸易委员会投资与规划司
唐和义　　国家经济贸易委员会投资与规划司
王　丽　　中国机电产品进出口商会
王国英　　中技贸易股份有限公司
张　丹　　中国技术进出口总公司
徐　涛　　中机国际招标公司
于　旋　　中技贸易股份有限公司
刘力群　　中技贸易股份有限公司
张　瑾　　中技贸易股份有限公司
王　瑞　　上海宝钢国际经济贸易有限公司
于光生　　山东省机电设备招标中心

单机设备采购

目 录

第一章 投标邀请书

注释：

1.《投标邀请书》提供的信息可以使潜在的投标人决定是否参加投标。

2.《投标邀请书》的内容应当与招标文件，特别是与第三章《投标资料表》的相应内容一致。

投标邀请书格式

（项目名称）＿＿＿＿＿＿＿＿＿＿＿＿
（单机设备名称）＿＿＿＿＿＿＿＿＿＿

日　　期：＿＿＿＿＿＿＿＿＿
招标编号：＿＿＿＿＿＿＿＿＿

1. ＿＿＿＿＿＿＿＿（招标代理机构名称）（以下简称“招标人”）受＿＿＿＿＿＿＿＿（项目单位）委托，现邀请合格投标人就下述成套设备的供货和工作提交密封的投标。

2. 成套设备：＿＿＿＿＿＿＿＿（描述）
供货和工作范围：＿＿＿＿＿＿＿＿（描述）

3. 本招标为＿＿＿＿＿＿＿＿（公开招标或邀请招标）

4. 有兴趣的合格投标人可于＿＿＿＿＿＿＿＿（年、月、日）至＿＿＿＿＿＿＿＿（年、月、日）（节假日除外）＿＿＿＿＿＿＿＿（时间）至＿＿＿＿＿＿＿＿（时间）从招标人得到进一步的信息和查阅招标文件。

5. 投标人可在上述时间从招标人以＿＿＿＿＿＿＿＿（每套招标文件售价）购买一套完整的招标文件。招标文件售后不退。如需邮寄，须另付邮资＿＿＿＿＿＿＿＿（邮资金额），招标人不对邮寄过程中的遗失负责。

6. 投标文件应于＿＿＿＿＿＿＿＿（年、月、日）之前递交到＿＿＿＿＿＿＿＿（地址），迟到的投标文件将被拒绝。

7. 所有投标文件都必须附有投标保证金，金额为（一定金额或投标价的一个最低百分比）。未按规定提供投标保证金的投标文件将被拒绝。

8. 定于＿＿＿＿＿＿＿＿（年、月、日），在＿＿＿＿＿＿＿＿（地址）公开开标。届时投标人可派代表出席开标仪式。

招　标　人：＿＿＿＿＿＿＿＿＿＿＿＿＿＿＿
地　　　址：＿＿＿＿＿＿＿＿＿＿＿＿＿＿＿
邮　　　编：＿＿＿＿＿＿＿＿＿＿＿＿＿＿＿
联　系　人：＿＿＿＿＿＿＿＿＿＿＿＿＿＿＿
电　　　话：＿＿＿＿＿＿＿＿＿＿＿＿＿＿＿
传　　　真：＿＿＿＿＿＿＿＿＿＿＿＿＿＿＿
电 子 邮 件：＿＿＿＿＿＿＿＿＿＿＿＿＿＿＿
招标人开户银行：＿＿＿＿＿＿＿＿＿＿＿＿＿
招标人银行账号：＿＿＿＿＿＿＿＿＿＿＿＿＿

第二章　投标人须知

注释：

1.《投标人须知》提供了投标人按照招标人的要求准备投标文件所必需的信息，以及投标、开标、评标和签署合同等有关规定。

2.《投标人须知》应得到严格的履行。第三章《投标资料表》的条款是对《投标人须知》的补充，以及对项目具体情况和要求的说明。

投标人须知

目 录

34.合同协议的签署
35.履约保证金
36.腐败和欺诈行为

投标人须知

一、说明

1. 项目描述 1.1 《投标资料表》列明的项目单位(以下称“买方”)已获得一笔资金/贷款(以下简称“资金”)。买方计划将资金的一部分用于支付《投标资料表》指定项目的单机设备合同项下的款项。

2. 招标方式 2.1 招标将以《投标资料表》规定的公开招标或邀请招标方式进行。

3. 招标人 3.1 《投标资料表》列明的招标人,是指买方委托的、获得国家经贸委授予相应资质的招标代理机构或经批准可以自行招标的买方。

4. 对外合同买方代理 4.1 《投标资料表》规定为国际竞争性招标时,合同的买方代买方代理理为买方委托的具有代理引进设备外贸经营合格资质的企业法人。

4.2 《投标资料表》规定为国内竞争性招标时,合同的买方可不委托买方代理。

5. 合格投标人 5.1 除《投标资料表》及本文件另有规定外,凡来自中华人民共和国或是与中华人民共和国有正常贸易往来的国家或地区的法人均为合格投标人。

5.2 投标人在中华人民共和国境内的投标活动均应严格遵守中华人民共和国法律和法规。

5.3 投标人不得与本次招标项下单机设备编制设计、技术规格和其他文件的公司或提供咨询服务的公司包括其附属机构有任何关联。

5.4 只有合法运作并独立于招标人/买方的法人才能参加投标。

5.5 投标人应不属于本章第 36 条规定的有腐败和欺诈行为的不合格的投标人。

6. 合格设备和服务 6.1 投标人提供单机设备所涉及的设备、技术培训和技术服务等应来自于《投标资料表》规定的合格的原产地。

6.2 合格的原产地系指单机设备或其部件的生产地为中华人民共和国或与中华人民共和国有正常贸易往来的国家或地区。单机设备或其部件是通过制造、加工或用重要的和主要的原部件装配而成的,其基本特性或功能或效用应是商业上公认、与原部件有着实质性区别的产品。

7. 投标费用 7.1 投标人应承担所有与准备和参加投标有关的费用。无论投标的结果如何,招标人对上述费用不承担任何责任和义务。

二、招标文件

8. 招标文件的内容 8.1 招标文件对单机设备、招标过程、合同条件和技术要求作出详细规的内容定,应包含以下内容:

第一章　投标邀请书
第二章　投标人须知
第三章　投标资料表
第四章　合同通用条款
第五章　合同专用条款
第六章　合同附件
第七章　技术规格和图纸
第八章　投标文件相关格式
　1. 投标函格式
　2. 投标一览表

3. 分项价格表
4. 偏离表
5. 法定代表人授权书格式
6. 投标保证金银行保函格式
7. 合同协议书格式
8. 履约保证金银行保函格式

第九章 投标人的资格文件

8.2 投标人应检查招标文件中所有的须知、格式、条款、技术规格和其他资料。如果投标人没有按照招标文件的要求提交全部资料,或者提交的资料没有对招标文件在各方面作出实质性响应,可能导致其投标被拒绝,该风险由投标人承担。

9. 招标文件的澄清

9.1 要求对招标文件进行澄清的投标人应以书面或传真方式(以下的传真一词包括传真、电子邮件、电报和电传)通知招标人。对投标截止期15日以前收到的对招标文件的澄清要求,招标人以书面或传真方式予以答复,同时该答复提供给每个招标文件的购买方(答复中不标明问题的来源)。

10. 招标文件的修改

10.1 招标人可因任何原因,在投标截止期前对招标文件进行修改,但应在投标文件截止时间至少15日前,以书面形式通知所有招标文件的购买人。

10.2 招标文件的修改将以书面或传真方式通知所有招标文件的购买人,并对其具有约束力。招标文件的购买人在收到上述通知后,应立即向招标人回函确认。投标人将被视为编制投标文件时已考虑了上述修改。

10.3 招标文件的修改应考虑给予投标人合理的时间制作相应的投标文件。招标人可酌情延长截标日期,并以书面或传真方式通知招标文件购买人并在相应媒体上公告。

三、投标文件的编制

11. 投标文件的语言

11.1 投标文件以及投标人与招标人就有关投标的往来函电均应使用《投标资料表》规定的语言书写。投标人提交的支持性文件和印制的文件可以用另一种语言,但相应内容应翻译成《投标资料表》规定的语言,在解释投标文件时以翻译本为准。

12. 投标文件的构成

12.1 投标文件应由下列部分构成:

(1)本章第13条列明的由投标人签署的《投标函投标一览表》和《分项价格表》。

(2)为方便对投标文件的评审,投标人将任何不同于招标文件的技术规格和商务条件列于《偏差表》中。投标人应提供其撤销偏差时的调整价格。依照本章第24.4条规定,有实质性不响应的投标文件将被拒绝。

(3)本章第16条规定的投标保证金。

(4)表明签署投标文件的人有权签署投标文件的证明书,并表明投标人在本章第17条规定的投标有效期内受投标文件的约束。

(5)投标人资格证明文件,包括按本章第5条规定的合格投标人的证明;按本章第6条规定的合格的设备和服务的证明;投标人履行合同的资格证明;投标人满足《投标资料表》列明的经验和其他业绩的证明。

13. 投标函和价格表

13.1 投标人按本章第14、15条的要求,以招标文件指定的方式完整地填写《投标函投标一览表》和《分项价格表》。

14. 投标报价

14.1 根据《技术规格和图纸》规定的供货和责任范围,投标人应按《投标一览表》和《分项价格表》或《投标资料表》指定的格式报出分项价格和总价。

14.2 投标人应按照招标文件规定的商务、合同和技术责任进行报价。如投标人作出偏离,应在《偏离表》中列出,并提供由于偏离所引起的价格差异。

14.3 在所有价格表中，投标人应按以下要求给出价格明细。

(1)从国外供应的货物应分别报出FOB价和CIF价或《投标资料表》规定的其他交货条件的价格。

(2)国内供应的货物报EXW价含增值税和其他税费。如货物包含进口的部分，则EXW价应包含其相应的全部进口成本。

(3)如果《投标资料表》有规定，应报出货物运至工作现场的国内运费。

(4)技术服务和培训等各项费用。

(5)《投标资料表》规定的备品、备件的价格。

14.4 FOB价、CIF价和EXW价 等术语，应根据现行的国际商会(巴黎)出版的《国际贸易惯例术语解释通则》(Incoterms)的规定来解释。

14.5 买方可以按本章第14.3条中的任意价格条件订立合同。

14.6 投标人所报的价格在合同执行过程中是固定的，不得以任何理由予以变更。投标人提交滑动价格的投标文件将作为非响应性投标而予以拒绝。

15. 投标货币

15.1 投标价应按以下规定确定货币：

(1)《投标资料表》规定为国内竞争性招标时，投标货币必须为人民币。

(2)《投标资料表》规定为国际竞争性招标时，投标货币为《投标资料表》规定的外国货币。有来源于国内的供货和服务部分可以以人民币报价，其余部分以上述外国货币报价。

16. 投标保证金

16.1 投标人应按《投标资料表》的规定提交投标保证金，并作为其投标的一部分。

16.2 投标保证金的货币可以是人民币或其他投标货币。

16.3 投标保证金可采用下列任何一种形式：

(1)银行本票、或保兑支票、或现金。

(2)由国内银行、在国内营业的或与国内银行有代理业务关系的信誉良好的国外银行，以招标文件提供的格式或招标人可接受的其他格式出具的银行保函或不可撤销的信用证，其有效期应超过本章第17.1条规定的投标有效期30日。

16.4 任何未按本章第16.1条提供可接受投标保证金的投标被视为非响应性投标而予以拒绝。

16.5 未中标人的投标保证金，将按照本章第17.1条规定的投标有效期满后30日内原额退还给投标人。

16.6 中标人的投标保证金，在中标人按本章第34.1条的规定签订合同协议书并按本章第35.1条的规定提供了所需的履约保证金后予以退还。

16.7 下列任何情况发生时，投标保证金将被没收：

(1)投标人在招标文件中规定的投标有效期内撤回其投标。

(2)中标人未能在本章第34.1条规定的时间内签署合同。

(3)签署合同后，未能在本章第35.1条规定的时间内提供履约保证金。

17. 投标文件的有效期

17.1 投标文件应在本章第20.1条规定的投标截止日开始按《投标资料表》规定的时期内保持有效。投标文件有效期不足的将被视为非响应性投标而予以拒绝。

17.2 特殊情况下，在投标有效期截止之前，招标人可要求投标人同意延长投标有效期。这种要求与答复均应以书面形式提交。投标人可拒绝招标人的这种要求，其投标保证金将不会被没收。接受投标有效期延长的投标人将不会被要求和允许修正其投标，而只会要求其相应地延长其投标保证金的有效期。

18. 投标文件的制作和签署

18.1 投标人应编制投标文件正本和电子版本各一份及《投标资料表》中规定数目的副本，每套投标文件须清楚地标明“正本”或“副本”。如正本和副本不符，以正本为准。

18.2 每份按本章第12条规定编制的投标文件正本和所有副本均需打印或用不退色墨水书写，并由投标人或经其正式授权并对投标人有约束力的代表签字。授权代表须以本章第12.1条规定的书面格式出具《授权证书》，并附在投标文件中。投标文件的每一页都应由投标人或其授权代表用姓或首字母签字。投标文件的副本可采用正本的复印件。

18.3 投标文件中任何行间插字、涂改和增删，必须由投标文件签字人用姓名或首字母在旁边签字方为有效。

四、投标文件的递交

19. 投标文件的密封和标识

19.1 投标人应将投标文件正本和所有的副本、电子版本分开密封装在单独的信封中，信封上正确标明"正本""副本""电子版本"字样。上述所有信封应再封装在一个外装信封中。

19.2 为方便开标唱标，投标人应将《投标一览表》和投标保证金正本单独密封提交，并在信封上标明"《投标一览表》和投标保证金"字样。

19.3 外装信封应注明以下内容：

(1)招标人地址。

(2)招标编号、项目和单机设备名称。

(3)"________________(截标日期和时间)前不得开封"的字样。

19.4 内层信封应写明投标人名称和地址，以便如果其投标被拒绝时，能予以原封退回。

19.5 如果外层信封未按本章第19.3条规定标记并密封，招标人将不承担错放或提前启封的责任。

20. 递交投标文件的截止日期

20.1 投标文件应于《投标资料表》规定的截止日期之前送达《投标资料表》规定的地点。

20.2 招标人可以酌情延长投标截止期。在此情况下，招标人和投标人受投标截止期制约的所有权利和义务均应延长至新的截止日期。

21. 迟交的投标文件

21.1 招标人将拒绝并退回在本章第20.1条规定的截止期后收到的任何投标文件。

22. 投标文件的修改和撤回

22.1 投标人可以对其已递交的投标文件进行修改或撤回，招标人在投标截止期之前收到的修改文件或撤回通知有效。

22.2 投标人的修改文件或撤回通知应按本章第18条、第19条的规定编制、签署密封、标记和发送，并在外装信封上明显标明"投标文件修改书"或"投标文件撤回通知"字样。

22.3 在投标截止期之后，投标人不得对其投标做任何修改。

22.4 从投标截止期至投标文件有效期结束为止，投标人不得撤回其投标，否则其投标保证金将按照本章第16.7条的规定被没收。

五、开标与评标

23. 开标

23.1 招标人在《投标资料表》规定的时间和地点公开开标。开标包括本章第22.1条、第22.2条规定的"投标文件修改书"和"投标文件撤回通知"。出席开标仪式的投标人的代表应签名报到以证明其出席。

23.2 首先启封标明"投标文件撤回通知"字样信封，并宣读投标人名称，如符合本章第22.1条的规定，该撤回的投标文件不予开封。

23.3 在开标时，招标人宣读投标人名称、修改和撤回投标的通知、投标价格、折扣声明、是否提交了投标保证金，以及招标人认为合适的其他内容。除了按照本章第21条的规定原封退回迟到的投标之外，开标时将不得拒绝任何投标文件。

23.4 无论是什么原因，在开标时没有启封和宣读的投标文件，在评标时将不予考虑。

23.5 招标人将按本章第23.3条规定的开标时宣读的内容填写开标记录。

24. 投标文件的初审

24.1 招标人将对投标文件进行检查，以确定投标文件是否完整、有无计算上的错误、是否提交了投标保证金、文件是否已正确签署、投标文件的总体编排是否有序等。

24.2 算术错误将按以下方法更正。如果以单价和数量计算的结果与总价不一致；以及分项价汇总之和与总价不一致，则以单价和分项价为准修改总价。如果用文字表示的数值与用数字表示的数值不一致，以文字表示的数值为准。如果投标人不接受对其错误的更正，其投标将被拒绝。

24.3 招标人可以允许投标文件中存在不构成实质性偏差的，微小的不正规、不一致或不规范。

24.4 在详细评标之前，招标人将判定每个投标文件是否完整以及是否实质性响应了招标文件的要求。实质性响应是指无实质性偏离、反对、设定条件或提出保留，与招标文件要求的全部条款、条件和规格相符。实质性偏离是指：①实质性影响合同的范围、质量和履行；②实质性违背招标文件，限制了买方的权利和中标人合同项下的义务；③不公正地影响了其他作出实质性响应的投标人的竞争地位。

24.5 招标人对投标文件响应性的判定基于投标文件本身的内容，而不寻求外部的证据。

24.6 如果投标实质性没有响应招标文件的要求，其投标将被拒绝，投标人不得通过修正或撤销不合要求的偏离或保留从而使其投标成为实质性响应的投标。如发现有下列情形之一的，其投标将被拒绝：

(1)投标人未提交投标保证金或保证金金额不足、保函有效期不足、投标保证金或出证银行不符合招标文件要求的。

(2)资格证明文件不全的，如代理投标人未提供有效的供货商和服务供应商的授权书等。

(3)超出经营范围投标的。

(4)投标人无法定代表人签字，或签字人无法定代表人有效授权书的。

(5)业绩不满足招标文件要求的。

(6)投标有效期不足的。

(7)不满足技术规格书中主要参数和超出偏差范围的。

24.7 招标人只对在初审中确定为实质性响应的投标文件进行进一步的详细技术和商务评审。

25. 投标文件的澄清

25.1 在评标期间，招标人可要求投标人对其投标文件进行澄清，但澄清的要求和答复不得对投标价格等实质性内容做任何改变。有关澄清的要求和答复应以书面形式提交。

26. 折算为同一货币

26.1 为了便于评标和比较，如果投标价中有多种货币，其相应的货币金额应按《投标资料表》规定的国内商业银行发布的、《投标资料表》指明汇兑期限时的货币兑换率折算成同一货币。

27. 投标的评审

27.1 招标人根据本章第24.7条规定，只对确定为实质性响应招标文件要求的投标进行评审和比较。

27.2 计算评标总价时，以货物到达买方指定安装地点为依据。国外产品为CIF价、进口环节税及国内运输保险费之和，国内产品为EXW价含增值税和其他税费及国内运输、保险费之和。

27.3 招标人在评标时，以本章第14.3条规定的价格为基础，还要考虑量化以下因素：

(1)在中国国内所发生的内陆运输费、保险费，及其将货物运至最终目的地的伴随服务费用。

(2)投标文件申报的交货期。

(3)与合同条款规定的商务条件的偏离。

(4)所投货物零部件、备品备件和服务的费用。

(5)在中华人民共和国境内得到投标设备的备件和售后服务的可能性。

(6)投标设备在使用周期内预计的运营费和维护费。

(7)投标设备的性能和生产率。

(8)《投标资料表》和技术规格所列的其他具体标准。

27.4 根据本章27.3的规定,对《投标资料表》规定的评标因素,可采用以下量化方法调整评标价格。

27.4.1 在中国国内所发生的内陆运费、保险费,以及其他伴随服务的费用,招标人将按照铁路/公路等交通部门、保险公司、及其他有关机构发布的收费标准计算货物从出厂地/进口港/边境口岸运抵《投标资料表》所指明的项目现场所发生的内陆运输、保险及其他伴随服务的费用;为便于计算,投标人应在投标文件中提供估计的货物尺寸、装运重量和货物价格。

27.4.2 投标文件申报的交货期

(1)以《投标资料表》规定的交货(或启运)时间为基础,每超过基础时间一周,其评标价将在投标价的基础上增加《投标资料表》规定的百分比来考虑。提前交货不考虑降低评标价;或者

(2)以《投标资料表》规定的可接受的几周时间范围内交货(或启运)时间为基础,提前交货不考虑降低评标价,晚于交货时间范围供货的投标将被视为非响应性投标。在可接受的时间范围内,每超过《投标资料表》规定的最早交货时间一周,其评标价格在投标价的基础上增加《投标资料表》规定的百分比;或者

(3)以《投标资料表》规定的分批交货(或启运)时间为基础,招标项下的货物按照《投标资料表》规定的装运交货(启运),提前交货或者推迟交货都将调整其评标价。方法是每提前或超过规定的交货时间一周,其评标价将在投标价的基础上增加《投标资料表》规定的百分比。

27.4.3 商务偏离

评标价格的确定是基于完全满足招标文件商务和技术要求。投标人应在投标书附件中列明其放弃偏差后的偏差价格。如果,投标人没有提供这一价格偏差,为了保证对整个投标进行公平的比较,招标人将根据自己的经验,对偏差进行折价计算。

27.4.4 零部件和备品备件的费用

(1)投标人将所投货物的零部件及在《投标资料表》规定的运行周期必需的备品备件的名称和数量清单附在技术规格中,按投标文件中所报的单价来计算其总价,并计入投标价中;或者

(2)招标人根据经常使用的零部件和备件清单,以及在《投标资料表》所规定的运行周期所需要的数量,按投标文件中所报的单价计算其总价,并计入投标价中;或者

(3)招标人将根据每一投标人提供的信息,以及买方过去的经验或其他购买人的经验来估算在《投标资料表》所规定的运行初期所需要的零部件和备件的费用,并计入评标价。

27.4.5 中国国内的备件供应和售后服务设施

根据《投标资料表》或招标文件其他地方的规定,买方建立最起码的维修服务设施和零部件库房所需的费用,如果是单独报价,评标时应计入评标价。

27.4.6 投标设备的预计运行和维护费用

由于所采购的货物的运行和维护费用是设备使用周期成本的一个主要部分，这些费用将根据《投标资料表》或技术规格中规定的标准进行评价。

27.4.7 投标设备的性能和生产率

(1)投标人应响应技术规格中的规定，说明所提供的货物保证达到的性能和效率。高于标准的，不考虑降低评标价；低于标准性能或效率的(假设为100%)，每低一个百分点，投标价将增加《投标资料表》规定的调整金额，采用《投标资料表》或技术规格中规定的方法，计算设备在使用年限中的运行成本所额外增加的费用；或者

(2)所提供的货物必须具备技术规格中相应条文所规定的最低生产率才能被认为是具有响应性。若所提供的货物与规定的要求有偏离时，评标将以该货物实际生产率的单位成本为基础，采用《投标资料表》或技术规格中规定的方法，调整其评标金额。

27.4.8 其他额外的评标因素和标准

其他额外的评标因素和标准将在《投标资料表》和技术规格中详细规定。

27.5 以上价格调整应计入投标价格中得到评标价。但评标价仅作比较之用，投标人的投标价仍然不变。

28. 最终评标价的确定 28.1 根据本章第24、26条和第27条规定所计算出的评标价为最终评标价。

29. 与招标人的接触 29.1 除按本章第25条规定的澄清，从开标到签署合同期间，投标人不得就与其投标有关的任何事项与招标人联系。

29.2 投标人试图对招标人的评标、确定中标人或签署合同的决定进行影响，都可能导致废标。

六、中标人的确定

30. 资格后审 30.1 在没有资格预审的情况下，招标人将按本章第12.1(5)条规定判断最低评标价的投标人是否有能力全面地履行合同义务。

30.2 在审核投标人的资质时将考虑投标人的财务、技术和生产能力，以及投标人的在手合同、未履行的义务和法律诉讼等重要事项。该审查基于投标人提交的资格证明文件和其他招标人认为必要的、合理的资料。

30.3 如果通过上述审查，则将确定该投标人中标；如果没有通过上述审查，则拒绝其投标。在此情况下，招标人将对下一个最低评标价的投标人是否有能力全面地履行合同义务作相同的审查。

31. 确定中标人的标准 31.1 招标人将评标价最低，同时根据本章第30条已经确认有能力全面履行合同的投标人确定为中标人。

32. 取消招标的权力 32.1 招标人在中标通知发出之前的任何时候，有权取消本次招的权力标，对因此而受影响的投标人不承担任何责任，也没有义务向受影响的投标人解释采取这一行动的理由。

33. 中标通知书 33.1 在投标有效期满之前，招标人以书面方式向中标人发出中标通知书。中标通知书将构成合同的一部分。

七、合同的签署

34. 合同协议的签署 34.1 中标人应在收到中标通知书30日内与买方签订合同协议。

34.2 招标人在签署合同时有权在《投标资料表》规定的幅度内对货物数量和服务予以增加

或减少，但不得对单价或其他的条款和条件做任何改变。

35. 履约保证金

35.1 中标人应在收到中标通知书30日内，按招标文件中提供的履约保证金保函格式，或买方可以接受的其他格式向买方提交《合同资料表》规定银行开具的规定金额的履约保证金。

35.2 在中标人提交履约保证金后，招标人将通知所有未中标的投标人，并按本章16.5的规定退还所有投标保证金。

35.3 如果中标人没有遵守本章第34.1条或本章第35.1条的规定，招标人有权取消该中标决定，没收其投标保证金。在此情况下，招标人可以确定下一个最低评标价的投标人为中标人并授予其合同，或重新招标。

36. 腐败和欺诈行为

36.1 招标人、投标人、供应商等参与招投标的各方，均应在招标、采购、合同执行等过程中保持廉洁和最高的道德水准。

(1)腐败和欺诈行为

①“腐败行为”系指在招标、采购和合同执行等过程中，为谋求利益，影响相关人员而提供、给予、接受或索取任何有价物，并导致损害买方和/或招标人及他人的行为。

②“欺诈行为”系指为了影响招标、采购和合同执行等过程而隐瞒事实，从而给买方和/或招标人及他人造成损害的行为，其中包括投标人之间的串通行为，其旨在使投标价成为人为的、无竞争的价格，并使买方无法从自由公开的竞争中受益。

(2)如果被推荐的中标人有腐败和欺诈行为，将取消其中标。

(3)如果投标人在任何时候，被法院及政府有关管理部门认定为有腐败和欺诈行为，招标人有权拒绝其投标、取消其中标资格、撤销已签署的合同。

36.2 投标人应注意《合同通用条款》关于腐败和欺诈行为的相关规定。

第三章 投标资料表

注释：

1.《投标资料表》是对应第二章《投标人须知》的相应条款，根据每一项目具体情况，提供的特定信息。

2.《投标资料表》应写明买方的详细要求，招标程序以及评标时所采用的参数和规则。

3.《投标资料表》应包括对第二章《投标人须知》的补充、修改和完善，并根据此标准文件所附的格式填制完成。

4.《投标资料表》的规定与第二章《投标人须知》的规定有冲突时，应以《投标资料表》的规定为准。

投标资料表

该资料表的条款项号是与《投标人须知》中条款的项号对应的，或增加的条款，是对《投标人须知》的补充、修改和完善，如果有矛盾的话，应以本资料表为准。

条款项号	内　容
	一、说明
1.1	买方名称：(　　　　) 地址：　(　　　　) 项目名称：(　　　　) 单机设备名称：(　　　　)
2.1	本次招标采用 选择一：公开招标方式进行 选择二：邀请招标方式进行
3.1	选择一： 招标人名称：(　　　　) 地址：　(　　　　) 选择二：买方即为自行招标的招标人
4.1	选择一： 买方代理名称：(　　　　) 地址：　(　　　　) 选择二： 无买方代理
5.1	选择一：无特殊规定 选择二：合格投标人为中华人民共和国境内法人
6.1	选择一：无特殊规定 选择二：合格原产地为中华人民共和国境内
	二、招标文件
	三、投标文件的编制
11.1	投标文件的语言为____________(国内标选中文，国际标选英文)
14.3 (1)	国外交货的条件为____________(CIF 等)
14.3.(3)	选择一：报出国内运费 选择二：无规定
14.3 (5)	备品、备件的要求(如，两年的备品备件等)
15.1	选择一：(国内标)投标货币为人民币 选择二：(国际标)投标货币为(某国外币或国际主要货币)

（续表）

条款项号	内　　容
16.1	投标保证金为(一定金额或投标价的一定比例)
17.1	投标文件必须保持开标日之后(　　　　)日内有效
18.1	投标人应制作投标文件副本(　　　　)套
	四、投标文件的递交
20.1	投标截止时间为(日期、时间),投标文件送达地点为(　　　　)
	五、评标与开标
23.1	开标时间:(日期、时间) 开标地点:(　　　　)
26.1	投标货币按(一个国内商业银行)公布的,(开标当日,或选,某日)的(即期,或选 一定期限的远期)兑换率折算为同一货币
27.3	评标因素:__________ 废标条款:第七章中加注“*”号的“关键技术条款”如下: ⋮
27.4	量化评标因素如下:
27.4.1	选择一:从出厂地点/进口口岸/边境地点至(项目现场名称)的内陆运输,保险的价格__________ 选择二:每件包装箱的估计的尺寸/运输重量/货物价格
27.4.2	交货计划:__________ 交货期:__________ 偏差按___%来调整
27.4.3	商务偏差折算办法:
27.4.4	备件费用:__________ 参考技术规格的附录
27.4.5	买方国内的备件和售后服务设施:__________
27.4.6	运行和维护费用 计算设备使用:参见供货范围和技术规格,以实际计算偏差为基础: (1)设备使用寿命 (2)运行成本
27.4.7	设备性能和生产率 按照供货范围和技术规格,根据实际差别计算。 在技术规格中,主要规格用“*”表示,这些主要条款的任何偏差将导致废标

(续表)

条款项号	内　　　容
27.4.8	其他额外评标因素和标准：________ ⋮
	六、中标人的确定
	七、合同的签署
34.2	允许货物增减数量(　　　　　)
35.1	履约保证金为________(一定金额或比例)(通常为合同价的百分之十) 履约保证金应由以下银行出具： ①(由国内银行、在国内营业或与国内银行有代理业务关系的信誉好的国外银行，以招标文件提供的格式或招标人可接受的其他格式出具的银行保函或不可撤销的信用证)； ②(银行本票，或保兑支票，或现金)
* * * *	附加说明：

第四章 合同通用条款

注释：

《合同通用条款》应与第五章《合同专用条款》以及这里列出的其他文件一起阅读，并构成一份完整的文件。该文件阐明了各方的所有权利和义务。

合同通用条款

目 录

合同通用条款

第一条 定义 除本合同上下文中另有规定外，下列各词语定义如下：

1.1 “买方”是指在《合同专用条款》中指明为买方的法人。

1.2 “买方代理” 是指在《合同专用条款》中被指定为“买方代理”的法人。

买方授权其作为商务代理参与本合同的签署和执行。除合同条款另有规定，买方代理不承担合同项下的实体义务，不享受合同项下的实体权利。

1.3 “卖方”是指投标文件为买方接受且在合同协议书中被指定为卖方的法人。

1.4 “检验当局”是指位于卸货港和/或工作现场或其附近的中国国家出入境检验检疫局的地方分支机构，或《合同专用条款》规定情况下确定的检验方。

1.5 “买方银行”是指《合同专用条款》规定的银行。

1.6 “卖方银行”是指《合同专用条款》规定的银行。

1.7 “装运港”是指《合同专用条款》规定的港口。

1.8 “卸货港”是指《合同专用条款》规定的港口。

1.9 “工作现场”是指《合同专用条款》规定的合同设备坐落的地方。

1.10 “合同设备”是指卖方提供的设备、备件、材料或其中任何一部分，详见附件 1。

1.11 “技术资料”是指与合同设备的检验、安装、试运行、性能考核、操作以及维修有关的技术指标、规格、图纸和文件。

1.12 “技术服务”是指在合同设备的安装、试运行、性能考核、操作、维修以及其他工作等方面卖方给予买方的技术指导、协助以及监督等。

1.13 “技术培训”是指在合同设备的安装、试运行、性能考核、操作、维修以及其他工作等方面卖方给予买方的培训。

1.14 “安装”是指有关设备、备件和材料的安装工作，包括按照设计图将零部件放置在适当的位置并连接起来。

1.15 “试运行”是指为验明合同设备的机械性能，在安装完毕后对单台设备和一系列设备分别进行的测试。

1.16 “性能考核”是指根据附件 3 的规定进行的，用以确定合同设备是否达到附件 2 所规定的技术性能和保证指标的考核。

1.17 “验收”是指合同设备在性能考核中达到附件 2 规定的技术性能和保证指标之后，买方对合同设备的接受。

1.18 “保证期”是指自验收之日起一定期间内，卖方保证合同设备的适当和稳定运行，并负责消除合同设备存在的任何缺陷。详见附件 2。

1.19 “合同货币”是指《合同专用条款》规定的本合同项下的支付中所使用的货币。

1.20 “合同价格”是指在卖方完全和适当地履行其合同义务后，买方根据合同规定应支付给卖方的价款。详见附件 8。

1.21 “合同生效日”是指在《合同协议书》第 5 条的所有条件得到履行时的日期。

1.22 “日”是指日历天数。

1.23 “月”是指日历月数。

第二条 合同范围 2.1 买方同意从卖方购买，卖方同意向买方出售和提供《合同专用条款》中规定的“合同设备”以及相关技术服务、技术培训和技术资料。

2.2 合同设备的原产地国家和制造商规定于《合同专用条款》中。

第三条 价格 3.1 本合同总价为《合同专用条款》标明的金额。合同总价是固定价格。

3.2 合同设备的分项价格表详见附件 1。

第四条 支付 4.1 买方应根据《合同专用条款》规定的支付方式进行支付。

4.2 如果卖方未能及时提交支付文件，由此在卸货港发生的所有费用，包括但不限于仓储费用及滞期费，均应由卖方承担。

4.3 卖方有义务根据合同的规定向买方支付违约金和/或赔偿金时，买方有权从上述任何一笔应付款中予以扣除。

4.4 买方银行发生的银行费用由买方负担，而买方银行以外发生的银行费用均应由卖方负担。

第五条 履约保证金 5.1 卖方应在收到中标通知书后 30 日内，向买方提交《合同专用条款》中所规定金额的履约保证金。

5.2 如果卖方在合同有效期内未能履行本合同项下卖方的义务，买方有权从履约保证金中追索。

5.3 履约保证金应采用本合同货币，或《合同专用条款》中所规定的买方可以接受的一种可自由兑换的货币，并根据《合同专用条款》的规定采用下述方式之一提交：

(1)银行保函或不可撤销的备用信用证(一般用于国际招标项目)：由买方可接受的在中华人民共和国注册和营业的银行，或外国银行通过在中华人民共和国注册和营业的银行提交。其格式采用招标文件中提供的格式或买方可接受的其他格式；或

(2) 银行本票、保付支票或现金。

5.4 本合同第 11.1 条规定的保证期期满证书签署日期起 60 日后，履约保函失效，其他形式的履约保证金买方将退还卖方。

第六条 交货和保险 6.1 合同设备大约净重、总毛重、总体积规定于《合同专用条款》。

6.2 卖方应按照《合同专用条款》规定的交货期限、批次和交货条件交付合同设备。

6.3 装运港或装运地点规定于《合同专用条款》。

6.4 卸货港或卸货地点规定于《合同专用条款》。

6.5 在《合同专用条款》规定的期限内，卖方应将合同号、货物的名称、数量、金额、包装件数、毛重、尺寸，以及货物在装运港备妥的时间以传真方式通知买方。

6.6 卖方应按下列规定装运并交付合同设备。

选择一：适用于 CIF 交货条件

6.6.1 卖方应按照《合同专用条款》的规定租船订舱。

6.6.2 除非买方同意，不允许“甲板运输”或“转船运输”。

6.6.3 为方便合同设备的接收和内陆运输，卖方应按《合同专用条款》的规定将装船通知传真给买方，并将相应单据快递或航寄买方和收货人。

6.6.4 第三方海运提单不能被接受。

6.6.5 卖方应向一流的保险公司投保金额为装运的合同设备的发票价值 110 %的、以买方为受益人的一切险、战争险和甲板险(如果需要的话)。卖方应以合同货币投保，保险单上应注明“可以在中国理赔”并且保险单不应含有抵免条款。

如果合同设备在海运途中丢失或损坏，卖方应协助买方向保险公司请求赔偿或者代表买方向保险公司索赔，并根据买方要求尽快以原合同价格补供丢失或损坏的合同设备。

选择二:适用于 FOB 交货条件

6.6.1 在《合同专用条款》规定的期限内,买方应以传真将预计抵达日期、货运代理人及装运所必需的其他信息通知卖方。

6.6.2 如果卖方在受载船只预计抵达之日已将货物备妥而买方船只未能按预计抵达日期抵达,应按《合同专用条款》的规定处理。

6.6.3 如卖方未能在买方船只抵达装运港时将货物备妥装船,由此发生的船舶滞期费、空舱费和其他有关费用均由卖方负担。这些费用将按照轮船公司出具的有关单据进行计算和结算。

6.6.4 为方便买方投保,卖方应在合同设备装船完毕后,立即将合同号、货物名称、装运数量、包装件数、总毛重、总体积(立方米)、发票价值、载货船只名称、起航时间和船只预计到达卸货港的时间以传真的方式通知买方。如果有易燃设备和危险设备,亦应注明有关细节。如果因卖方未及时通知致使买方未能及时投保,由此产生的全部损失将由卖方负担。

选择三:适用于 EXW 交货条件

6.6.1 在买方负担费用的条件下,卖方应按照买方的要求办理合同设备的内陆运输和保险。

6.6.2 承运人出具的收据日期是合同设备的实际交货日期。

6.7 如果卖方未能按照合同规定的交货期间交货,卖方应按《合同专用条款》的规定支付迟交违约金或提供其他救济。迟交违约金的支付不能免除卖方继续交付相关合同设备的义务。

第七条 包装与标记

7.1 除非合同中另有规定,合同设备应由卖方用新的坚固的木箱进行包装并采取防潮、防雨、防锈、防腐蚀、防震动及防止其他损坏的必要保护措施,从而保证合同设备能够经受多次搬运、装卸及远洋和内陆的长途运输。

7.2 卖方应在每个包装箱的邻接四个侧面标明《合同专用条款》规定的内容。

7.3 根据合同设备在装卸、运输上的不同要求,应在包装箱上显著地标明“轻放”“勿倒置”“保持干燥”等字样以及其他国际运输中通用的标记。对于重量为 2 吨或超过 2 吨的合同设备,还应在包装箱上标明重量、重心和挂钩位置。

7.4 在合同设备的每件包装中都应附有下列单据:

(1)装箱明细单副本一式两份。

(2)质量合格证副本一式两份。

(3)相关合同设备的技术资料一份。

(4)需要组装的部件及机器的系统装配图一式两份。

7.5 如果使用集装箱运输,卖方应在装箱以前对集装箱的状况进行检查,以确保用于运输合同设备的集装箱状态良好。集装箱内应备有充足的货物支架和包装垫木,以防止合同设备在集装箱内移动。卖方应对因其疏忽而导致的合同设备的任何损坏负责。

7.6 凡由于对货物包装不当或采取防护措施不充分致使货物损坏或丢失时,卖方均应按合同的规定负责修理、更换或赔偿。如果因卖方在包装和唛头标记方面发生的错误或混淆不清事宜造成合同设备的误运,卖方应承担由此发生的额外费用。

对于国外供货,卖方应使用未经昆虫侵蚀的木质包装材料。如果在动植物检疫中发现昆虫侵蚀,卖方应负担在卸货港发生的熏蒸和更换包装费用。

如果有关当局要求，卖方应向买方提供有关机构签发的熏蒸证明。海运时，该熏蒸证明作为议付单据提交；空运时，该熏蒸证明随货物提交，其副本及买方确认收到该证明的传真作为议付单据提交。

第八条 技术资料

8.1 卖方应按照《合同专用条款》规定的期限和方式交付技术资料。

第九条 检验

9.1 卖方或制造商应按照《合同专用条款》的规定对合同设备进行出厂检验。

9.2 在《合同专用条款》规定的期限内，买方应申请检验当局就合同设备的外观、规格和数量/重量进行检验。如果在开箱检验中发现交付的合同设备有短少、缺陷、损坏或其他与合同规定不符合的情形，检验当局出具的商检证书应作为买方向卖方提出索赔的有效证据。

9.3 如果在保证期满前发现合同设备存在缺陷，不论该缺陷是由于归咎于卖方的何种原因，包括但不限于隐蔽性缺陷或使用不适当的原材料引起的，买方均有权提请检验当局进行检验并有权凭商检证书向卖方提出索赔。

9.4 如果技术资料中规定的检验标准和规格不完全，检验当局有权自行决定按照买方国家的现行标准和/或检验当局认为合适的其他标准进行检验。

第十条 技术服务和考核验收

10.1 合同设备的安装、试运行、性能考核应按照《合同专用条款》的规定进行。

10.2 在安装工作按照技术资料的规定完成后，合同双方应在安装结束后 5 日内签署安装证书。该证书的签署日期应视为安装工作完成日。

10.3 合同双方应按照《合同专用条款》的规定对合同设备进行性能考核。

10.4 如果合同附件 2 所规定的所有保证指标在性能考核中都已经达到，双方授权代表应在性能考核后 5 日内签署合同设备的验收证书一式四份，双方各持两份。

10.5 如果在本合同第 10.3 条规定允许的最后一次性能考核中仍有任何指标未达到附件 2 规定的要求，买方有权根据本合同第 12 条的规定向卖方提出索赔。

10.6 如果安装和/或试运行和/或性能考核因卖方原因发生迟延和/或在其他情况下发生额外费用，双方应根据《合同专用条款》的规定进行处理。

第十一条 保证

11.1 卖方保证合同设备是全新的、技术先进的、质量优越的、没有设计上和材料及工艺上的缺陷、符合附件 2 的规定并且适合于合同规定的用途和目的。

11.2 卖方保证所交付的技术资料应是完整的、清楚的和正确的，并且能够满足合同设备安装、试运行、性能考核、操作和维修的要求。

11.3 卖方保证及时派遣合格的技术人员提供合同设备运行必需的专业的、正确的和高效的技术服务和技术培训。

11.4 卖方保证它是与合同设备和技术资料有关的知识产权的合法所有者或持有者。如果买方因在中国境内使用合同设备而被诉称非法使用或侵犯了知识产权，买方应通知卖方，由卖方以买方名义并在买方的协助下自费处理与第三方的诉讼事务，卖方应补偿买方由此遭受的任何花费、赔偿或损失。

11.5 合同设备保证期的期限和内容为《合同专用条款》规定的期限和内容。保证期满后，买方应出具合同设备的保证期期满证书正副本各一份。

第十二条 索赔

12.1 如果合同设备在检验、安装、试运行、性能考核和保证期内卖方未能履行其在本合同项下承担的义务，买方有权向卖方提出索赔并寻求《合同专用条款》中规定的救济方式，救济方式包括：

A. 由卖方自负费用修理有缺陷的合同设备或消除合同设备的缺陷或不符合合同之

处。如果卖方不能派遣人员到工作现场，买方有权自行消除缺陷或不符合合同之处，由此产生的一切费用均由卖方承担。

B. 由卖方自负费用以新设备替换有缺陷的合同设备或用新的技术资料替换有错误的技术资料，或者补供遗漏的合同设备或技术资料，同时卖方应在重新起算的保证期内对替换后的设备作出质量保证。卖方应自负风险和费用将替换后的设备或补供的设备运抵工作现场。对于急需的设备，卖方应自负费用将其空运到工作现场。

C. 按质量低劣的程度、买方受损害的程度及损失的数额对合同设备进行降价。

D. 拒收货物，并由卖方退还买方合同价款和承担相关的损失和费用包括利息、银行费用、运费、保费、检验费、仓储费、装卸费以及全部保管和维护被拒收货物必需的其他费用。

E. 赔偿由卖方违约引起的其他损失。

12.2 如果索赔通知是在保证期满后 30 日内提出的，便应被认为是有效的。

12.3 如果卖方在收到买方索赔要求后《合同专用条款》规定的期限内未能作出回复，该索赔要求将被视为已被卖方接受。如卖方未能在买方发出索赔通知后《合同专用条款》规定的期限内或买方同意的延长期限内，按照买方同意的上述规定的任何一种方法解决索赔事宜，买方有权从议付货款或从卖方开具的履约保证金中扣回索赔金额。

第十三条 不可抗力

13.1 如果合同任何一方受诸如战争、严重的火灾、台风、地震、洪水以及任何其他不能预见、不能避免且不能克服的不可抗力事件的影响而无法履行合同项下的任何义务，受影响的一方应将此类事件的发生以传真方式通知另一方并应在不可抗力事件发生后 14 日内以航空挂号信将有关当局或机构出具的证明文件提交给另一方。

13.2 受不可抗力事件影响的合同一方对于不可抗力事件导致的任何合同义务的迟延履行或不能履行不承担责任。但该方应尽快以传真的方式将不可抗力事件结束或消除的情况通知另一方。

13.3 合同双方应在不可抗力事件结束或其影响消除后立即继续履行其合同义务，合同期限也应相应延长。如果不可抗力事件的影响持续超过《合同专用条款》规定的期限，合同任何一方均有权以书面通知终止合同。

第十四条 合同的终止

14.1 如果卖方有下述违约行为或《合同专用条款》中规定的其他违约行为，在不妨碍买方采取其他救济手段的情况下，买方可以向卖方发出书面违约通知，全部或部分地终止合同。

A. 卖方在合同规定的交货期后未能按《合同专用条款》中规定的最终期限交付合同设备和/或技术资料；或者

B. 卖方未能使合同工厂达到附件 11 规定的最低技术性能和保证指标；或者

C. 卖方未能履行合同项下任何其他义务（细微义务除外），并且在收到买方违约通知后未能按《合同专用条款》中规定的期限对其违约行为做出补救。

14.2 如果一方破产或发生资不抵债的情况，合同另一方有权在任何时候发出书面通知终止合同。此种情况下合同的终止不妨碍或影响行使任何可能的其他救济手段。

14.3 如果买方认定卖方在竞标或执行合同中有腐败或欺诈行为，买方有权在任何时候发出书面通知终止合同。

A. “腐败行为”系指在招标、采购和合同执行等过程中，为谋求利益、影响相关人员而提供、给予、接受或索取任何有价物的行为。

B. “欺诈行为”系指为了影响招标、采购和合同执行等过程而隐瞒事实，从而给买方造成损害的行为，其中包括投标人之间的串通行为，其旨在使投标价成为人为的、无竞争的价格，并使买方无法从自由公开的竞争中受益。

14.4 在买方全部或部分终止合同的情况下，卖方应按《合同专用条款》的规定对买方给予补偿。

第十五条 争议的解决

15.1 因执行本合同所发生的或者与本合同有关的一切争议将由合同双方通过友好协商解决。如果不能协商一致，合同任何一方有权按《合同专用条款》的规定将争议提交仲裁机构。如果卖方为中华人民共和国境内法人，双方可按《合同专用条款》的规定将争议提交法院判决。

第十六条 适用法律

16.1 本合同的执行和争议的解决应适用中华人民共和国的法律并按中华人民共和国的法律进行解释。

第十七条 合同生效及其他

17.1 本合同在合同协议书规定的条件全部满足后生效。

17.2 合同项下全部权利义务履行完毕后，本合同自动失效。合同有效期最长不超过《合同专用条款》规定的年限。合同到期后，合同项下任何尚未了结的债权和债务不受合同到期的影响。债务人仍应向债权人履行其义务。

17.3 双方应各自承担中国税务机构向其征收的与执行本合同有关的税费。

17.4 合同双方除非《合同专用条款》另有规定，所有合同文件及相关的修订和合同双方之间的书面联络，如果卖方是中国法人，应使用中文书就并按中文解释；如果卖方不是中国法人，应使用英文书就并按英文解释。

17.5 对本合同条款的任何补充、增添或修改应以书面方式进行并由双方授权代表签字。

17.6 除非在《合同专用条款》中另有规定，本合同条件应按国际商会（巴黎）出版的《国际贸易术语解释通则》（INCOTERMS）最新版和《国际商会跟单信用证统一惯例》最新版进行解释。

17.7 没有另一方的事先同意，合同任何一方不得将合同项下的任何权利和义务转让给第三方。

17.8 任何一方在执行任何合同条款和条件时准予另一方的放松、宽容、延迟或放纵或时间不得损害、影响或限制那一方在合同之下的权利，任何一方对合同的任何违背、任何免责也不应导致对任何后面或延续的合同分项的免责，或弃权。

17.9 除非上下文另有要求，本文件中的单数含意包括复数，复数也包括单数。

17.10 合同条款中的标题和边注仅供参考使用，不应视为合同的一部分，也不影响本文的解释。

17.11 合同构成买方和卖方之间就合同主要内容方面的完整协议，并且取代合同签订前所有关于这方面的通讯、协商、协议（不论是书面的，还是口头的）。

17.12 合同双方之间的一切联络往来应以书面形式按《合同专用条款》中规定的地址发往合同另一方。有关重要事项的传真应及时用挂号信或快件确认。

第五章 合同专用条款

注释：

1.《合同专用条款》是第四章《合同通用条款》的补充。如有冲突之处，《合同专用条款》应优先于合同通用条款。

2.《合同专用条款》的序号与第四章《合同通用条款》的序号一致。如果有增加的条款，可增加新的条款号。

3. 以下提供《合同专用条款》应包括的部分内容，仅作为各项目编制招标文件的参考。

合同专用条款

目 录

合同专用条款

第一条 定义 1.1 “买方”为____________________(名称),该公司是依中华人民共和国法律注册的,法定地址为____________________(地址)的法人。

1.2 “买方代理”为____________________(名称),该公司是依中华人民共和国法律注册的,法定地址为____________________(地址)的法人。

1.3 对于中华人民共和国境内的交货,检验将由________________________进行。

1.4 “买方银行”是指________________________。

1.5 “卖方银行”是指________________________。

1.6 “装运港”是指____________________港。

1.7 “卸货港”是指中华人民共和国境内的____________________港。

1.8 “工作现场”即中华人民共和国__________省__________市的__________工厂。

1.9 “合同货币”即____________________。

第二条 合同范围 2.1 买方同意从卖方购买,卖方同意向买方出售的合同设备是____________________。详见附件1、附件2、附件3。

2.2 合同设备的原产地国家和制造商是____________________。

第三条 价格 3.1 卖方在本合同项下提供的有关合同设备、技术资料、技术服务及技术培训的合同总价为__________(大写____________________)。

3.2 该合同价格为____价格,并包含了设备、技术资料、技术服务和技术培训的价格和费用:

选择一:按照班轮条件运抵卸货港的CIF价格(仅适用于国外供货部分)。

选择二:FOB装货港交货价格包括包装费和装船费(仅适用于国外供货部分)。

选择三:FCA卖方所在地铁路站交货价格,包括交货前的包装费及货交第一承运人运输工具车板上的费用(一般适用于国内供货部分)。

选择四:指定交货地点的EXW价格,该价格包括包装费(一般适用于国内供货部分)。

第四条 支付 4.1 买方应通过以下方式进行支付。

选择一:本合同项下的全部价款均按下列批次和比例并在卖方提交下列单据后以电汇方式进行支付。

选择二:本合同项下的全部价款均按下列批次和比例并在卖方提交下列单据后,以付款交单方式或者承兑交单方式进行支付。

选择三:除预付款和技术服务费外,本合同项下的全部价款均应以不可撤销的信用证方式支付或者按照不可撤销的保函方式支付。预付款和技术服务费应以付款交单方式支付。买方应在本合同生效后__________日内,开出以卖方为受益人的总额相当于前述金额的不可撤销信用证或者不可撤销保函。该信用证或保函的有效期到__________为止。

4.1.1 预付款

在收到下列单据并经审核无误后__________日之内,买方应当将合同价款的百分之__________(__________%),即__________(大写____________________)支付给卖方:

A. 卖方和/或制造商国家有关当局出具的有效出口许可证或有关当局(或机构)出

具的不需要出口许可证的证明文件一份正本和两份副本。

B. 卖方银行开立的以买方为受益人的、金额为＿＿＿＿＿（大写＿＿＿＿＿＿＿＿＿＿）的不可撤销预付款保函一份正本和一份副本，保函格式见附件4。

C. 金额为合同总价的形式发票一式五份。

D. 注明应付金额的手签的商业发票一式五份。

E. 即期汇票一式两份。

4.1.2 交货付款

合同价款的百分之＿＿＿＿＿（＿＿＿＿＿%），即＿＿＿＿＿（大写＿＿＿＿＿＿＿＿＿＿），应当由买方在每次装运后并且在收到下列文件经审核无误后＿日内按比例支付给卖方：

A. 清洁已装船的、空白抬头、空白背书、通知人为＿＿＿＿＿＿＿＿＿＿并注明"运费已付"的海运提单三份正本和三份副本（适用于CIF条件）；或

运输单据或最终用户出具的货物收据一份正本和一份副本（仅适用于国内交货部分）。

B. 清洁的、已装船的、空白抬头、空白背书、通知人为＿＿＿＿＿＿＿＿＿＿并注明"运费待收"的海运提单三份正本和三份副本（适用于FOB条件）。

C. 买方签字的收货收据一份（适用于货交目的地条件）。

D. 投保一切险、战争险和甲板险（如果适用的话），投保金额为合同货物发票金额百分之一百一十（110%）并注明可以合同货币在中国理赔的海运保险单或保险证明书两份正本和两份副本（适用于CIF条件）。

E. 注明应付金额和分项价的手签的商业发票一式五份（仅适用于国外交货部分）；或含税发票（仅适用于国内交货部分）。

F. 注明装运重量、相应货物的发票号码和日期的装箱明细单一份正本和五份副本。

G. 制造厂商出具的出厂质量证书一份正本和五份副本。

H. 即期汇票一式两份。

I. 制造商国家有关当局或机构出具的原产地证书一份正本和五份副本（仅适用于国外交货部分）。

J. 关机构签发的熏蒸证明（仅适用于国外交货部分）。

K. 货物发出后，即刻通知买方的传真一份。

L. 表明载货船只已得到其认可的买方传真一份（适用于CIF条件）。

4.1.3 合同设备验收后的付款

合同价款的百分之＿＿＿＿＿（＿＿＿＿＿%），即＿＿＿＿＿（大写＿＿＿＿＿），应当由买方在收到下列文件经审核无误后＿＿＿＿＿日内支付给卖方：

A. 双方现场代表签署的合同设备验收证书一份。

B. 注明应付金额的手签的商业发票一式五份。

C. 即期汇票一式两份。

第五条 履约保证金

5.1 履约保证金金额为合同总价的10%（百分之十）。

5.2 履约保证金应采用＿＿＿＿＿货币，并采用＿＿＿＿＿方式提交。

第六条 交货与保险

6.1 合同设备净重大约为＿＿＿＿＿吨，总毛重大约为＿＿＿＿＿吨，总体积大约为＿＿＿＿＿立方米。

6.2 卖方应于合同生效日后第＿＿＿月到第＿＿＿月，分＿＿＿批按照

____________交货条件将合同设备交付完毕。

选择一:CIF。

选择二:FOB。

选择三:货交目的地(一般适用于国内供货)。

选择四:FCA。

选择五:EXW。

选择六:其他交货条件。

6.3 装运港或装运地点为________________。

6.4 卸货港或卸货地点为________________。

6.5 卖方应在不迟于每批货物备妥待运前________日通知买方。

6.6 卖方应按______________交货条件规定装运并交付合同设备。

选择一:适用于 CIF 交货条件

6.6.1 卖方应预订舱位并且不迟于舱位确定前________日用传真通知买方建议租用船只的名称、船龄、国籍、注册地、船东、船公司、航线以及预计离开卸货港的时间,以便买方确认。如果买方在收到上述通知后________日内没有给予书面评论或否定,卖方关于该船只的建议视为被买方接受。

6.6.2 在合同设备装船完毕后,卖方应立即将合同号、货物名称、装运数量、包装件数、毛重、尺寸、发票金额、装运船只名称、起航时间和船只预计到达卸货港的时间以传真的方式通知买方。如果有易燃设备和危险设备,亦应注明有关细节。

在合同设备装运后________日内,卖方应向买方和提货人分别航寄提单、手签商业发票、出厂质量检验证书、原产地证明、保险单或保险证明书,以及装箱单各一份副本。

选择二:适用于 FOB 交货条件

6.6.1 在受载船只抵达装运港最迟________日以前,买方应以传真将预计抵达日期、货运代理人及装运所必需的其他信息通知卖方。

6.6.2 如果卖方在受载船只预计抵达之日已将货物备妥而买方船只未能在预计抵达之日后 30 日内抵达装运港,这 30 日内发生的仓储费、保险费及其他费用由卖方负担。但是,第 31 日以后发生的仓储费和保险费应由买方依据港口当局出具的原始凭证经审核无误后负担。但在受载船只抵达装运港后,卖方仍有义务尽快按照买方的通知自负风险和费用进行合同设备的装运工作。在此情况下,卖方不应支付迟交违约金。

6.7 如果卖方未能按照合同规定的交货期间交货,卖方应按每周为迟交设备金额百分之________(________%)的比率支付违约金。迟交不足一周的按一周计算。违约金的总金额不超过合同总价的百分之________(________%)。违约金的支付不免除卖方实际交付迟交设备的义务。

如果卖方在合同规定的装运日期后________日内仍未能交付全部或部分设备,在不妨碍买方其他救济手段的情况下,买方可以向卖方发出书面违约通知从而全部或部分地终止合同。

第七条 包装与标记

7.1 卖方应在每个包装箱的邻接四个侧面上用不褪色的油漆,明显易见地标明以下内容:

A. 合同号。

B. 唛头标记。

C. 目的地。

D. 收货人。
E. 合同设备名称及项号。
F. 箱号/件号。
G. 毛重/净重。
H. 尺寸。

第八条 技术资料

8.1 卖方应在合同生效后的＿＿＿＿个月内将附件1规定的技术资料航寄给买方。

第九条 检验

9.1 卖方或制造商应对合同设备进行检验并出具出厂质量合格证和交货前检验记录，有关费用由卖方负担。卖方应将出厂质量合格证和交货前检验记录提交给买方。

9.2 合同设备到达卸货港和/或工作现场＿＿＿＿日内，买方应申请检验当局进行检验。

第十条 技术服务和考核验收

10.1 合同设备的安装、试运行、性能考核应在买方和最终用户的协助下，在合同设备到达工作现场之日起＿＿＿＿日内由卖方技术人员进行并完成。详细情况应记录在工作日志上并经双方授权代表签字。卖方提供的技术服务和技术培训范围详见附件3。

10.2 性能考核期间为＿＿＿＿日。如果一项或数项指标在性能考核期间未能达到附件2所规定的要求，卖方应自第一次性能考核失败后在＿＿＿＿日内或双方同意的期间内自费对合同进行再次考核，性能考核总次数不得超过＿＿＿＿次。

10.3 如果安装和/或试运行和/或性能考核因卖方原因发生迟延和/或在其他情况下发生额外费用，买方有权就因迟延发生的损害和损失和/或任何额外费用请求赔偿。

第十一条 保证

11.1 合同设备的保证期为合同设备验收后＿＿＿＿个月。对合同设备的具体保证详见附件2。在保证期内，如果因卖方原因合同设备停机，保证期应相应延长。

第十二条 索赔

12.1 买方有权寻求本条款规定的任意或全部救济方式。

12.2 卖方应在收到买方索赔要求后14日内作出回复。该索赔要求将被视为已被卖方接受。卖方应在买方发出索赔通知后14日内，按照买方同意的方法解决索赔事宜。

第十三条 不可抗力

13.1 如果不可抗力事件的影响持续超过120日，合同任何一方均有权以书面通知终止合同。

第十四条 合同的终止

14.1 如果卖方有下述违约行为，买方可以全部或部分地终止合同：
卖方在合同规定的交货期后＿＿＿＿日内仍未能交付合同设备和/或技术资料；或者
卖方未能履行合同项下任何其他义务(细微义务除外)，并且在收到买方违约通知后＿＿＿＿日内仍未能对其违约行为做出补救。

14.2 在买方全部或部分终止合同的情况下，买方可以以适当的条件取得与未按合同规定交付的设备和/或文件和/或未提供的服务类似的设备和/或文件和/或服务，卖方应承担买方由此发生的额外费用。但是，卖方仍应继续履行合同义务中没有终止的部分。

选择一：

第十五条 争议的解决

15.1 如果不能协商一致，合同任何一方有权将争议提交中国国际经济贸易仲裁委员会进行仲裁。仲裁庭应由三名仲裁员组成。仲裁应该在北京按照中国国际经济贸易仲裁委员会现行仲裁规则进行。
仲裁裁决为终局裁决并且对合同双方均有约束力。

除非另有协议，诉诸仲裁不影响合同双方继续履行合同项下仲裁以外部分各自的义务。

选择二：仅适用于卖方为中国法人的项目

如果不能协商一致，合同任何一方有权向________________（地点）人民法院提起诉讼。

第十六条 适用法律 16.1 本合同的执行和争议的判决应适用中华人民共和国的法律并按中华人民共和国的法律进行解释。

第十七条 合同生效及其他 17.1 合同有效期最长不超过合同生效日后__________年。

17.2 合同双方的通讯地址：

买　　方：____________________

名　　称：____________________

地　　址：____________________

邮　　编：____________________

电　　话：____________________

传　　真：____________________

电子邮件：____________________

买方代理：____________________

名　　称：____________________

地　　址：____________________

邮　　编：____________________

电　　话：____________________

传　　真：____________________

电子邮件：____________________

卖　　方：____________________

名　　称：____________________

地　　址：____________________

邮　　编：____________________

电　　话：____________________

传　　真：____________________

电子邮件：____________________

第六章 合同附件

注释：

1.《合同附件》的内容应根据项目具体情况编制。以下提供《合同附件》中应包括的部分内容，仅作为编制招标文件的参考。

2.《合同附件》的组成发生变化时，第四章《合同通用条款》和第五章《合同专用条款》中引述的附件应做相应的调整。

合同附件

目 录

合同附件

附件 1　供货范围和分项价格清单

一、设备范围

1. 设备范围

供方要确认此范围并提供细化清单。

序号	名称	规格和型号	数量	产地	生产厂家	价格	备注

2. 配套设备及专用工具

序号	名称	规格和型号	数量	产地	生产厂家	价格	备注

注：价格一项在商务报价中填写。

3. 随机备品备件

随机备件、年用备件单独列表。

序号	名称	规格和型号	数量	产地	生产厂家	价格	备注

注：价格一项在商务报价中填写。

4. 进口件清单

序号	名称	规格和型号	数量	产地	生产厂家	价格	备注

注：价格一项在商务报价中填写。

二、分项价格清单

合同价格：______________　　　　　　　　　　　　　　　　　　　　　　单位：(人民币)

序号	项目	单位	数量	单价	总价	生产厂家	备注
1	设备总价						
其中	①设备价格						
	②配套设备专用工具						
	③随机备品备件						
	④进口件						
2	技术服务费						
3	运杂费						
4	其他						
	合计						
	另：____年备品配件						

附件2　技术规格、性能、保证指标和保证

注释：

以下没有提供《技术规格、性能、保证指标和保证》的内容。《技术规格、性能、保证指标和保证》应根据项目具体情况编制，并与其他文件构成一份完整的招标文件。

附件3 技术服务、技术培训和验收考核

注释：

以下没有提供《技术服务、技术培训和验收考核》的内容。《技术服务、技术培训和验收考核》应根据项目具体情况编制，并与其他文件构成一份完整的招标文件。

附件 4 预付款银行保函格式

开立日期：____________

受益人：________________

地　址：________________

邮　编：________________

事 由：________号不可撤销保函

关于贵公司与____________（以下简称“卖方”）于________日签订的购买____________（工厂或项目名称）、总金额为________（大写____________整）的第________号合同（以下简称“合同”），我行应卖方要求开立以贵公司为受益人的不可撤销保函，该保函金额为________（大写____________整）以及相关利息，我行将向贵公司承担以下义务：

在贵方告知卖方未能交付合同项下全部或部分货物和/或技术资料并且贵方已经支付预付款的情况下，在收到贵方的首次书面通知后 5 个工作日内，不论卖方做出任何反对，我行将无条件地向贵方支付金额为________的款项，包括从贵方向我行支付预付款之日起至我行向贵方实际支付该笔款项之日止按照年利率________%计算的利息。

我行在本保函项下的义务将自动地和按比例地随着卖方交付和贵方接受每一批货物的发票价值而递减。

本保函自开立之日起生效并在最后一批货物的提单日起 60 日后失效。自该日起，无论是否被退还本行，保函都将自动失效。

____________（开立保函银行名称）

由____________（姓名及职务）签署

________________（盖　章）

第七章 技术规格和图纸

注释：

以下没有提供《技术规格和图纸》的内容。《技术规格和图纸》应根据项目具体情况编制，并与第三章《投标资料表》和其他招标文件构成一份完整的文件。

第八章 投标文件相关格式

注释：

《投标文件相关格式》是投标人的部分投标文件格式和签署合同时所需文件的格式。投标人应参照这些格式文件制作投标文件。

投标文件相关格式

目 录

投标文件相关格式

1. 投标函格式

致：______________（招标机构名称和地址）

根据贵方为______________（项目名称）项目招标采购货物及服务的投标邀请______（招标编号），签字代表______________（全名、职务）经正式授权并代表投标人______________（投标人名称、地址）提交下述文件正本一份及副本______份：

1. 投标一览表。
2. 分项价格表。
3. 偏离表。
4. 按招标文件投标人须知和技术规格要求提供的有关文件。
5. 投标人的资格文件。
6. 由______________（银行名称）出具的投标保证金，金额为______________（金额数和币种）。

据此函，签字代表宣布同意如下：

1. 所附投标价格表中规定的应提交和交付的货物投标总价为（注明币种，并用文字和数字表示的投标总价）。

2. 投标人将按招标文件的规定履行合同责任和义务。

3. 投标人已详细审查全部招标文件，包括第______（编号）______（补遗书）（如果有的话）。我们完全理解并同意放弃对这方面有不明及误解的权力。

4. 本投标有效期为自开标日起______日。

5. 如果在规定的开标时间后，投标人在投标有效期内撤回投标，其投标保证金将被贵方没收。

6. 根据《投标人须知》第5.3条规定，我方承诺，与买方聘请的为此项目提供咨询服务的公司及任何附属机构均无关联，我方不是买方的附属机构。

7. 投标人同意提供按照贵方可能要求的与其投标有关的一切数据或资料，完全理解贵方不一定接受最低价的投标或收到的任何投标。

8. 投标人同意在授予合同后，按照投标资料表中的有关规定付给______________（招标机构名称）中标服务费。

9. 与本投标有关的一切正式往来信函请寄：

地址：______________

电话：______________

传真：______________

电子邮件：______________

投标人授权代表签字：______________

投标人授权代表姓名、职务：______________

投标人名称：______________

公章：______________

2.投标一览表

项　目　名　称：________________

招　标　编　号：________________

投标人名称和国籍：________________

序号	包号/品目号	设备名称	型号和规格	数量	制造商名称和国籍	价格条件	投标货币	投标总价	有无投标保证金	交货期	备注

投标人代表签字盖章：____________________

注：此表应按投标人须知的规定密封标记并与投标保证金一同密封单独提交。

3. 分项价格表

说 明

1. 分项价格表由所附独立表格构成。

2. 分项价格表一般未对所提供的仪器设备和每一项下的服务进行详细的描述，投标人应被认为在填报单价和价格之前，已经阅读了技术规格和招标文件的其他章节以及审查了所有图纸，以确保要求的所有范围已被包含在每一个项目内。报出的单价和价格应被认为还包含所有隐含的内容，以及包含管理费和利润。

3. 如投标人不清楚或无法确定任何项下的范围，他们应在提交其投标文件前，根据第二章《投标人须知》中的规定请求予以澄清。

4. 价格必须用抹不掉的墨水书写，任何由于错误造成的或必要的改动应由投标人签字。

5. 按照第三章《投标资料表》的规定，价格应固定，并在合同有效期内保持不变。

6. 投标价应以第二章《投标人须知》中规定的货币和指明的方式进行报价。

7. 对于每个项目，投标人应填写每一表格中的合适的栏目，并给出这些表中指明的价格细目。价格表中相对应每个项目的价格应包含第七章《技术规格和图纸》或招标文件其他部分对该项目的所有详细要求。

8. 当价格明细栏下总金额与总价金额之间有错的话，以前者为准，后者做相应修改。当价格表 3.1～表 3.4 的总金额和表 3.5 中的总金额有错的话，以前者为准，后者做相应修改。当小写金额与大写金额之间不一致时，以大写金额为准。

9. 未填单价的项目应被认为已包括在其他项目中。不论每个分项目是否标价，每张价格表的总金额及总汇总表中总金额应被认为是按合同规定的供货范围履行合同义务的总费用。

10. 买方为了支付或部分支付、索赔、评估或为买方有理由要求的其他目的而提出要求时，卖方应向业主提供包含在各价格表中的任何部分或总价项目的价格细目。

表 3.1 中国国内供货的仪器、设备和随机备件分项价格表

投标人名称：__________ 招标编号：__________ 包号：__________ 货币单位：(人民币)

1	2	3	4	5	6	7
品目号	货物名称	型号和规格	数量	原产地和制造商名称	出厂价单价 (注明装运地点)	出厂价总价 (4×6)
总计（列入价格汇总表）						

投标人代表签字盖章：__________

注：①如果按单价计算的结果与总价不一致，以单价为准修正总价。

②如果不提供详细分项报价将视为没有实质性响应招标文件。

③本表包括标准件和专用工具。

表3.2 国外供货的仪器、设备和随机备件分项价格表

投标人名称：__________ 招标编号：__________ 包号：__________ 货币单位：(投标货币)

1	2	3	4	5	6	7	8
品目号	货物名称	型号和规格	数量	原产地和制造商名称	单价		总价
					FOB	CIF	CIF（4×7）
总计（列入价格汇总表）							

投标人代表签字盖章：__________

注：①如果按单价计算的结果与总价不一致，以单价为准修正总价。

②如果不提供详细分项报价将视为没有实质性响应招标文件。

③本表包括标准件和专用工具。

表 3．3 中国内陆运输及服务分项价格表

投标人名称：＿＿＿＿＿＿招标编号：＿＿＿＿＿ 包号：＿＿＿＿

品目	内 容	数 量	单 价		总 价	
			人民币部分	外汇部分	人民币	（投标货币）
		1	2	3	4（1×2）	5（1×3）
1	中国内陆运输费					
2	中国内陆保险费					
3	卸货费					
4	其他					
总计（列入价格汇总表）						

投标人代表签字盖章：＿＿＿＿＿＿＿＿

注：投标人必须给出价格的详细说明和明细表。

表 3.4　供＿＿＿＿＿＿＿＿(两年正常使用)备品备件分项价格表

投标人名称：＿＿＿＿＿＿　招标编号：＿＿＿＿＿　包号：＿＿＿＿

品目	备件名称	原产地	数　量	单　价		总　价	
				人民币部分	外汇部分	人民币	（投标货币）
			1	2	3	4（1×2）	5（1×3）
总计（列入价格汇总表）							

投标人代表签字盖章：＿＿＿＿＿＿＿＿

注：①投标人必须给出价格的详细说明和明细表。

②对于国内供应的备品备件投标人应提供人民币出厂价报价。

③对于国外供应的备品备件投标人应提供美元 CIF 报价。

表 3.5 价格汇总表

投标人名称：____________ 招标编号：__________ 包号：________

品目	内 容	总 价	
		人民币	投标货币
1	表 3.1 总计		
2	表 3.2 总计		
3	表 3.3 总计		
4	表 3.4 总计		
总计（列入投标函）			

投标人名称：__________________________

投标人代表签字盖章：__________________

4. 偏离表

4.1 技术规格偏离表

招标编号：__________

序号	货物名称	招标文件	条目号	招标规格	投标规格	偏离	说明

投标人名称：__________

投标人代表签字盖章：__________

注：投标人递交的技术规格书中与招标文件的技术规格书中的要求有不同时，应逐条列在技术偏离表中，否则将认为投标人接受招标文件技术规格书中的要求。

4.2 商务条款偏离表

招标编号：________

序号	招标文件条目号	招标文件的商务条款	投标文件的商务条款	说明

投标人名称：________________

投标人代表签字盖章：________

注：投标人递交的投标文件中与招标文件的商务部分的要求有不同时，应逐条列在商务偏离表中，否则将认为投标人接受招标文件的要求。

5.法定代表人授权书格式

本授权书声明:注册于____________________(国家或地区的名称)的____________________(公司名称)的在下面签字的____________________(法定代表人姓名、职务)代表本公司授权____________________(单位名称)的在下面签字的____________________(被授权人的姓名、职务)为本公司的合法代理人,就____________________(项目名称)的____________________(设备合同名称)投标,以本公司名义处理一切与之有关的事务。

本授权书于______年______月______日签字生效，特此声明。

法定代表人签字盖章:____________________

被授权人签字盖章:____________________

见证人签字盖章:____________________

职　　务:____________________

单位名称:____________________

地　　址:____________________

6.投标保证金银行保函格式

开具日期：______________

致：__________________（招标人）

本保函作为__________________（投标人名称）（以下简称“投标人”）对__________________（招标人）（招标编号）的投标邀请提供__________________（单机设备名称）的投标保函。

__________________（保函开具银行名称）无条件地、不可撤销地具结保证本行、其继承人和受让人，一旦收到贵方提出的就下述任何一种事实的书面通知，立即无追索地向贵方支付金额为__________________（金额数和币种）保证金：

a.在开标之日后到投标有效期满前，投标人撤回投标；或

b.在收到中标通知后30日内，投标人未能与买方签订合同；或

c.在收到中标通知后30日内，投标人未能开具可接受的履约保函。

本保函自开标之日起________日内有效，并在贵方和投标人同意延长的有效期内保持有效。延长的有效期只需通知本行即可。贵方有权提前终止或解除本保函。

出具保函银行名称：__________________________

签　　　　字：______________（印刷字体姓名和职务）

公　　　　章：__________________________

7.合同协议书格式

合同编号:____________

签字日期:____________

签字地点:____________

本合同于_____年_____月_____日由中华人民共和国的_______________(买方名称)(以下简称“买方”)和(卖方国家和城市)的_______________(卖方名称)(以下简称“卖方”)按下述条款和条件签署。买方委托_______________(买方代理名称)(以下简称“买方代理”)作为其商务代理参与本项目采购活动。

鉴于买方为获得以下合同设备包括有关技术资料、技术服务及技术培训,即_______________(合同设备名称)而邀请投标,并接受了卖方以总金额_______________(用文字和数字表示的合同价)(以下简称“合同总价”)提供上述合同设备的投标。

双方特此同意如下:

1.本合同中的词语和术语的含义与合同条款中定义的相同。

2.以下文件应构成买方和卖方之间达成的合同,每一文件均应作为本合同的组成部分进行阅读和解释,若各文件之间存在含糊不清或互相冲突之处,优先顺序应按下列文件顺序解释:

(1)合同协议书。

(2)中标通知书。

(3)合同专用条款。

(4)合同通用条款。

(5)合同附件。

(6)其他文件。

3.考虑到买方将按照本合同向卖方支付合同价款,卖方在此保证全部按照合同的规定向买方提供合同设备、技术资料、技术服务及技术培训。

4.考虑到卖方将按合同规定提供合同设备、技术资料、技术服务及技术培训。买方在此保证按照合同规定的时间和方式向卖方支付合同价款。

5.本合同在下列条件全部满足后生效,生效日期以下列条件全部满足的最晚日期为准:

(1)双方授权代表签字。

(2)如果合同双方本国法律有此要求,由合同双方各自本国主管当局批准。

(3)买方收到卖方按合同规定提交的履约保证金。

合同双方应尽最大努力,尽快完成其负责落实的上述条件;力求在合同签字后60日内获得主管当局的批准,并将批准日期书面通知合同另一方。

6.本合同一式_________份,双方各执_________份。

买方/买方代理和卖方由其正式授权代表于上述所写日期和地点签订本合同。

买　　方:______________________________

地　　址:______________________________

邮　　编:______________________________

传　　真:______________________________

电　　话:______________________________

授权代表：________________________________（签名）

买方代理：____________________________________

地　　址：____________________________________

邮　　编：____________________________________

传　　真：____________________________________

电　　话：____________________________________

授权代表：________________________________（签名）

卖　　方：____________________________________

地　　址：____________________________________

邮　　编：____________________________________

传　　真：____________________________________

电　　话：____________________________________

授权代表：________________________________（签名）

8.履约保证金银行保函格式

履 约 保 函

开立日期：__________

受益人：__________
地　址：__________
邮　编：__________

本保函作为__________（以下简称“卖方”）的履约保函，系为贵公司和卖方就__________（以下简称“项目”）订立的第__________号合同（以下简称“合同”）出具。

我行，__________（履约保函出具银行）在此无条件且不可撤销地保证以__________（币种）向贵公司支付相当于以支付的合同价格的百分之__________（　　　%）的金额，即__________的金额。我行保证不以任何理由追索。我行的权利义务的继承人和受让人亦受同样的约束。我行同意下述条件：

1.我行向贵公司保证卖方根据合同履行义务并承担责任。

2.如果卖方未能履行或者承担由合同引起的或与合同有关的合同项下的任何义务或任何责任，我行将在收到贵公司书面通知后立即以通知中规定的方式支付贵方要求的合计不超过__________的款项。

3.本保函适用于本合同以及在本合同项下作出的、给予的或同意的所有修订、更改或附加部分，不论我行是否收到该修订、更改或附加部分。我行放弃取得有关上述修订、更改或附加部分的通知的权利。本保函对贵方根据合同条款全部或部分地转让合同权利的有关受让方仍然有效。

4.对于现在或将来的产生的税收、税费、收费、扣减费用或预提款项，不论这些款项是何种性质和由谁征收，都不应从本保函项下的支付中扣除。

5.本保函条款构成我行无条件的不可撤销的直接责任。有关即将履行的合同条款的任何变更及贵方同意的时间的宽限或其他延长或特许或贵方的其他作为或不作为都不能免除、解除或豁免我行在本保函项下的责任。

保函受《见索即付保函统一规则》（国际商会第458号出版物，1992年）的管辖并于合同项下的义务和责任得到充分履行且被贵公司彻底解除义务后失效。

__________（开立保函银行名称）
由__________（姓名及职务）签署
__________（盖　章）

第九章 投标人的资格文件

注释：

《投标人的资格文件》是对投标人进行资格审查的重要依据，投标人应参照这些格式文件制作投标文件。

投标人的资格文件

目 录

投标人的资格文件

投标人填写须知

1.制造厂商作为投标人应填写和提交下述规定的格式9-1、格式9-2和格式9-5,以及其他有关资料。贸易公司作为投标人应填写和提交下述规定的全部格式以及其他有关资料。

2.所附格式中要求回答的全部问题和/或信息都必须正面回答。

3.本资格声明的签字人应保证全部声明和问题的回答是真实的和准确的。

4.买方将应用投标人提交的资料根据自己的判断和考虑决定投标人履行合同的合格性及能力。

5.投标人提交的材料将被保密,但不退还。

6.全部文件应按第三章《投标资料表》规定的语言和份数提交。

格式 9-1　资格声明

致：____________________(招标人)

资格声明

尊敬的先生：

为响应你方______年______月______日的__________(招标编号)投标邀请，下述签字人愿参与投标，提供第七章《技术规格和图纸》中规定的____________________(单机设备名称)，提交下述文件并证明全部说明是真实的和正确的。

(1)　由____________________(制造厂商名称)为提供____________________(单机设备名称)的授权书1份正本，__________份副本，我方代表该制造厂商并受其约束(投标人是代理的贸易公司时填写)。

(2)　我方和制造厂商的资格声明，各有1份正本，__________份副本。

(3)　下述签字人在证书中证明本资格文件中的内容是真实的和正确的，同时附上我方银行____________________(银行名称)出具的资信证明。

制造商或贸易公司：

名　　　　　　　称：____________________

地　　　　　　　址：____________________

电　　　　　　　话：____________________

传　　　　　　　真：____________________

邮　　　　　　　编：____________________

授权签署本资格文件人签字：____________________

签字人姓名、职务(印刷字体)：____________________

格式 9-2 制造厂商资格声明

1.名称及概况

(1)制造厂商名称：____________________

(2)总部地址：____________________

电传/传真/电话号码：____________________

(3)成立和/或注册日期：____________________

(4)实收资本：____________________

(5)近期资产负债表(到______年______月______日止)

①固定资产：____________________

②流动资产：____________________

②长期负债：____________________

④流动负债：____________________

⑤净值：____________________

(6)主要负责人姓名:(可选填)____________________

(7)制造厂商在中国的代表的姓名和地址,如有的话:____________________

2.(1)关于制造投标货物的设施及其他情况

工厂名称地址	生产的项目	年生产能力	职工人数

(2)本制造厂商不生产,而需从其他制造厂商购买的主要零部件

制造厂商名称和地址	主要零部件名称

3. 本制造厂商生产投标货物的经验(包括年限、项目业主、额定能力、商业运营的起始日期等)：

____

____

4.近三年该货物主要销售给国内、外主要客户的名称地址

(1)国外销售

名称和地址	销售项目

(2)国内销售

名称和地址	销售项目

5.近三年的年营业额

年份	国内	国外	总额

6.易损件供应商的名称和地址

部件名称　　　　　　　　　　供应商

____________________　　____________________

____________________　　____________________

7.最近三年直接或通过贸易公司向中国公司提供的投标货物

合同编号：____________________

签字日期：____________________

项目名称：____________________

数　　量：____________________

合同金额：____________________

8.有关开户银行的名称和地址：____________________________

9.制造厂商所属的集团公司，如有的话：

10.其他情况：____

兹证明上述声明是真实、正确的，并提供了全部能提供的资料和数据，我们同意遵照贵方要求出示有关证明文件。

制造商名称：________________________________

授权代表签字：________________________________

授权代表的职务：________________________________

日　　期：_____年_____月_____日

传　　真：________________________________

电　　话：________________________________

电子函件：________________________________

格式 9-3 贸易公司(作为代理)的资格声明

1. 名称及概况

(1)投标人名称:______

(2)总部地址:______

电传/传真/电话号码:______

(3)成立和/或注册日期:______

(4)实收资本:______

(5)近期资产负债表(截止______年______月______日)

①固定资产:______

②流动资产:______

③长期负债:______

④流动负债:______

⑤净值:______

(6)主要负责人姓名:(可选填)______

(7)制造厂商在中国的代表姓名和地址,如有的话:______

2. 近三年的年营业额

年份	国内	国外	总额
______	______	______	______
______	______	______	______
______	______	______	______

3. 近三年该货物主要销售给国内、外主要客户的名称地址

(1)国外销售

名称和地址	销售项目
______	______
______	______
______	______

(2)国内销售

名称和地址	销售项目
______	______
______	______
______	______

4. 同意为投标人制造货物的制造厂商(附制造厂商资格声明)

______

5. 由其他制造厂商提供和制造的货物部件(如有的话)

制造厂商名称和地址	制造的部件
______	______
______	______

6. 过去三年向中国公司提供的投标货物(如有的话)

合同编号:______

签字日期:______

项目名称:______

数　　量:______

合同金额:______

7. 有关开户银行的名称和地址：________________________

8. 所属的集团公司，如有的话：________________________

9. 其他情况：____________________________________

兹证明上述声明是真实、正确的，并提供了全部能提供的资料和数据，我们同意遵照贵方要求出示有关证明文件。

____________________________（授权代表签字）

_______________________（授权代表印刷字体姓名）

授权代表的职务：___________________________

日　　期：____年____月____日

传　　真：________________________________

电　　话：________________________________

电子函件：________________________________

格式 9-4 制造厂商授权函

致：__________________（招标人）

我们__________________（制造商名称）是按__________________（国家名称）法律成立的一家制造商，主要营业地点设在__________________（制造商地址）。兹指派按__________________（国家名称）的法律正式成立的，主要营业地点设在__________________（贸易公司地址）的__________________（贸易公司名称）作为我方真正的和合法的代理人进行下列有效的活动：

(1)代表我方在中华人民共和国办理贵方第__________号招标邀请要求提供的由我方制造的货物的有关事宜，并对我方具有约束力。

(2)作为制造商，我方保证以投标合作者来约束自己，并对该投标共同和分别承担招标文件中所规定的义务。

(3)我方兹授予__________________（贸易公司名称）全权办理和履行上述我方为完成上述各点所必需的事宜，具有替换或撤销的全权。兹确认__________________（贸易公司名称）或其正式授权代表依此合法地办理一切事宜。

我方于______年______月______日签署本文件，__________________（贸易公司名称）于______年______月______日接受此件，以此为证。

贸易公司名称：______________　　出具授权书的制造商名称：______________

正式授权签字的代表姓名：______________　　正式授权签字的代表姓名：______________

职务和部门：______________　　职务和部门：______________

格式 9-5　证　书

下述签字人证明本资格文件和要求的格式中的说明是真实的和正确的。

下述签字人在此授权并要求任何被征询的银行向买方提供任何买方所要求的资料，以验证本声明本公司实力和信誉。同时附上从我方银行＿＿＿＿＿＿＿＿＿＿（银行名称）出具的资情证明。

下述签字人知道，买方可能要求提供进一步的资格材料并同意按买方要求提交。

制造商或贸易公司：

名　　　　称：＿＿＿＿＿＿＿＿＿＿＿＿

地　　　　址：＿＿＿＿＿＿＿＿＿＿＿＿

邮　　　　编：＿＿＿＿＿＿＿＿＿＿＿＿

电　　　　话：＿＿＿＿＿＿＿＿＿＿＿＿

传　　　　真：＿＿＿＿＿＿＿＿＿＿＿＿

授权签署本资格文件人签字：＿＿＿＿＿＿＿＿＿＿＿＿

签字人姓名、职务（印刷字体）：＿＿＿＿＿＿＿＿＿＿＿＿

工商领域企业固定资产投资项目

招 标 文 件 范 本(2002 版)

(商务部分)

成套设备采购

中华人民共和国国家经济贸易委员会编制

2002 年 12 月

前 言

依据《中华人民共和国招标投标法》及《工商领域企业固定资产投资项目招标投标管理办法》(国家经贸委令第39号)等有关招投标的规定编制本文件。本文件适用于国家经贸委令第39号规定的工商领域企业固定资产投资项目的招标投标活动。

招标代理机构和自行招标项目单位应按照项目要求参照本文件编制招标文件。本文件原则上不得修改,其中的"合同专用条款"不应在实质上改变"合同通用条款",所有关于具体项目的相关信息和资料以及投标者为响应投标所需要的信息和资料,应包括在"投标资料表""合同专用条款""技术规格和图纸"和"合同协议"等文件中。

为适应不同标的物采购的需要,本文件分为第一部分单机设备采购、第二部分成套设备采购和第三部分大型成套设备及安装采购。

单机设备,系指独立的设备、仪器、仪表等机电设备。根据采购的具体要求,单机设备合同应包括设备及相关的备件、材料、技术服务、技术培训和技术资料等内容,或包括其中部分项的内容。

成套设备,系指多设备的组合,该组合具有其特有的复杂性,只有通过充分的技术交流、拥有和掌握工艺技术、正确的工程设计、可靠的设备供货、精确的调试、严格的试车和考核验收,以及卖方提供机械和工艺技术保证等才能保证成套设备的运转成功。根据采购的具体要求,成套设备合同中应包括提供技术使用许可、设计、设备、技术服务、试运行和工艺性能保证等内容,或包括其中部分项的内容。

大型成套设备及安装,系指多设备、多系统的组合,设备供货部分的价值占整个合同估算价的主要部分,并伴随一定比例的安装服务;鉴于设备、系统的特征和复杂性,必须经过安装服务、精心的测试、调试和运行验收等程序,项目单位才能安全地接受。根据采购的具体要求,大型工程设施合同中应包括供货、运输、安装、设计、技术服务、培训、调试、试运行、功能保证等内容。

本文件的编制参照了世界银行和中国技术进出口总公司的招标文件范本。

中国机电产品进出口商会、中国技术进出口总公司、中机国际招标公司和中技贸易股份有限公司及世界银行中国代表处对编制本文件给予了大力支持,特此表示感谢。

本文件主要编写人员名单

傅　山　　国家经济贸易委员会投资与规划司
唐和义　　国家经济贸易委员会投资与规划司
王　丽　　中国机电产品进出口商会
王国英　　中技贸易股份有限公司
张　丹　　中国技术进出口总公司
徐　涛　　中机国际招标公司
于　旋　　中技贸易股份有限公司
刘力群　　中技贸易股份有限公司
张　瑾　　中技贸易股份有限公司
王　瑞　　上海宝钢国际经济贸易有限公司
于光生　　山东省机电设备招标中心

成套设备采购

目 录

第一章　投标邀请书

注释：

1.《投标邀请书》提供的信息可以使潜在的投标人决定是否参加投标。

2.《投标邀请书》的内容应当与招标文件，特别是与第三章《投标资料表》的相应内容一致。

投标邀请书格式

项目名称：____________________

成套设备名称：________________

日　　期：__________

招标编号：__________

1. ______________(招标代理机构名称)(以下简称“招标人”)受______________(项目单位)委托，现邀请合格投标人就下述成套设备的供货和服务提交密封的投标。

2. 成套设备：______________(描述)。

供货和服务范围：______________(描述)。

3. 本招标为______________(公开招标或邀请招标)。

4. 有兴趣的合格投标人可于____年____月____日至____年____月____日(节假日除外)______(时间)至______(时间)从招标人得到进一步的信息和查阅招标文件。

5. 投标人可在上述时间从招标人以______________(每套招标文件售价)购买一套完整的招标文件。招标文件售后不退。如需邮寄，须另付邮资______________(邮资金额)，招标人不对邮寄过程中的遗失负责。

6. 投标文件应于____年____月____日之前递交到______(地址)，迟到的投标文件将被拒绝。

7. 所有投标文件都必须附有投标保证金，金额为______________(一定金额或投标价的一个最低百分比)。未按规定提供投标保证金的投标文件将被拒绝。

8. 定于____年____月____日______(时间)，在______(地址)公开开标。届时投标人可派代表出席开标仪式。

招 标 人：______________________________

地　　址：______________________________

邮　　编：______________________________

联 系 人：______________________________

电　　话：______________________________

传　　真：______________________________

电子邮件：______________________________

开户银行：______________________________

银行账号：______________________________

第二章 投标人须知

注释：

1.《投标人须知》提供了投标人按照招标人的要求准备投标文件所必需的信息，以及投标、开标、评标和签署合同等有关规定。

2.《投标人须知》应得到严格的履行。第三章《投标资料表》的条款是对《投标人须知》的补充，以及对项目具体情况和要求的说明。

投标人须知

目 录

投标人须知

一、说明

1. 项目描述　1.1　《投标资料表》列明的项目单位(以下称“买方”)已获得一笔资金/贷款(以下简称“资金”)。买方计划将资金的一部分用于支付《投标资料表》指定项目的成套设备合同项下的款项。

2. 招标方式　2.1　招标将以《投标资料表》规定的公开招标或邀请招标方式进行。

3. 招标人　3.1　《投标资料表》列明的招标人,是指买方委托的、获得国家经贸委授予相应资质的招标代理机构或经批准可以自行招标的买方。

4. 对外合同买方代理　4.1　《投标资料表》规定为国际竞争性招标时,合同的买方代买方代理为买方委托的具有引进技术和成套设备外贸经营合格资质的企业法人。

4.2　《投标资料表》规定为国内竞争性招标时,合同的买方可不委托买方代理。

5. 合格投标人　5.1　除《投标资料表》及本文件另有规定外,凡来自中华人民共和国或是与中华人民共和国有正常贸易往来的国家或地区的法人均为合格投标人。

5.2　投标人在中华人民共和国境内的投标活动均应严格遵守中华人民共和国法律和法规。

5.3　投标人不得与本次招标的成套设备编制设计、技术规格和其他文件的公司或提供咨询服务的公司包括其附属机构有任何关联。

5.4　只有合法运作并独立于招标人/买方的法人才能参加投标。

5.5　投标人应不属于本章第36条规定的有腐败和欺诈行为的不合格的投标人。

6. 合格设备和服务　6.1　投标人提供成套设备所涉及的技术、设计、设备、技术培训和服务及技术服务等应来自于《投标资料表》规定的合格的原产地。

6.2　合格的原产地系指成套设备或其部件的生产地为中华人民共和国或与中华人民共和国有正常贸易往来的国家或地区。成套设备或其部件是通过制造、加工或用重要的和主要的原部件装配而成的,其基本特性或功能,或效用应是商业上公认的、与原部件有着实质性区别的产品。

7. 投标费用　7.1　投标人应承担所有与准备和参加投标有关的费用。无论投标的结果如何,招标人对上述费用不承担任何责任和义务。

二、招标文件

8. 招标文件的内容　8.1　招标文件对成套设备、招标过程、合同条件和技术要求作出详细的内容规定,其应包含以下内容:

第一章　投标邀请书
第二章　投标人须知
第三章　投标资料表
第四章　合同通用条款
第五章　合同专用条款
第六章　合同附件
第七章　技术规格和图纸
第八章　投标文件相关格式

1. 投标函格式
2. 投标一览表

3. 分项价格表
4. 偏离表
5. 法定代表人授权书格式
6. 投标保证金银行保函格式
7. 合同协议书格式
8. 履约保证金银行保函格式

第九章 投标人的资格文件

8.2 投标人应检查招标文件中所有的须知、格式、条款、技术规格和其他资料。如果投标人没有按照招标文件的要求提交全部资料,或者提交的资料没有对招标文件在各方面作出实质性响应,可能导致其投标被拒绝,该风险由投标人承担。

9. 招标文件的澄清

9.1 要求对招标文件进行澄清的投标人应以书面或传真方式(包括传真、电子邮件、电报和电传)通知招标人。对投标截止期21日以前收到的对招标文件的澄清要求,招标人应以书面或传真方式予以答复,同时将该答复提供给每个招标文件的购买人(答复中不标明问题的来源)。

9.2 经买方的允许,投标人可以对成套设备的现场进行考察。投标人为准备投标文件和签署合同收集资料及考察现场所需的费用由投标人承担。投标人及其代表不得在考察中使买方承担任何责任。

9.3 如果举行标前会,投标人的指定代表可以按《投标资料表》规定的时间和地点出席会议。会议的目的旨在澄清和解答问题。投标人需尽可能在标前会召开7日前,以书面或传真方式向招标人提交问题。

10. 招标文件的修改

10.1 招标人可因任何原因,在投标截止期前对招标文件进行修改,但应在投标截止时间至少15日前,以书面形式通知所有招标文件的购买人。

10.2 招标文件的修改将以书面或传真方式通知所有招标文件的购买人,并对其具有约束力。招标文件的购买人在收到上述通知后,应立即向招标人回函确认。投标人将被视为编制投标文件时已考虑了上述修改。

10.3 招标文件的修改应考虑给予投标人合理的时间制作相应的投标文件。招标人可酌情延长截标日期,并以书面或传真方式通知招标文件购买人,并在相应媒体上公告。

三、投标文件的编制

11. 投标文件的语言

11.1 投标文件以及投标人与招标人就有关投标的往来函电均应使用《投标资料表》规定的语言书写。投标人提交的支持性文件和印制的文件可以用另一种语言,但相应内容应翻译成《投标资料表》规定的语言,在解释投标文件时以翻译本为准。

12. 投标文件的构成

12.1 投标文件应由下列部分构成:

(1)本章第13条列明的由投标人签署的《投标函》、《投标一览表》和《分项价格表》。

(2)为方便对投标文件的评审,投标人将任何不同于招标文件的技术规格和商务条件列于《偏差表》中。投标人应提供其撤销偏差时的调整价格。依照本章第24.4条规定,有实质性不响应的投标文件将被拒绝。

(3)本章第16条规定的投标保证金。

(4)表明签署投标文件的人有权签署投标文件的证明书,并表明投标人在本章第17条规定的投标有效期内受投标文件的约束。

(5)投标人资格证明文件,包括按本章第5条规定的合格投标人的证明;按本章第6条规定的合格的设备和服务的证明;投标人履行合同的资格证明;投标人满足《投标资料表》列明的经验和其他业绩的证明。

两个或多个公司组成投标联合体时应符合以下要求：

①联合体成员之间签订的协议书副本应随投标文件一起提交。

②投标联合体的每个成员都应提供其全部资格证明文件。

③联合体的一个主要成员应被指定为主办人，主办人应被授权代表联合体和联合体任何成员承担责任和接受指示，并签署投标文件。投标文件对所有成员具有约束力。

④联合体所有成员应按合同条件承担连带责任。

(6)投标人对设备和服务的主要项目的详细说明，并给出每一项目建议的供货商和/或供应商。买方保留拒绝任何供货商和/或供应商的权力。

13. 投标函和价格表

13.1 投标人按本章第14条和第15条的要求，以招标文件指定的方式完整地填写《投标函》《投标一览表》和《分项价格表》。

14. 投标价格

14.1 根据《技术规格和图纸》规定的供货和责任范围，投标人应对整套成套设备进行总报价。总报价包括了成套设备合同项下卖方提供技术、设计、制造、采购、交货、技术服务、培训服务、调试、试车和验收等的全部责任和义务。投标人未单独列明的分项价将视该项目的费用已包含在其他分项中，合同执行中不另予支付。

14.2 投标人应按照招标文件规定的商务、合同和技术责任进行报价。如投标人作出偏离，应在《偏离表》中列出，并提供由于偏离所引起的价格差异。

14.3 投标人应按《投标一览表》和《分项价格表》或《投标资料表》指定的格式报出分项价格和总价。

14.4 在所有价格表中，投标人应按以下要求给出价格明细：

(1)从国外供应的货物应分别报出FOB价和CIF价或《投标资料表》规定的其他交货条件的价格。

(2)国内供应的货物报EXW价含增值税和其他税费。如货物包含进口的部分，则EXW价应包含其相应的全部进口成本。

(3)如果《投标资料表》有规定，应报出货物运至工作现场的国内运费。

(4)技术、设计、技术服务、培训等各项费用。

(5)《投标资料表》规定的备品、备件的价格。

14.5 FOB价、CIF价和EXW价等术语，应根据现行的国际商会(巴黎)出版的《国际贸易惯例术语解释通则》(Incoterms)的规定来解释。

14.6 买方可以按本章第14.4条中规定的任意价格条件订立合同。

14.7 投标人所报的价格在合同执行过程中是固定的，不得以任何理由予以变更。投标人提交滑动价格的投标文件将作为非响应性投标而予以拒绝。

15. 投标货币

15.1 投标价应按以下规定确定货币：

(1)《投标资料表》规定为国内竞争性招标时，投标货币必须为人民币。

(2)《投标资料表》规定为国际竞争性招标时，投标货币为《投标资料表》规定的外国货币。有国内公司参加的联合体对来源于国内的供货和服务部分可以以人民币报价，其余部分以上述外国货币报价。

16. 投标保证金

16.1 投标人应按《投标资料表》的规定提交投标保证金，并作为其投标的一部分。

16.2 投标保证金的货币可以是人民币或其他投标货币。

16.3 投标保证金可采用下列任何一种形式：

(1)银行本票，或保兑支票，或现金。

(2)由国内银行、在国内营业的或与国内银行有代理业务关系的信誉良好的国外银行，以招标文件提供的格式或招标人可接受的其他格式出具的银行保函或不可撤销的信用证，其有效期应超过本章第 17.1 条规定的投标有效期 30 日。

16.4 任何未按本章第 16.1 条规定提供可接受投标保证金的投标被视为非响应性投标而予以拒绝。

16.5 未中标人的投标保证金，将按照本章第 17.1 条规定的投标有效期满后 30 日内原额退还给投标人。

16.6 中标人的投标保证金，在中标人按本章第 34.1 条的规定签署合同协议书并按本章第 35.1 条的规定提供了所需的履约保证金后予以退还。

16.7 下列任何情况发生时，投标保证金将被没收：

(1)投标人在招标文件中规定的投标有效期内撤回其投标。

(2)中标人未能在本章第 34.1 条规定的时间内签署合同。

(3)签署合同后，未能在本章第 35.1 条规定的时间内提供履约保证金。

17. 投标文件的有效期

17.1 投标文件应从本章第 20.1 条规定的投标截止日开始在《投标资料表》规定的期限内保持有效。投标文件有效期不足的将被视为非响应性投标而予以拒绝。

17.2 特殊情况下，在投标有效期截止之前，招标人可要求投标人延长投标有效期。这种要求与答复均应以书面形式提交。投标人可拒绝招标人的这种要求，其投标保证金将不会被没收。接受投标有效期延长的投标人将不会被要求和允许修正其投标，而只会要求其相应地延长其投标保证金的有效期。

18. 投标文件的制作和签署

18.1 投标人应编制投标文件正本和电子版本各一份及《投标资料表》中规定数目的副本，每套投标文件须清楚地标明“正本”或“副本”。如正本和副本不符，以正本为准。

18.2 每份按本章第 12 条规定编制的投标文件正本和所有副本均需打印或用不褪色墨水书写，并由投标人或经其正式授权并对投标人有约束力的代表签字。授权代表须以本章第 12.1 条规定的书面格式出具《授权证书》，并附在投标文件中。投标文件的每一页都应由投标人或其授权代表用姓或首字母签字。投标文件的副本可采用正本的复印件。

18.3 投标文件中任何行间插字、涂改和增删，必须由投标文件签字人用姓或首字母在旁边签字方为有效。

四、投标文件的递交

19. 投标文件的密封和标识

19.1 投标人应将投标文件正本和所有的副本、电子版本分开密封，装在单独的信封中，信封上正确标明“正本”“副本”“电子版本”字样。上述所有信封应再封装在一个外装信封中。

19.2 为方便开标唱标，投标人应将《投标一览表》和投标保证金正本单独密封提交，并在信封上标明“《投标一览表》和投标保证金”字样。

19.3 外装信封应注明以下内容：

(1)招标人地址。

(2)招标编号、项目和成套设备名称。

(3)“____________________(截标日期和时间)前不得开封”的字样。

19.4 内层信封应写明投标人名称和地址，以便其投标被拒绝时，能予以原封退回。

19.5 如果外层信封未按本章第 19.3 条规定标记并密封，招标人将不承担错放或提前启封的责任。

20. 递交投标文件的截止日期

20.1 投标文件应于《投标资料表》规定的截止日期之前送达《投标资料表》规定的地点。

20.2 招标人可以酌情延长投标截止期。在此情况下，招标人和投标人受投标截止期制约的所有权利和义务均应延长至新的截止日期。

21. 迟交的投标文件

21.1 招标人将拒绝并退回在本章第 20.1 条规定的截止期后收到的任何投标文件。

22. 投标文件的修改和撤回

22.1 投标人可以对其已递交的投标文件进行修改或撤回，招标人在投标截止期之前收到的修改文件或撤回通知有效。

22.2 投标人的修改文件或撤回通知应按本章第 18 条和第 19 条的规定编制、签署密封、标记和发送，并在外装信封上明显标明“投标文件修改书”或“投标文件撤回通知”字样。

22.3 在投标截止期之后，投标人不得对其投标做任何修改。

22.4 从投标截止期至投标文件有效期结束为止，投标人不得撤回其投标，否则其投标保证金将按照本章第 16.7 条的规定被没收。

五、开标与评标

23. 开标

23.1 招标人在《投标资料表》规定的时间和地点公开开标。开标包括本章第 22.1 条和第 22.2 条规定的“投标文件修改书”和“投标文件撤回通知”。出席开标仪式的投标人的代表应签名报到以证明其出席。

23.2 首先启封标明“投标文件撤回通知”字样信封，并宣读投标人名称，如符合本章第 22.1 条的规定，该撤回的投标文件不予开封。

23.3 在开标时，招标人宣读投标人名称、修改和撤回投标的通知、投标价格、折扣声明、是否提交了投标保证金，以及招标人认为合适的其他内容。除了按照本章第 21 条的规定原封退回迟到的投标之外，开标时将不得拒绝任何投标文件。

23.4 无论是什么原因，在开标时没有启封和宣读的投标文件，在评标时将不予考虑。

23.5 招标人将按本章第 23.3 条规定的开标时宣读的内容填写开标记录。

24. 投标文件的初审

24.1 招标人将对投标文件进行检查，以确定投标文件是否完整、有无计算上的错误、是否提交了投标保证金、文件是否已正确签署、投标文件的总体编排是否有序等。

24.2 算术错误将按以下方法更正。如果以单价和数量计算的结果与总价不一致，以及分项价汇总之和与总价不一致，则以单价和分项价为准修改总价。如果用文字表示的数值与用数字表示的数值不一致，以文字表示的数值为准。如果投标人不接受对其错误的更正，其投标将被拒绝。

24.3 招标人可以允许投标文件中存在不构成实质性偏差的，微小的不正规、不一致或不规范。

24.4 在详细评标之前，招标人将判定每个投标文件是否完整以及是否实质性响应了招标文件的要求。实质性响应是指无实质性偏离、反对、设定条件或提出保留，与招标文件要求的全部条款、条件和规格相符。实质性偏离是指：

(1)实质上影响合同的范围、质量和履行。

(2)实质上违背招标文件，限制了买方的权利和中标人合同项下的义务。

(3)不公正地影响了其他作出实质性响应的投标人的竞争地位。

24.5 招标人对投标文件响应性的判定基于投标文件本身的内容，而不寻求外部的证据。

24.6 如果投标实质性没有响应招标文件的要求，其投标将被拒绝。投标人不得通过修正或撤销不合要求的偏离或保留从而使其投标成为实质性响应的投标。如发现有下列情形之一的，其投标将被拒绝：

(1)投标人未提交投标保证金或保证金金额不足、保函有效期不足、投标保证金或出证银行不符合招标文件要求的。

(2)资格证明文件不全的，如代理投标人未提供有效的供货商和服务供应商的授权书等。

(3)超出经营范围投标的。

(4)投标人无法定代表人签字,或签字人无法定代表人有效授权书的。

(5)业绩不满足招标文件要求的。

(6)投标有效期不足的。

(7)不满足技术规格书中主要参数和超出偏差范围的。

24.7 招标人只对在初审中确定为实质性响应的投标文件进行进一步的详细技术和商务评审。

25. 投标文件的澄清

25.1 在评标期间,招标人可要求投标人对其投标文件进行澄清,但澄清的要求和答复不得对投标价格等实质性内容做任何改变。有关澄清的要求和答复应以书面形式提交。

26. 折算为同一货币

26.1 为了便于评标和比较,如果投标价中有多种货币,其相应的货币金额应按《投标资料表》规定的国内商业银行发布的《投标资料表》指明汇兑期限时的货币兑换率折算成同一货币。

27. 投标文件的技术评审

27.1 招标人根据本章第24.7条的规定,对投标文件进行详细评估以确定投标文件在技术上的各方面是否与招标文件的要求相一致,以及根据投标文件的内容对投标人之间在技术上的各方面进行比较,其中考虑如下几点:

(1)根据《技术规格和图纸》的规定,评审招标文件的整体性和一致性,成套设备整体技术的先进性。如果投标文件的完整性、一致性和详细程度达不到可接受的最低标准,将被视为不响应而被拒绝。

(2)成套设备机械和工艺性能保证的具体指标。

(3)成套设备备件供应和维修的持续保障性。

(4)其他列在《投标资料表》的技术因素,以及招标人认为有必要考虑的任何相关的技术因素。

28. 投标文件的商务评审

28.1 计算评标价时,供货的价格以货物到达成套设备安装地点为依据。国内供货为EXW价含增值税和其他税费与所供货物的国内运输、保险费之和,其中包括其原材料和部件的已付和应付税费和关税。国外供货为CIF价、进口环节税及国内运输、保险费之和。

28.2 招标人以本章第28.1条规定的价格为基础,按本章第28.3条规定和技术规格规定的方式,利用可得到的价格资料将下列费用和价格因素加入评标价格:

(1)投标人在投标文件中列明的技术使用、技术服务、技术培训等全部费用。

(2)投标人在投标文件中列明和没有列明的所有可以计算出价格差异的商务偏离和技术偏离。

(3)投标文件申报的供货期和总进度。

(4)成套设备在使用寿命期限内预计的运行和维护费用。

(5)投标人提供的成套设备性能保证。

(6)要求由买方或第三方提供的货物、服务、工程设施等额外的费用。

28.3 本章第28.1条和第28.2条规定的计算评标价格采用如下方式:

(1)国内运输和保险费

国内的运输和保险费按本章第28.1条时规定加入评标价。

①国内的运输和保险费按照投标人投报的价格计算。

②投标人未投报该价格时,应在投标文件中提供货物尺寸、装运重量和相应价值,招标人选择声誉良好的承办国内运输、保险业务的公司的相关报价计算运输和保险费。

(2)商务偏离

评标价格的确定是基于对招标文件商务和技术要求的完全满足。投标人应在投标书附件中列明其放弃偏差后的偏差价格。如果投标人没有提供这一价格偏差，为了保证对整个投标进行公平的比较，招标人将根据自己的经验，对偏差进行折价计算。

(3)合同进度

《投标资料表》规定了合同生效后设计、设备供货和成套设备试车验收进度期限的，投标文件应据此报价。

①超出《投标资料表》规定期限的，将导致投标文件被拒绝。

②在允许的期限范围内，提前的进度按《投标资料表》规定的计算办法不减少评标价格或增加评标价格。

③在允许的期限范围内，晚于一段时间的进度按《投标资料表》规定的计算办法增加评标价格。

(4)运行和维护费用

由于运行和维护费用是成套设备运行费用的主要部分，这些费用将根据《投标资料表》规定的原则进行评估，其中包括《投标资料表》规定的初期运行的备品备件的费用。

①备品备件的费用可以是投标文件投报的费用。

②买方及其他人在该方面已有的经验数字。

(5)性能保证

投标文件应明确响应招标文件规定的各项性能保证值，包括质量、效率、消耗和排放指标等。

①达不到《技术规格》规定的最低性能保证要求的，将导致投标文件被拒绝。

②投标文件性能保证低于《投标资料表》规定的标准保证值时，按《投标资料表》规定的比例增加评标价。

(6)供货和服务等的范围

当投标文件中包括的需买方承担的供货和服务等超出招标文件规定的范围时，招标人将估算合同期间额外承担的费用，并将其加入评标价。当投标文件中的供货和服务等超出招标文件规定的范围时不核减评标价。

(7)其他额外的评标因素和标准

其他额外的评标因素和标准在《投标资料表》和《技术规格和图纸》中详细规定。

28.4 以上价格调整应计入投标价格中得到的评标价。但评标价仅作比较之用，投标人的投标价仍然不变。

29. 与招标人的接触

29.1 除按本章第25条规定的澄清，从开标到合同签署期间，投标人不得就与其投标有关的任何事项与招标人联系。

29.2 投标人试图对招标人的评标、确定中标人或签署合同的决定进行影响，都可能导致废标。

六、中标人的确定

30. 资格后审

30.1 在没有资格预审的情况下，招标人将按本章第12.1.5条项的规定判断最低评标价或性能价格比最优的投标人是否有能力全面地履行合同义务。

30.2 在审核投标人的资质时将考虑投标人的财务、技术和生产能力，以及投标人的在手合同、未履行的义务和法律诉讼等重要事项。该审查基于投标人提交的资格证明文件和其他招标人认为必要的、合理的资料。

30.3 如果通过上述审查,则将确定该投标人中标;如果没有通过上述审查,则拒绝其投标。在此情况下,招标人将对下一个最低评标价或性能价格比最优的投标人是否有能力全面地履行合同义务做相同的审查。

30.4 最低评标价或性能价格比最优的投标人在其投标文件中建议使用的供应商的能力也将进行审查。如果需要,供应商与投标人之间应以意向书的方式确认供应商的参与。如果某个供应商被确定不能接受,招标人会要求在不改变投标价的情况下更换其他可接受的供应商。

31. 确定中标人的标准

31.1 招标人将评标价最低或性能价格比最优的,同时根据本章第30条的规定将已经确认有能力全面履行合同的投标人确定为中标人。

32. 取消招标的权力

32.1 招标人在中标通知发出之前的任何时候,有权取消本次招标,其对因此而受影响的投标人不承担任何责任,也没有义务向受影响的投标人解释采取这一行动的理由。

33. 中标通知书

33.1 在投标有效期满之前,招标人以书面方式向中标人发出中标通知书。中标通知书将构成合同的一部分。

七、合同的签署

34. 合同协议的签署

34.1 中标人应在收到中标通知书30日内与买方签订合同协议。

34.2 招标人在签署合同时,有权在《投标资料表》规定的范围内对货物数量和服务范围予以增加或减少,但不得对单价或其他的条款和条件做任何改变。

35. 履约保证金

35.1 中标人应在收到中标通知书30日内,按招标文件中提供的履约保证金保函格式或买方可以接受的其他格式向买方提交《合同资料表》规定银行开具的规定金额的履约保证金。

35.2 在中标人提交履约保证金后,招标人将通知所有未中标的投标人,并按本章第16.5条的规定退还所有投标保证金。

35.3 如果中标人没有遵守本章第34.1条或第35.1条的规定,招标人有权取消该中标决定,没收其投标保证金。在此情况下,招标人可以确定下一个最低评标价或性能价格比最优的投标人为中标人并授予其合同,或重新招标。

36. 腐败和欺诈行为

36.1 招标人、投标人、供应商等参与招投标的各方,均应在招标、采购、合同执行等过程中保持廉洁和最高的道德水准。

(1)腐败和欺诈行为。

①"腐败行为"系指在招标、采购和合同执行等过程中,为谋求利益,影响相关人员而提供、给予、接受或索取任何有价物,并导致损害买方和/或招标人及他人的行为。

②"欺诈行为"系指为了影响招标、采购和合同执行等过程而隐瞒事实,从而给买方和/或招标人及他人造成损害的行为,其中包括投标人之间的串通行为,其旨在使投标价成为人为的、无竞争的价格,并使买方无法从自由公开的竞争中受益。

(2)如果被推荐的中标人有腐败和欺诈行为,将取消其中标。

(3)如果投标人在任何时候,被法院及政府有关管理部门认定为有腐败和欺诈行为,招标人有权拒绝其投标、取消其中标资格、撤销已签署的合同。

36.2 投标人应注意《合同通用条款》关于腐败和欺诈行为的相关规定。

第三章　投标资料表

注释：

1.《投标资料表》是对应第二章《投标人须知》的相应条款，根据每一项目具体情况，提供的特定信息。以下提供《投标资料表》应包括的部分内容仅作为各项目编制招标文件的参考。

2.《投标资料表》应写明买方的详细要求，招标程序以及评标时所采用的参数和规则。

3.《投标资料表》应包括对第二章《投标人须知》的补充、修改和完善，并根据此标准文件所附的格式填制完成。

投标资料表

该资料表的条款项号是与《投标人须知》中条款的项号对应的。增加的条款是对《投标人须知》的补充、修改和完善，如有矛盾，应以本资料表为准。

条款项号	内容
	一、说明
1.1	买方名称：(　　　　　　　) 地址：　　(　　　　　　　) 项目名称：(　　　　　　　) 成套设备名称：(　　　　　　　)
2.1	本次招标采用 选择一：公开招标方式进行 选择二：邀请招标方式进行
3.1	选择一： 招标人名称：(　　　　　　　) 地址：　　(　　　　　　　) 选择二：买方即为自行招标的招标人
4.1	选择一： 买方代理名称：(　　　　　　　) 地址：(　　　　　　　) 选择二： 无买方代理
5.1	选择一：无特殊规定 选择二：合格投标人为中华人民共和国境内法人
6.1	选择一： 无特殊规定 选择二： 合格原产地为中华人民共和国境内
	二、招标文件
9.3	选择一： 召开标前会 ____________________(标前会的时间、地点和其他时间安排) 选择二：不安排
	三、投标文件的编制
11.1	投标文件的语言为________________(国内标选中文，国际标选英文)
14.4.(1)	国外交货的条件为____________(CIF等)

（续表）

条款项号	内　　容
14.4.(3)	选择一： 报出国内运费 选择二： 无规定
14.4.(5)	备品、备件的要求(如：两年的备品备件等)
15.1	选择一：(国内标) 投标货币为人民币 选择二：(国际标) 投标货币为__________(某国外币或国际主要货币)
16.1	投标保证金为__________(一定金额或投标价的一定比例)
17.1	投标文件必须保持开标日之后(　　　　)日内有效
18.1	投标人应制作投标文件副本(　　　　)套
	四、投标文件的递交
20.1	投标截止时间为________(日期、时间) 投标文件送达地点为__________
	五、评标与开标
23.1	开标时间：________(日期、时间) 开标地点：__________
26.1	投标货币按(一个国内商业银行)公布的，(开标当日，或选某日)的(即期，或选一定期限的远期)兑换率折算为同一货币
27.1.(4)	下列的其他技术因素将在评标中予以考虑 (列出其他技术因素)
28.3.(3)	成套设备设计、设备供应和试车验收进度如下： (总进度) ①限定的期限为(　　　　　　)； ②提前(选择一：不减价；选择二：增加评标价)； ③(超过标准时间的加价计算方法)
28.3.(4)	计算运行和维护成本 ①运行寿命年限为：________年； ②运行成本； ③维护费用； ④计算方法(可参阅《技术规格》中的有关规定)
28.3.(5)	性能保证要求 ①最低保证要求； ②计算方法(可参阅《技术规格》中的有关规定)

（续表）

条款项号	内 容
28.3.(7)	其他评标规定（可参阅《技术规格》中的有关规定）
	六、中标人的确定
	七、合同的签署
34.2	允许货物增减数量________；允许服务增减范围________
35.1	履约保证金为____________（一定金额或比例）（通常为合同价的10%） 履约保证金应由以下银行出具： ①（由国内银行、在国内营业或与国内银行有代理业务关系的信誉好的国外银行，以招标文件提供的格式或招标人可接受的其他格式出具的银行保函或不可撤销的信用证）； ②（银行本票、或保兑支票、或现金）
* * * *	附加说明

第四章 合同通用条款

注释：

《合同通用条款》应与第五章《合同专用条款》以及这里列出的其他文件一起阅读，并构成一份完整的文件。该文件阐明了各方的所有权利和义务。

合同通用条款

目 录

合同通用条款

第一条 定义 除本合同上下文中另有规定外，下列各词语定义如下：

1.1 “买方”是指在《合同专用条款》中指明为买方的法人。

1.2 “买方代理”是指在《合同专用条款》中被指定为“买方代理”的法人。

买方授权其作为商务代理参与本合同的签署和执行。除合同条款另有规定，买方代理不承担合同项下的实体义务，不享受合同项下的实体权利。

1.3 “卖方”是指投标文件为买方接受且在合同协议书中被指定为卖方的法人。

1.4 “现场代表”是指合同双方各自任命的一名代表，在工作现场负责与履行各自合同义务有关的所有事项。

1.5 “检验当局”是指位于卸货港和/或工作现场或其附近的中国国家出入境检验检疫局的地方分支机构，或《合同专用条款》规定情况下确定的检验方。

1.6 “买方银行”是指《合同专用条款》规定的银行。

1.7 “卖方银行”是指《合同专用条款》规定的银行。

1.8 “装运港”是指《合同专用条款》规定的港口。

1.9 “卸货港”是指《合同专用条款》规定的港口。

1.10 “目的地机场”是指《合同专用条款》规定的机场。

1.11 “工作现场”是指《合同专用条款》规定的合同工厂坐落的地方。

1.12 “合同设备”是指卖方提供的设备、备件、材料或其中任何一部分，包括为确保合同工厂达到设计能力而应包含在合同工厂中的任何部件，详见相应合同附件。

1.13 “合同工厂”是指由合同供应范围内的合同设备、被许可使用的专有技术和/或专利、设计、技术文件、技术服务及技术培训组成的工厂。其规格、性能和保证指标见相应合同附件的规定。

1.14 “合同产品”是指合同工厂生产的产品，其技术规格和保证指标详见相应合同附件。

1.15 “技术资料”是指与合同工厂的设计、检验、安装、试运行、投料试生产、性能考核、操作以及维修有关的技术指标、规格、图纸和文件。技术资料清单详见相应合同附件。

1.16 “技术服务”是指在合同工厂的安装、试运行、投料试生产、性能考核、操作、维修以及其他工作等方面卖方给予买方的技术指导、协助以及监督等。详见相应合同附件。

1.17 “技术培训”是指在合同工厂的安装、试运行、投料试生产、性能考核、操作、维修以及其他工作等方面卖方在中国境外给予买方的培训。详见相应合同附件。

1.18 “安装”是指有关设备、备件和材料的安装工作，包括按照设计图将零部件放置在适当的位置并连接起来。详见相应合同附件。

1.19 “试运行”是指为验明合同设备的机械性能，在安装完毕后对单台设备和一系列设备分别进行的测试。详见相应合同附件。

1.20 “投料试生产”是指为进行合同工厂的性能考核，在公用工程设施已经接通并已将原材料投入合同工厂后进行的初步生产。详见相应合同附件。

1.21 “性能考核”是指根据相应合同附件的规定进行的，用以确定合同工厂和合同产品是否达到相应合同附件规定的技术性能和保证指标的考核标准。

1.22 “验收”是指合同工厂在性能考核中达到相应合同附件规定的技术性能和保证指标之后，买方对合同工厂的接受。

1.23 “保证期”是指自验收之日起一定期间内，卖方保证合同工厂的适当和稳定运行，并负责消除合同工厂存在的任何缺陷。详见相应合同附件。

1.24 “合同货币”是指《合同专用条款》规定的本合同项下的支付中所使用的货币。

1.25 “合同价格”是指在卖方完全和适当地履行其合同义务后，买方根据合同规定应支付给卖方的价款。详见相应合同附件。

1.26 “合同生效日”是指在《合同协议书》第 5 条规定的所有条件得到履行时的日期。

1.27 “日”是指日历天数。

1.28 “月”是指日历月数。

第二条 合同范围

2.1 买方同意从卖方购买、卖方同意向买方出售《合同专用条款》中规定的合同工厂，包括合同设备、专利和/或专有技术的使用许可、设计、技术资料、技术服务及技术培训。详见相应合同附件。

2.2 卖方应提供相应合同附件中所列的合同设备及为达到合同工厂性能指标所需的相应合同附件中所列买方供货范围以外的所有设备、工具及零备件。合同设备的技术规格、性能和保证指标。详见相应合同附件。

2.3 卖方同意授予买方在中华人民共和国境内生产和销售合同产品并将其出口到《合同专用条款》规定的地域范围内而按《合同专用条款》的规定性质使用专利和/或专有技术的许可。内容详见相应合同附件。

本合同期满后，卖方不得禁止买方继续使用专利和/或专有技术。

2.4 卖方负责合同工厂的设计工作。内容详见相应合同附件。

2.5 卖方应按照相应合同附件的规定向买方提交技术资料。

2.6 卖方应派遣其技术人员到工作现场提供技术服务。内容详见相应合同附件。

2.7 卖方应按《合同专用条款》的规定在设备制造商的生产车间和/或与合同工厂类似的其他工厂和/或工作现场提供技术培训。内容详见相应合同附件的规定。

2.8 根据买方的要求，卖方应在《合同专用条款》规定的期限内以优惠价格向买方提供合同工厂正常运行所需的备件。届时双方将另签协议。如在上述期限届满前卖方停止设备备件的生产和供应，卖方应根据《合同专用条款》的规定提前通知买方，以便买方采购所需的备件；如果买方要求，卖方应免费向买方提供备件的蓝图、图纸和规格。

第三条 价格

3.1 卖方在本合同项下提供的有关合同设备、专利和/或专有技术使用许可、设计、技术资料、技术服务及技术培训的合同总价为《合同专用条款》标明的金额。合同总价是固定价格。

3.2 除《合同专用条款》另有规定，合同工厂的价格分项如下，分项价格规定于《合同专用条款》。

3.2.1 合同设备价格。

3.2.2 专利和/或专有技术使用许可费及相关技术资料费。

3.2.3 设计费和相关技术资料费。

3.2.4 技术服务费。

3.2.5 技术培训费。

3.3 合同工厂的分项价格表详见相应合同附件。

3.4 本合同第 3.2.4 条规定的技术服务费按《合同专用条款》规定的实际数额向卖方支付。

3.5 本合同第 3.2.1 条规定的合同设备价格为《合同专用条款》规定的价格条件。

本合同第 3.2.2 条和第 3.2.3 条规定的技术资料价格为《合同专用条款》规定的价格条件。

第四条 支付

4.1 本合同项下买方对卖方的支付应通过买方银行和卖方银行以合同货币的进行方式。

4.2 买方应根据《合同专用条款》规定的支付方式进行支付。

4.3 如果卖方未能及时提交支付文件，由此在卸货港发生的所有费用，包括但不限于仓储费用及滞纳金，均应由卖方承担。

4.4 卖方有义务支付合同项下的预提税、违约金和/或赔偿金时，买方有权从上述任何一笔应付款中予以扣除。

4.5 买方银行发生的银行费用由买方负担，而买方银行以外发生的银行费用均应由卖方负担。

第五条 履约保证金

5.1 卖方应在收到中标通知书后30日内，向买方提交《合同专用条款》中规定金额的履约保证金。

5.2 如果卖方在合同有效期内未能履行本合同项下卖方的义务，买方有权从履约保证金中追索。

5.3 履约保证金应采用本合同货币，或《合同专用条款》中规定的买方可以接受的一种可自由兑换的货币，并根据《合同专用条款》的规定采用下述方式之一提交：

①银行保函或不可撤销的备用信用证：

由买方可接受的在中华人民共和国注册和营业的银行，或外国银行通过在中华人民共和国注册和营业的银行提交。其格式采用招标文件中提供的格式或买方可接受的其他格式；或

②银行本票、保付支票或现金。

5.4 本合同第12.7条规定，保证期期满证书签署日期或《合同专用条款》规定的期限起60日后，履约保函失效；其他形式的履约保证金买方将退还卖方。

第六条 交货和保险

6.1 合同设备大约净重、总毛重、总体积规定于《合同专用条款》。

6.2 卖方应按照《合同专用条款》规定的交货期限、批次和交货条件交付合同设备。

6.3 装运港或装运地点规定于《合同专用条款》。

6.4 卸货港或卸货地点规定于《合同专用条款》。

6.5 卖方应按《合同专用条款》的规定，向买方提交初步交货计划。初步交货计划应在本合同第9.3.2条规定的基础设计审查会上由合同双方讨论，并作为最终交货计划的基础。

6.6 卖方应按《合同专用条款》的规定，向买方提交最终交货计划。

6.7 卖方应按《合同专用条款》的规定，以传真通知买方备妥待运货物的情况，并将《合同专用条款》规定的通知文件快递或航寄买方指定的运输代理，作为安排合同设备的运输（包括内陆运输）和装卸工作的依据。

6.8 卖方应按《合同专用条款》规定的交货条件装运并交付合同设备，并可选择下列交货条件。

选择一：适用于CIF交货条件

6.8.1 卖方应按照《合同专用条款》的规定租船订舱。

6.8.2 卖方应指示船公司在提单中注明装有危险品和/或易燃品的木箱或集装箱的号码。除非买方同意，否则不允许“甲板运输”或“转船运输”。如果经买方同意将合同设备装在甲板上，卖方应采取特殊的保护措施。

6.8.3 为方便合同设备的接收和内陆运输，卖方应按《合同专用条款》的规定将装船通知传真给买方并将相应单据快递或航寄买方和收货人。

6.8.4 第三方海运提单不能被接受。

6.8.5 卖方应向一流的保险公司投保金额为装运的合同设备的发票价值110 %的、以买方为受益人的一切险，包括战争险和甲板险(如果需要的话)。卖方应以合同货币投保，保险单上应注明“可以在中国理赔”，并且保险单不应含有抵免条款。

如果合同设备在海运途中丢失或损坏，卖方应协助买方向保险公司请求赔偿或者代表买方向保险公司索赔，并根据买方要求尽快以原合同价格补供丢失或损坏的合同设备。

选择二:适用于 FOB 交货条件

6.8.1 在《合同专用条款》规定的期限内，买方应以传真的方式将预计抵达日期、货运代理人及装运所必需的其他信息通知卖方。

6.8.2 如果卖方在受载船只预计抵达之日前已将货物备妥而买方船只未能在预计抵达日期抵达，应按《合同专用条款》的规定处理。

6.8.3 如卖方未能在买方船只抵达装运港时将货物备妥装船，由此产生的船舶滞期费、空舱费和其他有关费用均由卖方负担。这些费用将按照轮船公司出具的有关单据进行计算和结算。

6.8.4 为方便买方投保，卖方应在合同设备装船完毕后，立即将合同号、货物名称、装运数量、包装件数、总毛重、总体积(立方米)、发票价值、载货船只名称、起航时间和船只预计到达卸货港的时间以传真的方式通知买方。如果有易燃设备和危险设备，亦应注明有关细节。如果因卖方未及时通知致使买方未能及时投保，由此产生的全部损失将由卖方负担。

选择三:适用于 EXW 交货条件

6.8.1 在买方负担费用的条件下，卖方应按照买方的要求办理合同设备的内陆运输和保险。

6.8.2 承运人出具的收据日期是合同设备的实际交货日期。

6.9 如有可能，每件合同设备应整套装运。安装该设备所使用的专门工具、材料、易损件应随相关的主机一起装运。

6.10 如果卖方未能按照最终交货计划及时交货，卖方应按《合同专用条款》的规定支付迟交违约金。迟交违约金的支付不能免除卖方继续交付相关合同设备的义务。

第七条 包装与标记

7.1 除非《合同专用条款》中另有规定，合同设备应由卖方用新的坚固的木箱进行包装并采取防潮、防雨、防锈、防腐蚀、防震动及防止其他损坏的必要保护措施，从而保证货物能够经受多次搬运、装卸以及远洋和内陆的长途运输。卖方应对不充分或不适当包装造成的货物损坏或灭失承担责任。

7.2 对于箱内和捆内的散装部件，卖方均应系加标签并注明合同号、主机名称、部件名称以及该部件在装配图上的位号和零件号。对于备件和工具，除注明上述内容外，尚需注明“备件”或“工具”字样。

7.3 卖方应在每个包装箱的邻接4个侧面标明《合同专用条款》规定的内容。

根据合同设备在装卸、运输上的不同要求，应在包装箱上显著地标明“轻放”“勿倒置”“保持干燥”等字样以及其他国际运输中通用的标记。对于重量为2吨或超过2吨的合同设备，还应在包装箱上标明重量、重心和挂钩位置。

7.4 在合同设备的每件包装中都应附有下列单据：

A. 装箱明细单副本一式两份。

B. 质量合格证副本一式两份。

C. 相关合同设备的技术资料一份。

D. 需要组装的部件及机器的系统装配图一式两份。

7.5　如果使用集装箱运输，卖方应在装箱以前对集装箱的状况进行检查，以确保用于运输合同设备的集装箱状态良好。集装箱内应备有充足的货物支架和包装垫木，以防止合同设备在集装箱内移动。卖方应对因其疏忽而导致的合同设备的任何损坏负责。

7.6　凡由于对货物包装不当或采取防护措施不充分致使货物损坏或丢失时，卖方均应按合同的规定负责修理、更换或赔偿。如果因卖方在包装和唛头标记方面发生的错误或混淆不清事宜造成合同设备的误运，卖方应承担由此发生的额外费用。

7.7　对于国外供货，卖方应使用未经昆虫侵蚀的木质包装材料。如果在动植物检疫中发现昆虫侵蚀，卖方应负担在卸货港发生的熏蒸和更换包装费用。

如果有关当局要求，卖方应向买方提供有关机构签发的熏蒸证明。海运时，该熏蒸证明作为议付单据提交；空运时，该熏蒸证明随货物提交，其副本及买方确认收到该证明的传真作为议付单据提交。

第八条　技术资料

8.1　技术资料的内容详见相应合同附件的规定。除非合同另有规定，所有技术资料都应采用公制单位并用英文或中文陈述和解释。

8.2　卖方应对所交付的技术资料予以妥善包装，使其适合于多次搬运、长途运输并能防潮、防雨。每包技术资料的包装表面应注明《合同专用条款》规定的内容。

每一包技术资料内应附有技术资料的详细清单一式两份，清单上应标明技术资料的序号、代码、文件名称和页数。

8.3　卖方应按照相应合同附件的规定以DHL或适当的快递方式，或按照目的地机场未完税交货条件以《合同专用条款》规定的期限和批次交付技术资料。

8.4　在上述技术资料交运后48小时内，卖方应将交运日期、件数、航班号、大约毛重以传真方式通知买方并向买方提供下列单据：

A. 空运提单一式两份（注明合同号和收货人）或快递收据。

B. 技术资料的详细清单一式两份。

如果技术资料发生短缺、丢失或损坏，卖方应在收到买方的通知后尽快免费补齐短缺、丢失和损坏的部分。

8.5　除非《合同专用条款》另有规定，目的地机场在空运提单上盖章的日期或快递收据上买方签收的日期应视为技术资料的实际交付日期。

8.6　卖方应按照相应合同附件规定的计划交付技术资料。如果卖方未能及时交付任何一批技术资料或一批技术资料的任何一部分，卖方应按《合同专用条款》的规定支付迟交违约金。迟交违约金的支付不能免除卖方继续交付相关技术资料的义务。

第九条　设计与设计联络

9.1　合同双方应按照相应合同附件的规定进行并完成设计和设计联络。

9.2　买卖双方各自承担的设计工作的范围、技术资料的提交详见相应合同附件的规定。买方提交的技术资料应作为卖方进行设计工作的基础。

9.3　设计联络会的内容、日程安排、地点、费用和参加人的人数及其资格详见相应合同附件的规定。

9.3.1　在《合同专用条款》规定的时间，卖方应自费派遣其技术人员参加设计条件会并在会前向买方提交包括相应合同附件规定的技术标准和技术规格在内的有关资料。

买方有权对卖方提交的上述标准和规范提出意见。双方应在设计条件会上确定这些标准和规范，以此作为设计的基础，并签署设计条件会议议定书。该议定书将作为基础设计的基础。

9.3.2 在《合同专用条款》规定的时间和地点，双方应按照相应合同附件的规定召开基础设计审查会。卖方应在会前按照相应合同附件的规定向买方提交基础设计资料。

买方有权对基础设计资料提出意见。对于买方的意见，卖方应予以考虑并对设计作出相应修改。协商后，双方将签署基础设计审查会议议定书，该议定书将作为详细设计的基础。

9.3.3 在《合同专用条款》规定的时间和地点，双方应按照相应合同附件的规定召开详细设计审查会，并签署详细设计审查会议议定书。

9.4 在设计联络会期间，卖方应协助买方人员参观制造合同设备的工厂并答复买方提出的、与合同工厂的技术事宜有关的问题。

第十条 标准和检验

10.1 卖方应按照相应合同附件规定的技术标准和规范以及合同双方在设计联络会上签署的纪要，进行合同设备的设计、选材、制造和检验。

10.2 卖方或制造商应对合同设备进行检验并出具出厂质量合格证和交货前检验记录，有关费用由卖方负担。卖方应将出厂质量合格证和交货前检验记录提交给买方。

买方可按《合同专用条款》的规定派遣检验人员到卖方和/或制造商国家会同卖方检验人员对主要设备的制造过程和质量进行监督检验。卖方应免费为买方的检验人员提供工作条件，包括但不限于必要的技术资料、检测工具和仪器等。

交货前的质量检验不能代替在卸货港和/或工作现场对合同设备进行的检验，亦不能因此免除卖方按合同规定应承担的保证义务。

10.3 合同设备的开箱检验应按照《合同专用条款》的规定由检验当局在工作现场进行。买方应在《合同专用条款》规定的期限内将检验日期通知卖方。卖方可以自费派遣其代表在开箱检验时到场。如果卖方的代表未能到场，检验当局有权在卖方代表未在场的情况下进行检验。

如果在开箱检验中发现交付的合同设备有短少、缺陷、损坏或其他与不符合合同规定的情形，买方有权向卖方提出索赔。检验当局出具的商检证书应作为买方向卖方提出索赔的有效证据。

10.4 在集装箱运输的情况下，集装箱的开箱和返箱不能被视为开箱检验。

10.5 如果在保证期满前发现合同设备存在缺陷，不论该缺陷是由于何种原因，包括但不限于隐蔽缺陷或使用不适当的原材料引起的，买方均有权提请检验当局进行检验并有权凭商检证书向卖方提出索赔。

10.6 如果技术资料中规定的检验标准和规范不完全，检验当局有权决定按照买方国家的现行标准和/或检验当局认为合适的其他标准进行检验。

第十一条 安装、试运行、投料试生产、性能考核及验收

11.1 合同工厂的安装、试运行、投料试生产、性能考核应根据相应合同附件的规定在卖方的技术指导下由买方进行；卖方提供的有关合同工厂安装、试运行、投料试生产、性能考核的技术服务的范围，详见相应合同附件的规定。

11.2 合同双方应按《合同专用条款》的规定任命现场代表。

11.3 合同双方应将合同工厂的安装、试运行、投料试生产、性能考核及验收工作的详细情况记录在工作日志上，并经双方现场代表签字。

11.4 合同双方应按《合同专用条款》的规定进行安装工作。在安装工作按照技术资料的规定完成后，双方现场代表应签署安装证书。该证书的签署日期应视为安装工作完成之日。

11.5 安装工作完成后，合同双方应按《合同专用条款》的规定进行试运行工作。试运行顺利完成后，双方现场代表应签署试运行竣工证书。

11.6 试运行完成后，合同双方应按《合同专用条款》的规定进行投料试生产。

11.7 如果合同工厂在投料试生产期间达到良好和稳定的运行状态，合同双方应按《合同专用条款》的规定进行性能考核。在相应合同附件规定的所有保证指标都已经达到后，双方现场代表应签署合同工厂的验收证书一式四份，双方各持两份。

11.8 在性能考核期间，如果有任何事项未能达到相应合同附件规定的性能和保证指标，合同双方应对失败的原因进行调查，并按《合同专用条款》规定的方法解决。

11.9 如果试运行和/或投料试生产和/或性能考核因卖方原因发生迟延和/或在其他情况下发生额外费用，买方有权就因迟延发生的损害和损失和/或任何额外费用请求赔偿。

11.10 如果由于买方原因在《合同专用条款》规定的期限内未能进行性能考核，买方应对合同工厂进行验收。但卖方仍有义务在相应合同附件规定的技术服务范围和数量内在合同工厂的开车和运转方面协助买方。

11.11 对合同工厂的验收不能免除卖方在保证期内对合同工厂应承担的保证责任。

第十二条 保证

12.1 卖方保证合同工厂能够安全和稳定地运行并且能够制造出合格的合同产品。其规格详见相应合同附件的规定。

12.2 卖方保证它是专利和/或专有技术的合法所有者和/或持有者，并且有权向买方授予有关许可。

如果买方在许可区域内被诉称非法使用或侵害专有技术和/或专利和/或其他知识产权，买方应通知卖方。卖方应以买方名义并在买方的协助下自费处理与第三方的诉讼事务，卖方应弥补买方由此遭受的任何费用、赔偿或损失。

12.3 卖方保证其许可的专有技术和/或专利是经过良好开发的、可投入工业生产的并且可以按照相应合同附件所列的技术资料加以利用。

12.4 卖方保证所交付的技术资料是完整的、清楚的和正确的，并且能够满足合同工厂的设计、检验、安装、试运行、投料试生产、性能考核、操作和维修的要求。

12.5 卖方保证合同设备是全新、技术上先进、质量上优越的，没有设计和材料及工艺上的缺陷，符合相应合同附件的规定并且适合于合同规定的用途和目的。

12.6 卖方保证及时派遣合格的技术人员，并提供专业的、正确的和高效的技术服务和技术培训。

12.7 如果买方因在许可区域内使用合同设备和/或生产和销售合同产品而被诉称非法使用或侵害任何专有技术和/或专利和/或其他知识产权，卖方保证在得到买方通知后将以买方名义并在买方的协助下自费处理与第三方的诉讼事务，卖方应弥补买方由此遭受的任何费用、赔偿或损失。

12.8 合同工厂的机械保证期为《合同专用条款》规定的期限。对合同设备的保证详见相应合同附件。卖方在收到买方通知后应立即对有缺陷的设备进行修理或更换。修理或替换的设备的保证期应在买方验收后重新起算。

在保证期内，如果因卖方原因使合同设备停机，保证期应相应延长；保证期满后，买方应出具合同工厂的保证期期满证书正副本各一份。

第十三条 索赔

13.1 如果合同工厂在设计、制造、检验、安装、试运行、投料试生产、性能考核和保证期内卖方未能履行其在本合同项下所承担的义务，买方有权向卖方提出索赔并寻求《合同专用条款》中规定的救济方式，救济方式包括：

(1)由卖方自负费用修理有缺陷的合同设备或消除合同设备的缺陷或不符合合同之

处。如果卖方不能派遣人员到工作现场,买方有权自行消除缺陷或不符合合同之处,由此产生的一切费用均由卖方承担。

(2)由卖方自负费用以新设备替换有缺陷的合同设备或用新的技术资料替换有错误的技术资料,或者补供遗漏的合同设备或技术资料,同时卖方应在重新起算的保证期内对替换后的设备作出质量保证。卖方应自负风险和费用将替换后的设备或补供的设备运抵工作现场。对于急需的设备,卖方应自负费用将其空运到工作现场。

(3)按质量低劣的程度、买方受损害的程度及损失的数额对合同设备进行降价。

(4)赔偿由卖方违约引起的其他损失。

13.2 如果索赔通知是在保证期满后 30 日内提出的,便应被认为是有效的。

13.3 如果卖方在收到买方索赔要求后,在《合同专用条款》规定的期限内未能作出回复,该索赔要求将被视为已被卖方接受。如卖方未能在买方发出索赔通知后,于《合同专用条款》规定的期限内或买方同意的延长期限内,按照买方同意的上述规定的任何一种方法解决索赔事宜,买方有权从议付货款或从卖方开具的履约保证金中扣回索赔金额。

第十四条 合同的终止

14.1 如果卖方有下述违约行为或《合同专用条款》中规定的其他违约行为,在不妨碍买方采取其他救济手段的情况下,买方可以向卖方发出书面违约通知,全部或部分地终止合同。

(1)卖方在合同规定的交货期后未能按《合同专用条款》中规定的最终期限交付合同设备和/或技术资料;或者

(2)卖方未能使合同工厂达到相应合同附件规定的最低技术性能和保证指标;或者

(3)卖方未能履行合同项下任何其他义务(细微义务除外),并且在收到买方违约通知后未能按《合同专用条款》中规定的期限对其违约行为做出补救。

14.2 如果一方破产或发生资不抵债的情况,合同另一方有权在任何时候发出书面通知终止合同。此种情况下,合同的终止不妨碍或影响其行使任何可能的其他救济手段。

14.3 如果买方认定卖方在竞标或执行合同中有腐败或欺诈行为,买方有权在任何时候发出书面通知终止合同。

(1)"腐败行为"系指在招标、采购和合同执行等过程中,相关人员为谋求利益而提供、给予、接受或索取任何有价物的行为。

(2)"欺诈行为"系指为了影响招标、采购和合同执行等过程而隐瞒事实,从而给买方造成损害的行为,包括投标人之间的串通行为,其旨在使投标价成为人为的、无竞争的价格,并使买方无法从自由公开的竞争中受益。

14.4 在买方全部或部分终止合同的情况下,卖方应承担《合同专用条款》规定的买方发生的费用。但是卖方仍应继续履行合同义务中没有终止的部分。

第十五条 技术改进与回授

15.1 如果卖方在合同有效期内对许可的专利和/或专有技术作出了任何改进,除《合同专用条款》另有规定,卖方应许可买方免费使用该项改进。为使该项改进能够在合同工厂中投入使用,卖方在必要的情况下应给予技术协助。买方应按照相应合同附件规定的条件和方式,承担技术协助过程中发生的所有费用。

15.2 在使用许可的专利和/或专有技术的过程中,买方有权对该项专利和/或专有技术进行改进。在这种情况下,除《合同专用条款》另有规定,否则买方应通知卖方并免费将该项改进回授给卖方。这些改进应归买方所有。

15.3 合同任何一方均有义务对另一方授予的改进技术保密并保证不将其再许可给第三方。

第十六条 保密

16.1 在《合同专用条款》规定的期限内，合同任何一方均有义务采取适当措施就专有技术和有关技术资料对除参加合同履行的人员以外的任何第三方严格保密。但是，参加合同履行的人员也必须承担同样的保密义务。

16.2 对于合同方人员在合同履行过程中所获得或了解的商业秘密，合同任何一方均应承担保密义务。未经对方事先的书面许可，任何一方不得利用或披露这些信息。

16.3 保密义务不适用于下列信息：

(1)现在或以后进入公共领域的信息。

(2)能够证明在泄露时已被合同一方持有而且并非是以前直接或间接地从另一方获得的信息。

(3)合同一方合法地从第三方获得并且也不对此承担保密义务的信息。

第十七条 不可抗力

17.1 如果合同任何一方受诸如战争、严重的火灾、台风、地震、洪水以及任何其他不可抗力事件的影响而无法履行合同项下的任何义务，受影响的一方应将此类事件的发生以传真方式通知另一方，并应在不可抗力事件发生后 14 日内以航空挂号信的方式将有关当局或机构出具的证明文件提交给另一方。

17.2 受不可抗力事件影响的合同一方对于不可抗力事件导致的任何合同义务的迟延履行或不能履行不承担责任。但该方应尽快以传真的方式将不可抗力事件结束或消除的情况通知另一方。

17.3 合同双方应在不可抗力事件结束或其影响消除后立即继续履行其合同义务，合同期限也应相应延长。如果不可抗力事件的影响持续超过《合同专用条款》规定的期限，合同任何一方均有权以书面通知另一方终止合同。

第十八条 税费

18.1 中国政府根据中华人民共和国税法对买方征收的与执行合同有关的一切税费，均应由买方负担。

18.2 中国政府根据中华人民共和国税法和中国政府与卖方国家政府之间签订的避免所得税双重征税及防止偷漏税的协定对卖方征收的与执行合同有关的一切税费，均应由卖方负担。

如果根据中国税法的要求买方应作为法定扣缴义务人，则买方有权代扣代缴相关税款并上缴中国有关税务当局。卖方同意采取必要措施以方便扣税事宜。

尽管有前述规定，卖方仍有义务在扣税程序不可行的情形下直接将有关税款支付给中国有关税务当局。

18.3 在中国境外发生的与执行合同有关的一切税费，均由卖方负担。

第十九条 仲裁

19.1 因执行本合同所发生的或者与本合同有关的一切争议将由合同双方通过友好协商解决。如果不能协商一致，除《合同专用条款》另有规定外，合同任何一方有权将争议提交仲裁机构进行仲裁。仲裁裁决为终局裁决并且对合同双方均有约束力。

19.2 除非另有协议，诉诸仲裁不影响合同双方继续履行合同项下仲裁以外部分各自的义务。

第二十条 适用法律

20.1 本合同的执行和争议的解决应适用中华人民共和国的法律并按中华人民共和国的法律进行解释。

第二十一条 合同生效及其他

21.1 本合同在合同协议书规定的条件全部满足后生效。

21.2 合同项下全部权利义务履行完毕后，本合同自动失效。合同有效期最长不超过《合同专用条款》规定的年限。合同到期后，合同项下任何尚未了结的债权和债务不受合同期限的影响。债务人仍应向债权人履行其义务。

21.3 《合同通用条款》《合同专用条款》和《合同专用条款》规定的相应合同附件构成买方和卖方之间达成的合同，每一文件均应作为本合同的组成部分进行阅读和解释，若各文件之间存在含糊不清或互相冲突之处，优先顺序应按下列文件顺序解释：

(1)《合同专用条款》。

(2)《合同通用条款》。

(3)《合同专用条款》规定的相应合同附件。

21.4 除非《合同专用条款》另有规定，所有合同文件及相关的修订和合同双方之间的书面联络，如果卖方是中国法人，应使用中文书就并按中文解释；如果卖方不是中国法人，应使用英文书就并按英文解释。

21.5 对本合同条款的任何补充、增添或修改应以书面方式进行，并由双方授权代表签字。

21.6 除非《合同专用条款》另有规定，本合同条件应按国际商会(巴黎)出版的《国际贸易术语解释通则》(INCOTERMS)最新版和《国际商会跟单信用证统一惯例》最新版进行解释。

21.7 没有另一方的事先同意，合同任何一方不得将合同项下的任何权利和义务转让给第三方。

21.8 任何一方在执行任何合同条款和条件时准予另一方的放松、宽容、延迟或放纵或时间，不得损害、影响或限制那一方在合同之下的权利，任何一方对合同的任何违背、任何免责也不应导致对后面或延续的合同分项的免责，或弃权。

21.9 除非上下文另有要求，本文件中的单数含意包括复数，复数也包括单数。

21.10 合同条款中的标题和边注仅参考使用，不应视为合同的一部分，也不影响本文的解释。

21.11 合同构成买方和卖方之间就合同主要内容方面的完整协议，并且取代合同签订前所有关于这方面的通讯、协商、协议(不论是书面的，还是口头的)。

21.12 如果合同条件的任何规定被禁止或宣布无效或不可实施，这样的被禁止、无效或不能实施，不应影响其他条件的有效性、可实施性。

21.13 合同双方之间的一切联络往来应以书面形式按《合同专用条款》中规定的地址发往合同另一方。有关重要事项的传真应及时用挂号信或快件的形式确认。

第五章 合同专用条款

注释：

1.《合同专用条款》是第四章《合同通用条款》的补充。如有冲突之处，《合同专用条款》应优先于合同通用条款。

2.《合同专用条款》的序号与第四章《合同通用条款》的序号一致。如果有增加的条款，可增加新的条款号。

3. 以下提供《合同专用条款》应包括的部分内容，仅作为各项目编制招标文件的参考。

合同专用条款

目 录

合同专用条款

第一条 定义

1.1 “买方”为____________________(名称),该公司是依中华人民共和国法律注册的,法定地址为____________________(地址)的法人。

1.2 “买方代理”为____________________(名称),该公司是依中华人民共和国法律注册的,法定地址为____________________(地址)的法人。

1.3 对于中华人民共和国境内的交货,其检验将由____________________(名称)进行。

1.4 “买方银行”是指____________________。

1.5 “卖方银行”是指____________________。

1.6 “装运港”是指____________________港。

1.7 “卸货港”是指中华人民共和国境内的____________________港。

1.8 “目的地机场”是指中国____________机场。

1.9 “工作现场”即中华人民共和国__________省__________市的________________工厂。

1.10 技术资料详见(第六章的合同附件,下同)合同附件1和合同附件4。

1.11 合同工厂的规格、性能和保证指标见合同附件4。

1.12 合同产品的技术规格和保证指标详见合同附件4。

1.13 技术资料清单详见合同附件3、附件4、附件9、附件10。

1.14 技术资料详见合同附件5。

1.15 技术资料详见合同附件11。

1.16 “性能考核”是指根据合同附件11的规定进行的,用以确定合同工厂和合同产品是否达到合同附件4规定的技术性能和保证指标的考核。

1.17 “验收”是指合同工厂在性能考核中达到合同附件4规定的技术性能和保证指标之后,买方对合同工厂的接受。

1.18 技术资料详见合同附件4。

1.19 “合同货币”即____________________。

1.20 技术资料详见合同附件8。

第二条 合同范围

2.1 合同工厂是______________________________(工厂名称、产品产量、工艺简称),包括______。详见合同附件1、3、5、6、9、10。

2.2 卖方应提供合同附件1中所列的合同设备及为达到合同工厂性能指标所需的、合同附件2所列买方供货范围以外的所有设备、工具及零备件。合同设备的技术规格、性能和保证指标详见合同附件4。

2.3 合同产品允许出口的国家和地区为____________________。专利/专有技术使用许可的性质是____________________(非独占性的、不可转让的)。内容详见合同附件3。

2.4 内容详见合同附件8。

2.5 卖方应按照合同附件3、4、9、10的规定向买方提交技术资料。

2.6 内容详见合同附件5。

2.7 卖方应在____________________(地点)对买方人员进行培训。内容详见合同附件6。

2.8 卖方应在合同工厂验收后__________年内向买方提供优惠备件。如在上述期限届满前卖方停止设备的生产和供应,卖方应提前__________个月通知买方。

第三条 价格

3.1 合同总价为＿＿＿＿＿＿＿＿＿（大写＿＿＿＿＿＿＿＿＿＿＿＿）。

3.2 合同工厂的分项价格如下。

3.2.1 合同设备价格：＿＿＿＿＿＿

A. 设备价格：＿＿＿＿＿＿

B. 备件价格：＿＿＿＿＿＿

C. 材料价格：＿＿＿＿＿＿

D. 保险费和运费（仅适用于 CIF 价格条件）：＿＿＿＿＿＿＿＿＿＿＿＿＿＿

3.2.2 专利和/或专有技术使用许可费及相关技术资料费：＿＿＿＿＿＿＿＿＿＿＿

3.2.3 设计费和相关技术资料费：＿＿＿＿＿＿＿＿＿＿＿＿＿＿＿＿＿＿＿＿

A. 与合同设备有关的设计费及相关技术资料费：＿＿＿＿＿＿＿＿＿＿＿

B. 与专利和/或专有技术的使用许可有关的设计费及相关技术资料费：＿＿＿＿＿＿＿＿＿＿＿

3.2.4 技术服务费：＿＿＿＿＿＿

A. 与合同设备相关的技术服务费：＿＿＿＿＿＿

B. 与专利和/或专有技术的使用许可相关的技术服务费：＿＿＿＿＿＿

3.2.5 技术培训费：＿＿＿＿＿＿

A. 与合同设备相关的技术培训费：＿＿＿＿＿＿

B. 与专利和/或专有技术的使用许可相关的技术培训费：＿＿＿＿＿＿

3.3 合同工厂的分项价格表详见合同附件 8。

3.4 本合同第 3.2.4 条规定的技术服务费是履行本合同所需的所有技术服务的封顶价格。如果实际提供的服务少于预计的服务，买方将按照合理计算的实际数额向卖方支付。

3.5 本合同第 3.2.1 条规定的合同设备价格为＿＿＿＿＿＿价格条件。

选择一：按照班轮条件运抵卸货港的 CIF 价格（仅适用于国外供货部分）。

选择二：FOB 装货港交货价格，包括包装费和装船费（仅适用于国外供货部分）。

选择三：FCA 卖方所在地铁路站交货价格，包括交货前的包装费及货交第一承运人运输工具车板上的费用（一般适用于国内供货部分）。

选择四：指定交货地点的 EXW 价格，该价格包括包装费（一般适用于国内供货部分）。

本合同第 3.2.2、第 3.2.3 条规定的技术资料价格为目的地机场未完税交货价格。

第四条 支付

4.1 买方应通过以下方式进行支付：

选择一：本合同项下的全部价款应按下列批次和比例并在卖方提交下列单据后，以电汇方式支付。

选择二：本合同项下的全部价款均按下列批次和比例并在卖方提交下列单据后，以付款交单方式或者承兑交单方式进行支付。

选择三：除预付款和技术服务费外，本合同项下的全部价款均应通过不可撤销的信用证方式支付。预付款和技术服务费应通过付款交单方式支付。买方应在本合同生效后＿＿＿＿日内，开出以卖方为受益人的，总额相当于前述金额的不可撤销信用证。该信用证的有效期到＿＿＿＿止。

选择四：除预付款和技术服务费外，本合同项下的全部价款均应以不可撤销的保函方式支付，其格式见合同附件 13 的规定。预付款和技术服务费应以付款交单方式支付。买方应在本合同生效后＿＿＿＿日内，开出以卖方为受益人的、总额相当于前述金额的不可撤销保函。该保函的有效期到＿＿＿＿止。

4.1.1 预付款

在收到下列单据并经审核无误后__________日之内，买方应当将本合同第 3.2.1 条、第 3.2.2 条、第 3.2.3 条和第 3.2.5 条规定的价款的百分之__________(_____%)，即________________(大写____________________)支付给卖方：

A. 卖方或制造商所属国家有关当局出具的有效出口许可证或有关当局和/或机构出具的不需要出口许可证的证明文件一份正本和两份副本；(仅适用于国外供货部分)。

B. 卖方银行开立的以买方为受益人的、金额为________________(大写____________________)的不可撤销预付款担保函一份正本和一份副本。保函格式见合同附件 12。

C. 金额为合同总价的形式发票一式五份。

D. 注明应付金额及其中专利和/或专有技术许可证部分价格的手签的商业发票一式五份。

E. 即期汇票一式两份。

4.1.2 许可证费、设计费、技术培训费及相关技术资料费的支付。

4.1.2.1 本合同第 3.2.2、第 3.2.3 条和第 3.2.5 条规定的许可证费、设计费及相关文件费的百分之__________(__________%)，即________________(大写____________________)，在卖方交付了基础设计文件包并在买方收到下列文件经审核无误后，由买方在__________日内支付给卖方：

A. 注明"运费已付"的空运提单或有关基础设计文件包的航空挂号邮件的收据一份正本和三份副本。

B. 注明应付金额及其中专利和/或专有技术许可证部分价格的手签的商业发票一式五份。

C. 即期汇票一式两份。

4.1.3 合同设备价款的支付。

本合同第 3.2.1 条规定的合同设备价格的百分之__________(__________%)，即________________(大写____________________)，应当由买方在每次装运后并且在收到下列文件经审核无误后__________日内按比例支付给卖方：

A. 清洁、已装船、空白抬头、空白背书、通知人为____________________并注明"运费已付"的海运提单一份正本和三份副本(仅适用于国外供货部分)；或
运输单据或最终用户出具的货物收据一份正本和一份副本(仅适用于国内交货部分)。

B. 投保一切险和战争险，并在需要的情况下投保甲板险，投保金额为合同设备发票价值 110%并注明可以在中国以合同货币理赔的海运保险单或保险证书两份正本和两份副本(仅适用于 CIF 交货条件)。

C. 注明应付金额及分项价格的手签的商业发票一式五份(仅适用于国外交货部分)，或含税发票(仅适用于国内交货部分)。

D. 即期汇票一式两份。

E. 注明装运重量、相应货物的发票号码和日期的装箱明细单一份正本和五份副本(仅适用于国内交货部分)。

F. 制造厂商出具的出厂质量证书一份正本和五份副本。

G. 制造商所属国家有关当局或机构出具的原产地证明一份正本和五份副本(仅适用于国外交货部分)。

H. 有关机构签发的熏蒸证明(仅适用于国外交货部分)。

I. 表明载货船只已得到买方认可的传真一份(仅适用于国外供货部分)。

J. 货物发出后，即刻通知买方的传真一份。

4.1.4 合同工厂验收后的付款

本合同第 3.2.1 条、第 3.2.2 条、第 3.2.3 条及第 3.2.5 条规定的合同价款的百分之______(______%)，即__________________(大写__________________)，应当由买方在收到下列文件经审核无误后______日内支付给卖方。

A. 双方现场代表签署的合同工厂考核验收证书一份，其格式见合同附件 14。

B. 注明应付金额及其中专利和/或专有技术许可证部分价格的手签的商业发票一式五份。

C. 即期汇票一式两份。

4.1.5 合同工厂保证期满后的付款

本合同第 3.2.1 条、3.2.2 条、3.2.3 条及 3.2.5 条规定的合同价款的百分之______(______%)，即__________________(大写__________________)，应当由买方在合同工厂验收后并且在收到下列文件经审核无误后______日内支付给卖方：

A. 买方出具的合同工厂保证期满证明书一份。

B. 注明应付金额及其中专利和/或专有技术许可证部分价格的手签的商业发票一式五份。

C. 即期汇票一式两份。

4.1.6 技术服务费的支付

本合同第 3.2.4 条规定的技术服务费，应当在卖方的第一批技术人员到达工作现场后每隔______月支付一次，并且在收到下列文件经审核无误后______日内支付给卖方：

A. 注明应付金额及其中专利和/或专有技术许可证部分价格的手签的商业发票一式五份。

B. 由双方现场代表签署的考勤表一式两份。

C. 即期汇票一式两份。

D. 中国有关税务当局出具的外国企业所得税税票或免税证明一份。

第五条 履约保证金

5.1 履约保证金金额为合同总价的[百分之十(10%)]。

5.2 履约保证金应采用__________________货币。

5.3 履约保证金采用__________________(银行保函、银行本票、支票、现金)方式提交。

5.4 履约保证金的期限为__________________。

第六条 交货和保险

6.1 合同设备净重大约为____吨，总毛重大约为____吨，总体积大约为_____立方米。

6.2 卖方应于合同生效日后第______月到第______月，分______批按照__________________交货条件将合同设备交付完毕：

选择一：CIF；

选择二：FOB；

选择三：FCA；

选择四：EXW；

选择五：其他指定的交货条件。

6.3 装运港或装运地点为__________________。

6.4 卸货港或卸货地点为__________________。

6.5 卖方应按合同附件 7 规定的交货计划，在合同生效日后______月内，向买方提交初步交货计划一式______份。

初步交货计划应包括合同号、分项号、合同设备的名称和类型，大约总重量、规格、数量、单价/总价、总体积、交货时间、装运港、危险品和/或易燃品的品名及其国际危规号（根据《国际危险品货物运输规则》），超大和/或超重设备的尺码（长、宽、高和体积）和大约重量，以及危险品和/或易燃品在运输、储存方面的特殊要求和注意事项。

不能拆卸的单体设备最大重量不超过20吨，体积最大限度为12米长、2.7米宽、3米高。对于超过此限度的合同设备，卖方应在基础设计审查会上向买方提交上述设备的草图，一式六份供双方讨论。买方应于设计审查会后______日内用传真方式予以确认。为便于内陆运输，凡超过40吨的设备的制造均需事先得到买方的确认。

6.6 在合同生效后______月内，卖方应向买方提交最终交货计划一式______份，其内容包括合同号、合同设备名称、合同设备分项号、规格、类型、数量、危规号（根据《国际危险品货物运输规则》），每台合同设备的大约毛重、净重、单价/总价、尺寸（长、宽、高），每件货物的大约体积、装运港和预计的装运日以及超大、超重设备的包装草图。

6.7 卖方应在不迟于每批货物备妥待运前______日通知买方如下内容：

A. 合同号。

B. 货物备妥待运日。

C. 货物总体积。

D. 货物总毛重/总包数。

E. 装运港名称。

F. 每件重量超过20吨或体积超过12米×2.7米×3米的货物的名称、总毛重和尺寸。

G. 危险品和/或易燃品的品名、重量、国际危规号（根据《国际危险品货物运输规则》）。

同时，卖方还应航寄给买方下列文件______份副本：

a. 发运货物的详细清单，包括合同号、分项号、合同设备的名称、规格、型号、数量、单价/总价、单位重量、单件体积/总体积，每件货物的外包装尺寸（长×宽×高）、总件数和装运港。

b. 每件重量超过20吨或体积超过12米×2.7米×3米的货物的外包装草图。

c. 有关装运的任何易燃品和/或危险品的品名、性质、特殊防护措施及事故处理方法的说明。

d. 有关合同设备在储存和运输中特殊注意事项的说明。

6.8 交货条件为____________________。

选择一：适用于CIF交货条件

6.8.1 卖方应在下列清单中选择船公司：

____________________。

如果上述船公司的船只不能满足合同项下的运输要求，卖方可以从享有良好信誉的船公司租用船龄不超过15年并且具有良好载货记录的船只，租用船只的国籍或所悬挂的旗帜应为合同双方国家的政府所接受。如果租用船只的船龄超过15年，卖方应投保老龄险并承担保险费。

在不迟于每批货物发运前______日，卖方应将有关情况通知买方，包括拟租用船只的名称、船龄、国籍、注册地、船东、船公司、航线、预计起航时间以及预计到达卸货港的时间，以得到买方确认。如果买方在收到上述通知______日内没有给予书面意见或反对，卖方关于租用船只的建议将被视为被买方接受。

6.8.2 在货物装船完毕后______小时内，卖方应将合同号、合同设备名称、实际装运的数量、总毛重、总体积、船名、完成装运日期或起航日期,以及船只预计到达卸货港的时间以传真方式通知买方。如果大件合同设备的实际装运细节不同于卖方先前发出的通知的内容,卖方应逐项说明不同的地方。

在合同设备装船后的______日内,卖方应将提单、手签的商业发票、出厂质量检验证书、原产地证书、保险单或保险证及装箱单各一份副本航寄给买方和收货人。如果卖方因其自身原因未能及时将上述文件航寄给买方和货运代理,卖方应负担因延迟通关而发生的全部费用,包括但不限于仓储费。

选择二:适用于 FOB 交货条件

6.8.1 在受载船只抵达装运港最迟______日以前,买方应以传真将预计抵达日期、货运代理人及装运所必需的其他信息通知卖方。

6.8.2 如果卖方在受载船只预计抵达之日已将货物备妥而买方船只未能在预计抵达之日后 30 日内抵达装运港,这 30 日内发生的仓储费、保险费及其他费用由卖方负担。但是,第 31 日以后发生的仓储费和保险费应由买方依据港口当局出具的原始凭证经审核无误后负担。但在受载船只抵达装运港后,卖方仍有义务尽快按照买方的通知自负风险和费用进行合同设备的装运工作。在此情况下,卖方不应支付迟交违约金。

6.9 如果卖方未能按照最终交货计划及时交货,卖方应按以下比例支付迟交违约金:

从迟交的第一周到第四周,每周违约金为迟交的合同设备金额的百分之______。

从迟交的第五周到第八周,每周违约金为迟交的合同设备金额的百分之______。

从迟交的第九周起,每周违约金为迟交的合同设备金额的百分之______。

在计算迟交违约金时,迟交不足一周的按一周计算。上述违约金的总金额不得超过合同总价的百分之______。

第七条 包装与标记

7.1 卖方应在每个包装箱的邻接四个侧面上用不褪色的油漆明显易见地标明以下内容:

(1)合同号。

(2)唛头标记。

(3)目的地。

(4)收货人。

(5)合同设备名称及项号。

(6)箱号/件号。

(7)毛重/净重。

(8)尺寸。

第八条 技术资料

8.1 技术资料的内容详见合同附件 3、合同附件 4、合同附件 9、合同附件 10。

8.2 每包技术资料的包装表面应注明下述内容:

A. 合同号。

B. 收货人。

C. 目的地。

D. 唛头。

E. 毛重。

F. 箱号/捆号。

8.3 卖方应按合同附件 9 规定的时间和批次以 DHL 或相当的快递方式,或按照目的地机场未完税交货条件在合同生效后的______个月内分______批交付技术资料。

8.4 卖方应按照合同附件3和合同附件9规定的计划交付技术资料。如果卖方未能及时交付任何一批技术资料或一批技术资料的任何一部分，卖方应按下列比例支付迟交违约金：

A. 迟交第一周的违约金为技术资料价款的百分之______。

B. 迟交的第二周至第四周，每周迟交违约金为技术资料价款的百分之______。

C. 从迟交第五周后，每周迟交违约金为技术资料价款的百分之______。

在计算违约金时，迟交不足一周的按一周计算。不论迟交多少技术资料，本合同第3.2.2条和第3.2.3条规定的技术资料总价包括许可费和设计费将作为计算迟交违约金的基数。

卖方支付的技术资料迟交违约金总额不超过合同总价的百分之______。

第九条 设计与设计联络

9.1 合同双方应按照合同附件9的规定进行并完成设计和设计联络。

9.2 买卖双方各自承担的设计工作的范围、技术资料的提交详见合同附件9的规定。

9.3 详见合同附件9。

9.3.1 在合同生效日后______个月内，卖方应自费派遣其技术人员在______________(地点)参加设计条件会，并在会前向买方提交包括合同附件10规定的技术标准和技术规格在内的有关资料。

9.3.2 在合同生效日后______个月内，合同双方应按照合同附件9的规定派遣其技术人员在______________(地点)参加基础设计审查会。卖方应在会前按照合同附件9的规定向买方提交基础设计资料。

9.3.3 在合同生效日后______个月内，合同双方应按照合同附件9的规定派遣其技术人员在______________(地点)参加详细设计审查会，并签署详细设计审查会议议定书。

第十条 标准和检验

10.1 卖方应按照合同附件10规定的技术标准和规范以及合同双方在设计联络会上签署的纪要进行合同设备的设计、选材、制造和检验。

10.2 买方有权派遣检验人员到卖方和/或制造商国家会同卖方检验人员对主要设备的制造过程和质量进行监督检验。卖方应免费为买方的检验人员提供工作条件，包括但不限于必要的技术资料、检测工具和仪器等。卖方应提前______月通知买方检验日期。买方应在收到卖方通知后______日内确认是否派检验人员参加检验。

主要设备应在买方检验人员在场的情况下进行装配。买方检验人员还有权参加有关合同设备质量的会议。

如果发现合同设备有任何缺陷和/或不符合合同规定的规格，买方检验人员有权提出意见。卖方对这些意见应予以充分考虑并自费采取必要措施消除设备的缺陷或不符。当缺陷消除后，卖方应再次进行检验。由此引起的费用由卖方负担。如果买方的检验人员非由于卖方的过错而未能按时到场，卖方有权自行进行设备装配和检验。

10.3 合同设备的开箱检验应由检验当局在工作现场进行。买方应在开箱检验前______日将检验日期通知卖方。

第十一条 安装、试运行、投料试生产、性能考核及验收

11.1 合同工厂的安装、试运行、投料试生产、性能考核应根据合同附件11的规定在卖方的技术指导下由买方进行；卖方提供的有关合同工厂安装、试运行、投料试生产、性能考核的技术服务的范围详见合同附件4的规定。

11.2 在安装开始前7日，双方应各自任命一名现场代表，负责合同工厂现场的安装、试运行、投料试生产、性能考核等工作的协调。

11.3 安装工作应在合同生效日后______个月内进行并完成。在安装工作按照技术资料的规定完成后，双方现场代表应在安装结束后5日内签署安装证书。该证书的签署日期应视为安装工作完成日。

11.4 安装工作完成后，试运行工作应在安装工作完成后______个月内进行并完成。如果试运行顺利完成并且符合技术资料的要求，双方现场代表应在试运行结束后5日内签署试运行竣工证书。

11.5 试运行完成后，应进行投料试生产并在试运行完成之日后______个月内完成。投料试生产不应超过______次。投料试生产的详细程序应由卖方在试运行完成前提交给买方并经合同双方协商一致。

为使投料试生产和性能考核顺利进行，买方应按照合同附件11的规定准备维修工具、实验室和测试设备、熟练人员以及公用设施和符合规定数量和质量的原材料。卖方应安排合格的技术人员、准备足够的备件以及合同附件11规定的其他事项。

取样和分析测试应由买方在双方现场代表在场的情况下进行。

在投料试生产期间，如果合同工厂未能达到合同附件11中规定的要求，双方应共同就此进行调查。对此负有责任的合同一方应当采取适当措施消除缺陷和/或使投料试生产顺利进行。

11.6 如果合同工厂在投料试生产期间达到良好和稳定的运行状态，双方应确定性能考核的开始日期。性能考核的详细程序应由卖方在试运行完成前与投料试生产的详细程序一同提交给买方并经合同双方协商一致。

性能考核应按照合同附件11的规定进行。对性能考核的详细情况应在工作日志上予以记录并由双方现场代表在考核完成后的5日内签字。

性能考核的期间为______日，最多不应超过______次。

如果合同附件4规定的所有保证指标在性能考核中都已经达到，双方现场代表应在考核完成后5日内签署合同工厂的考核验收证书一式四份，双方各持两份。考核验收证书格式见合同附件13。

在性能考核期间，如果有任何事项未能达到合同附件4规定的性能和保证指标，合同双方应对失败的原因进行调查，并按以下方法解决：

11.7 如果在任何一次性能考核中由于卖方原因未能达到任何性能和保证指标，卖方应在双方同意的期限内采取措施消除合同工厂中存在的缺陷。所有有关费用包括但不限于工时费、设备和原材料费，将设备和材料运往和/或运出工作现场所涉及的运费和保险费以及卖方人员的技术服务费都应由卖方承担。

在缺陷消除以后，应按合同附件11的规定尽快进行再次性能考核。卖方进行性能考核的机会不超过3次。

11.7.1 如果由于卖方原因，在其所进行的第三次性能考核有任何性能和保证指标仍未能达到，买方有权按照合同附件11的规定向卖方索赔违约金或根据合同第13条的规定寻求救济。违约金仅适用于最后一次性能考核的结果证明合同工厂达到了合同附件11规定的最低技术性能和保证指标的情况。

接受违约金后，买方应签署合同工厂的验收证书正副本各一份。但是，卖方仍有义务采取各种措施以使合同工厂达到合同附件4规定的技术性能和保证指标。卖方支付违约金不能免除其在保证期内所负的义务。

11.7.2 如果任何一次性能考核由于买方原因失败，卖方应协助买方安排再次性能考核。因此产生的所有费用应由买方负担。买方进行性能考核的机会不超过3次。

如果由于买方原因，在其所进行的第三次性能考核仍未能达到性能和保证指标，买方应对合同工厂进行验收并由双方现场代表在性能考核结束后的5日内签署验收证书。但是，卖方仍应协助买方采取一切必要措施使合同工厂达到性能和保证指标。由此产生的一切费用,包括额外的技术服务费应由买方负担。

11.8 如果由于买方原因在最后一批交货提单之日起______个月内未能进行性能考核,买方应对合同工厂进行验收。

第十二条 保证

12.1 合同产品规格详见合同附件 4。

12.2 卖方保证其许可的专有技术和/或专利是经过良好开发的、可投入工业生产的并且可以按照合同附件 3 所列的技术资料加以利用。

12.3 卖方保证合同设备是全新、技术上先进、质量上优越的,没有设计和材料及工艺上的缺陷,符合合同附件 4 的规定并且适合于合同规定的用途和目的。

12.4 合同工厂的保证期为合同工厂验收后______个月。对合同设备的保证详见合同附件 4。

第十三条 索赔

13.1 买方有权寻求本条款规定的任意或全部救济方式。

13.2 卖方应在收到买方索赔要求后 14 日内作出回复。该索赔要求将被视为已被卖方接受。卖方应在买方发出索赔通知后 14 日内,按照买方同意的方法解决索赔事宜。

第十四条 合同的终止

14.1 如果卖方有下述违约行为,在不妨碍买方其他救济手段的情况下,买方可以向卖方发出书面违约通知,全部或部分地终止合同。

A. 卖方在合同规定的交货期后____日内仍未能交付合同设备和/或技术资料;或者

B. 卖方未能使合同工厂达到合同附件 11 规定的最低技术性能和保证指标;或者

C. 卖方未能履行合同项下任何其他义务(细微义务除外),并且在收到买方违约通知后____日内仍未能对其违约行为做出补救。

14.2 在买方全部或部分终止合同的情况下,买方可以以适当的条件取得与未按合同规定交付的设备和/或文件和/或未提供的服务类似的设备和/或文件和/或服务,卖方应承担买方由此发生的额外费用。

第十五条 技术改进和回授

15.1 如果卖方在合同有效期内对许可的专利和/或专有技术作出了任何改进,卖方应许可买方免费使用该项改进。为使该项改进能够在合同工厂中投入使用,卖方在必要的情况下应给予技术协助。买方应按照合同附件 5 规定的条件和方式承担技术协助过程中发生的所有费用。

第十六条 保密

16.1 保密期限为合同生效后______年内。

第十七条 不可抗力

17.1 如果不可抗力事件的影响持续超过 120 日,合同任何一方均有权以书面通知终止合同。

第十八条 税费

18.1 中华人民共和国政府根据中国税法对买方征收的与执行合同有关的一切税费,均应由买方负担。

18.2 中华人民共和国政府根据中国税法和中国政府与卖方国家政府之间签订的避免所得税双重征税及防止偷漏税的协定对卖方征收的与执行合同有关的一切税费,均应由卖方负担。

如果根据中国税法的要求买方应作为法定扣缴义务人,则买方有权代扣代缴相关税款并上缴中国有关税务当局。卖方同意采取必要措施以方便扣税事宜。

尽管有前述规定,卖方仍有义务在扣税程序不可行的情形下直接将有关税款支付给中国有关税务当局。

18.3 在中国境外发生的与执行合同有关的一切税费，均由卖方负担。

第十九条 仲裁

19.1 因执行本合同所发生的或者与本合同有关的一切争议将由合同双方通过友好协商解决。如果不能协商一致，合同任何一方有权将争议提交仲裁机构进行仲裁。仲裁裁决为终局裁决并且对合同双方均有约束力。

选择一：如卖方为中华人民共和国境内法人，争议可以提请双方同意的合同仲裁机构进行仲裁。

选择二：如卖方为中华人民共和国境内法人，争议可以提请人民法院判决。

选择三：如卖方为非中华人民共和国境内法人，合同任何一方有权将争议提交中国国际经济贸易仲裁委员会进行仲裁。仲裁庭应由三名仲裁员组成。仲裁应该在北京按照中国国际经济贸易仲裁委员会现行仲裁规则进行。

第二十条 适用法律

20.1 本合同的执行和争议的解决应适用中华人民共和国的法律，并按中华人民共和国的法律进行解释。

第二十一条 合同生效及其他

21.1 合同有效期最长不超过合同生效日后______年。

21.2 合同双方的通讯地址：

买　　方：________________

名　　称：________________

地　　址：________________

邮　　编：________________

电　　话：________________

传　　真：________________

电子邮件：________________

买方代理：________________

名　　称：________________

地　　址：________________

邮　　编：________________

电　　话：________________

传　　真：________________

电子邮件：________________

卖　　方：________________

名　　称：________________

地　　址：________________

邮　　编：________________

电　　话：____________________

传　　真：____________________

电子邮件：____________________

第六章 合同附件

注释：

1.《合同附件》的内容应根据项目具体情况编制。以下提供《合同附件》中应包括的部分内容，仅作为编制招标文件的参考。

2.《合同附件》的组成发生变化时，第四章《合同通用条款》和第五章《合同专用条款》中引述的附件应做相应的调整。

合同附件

目 录

合同附件

附件 1 至附件 11 的内容可根据项目实际情况编制。

附件 12　预付款银行保函格式

开立日期：____________

受益人：__________________

地　址：__________________

邮　编：__________________

事　由：__________________号不可撤销保函

关于贵公司与__________________（以下简称“卖方”）于_________日签订的购买__________________（工厂或项目名称），总金额为（大写__________________整）的第_________号合同（以下简称“合同”），我行应卖方要求开立以贵公司为受益人的不可撤销保函，该保函金额为_________（大写__________________整）以及相关利息，我行将向贵公司承担以下义务：

在贵方告知卖方未能交付合同项下全部或部分货物和/或技术资料并且贵方已经支付预付款的情况下，在收到贵方的首次书面通知后5个工作日内，不论卖方做出任何反对，我行将无条件地向贵方支付金额为__________________的款项，包括从贵方向我行支付预付款之日起至我行向贵方实际支付该笔款项之日止，按照年利率_________%计算的利息。

我行在本保函项下的义务将自动地和按比例地随着卖方交付和贵方接受每一批货物的发票价值而递减。

本保函自开立之日起生效并在最后一批货物的提单日起60日后失效。自该日起，无论是否被退还本行，保函都将自动失效。

____________________（开立保函银行名称）

由____________________签署（姓名及职务）

____________________________（盖　章）

附件13 买方银行开立的不可撤销的付款保函格式

开立日期：____________

受益人：__________________

地 址：__________________

邮 编：__________________

事 由：_______________号不可撤销保函

关于贵公司与_______________（以下简称“买方”）于____日签订的有关购买_______________（项目或工厂名称）、总金额为________（大写_______________整）的第____号合同（以下简称“本合同”），我行应买方要求开立以贵公司为受益人的第________号不可撤销的保函，该保函金额为_______（大写_______________整），相当于合同总价款的_______%（百分之_______）。我行保证买方将按照本合同规定的方式和条件向贵公司付款并向贵公司承担以下义务：

如果贵公司履行了约定的合同义务，同时也按照合同第____、____、____条款向买方提交了有关单据并经买方审核无误，而买方拒绝按照合同第____、____、____条款的规定全部或部分地支付货款，除非买方能够证明贵公司出具的单据与合同规定不符，我行将在收到贵公司的书面通知、发票及其他证明文件后的7个工作日内向贵公司支付相关的款项。

如果买方确认贵公司应按合同规定支付违约金、赔偿金或违约金，买方将有权按合同规定从本保函的付款中抵扣上述款项。

本保函自开立之日起生效直至________终止。

本保函项下的责任将随买方或我行的付款自动减少。

本保函应在到期后返还我行。

__________________（开立保函银行名称）

由__________________签署（姓名及职务）

________________________（盖 章）

附件14　合同工厂考核验收证书格式

________________________(合同名称)

________________________(合同号码)

致：________________________(卖方的名称和地址)

敬启者：

根据____________________(日期)贵方与买方就________________________(工程简介)事宜签订的《合同通用条款》第11.7条(考核验收)的规定，我们在此通知贵方已于下列规定的日期，令人满意地获得了本工程以下部分的功能保证。

1. 工程或部分设备描述：________________________(描述)。

2. 考核验收日期：________________________(日期)。

本证书并未免除贵方根据合同规定应履行的保证及在缺陷责任期间的责任。

________________________签字盖章

第七章 技术规格和图纸

注释：

以下没有提供《技术规格和图纸》的内容。《技术规格和图纸》应根据项目具体情况编制，并与第三章《投标资料表》和其他招标文件构成一份完整的文件。

第八章 投标文件相关格式

注释：

《投标文件相关格式》包括投标人的部分投标文件格式和签署合同时所需文件的格式。投标人应参照这些格式文件制作投标文件。

投标文件相关格式

目 录

投标文件相关格式

1.投标函格式

致：____________________(招标人名称和地址)

根据贵方为____________________(项目名称)项目招标采购货物及服务的投标邀请____________________(招标编号)，签字代表________________(全名、职务)经正式授权并代表投标人____________________(投标人名称、地址)提交下述文件正本一份及副本________份：

1.投标一览表。

2.分项价格表。

3.偏离表。

4.按招标文件投标人须知和技术规格要求提供的有关文件。

5.投标人的资格文件。

6.由________________(银行名称)出具的投标保证金，金额为________________(金额数和币种)。

据此函，签字代表宣布同意如下：

1.所附投标价格表中规定的应提供和交付的货物及供应的服务投标总价为____________________(注明币种，并用文字和数字表示的投标总价)。

2.投标人将按招标文件的规定履行合同责任和义务。

3.投标人已详细审查全部招标文件，包括第____________________(插入编号)(补遗书)(如果有的话)。我们完全理解并同意放弃对这方面有不明及误解的权力。

4.本投标有效期为自开标日起________日。

5.如果在规定的开标时间后，投标人在投标有效期内撤回投标，其投标保证金将被贵方没收。

6.根据《投标人须知》第5.3条规定，我方承诺，与买方聘请的为此项目提供咨询服务的公司及任何附属机构均无关联，我方不是买方的附属机构。

7.投标人同意提供按照贵方可能要求的与其投标有关的一切数据或资料，完全理解贵方不一定接受最低价的投标或收到的任何投标。

8.与本投标有关的一切正式往来信函请寄：

地址：____________________

电话：____________________

传真：____________________

电子邮件：____________________

投标人授权代表签字：____________________

投标人授权代表姓名、职务：____________________

投标人名称：____________________

公章：____________________

2. 投标一览表

项目名称：________________

招标编号：________________

投标人名称和国籍：________________

序号	包号/品目号	设备名称	型号和规格	数量	制造商名称和国籍	价格条件	投标货币	投标总价	有无投标保证金	交货期	备注

投标人代表签字盖章：________________

注：此表应按投标人须知的规定密封标记并与投标保证金一同密封单独提交。

3. 分项价格表

说 明

1. 分项价格表由所附独立表格构成。

2. 分项价格表一般未对所提供的仪器设备和每一项下的服务进行详细的描述，投标人应被认为在填报单价和价格之前，已经阅读了技术规格和招标文件的其他章节以及审查了所有图纸，以确保要求的所有范围已被包含在每一个项目内。报出的单价和价格应被认为还包含所有隐含的内容，以及管理费和利润。

3. 如投标人不清楚或无法确定任何项下的范围，应在提交其投标文件前，根据第二章《投标人须知》中的规定请求予以澄清。

4. 价格必须用抹不掉的墨水书写，任何由于错误造成的或必要的改动应由投标人签字。

5. 按照第三章《投标资料表》的规定，价格应固定，并在合同有效期内保持不变。

6. 投标价应以第二章《投标人须知》中规定的货币和指明的方式进行报价。

7. 对于每个项目，投标人应填写每一表格中的合适的栏目，并给出这些表中指明的价格细目。价格表中相对应每个项目的价格应包含第七章《技术规格和图纸》或招标文件其他部分对该项目的所有详细要求。

8. 当价格明细栏下总金额与总价金额不一致时，以前者为准，后者做相应修改。当价格表 3.1～表 3.5 的总金额的和表 3.6 中的总金额不一致时，以前者为准，后者做相应修改。当小写金额与大写金额不一致时，以大写金额为准。

9. 未填单价的项目应被认为已包括在其他项目中。不论每个分项目是否标价，每张价格表的总金额及总汇总表中总金额应被认为是按合同规定的共货和服务范围，履行合同义务的总费用。

10. 买方为了支付或部分支付、索赔、评估或为买方有理由要求的其他目的而提出要求时，卖方应向业主提供包含在各价格表中的任何部分或总价项目的价格细目。

表 3.1 中国国内供货的仪器、设备和随机备件分项价格表

投标人名称：____________ 招标编号：__________ 包号：________ 货币单位：(人民币)

1	2	3	4	5	6	7
品目号	货物名称	型号和规格	数量	原产地和制造商名称	出厂价单价 (注明装运地点)	出厂价总价 (4×6)
总计(列入价格汇总表)						

投标人代表签字盖章：________________

注：①如果按单价计算的结果与总价不一致，以单价为准修正总价。

②如果不提供详细分项报价将视为没有实质性响应招标文件。

③本表包括标准件和专用工具。

表 3.2　国外供货的仪器、设备和随机备件分项价格表

投标人名称：＿＿＿＿＿＿　招标编号：＿＿＿＿＿　包号：＿＿＿＿＿　货币单位：(外币)

1	2	3	4	5	6	7	8
品目号	货物名称	型号和规格	数量	原产地和制造商名称	单　价		总　价
					FOB	CIF	CIF(4×7)
总计(列入价格汇总表)							

投标人代表签字盖章：＿＿＿＿＿＿＿＿

注：①如果按单价计算的结果与总价不一致，以单价为准修正总价。

②如果不提供详细分项报价将视为没有实质性响应招标文件。

③本表包括标准件和专用工具。

表 3.3　中国内陆运输及服务分项价格表

投标人名称：__________　招标编号：__________　包号：__________

品目	内　容	数量	单　价		总　价	
			人民币部分	外币部分	人民币	（外币）
		1	2	3	4(1×2)	5(1×3)
1	中国内陆运输费					
2	中国内陆保险费					
3	卸货费					
4	其他					
总计（列入价格汇总表）						

投标人代表签字盖章：__________

注：投标人必须给出价格的详细说明和明细表。

表 3.4　设计联络、技术服务和培训分项价格表

投标人名称：__________　招标编号：__________　包号：________

品目	内　容	数量	单　价		总　价	
			人民币部分	外币部分	人民币	（外币）
		1	2	3	4(1×2)	5(1×3)
1	设计联络费					
2	安装督导					
3	调试、试车					
4	性能考核验收					
5	培训费					
6	其他					
总计（列入价格汇总表）						

投标人代表签字盖章：__________________

注：投标人必须给出价格的详细说明和明细表。

表 3.5 供(两年正常使用)备品备件分项价格表

投标人名称：__________ 招标编号：__________ 包号：__________

品目	备件名称	原产地	数量	单价		总价	
				人民币部分	外币部分	人民币	(外币)
			1	2	3	4(1×2)	5(1×3)
总计(列入价格汇总表)							

投标人代表签字盖章：__________

注：①投标人必须给出价格的详细说明和明细表。

②对于国内供应的备品备件，投标人应提供人民币出厂价报价。

③对于国外供应的备品备件，投标人应提供美元 CIF 报价。

表 3.6 价格汇总表

投标人名称：____________ 招标编号：__________ 包号：________

品目	内容	总价	
		人民币	（外币）
1	表 3.1 合计		
2	表 3.2 合计		
3	表 3.3 合计		
4	表 3.4 合计		
5	表 3.6 合计		
总计（列入投标函）			

投标人名称：________________________

投标人代表签字盖章：__________________

4. 偏离表

4.1 技术规格偏离表

招标编号：____________________

序号	货物名称	招标文件条目号	招标规格	投标规格	偏离	说明

投标人名称：________________________

投标人代表签字盖章：________________

注：投标人递交的技术规格书中与招标文件的技术规格书中的要求有不同时，应逐条列在技术偏离表中，否则将认为投标人接受招标文件技术规格书中的要求。

4.2 商务条款偏离表

招标编号：________________

序号	招标文件条目号	招标文件的商务条款	投标文件的商务条款	说明

投标人名称：________________

投标人代表签字盖章：__________

注：投标人递交的投标文件中与招标文件的商务部分的要求有不同时，应逐条列在商务偏离表中，否则将认为投标人接受招标文件的要求。

5.法定代表人授权书格式

本授权书声明：注册于____________________（国家或地区的名称）的____________________（公司名称）的在下面签字的____________________（法定代表人姓名、职务）代表本公司授权____________________（单位名称）的在下面签字的____________________（被授权人的姓名、职务）为本公司的合法代理人，就____________________（项目名称）的____________________（成套设备合同名称）投标，以本公司名义处理一切与之有关的事务。

本授权书于______年______月______日签字生效，特此声明。

法定代表人签字盖章：____________________________

被授权人签字盖章：____________________________

见证人签字盖章：____________________________

职务：____________________________

单位名称：____________________________

地址：____________________________

6.投标保证金银行保函格式

开具日期：________________

致：____________________(招标人)

本保函作为____________________(投标人名称)(以下简称“投标人”)对________________(招标人)(招标编号)的投标邀请提供____________________(成套设备名称)的投标保函。

____________________(保函开具银行名称)无条件地、不可撤销地具结保证本行、其继承人和受让人，一旦收到贵方提出的就下述任何一种事实的书面通知，立即无追索地向贵方支付金额为____________________(金额数和币种)的保证金：

(1)在开标之日后到投标有效期满前，投标人撤回投标；或

(2)在收到中标通知后30日内，投标人未能与买方签订合同；或

(3)在收到中标通知后30日内，投标人未能开具可接受的履约保函。

本保函自开标之日起________日内有效，并在贵方和投标人同意延长的有效期内保持有效。延长的有效期只需通知本行即可。贵方有权提前终止或解除本保函。

出具保函银行名称：____________________

签　　　　字：______________(印刷字体姓名和职务)

公　　　　章：____________________

7. 合同协议书格式

合同编号：____________

签字日期：____________

签字地点：____________

本合同于______年______月______日由中华人民共和国的________________________(买方名称)(以下简称“买方”)和________________________(卖方国家和城市)的(卖方名称)(以下简称“卖方”)按下述条款和条件签署。买方委托________________________(买方代理名称)(以下简称“买方代理”)作为其商务代理参与本项目采购活动。

鉴于买方为获得以下合同工厂包括有关的合同设备、专利和/或专有技术使用许可、设计、技术资料、技术服务及技术培训，即________________________(合同工厂名称)而邀请投标，并接受了卖方以总金额________________________(用文字和数字表示的合同价)(以下简称“合同总价”)提供上述合同工厂的投标。

双方特此同意如下：

1.本合同中的词语和术语的含义与合同条款中定义的相同。

2.以下文件应构成买方和卖方之间达成的合同，每一个文件均应作为本合同的组成部分进行阅读和解释，若各文件之间存在含糊不清或互相冲突之处，优先顺序应按下列文件顺序解释：

(1)合同协议书。

(2)中标通知书。

(3)合同专用条款。

(4)合同通用条款。

(5)合同附件。

(6)其他文件。

3.考虑到买方将按照本合同向卖方支付合同价款，卖方在此保证全部按照合同的规定向买方提供合同设备、专利和/或专有技术使用许可、设计、技术资料、技术服务及技术培训。

4.考虑到卖方将按合同规定提供合同设备、专利和/或专有技术使用许可、设计、技术资料、技术服务及技术培训，买方在此保证按照合同规定的时间和方式向卖方支付合同价款。

5.本合同在下列条件全部满足后生效，生效日期以下列条件全部满足的最晚日期为准：

(1)双方授权代表签字。

(2)如果合同双方本国法律有此要求，由合同双方各自本国主管当局批准。

(3)买方收到卖方按合同规定提交的履约保证金。

合同双方应尽最大努力，尽快完成其负责落实的上述条件；力求在合同签字后60日内获得主管当局的批准，并将批准日期书面通知合同另一方。

6.本合同一式______份，双方各执______份。

买方/买方代理和卖方由其正式授权代表于上述所写日期和地点签订本合同。

买　　方：______________________________

地　　址：______________________________

邮　　编：______________________________

传　　真：______________________________

电　　话：______________________________

授权代表：___________________________（签名）

买方代理：______________________________

地　　址：______________________________

邮　　编：______________________________

传　　真：______________________________

电　　话：______________________________

授权代表：___________________________（签名）

卖　　方：______________________________

地　　址：______________________________

邮　　编：______________________________

传　　真：______________________________

电　　话：______________________________

授权代表：___________________________（签名）

8.履约保证金银行保函格式

开立日期：__________

受益人：________________________
地　址：________________________
邮　编：________________________

本保函作为____________________（以下简称“卖方”）的履约保函，系为贵公司和卖方就____________________（以下简称“项目”）订立的第__________号合同（以下简称“合同”）出具。

我行，________________________（履约保函出具银行）在此无条件且不可撤销地保证以__________（币种）向贵公司支付相当于以支付的合同价格的百分之__________（__________%）的金额，即__________的金额。我行保证不以任何理由追索。我行的权利义务的继承人和受让人亦受同样的约束。我行同意下述条件：

1.我行向贵公司保证卖方根据合同履行义务并承担责任。

2.如果卖方未能履行或者承担由合同引起的或与合同有关的合同项下的任何义务或任何责任，我行将在收到贵公司书面通知后，立即以通知中规定的方式支付贵方要求的、合计不超过__________的款项。

3.本保函适用于本合同以及在本合同项下作出的、给予的或同意的所有修订、更改或附加部分，不论我行是否收到该修订、更改或附加部分。我行放弃取得有关上述修订、更改或附加部分的通知的权利。本保函对贵方根据合同条款全部或部分地转让合同权利的有关受让方仍然有效。

4.对于现在或将来产生的税收、税费、收费、扣减费用或预提款项，不论这些款项是何种性质和由谁征收，都不应从本保函项下的支付中扣除。

5.本保函条款构成我行无条件的不可撤销的直接责任。有关即将履行的合同条款的任何变更及贵方同意的时间的宽限或其他延长或特许或贵方的其他作为或不作为都不能免除、解除或豁免我行在本保函项下的责任。

保函受《见索即付保函统一规则》（即国际商会第458号出版物，1992年）的管辖并于合同项下的义务和责任得到充分履行且被贵公司彻底解除义务后失效。

________________________（开立保函银行名称）

由________________________签署（姓名及职务）

________________________________（盖　章）

第九章 投标人的资格文件

注释：

《投标人的资格文件》是对投标人进行资格审查的重要依据，投标人应参照这些格式文件制作投标文件。

投标人的资格文件

目 录

投标人的资格文件

投标人填写须知

1.制造厂商作为投标人应填写和提交下述规定的格式 9-1、格式 9-2 和格式 9-5,以及其他有关资料。贸易公司作为投标人应填写和提交下述规定的全部格式以及其他有关资料。

2.所附格式中要求回答的全部问题和/或信息都必须正面回答。

3.本资格声明的签字人应保证全部声明和问题的回答是真实的和准确的。

4.买方将应用投标人提交的资料根据自己的判断和考虑决定投标人履行合同的合格性及能力。

5.投标人提交的材料将被保密,但不退还。

6.全部文件应按第三章《投标资料表》规定的语言和份数提交。

7.每个分包人或联营体成员均要求提供资格文件(针对某个系统)(参见第二章《投标人须知》第 12.1.5 条)的规定。

格式 9-1 资格声明

致：_________________________（招标人）

资格声明

尊敬的先生：

为响应你方______年______月______日的______________________（招标编号）投标邀请，下述签字人愿参与投标，提供第七章《技术规格和图纸》中规定的__________________________（成套设备名称），提交下述文件并证明全部说明是真实的和正确的。

(1)由_________________________（制造厂商名称）为提供_________________________（货物品目号和名称）的授权书一份正本，一份副本，我方代表该制造厂商并受其约束（投标人是代理的贸易公司时填写）。

(2)我方和制造厂商的资格声明，各有一份正本，_________份副本。

(3)下述签字人在证书中证明本资格文件中的内容是真实的和正确的，同时附上我方银行________________________（银行名称）出具的资信证明。

制造商或贸易公司：

名　　　　称：___________________________________

地　　　　址：___________________________________

电　　　　话：___________________________________

传　　　　真：___________________________________

邮　　　　编：___________________________________

受权签署本资格文件人：___________________________________

签　　字：____________________签字人姓名、职务（印刷字体）

格式 9-2　制造厂商资格声明

1.名称及概况

(1)制造厂商名称：____________________

(2)总部地址：____________________

电传/传真/电话号码：____________________

(3)成立和/或注册日期：____________________

(4)实收资本：____________________

(5)近期资产负债表(到________年________月________日止)

①固定资产：____________________

②流动资产：____________________

②长期负债：____________________

④流动负债：____________________

⑤净值：____________________

(6)主要负责人姓名：(可选填)____________________

(7)制造厂商在中国的代表的姓名和地址，(如有的话)____________________

2.(1)关于制造投标货物的设施及其他情况：

工厂名称地址	生产的项目	年生产能力	职工人数

(2)本制造厂商不生产，而需从其他制造厂商购买的主要零部件：

制造厂商名称和地址	主要零部件名称

3.本制造厂商生产投标货物的经验（包括年限、项目业主、额定能力、商业运营的起始日期等）

____

____

4.近三年该货物主要销售给国内、外主要客户的名称地址

(1)国外销售

名称和地址	销售项目

(2) 国内销售

名称和地址	销售项目

5.近三年的年营业额

年份	国内	国外	总额

6. 易损件供应商的名称和地址

部件名称 供应商

________________ ________________

________________ ________________

7. 最近三年直接或通过贸易公司向中国公司提供的投标货物

合同编号：________________

签字日期：________________

项目名称：________________

数 量：________________

合同金额：________________

8. 有关开户银行的名称和地址：________________________

9. 制造厂商所属的集团公司(如有的话)：________________

10. 其他情况：______________________________________

兹证明上述声明是真实、正确的，并提供了全部能提供的资料和数据，我们同意遵照贵方要求出示有关证明文件。

制造商名称：____________________________

授权代表签字：____________________________

授权代表的职务：____________________________

日 期：________年______月______日

传 真：____________________________

电 话：____________________________

电 子 函 件：____________________________

格式9-3　贸易公司(作为代理)的资格声明

1.名称及概况

(1)投标人名称：________________

(2)总部地址：________________

电传/传真/电话号码：________________

(3)成立和/或注册日期：________________

(4)实收资本：________________

(5)近期资产负债表(截止______年____月____日)

①固定资产：________________

②流动资产：________________

③长期负债：________________

④流动负债：________________

⑤净值：________________

(6)主要负责人姓名：________________(可选填)

(7)制造厂商在中国的代表姓名和地址(如有的话)：________________

2. 近3年的年营业额

年份	国内	国外	总额

3.近三年该货物主要销售给国内、外主要客户的名称地址

(1)国外销售

名称和地址	销售项目

(2)国内销售

名称和地址	销售项目

4.同意为投标人制造货物的制造厂商(附制造厂商资格声明)

5.由其他制造厂商提供和制造的货物部件(如有的话)

制造厂商名称和地址	制造的部件

6.过去三年向中国公司提供的投标货物(如有的话)

合同编号：________________

签字日期：________________

项目名称：________________

数　　量：________________

合同金额：________________

7.有关开户银行的名称和地址：____________________

8.所属的集团公司(如有的话)：____________________

9.其他情况：____________________

兹证明上述声明是真实、正确的，并提供了全部能提供的资料和数据，我们同意遵照贵方要求出示有关证明文件。

____________________(授权代表签字)

____________________(授权代表印刷字体姓名)

授权代表的职务：____________________

日　　期：____年____月____日

传　　真：____________________

电　　话：____________________

电子函件：____________________

格式 9-4 制造厂商授权书格式

致：________________________(招标人)

我们________________________(制造商名称)是按________________________(国家名称)法律成立的一家制造商，主要营业地点设在________________________(制造商地址)。兹指派依照________________________(国家名称)的法律正式成立的，主要营业地点设在________________________(贸易公司地址)的________________________(贸易公司名称)作为我方真正的和合法的代理人进行下列有效的活动：

(1)代表我方在中华人民共和国办理贵方第________号招标邀请要求提供的由我方制造的货物的有关事宜，并对我方具有约束力。

(2)作为制造商，我方保证以投标合作者来约束自己，并对该投标共同和分别承担招标文件中规定的义务。

(3)我方兹授予________________________(贸易公司名称)全权办理和履行上述我方为完成上述各点所必需的事宜，具有替换或撤销的全权。兹确认________________________(贸易公司名称)或其正式授权代表依此合法地办理一切事宜。

我方于_____年_____月_____日签署本文件，________________________(贸易公司名称)于_____年_____月_____日接受此件，以此为证。

贸易公司名称：____________	出具授权书的制造商名称：____________
正式授权签字的代表姓名：____________	正式授权签字的代表姓名：____________
职务和部门：____________	职务和部门：____________

格式 9-5 证 书

下述签字人证明本资格文件和要求的格式中的说明是真实的和正确的。

下述签字人在此授权并要求任何被征询的银行向买方提供任何买方所要求的资料，以验证本公司的实力和信誉。同时附上从我方银行________________________（银行名称）出具的资情证明。

下述签字人知道，买方可能要求提供进一步的资格材料并同意按买方要求提交。

制造商或贸易公司

名　　称：________________________

地　　址：________________________

邮　　编：________________________

电　　话：________________________

传　　真：________________________

授权签署本资格文件人签字：________________________

签字人姓名、职务（印刷字体）：________________________

工商领域企业固定资产投资项目

招 标 文 件 范 本(2002 版)

(商务部分)

大型成套设备及安装采购

中华人民共和国国家经济贸易委员会编制

2002 年 12 月

前 言

依据《中华人民共和国招标投标法》及《工商领域企业固定资产投资项目招标投标管理办法》(国家经济贸易委员会令第 39 号)等有关招投标的规定编制本文件。本文件适用于国家经济贸易委员会令第 39 号规定的工商领域企业固定资产投资项目的招标投标活动。

招标代理机构和自行招标项目单位应按照项目要求参照本文件编制招标文件。本文件原则上不得修改,其中的"合同专用条款"不应在实质上改变"合同通用条款",所有关于具体项目的相关信息和资料以及,投标者为响应投标所需要的信息和资料,应包括在《投标资料表》"合同专用条款""技术规格和图纸"和"合同协议"等文件中。

为适应不同标的物采购的需要,本文件分为第一部分单机设备采购,第二部分成套设备采购和第三部分大型成套设备及安装采购。

单机设备,系指独立的设备、仪器、仪表等机电设备。根据采购的具体要求,单机设备合同应包括设备及相关的备件、材料、技术服务、技术培训和技术资料等内容,或包括其中部分项的内容。

成套设备,系指多设备的组合。该组合具有其特有的复杂性,只有通过充分的技术交流,拥有和掌握工艺技术、正确的工程设计、可靠的设备供货、精确的调试、严格的试车和考核验收,以及卖方提供机械和工艺技术保证等,才能保证成套设备的运转成功。根据采购的具体要求,成套设备合同中应包括提供技术使用许可、设计、设备、技术服务、试运行和工艺性能保证等内容,或包括其中部分项的内容。

大型成套设备及安装,系指多设备、多系统的组合,设备供货部分的价值占整个合同估算价的主要部分,并伴随一定比例的安装服务;鉴于设备、系统的特征和复杂性,必须经过安装服务、精心的测试、调试和运行验收等程序,项目单位才能安全地接受。根据采购的具体要求,大型工程设施合同中应包括供货、运输、安装、设计、技术服务、培训、调试、试运行、功能保证等内容。

本文件的编制参照了世界银行和中国技术进出口总公司的招标文件范本。

中国机电产品进出口商会、中国技术进出口总公司、中机国际招标公司和中技贸易股份有限公司及世界银行中国代表处对编制本文件给予了大力支持,特此表示感谢。

本文件主要编写人员名单

傅　山	国家经济贸易委员会投资与规划司
唐和义	国家经济贸易委员会投资与规划司
王　丽	中国机电产品进出口商会
王国英	中技贸易股份有限公司
张　丹	中国技术进出口总公司
徐　涛	中机国际招标公司
于　旋	中技贸易股份有限公司
刘力群	中技贸易股份有限公司
张　瑾	中技贸易股份有限公司
王　瑞	上海宝钢国际经济贸易有限公司
于光生	山东省机电设备招标中心

说　明

本套文件包括单阶段(选择 A)和两阶段(选择 B)招标程序供招标人根据实际情况进行选择。招标程序流程图(单阶段和两阶段)说明了在招标阶段和最终合同文件编制阶段如何运用招标文件。

(1)招标人编制招标文件应按本范本文件编制,每单个合同和投标人为编制响应性投标文件所需的资料和数据在投标资料表(第三章)、合同专用条款(第五章)、技术规格和图纸(第六章)和合同协议格式附件(第七章)中提供。

(2)在本招标文件范本中,项目经理由业主任命。其作用是代表业主以实现业主完成合同目标为目的对合同进行监督和管理。任命项目经理时,业主可以选择在特定领域内具有丰富经验的、信誉良好的咨询公司,也可指定其有着丰富工作经验的工作人员之一为项目经理。

投标资料表列出了业主推荐的调解人,投标人有权接受或在其投标文件中推荐替代人选。调解人的作用是合同各方在项目经理的协助下或没有项目经理的协助不能友好解决争端时,审查和决定各方之间潜在的争端事宜。调解人的费用由双方均摊。只有各方通过调解人也未能解决争端时,才诉诸仲裁。

(3)本招标文件范本是以世界银行出版的大型供货安装合同样本为基础。我们衷心感谢世界银行允许使用和修改样本并纳入本套招标文件范本中。

(4)本招标文件范本中的合同条件主要根据交钥匙合同起草的,在该合同中承包商负责完成设施所需的每一项活动,如设计、制造、交货、安装、测试、调试、培训等。

(5)投标文件编制和递交所需时间不能太短而且应该允许投标人有足够的时间充分理解招标文件、踏勘现场、编制完整和响应性的投标文件。

缩 写 词

BDS	投标资料表
CIF	成本、保险费加运费(指定目的港)
CIP	运费和保险费付至(指定目的地)
CPM	关键线路法
ECU	欧洲货币单位
EDI	电子数据交换
EXW	工厂交货(指定地点)
FCA	货交承运人(指定地点)
FOB	船上交货(指定装运港)
GCC	合同通用条款
ICC	国际商会
IFB	投标邀请书
ITB	投标人须知
SBD	标准招标文件
SCC	合同专用条款
TS	技术规格及图纸
UNCITRALV	联合国国际贸易法委员会

选择 A 单阶段招标

单阶段招标程序流程图

I. 招标人发布招标文件

招标邀请书
投标人须知
招标资料表
合同通用条款
合同专用条款
技术规格和图纸
投标文件格式
投标人的资格文件

↓

II. 投标人递交投标文件

封页
投标函格式
价格表

附件：
1. 投标保证金
2. 授权书
3. 投标人(以及联营体,如有)的合格性
4. 工程设施的合格性
5. 投标人建议的分包人(如有)
6. 偏离(如有)
7. 备选投标(如有)

投标人提供的技术规格和图纸(如果要求的话)

↓

III. 合同文件

中标通知书
投标函格式
价格表
合同通用条款
合同专用条款

合同协议和附件：
1. 支付条件和程序
2. 价格调整(如果可行的话)
3. 保险要求
4. 时间表
5. 分包人名单
6. 业主的工作和供应范围
7. 批准或审查的文件清单
8. 功能保证

投标文件格式和程序
技术规格和图纸
经同意构成合同一部分的任何其他文件

大型成套设备及安装采购

选择 A 单阶段招标

目 录

第一章 投标邀请书

投标邀请书说明

1.“投标邀请书”提供的资料可以使潜在的投标人决定是否参加投标。除了本标准招标文件列举的基本事项之外，投标邀请书还应指明任何重要的评标标准和资格要求。

2.“投标邀请书”应包含在招标文件中。“投标邀请书”中的信息资料应当与招标文件一致，特别是与《投标资料表》提供的相关资料一致。

投标邀请书格式

项目名称：____________

大型工程设施名称：________

日 期：____________

招标编号：____________

1.____________(招标代理机构名称)(以下简称“招标人”)受____________(项目单位)(以下简称“业主”)委托，现邀请合格投标人就下述大型工程设施的供货和安装提交密封的投标。

2.大型工程设施：____________(描述)。

供货和安装工作范围：____________(描述)。

3.本招标为____________(公开招标或邀请招标)。

4.有兴趣的合格投标人可于____年____月____日至____年____月____日(节假日除外)____(时间)至____(时间)在招标人得到进一步的信息和查阅招标文件。

5.投标人可在上述时间从招标人处以____________(每套招标文件售价)购买一套完整的招标文件。招标文件售后不退。如需邮寄，须另付邮资____________(邮资金额)，招标人不对邮寄过程中的遗失负责。

6.投标文件应于____年____月____日之前递交到____________(地址)，迟到的投标文件将被拒绝。

7.所有投标文件都必须附有投标保证金，金额为____________(一定金额或投标价的一个最低百分比)。未按规定提供投标保证金的投标文件将被拒绝。

8.定于____年____月____日，在____________(地址)公开开标。届时投标人可派代表出席开标仪式。

招 标 人：____________

详细地址：____________

邮 编：____________

联 系 人：____________

电 话：____________

传 真：____________

电子邮件：____________

开户银行：____________

银行账号：____________

第二章 投标人须知

注释：

1."投标人须知"提供了投标人按照招标人的要求，准备投标文件所必需的信息，以及投标、开标、评标和签署合同等有关规定。

2."投标人须知"应得到严格的履行。第三章《投标资料表》的条款是对投标人须知的补充，以及对具体项目情况和要求的说明。

投标人须知

目 录

32. 履约保证金
33. 调解人
34. 腐败和欺诈行为

投标人须知

一、说明

1. 描述

1.1 《投标资料表》列明的项目单位(以下简称“业主”)已获得一笔资金/贷款(以下简称“资金”)。业主计划将资金的一部分用于支付《投标资料表》指定工程设施合同项下的款项。

1.2 本项目的招标将以《投标资料表》规定的公开招标或邀请招标的方式进行。

1.3 《投标资料表》列明的招标人,是指业主委托的,获得国家经济贸易委员会授予相应资质的招标代理机构(以下简称“招标人”)或经批准可以自行招标的业主。

2. 合格投标人

2.1 除《投标资料表》及本文件另有规定外,凡来自中华人民共和国或是与中华人民共和国有正常贸易往来的国家或地区的法人均为合格投标人。

2.2 投标人在中华人民共和国境内的投标活动均应严格遵守中华人民共和国法律和法规。

2.3 投标人不得与本次招标的成套设备编制设计、技术规格和其他文件的公司或提供咨询服务的公司包括其附属机构有任何关联。

2.4 只有合法运作并独立于招标人/业主的法人才能参加投标。

2.5 投标人应不属于本章第 34 条规定的有腐败和欺诈行为的不合格的投标人。

3. 合格设备、仪器和服务

3.1 在招标文件中,“工程设施”“仪器和设备”“安装服务”等词,应依照合同通用条款对其给出的定义来解释。

3.2 合同项下供应和安装的所有仪器和设备以及提供的服务,其原产地均应来自《投标资料表》规定的合格来源国,且合同项下业主所有的支付义务也只限于这类仪器、设备和服务。

3.3 在本条款中,“原产地”系指仪器和设备或其部件的生产地。仪器和设备是通过制造、加工或用重要的和主要的元部件装配而成的,其基本特性和功能或效用应是商业上公认,与元部件有着实质性区别的产品。

3.4 仪器、设备和服务的原产地可以不同于投标人的国籍。

4. 投标费用

4.1 投标人应承担与投标文件编制和递交有关的一切费用。不管投标结果如何,招标人/业主对上述费用不负任何责任。

二、招标文件

5. 招标文件的内容

5.1 招标文件对所要求的工程设施、招标程序、合同条款和技术要求作出详细规定。招标文件包含以下内容:

第一章　投标邀请书(IFB)

第二章　投标人须知(ITB)

第三章　投标资料表(BDS)

第四章　合同通用条款(GCC)

第五章　合同专用条款(SCC)

第六章　技术规格与图纸(TS)

第七章　投标文件格式和程序

1. 投标函格式和价格表

2. 偏离表

3.标保证金格式
4.同协议格式
5.履约保证金格式
6.预付款银行保函格式
7.完工证书格式
8.运行验收证书格式
9.变更令的格式和程序
10.法人代表授权书格式
第八章 投标人的资格文件

5.2 投标人应认真阅读招标文件中所有须知、格式、条款、规范和其他资料。如果投标人未能提交招标文件中要求的全部资料,或者提交的投标文件在各方面没有实质上响应招标文件,可能导致投标文件被拒绝,该风险由投标人承担。

6. 招标文件的澄清

6.1 要求澄清招标文件的预期投标人应以书面或电报方式(以下"电报"一词均被视为包括电子数据交换、电传或传真)按《投标资料表》指明的招标人通讯地址通知招标人。同样,如果投标人认为某一条重要条款是无法接受的,则应在此阶段提出。招标人对于在其规定的投标截止期 28 日前收到的投标人提出的澄清或修正招标文件的要求将作书面答复。招标人的书面答复(包括对询问的解释,但不说明询问的来源)将寄给所有收到招标文件的预期投标人。

6.2 建议投标人对工程设施将要进行安装的现场和周围环境进行实地考察,并自行负责获取为准备投标文件和签署有关工程设施提供和安装的合同所必要的所有信息。现场考察的全部费用应由投标人自行承担。

6.3 经业主允许,投标人及其人员或代理人可以进入被允许的现场进行考察;但前提条件是:投标人及其人员或代理人应当使招标人/业主免于由此产生的任何责任。投标人及其人员和代理人必须承担由于考察引起的死亡和人身伤害、财产损失或损坏,以及任何其他损失、损坏或费用支出。

6.4 如果举行标前会议,投标人的指定代表可按《投标资料表》规定的时间、地点出席会议。会议的目的旨在澄清疑问、解答该阶段可能提出的问题。投标人须尽可能在会议召开的 7 日以前,以书面或电报形式向招标人提交问题。对于迟交的问题,在标前会议上可能无法及时予以答复,但问题和答复将会随后送达投标人。

招标人应在标前会议结束后尽快将标前会议的会议纪要,送达所有已购买招标文件的投标人,该会议纪要应当包括所有的问题以及招标人在标前会议上和会后做出的答复。如果标前会议使得有必要对本章第 5.1 条所列投标文件进行修改,则只能由招标人根据本章第 7 条的规定,以发出修改书的方式对其进行修改,而不能以标前会议纪要的形式进行修改。

7. 招标文件的修改

7.1 招标人在投标截止日前的任何时候,均有权基于任何原因对招标文件进行修改,无论修改是招标人主动作出的,还是为了解答预期投标人要求澄清的问题而作出的。

7.2 修改书将以书面方式或电报通知所有获得招标文件的预期投标人,并对其具有约束力。投标人在收到此类修改书后应立即回函确认,并且将被视为在编标投标文件时已考虑了上述修改内容。

7.3 为给予投标人合理的时间针对招标文件的修改而对投标文件进行相应的调整,招标人应酌情延长递交投标文件的截止日期,并以书面或传真方式通知所有的投标人递交投标文件的截止日期延长。

三、投标文件的编制

8. 投标文件的语言

8.1 投标文件以及投标人与招标人就有关投标的往来函电均应使用《投标资料表》规定的语言书写。投标人提交的支持性文件和印刷文件可以使用另一种语言,但相应内容应翻译成《投标资料表》规定的语言。在这种情况下,对投标文件的解释以译文为准。

9. 投标文件的构成

9.1 投标人递交的投标文件应由下列文件构成:

(1)按时完成并经投标人签署的投标函及下述本章第 9.3 条列明的所有附件。

(2)投标人填写的价格表。

9.2 投标人应注意,如果《投标资料表》允许,则投标人可以在《投标资料表》规定的范围内,提出备选投标文件。在这种情况下,投标人应按照本章第 9.3 条附件 7 规定的内容提供详细的备选方案或其他备选投标文件及其理由。

9.3 每个投标人都必须在其投标文件中附上以下附件:

附件 1:投标保证金

提供按照本章第 13 条规定的投标保证金。

附件 2:法人授权书

一份经公证的表明签署投标文件的人具有签署投标文件的权利的授权委托书,因而投标人在本章第 14 条规定的投标有效期内受该投标文件的约束。

附件 3:投标人的合格性和资格条件

在没有进行资格预审情况下,投标人应当提供符合本章第 2 条规定的文件以证明自己是合格投标人并在中标后有资格履行合同。

投标人应当提供令招标人满意的合格性证明文件,证明投标人在递交投标文件的时候,是来自本章第 2.1 条规定的合格来源国。

投标人应当提供令招标人满意的履行合同的资格文件,证明投标人在中标后有履行合同所需的财务、技术、生产、采购、海运、安装及其他能力,特别是满足投标人数据表中所列的经验和其他标准。

两个或多个公司/厂商组成联营体或合营体提交的投标文件应符合下列要求:

(i)投标文件中应包含上述附件 3 所要求的联营体或合营体每个成员的所有资料。

(ii)投标文件的签署应当使联营体或合营体的所有成员均受投标文件的约束。

(iii)负责实施合同主要部分的一个成员应被投标人指定为主办人,该主办人的授权书应随投标文件提交,且要有经合法授权的代表签署。

(iv)主办人应被授权代表联营体或合营体任何成员或所有成员承担责任和接受指示。整个合同的实施(包括支付)应全部由主办人负责。

(v)联营体或合营体所有成员应按合同条款的规定对履行合同承担连带责任。

(vi)联营体或合营体成员之间签订的关于结成联营体或合营体的协议书副本应当随投标文件一起提交。

为了符合资格要求,联营体或合营体中每一成员或成员组合应满足本章第 2 条为独立投标人列举的,履行其被指定的合同部分所需的最低标准。不符合这项要求的联营体或合营体的投标文件将被拒绝。

一家公司/企业只能作为一个联营体或合营体的成员。含有同一家公司/企业的多个联营体或合营体的投标文件将被拒绝。

如果投标人只供应和/或安装合同项下的仪器和设备而投标人本身不从事制造、生产或安装,则投标人必须:

(1)具备履行合同所需的财务及其他方面的能力。

(2)得到相关仪器和设备或其部件的制造商或生产商的充分授权,在中华人民共和国供应和安装该仪器、设备或部件;以及

(3)负责确保制造商或生产商满足本章第2.1条要求和该项目对独立投标人要求的最低标准。

附件4:工程设施的合格性和一致性

依照本章第3条规定,投标人应提供文件证明在其投标文件或任何备选投标文件(如果允许提交)中拟提供的工程设施是合格的工程设施,并符合招标文件的要求。

证明工程设施合格性的文件必须包括一份所提供仪器和设备的原产国的说明,并附上仪器和设备交付运输时的原产地证书加以确认。

证明工程设施与招标文件一致性的文件可以是文字、图纸或数据形式,并且必须提供:

(i)工程设施最基本的技术性能和操作性能的详细描述。

(ii)在工程设施按合同规定完工后,工程设施在"投标资料表"规定的期限内正常和连续运行所需的全部的备件和专用工具清单,包括备件和专用工具的来源。

(iii)关于招标人所要求的技术规格的注释以及关于工程设施响应上述技术规格要求的充分证明。投标人应注意招标人在招标文件中所提出的有关工艺、技术、材料和设备的标准(确定质量和性能的标准)仅系描述性的并非约束性的。投标人可以提出替代标准、商标和/或样本目录号码,但要能证明该替代标准实质上相当于或优于技术规格中的规定。

附件5:投标人建议的分包商

在投标文件中,投标人应详细说明其准备购买或分包的所有供货和服务的主要项目,并给出每一项目建议的分包商(包括供货商)的名称和国籍的详细资料。对于工程设施的每一项目,投标人可以自由推荐多个分包商。已经提出的价格或费率适用于任何被指定的分包商,并且不得进行调整。

投标人应负责保证其建议的任何分包商符合本章第2.1条的要求,且分包商提供的任何仪器、设备或服务符合本章第3条和第9.3条附件1的要求。

在确定投标人中标以前,招标人有权澄清和拒绝投标人建议的任何分包商。在招标人与承包人进行讨论之后,合同协议的附件应填写完整,并列出经批准的每一项目的分包商。

附件6:偏差

为了方便招标人对投标进行评审,任何不同于招标文件的条款、规定或技术规格要求的偏差,应列在投标文件附件6中,且投标人应提供其撤销上述偏差所需要增加的价格。投标人应注意本章第22.4条关于未对招标文件做出实质性响应的投标文件将被拒绝的规定。

附件7:备选投标文件

(i)如果在合同协议的相应附件中明确邀请提供交货期的备选方案,则在《投标资料表》将对此予以明确说明,并将提供对不同交货期的评选方法。

(ii)除非出现下面第(iii)段中规定的情况,如果投标人希望提供备选的技术方案,则应首先按照招标文件技术规格的要求对招标人的设计方案提出报价,同时,投标人应提供一切必要的文件以方便招标人对其备选方案的评选,包括图纸、设计计算书、技术规格书、分项报价表、一定的安装方法和其他一切相关细节。招标人只考虑满足招标文件要求的合理最低标投标人的技术备选方案(如果有)。

(iii)如果在《投标资料表》中,招标人明确允许投标人对工程设施中特别指明的部分提供备选的技术解决方案,则该部分应在招标文件的第六章技术规格和图纸中作出明确说明。对于满足工程设施的运转和技术标准的技术备选方案,由招标人根据本章第24.2条规定以及自己的需要进行选择。

10. 投标函和价格表

投标人应按本章第11条、12条的规定,按照招标文件和本条规定的格式和内容完成投标函格式和相应的价格表。

11. 投标报价

11.1 除非技术规格另有规定,投标人应在"一一对应"的基础上对全部工程设施进行报价,使得总投标价包括招标文件规定的所有有关设计、生产、包括采购和分包(如有)、运输、施工、安装和工程设施完工的承包人的责任和义务,以及可合理推断的责任和义务;这包括承包人在测试、预调试和调试方面的所有要求,以及招标文件中要求的许可证、批复和执照等的获得、维护及培训服务,以及招标文件可能规定的其他项目和服务等方面。所有这些方面应符合合同通用条款的规定。对于投标人在投标文件中未填报价格的项目业主在执行期间将不予支付任何款项或费用,并将视此项目的费用已包含在其他项目的价格中。

11.2 投标人应按照招标文件的规定,对要求的商务、合同和技术责任等各部分进行报价。如果投标人希望有所偏差,投标人应在投标文件附录6中列出所有偏差。并且投标人应撤销该偏差所引起的报价的增加(如有),以便招标人进行选择。

11.3 投标人应按价格表所要求的方式和细目报出分项价格,如果招标文件未含价格表,投标人应按以下方式报出价格:

下列各部分应采用分别标号的表格。所有分表(表1至表4)汇总后,列入价格总汇总表(表5)作为总投标价列入投标文件。

表1:由国外供应的仪器和设备(包括零部件)。

表2:由招标人所在国供应的仪器和设备(包括零部件)。

表3:当地运输。

表4:安装服务。

表5:汇总表(表1至表4)。

表6:推荐零部件表。

投标人应注意上述表1和表2中所含的仪器和设备不包括土建、房建及其他建筑工程所用的材料。所有此类材料应在表4安装服务中报价。

11.4 在所有价格表中,投标人应按以下规定给出要求的价格细节和分项:

(1)由国外供应的仪器和设备(表1)应按CIF的目的港价、CIP边境点价或CIP指定地点的价格进行报价。另外,在FOB价方式下(或FCA价)也应指明其价格。

(2)在中华人民共和国生产或组装的仪器和设备(表2)应按出厂价(或根据实际情

况，按照离厂价、离库价或下架价）进行报价，并且包括所有成本以及已组装或将组装的零部件和原材料已支付或应支付的税费和关税。

(3)由于仪器和设备的交货（表 3）发生的当地运输、保险及其他服务的费用。

(4)安装服务（表 4）的价格需分别报价，该报价应包括在招标文件中列明的履行安装服务所必需的全部事项的价格和费率中，包括：①为正确实施安装服务所需的所有劳务、承包商的设备、临时工程、材料、消耗品及所有其他不论任何性质的物品和劳务；②招标文件要求的运行和维护服务；③技术、设计、技术服务和培训等各项费用。

(5)上述(1)或(2)项中提到的推荐的零部件（表 6）也应根据其原产地分别报价。

11.5 EXW，CIF，CIP 等术语应以国际商会（巴黎）最新出版的《国际贸易惯例术语解释通则》(Incoterms)的规定来解释。

11.6 价格可以在《投标资料表》规定的以下两种方案中选择其一：

(1)固定价格：投标人的报价应在投标人履行合同期间固定，且不得以何种理由改变。投标人若递交可调价格的投标文件将被视为不响应而拒绝；或者

(2)可调价格：投标人的报价在合同实施期间，应依照合同协议附件的程序予以调整，以反映劳务、材料、运输和承包商的设备部分在费用上的变化。报固定价的投标文件将不被拒绝，但价格调整将视为零。评标时不考虑调价规定。投标人应在上述附件中列明劳务来源和材料目录。

12. 投标货币

12.1 投标价应按以下规定确定货币：

(1)《投标资料表》规定，投标为国内竞争性招标时，投标货币应为人民币。

(2)《投标资料表》规定，投标为国际竞争性招标时，投标货币应为外国货币。有国内公司参加的联合体对来源于国内的供货和服务部分可以以人民币报价，其余部分以上述外国货币报价。

13. 投标保证金

13.1 投标人应按照《投标资料表》的规定提供投标保证金，并作为投标文件的一部分。

13.2 根据投标人选择，投标保证金可由投标人挑选一家有声誉且位于合格国家的银行出具一份保兑付支票、信用证或银行保函，银行保函的格式应与招标文件中规定的投标保证金的格式一致；或采取招标人事先允许的其他格式。投标保证金的有效期应超出原定投标有效期以及根据本章第 14.2 条规定延长后的投标有效期 30 日。

13.3 根据本章第 22.5 条规定，任何未提供可接受的投标保证金的投标文件都将被视为非响应性标书而被拒绝。

13.4 未中标的投标人的投标保证金应立即退还投标人，且应不迟于投标有效期结束后 30 日。

13.5 中标人的投标保证金可在其依照本章第 31 条规定签署了合同协议，并按本章第 32 条规定提供了所需的履约保证金后退还。

13.6 投标保证金在如下情况可以被没收：

①如果投标人在其投标函格式中规定的投标有效期内撤回其投标；或

②对中标的投标人而言，如果未能在规定的时间内。

(i)按本章第 31 条规定签署合同协议；或

(ii)按本章第 32 条规定提供履约保证金。

14. 投标文件的有效期

14.1 投标文件在招标人根据本章第 17.1 条规定的提交投标文件截止期之后的一段由“招标资料表”规定的期间内有效。有效期不足的投标将被招标人视为非响应性投标文件而被拒绝。

14.2 在例外情况下，招标人可能要求投标人同意延长投标文件有效期。相应的要求及回复应以书面或电报形式作出。如果投标人接受延长有效期，投标保证金的期限也应相应延长。投标人也可以拒绝延期要求并且其投标保证金不会因此被没收。除非本章第14.3条另有规定，任何同意延期的投标人都不会被要求或允许修改其投标文件。

14.3 对于固定价格的合同（不作价格调整），如果投标有效期延长60日以上，则对从原始投标期结束后至发出中标通知这段超过60日的延误期，应按延期要求中规定的方法，分别增加支付给中标人的外币和当地货币款项。评标时只以投标价为基础，而不考虑上述调整。

15. 投标文件的制作及签署

15.1 投标人应准备一份正本投标文件，并按照《投标资料表》规定的份数准备投标文件的副本，并以恰当方式将每份投标文件清楚地标以"投标文件——正本""投标文件——副本1""投标文件——副本2"等。若正本和副本不符，以正本为准。

15.2 按照本章第9.1条规定的文件所准备的投标文件的每一份正本和副本均应打印或以不褪色墨水书写，并由投标人或经其授权使合同对投标人有约束力的人签署。投标人出具的授权应当按本章第9.3条规定以书面委托书出具并作为投标文件附件2提交。投标文件所有页都应由签署投标文件的人签字。

15.3 投标文件中出现的行间插字、删除或改写，应由签署投标文件的人签字后才有效。

四、投标文件的递交

16. 投标文件的密封和标识

16.1 投标人应将投标文件正本和每一份副本各自密封在一个独立的信封（下称"内层信封"）中，每个内层信封均要求正确标注"正本"和"副本"，然后所有内层信封还应再密封在一个外层信封中。

16.2 在内层信封和外层信封上都应：

①写明《投标资料表》列明的招标人地址；和

②标注《投标资料表》注明的合同名称、投标邀请书名称和编号，以及"______（日期）前不得开封"的字样。该日期根据本章第20.1条规定，应当按照《投标资料表》规定的时间和日期填写。

16.3 内层信封上应注明投标人的名称与地址，以便投标文件被宣布迟到时能原封退回。

16.4 如果外层信封上没有按本章第16.2条规定密封并予以标识，招标人将不承担错放或提前开封的责任；如果外层信封泄露了投标人的身份，招标人将不保证投标的匿名性，但此泄露并不构成投标人拒绝投标文件的理由。

17. 递交投标文件的截止日期

17.1 投标文件应于《投标资料表》规定的截止日期之前送达《投标资料表》规定的地点。

17.2 招标人可以酌情延长投标截止期。在此情况下，招标人和投标人受投标截止期制约的所有权利和义务均应延长至新的截止日期。

18. 迟交的投标文件

18.1 招标人将拒绝并原封退回本章第17条规定的提交投标文件的截止期后收到的任何标书。

19. 投标文件的修改和撤回

19.1 投标人可以对其已递交的投标文件进行修改或撤回，招标人在投标截止期之前收到的修改文件或撤回通知有效。

19.2 投标人的修改文件或撤回通知应按以下方式编制、密封、标识和递送：

①投标人应提供一份投标文件修改书正本和《投标资料表》规定份数的副本，投标文件的正本和副本应分别装入两个信封中，并正确标上"投标文件修改书——正本"

和“投标文件修改书——副本”。上述两个信封应密封在另一个外装信封内并正确注明“投标文件修改书”。

②其他关于投标文件修改的标识和递交规定，应符合本章第16.2条、第16.3条和第16.4条的规定。

19.3 希望撤回其投标文件的投标人，应在提交投标文件的截止期前书面通知招标人。撤回通知应该：

①按《投标资料表》指定的地址寄给招标人。

②标明合同名称、招标号码和“投标文件撤回通知书”字样。提交投标文件截止期以后收到的投标文件撤回通知将不予受理，并且提交的投标文件将被视为有效投标文件。

19.4 投标文件在提交投标文件截止期和本章第14条规定的投标有效期之间不可以被修改或撤回。在此期间撤回投标文件可能导致投标人的投标保证金依照本章第13.6条的规定被没收。

五、开标与评标

20. 开标

20.1 招标人将按《投标资料表》指定的时间、日期和开标地点，在出席的投标人代表在场的情况下对投标文件(包括根据本章第19条所作的修改书与撤回通知)开标。投标人的代表应签到以证明其出席。

20.2 标明“撤回”字样的投标文件将首先被开包并宣读投标人的名称。按照本章第19条规定递交了可接受的撤回通知的投标文件将不予开封。

20.3 投标人的名称、投标价[包括备选投标价(如有)或偏差]、折扣、投标修改和撤回，是否提供投标保证金，以及招标人认为可适当进行披露的其他细节内容，都将在开标仪式上予以宣布。其后，所有标明“修改”字样的信封将被打开，并宣布适当的细节。除了迟到的投标文件将按本章第18条规定原封退回给投标人外，所有的投标文件都不能在开标仪式上被拒绝。

20.4 招标人将编写开标记录，其中包括按照本章第20.3条规定向与会者宣布的信息。

20.5 无论任何情况，在开标会上没有公开和宣布的投标文件将不被考虑参加评标。

21. 投标文件的澄清

21.1 在评标过程中，招标人有权决定要求投标人对其投标文件作出澄清。澄清的要求及答复须以书面形式进行，且不得对投标文件中的价格等实质性内容进行改动。

22. 投标文件的初审

22.1 招标人将对投标文件进行检查，以确定投标文件是否完整无缺，有无计算错误，要求的投标保证金是否提供，文件是否已正确签署，以及投标文件是否条理分明。

22.2 算术性错误应在以下基础上加以修正。如果总价和由单价与数量相乘的乘积不符，则应以单价为准对其总价进行修改。如果文字金额与数字不符，则以文字金额为准。如果投标人不接受对其错误的修改，则其投标文件将被拒绝。

22.3 招标人可以接受不构成实质性偏差的任何细小的不正式、不符合或不规则之处，无论其是否已经被在投标文件的附件6中进行了披露。

22.4 在进行详细评估之前，招标人将判定每份投标文件是否在质量上可以接受，是否完整，是否实质性响应了招标文件。在这种判定中，所谓实质性响应的投标是指无实质性偏差、反对、前提条件或保留，且符合招标文件的所有条款、规定。为做出上述判定，实质性偏差、反对、前提条件或保留是指：①在实质上，影响合同的范围、质量和履行；②在实质上，违背招标文件，限制了招标人/业主的权利或中标人在合同项下的义务；或③对其作出的修正将不公正地影响提交了做出实质性响应的投标文件的其他投标人的竞争地位。

22.5　如果投标文件未对招标文件做出实质性响应，则将被招标人拒绝且不允许投标人对不符之处修正而使其具有实质性响应。招标人将基于投标文件的内容而非表面证据对投标文件是否具有响应性进行评判。

23. 换算为同一货币

23.1　为便于评标和比较，招标人将所有可支付投标价格的各种货币金额表示的投标价格换算成：

①以中华人民共和国中央银行或商业银行从事类似业务确定的卖出兑换率，转换成人民币；或者

②以国际性媒体上公布的卖出兑换率将以外币支付的款项和以中华人民共和国中央银行从事类似业务采用的卖出兑换率将以人民币支付的款项都转换成一个国际交易中广泛使用的货币，如美元。

23.2　为评标的目的，投标价格转换成同一标准的货币及其兑换率的来源和日期将规定在《投标资料表》。

24. 投标文件的技术评审

24.1　招标人将详细评估投标文件以确定其在技术方面是否实质性响应招标文件的要求。为获得此判断，招标人将从以下几方面着手，依照投标人递交的投标文件的内容，对其技术文件各个方面进行检查和比较：

①整体完整性及与技术规格和图纸的一致性，备选方案的技术优势及与技术规格的偏差，所提供设施对现场常见环境和气候的适应性，包括在投标文件中的任何工序控制概念的质量、功能和操作；如果投标文件的技术部分不能满足招标文件的在完整性、一致性和具体技术规格的最低要求，其将由于不响应而被拒绝。

②工程设施所能达到的具体性能标准。

③零部件的型号、数量和长期供应能力，以及维修服务。

④其他列在《投标资料表》的因素（如有）或招标人认为有必要加以考虑的任何其他相关技术因素。

24.2　如果允许提供备选方案，则招标人也将把备选方案作为正选方案按照类似的标准对其技术和商务进行评审；如果不允许提供备选方案，则在评标过程中将忽略备选方案所有相关的内容。

25. 招标文件的商务评审

25.1　在进行商务评价时，将把国内供货的仪器和设备的出厂价（此价包括所有成本和已组合或将组合进仪器和设备中的原材料和部件的已付或应付的税收和关税），与国外供货的设备和仪器的 CIF 价（或 CIP 指定边境点，或 CIP 指定终点）加上进口环节税以及国内内陆运输和所有合同要求的安装和其他服务费用后进行比较。招标人评标中还将把按本章第 25.3 条规定的评标程序付诸实施后产生的费用考虑进去。

25.2　除了价格表 1 至表 5 中指明的投标价格外，招标人在评标时还将以本章第 25.3 条规定和技术规格中指明的方式和范围，利用招标人可得到的价格资料，把下列费用和因素考虑进并加在投标人的投标价格上：

①在投标文件附件 6 中列明的与合同、商务条件和技术规格产生偏差或省略所发生的可以量化的费用，以及没有在附件 6 中说明的偏差和省略的费用。

②符合合同协议的相关附件所要求的，以及经证明为投标文件规定的进度表所必要的时间表。

③设施使用寿命期限内预计运转和维护的费用。

④所提供工程设施的功能保证。

⑤按要求由招标人或第三方提供工作、服务、设施等的额外费用。

在执行合同期间可能由于合同项下价格调整条款所造成的影响，在评标时将不予考虑。

25.3 根据本章第25.2条规定，将采用下列评估方法：

①商务偏差

评标应当在完全满足招标文件商务的、约定的和技术要求的评标价格的基础上进行。为得到上述评标价格，如有必要，上述评标价格应包括撤销在投标文件附件6中列明的偏差的价格。如果投标人没有提供这一价格，招标人为了保证对整个投标进行公平的比较，将根据自己的经验，对偏差进行折价计算。

②时间计划表(实施的进度)

在合同协议中规定的生效日后，本招标范围的仪器和设备应进行装运和安装，并在《投标资料表》规定的期限内完成工程的预调试。投标人应以合同协议相应附件，或无时间计划时，以《投标资料表》规定的完工日期为基础进行报价。提前完工将不予特别对待。根据本章第9.3条附件7(i)的规定，投标文件中提供的替代性计划表是可以接受的，并且提供的完工期在《投标资料表》规定的期限内，则完工期超过规定的最低期限的投标文件在评标时将通过把《投标资料表》规定的一个系数加到标价上进行调整。如果投标文件中提供的完工期超出了最长的可接受的完工期，则将被拒绝。

③运行和维护费用

(i)由于所采购工程设施的运行和维护费用构成工程设施寿命周期费用的主要部分，这些费用将根据《投标资料表》所给出的原则进行评估，包括《投标资料表》规定的初期运行期内的零配件费用，并根据每个投标人在其价格表1和表2中报出的价格以及招标人或同一地方的其他招标人的以往经验进行评估。这些费用将加到评标价上。

(ii)价格表6中推荐零部件的价格在评估时不作考虑。

④工程设施的功能保证

(i)投标文件应明确拟提供的工程设施响应技术规格中规定的功能保证(如性能、效率、消耗等指标)，提供的仪器和设备应具有技术规格中规定的功能保证的最低要求(或最高要求，视情况而定)才能视为响应。低于(或高于)规定的最低要求(或最高要求)，将导致投标文件被拒绝。

(ii)为评标目的，投标人提出的响应性功能保证，低于(或高于)一定的标准或响应性投标文件中承诺的最佳运行功能保证的数值，都将根据《投标资料表》的规定进行调整并加入到评标价格中。

⑤由招标人提供的工作、服务、设施等

当投标文件中包括的业主承担的工作或提供的服务及设施超出招标文件允许的范围时，招标人将估算在合同期间增加的工作、服务和/或设施的费用。这些费用将加在投标价格中一起评估。

⑥特别的额外准则

有关的评标办法应在《投标资料表》和/或技术规格中详细阐述。

25.4 以上程序中产生的价格调整应加入投标价格中，得到“评标价格”。但此价格仅为了评估的比较，投标人报出的投标价格仍然不变。

26. 与招标人的接触

26.1 从开标到中标期间，任何投标人想就与其投标有关的事宜与招标人联系，应以书面形式进行。

26.2 投标人任何影响招标人对投标文件进行评估、比较或做出中标决定的行为，都可能导致其投标文件被拒绝。

六、中标人的确定

27. 资格后审

27.1 在事先没有进行资格预审的情况下，招标人将根据招标文件的要求，判断递交了最低评标价格或性能价格比最优的投标文件的投标人是否有资格令人满意地履行合同。

27.2 在审核投标人的资质时将考虑投标人的财务、技术和生产能力，特别是投标人正在履行的合同、未履行义务和目前介入的诉讼。上述审核应基于投标人在投标文件附件3提供的资格证明文件和招标人认为必要和合理的其他信息。

27.3 投标人中标的先决条件是获得肯定的结论。否定的结论将导致投标人的投标文件被拒绝。在这种情况下，招标人将转向下一个最低评标价或性能价格比最优者，并对投标人是否具备满意履约能力作出类似决定。

27.4 最低评标价或性能价格比最优的投标人在附件5中建议使用的供货商和分包商的能力也将受到评估以决定是否可接受。如需要，该供货商和分包商的参与应以一份当事人之间的意向书加以确定。如果某个供应商或分包商被确定不能接受，则投标本身不会被拒绝，但投标人会被要求在不改变投标价的情况下，更换一个可接受的供应商或分包商。

28. 确定中标人的标准

28.1 在不影响本章第30条规定的情形下，招标人将决定提交对招标文件最具有实质性响应和具有最低评标价或性能价格比最优的投标文件的投标人中标，如果该投标人被确定为具有令人满意地履行合同的资质。

28.2 招标人可以要求投标人按照附件6列明的偏差价格撤销在投标文件附录6中列明的偏差以中标。

29. 取消招标的权力

29.1 招标人在中标通知发出之前的任何时候，有权取消本次招标，对因此而受影响的投标人不承担任何责任，也没有义务向受影响的投标人解释采取这一行动的理由。

30. 中标通知书

30.1 在投标有效期满之前，招标人以书面方式向中标人发出中标通知书。中标通知书将构成合同的一部分。

七、合同的签署

31. 合同协议的签署

31.1 在招标人通知中标的投标人其投标已被接受的同时，招标人将把招标文件中提供的合同协议，其中包括双方达成的所有协议寄给该投标人。

31.2 中标的投标人应当在收到合同协议的28日内在合同协议上签字、注明日期，并将合同协议返还招标人。

32. 履约保证金

32.1 在收到中标通知书后28日内，中标人应按《投标资料表》规定的金额，以招标文件第七章“投标文件格式和程序”中规定的格式或招标人接受的其他格式提供履约保证金。

32.2 在中标人按本章第32条规定提供履约保证金后，招标人将根据本章第13.4条规定，立刻通知每个未中标的投标人并退还其投标保证金。

32.3 中标的投标人未能遵守本章第31条或第32条的要求，将构成招标人取消中标和没收投标保证金的充足理由。在此情况下，招标人有权决定下一个最低评标价或性能价格比的投标人中标或重新招标。

33. 调解人

33.1 招标人建议将《投标资料表》指定的人任命为本合同的调解人，并按照《投标资料表》

的规定支付其每小时的酬金。《投标资料表》后将附上一份该被指定者的简历以及可支付费用的描述。如果投标人不接受招标人建议的调解人，则应在其投标文件中声明并提出对应人选和每小时酬金的标准。如果在合同协议签署日招标人和投标人还未就调解人的任命达成一致意见，将依照合同通用条款第 6.1.4 条规定，由合同专用条规定的任命机构应任一方的要求任命调解人。

34. 腐败和欺诈行为

34.1 招标人、投标人、供应商等参与招投标的各方，均应在招标、采购、合同执行等过程中保持廉洁和最高的道德水准。

(1)腐败和欺诈行为

①"腐败行为"系指在招标、采购和合同执行等过程中，为谋求利益，影响相关人员而提供、给予、接受或索取任何有价物，并导致损害业主和/或招标人及他人的行为。

②"欺诈行为"系指为了影响招标、采购和合同执行等过程而隐瞒事实，从而给业主和/或招标人及他人造成损害的行为，其中包括投标人之间的串通行为。其旨在使投标价成为人为的、无竞争的价格，并使业主无法从自由公开的竞争中受益。

(2)如果被推荐的中标人有腐败和欺诈行为，将取消其中标资格。

(3)如果投标人在任何时候，被法院及政府有关管理部门认定为有腐败和欺诈行为，招标人有权拒绝其投标、取消其中标资格、撤销已签署的合同。

34.2 投标人应注意合同通用条款关于腐败和欺诈行为的相关规定。

第三章 投标资料表

投标资料表说明

1. 本章的目的是协助招标人提供与第二章“投标人须知”中相关条款有关的具体资料，本章应根据每次专项采购的具体情况予以编制。

2. 在投标资料表中，招标人应该针对自身情况、采购程序、适用于投标价格和投标币种的规则、评标标准等事项，具体列明适用于该投标的资料与要求。编制第三章时，应注意以下两个方面。

①用以明确和补充第二章相关条款的资料必须纳入到本章内。

②专项采购情况下所需的对第二章相关条款的修订和/或补充，也必须纳入到本章中。

投标资料表

以下将要采购的设施的具体投标数据是对投标人须知(ITB)条款的修改和/或补充。如有抵触,本章条款优先于投标人须知条款。

[下文斜体注释部分旨在为完成《投标资料表》的编制(针对相应的投标人须知条款)提供指导]

介 绍	
ITB 1.1	项目名称:__________
ITB 1.1	拟招标的工程设施名称:__________
ITB 1.2	招标方式:(公开招标或邀请招标)
ITB 1.3	业主名称:__________ 招标代理机构名称:__________
ITB 6.1	业主的地址、电话、电传或传真号码:__________ 招标代理机构地址、电话、电传或传真号码:__________
ITB6.4	标前会议(如有的话)的时间、日期和地点:__________ *[插入标前会议地点,或指明该标前会议不举行。标前会议应在不迟于投标文件递交截止日前28日举行,同时应伴随现场考察(如果有现场考察,参见投标人须知第6.2条)]*
ITB 8.1	投标文件语言为(中文或英文)
ITB 9.3(c)(e)	对投标人的资格要求,包括对联营体成员、分包人或供货商的要求 *[列明对投标人最低可接受的水平,包括投标人的供货、安装经验(以可比技术参数说明),生产和安装能力,财务能力以及其他方面的要求。如果有资格预审阶段且投标人通过了资格预审,应在本项中要求投标人对于其在资格预审阶段提供的有关资料进行更新]*
ITB 9.3(d)(ii)	运营期间零部件供应及供应年限方面的要求,在完工后或运行验收后若干年
ITB 9.3 (g)	在(i)和/或(iii)项下备选投标方案是可接受/不可接受的,或者 在(ii)项下备选投标方案是可接受/不可接受的。 *[删除不适用的选择项。如接受备选投标方案,则招标人应按投标人须知第9.3条附件7(i)和(iii)规定的备选投标方案的类型]* *说明:在选用单阶段招标方式的情况下,国家经济贸易委员会通常不允许项目单位接受备选方案的投标,若项目单位认为接受投标人的备选方案确有必要,在出售招标文件之前须征得国家经济贸易委员会的书面同意意见*
投标价格和币种	
ITB 11.5	投标价格为:固定价格或可调价格 *(删除不适用的选择项)*

(续表)

投标文件的编制和递交	
ITB 13.1	投标保证金金额： *[此金额应与投标邀请书中指明的一致。为了避免出具保函的金融机构泄漏投标人的价格，在此宜采用一个固定的金额而不是投标价格的一定比例。对于超过一亿美元的合同，应按工程估算值百分之一(1%)加以规定，对于小合同，应按百分之三(3%)。或者，如招标人希望以投标价格的一定比例进行规定，应说明“最低比例为___%”以使投标人能提供超出最低比例金额的保函，以便隐藏其投标价格]*
ITB 14.1	投标有效期：________________(日数) *(投标有效期应足够保障完成评标、比较及其他相关程序，有效期一般为120～180日之间。)*为避免延期，有效期应规定得尽量实际与合理。 *[根据投标人须知第14.3条，延期要求中将采用或指明的价格因素应为：* *(i)外国货币价格指数应以预测的国际价格年度上涨比例为基础或者可以与之相比较；* *(ii)本国货币价格指数应以延长期内中华人民共和国预测的通货膨胀率为基础]*
ITB 15.1&19.2	投标文件及其修改书(如有)的册数：一份正本和__________(若干份)副本 *(若招标人要求，则须另提供一套电子文本)*
ITB 17.1	递交投标文件的地址：__________ 递交投标文件的截止日期：__________
ITB 20.1	开标日期和时间：__________ 开标地点：__________ *(应与投标人须知第17.1条款一致或紧随其后)*
评　标	
TB23.2	为转换为一种通用货币而选择的货币：__________ *(可规定当地货币或一种可转换的货币，如美元。)* 兑换率的来源：__________ *(如果通用的货币是当地币以外的一种货币，如美元，应指明刊登外汇兑换率的一种国际性刊物，如金融时报，并以此汇率作为换算外汇的依据。对于当地货币价格，如果前述通用货币选择为当地货币，应明确中华人民共和国的中央银行或者一家商业银行)* 确定兑换率的日期：__________ *(通常为开标前的某一日或开标当日)*
ITB 24.1 (d)	选项：下述附加标准将予以使用*(列出附加标准的清单)*

（续表）

ITB25.3(b)	时间计划表 完工时间从合同协议第三条规定的生效日起算(*规定的完工时间应针对整个工程设施或其特定部分*)，或者 (*根据投标人须知第9.3条附件7的规定，如果备选时间表被接受*) 按合同协议第三条规定的生效日起算的完工时间将在最早/少（日期/日数）与最晚/多（日期/日数）之间。若完工时间超出规定的最低期限，从最低期限算起，每延迟完工一个星期，调整的比率为___%（插入一个百分比）。 [*每星期百分之零点二(0.2%)比较合理。同样地，费率可以是每月一个固定的延误金额或者按照相应的比例以周计算。在完工的最低期限和最高期限之间可接受的期限应该符合下述要求，即完工的最高期限所对应的百分比或金额应该小于或等于合同通用条款第26.2条对应的合同专用条款中规定的违约罚金的比例或金额*]
ITB25.3(c)	计算设施/设备使用寿命周期内运行和维护成本的因素： (i)使用寿命的年限(*建议使用寿命不超过计划的设施大修以前的通常期限*) (ii)运行成本(*例如：燃料和/或其他投入、单位成本、每年或总的运行要求*) (iii)维护费用，包括初始运行期间零部件的成本，由投标人具体明示 (iv)在上述(i)项规定的期限内，用以将依上述(ii)和(iii)项计算得出的全部未来年度费用折算为现值的折现率（以百分比形式），或者 参阅技术规格中规定的计算方法或招标文件中规定的其他方法 (*删除不适用的选项*)
ITB25.3(d)	功能保证： (i)最低（或最高）功能保证。 (ii)在评标时考虑的调整因素为：每低于或高于如下数值之百分之一(1%)，则调整的价格为[__________金额（评标货币）]；如不足百分之一(1%)，则按比例调整： a. 技术规格中规定的标准（援引该标准）；或者 b. 在响应性投标文件中承诺的最佳运行功能保证的数值（删除不适用的选项）
ITB25.3(f)	选项：列明有关评标方法的其他适当细节或援引技术规格的有关规定
中标	
ITB32	履约保证金金额：通常为合同价格的10%
ITB33	招标人建议的调解人的姓名： (*在《投标资料表》应附上一份该调解人的简历*) 调解人每小时费用：__________（金额）

（续表）

增加 ITB35	招标代理机构的权责 招标代理机构受业主委托作为本项目的招标代理，有权： (i)邀请投标商参加标前澄清会(如有)，现场考察； (ii)回答投标商提出的商务问题； (iii)准备标前澄清会纪要与补遗； (iv)组织和主持开标； (v)和业主共同评标； (vi)发中标通知书，主持合同商务谈判； (vii)与业主共同签署合同(如需要)； (viii)负责合同执行期的商务部分(如需要)

选择 B　两阶段招标

两阶段招标程序流程图

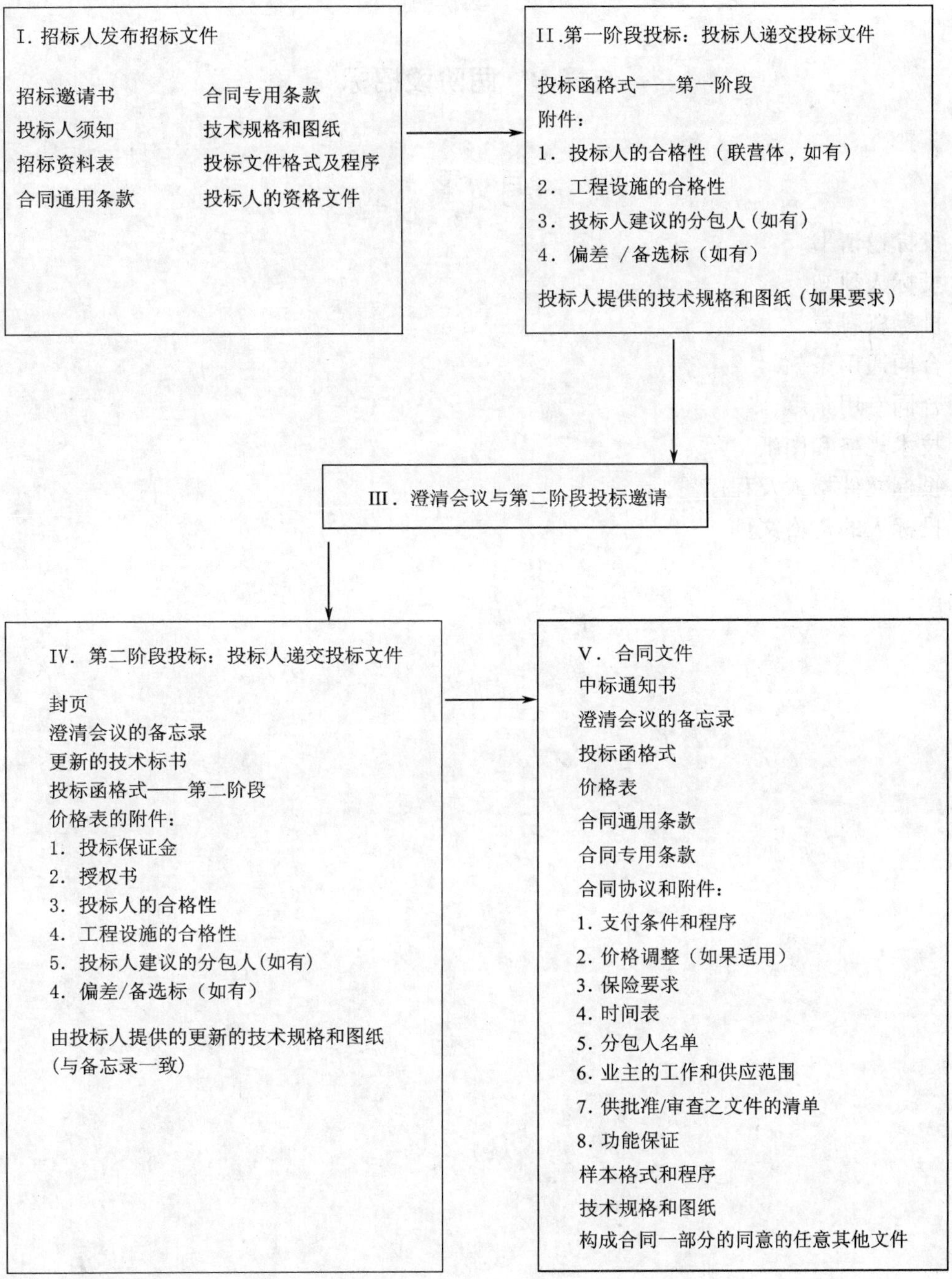
I. 招标人发布招标文件
招标邀请书
投标人须知
招标资料表
合同通用条款
合同专用条款
技术规格和图纸
投标文件格式及程序
投标人的资格文件
II.第一阶段投标：投标人递交投标文件
投标函格式——第一阶段
附件：
1．投标人的合格性（联营体，如有）
2．工程设施的合格性
3．投标人建议的分包人（如有）
4．偏差 /备选标（如有）
投标人提供的技术规格和图纸（如果要求）
III．澄清会议与第二阶段投标邀请
IV．第二阶段投标：投标人递交投标文件
封页
澄清会议的备忘录
更新的技术标书
投标函格式——第二阶段
价格表的附件：
1．投标保证金
2．授权书
3．投标人的合格性
4．工程设施的合格性
5．投标人建议的分包人(如有)
4．偏差/备选标（如有）
由投标人提供的更新的技术规格和图纸
(与备忘录一致)
V．合同文件
中标通知书
澄清会议的备忘录
投标函格式
价格表
合同通用条款
合同专用条款
合同协议和附件：
1. 支付条件和程序
2. 价格调整（如果适用）
3. 保险要求
4. 时间表
5. 分包人名单
6. 业主的工作和供应范围
7. 供批准/审查之文件的清单
8. 功能保证
样本格式和程序
技术规格和图纸
构成合同一部分的同意的任意其他文件

大型成套设备及安装采购

选择 B 两阶段招标

目 录

第一章 投标邀请书

投标邀请书说明

投标邀请书提供的资料可以使潜在的投标人决定是否参加投标。除了本标准招标文件列举的基本事项之外,投标邀请书还应指明任何重要的评标标准和资格要求。

投标邀请书应包含在招标文件中。投标邀请书中的信息资料必须与招标文件一致,特别是应当与投标数据标中提供的相关资料一致。

第二阶段投标的邀请书的样本亦包括在内。该邀请书只发给由招标人确定的第一阶段评标后合格的和响应的,可以参加第二阶段投标的投标人。

投标邀请书投标文件格式

(第一阶段投标)

项目名称：____________________

大型工程设施名称：____________

日　　期：____________________

招标编号：____________________

1. ____________________(招标代理机构名称)(以下简称"招标人")受____________________(项目单位)(以下简称"业主")的委托，现邀请合格投标人就下述大型工程设施的供货和安装提交密封的投标。

2. 大型工程设施：____________________(描述)。

供货和安装工作范围：____________________(描述)。

3. 本招标为____________________(公开招标)或____________________(邀请招标)

4. 有兴趣的合格投标人可于______年______月______日至______年______月______日(节假日除外)__________(时间)至__________(时间)在招标人得到进一步的信息和查阅招标文件。

5. 投标人可在上述时间从招标人以____________________(每套招标文件售价)购买一套完整的招标文件。招标文件售后不退。如需邮寄，须另付邮资____________________(邮资金额)，招标人不对邮寄过程中的遗失负责。

6. 投标文件应于______年______月______日之前递交到____________________(地址)，迟到的投标文件将被拒绝。

7. 合同采用两阶段招标程序，具体如下：

(a)第一阶段招标仅包括技术标(不涉及任何有关价格的问题)及一份清单，该清单列明在技术或商务方面与招标文件中的任何偏差，或投标人愿意提供的任何备选技术方案以及相关的理由，只要这样的偏差或备选方案没有改变项目的基本目的。招标人在完成对第一阶段投标的评标后，将邀请每一位满足可接受的最低资格标准且在第一阶段递交了技术上响应的投标文件的投标人参加澄清会。在此澄清会中，将审查投标文件，所有需要的修改、增补、删减和其他调整将记录在"备忘录"中。只有那些提交了技术上响应且可接受的第一阶段投标文件的投标人，才被邀请递交第二阶段投标文件。

(b)第二阶段招标包括：(i)一份更新的技术投标文件，反映出招标人所要求的所有修改内容，这些修改内容应记录在澄清会"备忘录"之中；(ii)商务投标文件。

8. 投标文件应于______年______月______日之前递交到____________________(地址)，迟到的投标文件将被拒绝。

9. 所有第二阶段的投标文件都必须附有投标保证金，金额为____________________(一定金额或投标价的一个最低百分比)。未按规定提供投标保证金的投标文件将被拒绝。

10. 第一阶段投标文件定于______年______月______日，在____________________(地址)公开开标。届时请参加投标的代表出席开标仪式。第二阶段投标文件的开标在第二阶段投标的邀请书规定的日期、时间和地址进行，投标人可派代表参加开标会。

招 标 人：________________________________

详细地址：________________________________

邮　　编：________________________________

联 系 人：________________________________

电　　话：________________________________

传　　真：________________________________

电子邮件：________________________________

开户银行：________________________________

银行账号：________________________________

投标邀请书投标文件格式

(第二阶段投标)

项目名称：____________________

大型工程设施名称：____________

致：____________________(投标人名称/地址)

1.我们特此通知并邀请贵公司递交关于执行和完成题述招标合同的第二阶段密封投标文件，贵公司已于____________________(提前第一阶段投标的日期)就该合同递交了第一阶段投标文件，在________________(日期)举行的澄清会期间，我们对贵公司的第一阶段投标文件进行了审查，认为已在技术上响应招标文件。

2.贵公司第二阶段投标文件应包括一份更新的技术和商务投标文件________________(或可接受的备选标)，这应基于________________(所附的修改书，如有)和任何修订(如有)，列在题为"按第一阶段评标要求的修改"的文件之中，而该文件乃作为于__________(日期)与贵公司举行的澄清会之"备忘录"的附件。

3.第二阶段投标文件应在____________________(第二阶段投标文件递交的时间、地点)递交，并将在参加投标的投标人代表在场时于____________________(第二阶段投标的开标时间、日期、地点)公开开标。

4.第二阶段投标文件应从上面规定的开标之日起保持__________(日数)有效期。

5.所有第二阶段的投标文件都必须附有投标保证金，金额为________________(一定金额或投标价的一个最低百分比)，形式如下：

①一份直接由信誉良好的银行开具的银行保函或不可撤销信用证，其格式在招标文件中提供；或

②现金或保兑支票。

6.第二阶段投标人应提供有关其资格的最新资料，特别是最新财务状况、新承担的合同，及所涉诉讼情况。

7.请以电报、传真或电传等书面形式尽快确认收到此邀请。若贵公司不打算参加第二阶段投标，也请尽快书面通知我们。

授权签字：______________________________

姓名和职务：______________________________

招 标 人：______________________________

附：[修订(如有)及"按第一阶段评标要求的修改"备忘录]

第二章 投标人须知

注释：

1."投标人须知"提供了投标人按照招标人的要求准备投标文件所必需的信息，以及投标、开标、评标和签署合同等有关规定。

2.投标人须知应得到严格的履行。第三章《投标资料表》的条款是对"投标人须知"的补充，以及对具体项目情况和要求的说明。

投标人须知

目　录

E3.第二阶段投标:开标与评标

31.第二阶段开标

32.第二阶段投标文件的初审

33.折算为同一货币

34.第二阶段投标文件技术部分的评审

35.第二阶段投标文件商务部分的评审

36.与招标人的接触

F.中标人的确定

37.资格状况的变化

38.确定中标人的标准

39.取消招标的权力

40.中标通知书

G.合同的签署

41.合同协议的签署

42.履约保证金

43.调解人

44.腐败与欺诈行为

投标人须知

A. 说明

1. 描述

1.1 《投标资料表》列明的项目单位(以下简称“业主”)已获得一笔资金/贷款(以下简称“资金”)。业主计划将资金的一部分用于支付《投标资料表》指定工程设施合同项下的款项。

1.2 本项目的招标将以《投标资料表》规定的公开招标或邀请招标的方式进行。

1.3 《投标资料表》列明的招标人是指业主委托的获得国家经济贸易委员会授予相应资质的招标代理机构(以下简称“招标人”)或经批准可以自行招标的项目单位。

2. 合格投标人

2.1 除《投标资料表》及本文件另有规定外,凡来自中华人民共和国或是与中华人民共和国有正常贸易往来的国家或地区的法人均为合格投标人。

2.2 投标人在中华人民共和国境内的投标活动均应严格遵守中华人民共和国法律和法规。

2.3 投标人不得与本次招标的成套设备编制设计,技术规格和其他文件的公司或提供咨询服务的公司包括其附属机构有任何关联。

2.4 只有合法运作并独立于招标人/业主的法人才能参加投标。

2.5 投标人应不属于本须知第 44 条规定的有腐败和欺诈行为的不合格的投标人。

3. 合格的仪器、设备和服务

3.1 在招标文件中,“工程设施”“仪器和设备”“安装服务”等词,应依照合同通用条款对其给出的定义来解释。

3.2 合同项下供应和安装的所有仪器和设备以及提供的服务,其原产地均应来自上述第 2.1 条规定的合格来源国,且合同项下的招标人所有的支付义务也只限于这类仪器、设备和服务。

3.3 “原产地”系指仪器和设备或其部件的生产地。仪器和设备是通过制造、加工或用重要的和主要的元部件装配而成的,其基本特性和功能或效用应是商业上公认的,与元部件有着实质性区别的产品。

3.4 仪器、设备和服务的原产地可以不同于投标人的国籍。

4. 投标费用

4.1 投标人应承担与投标文件编制和递交有关的一切费用。不管投标结果如何,招标人对上述费用不负任何责任。

B. 招标文件

5. 招标文件的内容

5.1 招标文件对所要求的工程设施、招标程序、合同条款和技术要求作出详细规定。招标文件应包含以下内容:

第一章　投标邀请书(IFB)

第二章　投标人须知(ITB)

第三章　投标资料表(BDS)

第四章　合同通用条款(GCC)

第五章　合同专用条款(SCC)

第六章　技术规格与图纸(TS)

第七章　投标文件格式和程序

1.投标函格式和价格表

2.偏离表

3.投标保证金格式

4.合同协议格式

5.履约保证金格式

6.预付款银行保函格式

7.完工证书格式

8.运行验收证书格式

9.变更令格式和程序

10.法人代表授权书格式

第八章　投标人的资格文件

5.2　投标人应认真阅读招标文件中所有须知、格式、条款、规范和其他资料。如果投标人未能提交招标文件中要求的全部资料，或者提交的投标文件在各方面没有实质上响应招标文件，其风险应由投标人承担，并可能导致投标文件被拒绝。

6.招标文件的澄清:标前会议

6.1　要求澄清招标文件的预期投标人应以书面或电报方式(以下“电报”一词均被视为包括电子数据交换、电传或传真)按《投标资料表》指明的招标人通讯地址通知招标人。同样，如果投标人认为任何一条重要条款[例如本章第 9.3(4)条中规定的条款]是无法接受的，则应在此阶段提出。招标人对于在其规定的投标截止期 28 日前收到的投标人提出的澄清或修正招标文件的要求将作书面答复。招标人的书面答复(包括对询问的解释，但不说明询问的来源)将寄给所有收到招标文件的预期投标人。

6.2　建议投标人对工程现场和周围环境进行现场考察，以获取那些需自己负责的准备投标和签署合同所需的所有资料。考察现场的费用由投标人自己承担。

6.3　招标人允许，投标人及其人员或代理人可以进入被允许的现场进行考察;但前提条件是:投标人及其人员或代理人应当使招标人免于由此产生的任何责任。投标人及其人员和代理人必须承担由于考察引起的死亡和人身伤害、财产损失或损坏，以及导致的任何其他损失、损坏或费用支出。

6.4　如果举行标前会议，投标人的指定代表可按《投标资料表》规定的时间、地点出席会议。会议的目的旨在澄清疑问、解答该阶段可能提出的问题。投标人须尽可能在会议召开的一星期以前，以书面或电报形式向招标人提交问题。对于迟交的问题，在标前会议上可能无法及时予以答复，但问题和答复将会随后送达投标人。招标人应在标前会议结束后，尽快将标前会议的会议纪要，送达所有已购买招标文件的投标人，该会议纪要应当包括所有的问题以及招标人在标前会议上和会后做出的答复。如果标前会议使得有必要对本须知第 5.1 条所列投标文件进行修改，则只能由招标人根据本须知第 7 条的规定以发出修改书的方式进行修改，而不能以标前会议纪要的形式进行修改。

7.招标文件的修改

7.1　招标人在投标截止日前的任何时候，有权基于任何原因对招标文件进行修改，无论修改是招标人主动作出的，还是为了解答预期投标人要求澄清的问题而作出的。

7.2　修改书将以书面方式或电报通知所有获得招标文件的预期投标人，并对其具有约束力。投标人在收到此类修改书后应立即回函确认，并且将被视为在编制投标文件时已考虑了上述修改内容。

7.3　为给予投标人合理的时间针对招标文件的修改而对投标文件进行相应的调整，招标人应酌情延长递交投标文件的截止日期。在此情况下，招标人将以书面形式通知所有的投标人延长递交投标文件的截止日期。

C1. 第一阶段投标:投标文件的编制

8. 投标文件的语言

8.1 投标文件以及投标人与招标人就有关投标的往来函电均应使用《投标资料表》规定的语言书写。投标人提交的支持文件和印刷文件可以使用另一种语言,但相应内容应翻译成《投标资料表》规定的语言,在这种情况下,对投标文件的解释以译文为准。

9. 投标文件的构成

9.1 投标人递交的第一阶段投标文件应包括以下文件:

完整填写且合格签署的第一阶段投标文件,以及按下述第 9.3 条规定的所有附件。

第一阶段投标仅是技术标和资格审查,不包括价格、报价表,或任何与为完成工程有关的费率和价格。只要第一阶段投标文件中包括价格信息,将导致投标文件被拒绝。

9.2 允许投标人在第一阶段提交技术备选方案或其他备选投标文件,只要投标人能证明此备选标对招标人有利,能完成合同的主要目的,并且能满足招标文件中要求的基本性能和技术标准。

投标人在第一阶段提交的任何备选标,都应按本章第 18 条规定在澄清会上讨论。

9.3 第一阶段投标文件附件

每一位投标人都应在第一阶段提交下列附件:

(1)附件 1:投标人的合格性和资格条件

在未进行资格预审的情况下,按本章第 2 条规定提供文件,证明投标人的合格性且若其投标文件被接受后有能力执行合同。

有关投标人合格性的证明文件应证明投标人在其递交投标文件时,来自本章第 2.1 条规定的合格成员国。

有关投标人资格的证明文件应证明投标人若投标文件被接受,其具有财务、技术、生产、采购、运输和安装等一切执行合同所必备的能力,尤其要满足《投标资料表》所规定的经验和其他标准。

由两家或更多的公司组成的联营体递交的投标文件应满足以下要求:

(i)联营体每位成员都应提交所有附件 1 要求的信息。

(ii)投标文件的签署应当使联营体或合营体的所有成员均受投标文件的约束。

(iii)负责实施合同主要部分的一个成员应被投标人指定为主办人,该主办人的授权书应随投标文件提交,且要有经合法授权的代表的签署。

(iv)主办人应被授权代表联营体或合营体任何成员或所有成员承担责任和接受指示。整个合同的实施(包括支付)应全部由主办人负责。

(v)联营体或合营体所有成员应按合同条款的规定对履行合同承担连带责任。

(vi)联营体或合营体成员之间签订的关于结成联营体或合营体的协议书副本应当随投标文件一起提交。

为了符合资格要求,联营体或合营体中每一成员或成员组合应满足本章第 2 条为独立投标人列举的履行其被指定的合同部分所需的最低标准。不能符合这项要求的联营体或合营体的投标文件将被拒绝。

一家公司/企业只能作为一个联营体或合营体的成员。含有同一家公司/企业的多个联营体或合营体的投标文件将被拒绝。

如果投标人只供应和/或安装合同项下的仪器和设备而投标人本身不从事制造、生产或安装,则投标人必须:(i)具备履行合同所需的财务及其他方面的能力;(ii)得到相关仪器和设备或其部件的制造商或生产商的充分授权,在中华人民共和国供应和安装该仪器、设备或部件;以及(iii)负责确保制造商或生产商满足本章 2.1 规定和该项目对独立投标人要求的最低标准。

(2)附件 2:工程设施的合格性和一致性

依照本章第 3 条规定,投标人应提供文件证明在其投标文件或任何备选投标文件(如果允许提交)中拟提供的工程设施是合格的工程设施，并符合招标文件的要求。

证明工程设施合格性的文件必须包括一份所提供仪器和设备的原产国的说明，并附上仪器和设备交付运输时的原产地证书加以确认。

证明工程设施与招标文件一致性的文件可以是文字、图纸或数据形式，并且必须提供：

(i)工程设施最基本的技术性能和操作性能的详细描述。

(ii)在工程设施按合同规定完工后，工程设施在《投标资料表》规定的期限内正常和连续运行所需的全部的备件和专用工具清单，包括备件和专用工具的来源。

(iii)关于招标人所要求的技术规格的注释以及关于工程设施响应上述技术规格要求的充分证明。投标人应注意招标人在招标文件中所提出的有关工艺、技术、材料和设备的标准(确定质量和性能的标准)仅系描述性的并非约束性的。投标人可以提出替代标准、商标和/或样本目录号码，只要能证明该替代标准实质上相当于或优于技术规格中的规定。

(3)附件3：投标人建议的分包人

在投标文件中，投标人应列出其拟采购和分包的主要项目细节，给出每个细目建议的分包人(包括卖主)的名称和国籍。投标人对工程的每一项可以提供一个以上的分包人。

投标人应负责保证他所建议的任何分包人都能满足"投标人须知"第2.1条的要求，任何由分包人提供的设备、机械或服务也都应满足本章第3条和第9.3(1)条的要求。

招标人有权按本章第18条事先或在澄清会时删去任何建议的分包人。投标人应完成填写合同协议的相应附件，列出每个项目下经批准的分包人。

(4)附件4：偏差

除备选标外，投标人应列明详细的与招标文件的偏差之处、反对或保留，希望按本章18规定，招标人在澄清会上对此予以考虑。特别是(如有)针对关键条款的偏差、反对或保留，如涉及投标保证金(本章第24条)、GCC第5条(法律适用)、GCC第14条(税收)、GCC第27条(缺陷责任)、GCC第28条(功能保证)、GCC第29条(专利)或GCC第30条(责任限制)和其他投标文件中有关的条款，投标人应予以解释。招标人将按本章第16条的规定考虑所有的偏差。招标人接受的那些偏差将作为投标文件的补遗或按本章第19条的规定作为"按第一阶段评标后要求的修改"。而招标人不接受的那些偏差应由投标人在第二阶段投标时撤回；若未能做到这点，按本章第32.5条规定，投标文件将被拒绝。

10. 投标函

10.1　投标人应完成第一阶段投标函格式，按招标文件规定的方式和细节，并在第一阶段投标时递交。

11. 投标文件的制作及签署

11.1　投标人应按"投标资料表"的规定，准备其投标的一份正本和数份副本/成套件，并以恰当方式将每份清楚地标以"第一阶段投标文件——正本""第一阶段投标文件——副本1""第一阶段投标文件——副本2"等。若正本和副本不符，应以正本为准。

11.2　每份投标文件正本和数份副本都应该打印，或用不褪色墨水书写，并由投标人或经其授权的使合同对投标人具备约束力的人士签署。除未经修改的印刷文字以外，投标文件所有页都应由签署投标文件的人士小签。

11.3　投标文件不应有重行、擦痕或叠写，否则投标人必须修改错误。这种情况下，修改部分应由签署投标的人士小签方可生效。

C2. 第一阶段投标：投标文件的递交

12. 第一阶段投标文件的密封和标识

12.1　投标人应将提交的第一阶段投标文件正本和每份副本分别装在信封里，每份都必须包括本章第9条所要求的文件；并且在信封上按本章第11.1条要求正确标识"第一阶段投标文件——正本"和"第一阶段投标文件——副本”。这些信封应密封装入一个外装信封。

12.2 外装信封和内装信封都应：

(a)写明招标人的地址；

(b)根据本章第 14.1 条规定标上合同名称、投标邀请书名称和编号，以及“在第一阶段投标。在____________________(提交投标文件日期)____________________(开标时间)以前不得开启”字样。

12.3 每个内装信封应分别标出投标人的名称和地址，以使投标文件被宣布“迟到”时能原样退回。

12.4 如果外装信封未按本章第 12.2 条和第 12.3 条规定密封并予以标识，那么，招标人对误递或提前拆封不负责任。如果外装泄露了投标人的身份，招标人则不保证投标文件递交的保密性，但这种泄露并不构成拒绝投标文件的理由。

13. 递交第一阶段投标文件的截止日期

13.1 第一阶段投标文件必须在招标人按“投标资料表”规定的地址日期和时间之前收到。迟到的投标文件将被拒绝。

C3. 第一阶段投标：开标与评标

14. 第一阶段开标

14.1 招标人将按“投标资料表”指定的地址、投标递交日期和截止时间对第一阶段投标进行开标。投标人代表可以参加开标，所有到会的人员都应签到。

14.2 所有递交第一阶段投标文件的投标人名称，以及其他招标人认为适宜的类似细节都将在开标仪式上予以宣布。

14.3 招标人将准备开标记录。

15. 第一阶段投标的初审

15.1 招标人将对投标文件进行审查，以确定投标文件是否完整无缺，是否签署正确，以及投标文件是否条理分明。任何一份投标文件，若由于任何一个原因不响应或未满足投标文件中规定的最低标准或其他标准，招标人都可拒绝，不再进行下一步考虑。招标人也应对投标人递交的备选标进行初步审查。

16. 第一阶段投标的技术评审

16.1 招标人将对投标文件进行详细的评审，以判定技术方面是否完全响应招标文件中规定的要求。首先，招标人将按本章第 9 条和招标文件中其他要求审查投标人提供的内容，包括以下方面：

(a)总体上的完整性并与技术规格和图纸一致，提供的备选标和偏差之处的技术优点，提供的设施对有关施工现场环境和气候条件的适应程度，投标文件中所包括的任何工序控制概念的质量、功能和运转。

(b)设施所能达到的具体性能指标。

(c)与合同协议相应附件要求的时间表或任何投标人提供的选择时间表的一致性，此表须以投标文件中关键项目的时间表为准。

(d)备件的类型、数量和长期供应能力及维护服务。

(e)其他招标人认为有必要加以考虑的有关技术因素。

(f)任何与招标文件中规定的商务和合同条款的偏差。

16.2 如果投标人按本章第 9.2 条规定提交完整的技术备选标，招标人也将予以审查并判定备选标是否可以作为第二阶段投标可接受的基础。

17. 资格审查

17.1 在无资格预审的情况下，招标人将确定提交响应的第一阶段投标文件的投标人是否有资格令人满意地完成合同。

17.2 此种判定应考虑投标人的财务、技术和生产能力以及过去业绩。招标人对投标资格的评判只基于其对投标人按本章第 9.3(1)条规定提交的资料和招标人认为必要和合适的其他资料的审查。

17.3 资格审查的肯定结论将作为按照本章第18条规定邀请投标人参加澄清会的先决条件。否定的结论将导致投标人的投标文件被拒绝。

D. 澄清会

18. 第一阶段投标文件的澄清和对投标人提出的偏差与备选方案的审查

18.1 在评标的该阶段，招标人将与每位或任何一位投标人进行澄清会谈，以澄清第一阶段投标文件中需要解释的任何方面。在会上，招标人可以向投标人就任何问题提问，无论是技术上的或其他原因需要对第一阶段投标文件作修改或变更的。招标人要求的这样的修改或变更将被记录在"按第一阶段评标要求的修改"的备忘录中，并将其作为邀请第二阶段投标文件递交的一部分。

18.2 招标人将通知投标人，按须知第9.3(4)条规定，决定在第一阶段投标中的任何例外或偏差，哪些是不可接受的并应在第二阶段投标时撤回，以及哪些是招标人认为可接受的。或者，招标人可要求投标人在其第二阶段投标文件中提供一个撤回偏差的附加价格(如有)。

18.3 招标人将通知投标人其所提出的备选标(如有)是否可接受，并判定此备选标应以何种程度结合进投标人的第二阶段投标文件。

19. 邀请递交第二阶段投标文件

19.1 在第一阶段评标结束时，且已举行完澄清会后，招标人应：

(a)发布招标文件的修改，特别是在第一阶段评标和澄清会中得出的必须的修改。该等修改可针对评标标准或其他投标人须知中的部分或合同专用条款及技术规格。该等修改的目的是加强竞争性，而不减弱项目基本目的的要求。

(b)招标人也可以：

(i)邀请投标人递交一份包括更新的技术和商务的第二阶段投标文件，基于更新的技术规格和图纸以及基于"按第一阶段评标要求的修改"之文件(该文件乃作为与投标人举行之澄清会备忘录的附件)中所要求的对于第一阶段投标的技术上修改。

(ii)邀请投标人递交一份包括更新的技术和商务的第二阶段投标文件，基于投标人在第一阶段提出的备选标并应考虑到更新的技术规格和图纸，以及"按第一阶段评标要求的修改"的文件(该文件是作为与投标人举行澄清会备忘录的附件)中所要求的对于第一阶段投标的技术上修改；

(iii)通知投标人已被拒绝，由于实质性不响应或未满足招标文件中规定的最低资格要求。

19.2 作为联营体的投标人在第二阶段投标时不允许与其他投标人组成新的联营体，也不允许更换联营体成员或结构。

19.3 第二阶段投标截止日期将规定在第二阶段投标邀请书中。

E1. 第二阶段投标：投标文件的编制

20. 第二阶段投标文件的构成

20.1 投标人按须知E2规定递交第二阶段投标文件时，应提交下列文件：

(a)一份与投标人举行澄清会的备忘录。

(b)商务投标文件，包括以下内容：

(i)由投标人妥为填写和签署的第二阶段投标函格式，以及在下面(d)款中列明的所有附件。

(ii)由投标人及时完成的价格表。

(c)更新的技术投标文件，包括"更新的技术规格和图纸"以及其他记录在澄清会备忘录中所要求的对于第一阶段投标的技术上的修改。

(d)第二阶段投标文件的附件：

(i)附件1：投标保证金

按本章第24条规定提供的投标保证金。

(ii)附件 2:法人授权书

一份经公证的授权书,表明签署投标文件的人有权签署投标文件,且在本章第 25 条规定的投标文件有效期内该投标文件对投标人具有约束力。

(iii)附件 3:投标人的合格性和资格

在从提交第一阶段投标文件到提交第二阶段投标文件的期间内发生的对于投标人履行合同的合格性和资格有实质性影响的任何变化。

(iv)附件 4:工程设施的合格性和一致性

按本章第 3 条规定提交的证明文件,证明按澄清会备忘录的要求,投标人提供或安装的任何增加或变化的工程设施在技术上是可接受的。

有关增加的工程设施合格性的证明文件应包括关于仪器和设备原产国的说明,仪器和设备装运时签发的原产地证书将对此进行确认。

有关工程设施与澄清会备忘录要求一致性的证明文件可采用文字、图纸和数据形式。

(v)附件 5:投标人建议的分包人

若投标人在第一阶段投标文件之外又提议增加的分包人,投标人应给出分包人(包括供货商)的具体名称、国籍,以及建议分包或采购的工程设施部分的细节。投标人可以就工程设施的每一项列出一个以上的分包人。所报的费率和价格将被视为适用于任何被确定的分包人,且费率和价格不允许调整。

招标人有权在决定投标人中标前从表中删除任何一个分包人,在与承包人讨论后,合同协议的相应附件应包括每项工程的经招标人同意的分包人。

21. 投标函和报价表

21.1 投标人应按本章第 22 条和第 23 条规定,以招标文件提供的方式和细节,完成第二阶段投标函格式和相应的价格表。

22. 投标报价

22.1 除非技术规格另有规定,投标人应在"一一对应"的基础上对全部工程设施进行报价,使得总投标价包括招标文件规定的所有有关设计、生产,包括采购和分包(如有)、运输、施工、安装和工程设施完工的承包人的责任和义务,以及可合理推断的责任和义务;这包括承包人在测试、预调试和调试方面的所有要求,以及招标文件中要求的许可证、批复和执照等的获得、维护及培训服务,以及招标文件可能规定的其他项目和服务等。所有这些方面应符合合同通用条款的规定。对于投标人在投标文件中未填报价格的项目业主在执行期间将不予支付任何款项或费用,并将视此项目的费用已包含在其他项目的价格中。

22.2 投标人应按价格表所要求的方式和细目报出分项价格。如果招标文件未含价格表,投标人应按以下方式报出价格:

下列各部分应采用分别标号的表格。所有分表(表 1 至表 4)汇总后,列入价格总汇总表(表 5)作为总投标价列入投标文件。

表 1:国外供货的仪器、设备和随机备件分项价格表。

表 2:国内供货的仪器、设备和随机备件分项价格表。

表 3:中国内陆运输及服务分项价格表。

表 4:安装服务价格表。

表 5:价格汇总表(表 1 至表 4)。

表 6:缺陷责任期后两年正常使用的备品备件、专用工具分项价格表。

投标人应注意上述表 1 和表 2 所含的仪器和设备不包括土建、房建及其他建筑工程所用的材料。所有此类材料应在表 4 安装服务中报价。

22.3 在所有价格表中,投标人应按以下规定给出要求的价格细节和分项:

(a)由国外供应的仪器和设备(表 1)应按 CIF 的目的港价、CIP 边境点价或 CIP 指定地点的价格进行报价;另外,离岸价 FOB(或 FCA)方式下也应指明其价格。

(b)在中华人民共和国生产或组装的仪器和设备(表 2)应按出厂价(或根据实际情况,按照离厂价、离库价或下架价)进行报价,并且包括所有成本以及已组装或将组装的零部件和原材料已支付或应支付的税费和关税。

(c)由于仪器和设备的交货(表 3)发生的当地运输、保险及其他服务的费用。

(d)安装服务(表 4)的价格需分别报价,该报价应包括在招标文件中列明的履行安装服务所必需的全部事项的价格和费率,应包括:①为正确实施安装服务所需的所有劳务、承包商的设备、临时工程、材料、消耗品及所有其他不论任何性质的物品和劳务;②招标文件要求的运行和维护服务;③技术、设计、技术服务和培训等各项费用。

(e)上述(a)或(b)段中提到的推荐的零部件(表 6)也应根据其原产地分别报价。

22.4 EXW,CIF,CIP 等术语应以国际商会(巴黎)最新出版的《国际贸易惯例术语解释通则》(Incoterms)的规定来解释。

22.5 价格可以在《投标资料表》规定的以下两种方案中选择其一:

(a)固定价格:投标人的报价应在投标人履行合同期间固定,且不得以任意理由改变。投标人若递交可调价格的投标文件将被视为不响应而拒绝;或者

(b)可调价格:投标人的报价在合同实施期间,应依照合同协议附件的程序予以调整以反映劳务、材料、运输和承包商的设备部分在费用上的变化。报固定价的投标文件将不被拒绝。但价格调整将视为零。评标时,不考虑调价规定。投标人应在上述附件中列明劳务来源和材料目录。

23. 投标货币

23.1 投标价应按以下规定确定货币:

(a)《投标资料表》规定为国内竞争性招标时,投标货币应为人民币。

(b)《投标资料表》规定为国际竞争性招标时,投标货币应为《投标资料表》规定的外国货币。有国内公司参加的联合体对来源于国内的供货和服务部分可以以人民币报价,其余部分以上述外国货币报价。

24. 投标保证金

24.1 投标人应按照《投标资料表》的规定提供投标保证金,并作为投标文件的一部分。

24.2 根据投标人选择,投标保证金可由投标人挑选一家有声誉且位于合格国家的银行出具一份保兑付支票、信用证或银行保函,银行保函的格式应与招标文件中规定的投标保证金的格式一致;或采取招标人事先允许的其他格式。投标保证金的有效期应超出原定投标有效期以及根据本章第 25.2 条延长后的投标有效期 30 日。

24.3 规定根据本章第 32.5 条规定,任何未提供可接受的投标保证金的投标文件都将被视为非响应性标书而被拒绝。

24.4 未中标的投标人的投标保证金应立即退还投标人,且不迟于投标有效期结束后 30 日。

24.5 中标人的投标保证金可在其依照本章第 41 条签署了合同协议并按本章第 43 条提供了所需的履约保证金后退还。

24.6 投标保证金在如下情况可以被没收:

(a)投标人在其投标函格式中规定的投标有效期内撤回其投标;或

(b)对中标的投标人而言,如果未能在规定的时间内。

(i)按本章第 41 条规定签署合同协议;或

(ii)按本章第 42 条规定提供履约保证金。

25. 投标有效期

25.1 第二阶段投标应根据本章第 28.1 条规定,从招标人规定的第二阶段投标截止日期算起,在第二阶段投标邀请信中规定的期限内保持有效。有效期不足的投标,将被招标人视为非响应性投标文件而被拒绝。

25.2 在例外情况下，招标人可能要求投标人同意延长投标文件有效期。相应的要求及回复应以书面或电报形式作出。如果投标人接受延长有效期，投标保证金的期限也应相应延长。投标人也可以拒绝延期要求并且其投标保证金不会因此被没收。任何同意延期的投标人都不会被要求或允许修改其投标文件，除非本章第25.3条另有规定。

25.3 对于固定价格的合同(不作价格调整)如果投标有效期延长60日以上，对从原始投标期结束后至发出中标通知这段超过60日的延误期，应按延期要求中规定的方法，分别增加支付给中标人的外币和当地货币款项。评标时只以投标价为基础，而不考虑上述调整。

26. 投标文件的制作及签署

26.1 投标人应准备一份正本投标文件，并按照《投标资料表》规定的份数准备投标文件的副本，并以恰当方式将每份投标文件清楚地标以"第二阶段投标文件——正本""第二阶段投标文件——副本1""第二阶段投标文件——副本2"等。若正本和副本不符，以正本为准。

26.2 投标文件的每一份正本和副本均应打印或以不褪色墨水书写，并由投标人或经其授权使合同对投标人有约束力的人签署。投标人出具的授权应当按本章第20.1条以书面委托书形式出具并作为投标文件附件2提交。除无修改的印刷品外，投标文件的所有页数都应由签署投标文件的人签字。

26.3 投标文件中出现的行间插字、删除或改写，应由签署投标文件的人签字后才有效。

26.4 投标人应按投标函格式最后一段文字的描述，提供与此投标文件和中标后合同的履行相关的应付给代理的佣金或报酬的信息。

E2. 第二阶段投标:投标文件的递交

27. 第二阶段投标文件的密封和标识

27.1 投标人应将提交的第二阶段投标文件正本和每份副本分别装在信封里。并且在信封上正确标识"第二阶段投标文件——正本"和"第二阶段投标文件——副本"。这些信封应密封装入一个外装信封。

27.2 外装信封和内装信封都应:

(a)写明《投标资料表》给出的招标人地址。

(b)按第二阶段投标邀请信上指明的标上合同名称、投标邀请信名称和编号及"在____________(提交投标文件日期)____________(开标时间)以前不得开启"字样。(按本章第31.1条，填上投标邀请中规定的时间和日期)。

27.3 每个内装信封应分别标出投标人的名称和地址，以使投标文件被宣布"迟到"时能原样退回。

27.4 如果外层信封上没有按本章第27.2条规定密封并予以标识，招标人将不承担错放或提前开封的责任；如果外层信封泄露了投标人的身份，招标人将不保证投标的匿名性，但此泄露并不构成拒绝投标文件的理由。

28. 递交第二阶段投标文件的截止日期

28.1 第二阶段投标文件必须由招标人按本章第27.2条规定的地址和第二阶段投标邀请信中的日期和时间之前收到。

28.2 招标人可以酌情延长投标截止期。在此情况下，招标人和投标人受投标截止期制约的所有权利和义务均应延长至新的截止日期。

29. 迟交的投标文件

29.1 招标人将拒绝并原封退回本章第27条规定的截止期后收到的任何标书。

30. 投标文件的修改和撤回

30.1 投标人可以对其已递交的投标文件进行修改或撤回，招标人在投标截止期之前收到的修改文件或撤回通知有效。

30.2 投标人的修改书应按以下方式编制、密封、标识和递送：

(a)投标人应提供一份投标文件修改书正本和《投标资料表》规定份数的副本，投标文件的正本和副本应分别装入两个信封中，并正确标上"第二阶段投标文件修改书——正本"和"第二阶段投标文件修改书——副本"。上述两个信封应密封在另一个外装信封内并正确注明"第二阶段投标文件修改书"。

(b)其他关于投标文件修改的标识和递交规定，应符合本章第 27.2 条、第 27.3 条和第 27.4 条的规定。

30.3 希望撤回其投标文件的投标人，应在提交投标文件的截止期前书面通知招标人。撤回通知应该：

(a)按《投标资料表》指定的地址寄给招标人；并且

(b)标明合同名称、招标号码和"第二阶段投标文件撤回通知书"字样。提交投标文件截止期以后收到的投标文件撤回通知将不予受理，并且提交的投标文件将被视为有效投标文件。

30.4 第二阶段投标文件在提交投标文件截止期和本章第 25 条规定的第二阶段投标有效期之间不可以被修改或撤回。在此期间撤回投标文件可能导致投标人的投标保证金依照本章第 24.6 条的规定被没收。

E3. 第二阶段投标：开标和评标

31. 第二阶段开标

31.1 招标人将按《投标资料表》指定的时间、日期和开标地点，在出席的投标人代表在场的情况下对第二阶段投标文件(包括根据本章第 30 条所作的修改书与撤回通知)开标。投标人的代表应签到以证明其出席。

31.2 标明"撤回"字样的投标文件将首先被开包并宣读投标人的名称。按照本章第 30 条递交了可接受的撤回通知的投标文件将不予开封。

31.3 投标人的名称、投标价[包括备选投标价(如有)或偏差]、折扣、投标修改和撤回、是否提供投标保证金，以及招标人认为适当进行披露的其他细节内容，都将在开标仪式上予以宣布。其后，所有标明"修改"字样的信封将被打开，并宣布适当的细节。除了迟到的投标文件将按本章第 29 条规定原封退回给投标人外，所有的投标文件都不能在开标仪式上被拒绝。

31.4 招标人将编写开标记录，其中包括按照本章第 31.3 条规定向与会者宣布的信息。

31.5 无论任何情况，在开标会上没有公开和宣布的投标文件将不被考虑参加评标。

32. 第二阶段投标文件的初审

32.1 招标人将对第二阶段投标文件进行检查，以确定投标文件是否完整无缺，有无计算错误，要求的投标保证金是否提供，文件是否已正确签署，以及投标文件是否条理分明。招标人可自行决定随时提请投标人澄清其投标。澄清的要求和回复应以书面形式进行，并且不得要求、提供或允许投标文件中的价格或内容的改动。

32.2 算术性错误应在以下基础上加以修正。如果总价和由单价与数量相乘的乘积之间存在不符，则应以单价为准对其总价进行修改。如果金额大写与数字不符，则以大写为准。如果投标人不接受对其错误的修改，则其投标文件将被拒绝。

32.3 招标人可以接受不构成实质性偏差的任何细小的不正式、不符合或不规则之处，并且这不会损害或影响依照本章第 34、35 条对投标人进行技术和商务评估后的排名。

32.4 在进行详细评估之前，招标人将判定每份投标文件是否在质量上可以接受，是否完整，是否实质上响应了招标文件的要求，是否已正确将"按第一阶段评标要求的修改"中提及的所有修改要求反映进去。在这种判定中，所谓实质性响应的投标是指无实质性偏差，反对、前提条件或保留，且符合招标文件和"按第一阶段评标要求的修改"的所有条款、规定。为作出上述判定，实质性偏差、反对、前提条件或保留是指：(i)在实质上，影响合同的范围、质量和履行；(ii)在实质上，违背招标文件，限制了招标人/业主的权利或中标人在合同项下的义务；或(iii)对其作出的修正将不公正地影响提交了做出实质性响应的投标文件的其他投标人的竞争地位。

32.5 特别是有关下面关键之处的与招标文件的偏差，反对或保留，如投标保证金(本章第 24 条)、GCC

第 4 条(主导法律)、GCC 第 14 条(税收)、GCC 第 27 条(缺陷责任)、GCC 第 28 条(功能保证)、GCC 第 29 条(专利)或 GCC 第 30 条(责任限制)和招标文件中的相关规定,以及其他规定(如有)按本章第 18 条在第一阶段澄清会上提出但未被招标人接受的,并且投标人未能在第二阶段投标时以一个声明的撤回价格将其撤回,则投标文件将被视为非响应性投标文件。另外,若第二阶段投标文件中含有未在第一阶段投标文件中提出的技术或商务上的偏差或备选标,也将视为不响应。

32.6 如果第二阶段投标文件在实质性上不响应,则将被招标人拒绝,并且投标人不可以通过对不一致之处进行修改使之成为响应。招标人对投标文件响应性的判定只基于投标文件本身的内容,而不求证于外部证据。

33. 折算为同一货币

33.1 为便于评标和比较,招标人将所有可支付投标价格的各种货币金额表示的投标价格换算成:

(a)以中华人民共和国中央银行或商业银行从事类似业务确定的卖出兑换率,转换成人民币;或

(b)以国际性媒体上公布的卖出兑换率将以外币支付的款项,和以中华人民共和国中央银行从事类似业务采用的卖出兑换率将以人民币支付的款项都转换成一个国际交易中广泛使用的货币,如美元。

33.2 为达到评标的目的,投标价格转换成同一标准的货币及其兑换率的来源和日期将规定在《投标资料表》。

34. 第二阶段投标文件技术部分的评审

34.1 招标人将对第二阶段投标文件进行详细评审,以判定其技术方面涉及的对技术上可接受标准的修改和按照本章第 19.1 条"按第一阶段评标后要求的修改"中详细说明的备选标,是否正确阐述和实质性响应了招标文件的要求。

35. 第二阶段投标文件商务部分的评审

35.1 在进行商务评价时,将把国内供货的仪器和设备的出厂价(此价包括所有成本和已组合或将组合进仪器和设备中的原材料和部件的已付或应付的税收和关税),与国外供货的设备和仪器的 CIF 价(或 CIP 指定边境点价,或 CIP 指定终点价)加上进口环节税,以及国内内陆运输和所有合同要求的安装和其他服务费用后进行比较。招标人评标中还将把按本章第 35.3 条的评标程序付诸实施产生的费用考虑进去。

35.2 除了价格表 1 至表 5 中指明的投标价格外,招标人在评标时还将以本章第 35.3 条和技术规格中指明的方式和范围,利用招标人可得到的价格资料,把下列费用和因素考虑进并加在投标人的投标价格上:

(a)符合合同协议的相关附件所要求的和经证明对于投标文件规定的进度表所必要的时间表。

(b)设施使用寿命期限内预计运转和维护的费用。

(c)所提供工程设施的功能保证。

(d)按要求由业主或第三方提供的工作、服务、设施等的额外费用。

(e)其他任何在《投标资料表》或在第二阶段招标邀请中列出的有关因素,或招标人认为有必要的因素。

在执行合同期间可能由于合同项下价格调整条款所造成的影响,在评标时将不予考虑。

35.3 按本章第 35.2 条规定,将采用下列评标方法:

(a)时间表(进度计划)

在合同协议规定的生效日后,本次招标项下所包含的设备和机械应进行装运和安装,并在《投标资料表》规定的期限内完成设施的预调试。投标人应按合同协议的附件(时间表),或《投标资料表》规定的完工日期为基础报价。提前完工不予特别对待。投标文件中提供的替代性计划表是可以接受的,并且提供的完工期在《投标资料表》规定的期限内,则完工期超过规定的最低期限的投标文件在评标时将通过把《投标资料表》规定的一个系数加到标价上进行调整。如果投标文件中提供的完工期超出了最长的可接受的完工期,则将被拒绝。

(b)运行和维护费用

(i)由于所采购工程设施的运行和维护费用构成工程设施寿命周期费用的主要部分,这些费用将根据

《投标资料表》所给出的原则进行评估，包括《投标资料表》规定的初期运行期内的零配件费用，并根据每个投标人在其价格表 1 和表 2 中报出的价格，以及招标人或同一地方的其他招标人的以往经验进行评估。这些费用将加到评标价上。

(ii)价格表 6 中推荐零部件的价格在评估时不作考虑。

(c)工程设施的功能保证

(i)投标文件应明确拟提供的工程设施响应技术规格中规定的功能保证（如性能、效率、消耗等指标），提供的仪器和设备应具有技术规格中规定的功能保证的最低要求（或最高要求）才能视为响应。低于（或高于）规定的最低要求（或最高要求），将导致投标文件被拒绝。

(ii)为评标目的，投标人提出的响应性功能保证，低于（或高于）一定的标准或响应性投标文件中承诺的最佳运行功能保证的数值，都将根据《投标资料表》的规定进行调整并加入到评标价格中。

(d)业主提供的工程、服务、设施等

当投标文件中包括的业主承担的工作或提供的服务及设施超出招标文件允许的范围时，招标人将估算在合同期间增加的工作、服务和/或设施的费用。这些费用将加在投标价格中一起评估。

(e)特别的额外标准

有关的评标方法应在《投标资料表》和/或技术规格中详细说明。另外，当投标人被要求按须知第 18.2 条提供撤回偏差的价格时，此种方法将被采用。若未给出这个价格，招标人将自己对这样偏差的费用作估价以便公平比较各投标文件。

35.4 以上程序中产生的价格调整应加入投标价格中，得到“评标价格”。但此价格仅为了评估的比较，投标人报出的投标价格仍然不变。

36. 与招标人的联系

36.1 从第二阶段开标到中标期间，任何投标人想就与其投标有关的事宜与招标人联系，应以书面形式进行。

36.2 投标人任何影响招标人对投标文件进行评估、比较或做出中标决定的行为，都可能导致其投标文件被拒绝。

F. 中标人的确定

37. 资格状况的变化

37.1 在决定投标人中标前，招标人将确定在第一阶段和第二阶段投标文件递交期间投标人资格方面有无变化，尤其是投标人的正在履行的合同，未来承诺和目前介入诉讼情况。这些情况足以改变招标人对递交了最低评标价或性能价格比最优并响应招标文件的投标人是否仍有资格令人满意地履行合同判定。

37.2 投标人中标的先决条件是获得肯定的结论。否定的结论将导致投标人的投标文件被拒绝。在这种情况下，招标人将转向下一个最低评标价或性能价格比最优者，并对投标人是否具备满意履约能力作出类似决定。

37.3 最低评标价投标人在附件 5 中建议使用的供货商和分包商的能力也将受到评估以决定是否可接受。如需要，该供货商和分包商的参与应以一份当事人之间的意向书加以确定。如果某个供货商或分包商被确定不能接受，则投标本身不会被拒绝，但投标人会被要求在不改变投标价的情况下更换一个可接受的供货商或分包商。

38. 确定中标人的标准

38.1 在不影响本章第 39 条规定的情形下，招标人将决定提交对第二阶段招标文件最具有实质性响应和具有最低评标价或性能价格比最优的投标文件的投标人中标，如果该投标人被确定为具有令人满意地履行合同的资格。

39. 取消招标的权力

39.1 招标人在中标通知发出之前的任何时候,有权取消第一阶段或第二阶段招标的权力,对因此而受影响的投标人不承担任何责任,也没有义务向受影响的投标人解释采取这一行动的理由。

40. 中标通知书

40.1 在第二阶段投标有效期届满前,招标人将以书面方式用挂号信或电传并随后以书面挂号信确认的形式,通知中标人其第二阶段投标文件已被接受。中标通知将构成合同的一部分。

G. 合同的签署

41. 合同协议的签署

41.1 在招标人通知中标的投标人其投标已被接受的同时,招标人将把招标文件中提供的合同协议,其中包括双方达成的所有协议寄给该投标人。

41.2 中标的投标人应当在收到合同协议的30日内在合同协议上签字、注明日期,并将合同协议返还招标人。

42. 履约保证金

42.1 在收到中标通知书后28日内,中标人应按《投标资料表》规定的金额,以招标文件之"投标文件格式和程序"中规定的格式或招标人接受的其他格式提供履约保证金。

42.2 在中标人按本章第42.1条提供履约保证金后,招标人将根据本章第24.4条规定,立刻通知每个未中标的投标人并退还其投标保证金。

42.3 中标的投标人未能遵守本章第41条或第42条的要求,将构成招标人取消中标和没收投标保证金的充足理由。在此情况下,招标人有权决定次低评标价或次低性能价格比最优的投标人中标或重新招标。

43. 调解人

43.1 招标人建议,将《投标资料表》指定的人任命为本合同的调解人,并按照《投标资料表》的规定支付其每小时的酬金。《投标资料表》后将附上一份该被指定者的简历以及可支付费用的描述。如果投标人不接受招标人建议的调解人,则应在其投标文件中声明并提出对应人选和每小时酬金的标准。如果在合同协议签署日招标人和投标人还未就调解人的任命达成一致意见,将依照合同通用条款第6.1.4条规定,由合同专用条款规定的任命机构应任一方的要求任命调解人。

44. 腐败和欺诈行为

44.1 招标人、投标人、供应商等参与招投标的各方,均应在招标、采购、合同执行等过程中保持廉洁和最高的道德水准。

(1)腐败和欺诈行为

①"腐败行为"系指在招标、采购和合同执行等过程中,为谋求利益,影响相关人员而提供、给予、接受或索取任何有价物,并导致损害业主和/或招标人及他人的行为。

②"欺诈行为"系指为了影响招标、采购和合同执行等过程而隐瞒事实,从而给业主和/或招标人及他人造成损害的行为,其中包括投标人之间的串通行为,其旨在使投标价成为人为的、无竞争的价格,并使业主无法从自由公开的竞争中受益。

(2)如果被推荐的中标人有腐败和欺诈行为,将取消其中标。

(3)如果投标人在任何时候,被法院及政府有关管理部门认定为有腐败和欺诈行为,招标人有权拒绝其投标、取消其中标资格、撤销已签署的合同。

44.2 投标人应注意合同通用条款关于腐败和欺诈行为的相关规定。

第三章 投标资料表

注释

本章的目的是协助招标人提供与第二章投标人须知中相关条款有关的具体资料；本章应根据每次专项采购的具体情况予以编制。

在《投标资料表》，招标人应该针对自身情况、采购程序、适用于投标价格和投标币种的规则、评标标准等事项，来具体列明适用于该投标的资料与要求。编制第三章时，应检查以下几个方面：

（1）用以明确和补充第二章相关条款的资料必须纳入到本章内。

（2）专项采购情况下所需的对第二章相关条款的修订和/或补充，也必须纳入到本章中。

投标资料表

以下将要采购的设施的具体投标数据是对投标人须知(ITB)条款的修改和/或补充。如有抵触,本章条款优先于"投标人须知"条款。

(斜体注释为完成《投标资料表》提供指导)

介绍		
1	ITB 1.1	项目名称:
2	ITB 1.1	合同名称:
3	ITB 1.2	招标方式:(公开招标)或(邀请招标)
4	ITB 1.3	业主名称: 招标代理机构名称:
5	ITB 5.1	投标人资格文件
6	ITB 6.1	招标人的地址、电话、电传或传真号码 业主的地址、电话、电传或传真号码
7	ITB 6.4	标前会议的时间、日期和地点: *[插入标前会议地点,或指明该标前会议不举行。标前会议应在不迟于投标文件递交截止日前28日举行,同时应伴随现场考察(如果有现场考察,参见投标人须知6.2)]*
8	ITB 8.1	投标文件语言:英文/中文(任选其一)
9	ITB 9.3 (a)&(c)	对投标人的资格要求,包括对联营体成员、分包人或供货商的要求: *[列明对投标人最低可接受的水平,包括投标人的供货、安装经验(以可比技术参数说明),生产和安装能力,财务能力以及其他方面的要求。如果有资格预审阶段且投标人通过了资格预审,应在本项中要求投标人对于其在资格预审阶段提供的有关资料进行更新]*
10	ITB 9.3 (b)(ii)	运营期间零部件供应及供应年限方面的要求;在完工后或运行验收后若干年
第一阶段投标		
11	ITB 11.1	投标文件及其修改书(如有)的册数:一份正本和(若干份)副本 (若招标人要求,则需提供一套电子文本)
12	ITB 13.1	投标文件递交地点:__________ 投标文件递交截止日期:__________
13	ITB 14.1	第一阶段投标开标地点:__________ 第一阶段投标开标时间:__________ 第一阶段投标开标日期:__________
14	ITB 16.1(e)	选择:在评标时将按规定的方式使用以下附加标准并尽可能在下面或技术规格中指明: *(列明细节或援引技术规格的有关规定)*

（续表）

第二阶段投标：报价及货币		
15	ITB 22.5	报价为（固定价格）或价格是（可调的） *（删除不适用项）*
第二阶段投标：准备及递交		
16	ITB 24.1	投标保证金金额： *［此金额应与投标邀请书中指明的一致。为了避免出具保函的金融机构泄漏投标人的价格，在此宜采用一个固定的金额而不是投标价格的一定比例。对于超过一亿美元的合同，应按工程估算值百分之一（1%）加以规定，对于小合同，应按百分之三（3%）。或者，如招标人希望以投标价格的一定比例进行规定，应说明"最低比例为___%"以使投标人能提供超出最低比例金额的保函，以便隐藏其投标价格］*
17	ITB 25.1	第二阶段投标邀请书中提及的投标有效期：（日数） *（投标有效期应足够保证完成评标、比较及其他相关程序，有效期一般为 120～180 日。）为避免延期，有效期应规定得尽量实际与合理。* *［根据投标人须知第 25.3 条，延期要求中将采用或指明的价格因素应为：* *(i)外国货币价格指数应以预测的国际价格年度上涨比例为基础或者可以与之相比较；(ii)本国货币价格指数应以延长期内中华人民共和国预测的通货膨胀率为基础］*
18	ITB 26.1	投标文件及其修改书（如有）的册数：一份正本和（若干份）副本 （若招标人的要求，则需提供一套电子文本）
19	ITB 27.2	递交投标文件的地址： 递交投标文件的截止日期：
20	ITB 30.2	投标文件及其修改书（如有）的册数：一份正本和（若干份）副本 （若招标人的要求，则需提供一套电子文本）
21	ITB 31.1	开标日期和时间：__________ 开标地点：__________
第二阶段投标：评标		
22	ITB 33.2	为转换为一种通用货币而选择的货币：*（可规定当地货币或一种可转换的货币，如美元。）* 兑换率的来源：*（如果通用的货币是当地货币以外的一种货币，如美元，应指明刊登外汇兑换率的一种国际性刊物，如《金融时报》，并以此汇率作为换算外汇的依据。对于当地货币价格，如果前述通用货币选择为当地货币，应明确中华人民共和国的中央银行或者一家商业银行。）* 确定兑换率的日期：（通常为开标前的某一日或开标当日）
23	ITB 35.2(b)	选项：根据投标人须知 35.3 项下《投标资料表》指定的方式和范围进行评标时，下述附加标准将予以使用： *（列出附加标准的清单）（列出具体的标准，可能会作为第二阶段投标邀请的补充）*

（续表）

24	ITB 35.3(a)	时间计划表 完工时间从合同协议第三条规定的生效日起算(*规定的完工时间应针对整个工程设施或其特定部分*)或者(*可选择*) 按合同协议第三条规定的生效日起算的完工时间将在最早/少(日期/日数)与最晚/多(日期/日数)之间。若完工时间超出规定的最低期限,从最低期限算起,每延迟完工一个星期,调整的比率为___%(插入一个百分比)。 *[每星期百分之零点二(0.2%)比较合理。同样地,费率可以是每月一个固定的延误金额或者按照相应的比例以周计算。在完工的最低期限和最高期限之间可接受的期限应该符合下述要求,即完工的最高期限所对应的百分比或金额应该小于或等于合同通用条款26.2对应的合同专用条款中规定的违约罚金的比例或金额]*
25	ITB 35.3(b)	计算设施/设备使用寿命周期内运行和维护成本的因素: (i)使用寿命的年限(*建议使用寿命不超过计划的设施大修以前的通常期限*)。 (ii)运行成本(*例如:燃料和/或其他投入、单位成本、每年或总的运行要求*)。 (iii)维护费用,包括初始运行期间零部件的成本,由投标人具体明示。 (iv)在上述(i)项规定的期限内,用以将依上述(ii)和(iii)项计算得出的全部未来年度费用折算为现值的折现率(以百分比形式);或者 参阅技术规格中规定的计算方法或招标文件中其他条规定的方法(*删除不适用的选项*)
26	ITB 35.3(c) (i) (ii)	功能保证: (i)最低(或最高)功能保证。 (ii)在评标时考虑的调整因素为每低于或高于如下数值之百分之一(1%),则调整的价格为[插入金额(评标货币)],如不足百分之一(1%),则按比例调整。 a.技术规格中规定的标准(援引该标准)。 b.在响应性投标文件中承诺的最佳运行功能保证的数值。 *(删除不适用的选项)*
27	ITB 35.3(e)	选项:列明有关评标方法的其他适当细节或援引技术规格的有关规定。 (具体细节可作为补充而纳入第二阶段投标邀请书之中)
		中标
28	ITB 42	履约保证金的金额:通常为合同价的10%
29	ITB 43	招标人建议的调解人的姓名:(*在《投标资料表》应附上一份该调解人的简历*) 调解人每小时费用:(插入金额)

（续表）

30	增加 ITB 45	招标代理机构的权责。 招标代理机构受业主委托作为本项目的招标代理，有权： 一邀请投标商参加标前澄清会（如有），现场考察。 一回答投标商提出的商务问题。 一准备标前澄清会纪要与补遗。 一组织和主持开标。 一和业主共同评标。 一发中标通知书，主持合同商务谈判。 一与业主共同签署合同（如需要）。 一负责合同执行期的商务部分（如需要）

第四章 合同通用条款

第四章“合同通用条款”应与第五章“合同专用条款”和其他列出的文件一起阅读，并构成一份完整的文件，阐明各方的所有权利和义务。

合同通用条款

目 录

32. 工程设施照管
33. 财产的损失或损坏/事故或工伤/赔偿
34. 保险
35. 不可预见的情况
36. 法律和法规的变更
37. 不可抗力
38. 战争风险

八、合同要素的变更

39. 工程设施的变更
40. 完工期的延长
41. 暂停
42. 终止合同
43. 转让

合同通用条款

一、合同与解释

1. 定义　1.1　除合同另有规定外，以下词语与表述应具备下列指定的含义。

"合同"系指业主与承包人之间达成的合同协议及下述"合同文件"。这些文件一并构成合同，"合同"一词在所有这些文件中均应据此解释。

"合同文件"系指在合同协议格式中第 1.1 条所列出的文件(包括任何修改)。

"GCC"系指合同通用条款。

"SCC"系指合同专用条款。

"日"系指日历日。

"月"系指日历月。

"业主(即项目单位)"系指在合同专用条款中被指定为业主的人，并包括其合法继承人或业主允许的受让人。

"项目经理"系指业主依照 GCC 第 17.1 条规定的方式任命，并在 SCC 中指定代表业主履行职责的人。

"对外合同采购代理"简称"采购代理"，系指在合同专用条款中指明的，受业主委托的，具有技术和配套设备引进外贸经营合格资质的法人。招标代理机构与采购代理可以是同一个法人，也可以是不同的法人，当第三章《投标资料表》规定为国内竞争性招标时，业主可不委托采购代理。

"承包人"系指投标书为业主接受且在合同协议中被指定为承包人的人，并包括其合法继承人或允许的受让人。

"承包人代表"系指由承包人任命，在 SCC 中指定，并由业主依照 GCC 第 17.2(承包人代表和施工经理)条规定的方式批准的，代表承包人履行职责的人。

"分包人"包括供货商，系指由根据承包人直接或间接的分包，执行工程设施的任何一部分工作；包括任何设计的准备、任何仪器和设备的供应的人；包括其合法继承人或允许的受让人。

"调解人"系指 SCC 中指定的一个或多个由业主和承包人一致同意任命的人，调解人可以对任何一方依照 GCC 第 6.1 条(调解人)规定向其提交的争议或分歧作出决定或裁决。

"合同价格"系指合同协议中第 2.1 条(合同价格)规定的金额，并按合同规定可作增加、调整或扣除。

"工程设施"系指要供应和安装的仪器和设备，以及合同项下由承包人执行的安装服务。

"仪器和设备"系指在合同项下由承包人提供并构成工程设施一部分的永久仪器、设备、机器、材料、物品及一切其他物件(包括 GCC 第 7.3 条规定由承包人提供的零备件)，但不包括承包人的设备。

"安装服务"系指在合同项下由承包人提供的，与工程设施中仪器和设备供应相关的一切服务，即运输、提供海运或其他类似保险、检验、交货、现场准备工作(包括承包人设备的提供和使用，以及所有需要的施工材料的供应)、安装、测试、预调试、调试、运行、维护、运行和维护手册的提供、培训等。

"技术资料"是指与工程设施的设计、制造、检验、安装、调试、保证测试、试运行、投料生产、性能考核、操作，以及维修有关的技术指标、规格、图纸和文件。

“技术服务”是指工程设施的安装、调试、保证测试、试运行、投料生产、性能考核、操作、维修，以及其他工作等方面承包人给予业主的技术指导、协助和监督等。

“技术培训”是指在工程设施的安装、调试、保证测试、试运行、投料生产、性能考核、操作、维修，以及其他工作等方面承包人在国内、国外给予业主/招标人的培训。

“承包人的设备”系指承包人提供的，用于工程设施安装、完工和维护所要求的一切仪器、设施、设备、机械、工具、仪表、物品或其他各种物件，但不包括将构成或已构成工程设施一部分的仪器和设备或其他物件。

“原产地”系指在 SCC 中进一步明确的符合规定的国家和地区。

“现场”系指工程安装所在的土地和其他场所，和可能在合同中规定的构成“现场”一部分的其他土地或场所。

“生效日期”系指用以确定完工期之目的，在合同协议中(确定完工期的生效日期)的所有条件得到履行时的日期。

“完工期”系指依照 SCC 和合同其他相关规定，工程设施作为整体完工(或对于工程设施的一部分，系指另外规定的该部分的完工期)的期限。

“完工”系指工程设施(或 SCC 中另有规定的部分工程设施)已在运行上和结构上完成，并置于一个牢固、整洁的状态下，所有与工程设施或某一具体部分相关的预调试工作已完成。换言之，即工程设施或某一具体部分可以按 GCC 第 24 款(完工)规定进行调试。

“预调试”系指技术规格中规定的由承包人执行的，并根据 GCC 24(完工)规定准备进行调试前的测试、检验和其他要求。

“调试”系指由承包人执行的，依照 GCC 第 25.1 条(调试)规定，为执行保证测试而对工程设施或其部分完工后的运行。

“保证测试”系指依照 GCC 第 25.2 条(保证测试)的规定，执行技术规格中要求的测试以确定工程设施或某部分是否达到了技术规格中的功能保证要求。

“运行验收”系指业主对工程设施(或工程设施的任何一部分，如果合同规定对工程设施进行部分验收)的验收，以证明承包人履行了 GCC 第 28 条(功能保证)规定的工程设施(或其相应部分)的功能保证方面的合同要求，包括 GCC 第 25 条(调试和运行验收)规定的“视为验收”。

“缺陷责任期”系指 GCC 第 27 条规定的，从工程设施或其一部分完工时开始，承包人对工程设施(或其相应部分)的缺陷负有责任保证的有效期限。

2. 合同文件

2.1 按照合同协议第 1.2 条(优先次序)规定，构成合同的所有文件都是相互关联，相互补充以及互相解释的。合同应作为一个整体来理解。

3. 解释

3.1 语言

3.1.1 所有合同文件、提供的信函和电讯以及合同下的编制和提供的其他文件，应用英文编写并且按英文来解释，除非承包人是中华人民共和国公民、企业或其他组织，并且业主和承包人都同意使用中文。

3.1.2 如果合同文件、信函、电讯是用上述 GCC 第 3.1.1 条规定以外的其他语言写的，则英文翻译的这些文件、信函和电讯稿，在解释时优先。

3.2 单数与复数

本文中，单数含义包括复数，复数也包括单数，除非上下文另有要求。

3.3 标题

合同通用条款中的标题和边注仅为援引方便之目的，不应视为合同的一部分，也不影响本文的解释。

3.4　人员

涉及人员或有关各方的词应包括企业、公司、政府机构和其他组织。

3.5　国际贸易术语(Incoterms)

除非与合同条款有不一致，所有贸易条款和各方的权利和义务的含义，将以国际贸易术语解释通则为准，"Incoterms"指由国际商会最新出版的解释贸易术语的国际规则。

3.6　完整协议

在不减损 GCC 第 16.4 条效力之情况下，合同构成业主和承包人之间就合同主要内容方面的完整协议，并且取代合同签订前所有关于这方面的通讯、协商、协议(不论是书面的，还是口头的)。

3.7　修改

除了以书面的、注明日期的、清楚表明是关于合同的修改并且同时经各方授权代表签字的修改以外，任何其他的合同修改和变更都无效。

3.8　独立承包人

承包人应当作为一独立的承包人来执行合同，合同并不导致业主和承包人之间产生代理、合伙、联营或其他合作关系。

按合同规定，承包人对执行合同单独负责。所有参与承包人实施合同的雇员、代理或分包人应受承包人的控制，不得视为业主的雇员。在合同中以及承包人授予的任何分包合同中所包含的任何条款不得解释为在业主与承包人的雇员、代理或分包人之间产生合同关系。

3.9　联营体或合营体

如果承包人是由两个或多个成员组成的联营体或合营体，所有的成员应共同和各自向业主承担履行合同条款的义务的连带责任，但应指定其中一方作为主办人，并有权约束联营体或合营体。没有业主的事先同意，联营体或合营体的成员或构成不得改变。

3.10　不放弃的权利

3.10.1　在不影响 GCC 第 3.10.2 条规定的情况下，任何一方在强制对方执行任何合同条款和条件时的放松、宽容、延迟，或给予对方在时间上的宽限不得损害、影响或限制该方在合同项下的权利，任何一方对违反合同行为的弃权不得视为该方对任何以后的或延续的违反合同行为的弃权。

3.10.2　合同一方对合同项下权利、权力、救济的放弃必须采用书面形式，必须注明日期，并由该方授权代表签署，并且必须说明所放弃的权利以及放弃的限度。

3.11　可分割性

如果合同的任何条款或规定被禁止或宣布无效或不可执行，这样的被禁止、无效或不可执行的条款或规定，不应影响其他条款或规定的有效性或可执行性。

3.12　原产地

原产地系指开采、种植、生产或制造用于工程设施所需的材料、设备和其他供应物的地点及提供服务的地点。

4. 通知

4.1　除非在合同中另有说明，所有合同项下发出的通知应采用书面形式，通过个人传递、空邮、特快专递、电报、电讯、电传、传真或电子数据交换，按 SCC 中规定的地址发往有关的一方，并且：

4.1.1　除合同中另有规定外，所有通过电报、电讯、电传、传真或电子数据交换的通知应在两日以内通过航空邮件或特别快件予以确认。

4.1.2 通过航空或特别快件寄发的通知，在寄发10日之后（如果没有证据证明已经在更早的时间收到），视为已经被收到。为了证实发送事实，必须充分地证明装有通知的信封的地址是正确的，贴了邮票，并已送邮局或快件服务部门交付航邮或快递。

4.1.3 任何由个人送交或通过电报、电讯、电传、传真及电子数据交换发送的通知将被视为发送当日已被收到。

4.1.4 任何一方若改变其接收通知的地址，或邮政、电报、电传、传真及电子数据交换地址，应在10日之前书面通知对方。

4.2 通知应被视为包括根据合同作出的任何确认、同意、指示、命令和证明。

5. 管辖法律

5.1 合同应受SCC中规定的国家的法律管辖，并从其解释。

6. 争议解决

6.1 调解人

6.1.1 如果业主与承包人之间产生与合同有关或由合同引起的任何类型的争议，包括但不限于关于合同的成立、有效或终止或工程设施实施的任何问题，无论在工程设施进行期间或完成以后，也无论在合同终止、放弃或违约之前或之后，则双方应试图通过共同协商解决任何此类争议或分歧。如果双方不能通过共同协商解决此类争议或分歧，任何一方可以书面形式将争议提交调解人，并抄送另一方。

6.1.2 在收到争议的28日内，调解人应将其对争议的决定以书面形式通知双方。如果调解人发出这样的通知，并且业主或承包人任何一方都未在收到通知后的56日内发出仲裁意向的通知，调解人的决定即为最终决定，并对业主和承包人都有约束力。双方必须即刻执行任何最终并有约束力的决定。

6.1.3 调解人的酬金应根据SCC规定的每小时费用计算，并加入调解人履行其职责时产生的合理费用，这些费用由业主和承包人平摊。

6.1.4 如果调解人辞职或死亡，或如果业主和承包人一致认定调解人没有按合同规定履行其职责，业主和承包人应共同任命一个新的调解人。若双方未能在28日内就任命达成协议的话，SCC中规定的机构可应任何一方要求任命一位新的调解人。

6.2 仲裁

6.2.1 如果业主和承包人中任何一方对调解人的决定不满意，或调解人未能在收到争议后28日内作出决定，则业主或承包人均可在争议提交调解人的56日内向另一方发出书面的仲裁意向通知，并抄送调解人，按下述规定就争议的问题进行仲裁。没有发出此通知前不得就此问题进行任何仲裁。

6.2.2 任何依照GCC第6.2.1条发出仲裁意向通知的争议最终应由仲裁裁决。仲裁可以在工程设施完工之前或之后进行。

6.2.3 仲裁应按SCC规定的程序规则进行。

6.3 尽管将争议提交调解人或仲裁：

(a)双方应继续按合同履行各自的义务，除非双方另有商定。

(b)业主应向承包人支付到期应付给承包人的款项。

二、合同的主要事项

7. 工程设施范围

7.1 除非技术规格另有明确限定，承包人的义务包括：根据计划、程序、规范、图纸、标准和技术规格规定的任何其他文件的规定，提供所有仪器和设备，以及仪器和设备的设计、制造（包括采购、质量保证、施工、安装、有关的土建、预调试和装运）、安装、完工和调试所需的一切安装服务。这些规范包括但不限于:提供监理和工程服务;提供劳务、材料、设备、零备件(按下述第 7.3 条规定)和附件;承包人的设备;施工设施和供应的临时材料;结构和设施;运输(包括但不限于卸货和搬运进出现场)和贮存。除非这些供应、工作和服务根据合同协议附件第 6 条规定(业主工作和供应范围)应由业主提供或履行。

7.2 除非合同明确排除在外,承包人应履行并提供合同中没有具体规定,但可合理推知为工程设施完工所必需的工作和供应,如同此工作和材料已经在合同中明确规定。

7.3 除了合同中规定提供的必备零部件外,承包人同意在 SCC 规定的期限内,提供运行和维护设备所需的零部件。但是,此零部件的品名、规格和数量以及关于供应的条款和条件将由业主和承包人协商同意,并且这些零部件的价格应是价格表 6 中给出的价格,并附加在合同价格之外,此价格应包括购买价格和其他与提供这些零部件相关的费用和开支(包括承包人的费用)。

8. 开工日期和完工日期

8.1 承包人应在 SCC 规定的日期内开工,并且在不影响 GCC 第 26 条的情形下,承包人应按合同协议附录 4(时间计划表)所规定的时间开展工作。

8.2 承包人应在 SCC 规定的时间或在承包人依照 GCC 第 40 条(完工期的延长)被准予的延期时间内完成工程设施(或在合同中规定的部分工程设施完工期内完成该部分工程设施)。

9. 承包人的责任

9.1 承包人应按合同规定,以其应有的精心与勤勉设计、制造(包括相关的采购和/或分包)、安装和完成工程设施。

9.2 承包人确认,承包人是在适当审查业主提供的与工程有关数据资料(包括钻探测试数据资料)的基础上,在承包人通过现场考察(如果可以进入现场)可以得到的信息的基础上,以及提交投标书之前 28 日可以得到的与工程设施有关的其他数据的基础上签署合同。承包人承认,如果承包人未能了解上述数据资料,将不能免除承包人为成功完成工程设施恰当估计困难或费用的责任。

9.3 承包人应获得所有现场所在国的地方、省或国家政府机构或公共服务机构要求承包人以其名义申请的为履行合同所需的各种许可、批准和/或执照,包括但不限于,承包人的人员和分包人的人员的签证和所有进口的承包人设备的进口许可。承包人应获取所有实施合同所需但依据 GCC 第 10.3 条非业主责任的所有其他许可、批准和/或执照。

9.4 承包人应遵守工程所在国现行的所有法律,不论是国家、省、地方的还是其他影响合同执行并对承包人有约束的法律。在不减损 GCC 第 10.1 条效力的前提下,如因承包人或其派遣人员包括分包人及其派遣人员违反了这些法律,从而导致责任、损失、索赔、罚金、处罚和费用,不论其性质如何,承包人应进行赔偿,并应使业主免于承担责任。

9.5 任何将构成工程设施一部分或工程设施需要的仪器、材料和服务以及其他供应物均应源于 GCC 第 1 条(原产地)规定的地方。

9.6 如果国家经贸委或其他有权的中国政府机构要求,承包人应准许国家经贸委或其他有权的中国政府机构检查与承包人履约有关的账务和记录,并让国家经贸委或其他有权的中国政府机构指定的审计人员审计。承包人应当为前述检查和审计提供便利。

10. 业主的责任

10.1 除合同中另有明确规定外,业主应保证按合同协议附件 6(业主的工作和供应的范围)中规定由业主提供的信息和资料的正确性和精确性。

10.2 业主应按照合同协议附件 6(业主的工作和供应的范围)的规定,负责获得并提供法律上和实际上对现场的占有和进入现场的通道,以及对正确实施合同所需其他区域的占有和进入通道,包括所有必须的道路使用权。业主必须在附件6所规定的日期或之前提供现场和通往现场道路所需的实际权利。

10.3 按照合同协议附件6(业主的工作和供应的范围)的规定,业主应获得现场所在国家政府、省和当地机构或公共服务机构要求业主以其名义申请的、为履行合同之用(包括业主和承包人履行各自义务所需)的各种许可、批准和许可证,并支付费用。

10.4 如果承包人要求,业主应尽最大努力协助承包人以及时快速的方式从当地地方、省或国家政府或公共服务机构处获得要求承包人或分包人,或承包人的人员和分包人的人员实施合同所需的所有许可、批准和许可证。

10.5 除非合同另有规定或业主和承包人另有协议,业主要提供足够的、有资格的操作和维修人员,并供应适用的原材料、公共设施、润滑油、化学制品、催化剂、其他材料和设施,并按照合同协议附件6的规定,采用上述规定的或业主和承包人另行同意的方法,在承包人按GCC第18.2条(工程计划)提供的计划中所规定的时间之前履行承包人要求的(包括进行预调试、调试和保证测试)无论任何种类的全部工作和服务。

10.6 业主应依据GCC第24.8条规定,负责工程设施完工后的连续运行,并依据GCC第25.2条规定,负责为工程设施的保证测试提供便利。

10.7 业主为履行GCC第10条项下的义务所涉及的所有费用和开支,除依照GCC第25.2条进行的保证测试由承包人承担外,均由业主负担。

三、支付

11. 合同价格

11.1 合同价格应为合同协议2(合同价格和支付条件)中规定的金额。

11.2 除非在SCC中另有规定,合同价格应是一个不变的总包价格。除非工程设施变更或合同另有规定。

11.3 在不影响GCC第9.2条、第10.1条和第35条规定的情形下,承包人应被视为自己对合同价格的正确性和充分性感到满意,除非合同中另有规定,此合同价格应包括承包人在合同项下的所有义务。

12. 支付条件

12.1 合同价格应按合同协议附件(支付条件和程序)的规定进行支付,申请和支付的程序应遵循附件的规定。

12.2 业主所作的支付不应被视为业主对工程设施或任何一部分工程设施的验收。

12.3 如果业主不能在应支付的到期日或按合同规定某一期限内作出支付,业主应向承包人支付逾期支付数额的利息,该利息按照合同协议附件1(支付条件和程序)中规定的利率计算,计息时间从逾期时起至全部付清为止,并且无论是在判决或仲裁作出之前或之后。

12.4 业主应以合同协议规定的币种向承包人付款。

13. 保证金/担保

13.1 保证金的提供

承包人应根据下述时间、金额、方式和格式向业主提供下列以 业主为受益人的担保。

13.2 预付款保证金

13.2.1 承包人应在中标通知发出后28日内提供担保,担保金额等于按合同协议附件(支付程序和条件)计算的预付款金额,并以同一种或多种货币开立。

13.2.2 担保应按招标文件所规定的格式或按业主可接受的另一种格式提供。担保金额应按承包人已履行并且承包人得到付款的工程设施的价值按比例递减,并且该担保应在全部预付款被业主回收时,自动失效。担保应在其期满后立即退还承包人。

13.3 履约保证金

13.3.1 承包人应在中标通知书发出之后的28日内，按SCC规定的金额提供履约保证金。

13.3.2 担保应采用合同项下的一种或多种货币、或业主接受的一种可自由兑换的货币，并按照招标文件中银行保函的方式之一（业主在SCC中指定的）提供，或以业主可接受的另一种方式提供。

13.3.3 担保金额在运行验收后应自动减半，并在工程设施完工18个月后或运行验收12个月后（以其中先到期者为准），担保将自动失效；但是，如果工程设施任何部分的缺陷责任期已按GCC第27.8条的规定延长，承包人应根据该部分的合同价格按相应比例另外提供一份担保。担保应在其期满后立即退还给承包人，但是如果依照GCC第27.10条规定承包人有义务延长其担保责任，则该履约保证金应按SCC指定的期限进行延长。

14. 税金

14.1 除非合同中另有规定，承包人应承担和支付所有现场所在国家之内或之外、所有与工程设施有关的地方、省或国家政府机构向承包人、分包人或他们的雇员征收的所有税收、关税和费用。

14.2 尽管有以上14.1项的说明，业主也应该承担和及时支付所有的、根据现场所在国家法律对用于工程设施的，并在价格表1中列明的仪器和设备、征收的关税和进口税以及其他地方税（如增值税）。

14.3 如果现场所在国有任何可能给予承包人免税、减税、折扣或特权，业主应尽其最大努力使承包人能够最大限度地从税收减免中受益。

14.4 为合同之目的，合同协议2（合同价格和支付条件）规定的合同价格是基于递交标书日期前28日时现场所在国的税收、关税、费用（在GCC第14.4条以下简称为“税收”）之上的。

如果在履行合同过程中对承包人、分包人或其雇员的税收发生变化，如税率的增减、增加或废除税种或现行规定的解释和使用的变更，都将根据第36条（法律法规的变更）规定，依据上述不同情况，对合同价格进行相应调整、增加或减少。

四、知识产权

15. 版权

15.1 由承包人提供给业主的所有图纸、文件和其他含有数据与资料的材料的版权属于承包人，或如果版权是任何第三方包括材料供应商直接或通过承包人提供给业主的，该版权属于该第三方。

16. 保密信息

16.1 除非对方书面表示同意，业主与承包人应保密，不应把对方直接或间接提供的与合同有关的文件、数据或信息泄露给其他人，无论信息是在合同前、期间或终止以后提供的，但承包人可把从业主得到的这类文件、数据和其他信息，在分包人履行其合同项下的工程设施所需的范围内提供给分包人，在此情况下，承包人应从分包人处获得与GCC第16条对承包人的要求所相似的保密保证。

16.2 业主不得把从承包人处获得的文件、数据和其他信息用于工程设施运行和维护以外的其他目的。同样，承包人也不得把从业主处获得的文件、数据和其他信息用于履行合同所需的设计、仪器和设备的采购、施工或其他工作和服务之外的其他目的。

16.3 上述GCC第16.1条和GCC第16.2条规定的一方义务不适用于以下信息。

(a)非因该方过失，现在或以后为公众所知的信息。

(b)能够证明在泄露时已为该方所有，并且不是以前直接或间接从另一方获得的信息。

(c)该方从不承担保密义务的第三方合法获得的信息。

16.4 GCC 第 16 条规定并不构成对任何一方在合同签字日之前就工程设施或其部分所作之保密保证的任何修改。

16.5 无论任何原因导致合同终止,GCC 第 16 条规定继续有效。

五、工程设施的实施

17. 代表

17.1 项目经理

若合同中没有指明项目经理,则在生效日期后 14 日内,业主应任命项目经理并将其姓名以书面的形式通知承包人。业主可随时任命其他人为项目经理,以取代原来任命的项目经理,并立即将其姓名通知承包人,作出这样的任命的时间和方式不应阻碍工程进度。任命在承包人接到通知后生效。项目经理在合同期间将代表业主。所有的通知、指示、命令、证书、认可书和合同项下的其他联系应由项目经理做出,除非另有规定。

所有由承包人给业主的合同项下的通知、指令、信息和其他联系应交项目经理,除非另有规定。

17.2 承包人代表和施工经理

17.2.1 若合同没有指明承包人代表,则在合同生效日期后 14 日内,承包人应指定承包人代表,并以书面的形式请求业主同意任命的人员。如果业主在 14 日内对该任命无异议,承包人的代表应被视为已获批准。如果业主在 14 日内反对该指定,并给出反对的理由,承包人应在此反对后的 14 日内指派一替换人员。任命 GCC 第 17.2.1 条规定同样适用于该替换人员。

17.2.2 承包人代表在合同期间将作为承包人的代表进行工作,承包人代表应将承包人所有的通知、指令、资料信息和合同项下的其他联系传达给项目经理。

所有由业主或项目经理给合同承包人的通知、指令、信息资料和其他联系应交承包人代表,如果承包人代表不在,则应交给承包人代表的代理,除非另有规定。

未经业主事先书面同意,承包人不得撤销对承包人代表的任命,业主不得无理拒绝同意。如业主同意,承包人应根据 GCC 第 17.2.1 条的程序指派另外的人来担任承包人代表。

17.2.3 承包人代表经业主批准(业主不得无理拒绝批准),可以在任何时候将授予承包人代表的任命权力、职责及代理授权授予任何人。任何这样的授权可以随时撤销。任何这样的授权或撤销,应事先由承包人代表签署通知,并应详细规定授予或撤销的权力和职责及代理权。只有授权或撤销的复印件送达业主和项目经理后,这样的授权或撤销才能生效。

任何根据 GCC 第 17.2.3 条规定,由被授予权力和职责及代理权的人所采取的行动,应被视为是承包人代表的行为。

17.2.4 从工程设施开始在现场安装直到完工,承包人代表应指派一名合适的人员担任施工经理(以下称为"施工经理")。施工经理将监督承包人所有的现场工作并应在整个正常工作时间留在现场,除非因休假、患病或与合同执行有关的其他原因而离开现场。如果施工经理不在现场,应指派一合适人员担任其代理。

17.2.5 如果业主有合理的理由认为承包人雇用的代表或人员在执行合同中玩忽职守、不能胜任或做出了一些严重违反第 GCC 第 22.3 条的现场规定的行为,业主可以在工程设施执行过程中通知承包人,反对承包人雇用的代表或人员。在业主提供相应的证据的基础上,承包人应将这些人撤离工程设施现场。

17.2.6 如承包人雇用的任何代表或人员根据第 GCC 第 17.2.5 条规定被撤换,承包人应根据要求立即指派另一个人员接替被撤换的代表或人员的工作。

18. 工作计划

18.1 承包人的机构

在合同生效日期后的21日内，承包人应向业主和项目经理提供一套机构图表，此表显示出承包人为完成工程而要建立的编制，包括工作中雇用的关键人员的身份和履历表。承包人应以书面形式将此机构图表的任何变动及时告知业主和项目经理。

18.2 实施计划

在合同签署后28日内，承包人应准备好一份详细的施工计划并提交给项目经理，此计划应按SCC中提供的格式编制并显示拟对工程设施进行设计、制造、运输、组装、安装和预调试的顺序，以及承包人合理要求业主履行其合同项下义务的日期，以便承包人能按计划实施合同并达到完工、调试和工程设施的验收。承包人提交的计划应符合合同协议附件(时间计划表)并与合同规定的其他时间和期限一致。根据实际需要或依据项目经理的要求，承包人应更新和修改计划，但不得对SCC中规定的完工期和依据GCC第40条规定的延长期限作变动，并应将对计划做出的任何修改提交项目经理。

18.3 进度报告

承包人应监督GCC第18.2条(工程计划)规定的所有施工活动的进度，并每月向项目经理提交一份进度报告。

进度报告应以项目经理可接受的一种格式编制并应指出：

(a)每一项工作实际完成的百分比和计划完成百分比的比较结果；以及

(b)当任一项工作较计划滞后时，应给出意见和可能的后果，并指出要采取的相应行动。

18.4 实施进度

如承包人的实际进度滞后于GCC第18.2条所提到的计划或显然将要滞后，根据业主或项目经理要求，承包人应准备并提交一份考虑了主要情形之后的修改计划给项目经理，并告知项目经理要采取的加快工程进度的措施，以实现在GCC第8.2条的完工时间内的工程完工，或实现GCC第40.1条授权的延长的工期内，或任何由业主和承包人商定的延长时间内的完工。

18.5 工作程序

合同应根据“合同文件和合同文件的格式范本和程序”一章中规定的程序来实施。

在不与合同规定发生冲突的条件下，承包人可根据其自己的标准的项目执行计划和程序来实施合同。

19. 分包

19.1 合同协议附件(批准的分包人名单)规定了供应和服务的主要项目和与每个项目对应的、经认可的分包人(包括供货商)的名单。如有项目没有列出分包人，承包人应为这样的项目准备一份分包人名单。承包人可随时对此名单提出增补或删减。承包人应将这样的名单或变更提交给业主，并留给业主足够的、不阻碍工程进度的时间进行审批，以便不阻碍工程进度。业主对任何分包人的批准不免除承包商在此合同项下的任何责任与义务。

19.2 承包人应在GCC第19.1条提及的名单所列出的分包人中选择雇用主要项目的分包人。

19.3 对于那些合同协议附件(批准的分包人名单)中没有规定的项目或部分工程设施，承包人可自行雇用分包人。

19.4 虽有上述规定，分包还须符合下述条件：分包的工程设施部分必须是非主体、非关键性的工作，且分包人须具备业主认可的资格与条件；分包人不得再次分包；承包人和分包人对分包的工程设施部分承担连带责任。（根据《中华人民共和国招标投标法》第48条）

20. 设计与实施

20.1 规范和图纸

20.1.1 承包人应根据合同条款来进行基本的和详细的设计和工程工作，如没有相关规定，则应根据适宜的实施惯例来执行。

承包人应对其准备的规范、图纸和其他技术文件的任何偏差、错误或遗漏负责，无论项目经理是否已认可这样的规范、图纸或其他文件，除非这样的偏差、错误或遗漏是由于业主或业主代表以书面形式给承包人提供的不准确的信息造成的。

20.1.2 承包人有权以书面形式通知项目经理，承包人对业主或业主代表所提供或指定的有关设计、数据、图纸、规范或其他文件或修正不负责任。

20.2 规范和标准

除非另有规定，在合同中提及的，执行合同须遵循的规范和标准，是指标书提交前28日现行的此类规范和标准，或其修订本。在合同实施期，规范和标准的任何变动都应在业主批准后实行，并按GCC第39条（来自承包人方面的变更）规定办理。

20.3 项目经理对技术文件的审查和批准

20.3.1 承包人应按GCC第18.2条的要求和规定准备（或让其分包人准备）并向项目经理提交合同协议附件（须经批准或审查的文件表）列举的所有文件供其审查批准。

提交给项目经理审查批准的文件所涉及或与之相关的工程的任何部分只有在项目经理批复之后才能实施。

GCC第20.3.2条至GCC第20.3.7条规定只适用于要求项目经理批准的文件，而不适用于仅提交给项目经理审阅的文件。

20.3.2 根据GCC第20.3.1条，项目经理在收到要求其批准的文件后14日内，应将附有其批准的一份文件退还承包人，或书面通知承包人项目经理的否决意见、原因和修改的建议。如项目经理在14日内没有采取这样的行动，应视为项目经理已经批准该文件。

20.3.3 项目经理不应否决任何文件，除非文件不符合合同所规定的某些条款或该文件与工程惯例相违。

20.3.4 如项目经理否决了文件，承包人应修改文件并按GCC第20.3.2条重新提交项目经理批准。如项目经理以修改为条件批准了文件，承包人应作出所要求的变更，在此基础上这样的文件应视为已被批准。

20.3.5 如果项目经理否决文件或文件的修正而使业主和承包人双方产生争议或异议，并且双方在合理期限内不能解决，则根据GCC第6.1条（调解人）将异议提交调解人解决。如果这些异议或争议提交给了调解人，项目经理应指示工程是否应继续进行，如是，将如何继续；承包人也应按项目经理指示继续执行合同。但如果调解人支持承包人对争议所持的观点，而且业主没有根据GCC第6.1.2条发出通知，承包人可从业主处得到由于这些指示而产生的额外费用的补偿，而且按照调解人的决定，可以免除与争议或执行指示有关的责任和义务，并且完工期也将相应顺延。

20.3.6 项目经理对承包人提交的有修改或没有修改的文件的批准，不免除合同条款规定的承包人责任或义务，除非随后的错误是由于项目经理要求的修改所引起的。

20.3.7 承包人不得违反已批准的文件，除非根据GCC第20.3条承包人已先期提交给项目经理一份修正文件而且获得了项目经理的认可。

如果项目经理要求对已批准的文件或以其为基础的文件作出变动，则 GCC 第 39 条(工程变更)适用于这样的要求。

21. 采购

21.1 仪器和设备

在不影响 GCC 第 14.2 条的前提下，承包人应迅速并有条理地生产或采购所有的仪器和设备，并运送到现场。

21.2 业主提供的仪器、设备和材料

如果合同协议附件(工程和业主供货范围)规定了业主应向承包人提供具体项目的机械、设备和材料，则应适用下列条款。

21.2.1 业主应自行承担风险和费用，按双方协议将每个项目的机械、设备或材料运送到现场或靠近现场的地方，并在承包人按 GCC 第 18.2 条(工程计划)提交的计划中规定的时间内交付给承包人，除非双方另有协议。

21.2.2 收到这些机械、材料、设备后，承包人应进行外观检查，如发现缺少、缺陷、欠缺则应通知项目经理。业主应立刻采取补救措施，或如可行和可能，承包人应根据业主要求采取补救措施，费用由业主承担。检查后，机械、材料、设备由承包人照料、保管、控制。此条款适用于对缺少、缺陷、欠缺进行补救后的或替换的机械、材料和设备，或适用于缺陷修复后的机械、材料和设备。

21.2.3 上述承包人的照管责任并不应解除业主对于未发现的缺损、缺陷的责任，也不应使承包人承担在 GCC 第 27 条下(缺陷责任)或其他合同条规定的责任。

21.3 运输

21.3.1 承包人应按其认为最合适的运输方式，自行承担风险和费用，将所有的仪器、设备和承包人的设备运送到现场。

21.3.2 除非合同另有规定，承包人有权选择任何人以任何安全的运输方式运送仪器、设备和承包人的设备。

21.3.3 仪器、设备和承包人的设备每一次发货时，承包人应用电传、电报、传真或电子数据交换(EDI)通知业主，其发送的仪器、设备和承包人的设备的名称及发送地点和方式，到达现场所在国的预期时间和地点，如可能的话，到达现场的时间、地点。承包人应向业主提交双方同意的有关发货的单据。

21.3.4 如需要，承包人应负责获得主管部门批准，将仪器、设备和承包人的设备运至现场。如承包人请求，业主应尽力协助承包人迅速地获得这样的许可。

承包人应保证业主不受因运送仪器、设备和承包人的设备至现场而使道路、桥梁或其他交通设施的损害而引起的索赔的损害。

21.4 清关

承包人应在进口地点自费处理所有进口仪器、设备和承包人的设备并办理清关手续，且 GCC 第 14.2 项下的业主义务在此适用。如果适用的法律或一切规定要求由业主或以业主的名义提出申请或采取行动，业主应采取必要的措施，以遵守这样的法律或规定。对于非承包人过失造成的清关延误，承包人有权依照 GCC 第 40 条得到完工期的延期。

22. 安装

22.1 定位/监理/劳务

22.1.1 基准点

承包人应负责根据水准基点对工程设施进行实际和准确的测量放线，并参考业主或业主代表书面提供的参考标记。

在工程设施进行过程中，如出现工程设施位置、水平、定线方面的错误，承包人应立刻通知项目经理,并立即自费修正这些错误,直到项目经理满意。如果这些错误是由于业主或业主代表书面提供的不正确的数据造成的,修正工作费用应由业主承担。

22.1.2 承包人的监督

工程设施安装过程中,承包人应给予或提供所有必要的监督,并且施工经理或其代表应时常在现场进行全工作时的工程监督。承包人应提供和雇用那些有关行业中的有经验和熟练的技术人员和有能力对所进行的工程进行充分监督的监督人员。

22.1.3 劳务

(a)为了及时恰当地实施合同,在施工现场承包人应按需要提供和雇用熟练、半熟练和不熟练的劳动力。鼓励承包人使用当地有所需技能的劳动力。

(b)除非合同另有规定,承包人应负责执行合同所需要的所有当地或外来劳动力的招募、交通和食宿以及有关的所有费用。

(c)承包人应负责为所雇用的劳动力或人员办理进入工地现场所在国的许可证或签证。

(d)承包人应自费负责将承包人及其分包人雇用的所有在工程现场工作的雇员遣返回本国。从工程停止雇用到这些雇员离开期间,承包人应负责发给雇员适当生活费,如承包人不履行此义务,业主可以遣返和给这些雇员发放生活费,并从承包人处获得相应的补偿。

(e)在工程设施进行的任何时候,承包人应时刻尽力防止其雇员和其分包人劳动人员的任何非法行为,骚乱和妨碍治安的行为。

(f)承包人在与其为执行合同雇佣的劳力或其分包人的劳力交往时,应对所有公认的节日,官方假日,宗教或其他风俗和当地所有关于劳力雇佣的法律和规定给予适当的尊重。

22.2 承包人的设备

22.2.1 所有由承包人运到现场的承包人设备被认为只能用于实施合同,承包人不能将其设备运出现场,除非项目经理认可合同实施不再需要此设备。

22.2.2 除非合同另有规定,当工程设施完工时,承包人应将其运至现场的所有承包人设备和多余的材料运离现场。

22.2.3 如承包人请求,业主应尽力协助承包人获得地方、省或国家政府的出口许可,将不再需要的、由承包人进口的用于实施合同的承包人的设备出口。

22.3 现场规则和安全

业主和承包人应制定现场规则,订明履行合同中在现场应遵守的规则并遵守规则。承包人应拟定现场规则,提交业主要求批准,同时抄送项目经理,业主不得无理拒绝批准。现场规则应包括但不限于有关安全保卫、工程安全、门卫制度、卫生、医疗以及防火方面的规则。

22.4 其他承包人的机会

22.4.1 承包人应在收到业主或项目经理的书面要求后,给予业主或项目经理雇用的其他承包人在现场或附近进行工作的机会。

22.4.2 在收到业主或项目经理的书面要求后,如果承包人将其负责维修的道路提供给其他承包人使用,或允许其他承包人使用其设备或为这些承包人提供其他任何性质的服务,业主应全部偿付由于该承包人提供给其他承包人的这种使用和服务而产生的任何损失或损坏,并支付承包人相应的合理报酬。

22.4.3 承包人安排施工,还应尽可能减少对其他承包人的工作的影响,承包人和其他承包人以及业主的工人之间的工作上可能引起的任何分歧或冲突应由项目经理解决。

22.4.4 承包人应及时通知项目经理，承包人发现的其他承包人工作中的任何缺陷，而该缺陷可能影响承包人的工作。项目经理在检查工程后，如存在这种问题，应决定纠正这种情况所要求的相应措施，项目经理的决定对承包人有约束力。

22.5 紧急工作

如果发生与执行合同有关的以及合同执行中发生紧急情况，为避免对工程造成损害，有必要采取紧急的保护、补救工作，承包人应立刻进行这样的工作。

如承包人不能或不愿立刻进行这样的工作，业主可以自行进行或促使他人进行业主认为必要的这些工作，以防止工程受损。在这种情况下，业主应在发生紧急事件后，尽快以书面形式通知承包人当时的紧急状况、所进行的工作及原因。如业主所进行的；或促使他人进行的这些工作，在合同项下是应由承包人自费负责的工作，承包人应支付业主进行这些工作所发生的合理费用。否则，这一补救工作的费用应由业主承担。

22.6 现场清理

22.6.1 合同履行期间的现场清理

执行合同期间，承包人应适当清理现场上所有不需要的障碍物，应将多余的材料贮存或运走，应清除现场中的残余物、垃圾或临时工程，并应将执行合同中不再需要的、承包人的设备运走。

22.6.2 完工后的现场清理

工程设施所有部分完工后，承包人应清除现场的各种残余物、垃圾和各种瓦砾，并应使现场和工程设施处于干净和安全的状况。

22.7 警戒和照明

为了正常施工和保护工程设施，或为了相邻财产的拥有者和占有者以及公共的安全，承包人应自费在必要的地点和时间内提供和维持所有照明、围墙和警戒。

22.8 夜间和假日施工

22.8.1 除非合同另有规定，在没有业主事先书面同意的情况下，承包人不得在夜间和现场所在国的公共假日期间进行作业，除非这些作业是对于保证设备安全，保护生命或防止财产损失或损害所必需的，这时承包人应立即通知项目经理，但 GCC 第 22.8.1 条不适用于按惯例需要倒班或两班制的工作。

22.8.2 尽管有 GCC 第 22.8.1 条或 GCC 第 22.1.3 条规定，如果承包人认为有必要在夜晚或公共假日作业以满足完工期限，并征求业主同意时，业主不应无理拒绝。

23. 测试与检验

23.1 承包人应按合同规定自费在生产地和/或现场进行所有仪器和设备以及工程设施各部分的测试和检验。

23.2 业主和项目经理或其指定的代表有权参加上述测试和/或检验，只要业主承担参加检验所发生的费用，包括但不限于差旅费、膳宿费。

23.3 无论任何承包人准备进行这样的测试和/或检验，承包人应提前给项目经理一份有关测试和/或检验以及地点和时间的合理的通知。承包人应获得有关第三方或制造商必要的许可或同意，使业主和项目经理或其指派的代表可以参加测试和/或检验。

23.4 承包人应向项目经理提供一份测试和/或检验结果的证明报告。

如果业主或项目经理或其指派的代表不能参加测试或检验，或如双方商定这些人员不参加，则承包人可在没有业主、项目经理或其指派的代表参加的情况下进行测试或检验，并向项目经理提供一份测试和/或检验结果证明报告。

23.5 项目经理可要求承包人进行合同没有规定的测试和/或检验，但承包人由此发生的合理费用将在合同价之外增加。另外，若此工作阻碍了工程设施的工作进度和/或承包人执行其合同项下的其他义务，由此对完工期和对履行其他义务造成的影响应当予以考虑。

23.6 若仪器和设备或工程设施的某部分没有通过测试和/或检验，承包人应修正或更换仪器和设备或工程设施的此部分，并按 GCC 第 23.3 条规定给出通知后，重新进行测试和/或检验。

23.7 如双方因仪器和设备或工程设施的部分的测试或检验所引起的或与之相关的问题出现争议或分歧，而又不能在合理的时间内加以解决，可根据 GCC 第 6.1 条规定(递交调解人)，提交调解人决定。

23.8 若项目经理给予承包人合理的事先通知，在业主自行承担费用的条件下，承包人可安排业主和项目经理在适当的时间进入到仪器和设备生产地，或正在安装工程设施的地点，以便检查进度以及制造或安装方式。

23.9 承包人同意，无论是对仪器和设备或工程设施任何部分进行测试和/或检验，还是在有业主或项目经理参加的情况下，或者根据 GCC 第 23.4 条签发检验证书，都不能免除承包人在合同项下的任何其他责任。

23.10 在未按照合同要求进行测试和/或检验之前，现场的工程设施或地基的任何部分都不能被覆盖；一旦工程设施或地基的任何部分准备好或接近准备好接受测试和/或检验时，承包人应给项目经理一份合理的通知；这样的测试和/或检验以及通知应符合合同的要求进行。

23.11 承包人应随时按项目经理要求在现场揭开工程设施或地基的任何部分或在地基上打通，并恢复原状并保持完好。

如工程设施或地基的任何部分是根据 GCC 第 23.10 条要求在现场覆盖的，其作业符合合同要求，则揭开、打通、恢复原状并使之完好的一切费用，都应由业主负担。因承包人在进行这些工作拖延和阻碍了其履行合同项下的义务，完工期应做适当地延长调整。

24. 工程设施的完工

24.1 根据承包人的意见，一旦工程设施或其任何部分(除了不会实质上影响工程运行或安全的次要项目之外)，按技术规格规定在运行和结构方面完工，并处于严密、整洁的状况，承包人应以书面形式通知业主。

24.2 在收到承包人按 GCC 第 24.1 条发出的通知后 7 日内，业主应提供合同协议附件(业主工程和供货范围)规定的操作和维修人员，以对工程设施或其部分进行预调试。

根据合同协议附件(业主工程和供货范围)在所述 7 日内，业主还应提供为工程设施或其部分进行预调试所需的原材料、辅助设备、润滑剂、化学制品、催化剂、设施、服务或其他材料。

24.3 在业主按 GCC 第 24.2 条于合理可行的最短时间内提供操作和维修人员以及原材料、辅助设备、润滑剂、化学制品、催化剂、设施、服务或其他材料之后，承包人应开始对工程设施或其有关部分进行预调试，并为调试做准备。

24.4 当所有预调试工作完成之后，按承包人意见，工程设施或其任何部分已经做好调试准备，承包人应书面通知项目经理。

24.5 项目经理收到承包人按 GCC 第 24.4 条的通知后 14 日内，或者按招标文件中“格式范本和程序”一章规定的格式，出具一份完工证书，指明工程设施或其部分在按照 GCC 第 24.4 条承包人发出通知的日期时已达到完工，或者以书面形式通知承包人任何的缺陷和/或不足之处。

如果项目经理通知承包人任何缺陷和/或不足之处，那么承包人应纠正并重复 GCC 第 24.4 条所述的程序。

如项目经理对工程设施或其有关部分达到完工感到满意，在收到承包人的再次通知后 7 日内，项目经理应发给承包人一份完工证书，指明工程设施或此部分在承包人再次通知之日已完工。

如项目经理不满意，则应在收到承包人再次通知后 7 日内，书面通知承包人其缺陷和/或不足之处，并且再重复上述程序。

24.6　如在收到 GCC 第 24.4 条承包人通知后 14 日内或收到 GCC 第 24.5 条承包人的再次通知后 7 日内，项目经理未发给完工证书，也未通知承包人有关缺陷和不足，或者如果业主已使用此工程设施或其部分，则根据此情况，此工程设施或其相关部分被视为在承包人发出通知，或再次通知，或业主使用工程设施当日，达到了完工。

24.7　完工之后，承包人应尽快完成所有未完成的次要项目以使工程设施完全符合合同要求，如果未能完成，业主将负责该部分项目的完工，有关费用将从承包人应得的付款中扣除。

24.8　完工后，业主应负责看护照管工程设施或相关部分，并承担损失或损坏的风险，并且此后应接收工程设施和有关部分。

25. 调试和运行验收

25.1　调试

25.1.1　在项目经理根据 GCC 第 24.5 条发给承包人完工证书或根据 GCC 第 24.6 条规定工程设施或有关部分被认为完工之后，承包商应立刻开始对工程设施或其部分进行调试。

25.1.2　业主应提供操作和维修人员以及调试所需原材料、辅助设备、润滑剂、化学制品、催化剂、设施服务和其他材料。

25.2　保证测试

25.2.1　在工程设施或相关部分调试期间，承包人应进行保证测试(包括再次测试)，以确定工程设施或有关部分是否达到技术规格规定的功能保证。承包人的顾问人员和项目经理的顾问人员应参加保证测试，并向业主提供建议和协助。业主应及时向承包人提供承包人合理要求下的有关保证测试(包括再次测试)的进行情况和其结果的信息。

25.2.2　如果不是由于承包人的原因，而使工程设施或有关部分保证测试不能在 SCC 所规定的完工之日起的那段期间内或业主和承包人经协商的期间内成功地完成，承包人将被视为已履行了关于功能保证的义务，GCC 第 28.2 条和 GCC 第 28.3 条则不适用。

25.3　运行验收

25.3.1　根据下述 GCC 第 25.4 条(部分验收)，对工程设施及其部分的运行验收应在如下情况进行：

(a)保证测试已成功地完成，功能保证已经满足。

(b)不是由于承包人的原因，保证测试未能在 SCC 规定的完工之日起的时间内或双方根据上述 GCC 第 25.2.2 条商定的期限内进行或完成。

(c)承包人已按照 GCC 第 28.3 条规定支付了违约金。

(d)GCC 第 24.7 条提及的关于工程设施或其相关部分的次要项目已经完成。

25.3.2 在上述 GCC 第 25.3.1 条中列出的情况发生后的任何时间，承包人可向项目经理发出通知，请求项目经理根据招标文件中规定的格式或业主可以接受的一种格式，出具一份关于在截止通知日期时通知中指明的工程设施或其部分的运行验收证书。

25.3.3 项目经理在与业主协商后，应在收到承包人通知 7 日内出具一份运行验收证书。

25.3.4 如收到承包人通知 7 日内，项目经理没有发给运行验收证书或没有书面通知承包人，项目经理没有出具运行验收证书的合理原因，工程设施及其相关部分应被视为在承包人发出通知之日已通过验收。

25.4 部分验收

25.4.1 如果合同规定关于工程设施的某些部分应进行完工和调试，则有关完工和调试（包括保证测试）的条款应分别适用于工程设施的各个单独部分，并且应相应的就工程设施的每个单独部分发出运行验收证书。

25.4.2 如果工程设施的一部分（例如房屋），不要求调试或进行保证测试，则当这样的工程设施完工后，项目经理应就此出具运行验收证书，承包人应在此之后完成运行验收证书中列出的未完成的次要项目。

六、保证与责任

26. 完工期保证

26.1 承包人保证根据 GCC 第 8.2 条规定的 SCC 所规定的完工期内或在 GCC 第 40 条（完工期的延长）项下承包人被授权的延长期内实现工程设施完工（或 SCC 规定的工程设施的部分的独立的完工期）。

26.2 如果承包人在完工期内或 GCC 第 40 条（完工期的延长）的延长期内不能实现工程设施或其任何部分的完工，承包人应按 SCC 中规定的合同价格的百分比或相关部分价格的百分比的金额付给业主违约金。此违约金的总金额不得超过 SCC 规定的最高限额。一旦达到最高限额，业主可根据 GCC 第 42.2 条考虑终止合同。

此违约金的支付将完全满足承包人在完工期或 GCC 第 4 条（完工期的延长）延长期内实现工程设施或其相关部分的完工的义务，承包人在这方面不再对业主有任何进一步的责任。

此违约金的支付并不解除承包人应完成工程设施的义务或合同项下的其他任何义务和责任。

除了根据 GCC 第 26.2 条支付违约金外，若承包人未能根据合同协议附件（时间计划表）和/或根据 GCC 第 18 条（施工计划）编制的其他工作计划所规定的日期之前完成其他工作事项，承包人不对由此给业主造成的任何损失或损害负责。

26.3 如果承包人在完工期或 GCC 第 40 条（完工期的延长）项下延长期之前；实现工程设施或其部分的完工，业主应按 SCC 规定的金额向承包人支付奖金。奖金总额不应超过 SCC 规定的最高限额。

27. 缺陷责任

27.1 承包人保证工程设施及其部分在所提供的仪器和设备以及实施的工作上的设计、工程技术、材料和工艺方面没有缺陷。

27.2 除非 SCC 另有规定，缺陷责任期限应为工程设施（或其任何部分）完工日期起 18 个月；或工程设施（或其任何部分）运行验收日期起 12 个月，以在前的日期为准。

在缺陷责任期内，如发现承包人在所提供的仪器和设备或实施的工作上的设计、工程技术、材料和工艺方面有缺陷，承包人应立即与业主协商有关合理补救缺陷的措施，并自费修理、更换或使缺陷或由缺陷造成的工程设施的损坏恢复完好（可由承包人选

择决定)。承包人对因下列原因引起的工程设施的缺陷、损坏不承担修理、更换及恢复完好的责任:

(a)业主对工程设施不适当的操作或维修。

(b)工程设施操作超过合同规范的规定。

(c)正常损耗和磨损。

27.3 GCC 第 27 条的承包人责任不适用于:

(a)GCC 第 21.2 条(业主提供的仪器设备和材料)由业主提供的材料,作业正常损耗的材料,或正常使用期限比规定的缺陷责任期短的材料。

(b)由业主或以其名义设计、提供或规定的任何设计、规范或其他数据,或承包人已申明不承担责任的任何事项。

(c)由业主或以其名义提供的其他任何材料或实施的任何工程(下述 GCC 第 27.7 条业主实施的工程除外)。

27.4 业主在发现缺陷之后应立刻通知承包人,指明缺陷性质,并附上所有的证据,业主应给承包人合理的机会来检验缺陷。

27.5 业主应提供必需的方便条件使承包人进入工程设施和现场以使承包人能履行 GCC 第 27 条的义务。

如果缺陷的性质和/或因缺陷引起对工程设施的损害,不能在现场迅速地进行修理,经业主同意,承包人可以从现场拆运有缺陷的仪器和设备,或工程设施的任何部分。

27.6 如果修理、更换或使工程设施恢复完好等工作可能会影响工程设施或其任何部分的工作效率,业主可向承包人发出书面通知,要求在补救工作做完后,立即由承包人对设施缺陷的部分进行检验,接到通知后承包人应立即进行检验。

如果检验没有通过,承包人应根据情况进行进一步修理、更换和使其恢复完好,直至通过检验为止。检验应由业主与承包人一致通过。

27.7 如果承包人未能在合理期限内(不应少于 15 日)对缺陷或由此给工程设施造成的损失开始必需的补救工作,业主在通知承包人之后可以进行此工作,而业主为此所发生的有关合理费用应由承包人支付给业主,或由业主从应支付给承包人的金额中扣除,或从履约保证金中索赔。

27.8 如果由于缺陷和/或缺陷修复的原因,使工程设施或其任何部分不能使用,则应将工程设施或其部分的缺陷责任期延长,延长期等于由于上述原因使业主不能使用工程设施或其部分的时间。

27.9 除了 GCC 第 27 条和 GCC 第 33 条另有规定外,承包人对工程设施或其任何部分完工后出现的工程设施或其任何部分、仪器和设备、设计、工程或已完成的工作中的缺陷不承担合同上或法律上的责任,而无论是何种缺陷以及此缺陷是如何产生的,除非这样的缺陷是承包人严重的疏忽行为、欺诈、犯罪或故意行为导致的。

27.10 此外,承包人还应为 SCC 规定的工程设施的任何组成部分在 SCC 规定的期间里提供延长的担保。这一义务附加于在 GCC 第 27.2 条规定的缺陷责任。

28. 功能保证

28.1 承包人保证在保证测试期间,工程设施及其所有部分应达到合同协议附件(功能保证)规定的功能保证。

28.2 如果由于承包人原因,合同协议附件(功能保证)所规定的最低功能保证不能全部或部分达到,承包人应根据需要对仪器及其部分进行变更修正和/或增补,直至满足最低的功能保证,这部分费用由承包人承担。必要的变更、修正和/或增补完成后,承包人应通知业主并请求重新进行保证测试;直到满足最低的功能保证水平。如果承包人最终无法满足最低功能保证水平，业主可以依据 GCC 第 42.2.2 条考虑终止合同。

28.3 如果由于承包人原因，没有实现合同协议附件（功能保证）规定的全部或部分功能保证，但满足合同协议附件 8（功能保证）所规定的最低功能保证，承包人应选择做到以下两点之一：

(a)根据需要对工程设施或其部分作出变更、修正和/或增补以达到功能保证，费用自行承担并请求业主再进行保证测试。

(b)根据合同协议附件（功能保证）的规定就关于未达到功能保证向业主支付违约金。

28.4 根据 GCC 第 28.3 条支付的违约金在 SCC 所规定的责任限度内，应完全满足承包人 GCC 第 28.3 条的保证，承包人在这方面不再对业主负有任何进一步的责任。承包人支付此违约金后，项目经理应给承包人对已支付了违约金的工程设施或其部分颁发运行验收证书。

29. 专利保护

29.1 在业主遵守 GCC 第 29.2 条的条件下，如果因以下原因，业主侵犯或被指控侵犯在合同签署之日已存在或已注册的任何专利权，实用模型、设计、商标、版权或其他知识产权，承包人应进行赔偿并使业主及其雇员和官员免于由此产生的任何起诉、诉讼或行政诉讼、索赔、要求、损失、损害、支出以及发生任何性质的费用，包括律师费用。

(a)承包人在现场所在国工程设施的安装或使用。

(b)在任何国家由此工程设施生产的产品的销售。

按照合同协议，这些赔偿和责任免除条款不包括将工程设施或其部分用于合同规定的目的以外，或依合同合理地理解的目的以外的目的，也不包括将此工程设施或其部分或任何此工程设施生产的产品，与不是承包人提供的设备、仪器或材料一起使用或合并而造成的侵权。

29.2 如果由于 GCC 第 29.1 条所述的事项致使业主受到诉讼或索赔，业主应立即就此给承包人发出书面通知，承包人应自负费用，并以业主的名义处理这些诉讼、索赔并为解决这些诉讼、索赔而进行谈判。

如果承包人在收到通知 28 日内未能通知业主打算处理这些诉讼、索赔时，业主有权自己处理。除非承包人没有在 28 日内通知业主，业主不得做出不利于此类诉讼或索赔之抗辩的承认。

业主应在承包人的请求下向承包人提供所有处理这些事务所能给予的协助，业主处理此事务时所有的合理开支都应由承包人补偿。

29.3 由于业主或以业主名义提供或设计的任何设计、数据、图纸、技术规格、其他文件或材料或与之相关的原因造成承包人侵犯或被指控侵犯在合同签署之日已存在或已注册的任何专利权，实用模型、设计、商标、版权或其他知识产权，业主应进行赔偿，并使承包人及其雇员、官员和分包人免于任何起诉、诉讼或行政诉讼、索赔、要求、损失、支出及发生任何性质的费用，包括律师费用。

30. 责任范围

30.1 除承包人构成犯玩忽职守罪或故意的不当行为以外：

(a)承包人不应对任何间接损失或损害、使用损失、生产损失、利润损失或利息支出向业主承担责任，无论该责任是基于合同、民事侵权行为或其他方面，但这项排除条款不应适用于承包人向业主支付违约金的任何义务。

(b)在合同项下，民事侵权行为或其他方面，承包人对业主的最大责任不应超过合同总价，但这一限度不应适用于修理或替代有缺陷的设备或承包人保障业主关于专利侵权方面的任何义务。

七、风险的分担

31. 所有权的转移

31.1 进口到工地所在国的仪器和设备(包括零部件)一旦装上从原产国运往工地所在国的运输工具上,其所有权就转移给业主。

31.2 在工地所在国采购的仪器和设备(包括零部件)的所有权在仪器和设备进入工地后即转移给业主。

31.3 由承包人及其分包人使用的、与合同有关的、承包人设备的所有权,应继续归承包人及其分包人所有。

31.4 超出工程设施需要的任何仪器和设备的所有权,在工程设施完工时,或在业主和承包人同意工程设施不再需要该仪器和设备时的更早些时候,应当归还承包人。

31.5 根据 GCC 第 32 条(工程设施照管)尽管仪器和设备所有权已转移,承包人还应负责看管,并承担损失或损坏的风险,直到包含此仪器和设备的工程设施或其部分完工为止。

32. 工程设施照管

32.1 承包人应负责工程设施或其任何部分的照管直到根据 GCC 第 24 条(工程完工)完工之日为止,或如果合同规定了单独完工期,承包人应负责照管相应的部分工程设施,直到该部分的完工日。且承包人应自费使工程设施或其相关部分,在此期间不论什么原因而致的任何损失或损害恢复完好。根据 GCC 第 27 条(责任缺陷),承包人还应负责在工作执行过程中,由承包人或其分包人造成对工程设施的损失或损害。尽管如此,GCC 第 32.2 条(a)、(b)、(c)和 GCC 第 38.1 条规定或所述原因引起的工程设施或其部分的损失或损害,承包人将不负责。

32.2 如果对工程设施或其任何部分或承包人的临时设施造成的损失或损害是由于:

(a)(涉及工地所在国的范围内)核反应、核辐射、放射性污染、飞机或其他飞行物体产生的压力波,或有经验的承包人不能合理预见,或即使能预见但无法采取预防措施,或给予保险的任何其他事件,例如一些在保险市场上不能正常投保的风险和在 GCC 第 34 条(保险)提到的、在投保中被排除的风险(包括战争险和政治险)。

(b)业主或其授权的第三方(非分包人)对工程设施任何部分的使用或占用。

(c)由业主或以业主名义提供或指定的任何设计、数据或者技术规格的使用或作为依据,或承包人已声明不承担责任的事项。

业主应支付承包人所有已执行的工程设施产生的费用,不管工程设施遭到损失、毁坏或损坏,业主还应支付承包人替换所有遭受丢失、毁坏或损坏的临时设施及其部分的价值。如果业主书面要求承包人使受损工程设施恢复完好,承包人应根据 GCC 第 39 条(工程设施的变更)修补缺陷,但费用由业主承担,如业主没有书面要求承包人修复因此而产生的工程设施损失或损坏,业主可根据 GCC 第 39 条(工程设施的变更)要求变更,排除产生损失、毁坏或损坏的工程设施某个部分。如果这种损失或损坏影响到工程设施的重要部分时,业主也可依据 GCC 第 42.1 条(方便业主的终止)终止合同。

32.3 承包人应对用于工程设施目的或准备使用的承包人的设备或其他财产所受的损失或损害承担责任,但以下情况除外:

(a)GCC 第 32.2 条中提及(关于承包人的临时设施)的情形。

(b)这些损失或损害是由于 GCC 第 32.2 条(b)、(c)及 GCC 第 38.1 条规定的原因造成的。

32.4 对于由GCC第38.1条规定的原因造成的工程设施或其部分或承包人设备的损失或损害,GCC第38.3条将适用。

33. 财产的损失或损坏/事故或工伤/赔偿

33.1 除GCC第33.3条规定外,对于人员的伤亡或财产(不包括已验收或未验收的工程设施)的损失,承包人应赔偿并使业主或雇员和官员免于由于任何或全部起诉、诉讼或行政诉讼、索赔、要求、损失、损害以及其他任何性质的费用,如果上述所有伤亡和损失是与工程设施提供和安装有关,以及由于承包人或其分包人或其雇员、官员或代理人的疏忽所致,而不是由于业主,及其分包人、雇员、官员或代理人的疏忽所致。

33.2 如果业主受到起诉或索赔而使承包人承担GCC第33.1条的责任,业主应立即通知承包人,承包人应自负费用,并以业主的名义处理此诉讼或索赔,并通过协商加以解决。

如果承包人在收到上述通知28日内未能通知业主准备处理诉讼或索赔时,业主可自行以自己名义受理。除非承包人未能在28日内通知业主,业主不应做出任何可能不利于为此诉讼或索赔进行辩护的许诺。

应承包人的请求,业主应为承包人提供处理这些诉讼或索赔所需要的协助,并由承包人补偿所产生的一切合理费用。

33.3 业主应使承包人及其雇员、官员和分包人免予承担业主财产受损失的责任,但不包括尚未接管的工程设施,该损害或损失是由于火灾、爆炸或任何其他的危害造成的,且超过按GCC第34条(保险)购买的保险可补偿的金额,前提是这类火灾、爆炸或其他危害并非由于承包人的行为或失误造成的。

33.4 有权获得GCC第33条中赔偿的一方应采取一切合理的措施,减少已发生的任何损失或损害。如果没有采取相应的措施,另一方的责任应相应减少。

34. 保险

34.1 在合同协议附件(保险要求)规定的范围内,履行合同期间,承包人应以附件规定的金额、免赔额及其他条件对下列保险自费投保,并保持保险有效,或使之投保并保持有效。承保人的身份和保险单的格式须得到业主的批准,业主不得无理拒不批准。

(a)货物运输保险

包括从承包人或分包人的工厂或仓库直至运到现场的运输过程中所发生的对仪器和设备(包括零部件)以及承包人设备的损失或损害。

(b)安装一切险

包括在工程设施完工前,在工地上对工程设施的有形损失或损害,并包括承保延长维护的险别,此险种是关于在缺陷责任期间承包人在工地上履行其缺陷责任期内的义务时所发生的损失或损害责任险。

(c)第三方责任险

包括与工程设施供应和安装有关的第三方(包括业主人员)所受人身伤亡和财产损失或损害。

(d)车辆责任险

包括在合同执行过程中,承包人或其分包人所使用的所有车辆(不管是否归其所有)的使用。

(e)工人的赔偿

依照合同或其部分实施所在国适用的法律要求。

(f)业主的责任

依照合同或其部分实施所在国适用的法律要求。

(g)其他保险

其他由双方特别商定的保险，在上述相应附件中列明。

34.2 承包人根据 GCC 第 4.1 条开立的所有保险单应以业主作为联合被保险人，但第三方责任、工人的赔偿和业主的责任险除外。而且承包人根据 GCC 第 34.1 条开立的所有保险单应以其分包人作为联合被保险人，但货物运输保险、工人赔偿和业主的责任险除外。在保险单项下，对于因履行合同而产生的损失或索赔，承保人应放弃对联合被保险人享有的代位权。

34.3 承包人应根据合同协议附件（保险要求）的条款向业主递交保险凭证（或保险单副本）以证明所要求的保险单具有完全效力。该凭证应规定承保人在保险单被取消或做出实质性修改前不少于 21 日通知业主。

34.4 除非承包人购买的保险单已经涵盖该分包人，承包人应确保其分包人应为分包人的人员、车辆以及根据合同执行的工作，投保足够金额并使之保持有效。

34.5 业主在履行合同期间，应根据合同协议附件（保险要求）规定的投保金额、免赔金额及其他条件，进行投保并使之保持有效。这些保险单下，承包人和其分包人应作为联合被保险人。在保险单项下，对于因履行合同而产生的损失或索赔，承保人应放弃对联合被保险人享有的代位权。业主应递交承包人满意的证明，证明所要求的保险完全有效。保险单应规定在保险单被取消或做出实质性修改前不少于 21 日，应由承保人发给承包人书面通知。如果承包人要求的话，业主应提供 GCC 第 34.5 条业主开立的保险单副本。

34.6 若承包人未能按 GCC 第 34.1 条规定投保和/或保持保险有效，业主可以投保并保持保险有效，且可以随时从合同项下承包人应得任何金额中扣除业主已向保险人支付的保险费，或作为承包人对业主的到期负债以其他方式追偿。如果业主未能按 GCC 第 34.5 条的规定投保和/或保持保险有效，承包人可以投保并保持保险有效，且可以随时从业主应得任何金额中扣除承包人已向保险人支付的保险费，或作为业主对承包人的到期负债以其他方式追偿。如果承包人没有或未能开立此种保险并保持保险有效，承包人仍不应对业主承担任何责任或义务，并且完全有权对业主在这方面的任何和全部的责任进行追索。

34.7 除非合同另有规定，承包人应根据 GCC 第 34 条准备和进行承包人取得的保险单项下的索赔，所有由承保人支付的款项应支付给承包人。业主应根据承包人的请求提供合理的协助。对于涉及业主利益的保险索赔，没有业主的事先书面同意，承包人不应弃权或向承保人作出任何让步。关于涉及承包人利益的保险索赔，没有承包人事先书面同意，业主不应弃权或向承保人做出任何让步。

35. 不可预见的情况

35.1 如果承包人在合同执行期间，在现场遇到任何自然条件（非属气候条件）或人为障碍，这种障碍或条件，是一个有经验的承包人根据合理审查业主提供的有关工程资料（含钻孔试验资料），或如果可以进入现场，考察现场得到的资料或其他与工程设施相关的所有资料，在合同协议签订之日前无法合理预见到的，并且如果在承包人看来，由于这些条件或人为障碍将导致增加额外的费用，或需要额外的时间来履行其合同项下的义务，而在没有遇到这类自然条件或人为障碍时，这种额外的费用和时间花费是不必要的，那么，承包人应在开始进行附加工作或在使用额外的仪器和设备及承包人的设备前，迅速地以书面的形式通知业主：

(a)不能事先合理地预见到的自然条件或人为的障碍。

(b)需要增加的工作和/或仪器和设备和/或承包人的设备，包括承包人将要或拟采取克服这些条件或障碍的步骤。

(c)预计的拖延时间。

(d)承包人可能发生的额外费用和开支。

收到承包人有关 GCC 第 35.1 条的任何通知,项目经理应迅速同业主和承包人商量,决定克服遭遇到的自然条件或人为障碍要采取的行动。经商量后,项目经理应向承包人下达要采取的行动的指示,并抄送业主。

35.2 承包人遵循项目经理的指示处理 GCC 第 35.1 条所述的由于克服这些自然条件或人为障碍而导致任何合理增加的费用,应由业主作为合同价格的附加金额支付给承包人。

35.3 如果承包人在合同的执行中由于 GCC 第 35.1 条所指这些自然条件或人为障碍而导致延误或受到的阻碍,完工期应根据 GCC 第 40 条(完工时间的延长)延长。

36. 法律和法规的变更

36.1 如果在标书递交日期前 28 日之后,在工地所在国任何法律、法规条例、命令或任何具有法律效力的地方规定的制定、颁布、废除或发生变化(包括有关当局在解释或应用方面的变化),影响到承包人的成本和费用和/或完工期,则合同价格应相应地增加或减少,完工期应合理地调整,其限度视承包人在履行合同项下的义务受影响的范围而定。尽管如此,如果在价格调整条款中已作适当的考虑,根据 SCC,这一增加或减少的费用不应另外支付或记入贷方。

37. 不可抗力

37.1 "不可抗力"指业主或承包人无法合理控制的任何事件,受影响的一方尽管努力仍无法避免的任何事件,包括但不限于:

(a)战争、敌视或战争行为(无论是否宣战),侵略、外敌入侵以及内战。

(b)叛乱、变革、暴动、兵变、民选政府军或军政府的篡权、阴谋、骚乱、内乱、恐怖行动。

(c)由政府或合法或实际权力机构或统治者进行的或命令进行的没收、充公、国有化、动员、征用等或由地方或国家政府机构采取的其他行动或未采取行动。

(d)罢工、故意毁坏、封闭工厂、禁运、进口限制、港口拥塞、缺乏正常的公共运输和通讯的手段、工业争议、船只失事、电力供应短缺或限制、流行病、检疫、瘟疫。

(e)地震、滑坡、火山爆发、火灾、洪涝灾害或潮汐、台风或旋风、飓风、风暴、闪电、或其他险恶的气候条件、原子核及压力波,或其他自然灾难。

(f)由不可抗力引起的劳动力、材料或辅助设备的短缺。

37.2 合同任何一方如在履行其合同义务时受到不可抗力事件之阻止、妨碍或拖延,应在此类事件发生之后 14 日内书面通知另一方。

37.3 只要有关不可抗力事件继续存在并导致履行合同受到阻止、妨碍或拖延,则通知方可暂时不履行或延期履行合同的义务,完工期应根据 GCC 第 40 条顺延。

37.4 受不可抗力影响一方或各方应努力适当减轻对其履行合同的影响,并完成其在合同项下的义务,但并不排除任何一方有权根据 GCC 第 37.6 条和 GCC 第 38.5 条规定终止合同的权利。

37.5 任何一方因任何不可抗力事件的发生而引起延误或不履行合同:

(a)不应构成违约。

(b)(除 GCC 第 32.2 条、GCC 第 38.3 条和 GCC 第 38.4 条另有规定外)如果合同履行迟延或不履行合同是由于不可抗力事件引起的,不应产生针对任何损失或由此产生的额外相关费用的索赔权。

37.6 在合同执行期间,如因一件或数件不可抗力事件严重阻止、妨碍或延误合同的履行,一次性超过 60 日或累计超过 120 日,双方将努力达成令双方满意的解决办法,如未能达成，任何一方可向另一方发出通知，终止合同，但不能影响任何一方根据 GCC 第 38.5 条款享有的终止合同的权利。

37.7 根据 GCC 第 37.6 条如果发生终止合同，业主和承包人的权利和义务将依据 GCC 第 42.1.2 条和第 42.1.3 条规定。

37.8 尽管有 GCC 第 37.5 条的规定，但不可抗力不适用于业主向承包人进行支付的义务。

38. 战争风险

38.1 “战争风险”系指 GCC 第 37.1 条(a)和(b)规定的事件以及在现场所在国或其附近发生或存在的任何地雷、炸弹、炮弹、手榴弹或其他射弹、导弹、弹药爆炸物的爆炸或影响或战争爆发。

38.2 无论合同有任何规定，承包人对由于战争风险引起的下述财产毁坏、损害、人身伤亡不承担责任：

(a)对工程设施、仪器和设备或其中任何部分的毁坏或损害。

(b)业主或任何第三方的财产损毁或损害；或

(c)人身伤亡。

并且业主应保证使承包人免于承担因此或与此相关的索赔、责任、起诉、诉讼、损害、费用或开支。

38.3 如果用于本工程设施或准备使用于本工程设施的任何仪器和设备或承包人的设备或任何其他承包人所有财产由战争风险受到毁坏或损害，业主应支付承包人：

(a)工程设施或仪器和设备遭受毁坏或损害部分的费用(限于业主尚未支付的范围内)。

(b)承包人所有被毁坏或损坏的设备或其他财产的更换或修复费用。

(c)对损坏的工程设施或仪器和设备或其任何部分的更换或恢复完好的费用。

如果上述情形是业主要求的，并为工程设施完工所需的。

如果业主不要求承包人更换工程设施或修复工程设施受到的毁坏或损害，业主应根据 GCC 第 39 条(工程设施的变更)要求变更，变更将排除遭毁坏或损害的那部分工程设施的执行，或者如果损失、毁坏或损害影响了工程设施的重要部分，可根据 GCC 第 42.1 条(业主终止的权利)终止合同。

38.4 尽管合同中已有说明，业主应支付承包人因战争风险造成的或执行合同所增加的额外费用，但承包人应将增加的费用在尽可能短的时间内以书面形式通知业主。

38.5 如在履行合同期间，发生的战争风险在经济上或物质上影响承包人完成合同，承包人应尽力执行合同并适当考虑从事该工程工作的人员及分包人的安全，然而如果工作因战争风险原因不可能执行或执行受到严重妨碍，一次性超过 60 日或累计超过 120 日时，双方应达成双方满意的解决办法，如未能达成，任何一方可向另一方发出通知，终止合同。

38.6 如根据 GCC 第 38.3 条或第 38.5 条，发生合同终止时，业主和承包人的权利和义务在 GCC 第 42.2.1 条和第 42.1.3 条中规定。

八、合同要素的变更

39. 工程设施的变更

39.1 <u>变更的介绍</u>

39.1.1 除 GCC 第 39.2.5 条和 GCC 第 39.2.7 条另有规定外，业主有权建议并要求项目经理命令承包人在合同执行期间随时对工程设施进行变更、修正、增加或删除(以下称“变更”)，变更应在工程设施总体范围内，且不构成不相关的工作，并且考虑到工程设施的进展程度，以及拟作的变更与合同规定的工程设施在技术上的一致性，该变更在技术上是可行的。

39.1.2 承包人在履行合同期间可不时向业主(并抄送项目经理)提出承包人认为对改善工程质量、效率或安全是必要的或是合乎需要的变更的建议。业主可自行决定同意或否决承包人建议的变更,但应同意承包人提出保证工程设施安全方面的变更。

39.1.3 尽管有 GCC 第 39.1.1 条和 GCC 第 39.1.2 条,但因承包人在履行合同时违约而做的必要变更,不应视为本章意义上的“变更”,且此类变更不应导致对合同价格或完工期的任何调整。

39.1.4 GCC 第 39.2 条和 GCC 第 39.3 条规定了如何进行变更的程序,而且“招标文件的范本格式和程序”一章中规定了变更的更具体的细节和格式。

39.2 <u>业主提出的变更</u>

39.2.1 如果业主根据 GCC 第 39.1.1 条提出一项变更,业主应给承包人发出一份“变更建议的要求”,要求承包人在合理可行的最短时间内准备好并提供一份“变更建议书”“变更建议书”应包括以下几个方面:

(a)变更的简介。

(b)对完工期的影响。

(c)变更的估计费用。

(d)对功能保证的影响(如有)。

(e)对合同其他规定的影响。

39.2.2 承包人在准备和递交此“变更建议书”之前,应向项目经理递交一份“变更建议评估”,即对准备和提交此“变更建议书”费用的评估。

一旦收到承包人“变更建议评估”,业主应做以下工作中的一项:

(a)接受承包人的评估,要求承包人着手准备“变更建议书”。

(b)通知承包人其变更建议评估不可接受的部分并要求承包人审查评估。

(c)通知承包人业主不准备进行变更。

39.2.3 一旦收到在 GCC 第 39.2.2 条(a)中业主要求进行的命令,承包人应根据 GCC 第 39.2.1 条规定加快准备“变更建议书”。

39.2.4 变更估价应尽可能符合实际,根据合同单价和价格进行计算。如果单价和价格不公平,各方应协商达成变更估价的具体单价。

39.2.5 如果在准备“变更建设书”之前或在此期间,很显然执行“变更建议书”和在 GCC 第 39 项下对承包人已有约束力的所有其他变更令,产生的累计效果以最初合同协议第 2 条(合同价格)中合同价格为标准进行计算,会增加或减少 15%以上,承包人在提交上述“变更建议书”之前,可向业主发出一份反对的书面通知,如果业主接受承包人的反对,业主应撤销此项变更并书面通知承包人。

承包人未能按上述规定提出反对,将不会影响其对以后被要求变更或变更命令的反对权利,也不会影响承包人在以后作出反对时,考虑承包人未反对的变更所代表的合同价格百分比的增加或减少的权利。

39.2.6 一旦收到“变更建议书”,业主和承包人双方应就其中所有事项达成协议。在此协议达成后 14 日内,业主如果准备进行变更,应向承包人发出一份变更命令。

如果业主在 14 日内无法做出决定,应通知承包人其渴望得到决定的具体时间。

如果业主无论出于什么原因,决定不准备进行变更,应在所述 14 日的期限内,相应通知承包人。在此情况下,承包人有权获得准备“变更建议书”产生的一切合理费用的补偿,如果这些费用不超过承包人根据 GCC 第 39.2.2 条提交的“变更建议评估”中所报的金额。

39.2.7 如果业主和承包人无法就变更价格、完工期公平合理的调整或“变更建议书”中其他事项达成一致，业主可给承包人发出一份“尚待达成协议的变更命令”。

一旦收到“尚待达成协议的变更命令”，承包人应立即实施此“变更命令”所涉及的变更。在此之后，双方应努力对“变更建议书”中的未解决的问题达成协议。

如果在“尚待达成协议的变更命令”发出之日起 60 日内，双方未能达成协议，此事可根据 GCC 第 6.1 条（仲裁）的规定提交调解人。

39.3 承包人提出的变更

39.3.1 如果承包人根据 GCC 第 39.1.2 条提出一项变更，承包人应向项目经理提交一份书面“变更建议的申请”，说明建议变更的原因，并且包括 GCC 第 39.2.1 条规定的内容。

一旦收到“变更建议的申请”，双方应遵照 GCC 第 39.2.6 条和 GCC 第 39.2.7 条规定的程序。但是，如果业主决定不进行变更，承包人无权获得准备“变更建议申请”的费用补偿。

40. 完工期的延长

40.1 如果因以下任何原因承包人依照合同履行义务受到延误或受阻，SCC 中规定的完工期应予以延长：

(a)GCC 第 39 条（工程设施的变更）中规定的任何工程设施的变更。

(b)GCC 第 37 条（不可抗力）中规定的不可抗力的发生，GCC 第 35 条（不可预见情况）中规定的不可预见的情况的出现，以及 GCC 第 32.2 条(a)、(b)和(c)项中规定的任何事件的发生。

(c)业主根据 GCC 第 41 条（暂停）发出的暂时停工命令或根据 GCC 第 41.2 条减慢进度。

(d)GCC 第 36 条（法律和法规的变更）规定的有关法律和法规的任何变更。

(e)由于业主违约，特别包括未能提供合同协议附件（业主工程和供货范围）列出的项目，或业主所雇用其他承包人的活动、工作或失职。

(f)合同中明确提及的任何其他事项。

延长的期限在各种情况下应是公正、合理的，并公正地反映承包人遭受的任何延误或阻碍。

40.2 除合同中另有明确规定外，在这种事件或情况发生后，承包人应在合理可行的最短时间内向项目经理递交一份要求延长完工期限的通知，并附详细情况、延期依据。收到通知及要求的详细的证明材料后，业主和承包人应协商同意延长的期限。如果承包人不接受业主公平、合理地对延期的评估，承包人将有权根据 GCC 第 6.1 条（仲裁）将此事提交调解人。

40.3 承包人无论何时都应努力在履行合同职责时，将延误减至最低。

41. 暂停

41.1 业主可要求项目经理向承包人发出通知，命令承包人暂停合同中应履行的义务的全部或任何部分。通知中应规定暂停履行的义务，暂停生效日期及其原因。收到通知后承包人应暂停履行此义务（但工程设施照管或保护所需的义务除外），直到项目经理书面命令恢复履行义务为止。

如果因项目经理发出暂停命令，而非承包人不履约或违约，造成承包人暂停履行义务总计超过 90 日，则在此之后的任何时间，如承包人应履行的义务仍被暂停，承包人在暂停期间可通知项目经理，要求业主在收到通知后 28 日内命令恢复履行合同，或按 GCC 第 39 条（工程设施的变更）要求下达变更令，从合同中取消暂停义务的履行。

如果业主在该期间内未能采取上述行动，承包人可向项目经理再发出一份通知，选择将该暂停视为根据 GCC 第 39 条(工程设施的变更)取消这一部分(如果该暂停只影响到工程设施的一个部分),或者将该暂停视为根据 GCC 第 42.1 条(方便业主的终止)终止合同(如果该暂停影响到整个工程设施)。

41.2 如果:

(a)业主在规定的期间内没有支付合同中承包人应收的金额,或根据合同协议附件(支付条件和程序)无正当的理由,没有批准发票或单据,或严重违约,承包人可以向业主发出通知要求支付这笔金额,并要求按 GCC 第 12.3 条规定支付利息,要求批准此项发票或单据,或说明违约的情况,并视情况要求业主采取补救措施。如果收到承包人的通知后 14 日内业主没有支付这项金额及其利息或没有批准发票或单据或给出拒付的理由或不对违约补救或采取补救措施;或

(b)因业主的任何原因,承包人无法履行合同中的任何职责,包括但不限于根据 GCC 第 10.2 条规定业主未提供现场或其他区域的占用权,或进入现场或其他区域的机会,或者没有获得执行和/或完成工程所必要的政府许可证。

承包人可在通知业主 14 日后暂停履行合同中其义务的全部或部分或减慢进度。

41.3 如果根据 GCC 第 41 条,承包人被暂停履行职责或减慢进度,完工期应按 GCC 第 40.1 条延长,并且由暂停或进度减慢致使承包人增加的所有额外费用和开支应加入合同价格,由业主承担,但暂停或进度减慢是由承包人的违约造成的除外。

41.4 在暂停期间,没有业主事先的书面同意,承包人不能从工地转移任何仪器和设备、工程设施的任何部分或承包人的设备。

42. 终止合同

42.1 <u>方便业主的终止</u>

42.1.1 业主可依据 GCC 第 42.1 条以任何理由向承包人发出终止通知,随时终止合同。

42.1.2 一旦收到 GCC 第 42.1.1 条的终止通知,承包人应立即或在终止通知中规定的日期:

(a)除业主可能在终止通知中规定的为保护已完成的部分工程设施的工作或保持工地清洁安全所要求进行的工作之外,停止一切进一步的工作。

(b)除按 GCC 第 42.1.2 条(d)(ii)项转让给业主的分包合同之外,终止所有的分包合同。

(c)从工地转移所有的承包人设备,遣返承包人及其分包人所有的工地人员,清除工地各种残余物、垃圾和瓦砾等,使整个工地处于清洁和安全状态。

(d)此外,在 GCC 第 42.1.3 条规定的付款条件下,承包人应。

(i)向业主移交到终止日期为止承包人已完的部分工程设施。

(ii)在法律规定的可能范围内,将在终止日期时承包人对工程设施、仪器和设备的所有权利、所有权和利益转让给业主,以及按业主可能的要求将承包人与其分包人之间签署的所有分包合同的一切权利、所有权和利益转让给业主。

(iii)在终止日向业主移交由承包人或其分包人编制的与工程有关的所有非专利的图纸、规范和其他文件。

42.1.3 依据 GCC 第 42.1.1 条,如果发生合同终止,业主应支付承包人以下金额:

(a)到终止日期承包人已完成的部分工程设施的合同价款。

(b)承包人从工地转移承包人设备以及遣送承包人人员或其分包人人员发生的合理费用。

(c)承包人支付分包人有关终止任何分包合同的费用,包括任何取消合同的费用。

(d)承包人依据 GCC 第 42.1.2 条(a)在保护工程设施及保持工地清洁和安全所发生的费用。

(e)上述(a)至(d)未包括的,承包人为履行与第三方的所有其他有关合同的义务、承诺及要求等的费用支出。

42.2 因承包人违约的终止

42.2.1 在不损害业主可能拥有的任何其他权利或补救措施的情况下,根据 GCC 第 42.2 条,业主在以下情况,可以向承包人发出终止通知并说明原因,并终止合同:

(a)如果承包人破产或不能清偿债务,或接到财产接管命令,或与债权人进行债务和解,或承包人作为一个公司已通过一项公司关闭的决议或命令(而非为合并或改组进行的自愿清算),或承包人的产业或财产被指定了接收人,或如果承包人因债务采取或遭遇到其他类似的行动。

(b)如果承包人违反 GCC 第 43 条(转让)的规定,转让合同或其中的任何权利或利益。

(c)如果业主认定承包人在竞标或执行合同中有腐败或欺诈行为。

(i)"腐败行为"是指在招标采购或合同执行过程中,为谋求利益、影响相关人员而提供、给予、接受或索取任何有价物品的行为。

(ii)"欺诈行为"是指为了影响采购进程或合同的执行,而对事实进行错误陈述,从而对招标人造成损害的行为。其中包括投标人之间(在投标截止之前或之后)的串通行为,旨在使投标价格建立在人为的无竞争性的水平上,并使业主无法从自由公开的竞争中受益。

42.2.2 如果承包人:

(a)已放弃或拒绝履行合同。

(b)无正当理由而未及时开工,或在接到业主关于进行施工的书面通知后暂停执行合同超过 28 日,GCC 第 41.2 条另有规定的除外。

(c)无正当理由,不断地不按合同规定执行合同,或不断地忽视履行合同中规定的义务。

(d)拒绝或无法按 GCC 第 18 条(工程计划)规定的方式及使业主确信承包人能在延长的完工期前完工的进度提供足够的材料、服务或劳务实施并完成工程设施。

则业主可在不损害其合同中拥有的任何其他权利的情况下,向承包人发出通知,阐明违约的性质,并要求承包人作出相应补救。如果承包人在其接到此通知的 14 日内,仍未补救或采取措施补救,则业主可根据 GCC 第 42.2 条,向承包人发出终止通知,并终止合同。

42.2.3 一旦收到 GCC 第 42.2.1 条或 GCC 第 42.2.2 条的终止通知,承包人应立即或在终止通知中规定的日期:

(a)除业主可能在终止通知中规定的为保护已完成的部分工程设施的工作或保持工地整洁和安全所要求进行的工作外,停止所有进一步的工作;及

(b)除了那些根据 GCC 第 42.2.3 条(d)转让给业主的分包合同外,终止所有的分包合同;及

(c)将承包人到终止之日已完的工程设施部分移交业主;及

(d)在法律规定的可能范围内,在终止日期,向业主转让承包人对工程设施及仪器和设备的所有权利、所有权和利益,如果业主要求还应转让承包人与分包人签订的分包合同中的权利、所有权和利益。

(e)向业主移交截至终止之日的时候由承包人或其分包人编制的所有关于本工程的图纸、技术规格及其他文件。

42.2.4 业主可进驻工地,驱逐承包人,并可自己或雇用第三方完成工程设施。业主可排除

承包人在此方面的所有权利,在业主认为可方便本工程设施供货和安装的合理期内,接管并使用任何承包人拥有的设备,以及与工程设施有关的工地上的设备,并向承包人支付合理租金,承担所有养护费用以及所有责任,包括由业主对使用此类设备而造成的损失或人身伤害承担的所有责任。

42.2.5 根据 GCC 第 42.2.6 条,承包人应有权得到在终止日已完成的工程设施的合同价款,现场任何未使用或只部分使用的仪器和设备价值,以及根据 GCC 第 42.2.3 条(a)规定为保护工程和使工地保持整洁、安全状态而产生的费用(如有)。任何在终止日之前应由承包人支付给业主的金额,应从合同项下应付承包人的总金额中扣减。

42.2.6 如果业主完成了工程设施,应确定业主完成工程设施的费用。如果依据 GCC 第 42.2.5 条,承包人有权得到的金额,加上业主在完成本工程设施中发生的合理费用超过了合同价格,则承包人应承担该超出部分。

如果上述超出金额大于根据 GCC 第 42.2.5 条应支付给承包人的总额,承包人应向业主支付差额,如果上述超出金额小于根据 GCC 第 42.2.5 条应支付给承包人的金额,业主则应将差额支付给承包人。

业主和承包人应以书面形式对上述计算和任何款项的支付方式达成一致。

42.3 <u>承包人的终止</u>

42.3.1 (a)如果业主在规定的时间内没有支付合同中承包人应收的金额,或根据合同协议附件(支付条件和程序)无正当理由,没有批准发票或单据,或严重违反合同,承包人可向业主发出通知,要求其支付这笔金额,并要求按 GCC 第 12.3 条规定支付利息,要求批准此项发票或证明单据,或说明违约的情况,并视情况要求业主采取补救措施。如果业主未能在收到承包人通知的 14 日内支付此金额和利息,或未能批准此项发票或单据,或未能说明拒付原因,且未能补救违约或采取措施补救违约。

(b)如果因业主方面的任何原因,包括但不限于业主未能提供现场或其他场地的占用或进出通道,或未能取得为该工程的开工和/或完工所必需的任何政府许可,致使承包人无法履行其合同项下规定的义务,则承包人可向业主发出通知。如果业主在接到此类通知的 28 日内,未能支付此未付的款项、未能批准发票或证明单据,或未能说明其拒付的理由或未能补救违约,或在收到此类通知 28 日内,由于业主方面的原因,致使承包人仍无法履行其合同项下的义务,承包人可向业主发出进一步通知,并根据 GCC 第 42.3.1 条立即终止合同。

42.3.2 如果业主破产或不能清偿债务,或接到财产接管命令,或与债权人进行债务和解,或业主作为一个公司已通过一项公司关闭的决议或命令(而非为合并或改组进行的自愿清算),或业主的产业或财产被指定了接收人,或如果业主因债务采取或遭遇到其他类似的行动,承包人可根据 GCC 第 42.3.2 条,向业主发出通知,并终止合同。

42.3.3 如果根据 GCC 第 42.3.1 条或 GCC 第 42.3.2 条终止合同,则承包人应立即:

(a)除为保护工程设施已完部分或任何为保持工地整洁和安全所必须的工作外,停止所有进一步的工作。

(b)除了根据 GCC 42.3.3(d)(ii)项中转让给业主的分包合同以外,终止所有分包合同。

(c)从工地转移所有承包人的设备,遣返承包人的人员及其分包人的人员。

(d)除此之外,承包人应在 GCC 第 42.3.4 条规定的支付条件下:

(i)向业主移交直至终止之日承包人已完成的工程设施各部分。

(ii)在法律规定的可能范围内，在终止日期，向业主转让承包人对工程设施以及仪器和设备的所有权和利益，根据业主的要求移交承包人和分包人签订的分包合同中的权利、所有权和利益。

(iii)向业主移交截至终止之日时由承包人或其分包人编制的所有关于本工程设施的图纸、技术规格及其他文件。

42.3.4 如果根据 GCC 第 42.3.1 条或 GCC 第 42.3.2 条终止合同，业主应向承包人支付所有 GCC 第 42.1.3 条规定的款项，并对与此终止合同有关的承包人所遭受的所有损失(利润损失除外)或损害进行合理补偿。

42.3.5 承包人根据 GCC 第 42.3 条规定而终止合同，不损害承包人可以行使的作为 GCC 第 42.3 条所赋予的权利的代替或附加的任何其他权利或救济措施。

42.4 GCC 第 42 条中“已完工程设施”一词应包括截至终止日期时所有由承包人完成的工作、由其提供的服务以及所有为工程设施承包人已获得(或者按照具有法律约束力的条款进行采购)的已经使用或准备使用的仪器和设备。

42.5 在 GCC 第 42 条中，在计算业主对承包人的应付金额时，应考虑业主在合同项下先期已支付给承包人的任何款项，包括根据本合同协议书附件(支付条件和程序)已支付的任何预付款。

43 转让

43.1 业主和承包人均不得在未经对方事先书面同意(任何一方不得无理拒绝同意)的情况下，将合同或其任何部分、或合同中的任何权利、利益、义务或权益，转让给任何第三方，但承包人有权转让合同项下到期应付给承包人的款项或可能将到期应付给承包人的款项，或在此款项上设定担保权利。

第五章 合同专用条款

合同专用条款说明

1.“合同专用条款”是第四章“合同通用条款”的补充。如有冲突之处,“合同专用条款”应优先于“合同通用条款”。

2.“合同专用条款”的序号与第四章“合同通用条款”的序号一致。如果有增加的条款,可增加新的条款号。

3.以下提供“合同专用条款”应包括的部分内容,仅作为各项目编制招标文件的参考。

合同专用条款

目　录

合同专用条款

以下"合同专用条款"(SCC)是"合同通用条款"(GCC)的补充。如有冲突之处,本条款应优先于"合同通用条款"(GCC)。"合同通用条款"(GCC)的相应条款号在括号中指明。

(相关专用条款的斜体注释为完成合同专用条款提供了指导。如果提供了条款样本,也只是说明性的,业主需要根据每次采购具体编写。如果投标人的投标书已被业主接受并且业主和投标人就投标书达成一致,则其中的几处条款和相关的信息应根据投标人提供的信息完成或者修改。)

1. 定义(GCC 1)

业主:________________________(名称、地址、电话、电报、传真号)

项目经理:________________________(姓名、地址、电话、电报、传真号)

对外采购代理机构:________________________(名称、地址、电话、电报、传真号)

承包人:________________________(名称、地址、电话、电报、传真号)

承包人代表:________________________(姓名、地址、电话、电报、传真号)

调解人:________________________(姓名、地址、电话、电报、传真号)

原产地:________________________(在招标文件有关为本项目采购提供货物、工程和服务的资格的章节中指明的所有国家和地区)

完工期:________________________(插入日数、周或月数)

样本条款

全部设施的完工期:____(时间单位应该是具体的日数、周或月数,用大、小写数字表达)

部分设施的完工期:____(时间单位应该是具体的日数、周或月数)

描述完工时间

列出规定了完工时间的每部分工程设施并简要说明相应的完工时间(日数、周或月数,如合适,用大、小写数字表达)。

2. 通知 (GCC 4)

GCC 4.1 业主通讯地址:__________________________

采购代理机构通讯地址:____________________________

承包人通讯地址:________________________(地址、电话、电报和传真号)

3. 管辖法律(GCC 5)

样本条款

GCC 5.1 合同应根据中华人民共和国法律管辖并从其解释。

4. 争议解决 (GCC 6)

GCC 6.1.3 调解人的每小时费用:________________________(应以一种可兑换的货币表示)

GCC 6.1.4 调解人的任命机构:________________________*(任命机构应是该行业部门认可的中立机构)*

GCC 6.2.3 *仲裁诉讼的程序规则:*

(a)<u>与外国承包商签订的合同</u>

[对于与外国承包商的合同,国际商业仲裁比其他解决争议方法具有实际的优势。在主导仲裁诉讼的规则中,业主可能希望考虑中国国际经济贸易仲裁委员会现行仲裁规则,联合国国际贸易法委员会 1976 仲裁

规则,国际商会仲裁院调解和仲裁规则,伦敦国际仲裁法院规则或者斯德哥尔摩商会国际仲裁院仲裁规则]

如果业主选择中国国际经济贸易仲裁委员会现行仲裁规则,则插入下列样本条款。

GCC 6.2.3(a):合同或与合同相关的任何争议、争论或索赔,或者违反、终止或合同无效,合同任何一方有权将争议提交中国国际经济贸易仲裁委员会进行仲裁。仲裁庭应由三名仲裁员组成。仲裁应该在北京按照中国国际经济贸易仲裁委员会现行仲裁规则进行。

如果业主选择《联合国国际贸易法委员会仲裁规则》,则插入下列样本条款。

GCC 6.2.3(a):合同或与合同相关的任何争议、争论或索赔,或者违反、终止或合同无效将按照目前有效的联合国国际贸易法委员会仲裁规则裁决。

如果业主选择《国际商会仲裁院调解和仲裁规则》,则插入下列样本条款。

GCC 6.2.3(a):与合同相关而引起的所有争议都要在国际商会仲裁院调解和仲裁规则下,由根据上述规则指定一个或多个的仲裁员最终解决。

如果业主选择《斯德哥尔摩商会国际仲裁院仲裁规则》,则插入下列样本条款。

GCC 6.2.3(a):合同或与合同相关的任何争议、争论或索赔,或者违反、终止或合同无效将按照斯德哥尔摩商会国际仲裁院仲裁规则裁决。

如果业主选择《伦敦国际仲裁法院规则》,则插入下列样本条款。

GCC 6.2.3(a):合同或与合同相关的任何争议,包括对其存在、有效性或终止的任何疑问将提起仲裁并在伦敦国际仲裁法院规则下最终裁决。

(b)与中国国内承包人之间的合同

(与中华人民共和国国内承包人的合同,可以根据中华人民共和国的法律提起诉讼/仲裁)对于这样的合同,如果业主选择诉讼,则插入下列样本条款:

GCC 6.2.3 (b):因合同引起的,或与合同相关的业主与中华人民共和国国籍的承包人之间的任何争议,包括对其存在、有效性或终止的任何疑问,应根据中华人民共和国法律向中华人民共和国境内有管辖权的人民法院提起诉讼。

如果业主选择仲裁,则插入下列样本条款:

GCC 6.2.3 (b):因合同引起的或与合同相关的业主与中华人民共和国国籍的承包人之间的任何争议,包括对其存在、有效性或终止的任何疑问,应提交中国国际经济贸易仲裁委员会,按照提交仲裁申请时中国国际经济贸易仲裁委员会有效的仲裁规则仲裁。仲裁地点为中华人民共和国北京市。仲裁裁决是终局的。

(如果与外国承包商之间签订合同,招标文件应保留一条款,如果与中华人民共和国国籍的承包商签订合同,招标文件也应保留一条款。在最终确定合同时,合同中应该保留相应适用的条款。因此,下列解释性的注释应该作为标题插入到合同通用条款 6.2.3)

[如果与外国承包人签订合同,将保留第 6..2.3 条(a);如果与中华人民共和国国籍的承包人签订合同,将保留第 6.2.3 条(b)]

5. 工程设施范围 (零备件)(GCC 7)

GCC 7.3 承包商同意提供一定年限的零备件:________________(以大、小写数字规定的合理年限)

样本条款

GCC 7.4 承包商应备有足够的损耗件存货以确保仪器和设备的损耗品的供应(ex-stock supply),其他零备件和组成件应尽快,但最晚在提交订货单并开出信用证后 6 个月内提供,此外,如果承包商停止生产这些零备件,应在停产前预先通知业主,以便业主有足够的时间采购所需的零备件。在停产后,如果业主要求,承包人应在可能的范围内免费向业主提供零备件的蓝图、图纸和技术规格。

6. 开工期和完工期 (GCC 8)

样本条款

GCC 8.1　承包人应按合同协议书规定用于确定完工期的生效日开始进行有关工程设施的工作。

GCC 8.2　设施的完工期应在＿＿＿＿＿内(插入周、月数)。

如果适用,指定完工的部分及其时间。

7. 合同价格 (GCC 11)

样本条款

GCC 11.2　合同价格可根据合同协议书相应条款(价格调整)的规定,进行调整 (如果需要进行调价的话,插入此条)。

注释:在使用国债资金进行招标的情况下,国家经贸委通常不允许项目单位接受投标价格是“可调价格”这一条款,即投标价格应该为固定价格。若项目单位认为价格调整确有必要,在出售招标文件之前须征得国家经贸委的书面同意意见。

8. 保证金 (GCC 13)

GCC 13.3.1　履约保证金的金额,即整个工程设施的合同价格或单独规定完工期的某部分设施的合同价格的一个百分比,应为:＿＿＿＿＿＿＿＿＿＿＿＿＿＿＿＿*[任何情况下,金额不应超过百分之十(10%)]*。

GCC 13.3.2　履约保证金应采用“范本格式和程序”一章所附的(*插入有条件保函或无条件保函*)。

(根据 GCC 13 款的内容,若工程设施缺陷责任期到期后还有保修责任,则要增加下列条款)

GCC 13.3.3　根据 GCC 第 27.10 条,履约保证金将减少到延长保修部分价值的百分之十(10%)以保证承包人根据 SCC 条款延长的质保期。(只在要求延长质保期时插入此条款)

9. 实施计划 (GCC 18)

GCC18.2　合同实施计划的格式将是:＿＿＿＿＿＿＿＿＿＿＿＿＿＿＿＿*(实施计划的格式通常是关键路线法,或其他国际上通用的方法)*。

10. 调试和运行验收 (GCC 25)

GCC 25.2.2　工程设施的功能保证测试应在完工日期后的＿＿＿＿＿(日数)日内成功地完成。*(如果适用,指定需要进行相应的保证测试的相关部分和单独的时间)*

11. 完工期保证 (GCC 26)

GCC 26.2　违约金的比率:

最高扣减违约金:[根据单阶段投标人须知第 25.3 条(d)或者两阶段投标人须知第 35.3 条(c),百分比至少与《投标资料表》规定的百分比相同。适用的比率每周不超过合同价的百分之零点五(0.5%),而且最多将不超过合同价格的百分之十(10%)。]

样本条款

上述比例和最高赔偿适用于承包商没有在规定的完工期限内完成有报价的部分设施。(上述条款可用于单独规定完工期的设施部分。)

GCC 26.3　提前完工奖励的适用(金额或比例):＿＿＿＿＿＿＿

最高奖励:*[如果奖励可行,根据合同特殊条件和相应的合同通用条件,插入适当的金额或者以合同价或部分合同价一定的百分比(大、小写金额)作为设施和其相关部分每提前一周完工的奖金。奖金金额和最低奖励应与业主因提前运行设施或相关部分获得的利益挂钩。]*

(若提前完工没有奖励,应采用如下条款)

GCC 26.3　提前完工没有奖励。

12. 缺陷责任(GCC 27)

(业主不应将缺陷责任期延长至超过 GCC 第 27.2 条规定的期限,符合商业惯例的设施类型除外。无论哪一种情况,应在 GCC 27.10 对应的专用条款中指明。)

GCC 27.10:延长设施某一关键组成部分的质保期的是(在此指明该部分或者参考技术规格相关的段落)。期限将为__________年(插入年限,最长不超过5年)(只在要求延长质保期时插入此条款)。

13. 完工—保证测试—验收(GCC 24.3和GCC 25.2)

样本条款

13.1　根据GCC"24.3"的要求,一旦由于业主未能提供应该由其他承包人负责的其他设施,或者是业主不能控制的原因,造成承包人未能继续进行设施的预调试,或未能根据GCC第25.2条的要求进行保证测试,则下列被视为"完工"的条款都将不适用,如:

GCC第24.6条的"完工"。

GCC第25.3.4条的"运行验收"。

GCC第27.2条的"承包人的缺陷责任期的义务"。

GCC第28条的"功能保证"。

GCC第32条的"工程设施照管"。

GCC第41.1条的"终止"。

在此情况下,下列条款将适用:________________________(招标人和业主列出具体的条款)。

13.2　当业主任命的项目经理通知承包人,根据上述第13.1条承包人不能进行工作或履行义务时,承包人有如下的权利:

(a)根据GCC第26.2条,完工时间因工作暂停而顺延,不需要支付违约金。

(b)根据合同协议附件(支付条款与程序)中的规定,在正常情况下因承包人未完成工作而不能对其进行支付的款项,在收到金额相同并可接受的以银行保函形式出具的保证金后,业主应向承包人进行支付,在承包人履行了与上述支付有关的义务后,保函将失效、作废,但下述第13.3条另有规定的除外。

(c)因延长上述担保的有效期和延长合同下其他担保的有效期所发生的费用,将由业主额外补偿给承包人。GCC第33.2条的规定在上述期间内也同样适用。

(d)在上述通知与下述第13.4条通知之间的期间,根据GCC第32.1条照管工程设施所发生的额外费用也应由业主补偿给承包人。

13.3　如果上述第13.1条项下的暂停时间实际超过180日,业主和承包人应当对于应支付给承包人的额外补偿达成协议。

13.4　如果项目经理通知承包人,设备可以进行预调试,承包人应及时履行合同下规定的所有工作和义务。

14. 运输(GCC 21)

GCC 21.3.1增加下列条款:

除了在合同中另有规定,仪器和设备应按出口标准保护措施进行包装。这些包装应适合于长距离海、空及陆上运输,应能防潮、防湿、防锈和防止野蛮装卸。承包人应负责由于不合适或不恰当的包装引起的任何锈蚀损坏和损失。在每个包装箱内含有一份装箱清单和质量证书两个副本,其中一份副本放在箱内,另一份放在箱外。承包人应在每个包装箱的4个邻面用不能擦掉的油漆和清晰的英语印刷字标识以下内容:

A. 收货人。

B. 合同号。

C. 唛头标号。

D. 装运港或装运地点。

E. 目的港或卸货地点。

F. 货物名称、项目号、箱号。

G. 毛重/净重(公斤)。

H. 尺寸(长×宽×高)(厘米)。

如果任何包装箱重量达 2 吨或 2 吨以上，承包人应用英语和合适的运输标记在每个包装箱的两面标出“重心”和“吊装点”，以方便装卸和搬运。根据仪器设备的特征和运输中的不同要求，包装箱应用擦不掉的油漆在箱体上清晰地标出“小心搬运”“不要倒置”“保持干燥”等其他适合的标记。

GCC 21.3.2 增加以下条款：

承包商应在合同协议书附件 4“时间计划表”中列明的，或与业主商定的装运日期(如是海运应提前 30 日，如是空运应提前 14 日，如是陆路运输应提前 3 日)，用传真或电报通知业主合同号、货物名称、数量、件数、总毛重、总体积(立方米)和从装货港或装运地点出发的日期。如果任何包装件达到或超过 20 吨重，12 米长、2.7 米宽和 3 米高，承包人应向业主提供 5 份包装图纸的副件，指明具体措施，并在货物发送前 30 日通知业主。如果货物中含有任何易燃品和危险品，承包商也应用电报或传真件通知业主这些物品的名称、数量、国际危规编号(IMCO NO)(如有)，同时承包商应用航空邮件邮寄一份包括名称、特性、特殊保护措施和事故处理办法的说明。

承包商进行货物装运时不应超过合同中规定的数量和重量，如果超过，业主将不承担超出部分的费用，承包商应负责由于超出部分而产生的一切后果。对于海运的货物，货物装船不允许放在船的甲板上。

15. 出版物、广告和图片 (GCC 44)

补充以下条款作为合同 GCC 44：

GCC 44.1 承包人应对合同细节保密，没有业主或项目经理的事先同意，不应在任何贸易或技术刊物或类似刊物以及任何其他对公众发行的或公示的刊物、资料汇编、文件上出版或泄露这些细节。如果出于合约的目的要进行必要的任何出版或泄露而造成双方之间的分歧，该分歧应提交给中华人民共和国有关政府部门解决，此政府部门的裁决应是最终的。

GCC 44.2 承包人不得在现场或其工程机械上展示或被允许展示任何贸易或商业广告。承包人在现场制作的所有标记必须获得业主或项目经理的事先书面同意，否则应根据业主或项目经理的指示、命令立即拆走。

GCC 44.3 没有事先得到业主或项目经理的书面同意，不允许对工程现场进行拍照，未经业主或项目经理的事先书面同意，不得出版或传播这些已拍的图片。这种许可不免除承包人遵守拍照或出版方面的法律规定的义务。

第六章 技术规格和图纸

（单独成册）

技术规格和图纸编制说明

业主应将适用于每个合同的技术规格放入招标文件中。

应该尽量避免在描述某一材料和项目时使用将该材料和项目局限为某特定制造商的商标、目录编号或其他类似具体资料。如不可避免，在对该项目的描述后应加上“或其他同类产品”字样。

当涉及标准规范或惯例规则，应声明其他在实质上等同的国家标准或国际标准也可以接受。除非有明确的相反说明，任何已命名的标准和规则的最新版本都将被认为适用。

技术规格通常应对（但不限于）下列方面进行充分描述并提出充分要求：

(a)要求的材料和工艺标准。

(b)要求的所有工厂试验的详情（类型和数量）。

(c)为实现完工所要求的所有工作的详情。

(d)承包商所进行的所有预调试和调试工作的详情。

(e)所有要求的性能保证的细节和因违反保证而应适用的违约金的详情。

建议投标人专章对基本的技术上的及运行时的特性和要求，包括可接受的最低值和最高值，进行适当的归纳总结，该部分应作为投标函的附件。

请注意招标文件中合同协议格式的附件，该附件中列明的要求应当与本章一致。

若投标人提供部分或全部技术规格、技术表格或其他技术资料，则该等技术规格、技术表格或其他技术资料所要求的各细节的性质和程度以及投标人表述该等细节的方式都应在投标文件中明确说明。

最基本的是应该有一份图纸清单附在技术规格之后，表明业主提供的图纸是与招标文件一起发布的，而且是招标文件的一部分。

第七章 投标文件格式及程序

投标文件格式和程序说明

投标人应按照招标文件的要求完成投标函、价格表并与投标文件一起递交。此处包含两种不同的投标函供使用，由选择 A——单阶段投标，或选择 B——两阶段投标决定。后者由第一阶段投标函和第二阶段投标函组成。这些函由投标人完成且不得更改其中条款，在投标人签字后随投标文件一起递交。

价格表样本中给出了常用的价格表参考格式，业主可选择在发出招标文件前自己填写品目/规格栏(在所需提供的设备和安装服务容易被识别或确定时，这种做法是可取的)或者要求投标人填写(当在细节上不容易确定时，这种做法更合适)。

根据投标人须知的规定，投标人应以下述形式或者以业主接受的其他形式提供投标保证金。

除为完成合同协议格式 1.1(合同文件)和 3(生效日期)之需要外，合同协议的格式条款不应被修改。该协议还包括其所列附件。这些附件也须根据每个附件前面提供的指导来完成。根据投标人须知的规定，在已被接受投标文件因为价格的修正而作出修正或修改时，被视为是合同组成部分的价格表也应根据要求做相应的修改。

投标人在编制投标书时不必完成履约保证金和预付款银行保函。根据 GCC 第 13.2.2 条，业主将其选择的履约保证金的格式(有条件的或无条件的)包含在招标文件中。只有中标人才能被要求提供履约保证金和预付款银行保函，相关的格式应分别按照本章规定的格式或者其他业主能够接受的在合同通用条款和合同专用条款中规定的格式。

本章中包括了推荐的完工和运行验收证书格式样本。他们和变更令程序一起构成合同通用条件第八部分。除非招标人有更好的理由要求采用不同于上述推荐的程序，或者要求在这些证书中使用不同的措词，否则，这些程序和格式应该按原样使用。

投标文件格式及程序

目 录

一、投标函格式及价格表

投标函格式

1.1 投标函——单阶段投标

日　　期：____________________

投标邀请号：____________________

致：________________________(招标人名称和地址)

根据贵方为________________________(项目名称)项目招标采购货物及服务的投标邀请________________________(招标编号)，签字代表________________________(全名、职务)经正式授权并代表投标人________________________(投标人名称、地址)提交下述文件正本一份及副本__________份：

(1)开标一览表。

(2)分项价格表。

(3)偏离表。

(4)按招标文件投标人须知和技术规格要求提供的有关文件。

(5)投标人的资格文件。

(6)由________________________(银行名称)出具的投标保证金，金额为____________________(金额数和币种)。

据此函，签字代表宣布同意如下：

(1)所附投标价格表中规定的应提交和交付的货物投标总价为________________________(注明币种，并用文字和数字表示的投标总价)。

(2)投标人将按招标文件的规定履行合同责任和义务。

(3)投标人已详细审查全部招标文件，包括第________________________(编号)(补遗书)(如果有的话)我们完全理解并同意放弃对这方面有不明及误解的权力。

(4)本投标有效期为自开标日起__________日。

(5)如果在规定的开标时间后，投标人在投标有效期内撤回投标，其投标保证金将被贵方没收。

(6)根据投标人须知5规定，我方承诺，与业主聘请的为此项目提供咨询服务的公司及任何附属机构均无关联，我方不是业主的附属机构。

(7)投标人同意提供按照贵方可能要求的与其投标有关的一切数据或资料，完全理解贵方不一定接受最低价的投标或收到的任何投标。

(8)与本投标有关的一切正式往来信函请寄：______________________________。

(9)我方同意接受____________________(投标资料表提议的姓名)为调解人；或

我方不同意接受____________________(投标资料表提议的姓名)为调解人，我方提议__________(姓名)为调解人，其简历和收费标准附后。

地　　址：______________________________

电　　话：______________________________

传　　真：______________________________

电子邮件：______________________________

投标人授权代表签字：________________

投标人授权代表姓名、职务：________________

投标人名称：________________

公章：________________

1.2　投标函——两阶段招标

1.2.1　第一阶段投标

日期：________________

投标邀请号：________________

致：________________（招标人名称和地址）

我方，作为本投标函的签署方，在审阅了招标文件及其附录________________（附录编号）后，在此表示愿意接受该等文件的条款完全按照上述招标文件的要求，设计、制造、测试、运输、安装，预调试和调试上述合同项下工程设施。

我方进一步承诺，如若被贵方邀请，我方将承担费用在贵方选择地点与贵方进行进一步的澄清会谈，以便审阅我们第一阶段投标文件，以及时确定对该内容应作出的所有修改和添加以及贵方要求说明的遗漏之处。

我方进一步承诺，在收到贵方书面邀请后，我方将准备第二阶段投标文件，按照澄清会谈备忘录的要求更新第一阶段投标文件，并按照更新的技术投标文件完成执行工程设施的商务投标文件。

我方同意接受________________（投标资料表提议的姓名）为调解人；或

我方不同意接受________________（投标资料表提议的姓名）为调解人，我方提议________（姓名）为调解人，其简历和收费标准附后。

我方同意在招标文件中规定的投标文件递交截止之日后______日内，遵守本投标文件，包括本第一阶段投标函及其附件一至附件________（数字），以及上述书面承诺。在该期限期满之前，只要我方被邀请参加澄清会谈，本第一阶段投标文件对我方始终有约束力。

地址：________________

电话：________________

传真：________________

电子邮件：________________

投标人授权代表签字：________________

投标人授权代表姓名、职务：________________

投标人名称：________________

公章：________________

1.2.2 第二阶段投标

日　　期：____________________

投标邀请号：____________________

致：________________________（招标人名称和地址）

在审阅了招标文件及其附录后，以及根据贵我双方______日举行的澄清会谈的备忘录中贵方的要求，签字代表________________________（全名、职务）经正式授权并代表投标人________________________（投标人名称、地址）提交下述文件正本一份及副本__________份：

(1)开标一览表。

(2)分项价格表。

(3)偏离表。

(4)按招标文件投标人须知和技术规格要求提供的有关文件。

(5)投标人的资格文件。

(6)由________________________（银行名称）出具的投标保证金，金额为________________________（金额数和币种）。

据此函，签字代表宣布同意如下：

(1)所附投标价格表中规定的应提交和交付的货物投标总价为________________________（注明币种，并用文字和数字表示的投标总价）。

(2)投标人将按招标文件的规定履行合同责任和义务。

(3)投标人已详细审查全部招标文件，包括第____________________（编号）（补遗书）（如果有的话）我们完全理解并同意放弃对这方面有不明及误解的权力。

(4)本投标有效期为自开标日起______个日历日。

(5)如果在规定的开标时间后，投标人在投标有效期内撤回投标，其投标保证金将被贵方没收。

(6)根据投标人须知5规定，我方承诺，与业主聘请的为此项目提供咨询服务的公司及任何附属机构均无关联，我方不是业主的附属机构。

(7)投标人同意提供按照贵方可能要求的与其投标有关的一切数据或资料，完全理解贵方不一定接受最低价的投标或收到的任何投标。

(8)与本投标有关的一切正式往来信函请寄：________________________。

(9)我方同意接受________________________（投标资料表提议的姓名）为调解人；或

我方不同意接受________________________（投标资料表提议的姓名）为调解人，我方提议________________________（姓名）为调解人，其简历和收费标准附后。

地　　址：______________________________

电　　话：______________________________

传　　真：______________________________

电子邮件：______________________________

投标人授权代表签字：______________________________

投标人授权代表姓名、职务：______________________________

投标人名称：______________________________

公　　章：______________________________

1.3 开标一览表

项目名称：________________

招标编号：________________

序号	包号/品目号	设备名称	型号和规格	数量	制造商名称和国籍	报价方式	投标货币	投标总价	有无投标保证金	交货期	备注

投标人名称和国籍：____________

投标人代表签字盖章：__________

注：此表应按投标人须知的规定密封标记并与投标保证金一同密封单独提交。

1.4 价格表格式

说 明

为了使收到的投标文件具有一致性和响应性，建议招标人在价格表前以序言具体说明编制投标文件和报价的要求。

下面的序言只是给出的一个样式。招标人应负责该序言是完整的并适用于该合同。

序言

总则

1.价格表分为以下独立表格：

表1.国外供货的仪器、设备和随机备件分项价格表。

表2.国内供货的仪器、设备和随机备件分项价格表。

表3.中国内陆运输及服务分项价格表。

表4.安装服务价格表。

表5.价格汇总表(价格表)。

表6.缺陷责任期后两年正常使用的备品备件、专用工具分项价格表。

请根据需要附加其他表格。

2.价格表一般未对所需提供的仪器设备和每一项下的服务进行详细的描述。投标人应被视为在填报费率和价格之前，已经阅读了技术规格和招标文件的其他章节以及审查了所有图纸，以确保每一个价格表项目内都已包含该项目的所有费用。报出的单价和价格应被认为已涵括前面所指的所有费用，包括杂项费用和利润。

3.如投标人不清楚或无法确定任何项下的费用范围，投标人应在提交其投标文件前，根据招标文件投标人须知请求予以澄清。

标价

4.价格必须用无法擦拭的墨水书写，任何由于错误等原因而需进行的必要的改动应由投标人签字。

按照《投标资料表》及合同专用条规定，价格应在合同有效期内固定并保持不变，或者价格应当根据合同协议的相应附件(价格调整)的规定进行相应的调整。

5.报价应以招标文件投标人须知中规定的货币和指明的方式进行。

对于每个项目，投标人应填写每一表格中的适当栏目，并给出这些表格中指明的价格细目。

价格表中的价格所对应的项目应包含技术规格、图纸或招标文件其他部分对该项目的所有详细要求。

6.若价格明细栏下总金额与总价金额之间不一致，应以前者为准，后者作相应修改。

若价格表的表1至表4金额相加之和与表5中的相应合计金额不一致，应以前者为准，后者作相应修改。

当小写金额与大写金额之间不一致时，以大写金额为准。

7.对承包商的付款将以每个项目中指明的某一货币或多种货币支付。

8.若个别品目未填写价格，则该品目的价格视为已被包括在其他品目中。不论每个品目是否标价，每个表格的金额之和及汇总表中总金额将被视为是按合同规定实施工程设施及其各部分工程设施的总费用。

9.当业主为了付款或部分付款，确定任何变更或索赔的金额，或为其他合理目的而提出要求时，承包商应根据业主的要求提供包含在价格表中的任何部分或总价项目的价格细目。

价格表

表1　国外供货的仪器、设备和随机备件分项价格表

投标人名称：＿＿＿＿＿＿　招标编号：＿＿＿＿＿　包号：＿＿＿＿＿　货币单位：(外币)

1	2	3	4	5	6	7	8
品目号	货物名称	型号和规格	数量	原产地和制造商名称	单　价		总　价
					FOB	CIF	CIF(4×7)
合计(列入价格汇总表5)							

投标人代表签字盖章：＿＿＿＿＿＿＿＿

注：①如果按单价计算的结果与总价不一致，以单价为准修正总价。

②如果不提供详细分项报价将视为没有实质性响应招标文件。

③本表包括标准件和专用工具。

表2 国内供货的仪器、设备和随机备件分项价格表

投标人名称:__________ 招标编号:__________ 包号:__________ 货币单位:(人民币)

1	2	3	4	5	6	7
品目号	货物名称	型号和规格	数量	原产地和制造商名称	出厂价单价（注明装运地点）	出厂价总价（4×6）
合计(列入价格汇总表5)						

投标人代表签字盖章:__________

注:①如果按单价计算的结果与总价不一致,以单价为准修正总价。

②如果不提供详细分项报价将视为没有实质性响应招标文件。

③本表包括标准件和专用工具。

表 3 中国内陆运输及服务分项价格表

投标人名称：____________ 招标编号：__________ 包号：________

品目	内 容	数量	单 价		总 价	
			人民币部分	外币部分	人民币	（外币）
		1	2	3	4(1×2)	5(1×3)
1	中国内陆运输费					
2	中国内陆保险费					
3	卸货费					
4	其他					
合计（列入价格汇总表5）						

投标人代表签字盖章：__________________

注：投标人必须列出价格的明细表。

表4 安装服务价格表

投标人名称：____________ 招标编号：__________ 包号：________

品目	内 容	数量	单 价		总 价	
			人民币部分	外币部分	人民币	（外币）
		1	2	3	4(1×2)	5(1×3)
1	设计联络费					
2	安装					
3	测试和检验					
4	调试及运行验收					
5	技术资料费					
6	技术服务费					
7	技术培训费（国内和国外）					
8	其他					
合计(列入价格汇总表5)						

投标人代表签字盖章：________________

注：投标人必须给出价格的详细说明和明细表。

表 5 价格汇总表

投标人名称：＿＿＿＿＿＿ 招标编号：＿＿＿＿＿ 包号：＿＿＿＿

品目	内 容	总 价	
		人民币	（外币）
1	表 1 合计		
2	表 2 合计		
3	表 3 合计		
4	表 4 合计		
5	表 6 合计		
总计（列入投标函以及开标一览表）			

投标人名称：＿＿＿＿＿＿＿＿＿＿＿＿

投标人代表签字盖章：＿＿＿＿＿＿＿＿

表6 缺陷责任期后两年正常使用的备品备件、专用工具分项价格表

投标人名称：＿＿＿＿＿＿ 招标编号：＿＿＿＿＿ 包号：＿＿＿＿

品目	备件名称	原产地	数量	单价		总价	
				人民币部分	外币部分	人民币	（外币）
			1	2	3	4(1×2)	5(1×3)
合计（列入价格汇总表5）							

投标人代表签字盖章：＿＿＿＿＿＿＿＿

注：①投标人必须给出价格的详细说明和明细表。

②对于国内供应的备品备件投标人应提供人民币出厂价报价；对于国外供应的备品备件投标人应提供外币CIF报价。

③此表包括缺陷责任期满后2年内合同设施所需的备品备件以及测试仪器和专用工具（如需要的话）的价格，其价格的合计数列入汇总表5，但在计算评标价时招标人可自行决定予以考虑或不考虑；若评标价的计算不予考虑，在将来的合同签定时，招标人将根据实际情况自行确定所需的品目和数量，根据中标人所报的单价计算总价，并最终计入合同价。在这种情况下，最终签订的合同价格与算术性修订后的投标报价可能有一定的差额，但通常情况下，该差额不应超过合同价格的百分之五(5%)。

二、偏离表

2.1　技术规格偏离表

序号	货物名称	招标文件条目号	招标规格	投标规格	偏离	说明

投标人名称：________________

投标人代表签字盖章：________________

注：投标人递交的技术规格书中与招标文件的技术规格书中的要求有不同时，应逐条列在技术规格偏离表中，否则将认为投标人接受招标文件技术规格书中的要求。

2.2 商务条款偏离表

序号	招标文件条目号	招标文件的商务条款	投标文件的商务条款	说明

投标人名称：________________________

投标人代表签字盖章：__________________

注：投标人递交的投标文件中与招标文件的商务部分的要求有不同时，应逐条列在商务条款偏离表中，否则将认为投标人接受招标文件的要求。

三、投标保证金保函格式

日　　期：________

投标邀请号：________

致：________________(招标人名称及地址)

本保函作为________________(投标人名称)(以下简称“投标人”)对________________(招标人)(招标编号)的投标邀请提供________________(货物名称)的投标保函。

________________(保函开具银行名称)无条件地、不可撤销地具结保证本行、其继承人和受让人，一旦收到贵方提出的就下述任何一种事实的书面通知，立即无追索地向贵方支付金额为________________(金额数和币种)保证金：

a.在开标之日后到投标有效期满前，投标人撤回投标；或

b.在收到中标通知后30日内，投标人未能与业主签订合同；或

c.在收到中标通知后30日内，投标人未能开具可接受的履约保函。

本保函自开标之日起________个日历日内有效，并在贵方和投标人同意延长的有效期内保持有效。延长的有效期只需通知本行即可。贵方有权提前终止或解除本保函。

出具保函银行名称：________________

签　　　　字：________________(印刷字体姓名和职务)

公　　　　章：________________

四、合同协议格式

本工程合同协议于________(日期)由下列双方当事人签订：

(1)____________________(业主名称)，一家根据________________(中华人民共和国)法律成立，其主要营业地点为____________________(业主地址)的公司(以下称“业主”)。

(2)____________________(采购代理机构名称)(若有的话)，一家根据________________(中华人民共和国)法律成立，其主要营业地点为________________(采购代理地址)的公司(以下称“采购代理”)。

(3)____________________(承包人名称)，一家按________________(承包人所在国)法律成立的，其主要营业地点为____________________(承包人地址)的公司(以下称“承包人”)。

鉴于业主希望由承包人承担工程设施，即____________________(工程清单)(以下称“工程设施”)的设计、制造、测试、运输、安装、完工及调试，并且承包人已同意按下列条款和条件承担该项工程设施。

为此双方立约如下：

1. 合同文件

1.1 合同文件(参阅合同通用条款第 2 条)

以下文件应构成业主和承包人之间达成的合同，每一文件均应作为合同不可分割的组成部分进行阅读和解释：

(a)本合同协议及其附件。

(b)承包人提交的投标函和价格表。

(c)合同专用条款。

(d)合同通用条款。

(e)技术规格及图纸。

(f)程序(如所列)。

(g)其他任何需添加在此的文件。

1.2 优先顺序(参阅合同通用条款第 2 条)

若上述各合同文件之间存在含糊不清或互相冲突之处，各文件效力的优先顺序应为上述 1.1 款所列的合同文件顺序。

1.3 定义(参阅合同通用条款第 1 条)

本协议中大写的词语或短语的定义，应与其在合同通用条款中的定义一致。

2. 合同价格和支付条件

2.1 合同价格(参阅合同通用条款第 11 条)

业主同意向支付承包人支付合同约定的价格，作为承包人履行合同义务的对价。本合同价格为在价格表第五部分“汇总表”中列明的____________________(大写外币金额)，________________(小写金额)的金额，即____________________(大写当地货币金额)，________________(小写金额)的金额，或者为根据合同条款及条件确定的其他金额。

2.2 支付条件(参阅合同通用条款第 12 条)

相关附件(支付条款和程序)中提供了业主向承包人支付合同价格的条款和程序。

业主将指令其银行向承包人开出在承包人所在国银行可兑付的不可撤销的保兑跟单信用证。信用证金额为——(相当于表一的总金额减去要支付的国外提供的仪器设备预付款)，该信用证条款应受《商业跟单信用证统一惯例》(1993 年修订本国际商会出版物 500 号)的约束。

如果价格表 1 项下应付的金额根据合同通用条款第 11.2 条或者合同其他条款作出了调整，业主将相应安排修改跟单信用证金额。

(业主可插入价格表 2 所列项目的类似支付条款)

3. 确定完工期的生效日期

3.1 生效日期(参阅合同通用条款第 1 条)

工程设施的完工期起始日期应自下列所有条件都得到满足之日起开始计算：

(a)合同协议已经由业主和承包人签署。

(b)承包人已向业主提供了履约保证金和预付款保证金。

(c)业主已经向承包人支付了预付款。

(d)承包人被通知已根据上述第 2.2 款开具了以承包人为收款人的跟单信用证。

每一方均应尽其最大努力，使上列条件尽快达成。

3.2 若非因承包人的原因，3.1 项下所列条件在自通知本合同日期起两个月内不能得到满足，双方应就合理调整合同价格、完工期和/或其他与本合同有关的条件进行协商，并达成一致。

4. 附件

4.1 附件表中所列的各附件应被视为合同协议不可分割的组成部分。

4.2 合同中提到的任何附件，均指在此所附的附件，且合同应据此阅读和解释。

附件：

附件 1：支付条款和程序。

附件 2：价格调整。

附件 3：保险要求。

附件 4：时间表。

附件 5：经批准的分包人表。

附件 6：业主工作和供应范围。

附件 7：供批准或审查的文件清单。

附件 8：功能保证。

业主和承包人由其正式授权的代表，于本合同开始处标明之日期签订本协议，以昭信守。

业主代表签字：________________ 采购代理机构代表签字：________________

职 务：________________ 职 务：________________

见 证 人：________________ 见 证 人：________________

承包人代表签字：________________

职 务：________________

见 证 人：________________

附件 1 支付条款和程序

> 下列支付条款和程序适用于供货和安装合同，采购代理/业主可根据项目的实际情况采用更加细化的支付条款和程序。此外，如果使用了额外的价格表，必须适当增加与此相应的支付条款。

根据 GCC 第 12 条（支付条款），采购代理（若有的话）/业主应根据价格表中给出的价格细目，按下列时间和方式向承包人支付合同价款。除非双方另有约定，支付将以投标人报价中列明的货币进行。承包人可随工程进展，就已交付的部分工程设施申请支付合同价款。

I 支付条款的表格形式

价格表 1 国外供应的仪器设备和必备零部件

价格表 2 中华人民共和国供应的仪器设备和必备零部件

价格表 3 当地运输和服务

价格表 6 供__________（两年正常使用）备品备件

以 D/P 或 L/C 支付

1. 合同签署	
2. 承包人提交履约保证金	
3. 预付款	10%
4. 运输/交货	70%
5. 颁发完工证书	10%
6. 颁发运行验收证书	5%
7. 缺陷责任期结束	5%

表 4 安装服务

以 D/P 或 L/C 支付

1. 合同签署	
2. 承包人提交履约保证金	10%
3. 工程设施的安装	70%
4. 颁发完工证书	10%
5. 颁发运行验收证书	5%
6. 缺陷责任期结束	5%

如果业主未能如期支付任何一期款项，业主应每月以百分之______[插入一个中文数字（外币部分与本地货币部分的利率可能不同，以反映不同货币的货币成本）]（______%）的利率向承包人支付逾期支付金额的逾期利息，直到其完全支付为止。

II 支付程序

招标人应在招标文件中插入适当的支付程序，通常情况下，支付通过信用证或托收的方式进行。以下列出一个具体的样本支付程序，实际当中采购代理或业主可根据具体的项目或不同的价格术语(如 FOB)进行适当的修改。

A. 在收到履约保函 30 日内，采购代理/业主应进行如下支付。

1. 合同价格的 10%将作为预付款在以下单据提交的基础上支付给承包人。

(1)标明 10%合同价格的商业发票一式 3 份。

(2)承包人开具的相当于合同价格 10%的以业主为受益人的预付款保函正本 1 份。

2. 每次发货金额的 70%在以下单据提交的基础上支付给承包人。

对国外提供的设备和材料：

(1)凭指定、空白抬头、空白背书并标明"运费已付"的清洁已装船提单 3 正 2 副或空运提单一套，并通知采购代理和业主。

(2)证明合同货物从目的港已往现场发运的铁路大票或其他合适的双方同意的单据。

(3)1 份表明装船的电传或传真。

(4)每次发货金额的 110%的海运保险单 1 正 2 副和内陆保险单 2 份，保单以采购代理或业主为受益人，承保一切险。

(5)标明每次发货金额 70%款额的商业发票 3 份。

(6)详细的装箱单 3 份。

(7)制造商提供的质量证书 3 份。

(8)原产地证明书 3 份。

对国内提供的设备和材料：

(1)证明合同货物从工厂已往现场发运的铁路大票 2 份。

(2)项目经理在现场接收货物的收据。

(3)每次发货金额的 110%的内陆保险单 2 份，保单以采购代理或业主为受益人，承保一切险。

(4)标明每次发货金额 70%款额的商业发票 3 份。

(5)详细的装箱单 3 份。

(6)制造商提供的质量证书 3 份。

(7)原产地证明书 3 份。

3. 在以下单据提供之后，支付发货总价的 10%：

(1)由业主/项目经理开具的完工证书 1 份。

(2)标明货物总价 10%款项的商业发票 3 份。

4. 在提供以下单据之后，支付发货总价的 5%：

(1)由业主/项目经理开具的运行验收证书 1 份。

(2)标明货物总价 5%款项的商业发票 3 份。

5. 缺陷责任期满后，在提供以下单据之后，支付发货总价的 5%：

(1)由业主/项目经理开具的缺陷责任期满的书面通知 1 份。

(2)标明货物总价 5%款项的商业发票 3 份。

B. 对价格表 3(内陆运输及服务)的支付，应以如下方式进行支付。

1. 在以下单据提供之后，支付内陆运输及服务总价的 90%：

(1)项目经理在现场接收货物的收据。

(2)标明每次内陆运输及服务价格90%金额的商业发票3份。

C. 对价格表4(安装服务)的支付,由承包人提出申请,业主/项目经理同意后进行支付。

1. 在工程进行的每月,由承包人提出申请,业主同意,收到承包人出具的商业发票后,每月支付其实际安装服务工程量价值的70%给承包人。

2. 在以下单据提供之后,支付安装服务总价的10%:

(1)由业主/项目经理签署的完工证书1份。

(2)标明安装服务总价10%金额的商业发票3份。

3. 在提供以下单据之后,支付安装服务总价的5%:

(1)由业主/项目经理开具的运行验收证书1份。

(2)标明安装服务总价5%金额的商业发票3份。

4. 缺陷责任期满后,在提供以下单据之后,支付安装服务总价的5%:

(1)由业主/项目经理开具的缺陷责任期满的书面通知1份。

(2)标明安装服务总价5%金额的商业发票3份。

注:对于包括在价格表4中的技术培训费以及技术资料的费用,可以由业主/采购代理机构确认后在合同执行期间单独(一次性或分期)进行支付。

说　明

1. 对于上述的具体支付程序,若每次支付的金额较低,为避免可能的烦琐支付程序带来不必要的麻烦,在工程实施期间,采购代理/业主可以考虑采用对货物款项的支付时间为累计交货金额每达到一个最低的固定金额或固定合同价格的比例及以上才进行一次支付,对于安装服务的支付也可以采用这种方式。

2. 上述的A、B、C三个部分共同组成一个完整的支付程序。

附件 2 价格调整

如果合同期(不包括缺陷责任期)超过 18 个月,则在合同履行期间应付给承包人的价格通常应进行调整以反映劳动力和材料成本发生的变化。在此情况下,根据 GCC 第 11.2 条,招标文件附件 2 中应包括下列一个通用类型的公式。

如果合同期比 18 个月短或者在不进行价格调整的情况下,就不应包含下列条款。相反,在本附件 2 下应指明在合同期间价格将保持固定不变。

价格调整样本公式:

应付给承包人的合同价格数额在执行合同期间将按照下列公式调整,以反映劳动力和材料成本变化:

$$P_1=P_0\times(a+bL_1/L_0+cM_1/M_0)-P_0$$

式中 P_1——应支付给承包人的调整金额;

P_0——合同价格(基价);

a——合同价格中的不变部分,即:利润和管理费($a=$____%);

b——经估算的劳动力因素在合同价格中所占的比例($b=$___%);

c——经估算的仪器、设备因素在合同价格中所占的比例($c=$ ____%);

L_0,L_1——分别代表在基准日期和调整日期原产国有关产业的劳务指数;

M_0,M_1——分别代表在基准日期和调整日期原产国的主要原材料的材料指数。

此公式中,a、b 和 c 三个系数之和为 1。

适用于价格调整的条件:

投标人应该在其投标文件中指明劳务和原材料价格指数的来源及其在基准日期的指数。

细目	所用指数的来源	基准日期指数

基准日期应为投标截止日之前 30 日。

调整日期为零部件或设备的制造或安装期间的中间点。

下列规定应遵守:

(a)只有调整金额超过原合同价格的百分之二(2%)时,才对原合同价格进行调整。

(b)除非业主根据合同规定同意展期,否则在原定交付日期之后不允许调整价格,对于由于承包人的责任而造成的延误期,不允许调整价格,但在延误期内业主有权降低价格。

(c)所调整的合同价格(增加或减少)以合同价格的百分之______(______%)为限。

(d)如果表述原合同价格 P_0 的货币币种与劳务和材料指数来源国家的货币币种不同,则应采用一个校正系数,以避免不正确地调整合同价格,校正系数应与两种货币之间在上述基准日期和调整日期的汇率相对应。

(e)合同价格中作为预付款支付给承包人的部分不予调整。

说明:对于涉及多个供货来源和/或安装服务部分的金额较大的复杂供货、安装合同,可能需要一组计算公式,并且在公式中应反映出由于承包人设备的使用而引起的价格调整因素。

附件3 保险要求

> 招标人应在发出招标文件之前详细说明保险要求。在业主投保部分险种的情形下，业主应当说明其投保的保险的情况。

承包人应投保的保险

根据合同通用条款第34条规定，承包人应在合同执行期间，自担费用根据指定的金额、免赔额及其他条件，投保(或促使投保)下列险种并保持(或促使保持)该等保险的效力。保险人的身份和保单格式应由业主认可，无正当理由，业主不得拒绝批准。

(a)货物运输保险

保险范围包括从供货商或制造商的工厂或仓库运抵现场期间的所发生的设施(包括零部件)及承包人或分包人提供的施工设备的损失或损坏。

保险金额	免赔额	被保险人	自	至
(币种)	(币种)	(名称)	(地址)	(地址)

(b)安装一切险

保险范围包括在工程设施完工前发生的工程设施的有形损失或损坏，并包括承保延长维护的险种，此险种的保险范围是在缺陷责任期间承包人在工地上履行其缺陷责任期内的义务时所发生的损失或损害。

保险金额	免赔额	被保险人	自	至
(币种)	(币种)	(名称)	(地址)	(地址)

(c)第三方责任险

保险范围包括与工程设施供应和安装有关的第三方(包括业主的人员)的人身伤亡及财产(包括业主的财产及任何经业主验收的工程)的损失或损坏。

保险金额	免赔额	被保险人	自	至
(币种)	(币种)	(名称)	(地址)	(地址)

(d)车辆责任险

保险范围包括所有与工程设施供应和安装有关的，由承包人或其分包人对(不论是否归其所有)车辆的使用，以及法律所要求的综合险。

(e)工人赔偿

根据实施工程设施或其任何部分的所在国适用的法律要求。

(f)业主责任

根据实施工程设施或其任何部分的所在国适用的法律要求。

(g)其他保险

承包人还被要求自负费用投保并保持以下险种。

险种：____________________

保险金额（币种）	免赔额（币种）	被保险人（名称）	自（地址）	至（地址）

除了第三方责任险、工人的赔偿及业主责任险外，根据合同通用条款第 34.1 条，由承包人投保的所有保单项下，应指定业主为共同投保人。除了运输险、工人的赔偿及业主责任险外，根据合同通用条款第 34.1 条，由承包人投保的所有保单项下，应指明承包人的分包人为共同投保人。在保险单项下，对于因履行合同而产生的损失或索赔，承保人应放弃对联合被保险人享有的代位权。

业主应投保的保险

如果业主拟自行投保任何或全部上述险种，或与工程设施有关的任何其他保险，无论是以业主自身名义还是以业主和承包人的联合名义，业主应在发出招标文件之前给出下列详情。根据合同条款，在该保险单项下，承包人和承包人的分包人应列为共同被保险人。

业主应自负费用在合同履行期间购买并保持如下险种，细节如下：

保险金额（币种）	免赔额（币种）	被保险人（名称）	自（地址）	至（地址）

附件4 时间表

项目名称：____________________

（以生效日算起）

月份	1	2	3	4	5	6	7	8	9	10	11	12	13	14	15	…
1.联合设计																
2.业主审查及批准																
3.设备制造与采购																
4.运 输																
5.安装与施工																
6.完工及调试																
7.保证测试及运行																
8.人员培训																
9.缺陷责任期																

注：上述时间表的格式仅供参考，招标人可自行编制切合实际的具体时间表。

附件5 经批准的分包人表

在授标前，应填写下列细节材料，指明经投标人在其投标文件相关附件中提议的，并经业主批准的，投标人可在合同履行期间与之订约的分包人。

下列分包人被批准实施工程设施中指明的项目。当所列的分包人不止一个时，承包人可在其间进行自由选择，但是，承包人必须在指定任何选定的分包人之前，及时将其选择通知业主。根据合同通用条款第19.1条，承包人可不时地为增补项目推荐分包人。在该分包人经业主书面批准，且其名称被加到此经批准的分包人表之前，不得把增补项目分包给任何此类的分包人。

工程设施项目	经批准的分包人	国籍

附件 6 业主工作和供应范围

以下人员、设施、工作和供应将由业主提供,并适用合同通用条款第 10 条、第 21 条和第 24 条。

按照经批准的时间表及根据合同通用条款第 18.2 条规定的实施计划,业主应及时提供本附件项下所有的人员、设施、服务和物资供应,以免延误承包人对合同的履行。

除非另有说明,所有人员、设施、工作和供应都将无偿提供给承包人。

人　　员:______________________ 向承包人收费(如有):______________

设　　施:______________________ 向承包人收费(如有):______________

服　　务:______________________ 向承包人收费(如有):______________

物资供应:______________________ 向承包人收费(如有):______________

附件 7　供批准或审查的文件清单

根据合同通用条款第 20.3.1 条，承包人应根据合同通用条款第 18.2 条(实施计划)的要求编制，或要求其分包人编制并向项目经理提交以下文件：

A. 需要项目经理审批的文件

1.

2.

3.

B. 需呈报项目经理审阅的文件

1.

2.

3.

附件 8 功能保证

1. 通则

本附件规定：

(1)功能保证系指 GCC 第 28 条(功能保证)中的规定。

(2)下面列举的生产和/或消耗中的功能保证有效性的先决条件。

(3)功能保证的最低要求。

(4)违反功能保证的违约金计算方法。

2. 先决条件

完全满足下列先决条件后，承包人提供有关设施的功能保证(在此规定)：

____(列举实施 GCC 第 25.2 条规定的功能保证测试条件)。

3. 功能保证

符合前面的先决条件后，承包商应保证如下：

3.1 生产能力

(确认使用承包人在其投标文件中提供的数据作为功能保证后，在此列出承包人所保证的生产能力)。

3.2 原材料消耗和公共设施损耗

[确认使用承包人在其投标文件中提供的数据作为功能保证后，在此列出承包人所保证的单位生产(例如公斤、吨、千卡、千瓦时等)的消耗项目]。

4. 未能实现功能保证及违约罚金

4.1 未能达到保证的生产能力

根据 GCC 第 25.2 条，如果在保证测试中，工程设施的生产能力没有达到上述第 3.1 条中所列的保证值，但又不低于下列第 4.3 条项规定的最低要求，而且承包人根据 GCC 第 28.3 条选择向业主支付违约金以替代对工程设施进行变更、修改或增加，则工程设施的实际生产能力每低于保证生产能力的百分之一(1%)，承包人应支付的违约金为____________________(合同货币金额)，对不到百分之一(1%)的部分，违约金的数额按比例减少。

4.2 原材料和公用设施消耗超过保证的水平

(在有消耗保证的情况下，根据设施的类型，进行准确表述)

如果工程设施的每单位生产所消耗的指定原材料和公用设施损耗的实际数值(或者平均消耗的总费用)超过上述 3.2 规定的保证值(或者所规定的平均消耗值)，但根据 GCC 第 25.2 条，保证测试中的实际消耗值不超过下列 4.3 规定的最高值，且承包人依据 GCC 第 28.3 条选择向业主支付违约金以替代对工程设施进行变更、修改或增加，则工程设施的实际消耗值每超过保证值的百分之一(1%)，承包人应支付违约金的数额为____________________(合同货币金额)，在超过的幅度低于百分之一(1%)时，承包人应支付的违约金的数额相应减少。

[为比较投标人之间的功能保证，上述 4.1 和 4.2 规定的违约金比例应至少“与单阶段招标中投标人须知”25.3(d)和“两阶段招标”35.3(c)中所述投标资料表规定的比例一致。]

4.3 最低水平

尽管有本规定，如果保证测试结果没有获得下列运行保证(消耗保证)的最低水平，承包人应依据 GCC 第 28.2 条要求，自费修补缺陷，直到所有工程设施达到这种最低运行水平。

(a)保证测试中获得的工程设施生产能力：保证生产能力值的百分之九十五(95%)。

(b)工程设施消耗的原材料和公用设施损耗的平均总成本：保证值的百分之一百零五(105%)。

4.4 责任限制

在不影响上述 4.3 规定的前提下，承包人因违反其功能保证而应支付的违约金总额不超过合同价的百分之______(______%)。[规定的百分比不应超过合同价格的百分之十(10%)]

五、履约保证金保函格式

银行保函——无条件

日 期：__________

致：__________________（受益人名称/地址）

在此我们提及贵方与__________________（承包人名称）（以下称“承包人”）于__________（日期）就__________________（工程设施简述）的设计、执行和完工事宜签订的合同协议（以下称“合同”）。

__________________（银行名称），一家按__________________（银行所在国）法律组建，注册地址为__________________（银行地址）的银行（或公司），作为本担保函的签署方，谨此与承包人共同及分别的并且不可撤销的为承包人向贵方提供下列金额和期限的连带担保：在运行验收证书发出之前，保函的金额为______（数字），相当于合同价的百分之______（数字）______（%）（通常其金额不应超过10%）；在颁发运行验收证书后12个月内，或者颁发完工证书后18个月内（以先发生者为准），保函的金额为______（数字），相当于合同价的百分之______（数字）______（%）（通常不应超过合同价的5%）。

若贵方与承包人在合同中约定，对工程设施进行逐步验收，即就本工程设施会颁发若干完工证书和验收证书，则本保函项下担保的金额应视情形根据进行验收的工程设施部分进行分割，并且本担保金额或期限应随着运行验收证书的颁发而逐步减少或分部分项到期，或随着运行验收证书（完工证书）颁发后的期间而逐步到期。

我行保证，在我行收到贵方第一次由贵方授权代表签署的关于宣布承包人违反合同的书面声明时，我行应无条件地在本担保函项下担保金额范围内向贵方支付本担保函项下金额，贵方无需向我行说明承包人违约的具体内容，并且承包人亦无权就此类要求提出异议或疑问。

我行在此保函项下的义务是，在该保函效力届满之前，根据贵方要求，向贵方支付所担保的金额，且我行无权过问该支付要求是否合法。

本保函效力期间为自签发之日起，至运行验收证书颁发后后12个月或完工证书颁发后18个月（以先发生者为准）。在工程设施逐步验收的情形下，本保函的效力期将截至工程设施最后部分的运行验收证书颁发后12个月或者其完工证书颁发后18个月（以先发生者为准）止。

即使有关法律或法规要求，任何未在本保函列明的文件和行为都不在要求之列。

若本工程设施任何部分的缺陷责任期根据合同的规定延长，贵方应通知我行，并且本保函中对应于通知中列明的合同价百分比部分的担保的有效期将相应延长，直至该延长的缺陷责任期届满为止。

我行在本保函项下担保责任将于该保函有效期届满之日起立即解除，不论此保函是否退还我行。在本保函有效期届满之后或我行已经向贵方支付保函项下全部担保金额之后（以先发生者为准），我行将不接受任何基于该保函的付款请求。

所有通知均应通过挂号邮件按此间提供的地址或另行通知的其他地址送交收件人。

我行在此同意，贵方和承包人可以协议变更、展期或解除合同的任何部分。在不增加或减少本保函项下担保金额的前提下，本保函可以在不通知我行也无需我行作出任何同意、许可或保证的情况下被转让或放弃，而不会在任何方面减损我行在本保函项下的担保责任。

任何通过法律适用可能解除我行在本保函项下责任的行动、事件或条件应不具有任何效力，并且我行放弃适用该法律的权利。因此，我行的责任是不可撤销的，除非此间另有规定，该保函在所有方面均是无条件的。

银 行 名 称：__________________

授权签字人：__________________

盖　　　章：__________________

六、预付款银行保函格式

日 期：__________

致：______________________(受益人名称和地址)

在此我们提及贵方与______________________(承包人名称)(以下称“承包人”)于__________(日期)签订的关于______________________(工程设施简述)的设计、执行和完工的承包合同协议(以下称“合同”)。

鉴于根据本合同条款，业主已同意向承包人支付或促使得到一笔应支付给承包人的占总合同价款百分之_____(数字)_____(%)的预付款，即______________________(大写外币金额)(小写金额)及______________________(大写当地货币金额)(小写金额)。

我行，______________________(银行名称)，一家根据______________________(银行所在国)法律组建的、注册/主要营业地址为______________________(银行地址)的银行(或公司)，作为本担保函的签署方，谨此与承包人共同及分别的向贵方连带保证，在承包人未能开工或未能履行本合同项下的义务时，及在承包人无法或拒绝向业主偿还(依情况而定)所有或部分前述预付款时，在接到贵方第一次要求时，无条件的偿还前述款项。

鉴于根据合同规定的支付条款，业主的预付款余额会因为承包方不时的履行而减少(该种履行可通过适当的装运单据或支付证明得以证实)，银行的责任应当仅限于承包人未偿付的预付款余额部分。

从承包人收到所述预付款之日至承包人按合同条款向业主完全偿付预付款金额时止，本保函将保持完全的效力。当未结余额为零时，本保函即失效，不论此保函原件是否退还我行。

任何基于本保函提出的权利主张，应当在本保函有效期届满之前送达我行。

银 行 名 称：__________________

授权签字人：__________________

盖 章：__________________

七、完工证书格式

日 期：__________

__________________________(合同名称)

致：__________________________(承包人名称和地址)

敬启者：

根据你方与业主于__________(日期)就____(工程设施简介)达成的合同通用条款第 24 条_________________________(工程设施完工)的规定，我们在此通知你方，以下工程设施部分已于下述日期完工，根据合同条款，业主在该日期就此接管所述工程设施部分，并承担有关保管及看护义务以及该工程设施部分的损毁和灭失风险。

1. 工程设施或其部分的描述：_________________________

2. 完工日期：__________

但是，你方应尽快完成此间附件中所列尚未完成的项目。

本证书并未免除你们在合同项下完成工程设施的责任，也未免除你们在缺陷责任期间的责任。

职 务：__________

(项目经理)

八、运行验收证书格式

日 期：__________

__________________________(合同名称)

致：__________________________(承包人名称和地址)

根据__________(日期)你方与业主就______________________________________(工程设施简介)事宜签订的GCC第25.3条(运行验收)规定，我们在此通知你方，下列工程设施部分已于下列日期，达到了其功能保证要求。

1.工程设施或其部分描述：______________________________________

2.运行验收日期：______________________________________

本函并未免除你方根据合同完成工程设施的责任，也未免除你方在缺陷责任期间的责任。

职 务：__________

(项目经理)

九、变更令程序

目　录

变更令程序

1. 总则

本节提供了合同执行期间，根据合同通用条款第 39 条（工程设施变更），执行工程设施变更的程序和范本格式。

2. 变更令记录

承包人应制备一份不时更新的变更令记录，将其作为附件 8，以说明目前的变更请求以及已批准的及尚未达成协议的变更请求的状况。变更令记录中应登记变更项目，以确保本记录材料是最新的。承包人应在提交给业主的月进度报告中，附上一份变更令记录副本。

3. 变更令参考号

（1）合同通用条款第 39 条所述的变更要求应按 CR－nnn 格式编列序号。

（2）合同通用条款第 39 条所述的变更建议评估应按 CN－nnn 格式编列序号。

（3）合同通用条款第 39 条所述的接受评估按 CA－nnn 格式编列序号。

（4）合同通用条款第 39 条所述的变更建议书应按 CP－nnn 格式编列序号。

（5）合同通用条款第 39 条所述的变更令应按 COX－nnn 格式编列序号。

备注：(a)业主本部与业主现场代表发出的变更申请应有下列相应的序号。

业主本部(Home Office)　CR-H-nnn。

现场代表(Site)　CR-S-nnn。

(b)以上“nnn”号在变更申请、变更建议估价、估价接受书、变更建议书和变更令中是一样的。

(c)以上的 CR，CN，CA，CP，CO 是缩写词，含义如下。

CR：变更要求(Change Request)。

CN：变更建议评估(Estimate for Change Proposal)。

CA：接受评估(Acceptance of Estimate for Change)。

CP：变更建议书(Change Proposal)。

CO：变更令(Change Order)。

附件 1 变更建议要求

致：________________________(承包人名称和地址) 日期：________________

收件人：________________________(姓名和职务)

合同名称：________________________

合同号：________________________

敬启者：

就题述合同，你方被要求按以下指令，在来信日期后__________(数字)日后或在__________(日期)前，按照下列要求对下述变更进行编制并提交一份变更建议书。

1. 变更名称：________________________

2. 变更要求书号/分类号：__________(数字)

3. 变更的提出人：业主________________________(名称)

承包人__________[根据申请变更建议书号：(数字)]

4. 变更简介：________________________(描述)

5. 与所要求变更有关的工程设施及/或设备项目号：________________________(描述)

6. 所要求变更的参考图纸及/或技术文件：

图纸号/文件号　　　描述

7. 关于所要求变更的具体条件或特殊要求：________________________(描述)

8. 通用条款及条件：

(a)请向我方提交贵方估价，以表明所要求的变更将对合同价产生的影响。

(b)你方的估价应包括你方对完成所要求的变更增加额外时间的要求(如有)。

(c)如果出于保持合同规定的一致性，或合同项下设备或工程设施安全方面考虑，你方有任何关于此变更要求的相反意见，请在你方修改规定的建议书中，将你方意见通知我方。

(d)任何与承包人的雇员的服务相关的承包人工作量的增减均应计算在内。

(e)在我方书面接受并确认金额和变更性质前，你方不得开始实施所要求的变更工作。

业 主 名 称：____________________

签 字：____________________

签署人姓名及职务：____________________

附件 2　变更建议的评估

致：________________________(业主名称和地址)　　　　　　　　日期：__________

收件人：______________________(姓名和职务)

合同名称：________________________

合 同 号：________________________

敬启者：

关于你方变更建议要求书，根据 GCC 第 39.2.1 条，我们很高兴地通知你方编制下述变更建议书的大致费用。我们确认，根据 GCC 第 39.2.2 条，在估算变更设施的费用前，必须征得你方对本变更建议书编制费用的同意。

1. 变更名称：________________________(名称)

2. 变更要求书号/修订：__________(数字)

3. 变更简述：________________________(描述)

4. 变更的预期影响：________________________(描述)

5. 编制变更建议书的费用：____________________(费用)

(a)工程　　　　　　　　(金额)

(i)工程师：小时×单价/小时＝ ____

(ii)制图员：小时×单价/小时＝____

　　小　计：小时　　　　　　____

　　工程总费用　　　　　　　____

(b)其他费用　　　　　　　　____

总费用＝(a)＋(b)　　　　　　____

承 包 人 名 称：____________________

签　　　　　名：____________________

签署人姓名及职务：____________________

附件 3 评估接受书

致：________________________(承包人名称及地址)　　　　　　　　　　日期：________________

收件人：________________________

合同名称：________________________

合 同 号：________________________

敬启者：

我方在此接受你方对变更建议书的评估，并同意你方应开始编制变更建议书。

1.变更名称：________________________

2.变更要求书号/修订：________________________(要求书号/修订)

3.修订变更建议书评估：________________________(建议书号/修订)

4.费用估算书号/修订：________________________(估算书号/修订)

5.变更简述：________________________(描述)

6.其他条款和条件：如果我方决定不进行已接受的变更，根据 GCC 第 39 条，你方仍有权获得上述第 3 条规定的你方编制变更建议评估书中所列的变更建议书编制费用。

业　主　名　称：____________________

签　　　　　字：____________________

签署人姓名及职务：____________________

附件4 变更建议书

致：______________________(承包人名称及地址) 日期：______________

收件人：______________________(姓名和职务)

合同名称：______________________(合同名称)

合 同 号：______________________(合同号)

敬启者：

为答复贵方________(数字)号变更建议要求，我方在此提交变更建议书如下。

1.变更名称：______________________(名称)

2.变更建议书/修订：______________________(建议书号/修订)

3.变更发起人：业主______________________(名称)

承包人______________________(名称)

4.变更简述：______________________(描述)

5.变更理由：______________________(理由)

6.与所要求变更有关的工程设施及/或设备项目号：______________________(工程设施)

7.所要求变更的参考图纸及/或技术文件：

______________________(图纸号/文件号) ______________________(描述)

8.变更建议导致的合同价增/减估算：

	(金额)
(a)直接材料	____
(b)主要施工设备	____
(c)直接现场劳务(总计——小时)	____
(d)分包合同	____
(e)间接材料及劳务	____
(f)现场监理	____
(g)总部技术人员工资	
工艺工程师：小时×单价/小时＝	____
项目工程师：小时×单价/小时＝	____
设备工程师：小时×单价/小时＝	____
采 购：小时×单价/小时＝	____
制 图 员：小时×单价/小时＝	____
总 计：小时	____
(h)特别费(计算机、差旅费等)：	____
(i)一般管理费用，各项目的：____%＝	____

(j)税及关税：____

变更建议总费用计：____

(a～j 项的金额)

变更建议评估书编制费用：______________________(如变更未接受应付的金额)

9.由于变更建议所要求的额外完工时间。

10.对功能保证造成的影响。

11.对合同其他条款和条件造成的影响。

12.本建议书有效期：在业主接到此建议书后＿＿＿＿＿＿日内。

13.本变更建议的其他条款和条件：

(a)贵方应在接到本建议书起的＿＿＿＿＿＿(数字)日内，通知我方，贵方是否接受本建议书或者对本建议书提出意见。

(b)在合同价格调整中，应考虑金额的任何增加或减少。

(c)承包人编制此变更建议书的费用。

注：根据 GCC 第 39 条，如并非由于承包人的过错，业主撤回或拒绝本变更建议书，业主应当偿付此笔费用。

承包人名称：＿＿＿＿＿＿＿＿＿＿

签　　　字：＿＿＿＿＿＿＿＿＿＿

签署人姓名及职务：＿＿＿＿＿＿＿＿＿＿

附件5 变 更 令

致：______________________（承包人名称及地址） 日期：________________

收件人：________________________（姓名及职务）

合同名称：________________________

合 同 号：________________________

敬启者：

我方批准__________（数字）号变更建议书中所述设施的变更令，并同意根据GCC第39条规定，调整合同价格，完工时间及/或本合同的其他条件。

1.变更名称：________________________

2.变更要求书号/修订：________________________（要求书号/修订）

3.变更令号/修订：________________________（变更令号/修订）

4.变更的提出发起人：业主________________________（名称）

承包人________________________（名称）

5.批准金额

援引号：__________（数字） 日期：__________（日期）

外币部分__________（金额）加上当地货币部分__________（金额）

6.完工时间的调整

无 增加__________（数字）日数 减少__________（数字）日数

7.其他影响（如有）

授权人（业主）：__________ 日期：__________

接受人（承包人）：________ 日期：__________

附件6　尚待达成协议的变更令

致：＿＿＿＿＿＿＿＿＿＿（承包人名称及地址）　日期：＿＿＿＿＿＿＿

收件人：＿＿＿＿＿＿＿＿＿＿（姓名及职务）

合同名称：＿＿＿＿＿＿＿＿＿＿

合 同 号：＿＿＿＿＿＿＿＿＿＿

敬启者：

根据GCC第39条，我们指示贵方实施下列详细列明的变更令中的工作。

1.变更名称：＿＿＿＿＿＿＿＿＿＿（名称）

2.业主要求变更建议书号/修订：＿＿＿＿＿＿＿＿（数字/修订）日期：＿＿＿＿＿＿＿＿（日期）

3.承包人变更建议书号/修订：＿＿＿＿＿＿＿＿（数字/修订）日期：＿＿＿＿＿＿＿＿（日期）

4.变更简述：＿＿＿＿＿＿＿＿＿＿（描述）

5.与所要求的变更有关的工程设施及/或设备项目号：＿＿＿＿＿＿＿＿＿＿（设施）

6.所要求的变更的参考图纸及/或技术文件：

＿＿＿＿＿＿＿＿＿＿（图纸号/文件号）　＿＿＿＿＿＿＿＿＿＿（描述）

7.完工时间的调整。

8.合同条款的其他变更。

9.其他条款及条件。

业 主 名 称：＿＿＿＿＿＿＿＿＿＿

签　　　字：＿＿＿＿＿＿＿＿＿＿

签署人姓名及职务：＿＿＿＿＿＿＿＿＿＿

附件 7 变更建议的申请

致：________________（业主名称和地址） 日期：________________

收件人：________________（姓名和职务）

合同名称：________________

合 同 号：________________

敬启者：

我方在此建议，下述工作为工程设施变更处理。

1. 变更名称：________________

2. 变更建议申请号/修订________（数字/修订） 日期：________（日期）

3. 变更简述：________________（描述）

4. 变更理由：________________

5. 变更量值估计（按合同货币）：________________

6. 变更预期影响：________________

7. 对功能保证的影响（如有）：________________

8. 附件：________________

承 包 人 名 称：________________

签 字：________________

签署人姓名及职务：________________

十、法定代表人授权书格式

本授权书声明：注册于＿＿＿＿＿＿＿＿＿（国家或地区的名称）的＿＿＿＿＿＿＿＿＿（公司名称）的在下面签字的＿＿＿＿＿＿＿＿＿（法人代表姓名、职务）代表本公司授权＿＿＿＿＿＿＿＿＿（单位名称）的在下面签字的＿＿＿＿＿＿＿＿＿（被授权人的姓名、职务）为本公司的合法代理人，就＿＿＿＿＿＿＿＿＿（项目名称）的＿＿＿＿＿＿＿＿＿（合同名称）投标，以本公司名义处理一切与之有关的事务。

本授权书于＿＿＿年＿＿＿月＿＿＿日签字生效，特此声明。

法人代表签字盖章：＿＿＿＿＿＿＿＿＿＿＿＿＿＿

被授权人签字盖章：＿＿＿＿＿＿＿＿＿＿＿＿＿＿

见证人签字盖章：＿＿＿＿＿＿＿＿＿＿＿＿＿＿

职　　务：＿＿＿＿＿＿＿＿＿＿＿＿＿＿

单位名称：＿＿＿＿＿＿＿＿＿＿＿＿＿＿

地　　址：＿＿＿＿＿＿＿＿＿＿＿＿＿＿

第八章 投标人的资格文件

注释：

“投标人的资格文件”是对投标人进行资格审查的重要依据，投标人应参照这些格式文件制作投标文件。

投标人的资格文件

目 录

投标人的资格文件

填写须知

1.制造厂家作为投标人应填写和提交附后规定的格式1、格式2、格式5以及其他有关资料。贸易公司作为投标人应填写和提交下述规定的全部格式以及其他有关资料。

2.所附格式中要求回答的全部问题和/或信息都必须正面回答。

3.本资格声明的签字人应保证全部声明和问题的回答是真实的和准确的。

4.业主将应用投标人提交的资料根据自己的判断和考虑决定投标人履行合同的合格性及能力。

5.投标人提交的材料将被保密,但不退还。

6.全部文件应按投标资料表规定的语言和份数提交。

7.每个分包人或联营体成员均要求提供资格文件(针对某个系统)。

格式1　资格的声明函

致：______________________________(招标人)

尊敬的先生：

为响应你方______年____月____日的__________________________(招标编号)投标邀请，下述签字人愿参与投标，提供货物需求一览表中规定的__________________________(货物品目号和名称)，提交下述文件并证明全部说明是真实的和正确的。

(1)由__________________________(制造厂家名称)为提供__________________________(货物品目号和名称)的授权书1份正本，__________份副本，我方代表该制造厂家并受其约束(投标人是代理的贸易公司时填写)。

(2)我方和制造厂家的资格声明，各有1份正本，__________份副本。

(3)下述签字人在证书中证明本资格文件中的内容是真实的和正确的，同时附上我方银行__________________________(银行名称)出具的资信证明。

制造商或贸易公司的名称和地址	授权签署本资格文件人
名称：____________________	签字：____________________
地址：____________________	签字人姓名、职务(印刷字体)：
传真：____________________	____________________
邮编：____________________	电话：____________________

格式 2 制造厂家的资格声明

1.名称及概况

(1)制造厂家名称：________________________________

(2)总部地址：________________________________

电传/传真/电话号码：________________________________

(3)成立和/或注册日期：________________________________

(4)实收资本：________________________________

(5)近期资产负债表(到________年________月________日止)

①固定资产：____________________

②流动资产：____________________

③长期负债：____________________

④流动负债：____________________

⑤净值：____________________

(6)主要负责人姓名：(可选填)____________________

(7)制造厂家在中国的代表的姓名和地址(如有的话)：____________________

2.(1)关于制造投标货物的设施及其他情况

工厂名称地址	生产的项目	年生产能力	职工人数

(2)本制造厂家不生产，而需从其他制造厂家购买的主要零部件：

制造厂家名称和地址	主要零部件名称

3.本制造厂家生产投标货物的经验(包括年限、项目业主、额定能力、商业运营的起始日期等)：

____

____

4.近三年该货物主要销售给国内外主要客户的名称地址：

(1)出口销售

名称和地址	销售项目

(2)国内销售

名称和地址	销售项目

5.近三年的年营业额：

年份	国内	出口	总额

6. 易损件供应商的名称和地址：

部件名称	供应商
________________	________________
________________	________________

7. 最近三年直接或通过贸易公司向中国提供的投标货物

合同编号：________________

签字日期：________________

项目名称：________________

数　　量：________________

合同金额：________________

8. 有关开户银行的名称和地址：________________________

9. 制造厂家所属的集团公司(如有的话)：________________

10. 其他情况：________________________________

兹证明上述声明是真实、正确的，并提供了全部能提供的资料和数据，我们同意遵照贵方要求出示有关证明文件。

制造商名称：________________________

授权代表签字：________________________

授权代表的职务：________________________

日　　　期：______年______月______日

传　　　真：________________________

电　　　话：________________________

电子函件：________________________

格式3 贸易公司(或作为代理)的资格声明

1.名称及概况

(1)投标人名称：______

(2)总部地址：______

电传/传真/电话号码：______

(3)成立和/或注册日期：______

(4)实收资本：______

(5)近期资产负债表(截止____年____月____日)

①固定资产：______

②流动资产：______

③长期负债：______

④流动负债：______

⑤净值：______

(6)主要负责人姓名：(可选填)______

(7)制造厂家在中国的代表姓名和地址(如有的话)：______

2.近三年的年营业额：

年份	国内	出口	总额
____	____	____	____
____	____	____	____
____	____	____	____

3.近三年该货物主要销售给国内外主要客户的名称地址：

(1)出口销售

名称和地址	销售项目
______	______

(2)国内销售

名称和地址	销售项目
______	______

4.同意为投标人制造货物的制造厂家(附制造厂家资格声明)：______

5.由其他制造厂家提供和制造的货物部件(如有的话)：

制造厂家名称和地址	制造的部件
______	______
______	______

6.过去三年向中国公司提供的投标货物(如有的话)：

合同编号：______

签字日期：______

项目名称：______

数　　量：______

合同金额：______

7.有关开户银行的名称和地址：______

8.其他制造厂家所属的集团公司(如有的话)：＿＿＿＿＿＿＿＿＿＿＿＿

9.其他情况：＿＿＿＿＿＿＿＿＿＿＿＿＿＿＿＿＿＿＿＿＿＿＿＿＿＿

兹证明上述声明是真实的、正确的,并提供了全部能提供的资料和数据,我们同意遵照贵方要求出示有关证明文件。

授权代表签字：＿＿＿＿＿＿＿＿＿＿＿＿＿＿＿＿

授权代表印刷字体姓名：＿＿＿＿＿＿＿＿＿＿＿＿＿＿＿＿

授权代表的职务：＿＿＿＿＿＿＿＿＿＿＿＿＿＿＿＿

日期：＿＿＿年＿＿＿月＿＿＿日

传真：＿＿＿＿＿＿＿＿＿＿＿＿＿＿＿＿

电话：＿＿＿＿＿＿＿＿＿＿＿＿＿＿＿＿

电子函件：＿＿＿＿＿＿＿＿＿＿＿＿＿＿＿＿

格式 4 制造厂出具的授权函

致：________________招标人

我们________________(制造商名称)是按________________(国家名称)法律成立的一家制造商，主要营业地点设在________________(制造商地址)。兹指派按________________(国家名称)的法律正式成立的，主要营业地点设在________________(贸易公司地址)的________________(贸易公司名称)作为我方真正的和合法的代理人进行下列有效的活动。

(1)代表我方在中华人民共和国办理贵方第________号招标邀请要求提供的由我方制造的货物的有关事宜，并对我方具有约束力。

(2)作为制造商，我方保证以投标合作者来约束自己，并对该投标共同和分别承担招标文件中所规定的义务。

(3)我方兹授予________________(贸易公司名称)全权办理和履行上述我方为完成上述各点所必需的事宜，具有替换或撤销的全权。兹确认________________(贸易公司名称)或其正式授权代表依此合法地办理一切事宜。

我方于______年______月______日签署本文件，________________(贸易公司名称)于______年______月______日接受此件，以此为证。

贸易公司名称：____________　　出具授权书的制造商名称：____________

正式授权签字的代表姓名：____________　　正式授权签字的代表姓名：____________

职务和部门：____________　　职务和部门：____________

格式5　证　书

下述签字人证明本资格文件和要求的格式中的说明是真实的和正确的。

下述签字人在此授权并要求任何被征询的银行向业主提供任何业主所要求的资料，以验证本声明本公司实力和信誉。同时附上从我方银行________________(银行名称)出具的资情证明。

下述签字人知道，业主可能要求提供进一步的资格材料并同意按业主要求提交。

制造商或贸易公司的名称和地址

名称：________________

地址：________________

传真：________________

邮编：________________

授权签署本资格文件人

签字：________________

签字人姓名、职务(印刷字体)：

____

电话：________________

货 物 编

10 机电设备招标书范本

机电设备招标书范本

目 录

机电设备招标书范本

第一部分 招标邀请书

(招标邀请书格式)

招标邀请

________________(招标机构)受委托,对项目所需的货物及服务进行国内竞争性招标。兹邀请合格投标人前来投标。

一、招标文件编号:________________

二、招标货物名称:________________

三、主要技术规格:________________

四、交货时间:__________(见标书要求)

五、交货地点:________________

六、招标文件从____年____月____日起每天(公休日出外)工作时间在下属地址出售,招标文件每套人民币______元(邮购另加______元人民币),售后不退。

七、投标书应附有元的投标保证金,可用现金或按下列开户行、账号办理支票、银行自带汇票。投标保证金请于年月日时(北京时间)前递交到。

开户名称:(招标机构)____________

账号:________________

开户银行:________________

八、投标截止时间:____年____月____日____时____分(北京时间)逾期不予受理。

九、投递标书地点:________________

十、开标时间和地点:________________

十一、通讯地址:________________

邮政编码:________________

电报挂号:________________

电话:________________

传真:________________

联系人:________________

E-mail:________________

(招标机构)

____年____月____日

第二部分 投标须知

一、说明

(一)使用范围

本招标文件仅适用于本招标邀请中所叙述项目的货物及服务采购。

(二)定义

招标文件中下列术语应解释为：

1."招标人"系指招标机构。

2."投标人"系指向招标人提交投标文件的制造商或供货商。

3."货物"系指卖方按合同要求，须向买方提供的设备、材料、备件、工具、成套技术资料及手册。

4."服务"系指合同规定卖方必须承担的设计、安装、调试、技术指导及培训以及其他类似的承诺义务。

5."买方"系指在合同的买方项下签字的法人单位，即：委托招标业主。

6."卖方"系指提供合同货物及服务的投标人。

(三)合格的投标人

1.凡具有法人资格，有生产或供应能力的国内企业(实行生产许可证制度的须持有生产许可证)，在国内注册的外国独资或中外合资、合作企业，符合并承认和履行招标文件中的各项规定者，均可参加投标。

2.允许联合投标，但必须确定其中一个单位为投标的全权代表参加投标活动，并承担投标及履约中应承担的全部责任与义务。当联合投标时，须向招标人提交联合各方签订的"联合投标协议书"，"联合投标协议书"应对所有合伙人在法律上均有约束力。同时，全权代表一方自身的行为能力和经济实力应符合投标资格要求。联合投标按资质较低一方考核和审定。

(四)投标费用

投标人应自行承担所有与编写和提交投标文件有关的费用，不论投标的结果如何，招标人在任何情况下均无义务和责任承担这些费用。

二、招标文件

(一)招标文件

1.招标文件用以阐明所需货物及服务、招标投标程序和合同条款。招标文件由以下部分组成：

1.1 招标邀请函。

1.2 投标须知。

1.3 招标项目要求及技术规范。

1.4 合同主要条款。

1.5 附件。

2.招标文件以中文编印，以中文本为准。

3.招标人应认真阅读招标文件中所有的事项、格式、条款和规范等要求。如果没有按照招标文件要求提交全部资料或者投标文件，没有对招标文件作出实质性影响，该投标有可能被拒绝，其风险应由投标人自行承担。

(二)招标文件的澄清

任何要求澄清招标文件的投标人，均应在投标截止日前五天以书面形式或传真、电报通知招标人。招标人将以书面形式予以答复。

(三)招标文件的修改

1.在投标截止日期前的任何时候，无论出于何种原因，招标人可主动或在解答投标人提出的问题时对招标文件进行修改。

2.招标文件的修改将以书面形式通知所有购买招标文件的投标人，并对他们具有约束力。投标人应立即以电报、传真形式确认收到修改文件。

3. 为使投标人在编写投标文件时，有充分时间为招标文件的修改部分进行研究，招标人可以酌情延长投标日期，并以书面形式通知以购买招标文件的每一投标人。

4. 除非有特殊要求，招标文件不单独提供招标货物使用地的自然环境、气象条件、公用设施等情况，投标人被视为熟悉上述与履行合同有关的一切情况。

三、投标文件的编写

(一)投标文件的编写

投标人应仔细阅读招标文件，了解招标文件的要求。在完全了解招标货物的技术规范和要求以及商务条件后，编制投标文件。

(二)投标的语言及计量单位

1. 投标人的投标书以及投标人就有关投标的所有来往函电均应使用中文。

2. 投标文件中所使用的计量单位除招标文件中有特殊规定外，一律使用法定计量单位。

(三)投标文件构成

投标人编写的招标文件应包括下列内容：

1. 按照第 11、12 和 13 条要求填写的招标格式、招标报价表及《招标书》。

2. 按照第 14 条要求出具的证明文件，证明投标人是合格的，而且一旦其投标被接受，投标人有能力履行合同。

3. 按照第 14 条要求出具的证明文件，证明投标人提供的货物及服务的合格性，且符合招标文件的规定。

4. 第 18 条规定的投标保证金。

(四)投标书格式

投标人应按照招标文件要求及所附投标报价说明完整的填写《投标书》和招标报价表，表明所提供的货物、货物简介(含技术参数)、数量及价格。

(五)投标报价

1. 投标人对投标货物及服务报价，应报出最具有竞争力的价格，并在投标货物数量及分项价格表内分别填写货物名称、规格型号、数量、设备出厂单价、总价。运保费须单独报出。

2. 投标应在投标文件所附的合适的投标报价表上表明投标货物的单价和总价。每种货物只允许有一种报价，任何有选择报价将不予接受。投标人必须对投标报价表上全部货物进行报价，只投其中部分货物者投标文件无效。

3. 最低投标报价不能作为中标的唯一保证。

(六)投标货币

投标应以人民币报价。

(七)证明投标人资格的文件

1. 投标人有效的"法人营业执照"(复印件)。

2. 法人代表授权书(原件)。

3. 法人授权代表身份证(复印件)。

4. 产品鉴定证书(复印件)。

5. 生产许可证(复印件)。

6. 荣获国优、部优荣誉证书(复印件)。

7. 投标人认为有必要提供的声明及文件。

8. 联合投标时，应提供《联合投标协议书》。

(八)投标货物符合招标文件规定的技术响应文件

1. 投标人必须依据招标文件中招标项目要求及技术规格的要求逐条说明投标货物的适用性。

2. 投标人必须提交其所投标货物和服务是符合招标文件的技术响应文件。该文件可以是文字资料、图纸和数据，并须提供在技术规格中规定的保证货物正常和连续运转期间所需要的所有备件和专用工具的详细清单，包括其价格和供货来源资料。

2.1 如有需要，应在规格偏离表(附件)上逐项说明投标货物和服务的不同点以及完全不同之处。

2.2 提供近三年以来类似设备的业绩。

2.3 货物的图纸和样本、资料及说明书等。

2.4 外购件注明供货来源和生产企业。

(九)投标文件的有效期

投标文件自开标之日起60天内有效。

(十)投标文件的书写要求

1.投标文件正本和所有副本须用不褪色的墨水书写或打印，装订成册。

2.投标文件的书写应清楚工整，凡修改处应由投标全权代表盖章。

3.字迹潦草、表达不清、未按要求填写或可能导致非唯一理解的投标文件可能被定为废标。

4.投标文件应有法人授权代表在规定签章处逐一签署及加盖投标人的公章。

5.投标文件的份数：一式______份。正本一份，副本______份，并在文件左上角注明“正本”“副本”字样，参考资料不限量。

6.投标人可根据投标货物的具体需要自行编制其他文件一式______份，纳入投标文件。

(十一)投标保证金

1.根据投标须知第10.1条的规定，投标人应提交不低于期投标报价______%的投标保证金，作为其投标书的一部分。

2.投标保证金是为了保证买方免遭因投标人的不当行为而蒙受的损失。买方在因投标人的不当行为受到损害时可根据投标须知第17.6条的规定没收投标人的投标保证金。

3.投标保证金为人民币，可是用现金，或使用支票、银行保函和汇票，由投标人按招标邀请函中明确的银行、账号合要求数额办理，于开标前规定时间交招标人。

4.对未按招标须知第18.1条和第18.3条的规定提交投标保证金的投标，招标人将视为非响应性投标而予以拒绝。

5.落标人的投标保证金，将按第24.2条的规定予以无息退还。

6.下列任何情况发生时，投标保证金将被没收：

6.1 投标人在投标函中规定的投标有效期内撤回投标。

6.2 投标人在规定期限内未能：

(1)根据投标须知第25条规定签订合同；或根据第22.5条规定接受对错误的修正。

(2)根据投标须知第25.3条规定提交履约保证书。

(3)未按投标须知第28条规定执行。

四、投标

(一)招标文件的密封与标记

1.投标人应将投标文件正本和副本分别装入信袋内加以密封，并在封签处加盖投标人公章(或合同专用章)。

2.投标文件信袋封条上应写明：

2.1 招标人、招标文件所指明的投标送达地址。

2.2 招标项目名称。

2.3 标书编号。

2.4 投标企业名称和地址。

2.5 注明“开标时才能启封”“正本”“副本”。

3.为方便开标唱标，投标人应将正本的投标书、开标一览表单独密封，并在信封上表明“开标一览表”字样，然后再装入正本招标文件密封袋中。

4. 未按本须知招标密封、标记和投递的招标文件，招标人不对其后果负责。

（二）投标截止日期

1. 投标人必须在招标文件规定的投标截止时间前送达指定的投标地点。

2. 投标人将根据本须知条款 6.3 条推迟投标截止日期以书面或传真电报的形式通知所有投标人。招标人和投标人受投标截止日期约束的所有权利和义务均应延长至新的截止日期。

3. 在投标截止时限以后送达的投标文件，招标人拒绝接收。

五、开标及评标

（一）开标

1. 招标人根据招标文件规定的时间、地点主持公开开标，届时请投标的代表参加，参加开标大会的代表应签到以证明其出席。

2. 开标时将投标文件正本“开标一览表”及招标人认为必要的内容公开唱标。

3. 招标人作开标记录，并存档备查。

（二）评标

1. 招标人根据招标货物的特点组建评标委员会。评标委员会由招标人、买方的代表和技术、经济等有关方面的专家组成。评委会对所有投标人的投标书采用相同程度和标准评标。

2. 评标的依据为招标文件和投标文件。

3. 与招标文件有重大偏离的投标文件将被拒绝。

4. 评标时除考虑投标报价以外，还将考虑以下因素：

4.1 投标货物的技术水平、性能。

4.2 投标货物的质量合适应性。

4.3 对招标文件中付款方式的响应。

4.4 交货期和供货能力。

4.5 配套设备的齐全性（如有需要）。

4.6 备品备件和售后服务承诺。

4.7 其他特殊要求因素（如安全及环保等）。

4.8 投标人的综合实力、业绩和信誉等。

5. 投标文件中有下列错误必须修正并确认，否则投标文件将被拒绝，其投标保证金将被没收：

5.1 单价累计之和与总价不一致，以单价为准修改总价。

5.2 用文字表示的数值与用数字表示的数值不一致，以文字表示的数值为准。

5.3 文字表述与图形不一致，以文字表述为准。

6. 投标文件的澄清

6.1 为有助于投标书的审查、评价、比较，评标委员会有权请投标人就投标文件中的有关问题予以说明和澄清。投标人有责任按照招标人通知的时间地点派专人进行答疑。

6.2 投标人对要求说明和澄清的问题应以书面形式明确答复，并应有法人授权代表的签署。

6.3 投标人的澄清文件是投标文件的组成部分，并替代投标文件中被澄清的部分。

6.4 投标文件的澄清不得改变投标文件的实质内容。

6.5 评标委员会判断投标文件的响应性仅基于投标文件本身而不靠外部证据。

6.6 评标委员会将拒绝被确定为非实质性响应的投标，投标人不能通过修改或撤销与招标文件的不符之处而使其投标成为实质性响应的投标。

7. 评标委员会有权选择和拒绝投标人中标。评标委员会无义务向投标人进行任何有关评标的解释。

8. 评标过程严格保密。凡是属于审查、澄清、评价和比较的有关资料以及授标建议等均不得向投标人或其他无关的人员透露。

9. 投标人在评标过程中，所进行的企图影响评标结果的不符合招标规定的活动，可能导致其被取消中标资格。

(三)授予合同

1.买方根据评标委员会提出的书面评标报告和推荐的中标候选人确定中标人,买方也可以授权评标委员会直接确定中标人。

2.合同将授予符合下列条件之一的投标人:

2.1　能够最大限度地满足招标文件中规定的各项综合评价标准。

2.2　能够满足招标的实质性要求,并且经评审的投标价格最低,但是投标价格低于成本的除外。

3.授予合同时变更数量的权利

招标人在授予合同时有权对"招标货物一览表"中规定的货物数量和服务予以增加或减少,或分项选择中标人。

(四)中标通知

1.评标结束10日内,招标人将以书面形式发出"中标通知书",但发出时间不超过投标有效期,"中标通知书"一经发出即发生法律效力。

2.在中标人与买方签订合同后10日内,招标人向其他投标人发出落标通知书并无息退还投标保证金。不解释落标原因,不退回投标文件。

3."中标通知书"将作为签订合同的依据。

六、签订合同

(一)签订合同

1.中标人收到"中标通知书"后,按"中标通知书"中规定的时间地点与买方签订合同。

2.买卖双方共同承认的招标文件、投标文件及评标过程中形成的书面文件均作为签订合同的依据。

3.中标人在规定的时间内向招标人交履约保证书一份。履约保证书保证金额为中标总额的______%。如中标人在整个履行合同过程中无违约行为,则不需支付违约保证金。其违约保证书在合同执行完毕(含质量保证期)后自然失效。

(二)拒签合同

如中标人拒签合同,则按第17.6条处理。

(三)中标人违约

如中标人违约,招标人可从中标候选人中重新选定中标单位,组织供需双方签订经济合同。

七、其他事项

(一)中标服务费

签订合同后,按国家有关部门制定的标准,中标人向招标人交纳中标服务费。中标服务费标准为中标总金额的__________%。

(二)通讯地址

所有与本招标文件有关的函电请按下列通讯地址联系:

招标单位:________________________________

通讯地址:________________________________

邮　　编:________________________________

电报挂号:________________________________

电　　话:________________________________

传　　真:________________________________

E - mail:________________

联 系 人:________________

投标书封面格式

投标书建设项目名称:________________

投 标 单 位:________________

投标单位全权代表:________________

投标单位:(公章)________________

____年____月____日

投标书格式

投标书致:________________

根据贵方为__________项目招标采购货物及服务的投标邀请____________(招标编号),签字代表____________(全名、职务)经正式授权并代表投标人(投标方名称、地址)提交下述文件正本一份和副本一式______份。

(1)开标一览表。

(2)投标价格表。

(3)货物简要说明一览表。

(4)按投标须知第 14、15 条要求提供的全部文件。

(5)资格证明文件。

(6)投标保证金,金额为人民币元______。

据此函,签字代表宣布同意如下:①所附投标报价表中规定的应提供和交付的货物投标总价为人民币元;②投标人将按招标文件的规定履行合同责任和义务;③投标人已详细审查全部招标文件,包括修改文件(如需要修改)以及全部参考资料和有关附件。我们完全理解并同意放弃对这方面有不明及误解的权利;④其投标自开标日期有效期为个日历日;⑤如果在规定的开标日期后,投标人在投标有效期内撤回投标,其投标保证金将被贵方没收;⑥投标人同意提供按照贵方可能要求的与其投标有关的一切数据或资料,完全理解不一定要接受最低价格的投标或受到的任何投标;⑦与本投标有关的一切正式往来通讯请寄:

地址:__________ 邮编:__________

电话:__________ 传真:__________

投标人代表性名、职务:________________

投标人名称(公章):________________

____年____月____日

全权代表签字:______

开标大会唱标报告格式

投标单位名称：____________________

序号					
投标设备名称	数量	投标价(万元)	交货期	交货地点	备注

投标单位单位：____________________(公章)

授权代表：________________________(签字)

______年______月______日

说明：唱标报告在开标大会上当众宣读，务必填写清楚，准确无误。

投标设备数量价格表

招标文件编号：__________　　　　　　　　　　　　　　　　　　　　单位：(　　万元)

<table>
<tr><td colspan="6">设备总价</td></tr>
<tr><td>序号</td><td>设备名称</td><td>设备价</td><td>数量(台)</td><td>单价</td><td>总价</td></tr>
<tr><td></td><td></td><td></td><td></td><td></td><td></td></tr>
<tr><td></td><td></td><td></td><td></td><td></td><td></td></tr>
<tr><td></td><td></td><td></td><td></td><td></td><td></td></tr>
<tr><td></td><td></td><td></td><td></td><td></td><td></td></tr>
<tr><td colspan="6">其他费用</td></tr>
<tr><td>运输费</td><td colspan="5"></td></tr>
<tr><td>调试费</td><td colspan="5"></td></tr>
<tr><td>备品备件费</td><td colspan="5"></td></tr>
<tr><td>总金额</td><td colspan="5"></td></tr>
<tr><td colspan="6">投标价</td></tr>
<tr><td colspan="6">投标价(设备总价与其他费用总金额之和)：</td></tr>
</table>

投标单位：____________________(盖章)

授权代表：____________________(签字)

企业法人营业执照影印件

企业法人营业执照影印件，实行许可证制度的，还须提供生产许可证影印件。

投标企业资格报告

须知

1. 投标人投标时，应填写和提交规定的格式1、格式2，以及提供其他有关资料。
2. 对所附表格中要求的资料和询问应作出肯定的回答。
3. 资格文件的签字人应保证其所作的声明以及回答的一切问题的真实性和准确性。
4. 投标人提供的资格文件将由投标人和买方使用，并据此进行评价和判断，确定投标人的资格和能力。
5. 招标人对投标人提交的文件将予以保密，但不退还。
6. 全部文件应以中文书写，正本1份，副本__________份，按投标人须知第18条封装。

格式 1　资格声明

______________________(招标机构)：

为响应贵方_____年_____月_____日第_________号招标邀请，下述签字人愿意参加投标，提供“货物需求一览表”中规定的(货物品目号和名称)，提交下述文件并证明全部说明是真实的和正确的。

1. 由(制造厂商)提供的(货物品目号和名称)参加投标。授权书 1 份正本，1 份副本。签字人代表该制造厂家并受其约束。

2. 制造厂家的资格声明，有 1 份正本，_________份副本。

3. 下述签字人在证书中证明本资格文件中的内容是真实的和正确的，同时附上我方银行__________________(银行名称)出具的资信证明。

制造厂家：__________________　　授权签署本资格文件人：__________

名　　称：__________________　　签　　　　　字：__________

地　　址：__________________　　打　印　的　姓　名：__________

电　　话：__________________　　职　　　　　务：__________

传　　真：__________________　　电　　　　　话：__________

邮　　编：__________________

格式 2　制造厂家资格声明

1. 名称及概况

(1)制造厂家名称：______________________________

(2)总部地址：______________________________

传真/电话：______________________________

(3)成立日期或注册日期：______________________________

(4)实收资产：______________________________

(5)近期资产负债表(到_____年_____月_____日止)

a. 固定资产：______________________________

b. 流动资金：______________________________

c. 长期负债：______________________________

d. 短期负债：______________________________

e. 净值：______________________________

(6)主要负责人姓名：______________________________

2. (1)关于制造投标货物的设施及其他情况：______________________________

工厂名称地址：______________________________

年生产力：______________________________

职工人数/其中工厂技术人员数：______________________________

(2)制造厂家不生产而需从其他制造厂家购买的主要零部件：______________________________

制造厂家名称和地址：______________________________

3. 制造厂家生产投标货物的经历(包括项目业主、额定能力、初始商业运行日期等)：__________

4.近三年该货物在国内外主要用户的名称和地址

名称地址：____________________

销售项目：____________________

(1)出口销售____________________

(2)国内销售____________________

5.近三年的年营业额：________ 年出口________ 国内总额________

6.易损件供应商的名称和地址：____________________

部件名称供应商：____________________

7.有关开户银行的名称和地址：____________________

8.制造厂家所属的集团公司(如果有的话)：____________________

9.其他情况：____________________

兹证明上述声明真实、正确，并提供了全部能提供的材料和数据，我方同意遵照贵方要求出示有关证明文件。

制造厂家名称：____________________

授权代表签字：____________________

授权代表职务：____________________

电 话 / 传 真：____________________

_____年_____月_____日

投标设备报告

投标设备报告：①投标设备型号、规格、技术参数和说明；②投标设备的质量标准、检测标准、测试手段；③对投标设备的设计、制造、安装、测试等方面采取技术和组织措施；④交货地点、交货时间、交货方式、交货进度及运输条件；⑤技术服务；⑥备品备件提供情况；⑦投标单位认为有必要说明的问题。

投标设备偏差表

招标文件编号：＿＿＿＿＿＿

序号	设备名称	型号及规格	数量	招标设备要求数据	投标设备实际数据

说明：如投标设备的规格、性能、技术参数与招标设备的要求不完全一致时，请填此表。如全部满足要求时，可不交此表。

法定代表人授权书

_____________________________________(招标机构)：

现委派__________参加贵方组织的_________________________招标活动，全权代表我单位处理招标的有关事宜。

附授权代表情况

姓名：__________年龄：__________性别：__________

身份证号：_________________________

职务：__________邮编：__________

通讯地址：_________________________

电话：__________传真：__________

单位名称：____________________(公章)法人代表：____________________(签章)

本授权书有效期：______年月______日至______年______月______日

履约保证金银行保函

开立日期：________________

受益人：________________

地　址：________________

邮　编：________________

本保函作为____________(以下简称“卖方”)的履约保函，系为贵方和卖方就____________(以下简称“项目”)订立的第____________号合同(以下简称“合同”)出具。

我行，____________(履约保函出具银行)在此无条件且不可撤销地保证以________(币种)向贵公司支付相当于以支付的合同价格的百分之________(________%)的金额，即________的金额。我行保证不以任何理由追索。我行的权利义务的继承人和受让人亦受同样的约束。我行同意下述条件：

1.我行向贵公司保证卖方根据合同履行义务并承担责任。

2.如果卖方未能履行或者承担由合同引起的或与合同有关的合同项下的任何义务或任何责任，我行将在收到贵公司书面通知后立即以通知中规定的方式支付贵方要求的合计不超过________的款项。

3.本保函适用于本合同以及在本合同项下作出的、给予的或同意的所有修订、更改或附加部分，不论我行是否收到该修订、更改或附加部分。我行放弃取得有关上述修订、更改或附加部分的通知的权利。本保函对贵方根据合同条款全部或部分地转让合同权利的有关受让方仍然有效。

4.对于现在或将来的产生的税收、税费、收费、扣减费用或预提款项，不论这些款项是何种性质和由谁征收，都不应从本保函项下的支付中扣除。

5.本保函条款构成我行无条件的不可撤销的直接责任。有关即将履行的合同条款的任何变更及贵方同意的时间的宽限或其他延长或特许或贵方的其他作为或不作为都不能免除、解除或豁免我行在本保函项下的责任。

本保函于合同项下的义务和责任得到充分履行且被贵公司彻底解除义务后失效。

________________________(开立保函银行名称)

由________________________签署(姓名及职务)

________________________(盖　章)

第三部分 合同基本条款

一、说明

(一)合同基本条款是指设备需方(以下简称甲方)和中标方(以下简称乙方)应共同遵守的基本原则,并作为双方签约的依据。对于合同的其他条款,双方应本着互谅互让的精神,在谈判中协商解决。

(二)制定"合同基本条款"的依据是《中华人民共和国经济合同法》。

二、设备条款

甲、乙双方应将招标文件、投标文件及评标委员会确认的设备技术要求、质量标准、数量和交货日期等作为本条款的基础。

三、技术资料

(一)甲方应向乙方提供所购设备、配套设备、所属装置等有关技术资料。

(二)乙方应按合同规定的时间向甲方提供用于土建施工、设备安装、调试的有关技术资料。

四、质量保证

(一)乙方应按合同规定的设备性能、质量标准向甲方提供未经使用的全新设备。

(二)乙方提供设备的质量保证期为现场安装验收合格之后__________个月。如甲方不能及时安装,最长不超过自到货之日起__________个月。在保证期内因设备本身的质量问题发生故障,乙方应负责免费修理和更换零部件。对达不到使用要求者,经双方协商,可按以下办法处理。

1.退货处理:乙方应退回甲方支付的设备款,同时应承担该设备的直接费用(运输、保险、检验、安装调试、设备款利息及银行手续费等)。

2.更换设备:由乙方承担所发生的直接费用。

3.贬值处理。

(三)在设备调试阶段,根据甲方要求,乙方应及时派出现场服务人员,处理现场发生的有关质量技术问题,免费派人指导安装调试。在使用过程中如发生质量问题,乙方在接到甲方通知后应在__________小时内到达甲方现场。

五、验收

(一)乙方交货前应按合同规定的检验方法,做出全面检测。其记录附在质量证明书内。但有关质量、规格、性能、数量或重量的检测不应视为最终检测。乙方检验的结果和详细要求应在质量证明书中加以说明。

(二)对重要关键设备,按合同规定由甲方负责,甲乙双方共同验收。对一般设备,由甲方验收。设备到货后,甲方应在__________天内验收完毕。

六、设备发运、包装及运输

(一)乙方在交货前将合同号、设备名称、数量、件数等用电报或传真等通知甲方。

(二)设备在运输中因包装不善造成的锈蚀、破损、丢失等均由乙方承担责任。包装箱外应用不褪色的油漆,按规定打上清楚的包装标志。对无包装的设备应系有金属标签。对重量超过__________吨以上的货物,应标明中心所在的位置。

(三)运杂费按招标书要求办理。

七、交货期及交货方式

按招标书要求办理。

八、付款方式

按招标书要求办理。

九、违约责任

按《中华人民共和国经济合同法》有关规定，加以双方规定。

十、不可抗力事件处理

(一)在执行合同期限内，任何一方因不可抗力事件所致不能履行合同，则合同履行期可延长，期延长期与不可抗力影响期相同。

(二)不可抗力事件发生后，应立即通知对方，并寄送有关权威机构出具的证明。

(三)不可抗力事件延续__________天以上，双方应通过友好协商，确定是否继续履行合同。

十一、仲裁

双方在执行合同中所发生的一切争议，应通过协商解决。如协商不成，应向工商行政管理部门提交仲裁，也可直接向人民法院起诉。

十二、合同生效及其他

(一)合同经双方签字并加盖公章后生效。

服　务　编

服　务　编

目　录

服 务 编

1 IT 项目招标书范例

IT 项目招标书范例

办公信息系统项目

招标文件

招标编号：____________

______年______月______日

IT 项目招标书范例

目 录

招标公告

__________________受__________________委托，就__________________办公信息系统项目进行公开招标，请有关具有同类软件及系统开发经验的系统集成商到__________________购买标书并参加投标，具体内容如下：

1.招标文件编号：__________________

2.招标内容：__________________办公自动化软件开发，业务管理系统开发，系统移植、数据入库、托管服务器系统更新，系统所需硬件设备购置，整合系统的培训。

3.标书售价：人民币________元；标书售后不退。

4.购买标书时间：_____年_____月_____日起上午 8：00—12：00；下午 2：30—5：30（公休、节假日除外）。

5.购买标书地点：__________________

6.招标文件答疑和需求调查时间和地点如下。

第一次：_____年_____月_____日______________________

第二次：_____年_____月_____日______________________

其他时间恕不接待。联系人：________电话：________

7.投标截止时间和地点：_____年_____月_____日______________________

8.开标时间和地点：_____年_____月_____日______________________

联 系 人：____

联系电话：____

电　　话：____

传　　真：____

Email　：____

网　　址：____

_____年_____月_____日

第一部分 投标须知

投标商必须认真阅读以下内容,以免造成投标失败。

1. 关于招标方式

本次招标采用两次报价、两次评标定标的方式。

1.1 第一次报价和评标

1.1.1 投标商根据本招标文件的要求编写投标文件,并进行第一次报价。

1.1.2 招标方对投标文件进行综合评价,选出最优的三家投标商。

1.1.3 第一轮评分成绩带入第二轮,占第二轮成绩的50%。

1.2 第二次报价和评标定标

1.2.1 招标人根据入围的三家投标商的投标文件的响应,提出进一步的细化的澄清要求。

1.2.2 投标商根据进一步的细化的澄清要求编写响应书,并进行第二次报价。

1.2.3 招标方再次组织综合评标,选出最优的一家投标商,报__________市政府采购中心确认。

1.2.4 __________市政府采购中心确认后,由__________市信息工程招投标中心发出中标通知书。

2. 关于招标文件

2.1 本招标文件仅适用于本次招标公告中所叙述项目的招标

2.2 招标文件的修改

2.2.1 在投标截止日期前,招标方可主动地或依据投标方要求澄清的问题而修改招标文件,并以书面形式通知所有购买招标文件的每一投标方,对方在收到该通知后应立即以电报或传真的形式予以确认。

2.2.2 为使投标方在准备投标文件时有合理的时间考虑招标文件的修改,招标方可酌情推迟投标截止日期和开标时间,并以书面形式通知已购买招标文件的每一投标方。

2.2.3 招标文件的修改书将构成招标文件的一部分,对投标方有约束力。

3. 关于投标商

3.1 对投标商的资质要求

3.1.1 *要具有软件开发经营范围的企业法人,注册资金不低于300万元。

3.1.2 *具有开发相应的办公OA系统的经验,有已开发过的办公自动化软件[该软件必须是在近两年内开发并且在至少两个用户单位(80用户数以上)成功实施]。

3.1.3 具有开发C/S模式系统和B/S模式系统的经验。

3.1.4 具有网络数据库管理系统的开发经验。

3.1.5 具有广域网、局域网系统的开发经验。

3.2 投标商必须由法定代表人或其委托代理人(须有法定代表人签署的授权书)参加投标、开标仪式,在评标过程中随时接受评委就投标文件内容提出的质询,并予以解答。

4. 关于投标文件

4.1 投标文件的组成和格式

4.1.1 投标文件应包括下列部分:

4.1.1.1 报价部分包括投标书(格式见附件1-1)、开标一览表(格式见附件1-2)。

4.1.1.2 方案说明部分:

(1) 各系统的设计方案。

(2) 软件及设备配置方案一览表(格式见附件1-3)。

(3) 分项报价单(包括硬件配置详细报价,但不计入本次投标总价和评分)。

(4) 项目实施建议和工程进度计划。

(5) 质量控制方案。

(6) 系统交付后期技术服务计划、维护及承诺。

(7) 培训计划。

4.1.1.3 投标资格证明文件：

(1) 最近两年开发项目及用户名单(格式见附件 1-4)。

(2) 投标本项目的项目经理简历及其主持的信息系统软件开发和成功范例，并出示用户证明材料及项目合同(提交复印件)(注：合同金额不得少于 100 万元)。

(3) 具体参与开发人员的学历、职称及开发情况表(格式见附件 1-5)。

4.1.1.4 投标保证金。

4.1.1.5 投标文件资料清单。

4.1.2 投标商必须保证所提供的全部资料的真实性。

4.2 投标文件的装订和密封

4.2.1 投标商应将投标文件的报价部分和投标资格证明文件单独装订成册并单独密封。

4.2.2 投标商应将投标文件的方案说明部分按照本招标文件要求的顺序装订成册并密封。

4.2.3 投标商应将上述密封好的文件连同“投标文件资料清单”进行总体密封后递交。

4.2.4 投标商必须同时提供投标文件的磁盘文件两份。

4.3 投标文件的编写

4.3.1 投标商必须按照本招标文件的顺序对本招标文件的每一项要求给予实质性的响应，否则其投标将被拒绝。

4.3.2 投标商对本招标文件的每一项要求所给予的响应必须是唯一的，否则将视为不响应。

4.3.3 本招标书技术指标和集成要求中，凡标有“*”的地方均被视为重要的技术指标要求或性能要求。投标商要特别加以注意，必须对此回答并完全满足这些要求。否则若有一项带“*”的指标未响应或不满足，将按投标无效处理，即废标。

4.3.4 投标文件副本的技术方案说明部分任何地方不得出现投标方名称或投标方职员名称或其他任何可能辨识出投标商的标记，否则将按废标处理。

4.4 投标文件的签署和印刷规定

4.4.1 投标文件正本和副本须打印并由投标商法定代表人或其委托代理人(具有法定代表人签署的授权书)在正本上签字。

4.4.2 投标文件除签字外必须是印刷形式，其中不许有加行、涂抹或改写。

4.4.3 *投标文件副本的技术方案说明部分必须按照本招标文件规定的格式印刷。

4.5 投标文件的递交

4.5.1 投标文件的密封和标记

4.5.1.1 投标商应准备投标文件的正本一套，副本五套，在每一份投标文件上要明确注明“正本”或“副本”字样。一旦正本和副本内容有差异，以正本为准。

4.5.1.2 正本和副本要分别用信封密封并在信封上标明招标编号。

4.5.1.3 投标文件的磁盘文件应密封在正本中。

4.5.2 投标文件的递交

4.5.2.1 投标商将投标文件按上述规定进行密封和标记后，按投标邀请函注明的地址在投标截止时间之前专人送至招标方。

4.5.2.2 招标方将拒绝在投标截止时间后收到的投标文件。

4.6 投标文件的有效期

投标文件从投标截止之日起，有效期为 45 天。

5. 关于投标保证金

5.1 投标保证金为投标文件的组成部分。

5.2 投标商须在递交投标书时向招标方交纳投标保证金人民币伍万元整。

5.3 投标保证金以支票形式交纳。

5.4 未按规定提交投标保证金的投标，将被视为无效投标。

5.5 未中标的投标商的保证金，在定标后 2 日内予以无息退还。

5.6 中标的投标商的投标保证金，在本招标项目合同生效后 2 日内无息退还。

5.7 下列情况之一发生，保证金将被没收：

5.7.1 投标方已递交投标书，并在投标截止时间之后退出投标。

5.7.2 中标后，中标商不按中标的投标书签订合同，放弃中标。

5.7.3 在招标期间用不正当手段影响评标结果。

6. 关于投标费用

无论投标过程中的作法和结果如何，投标商自行承担所有与参加投标有关的费用。

7. 关于开标

7.1 招标方按招标公告(或投标邀请)中规定的时间和地点公开开标。

7.2 投标截止时如前来投标的投标商少于三家，招标方有权宣布此次招标无效，重新招标。

7.3 开标时，投标商须由法定代表人或其委托代理人(具有法定代表人签署的授权书)参加，并签到证明其出席开标会议，否则视为该投标商自动弃权。

7.4 开标时，先检查投标文件密封情况，确认无误后拆封唱标。

7.5 唱标时，唱每个投标商投标书中的总报价，并显示在投影屏幕上。

7.6 如开标后发现废标致使有效投标少于三家，招标方有权宣布此次招标无效，重新招标。

8. 关于评标

8.1 评标是招标工作的重要环节，评标工作在评委会内独立进行。

8.2 在投标、开标期间，投标人不得向评委询问情况，不得进行旨在影响评标结果的活动。

8.3 评标结束并得到委托方确认后，即向中标商发出中标通知书，并向落标方发出落标通知书。

8.4 评委会不向落标方解释落标原因，不退还投标文件。

9. 关于定标

9.1 评标委员会结合报价部分、方案说明部分和投标资格证明部分的评估结果进行综合价格评估，选出候选中标商，报__________市政府采购中心确定。

9.2 向中标商发出中标通知书，并在网站(www.IT-tender.gov.cn)上公开发布。

9.3 向落选投标方发出落选通知书。

10. 关于废标和招标失败

10.1 有下列情况之一出现的投标书，将作废标处理：

10.1.1 投标书未密封。

10.1.2 无单位和法定代表人或法定代表人委托的代理人的印鉴或签字。

10.1.3 未按规定格式填写、内容不全或字迹模糊，辨认不清。

10.1.4 投标书逾期送达。

10.1.5 投标书未对招标文件作出完全的响应导致投标无效。

10.1.6 投标报价超过最高限价。

10.2 下列情况之一出现，将视为招标失败，招标方将重新招标：

10.2.1 第一轮投标截止时投标方少于三家。

10.2.2 评标时发现所有投标书均为废标。

11. 关于中标服务费

中标商须向__________市信息工程招投标中心支付中标总额 1.5%的中标服务费。

12. 关于履约保函

中标商须在合同签订之日 10 个工作日内向__________市水利局递交履约保函,保函金额为合同金额的 10%,保函有效期不少于一年,该保函在项目竣工验收后 10 个工作日内退还中标商。

13. 名词解释

13.1 招标方:受__________市政府采购中心委托主持本次招标的代理机构__________市信息工程招投标中心。

13.2 投标方:向招标方提交投标文件的制造商或供应商。

第二部分 招标项目要求

第一章 项目系统现状、目标与功能要求

本章描述了项目系统的现状以及总体目标，并提出了本次项目招标应实现的业务内容及其功能（详见附件 2-1）。投标商应予以充分注意，并提出实现系统目标和各项业务功能的解决方案。

1. 项目系统现状

在__________市水利局现办公大楼内已经建立了三防信息系统局域网和广域网。

__________市水利局现有__________市三防与水利信息系统、水政水资源信息系统（用 foxpro 开发、C/S 结构）、档案管理系统（单机）。

2. 总体目标

建立一体化的__________市水利信息系统，该系统集成通用办公自动化软件、水利业务信息管理系统；将现有的三防信息系统等移植到新的网络应用环境中；相应数据的建库。

3. 要求

3.1 建立通用办公自动化系统，包括公文管理、档案管理等内容。其体系结构应与__________市党政机关内部办公网相一致。

3.2 建立局机关各业务管理部门信息管理系统，包括计划管理、水利工程管理、工程建设进度动态管理等内容。

3.3 完成相应的基础数据处理、工程技术资料的整理和建库等工作。

3.4 将现有档案管理系统（单机）、水资源管理系统（网络）、三防信息系统（广域网）移植到新的系统环境中。移植过程中保证系统在汛期的正常运行。整合后形成统一的水利信息系统并在______年初移植到__________市水利局新的办公大楼网络环境中。

3.5 对托管服务器系统（水利局网站，位于__________市信息中心机房）进行更新。

* 系统平台与开发工具：基于微软的网络操作系统、数据库管理系统。其他所需要的系统软件平台，开发工具不作限制。

第二章 招标内容及要求

1. 投标内容

1.1 建立办公自动化系统。

1.2 水利业务信息管理系统开发。

1.3 系统移植、改造——将现有的 C/S 结构的水资源管理系统按新系统的结构进行改造；将现有的三防信息系统移植到新的服务器中，移植过程中应保证系统在汛期正常运行。

1.4 数据建库——将现有档案管理系统等的数据移植到新的档案管理系统中，并将相应信息系统模块的数据建库和录入。

1.5 托管服务器系统的更新。

2. 投标商应完成的工作

2.1 根据各系统目标和功能描述，识别并给出系统需求（需求调查，对项目的理解）。

2.2 提出达到系统目标和完成系统功能的最佳途径(项目方案)。

3. 工作要求

3.1 描述对项目的理解

投标商在招标文件中描述对本项目的理解不在于照搬或机械性翻译业务流程，重要在于明确提出一套有效的解决模式和相应的软件设计思路，并应提供足够的细节，包括如下内容：

3.1.1 办公自动化软件开发项目

3.1.1.1 系统目标和功能。

3.1.1.2 信息分类。

3.1.1.3 数据流程(办公业务处理模式)。

3.1.1.4 基于输入/输出的需求(或界面描述)。

3.1.2 业务管理信息系统开发项目

3.1.2.1 系统目标和功能。

3.1.2.2 信息分类。

3.1.2.3 数据流程(业务处理模式)。

3.1.2.4 基于输入/输出的需求(或界面描述)。

3.1.3 系统移植

3.1.3.1 新旧系统之间磨合。

3.1.3.2 移植方案的设想。

3.1.4 数据入库

3.1.4.1 数据流向。

3.1.5 托管服务器系统更新

3.1.5.1 系统兼容性。

3.2 对项目方案的要求

3.2.1 通用办公自动化软件

*要求已有开发过的通用办公自动化软件，合同签订后即进行安装、配置和调试，随后投入试运行。

3.2.1.1 原软件应用于我方的兼容(适用)方案。

3.2.1.2 项目管理方案：

(1) 组织管理(与软件开发环节相关的)。

(2) 项目实施(与软件实施推广相关的)。

(3) 质量和进度控制(项目各阶段进度计划表)。

3.2.1.3 报价构成：

(1) 软件报价。

(2) 硬件配置报价。

(3) 集成服务报价。

(4) 实施、培训、服务报价。

3.2.1.4 进度计划：

(1) 需求调查和设计。

(2) 系统开发。

(3) 软硬件集成、调试、试运行。

(4) 系统验收。

3.2.2 业务管理系统开发

3.2.2.1 技术方案(应对目前几种主要的设计思路进行分析比较，并在此基础上提出自己的最优方案)。

(1) 软件系统方案,包括操作系统、开发工具软件、应用软件。

(2) 硬件系统方案。

(3) 系统集成方案。

3.2.2.2 项目管理方案:

(1) 项目计划(与项目整体管理相关的)。

(2) 组织管理(与软件开发环节相关的)。

* 投标商应保证:在开发期间,未经用户单位建议或许可,项目开发主持人不变更,核心开发人员至少4～5 人不变更,并至少 2/3 参与开发的人员不变更。

(3) 项目实施(与软件实施推广相关的)。

(4) 质量和进度控制(项目各阶段进度计划表)。

3.2.2.3 报价构成:

(1) 软件报价(对购买软件、开发软件应分别报价)。

(2) 硬件配置报价。

(3) 集成服务报价。

(4) 实施、培训、服务报价。

3.2.2.4 进度计划:

(1) 需求调查和设计。

(2) 系统开发。

(3) 软硬件集成、调试、试运行。

(4) 系统验收。

3.2.3 系统移植。

3.2.3.1 系统移植方案:

(1) 软件系统方案,包括操作系统、开发工具软件、应用软件。

(2) 硬件系统方案。

(3) 系统集成方案。

3.2.3.2 项目管理方案:

(1) 项目计划(与项目整体管理相关的)。

(2) 组织管理(与软件开发环节相关的)。

(3) 项目实施(与软件实施推广相关的)。

(4) 质量和进度控制(项目各阶段进度计划表)。

(5) 移植前后的比较(兼容性)。

3.2.3.3 报价构成:

(1) 软件报价(对购买软件、开发软件应分别报价)。

(2) 硬件配置报价。

(3) 集成服务报价。

3.2.3.4 进度计划:

(1) 需求调查和设计。

(2) 软硬件集成、调试、试运行。

3.2.4 数据建库

3.2.4.1 报价构成。

3.2.4.2 进度计划。

3.2.5 托管服务器系统更新

3.2.5.1　系统更新方案：

(1)　原服务器系统的理解。

(2)　更新前后的比较(提高性能)。

3.2.5.2　报价构成：

(1)　软件报价。

(2)　硬件配置报价。

(3)　集成服务报价。

3.2.5.3　进度计划：

(1)　需求调查和设计。

(2)　软硬件集成、调试、试运行。

3.3　系统性能要求

3.3.1　提升工作效率的要求：说明该软件如何提高工作效率。

3.3.2　可操作性要求：说明该软件如何易于理解掌握、操作简单、逻辑性强、直观简洁等的要求。

3.3.3　灵活性：说明该软件在需求或环境发生某些变化时，该软件对这些变化的适应能力，如：

(1)需求及流程变化。

(2)操作方式变化。

(3)机构人员变化。

(4)空间地点变化(移动用户、分布式)；

(5)操作系统环境变化。

3.3.4　响应时间：指针对于用户操作的反应时间，如：

(1)查询时间。

(2)批处理时间。

3.3.5　安全容错及保密性：

(1)防止主机崩溃方法。

(2)防治病毒方法。

(3)数据备份方法。

3.3.6　网络的实用性、稳定性、安全性。

3.3.7　软件转换后的兼容性。

3.4　交付物

3.4.1　提交满足3.2目要求的项目建议书(正本1份、副本5份)。

3.4.2　提交附件要求的资格文件和以往经验证明文件。

3.4.3　提交符合系统要求的、作为评测使用的计算机系统原型(网络版)。

3.4.4　项目报价。

3.5　保修期。

3.6　合同类型。

3.6.1　招标方授予中标商软件工程(含系统软件、工具软件的购买、应用软件的开发、数据入库、托管服务器系统更新、培训及各种服务费用)合同。

3.6.2　招标方根据方案实施要求，对硬件设备的配置另行采用招标采购方法解决。硬件设备的集成合同将根据情况选择授予硬件供应商或软件中标商。

3.7　付款方式

3.7.1　预付款。

3.7.2　进度款。

3.7.3　维护款。

3.7.4 履约保证金(保函)。

第三章 评价标准及要求

1. 对投标文件的审查和确定

1.1 开标后,招标方将组织审查投标文件是否完整,是否有计算错误,要求的保证金是否已提供,文件是否恰当地签署(含法定代表人签章和投标方公章)。如果单价与总价有出入,以单价为准;若文字大写表示的数据与小写数字表示的有差别,则以文字大写表示的数据为准。若投标方拒绝接受上述修改,其投标将被拒绝。

1.2 在对投标文件进行详细评估之前,招标方将依据投标方提供的资格证明文件审查投标方的财务、技术和维修服务能力。

1.3 招标方将确定投标是否符合招标文件的所有条款、条件和规定。

1.4 招标方判断投标文件的响应性仅基于投标文件本身而不靠外部证据。

1.5 招标方将拒绝被确定为非实质性响应的投标方,投标方不能通过修正或撤销不符之处而使其投标成为实质性响应的投标。

2. 评标委员会

2.1 招标方将根据招标的特点组建评标委员会,其成员由技术、经贸、法律等方面的专家和招标方、水利局单位代表等五人以上单数组成,其中技术、经贸、法律等方面的专家人数不少于总数的2/3,评标委员会对投标文件进行审查、质疑、评估、比较。

3. 投标文件的澄清

3.1 为了有助于对投标文件进行审查、评估和比较,招标方有权向投标方质疑,请投标方澄清其投标内容。投标方有责任按照招标方通知的时间、地点指派专人进行答疑和书面澄清。

4. 评标原则和方法

4.1 评委会将遵照公开、公平、公正的评标原则,严格按照招标文件的要求和条件进行评标,平等地对待所有投标方,择优定标。

4.2 评委会将对投标书中的每个响应进行评价,检查其对招标书要求的符合程度并给出评分。

4.3 综合以上评分,结合各投标方报价进行综合评价,产生综合评估价格。综合评估价格低者为优。

4.4 本次招标合同将授予符合招标文件的要求,并且报价最合理、能提供最佳服务的投标者。

5. 评价标准

5.1 类似项目的经验(20%):

5.1.1 项目获得省、市级颁发的奖项(以证书或证明文件为准)的。

5.1.2 承担过相应项目成功应用案例(以客户证明文件为准)的。

5.1.3 曾经成功开发水利信息管理系统(软件开发费合同金额50万元以上),具有GIS开发经验的。

5.1.4 资质评价:工程项目经理及参与项目工程的开发人员具有MIS项目的经验和取得相应认证证书的。

5.2 技术方案(40%):

5.2.1 响应招标文件要求的程度。

5.2.2 软件平台的设计方案。

5.2.3 水利业务管理系统设计方案。

5.3 报价(30%)。

5.4 进度计划(10%):

5.4.1 实际工期。

5.4.2 合理的、内容齐全的项目实施进度图表。

第四章 系统集成工期和付款方式要求

投标方必须响应并承诺下列要求：

1. 交货时间要求

本招标文件所列所有软件系统须在合同生效之日起半年以内全部交货。

2. 交货地点要求

2.1 投标方须按照用户指定地点安装软件，其运送的所有费用由投标方承担。

2.2 交货地点：__________市水利局。

3. 付款方式

3.1 硬件设备、系统软件平台到货安装验收合格后一周内付款。

3.2 预付款：项目合同签订之后10个工作日内付开发服务费[合同金额减去(1)项金额]的25%。

3.3 项目竣工验收后10个工作日内付开发服务费的65%。

3.4 项目合同保修期满后10个工作日内付余款。

第五章 报价要求说明

本章描述了对投标方报价的要求，投标方应特别加以注意。

1. 报价总则

1.1 投标方必须按本标书指定格式正确填写各种价格单。

1.2 价格单中相应内容的报价必须计算正确（如单价与总价）。投标方应以人民币报价。若单价总和与总价不一致，以单价总和为准。

1.3 每项目的报价必须是唯一的。如出现不唯一报价，将严重影响投标结果，一旦中标，则以该项目最低的报价为签订合同的依据。

1.4 报价栏项目中如出现数字0，视报价为零；如出现空白，视为未响应。

1.5 总报价及单价允许打折扣，但必须在相应的表中表达清楚，必要时应加以说明。

1.6 所有报价均应已包含国家规定的所有税费。

2. 总报价的报价原则

2.1 在投标书中应给出软件系统的总报价。

2.2 在开标一览表中应分别给出子项目的报价，总报价应等于软件报价、服务报价、培训报价、系统移植报价、基础数据录入报价、托管服务器系统更新报价之和。

2.3 投标书与开标一览表中的总报价应一致。

第三部分 合同说明

第一章 合同要求说明

1.中标商须在收到中标通知书后10个工作日内与水利局签订软件合同。

2.投标方必须响应并承诺以下所附合同主要条款。一旦中标，除非供需双方同意，否则均不得对此合同的条款进行实质性的修改。

第二章 合同格式

__________市政府采购软件合同

合同编号：______________________

供方：__________________________

需方：__________________________

本合同根据__________市信息工程招投标中心招标编号__________招标文件和该项招标的中标通知书于______年______月______日由供方与需方签订。并经供需双方协商同意下列条款：

1.总则

1.1 本合同供需双方必须遵守国家颁布的合同法，并各自履行应负的全部责任。

1.2 下列文件均为本合同不可分割部分：

1.2.1 中标通知书。

1.2.2 __________市信息工程招投标中心招标编号__________招标文件。

1.2.3 供方中标的投标书。

1.2.4 以上文件与合同附件具有同等法律效力，若以上文件与本合同有差异的，以本合同内容为准。

1.3 供方保证全部按照合同条款的规定和交货期向需方提供软件和服务。

1.4 需方保证按照合同条款规定的时间和方式付给供方到期应付的货款。

2.项目名称和描述

____

3.合同总额和构成

合同总额由两部分构成，第一部分是设备与软件采购费，包括服务器等硬件设备和系统软件平台；第二部分是服务费，即合同总额中第一部分以外的其余部分，包括系统开发、数据处理、技术服务等。

4.付款方式和时间

4.1 对于第一部分即设备软件采购费：硬件设备、系统软件平台到货安装验收合格后一周内付款。

4.2 对于第二部分即服务费。

4.2.1 预付款：项目合同签订之后10个工作日内需方付出该部分总额的25%。

4.2.2 进度款：项目如按计划正常实施，共支付3次，每次付出该部分总金额的15%。

4.2.3 完成款：项目竣工验收后10个工作日内付出该部分总金额的20%。

4.2.4 余款：项目合同保修期满后10个工作日内付出余款，即该部分总金额的10%。

5.需方责任

5.1 双方签订合同后10个工作日内，需方向供方支付预付款，并按合同规定分类分期地付款。

5.2 需方(包括个部门)在工程实施的各环节上应积极向供方提供相应的人力和环境配合,以保证乙方在软件的应用调研、开发测试、安装调试、培训辅导、双单轨运行、推广和验收等阶段顺利地进行软件施工。

6.供方责任

6.1 供方在收到需方的预付款后三个工作日内开始软件项目工程的实施。

6.2 供方按照项目“实施进度计划”完成各个阶段的实施任务,以及按“项目实施和售后服务技术人员情况表”在项目实施的各个阶段中投入足够的人力以保证项目实施的连续性。

6.3 供方按照“系统设计方案和软件功能描述、信息系统功能组成及描述”中所列的内容分别完成软件各功能模块的制作。

6.4 供方按“软件(按照模块)详细报价清单”和“系统软件详细报价清单”所列内容向用户提供系统软件部件,并保证上述部件质量能满足本招标项目对应用软件的需求。

6.5 在软件系统正常运行后,供方提供相应源代码及相应技术文档(进一步明确)。

6.6 供方按照“系统服务范围和内容”分别提供本项目的系统服务。

6.7 供方按照“培训计划”提供相关的培训服务。

6.8 供方在合同规定的维护期满后,有义务向需方提供有偿的后续技术支持。

7.验收标准

供、需双方按照中标的投标文件中“验收标准”或双方认可的标准分别对平台软件、OA 软件功能、移交的程序和文件以及相关的系统服务进行验收。

8.其他责任

8.1 供方在本合同中所提供给需方的软件源代码及其技术文档只能在需方的内部使用,需方不得将此次软件中的任何功能模块和技术资料提供给第三方。

8.2 本次软件系统要求符合的要求,供方有责任解决达标工作中力所能及的技术问题,需方有义务做好相应的协调工作,经供、需双方一致认定的重大难题,共同提请有关政府部门给予解决。

9.本合同按中华人民共和国知识产权保护条例、计算机软件保护条例、经济合同法以及适用于本合同的有关法律条例执行。

10.因本合同引起的争议,供需双方应首先通过友好协商解决。如果在一方向另一方发出要求协商的书面通知后 60 天内仍不能解决争议,则应依司法程序解决。

11.本合同一式四份,中标商、__________市水利局、__________市政府采购中心、__________市信息工程招投标中心各执一份。

12.本合同自供需双方签字盖章之日起生效。

供　　方:______________________	需　　方:______________________
地　　址:______________________	地　　址:______________________
法定代表人:______________________	法定代表人:______________________
委托代理人:______________________	委托代理人:______________________
电　　话:______________________	电　　话:______________________
电　　传:______________________	电　　传:______________________
邮政编码:______________________	邮政编码:______________________
开户银行:______________________	开户银行:______________________
账　　号:______________________	账　　号:______________________

第四部分 附件

附件 1-1 投标书

致：__________市信息工程招投标中心

根据贵方为__________市水利局办公信息系统开发项目的投标邀请(招标编号：__________)，本人代表投标方____________________(投标方名称)__________(市信息技术企业数据库企业编号)提交下述文件正本一份和副本五份。

1.投标书。

2.开标一览表。

3.方案说明。

4.资格证明材料。

5.其他投标响应文件。

6.投标保证金。

本人宣布同意如下：

1.所附“开标一览表”规定的应提供和交付的软件系统项目投标总价为人民币：____________元(大写)。

2.投标方将按招标文件的规定履行合同责任和义务。

3.投标方已详细审查全部招标文件，包括修改文件(如有的话)以及全部参考资料和有关附件。我们完全理解并同意放弃对这方面有不明及误解的权利。

4.我方投标自投标截止之日起有效期为 45 天。

5.如果在规定的开标时间后，我方在投标有效期内撤回投标，我方的投标保证金将被贵方没收。

6.投标方同意提供按照贵方可能要求的与其投标有关的一切数据或资料，理解贵方不一定要接受最低价的投标或收到的任何投标。

7.与本投标有关的一切正式往来通讯请寄：

地址：____________________ 邮编：____________________

电话：____________________ 传真：____________________

投标方法定代表人姓名、职务(印刷体)：____________________

投标名称：____(公章)

法定代表人(或其授权的全权代表)签字：____________________

________年______月______日

＊注：全权代表须有法定代表人签署的授权委托书，附于本投标书后。

附件 1-2 开标一览表

______市信息工程招投标中心：

我们对______市水利局办公信息系统开发项目投标报价如下：

序号	项目	报价(元)
	办公自动化软件开发	
1	系统软件	
2	应用软件	
3	软件系统培训	
4	软件系统维护服务	
以上合计		
	业务管理信息系统	
5	系统软件	
6	应用软件	
7	软件系统培训	
8	软件系统维护服务	
以上合计		
9	数据整理及数据建库	
10	系统移植	
11	对托管服务器系统的更新	
12	硬件设备	
总价：______	其中硬件设备和系统软件总价：______	

投标方名称：______

法定代表人(或全权代表)签名：______

日期：______

附件 1-3 详细报价清单

软件详细报价清单(按模块报价)

序号	软件	名称	数量	单价	总价	备注
合计						

系统软件详细报价清单(按模块报价)

序号	软件	名称	数量	单价	总价	备注
合计						

硬件详细报价清单(按模块报价)

序号	设备名称	品牌	型号	配置及性能说明	产地	数量	单价	总价
合计								

附件 1-4 投标方基本情况表

1.公司名称：____________电话号码：____________

2.地 址：____________传 真：____________

3.注册资金：____________经济性质：____________

4.公司经营及资金状况：

5.公司开户银行名称及账号：____________地址：____________

6.投标方近期履行类似合同情况：

类似合同执行情况，包括以前类似合同的细节，工期，合同金额，用户单位名称、地址、联系人（请注明用户单位的用户数）、项目经理（技术负责人）。

7.营业注册执照号：____________（随本表格附交一份最新营业执照副本的复印件）。

我/我们声明以上所述是正确无误的，您有权进行您认为必要的所有调查。

日期：投标人签名：（盖章）____________

附件 1-5 项目经理简历表

姓名	
性别	
年龄	
职务	
职称	
学历	
参加工作时间	
从事项目经理年限	
已完成工程项目情况	
建设单位	
项目名称	
建设规模	
竣工日期	
工程质量	

附件 1-6 主要开发和售后服务人员表

岗位名称	姓名	职务	职称	主要资历、经验及承担过的项目
1. 总部项目主管 其他(请列明)				
2. 现场项目经理 项目副经理 其他(请列明)				
3. 售后服务(请列明)				

附件1-7 系统软件生产厂商供货确认函

________市信息工程招投标中心：

(投标方)参加贵中心________(招标编号)________市水利局办公信息系统的投标，选用我厂(公司)生产的________________。

________________(品牌)产品为我公司原装的、全新的产品，我公司将承担对这些产品质量的保证。具体规格数量如下：

产品	型号规格	数量	产地	详细配置说明

制造商：________________(盖章)

法定代表人：________________(印刷体)

或法定代表人委托的全权代表：________________(印刷体及签字)

说明：出具此证明的厂商包括原厂家或办事处。

附件 1-8 投标商文件中的格式要求

1. 投标文件中信息处理、实体关系图(ER 图)、数据流程图、层次框架图、程序流程图、系统流程图、程序网络图和系统资源图的文件编制符号及约定按照国家标准 GB1526—89 或 ISO9001 标准,并提供以往项目证明材料。

2. 项目管理计划应包含的内容:

2.1 项目的组织机构,以及包括外部机构在内的每个机构的权利和责任。

2.2 开发环境,包括测试环境、库、设备、仪器以及工程标准、步骤和工具。

2.3 生存期过程和活动的工作细目的结构,其中包括可交付的产品,与任务有关的经费预算、人员、物理资源、软件的规模以及时间进度。

2.4 系统的质量需求管理。如果需要,可以另外制订质量保证计划。

2.5 系统安全和保密的关键需求管理。如果需要,另外制订安全和保密计划。

2.6 分包商的管理,其中包括对分包商的选择。如果选择了分包商,还包括分包商—需方的介入。

2.7 需方的介入,即按合同要求进行的评审和审计、非正式的会面、报告、修改和变更的实施、批准、验收、对设施的使用等。

2.8 验证和确认,规定中应包括与独立的验证和确认机构接触的方法。

2.9 质量保证。

2.10 风险管理,此项管理包括对项目的潜在技术、成本和进度诸风险领域的管理。

2.11 保密方针,即在每个项目组织层次上有关“需要知道”和“接触信息”的规划。

2.12 规则所要求的批准、证书、专有权利等。

2.13 制订计划、跟踪和报告的方法。

2.14 人员培训。

3. 项目开发计划

3.1 工作内容,简要地说明在本项目的开发中须进行的各项主要工作。

3.2 主要参加人员,扼要说明参加本项目开发工作的主要人员的情况,包括他们的技术水平。

3.3 产品。

3.3.1 程序,列出需移交给用户的程序的名称、所用的编程语言及存储程序的媒体形式,并通过引用有关文件,逐项说明其功能和能力。

3.3.2 文件,列出需移交给用户的每种文件的名称及内容要点。

3.3.3 服务,列出需向用户提供的各项服务,如培训安装、维护和运行支持等,应逐项规定开始日期、所提供支持的级别和服务的期限。

3.3.4 非移交的产品,说明开发集体应向本单位交出但不必向用户移交的产品(文件甚至某些程序)。

3.4 验收标准,对于上述这些应交出的产品和服务,逐项说明或引用资料说明验收标准。

3.5 完成项目的最迟期限。

3.6 支持条件:

3.6.1 计算机系统支持。

3.6.2 需由用户承担的工作。

3.6.3 需由外单位提供的条件。

附件 2-1 ＿＿＿＿市水利局办公信息系统功能要求书

＿＿＿＿市水利局于 1997 年在机关办公楼内建立了计算机局域网，约 60 个网络节点。采用的是交换式快速以太网。同时建立了同＿＿＿＿市信息中心、广东省三防办等单位的广域网连接（分别为帧中继和 X. 25 数据专线）。系统具有远程访问（拨号登录）功能。

网络主要设备：主交换机为 Intel 510T，路由器为 Cisco2501. 2509，均能正常使用。现在使用的多台服务器均为 PⅡ兼容机，其速度和可靠性已不能适应新的需要，在本次系统建设中将予以更换。

同本次系统建设有密切关系，并且正在使用的主要应用软件系统有：＿＿＿＿市三防与水利信息系统（水利局主系统，B/S 结构）、水政水资源信息系统（部门子系统，采用 C/S、B/S 混合结构）、档案管理系统（局办公室使用，DARMS2000 单机版）。

本次招标需求分为：硬件设备、通用办公自动化系统和机关处室信息管理系统、其他需求等四部分。

系统建设的时间要求：

①硬件设备在合同签订之日起一周内提交。

②通用办公自动化系统在合同签订之日起三个月内进入试运行。

③各处室业务管理系统在合同签订之日起半年内进入试运行。

④其他需求部分与软件系统开发时间相配合。

1. 硬件设备

硬件设备必须质量可靠，运行稳定。设备名称及数量如下（随着市场上设备配置升级，下表中的配置要求可能有所变动，第二次集中答疑时由水利局统一提出）。

序号	设备名称	用途	数量	参考品牌	配置要求

2. 通用办公自动化系统

2.1 总体要求

2.1.1 选取市场上实用效果好、技术先进的通用办公自动化商业软件。经过对我局的实际情况进行调研，作适应性调整配置成我局的办公自动化系统。

2.1.2 该系统的体系结构应与＿＿＿＿市党政机关内部办公网相一致。

2.1.3 软件要有成功用户案例（至少两例，每例 80 用户数以上）。

2.1.4 软件的操作简单直观，容易理解，办公人员在短期内就可以全面系统掌握其使用方法。

2.1.5 具有严密的安全保密措施。充分应用身份识别与验证、访问权限控制等。根据用户的不同身份严格区分其权限。

2.2 通用办公自动化软件功能要求

通用办公自动化系统包括以下功能模块：公文处理、档案管理、公共信息、处室收发文管理、机关事务管理等。

要求以实现本文所述各项功能为目标，对于功能模块的分类、组合、命名则不受限制。投标公司根据自己 OA 项目的实施经验，可以提出本文没有列出、但受到用户欢迎的实用功能。

2.2.1 公文处理

公文处理包括收文管理、发文管理等内容，内容涵盖 13 种日常公文格式。实现公文的流转、审批、催办督办等功能，并对公文处理情况提供简单易用的实时监控机制，方便领导及时掌握工作人员的工作情况。公文处理格式符合____________________的要求。

所有流程的实现方式要按照局机关的工作模式，流程控制灵活。提供流程的实时监控及统计：管理员可以通过管理工具查看公文流转过程中的状况，还可以统计出个人或部门的文件办案率；公文流转结束后即可归入文档系统内进行归档，并提供公文属性信息输出(纯文本)功能。

具有开机状态下来文提示功能。

可保留所有修改痕迹。支持手写签名批示。支持手写签名在内的所有信息原稿打印。

支持扫描件内容的自动识别，实现扫描件内容灵活地识别并传递到用户所需位置。

收发文的基本流程如下。

收文：外部来文经过保密室登记、分办或经领导审批后送交主办处室和会办处室中传阅。收文办理完后可以调动发文流程实现收文转发文处理。

发文：由处室人员拟稿，经部门内核稿、审稿，送交办公室审核，经领导签发后由办公室排版印发。

征求意见稿：针对上级机关来文或本单位涉及意见征求的情况，由主办处室的承办人拟稿，经部门审核后由局领导或有关处室签批意见。

完成会议纪要：主要是根据局领导和党委会议所传达的精神，由办公室整理成文，经局领导签批后送各有关处室。

(1)党委会议纪要。

(2)党委会议决定事项交办的通知。

(3)办公会议纪要。

人大、政协的提(议)案答复(一是人大代表建议复文格式，二是政协提案复文格式，三是转作建议办理的人大代表议案复文格式)。

冬修水利资料上报(三张表)。

2.2.2 档案管理

建立一套完全符合国家档案管理规范的档案管理系统，包括档案体系、类目设置、序列编排；对各种资料文档(如大事记、局发文等)进行自动采集、整理和汇总等。资料汇编的方式，既可以选择简单的文档汇总，也可以利用办公自动化系统提供的扫描识别系统将要扫描和汇总的资料内容转移或者复制到相应的汇总文档中。

提供档案资料属性信息输出(纯文本)功能。

报表设计灵活，可自定义档案报表格式及案卷著录卡，并可增加档案类型和案卷著录卡的内容。

查询灵活、方便，所有字段可以组合查询，能进行全文检索。

具有良好的安全性，如每个普通用户均有单独的密级限制，文档管理员可查询档案的借阅、销毁、移交等操作情况等。

2.2.3 公共信息

主要功能包括以下内容。

(1)全局要闻：内部新闻发布系统，使机关人员能够及时地掌握机关内部的近期动态和大事记。

(2)一周工作安排：按现行的每周工作安排表设计。可查询过去的安排表。

(3)处室工作计划：由各处室提出未来一月的工作计划。各处室授权人自行动态维护。

(4)通告：发布一般通知和公告、会议通知等(有权限控制)，并可对其阅读情况进行查询。

(5)参考信息：处室或个人发布或转载的共享信息，机关人员均可阅读。

(6)领导参阅：主要是针对机关领导为主要读者的公共信息的发布，可以控制各人的阅读权限。具体栏目可以由机关用户自行定义。

(7)电子邮件：在机关内部建立一个邮件系统，以灵活的方式在机关内部传递各种信息，并可以及时向市府和市委发布信息，也可以实现局内部意见征集的功能。

2.2.4 处室收发文管理

为各处室提供收发文登记、查询功能。本模块在各处室内部使用，取代目前各处室手工记录方式。

2.2.5 机关事务管理

(1)会议管理：包括会议室管理、议题、安排、查询等。

(2)车辆管理：包括申请用车、用车审批、发车、维修管理等。

(3)用餐管理：提供餐厅信息、就餐卡管理，以及菜谱管理和订餐等功能，用户可在网上浏览当天的菜谱。

(4)固定资产管理：提供对局固定资产(包括电脑等办公设备和车辆)的购买申请、领导批示、采购、进仓出仓登记、固定资产登记、报废处理等的功能，对局所有车辆的基本信息进行管理，如查看车辆的状态、年审等。

(5)集体户口的管理中，涉及迁进、转出、年度审查等事项。

(6)局机关书报订阅、收发管理中，增加订阅、收发功能。

(7)局办公电话报装、移机、取消、过户管理。

(8)局属房屋管理。

2.2.6 远程办公

远程用户可以任何一种标准的远程连接方案中像在单位内部一样使用办公自动化系统。

领导出差在外可以对公文进行审阅、批复，以及对机关工作进行监控审核。

机关工作人员在外工作时间长也可以访问本局的办公自动化系统，进行必要的公文处理和获取有关的业务信息和其他资料。

3. 处室业务管理系统

处室业务管理系统开发是本次系统建设的主要部分。投标单位要在充分理解各处室的需求后提出方案。

3.1 总体要求

总体应符合“广东省水利信息系统工程建设设计指导书”的要求。

处室业务管理系统与通用办公自动化系统有机结合，构成一体化的水利信息系统。应用系统的体系结构、软硬件环境同通用办公自动化系统一致。

整个应用系统基于网络数据库。要结合国家防办统一制定有关数据库表(水利局另行提供)和各处室需求，完成相应数据库建设。

各处室的信息管理在各自的子系统上完成。

考虑到系统实施阶段我局正处于机构改革过程中，功能需求可能会有调整，开发的软件功能模块要易于改动。

要与各处室现有的信息管理软件进行衔接，同时提供相应的数据接口或转换工具并对历史资料进行无差错的转换。

不同权限用户可以在相应权限内对各处室信息进行查询。

3.2 各处室业务具体需求

3.2.1 移民办

移民工作动态、基本情况信息管理，完成有关的报表、统计、文档归档等。

水库移民的基础设施建设、生产和生活情况、农业生产和农业科技信息、移民教育、移民脱贫经验等信息的管理。

3.2.2 办公室

同通用办公自动化系统一致。

3.2.3 三防办

三防办已有部分信息在__________市三防与水利信息网上实现，此次三防办业务系统的开发除了移植、更新该网的部分模块外，还需开发一些新的内容，具体描述如下：

(1)移植、加工部分

①数据库移植。将现有服务器上的部分数据库移植到新的服务器上，保证移植的数据库和应用软件在新的软、硬件环境下能正常运行。

②模块移植。将下列网站模块移植、更新到新的系统环境中。

a. 实时降雨：实时雨情列表，实时雨情分布，降雨量查询，降雨量直方图，全省降雨情况、降雨等级。遥测实时数据接口更新，增加系统中断期间数据的自动恢复。

b. 实时水情：实时水情列表、实时水情分布、水位查询、补充西北江水情信息部分。

c. 气象信息：市区天气预报、特别报告、全省天气预报、自动气象站观测值。气象数据接口更新，气象站雨量观测的分区查询(包括表格和地图分布)。

d. 卫星云图。

e. 台风信息。互联网上获取的如我国台湾、香港地区以及日本、美国等国家气象台站发布的最新台风信息管理。

f. 三防机构、职责、通讯录，增加动态管理功能。

g. 三防预案，更新、增加预案。增加动态管理功能。

h. 电子地图上的水文遥测站属性查询维护及通信组网图。

(2)新开发部分

①水位过程线。

②水文预报录入及查询模块。

③通过广域网读取省三防办(或省水文总局)水情数据库的有关资料，并写入三防办数据库。遥测数据接受处理机与数据库服务器时钟同步。

④北江大堤防汛抢险指挥部成员表。

⑤市三防指挥部领导成员表。

⑥________市各级三防联系表。

⑦市、区三防指挥部负责人名单。

⑧________市防汛安全责任书负责人名单。

以下表格从数据库中提取数据，要能适应数据上报要求。

⑨安全度汛存在问题的水库情况统计表。

⑩江海堤围险段情况统计表。

⑪险闸情况统计表。

⑫安全度汛存在问题的水库情况综合统计表。

⑬重点应急度汛工程。

⑭________市小型水库万亩堤围应存、已存、欠存差额资金统计表。

⑮区(市)水库防汛器材储备统计表。

⑯________市小型水库防汛器材应储、现储、差额统计表。

⑰________市中型水库防汛器材应储、现储、差额统计表。

⑱________市万亩堤围防汛器材应储、现储、差额统计表。

⑲每日雨情、水情报表。

⑳水库蓄水报表。

㉑在电子图上标示流溪河流域大、中型与重要小型水库洪水风险图，并与其洪水预案相关连；其他地方的洪水风险图(将洪水风险图扫描进入计算机)和洪水预案；用于宏观了解全市地形的三维地形图(多角度)。

㉒更新现有北江大堤电子地图交通、洪水风险等图层。提供____________防守段详细电子地图信息查询，信息内容包括：

a. 储备物料(种类、地点、数量)。

b. 各类防汛机构所在地、防汛亭位置、照片及各类预案文件。

c. 大堤存在的险工险段,相应的防洪抢险措施。

d. ________市防守责任段内出现的历史险情,采取的抢险措施。

e. 各抢险队伍开进线路。

f. 有关的水情站点信息。

g. 流域面积、洪水传播时间图。

h. ________市北江大堤防洪抢险预案摘要。

i. 当电子地图缩小到一定比例尺时,略去细部信息。

㉓________市大中型、重要小型水库雨量、水位、库容统计表。

㉔________市各站时段降雨量统计表。

㉕________市各区(市)降雨量统计表。

㉖各测站年降雨量统计表。

㉗________市全市重要江河水位表。

㉘________市各主要站点最近3日降雨情况表。

㉙________市各区(市)旬平均降雨量报表。

㉚________市全站年降雨量统计表。

3.2.4 监察室

(1)监察审计讯息的发布。

(2)监察方面内容。

监察内容包括有关规定条文。该功能应与通用办公自动化系统一起考虑,举报内容包括举报情况、办理意见、处理意见。

(3)审计方面内容

审计工作程序、工程跟踪审计、各项审计工作的主要内容、审计工作动态。

3.2.5 政治处

(1)政策法规

该模块完成有关人事政策法规的查询。该模块应与通用办公自动化系统一起考虑。

(2)公文管理

该模块主要完成公文的登记、传阅、跟踪和归档。该模块应与通用办公自动化系统一起考虑。

(3)组织人事管理

完成人员调配证明、任免登记表等有关上报表格,完成对人员基本情况的管理,完成人员的平时和年度考核,自动生成与市组织部、人事局的报表相吻合的报表。

(4)劳动工资管理

完成正常人事调动的工资转移,转入工资的确定;完成干部及工勤人员的商调手续。

(5)职称评审

完成中、初评委人员基本情况的管理,对年度申报职称的人员管理和完成上报市职改办有关手续。

(6)人力资源规划

完成人才统计、人才资源预测、生成人才调配计划。

3.2.6 财务处

财务处业务管理有别于其他的业务部门,其业务管理具有相对的独立性。其要求如下:

(1)该处已有自己的局域网和相应的财务软件,独立运行。

(2)该处局域网用户可以访问局系统。

(3)从财务软件中提取数据,建立资金动态管理子系统,主要包括:资金计划、到位、使用等情况以及自动生成各种需要的统计报表、图形等。系统由财务处自己维护。

(4)个人所得税计算与上报。

(5)有权限的用户可以查看相应的内容。

3.2.7 招标办

水利工程招标公告和招投标新闻、相关信息的管理,招投标监督管理,办事程序信息管理,招投标项目完成情况管理,招投标有关的各种政策法规及规范性文件管理。

3.2.8 计划处

根据局处室职能分工,计划处主要负责全市的水利规划、水利建设计划管理、行业统计和小水电的管理等工作。计划处办公信息系统需相应有如下四部分内容。

第一部分:水利规划管理

1. 对已完成的全市水利规划成果进行自动录入、整理,也可以利用办公自动化系统提供的扫描识别系统将规划成果资料扫描和汇总到相应的文档中。

2. 根据规划成果的名称、编制单位、编制时间和地域名称等属性,检索规划成果,并授权有选择性地按章节、全文、定页进行内容浏览和打印。该部分功能可参照图书浏览器的有关功能。

3. 能满足规划图形CAD等格式的检索、浏览和拼接,并具有能与GIS系统相连接等功能。

4. 对规划项目实施进行动态跟踪管理,自动生成项目的规划和实施情况对照表。

第二部分:水利建设计划管理

1. 中长期发展计划管理

水利中长期发展计划的管理方法和信息系统需求,参照水利规划管理模块。

2. 项目设计审查管理

(1)项目设计资料管理方法与信息系统要求,可参照水利规划管理模块。

(2)检索、查询水利水电工程专业及有关专业的设计和施工规范、规程。

(3)能满足工程设计图形CAD等格式的检索、浏览等功能。

(4)能与省水利厅的概预算软件连接,实现工程概预算的审定。

(5)能与__________市建筑、修缮工程预(结)算软件连接,实现工程预(结)算的审定。

3. 年度计划管理

(1)年度计划编制

根据已批准中长期水利建设计划和各年度水利资金安排的指导思想、原则及重点,以及项目前期工作的完成情况,制定各年度水利建设计划。能根据市人大批复的部门预算对该计划表进行修改、补充;能按不同属性(行政区、建设性质、工程类别、建设内容、资金渠道等)进行检索、整理和汇总;计划表设计灵活,可自定义计划表格式;能提供拷贝和输出打印等功能;在权限内可进行检索、修改和汇总等操作。

(2)年度计划上报

根据资金安排和项目前期工作完成情况,在上述计划总表的基础上,有选择性地选取计划项目,分期、分批编制上报有关部门审批。能自动生成市计委、市财政局要求的计划表格式,具有结果拷贝和打印输出功能。

(3)检索、查询工程建设管理的有关政策、规定

(4)年度计划实施管理

根据上述年度计划总表,并对项目的批复情况、“四制”执行情况、工程质量及进度、资金到位情况、竣工验收情况、工程交付使用情况、项目后评价情况等资料,进行动态跟踪,做到数据资料准确、能及时更新、图文并茂。

自动生成年度项目计划实施一览表,该表栏目内容如下:

①“项目名称”栏目,应包括项目全称及所在地。

②“各阶段审批情况”栏目，应包括上报立项及批复立项文号、上报可行性报告和批复可行性报告的文号、初步设计批复文号等资料，根据文件号可在办公系统中查询或自动采集相应的文件内容。

③“项目‘四制’执行情况”栏目，应根据“项目法人责任制、施工监理制、合同管理制和招标投标制”的内容进行反映，各栏目反映内容如下：

a.“项目法人责任制”栏目，应包括项目法人的全称、项目法人组织构成、批复成立的文件等。

b.“施工监理制”栏目，应包括监理单位全称、监理资质等级、总监理工程师和现场监理工程师姓名及注册证书编号等资料；与项目监理远程管理系统相协调。

c.“合同管理制”栏目，应包括建设单位与施工单位、设计单位和监理单位的签订合同等资料。

d.“招标投标制”栏目，应包括施工、设计、监理和采购的招投标内容，各单位的全称、资质等级、评标结果批复文号、项目负责人姓名等资料；与招标办相协调。

④“资金安排及到位情况”栏目，应包括市年度安排资金和县级市(区)自筹资金、各块资金的到位情况。资金到位应动态反映，数据应及时更新，自动生成图形。

⑤“工程质量及进度情况”栏目，应反映监理单位、质量监督部门对工程质量的评价意见；项目工程量及投资的完成情况，可用柱状图表示资金到位情况和工程量的完成情况；配上不同阶段工程施工现场图片；与项目监理远程管理系统相协调。

⑥“初步验收或竣工验收情况”栏目，反映项目初步验收或竣工验收的一些情况资料。

⑦“项目运行情况”栏目，应包括项目初期运行情况资料。

⑧“项目后评价情况”栏目，应包括项目后评价的结论性意见等资料。

自动生成年度项目计划实施一览表的信息资料，可发到规划计划处的网页上。

第三部分：水利行业统计

1. 反映全市国家投资在建工程(水库、水闸、灌区、电站、机电排灌站、堤围、河道整治等)数量及规模情况、工程达标情况、效益情况、资金安排及到位情况等基本资料库。

2. 全市水利基本情况数据表。

3. 全市现有大、中、小型水库工程主要指标一览表。

4. 全市捍卫万亩以上江海堤围主要指标一览表。

5. 全市大、中型水闸主要指标一览表。

6. 全市灌溉万亩以上引水工程主要指标一览表。

7. 全市装机500千瓦及以上电排站主要指标一览表。

8. 全市现有35千伏输变电工程一览表。

9. 自动生成全市其他表格(根据实际需要)。

第四部分：小水电行业管理

1. 小水电行业管理的有关政策。同通用办公自动化系统一起考虑。

2. 发布小水电安全生产、检查和培训等信息。

3. 从化市、增城市、花都区、白云区及市直属电站的装机容量、年发电量、年利用小时数、主结线图、水文数据和主要机电设备等基本资料库。

4. 全市水利系统小水电管理机构、电力安全监察机构基本资料库。

3.2.9 水政水资源处

水政水资源处总体上包括五大功能部分。

(1)水资源管理

①取水许可管理(地表水、地下水)。

②排污口管理。

③水质监测管理(自动监测站和水质实验室)。

④取、退水口,水功能分区,水质监测站网分布。

(2)市管河道占用审批管理

(3)市管河道采挖许可审批管理

(4)水行政执法管理

①执法管理。

②执法人员管理。

(5)政策法规管理

①现行水法规及有关法规。

②编制、修订的水法规。

3.2.10 科教处

包括:科学研究与技术应用推广管理、培训教育管理、工程质量监督管理、总工室技术审批管理、水利学会信息管理。

3.2.11 工程管理处

(1)工程资料查询

在电子地图上查询水利工程(分类查询:水库、堤围、水闸、机电排灌站灌溉工程)的有关信息,每类也可按规模查询,并提供编辑功能(增、删、改);按业务需要进行统计并自动生成相应报表;提供多种输出方式(打印、文件输出等)。

直属工程运行情况资料,自动生成统计报表。

(2)工程计划管理

按不同单位分为水库、堤围、水闸、电排、灌区等各类工程的年度计划的审批情况、实施情况、完成情况进行查询,相应数据库动态建立或增加记录。根据工程的危险情况制定长远计划,供制定年度计划时查询。

该功能模块与规划计划处相应模块统筹考虑。

(3)工程管理规章制度查询

管理和查阅与工程管理有关的文件资料。相应政策法规应与通用办公自动化系统统筹考虑。

(4)其他资料查询

①国管水利工程单位资料查询,包括基本资料查询、年度统计报表等。

②基层水利所组织情况资料查询,包括各水利所基本资料、年度统计报表及分析。

(5)水利白蚁防治信息管理

对防治白蚁的基本知识、白蚁防治资料的管理;对全市水利工程的白蚁危害情况、治理情况、治理效果、治理经验等资料进行管理。

(6)水土保持信息管理

对电子地图上的全市水土流失分布现状、已治理、未治理情况,建立统计报表。

提供建设项目水土保持方案报批程序及审批情况(要求在相应的电子地图上可查询到审批情况:已审批、正在审批、未报审的建设项目)、监督执法情况、有关法律法规、规章等资料的管理和查询。

监督执法情况、有关法律法规、规章等资料的管理应同通用办公自动化系统及水政水资源处的业务管理系统统筹考虑。

3.2.12 在建工程进度管理

完成全局在建工程建设进度的动态管理。要求:

(1)用户在电子地图上可直观查看工程整治规划、施工、完工等情况及各种图片资料。提供以下功能:放大、局部放大、缩小、漫游、定位、控制图层、全图、统计、画线、测距、添加标记、保存等。查询监理工作信息。

(2)提供统计功能(图、表)。

(3)该功能模块要结合规划计划处、工程管理处等单位的要求统筹考虑，与监理公司的项目监理远程管理系统进行衔接。

(4)其他需求。

①数据建库、移植、系统更新：

a.将现有的档案管理系统的数据移植到新的办公自动化系统中。

b.完成各处室应用模块所需要的数据处理、建库和录入。

c.新购硬件设备的安装、调试。系统建设过程中，为保证三防信息系统在汛期的正常运行，承担单位在今年汛期必须至少有一名技术人员，在水利局三防网络机房现场工作，能及时排除可能出现的故障。

d.托管服务器应用系统__________(位于市信息中心机房)更新：对主页界面重新设计。删除部分模块，增加"水利新闻""招投标信息""办事程序"等功能模块。提供数据维护功能。对实时雨水情数据通信(水利局机房到托管服务器)作必要处理。

②系统培训：提出系统培训的目标、计划、方式。

要求：局机关人人会用。局领导、系统管理员、各处室信息员重点培训，系统管理员能独立地对系统进行管理、维护。

投标文件技术说明部分封面标准格式：

__________市农业电子商务中心

计算机应用软件系统项目

招标文件

技术方案说明部分

招标编号：__________

______年______月______日

服务编

2 车辆定点维修服务项目招投标范本

车辆定点维修服务项目招投标范本

目 录

第一部分 招标文件

一、项目基本情况

1.项目名称:(以下称采购人)公务车辆定点维修。

2.项目范围:车辆维修、维护保养,包括车辆大修、中小修、专项修理以及维护保养。

3.质量要求:各项质量、技术要求符合汽车维修技术国家标准和行业标准以及汽车维修相关标准。

4.结算方式:由采购人直接结算。

5.定点时间:______年______月______日至______年______月______日。

6.资金来源:______________________________

7.招标方式:公开招标。

8.投标有效期:自投标人领取招标文件起至投标截止期止。

二、招标要求

1.编制投标报价按下列要求进行:以全市现行维修市场价格平均水平为基础,确定由于定点维修所能享受的优惠比率。

2.编制投标报价的范围:投标报价要高于企业经营成本低于现行市场价格,保证企业合理利润。

3.报出企业现行常用维修项目配件价格及工时价格(具体见附件二及附表1～附表3)。

4.维修工时费以企业现行定价为基础,配件价格以现行市场价格为基础,报出定点维修所能给予采购人的综合优惠比率。

5.维修厂提交的各项资料必须真实准确全面,否则招标单位有权取消其投标资格或定点资格。

三、投标须知

1.投标单位应承担其编制投标文件与递交投标文件所涉及的一切费用。不管投标结果如何,招标单位对上述费用不负任何责任。

2.投标单位应认真审阅招标文件中投标须知、合同条款、格式、质量及服务要求,如果投标单位编制的投标文件,实质上不响应招标文件要求,其投标文件将被招标单位拒绝。投标书正文和附件二可将本招标文件给出的文本复印后直接填写。投标书附件一应打印,打印使用的字体、字号、纸张应与本招标文件相同。

3.投标单位应将投标文件装订成册,封面上注明招标项目编号、“投标文件正(或副)本”、投标单位名称、授权代表及日期,并在首页列出投标文件资料清单。

4.招标文件的解释

投标单位在收到招标文件后,若有问题需要澄清,应于收到招标文件后7日内,以书面形式(包括书面文字、电传、传真等,下同)向招标单位提出,招标单位将以书面形式或投标预备会的方式予以解答,答复将送给所有获得招标文件的投标单位。即在投标有效期内,投标单位不应与招标单位工作人员直接接触。

5.招标文件修改

(1)在投标截止日期前,招标单位可能会以补充通知的方式修改招标文件。

(2)补充通知将以书面方式发给所有获得招标文件的投标单位,补充通知作为招标文件的组成部分,对投标单位起约束作用。

(3)为使投标单位在编制投标文件时把补充通知内容考虑进去,招标单位可以酌情延长递交投标文件的截止日期。

6.投标有效期

在原定投标有效期满之前,如果出现特殊情况,招标单位可以书面形式向投标单位提出延长投标有效期的要求。投标单位须以书面形式予以答复,投标单位可以拒绝这种要求而不被没收投标保证金。同意延长投标有效期的投标单位不允许修改投标文件,但需要相应的延长投标保证金的有效期。

7.投标保证金

(1)投标单位应提交人民币＿＿＿＿＿元的投标保证金,此投标保证金是投标文件的一个组成部分。

(2)根据投标单位的选择,投标保证金可以是现金、支票、银行本票。支票以到招标单位银行账户作为保证。

(3)对于未能按要求提交投标保证金的投标,招标单位将视为不响应投标而拒绝。

(4)未中标的投标单位的投标保证金将尽快退还(无息),最迟不超过定标后的 7 天(节假日须顺延)。

(5)中标单位按要求签署合同协议后,其投标保证金可转为履约保证金。

(6)如投标单位出现下列情况,将被没收投标保证金:

①投标单位在投标有效期内撤回其投标文件。

②中标单位未能在规定期限内提交履约保证金或签署合同协议。

③未按规定缴纳本次招标费用的。

8.投标文件的份数和签署

(1)投标单位按本招标文件的规定,编制一份投标文件正本和两份"副本",并明确标明"投标文件正本"和"投标文件副本"。投标文件正本和副本如有不一致之处,以正本为准。

(2)投标文件正本与副本均应使用不能擦去的墨水书写或打印,由投标单位法定代表人(或委托代理人)签字。

(3)全套投标文件应无涂改和行间插字,除非这些删改是根据招标单位指示进行的,或者是投标单位造成的必须修改的错误。但修改处应由投标文件签字人签字证明并加盖印鉴。

9.投标文件的密封与标志

(1)投标单位应将投标文件的正本和副本分别密封在内层包封内,再密封在一个外层包封中,并在内包封上标明"投标文件正本"或"投标文件副本"。

(2)外层包封封套上写明以下各项内容。

招标人:＿＿＿＿＿＿＿＿＿＿＿＿

招标单位地址:＿＿＿＿＿＿＿＿＿＿

招标文件编号:＿＿＿＿＿＿＿＿＿＿

招标项目名称:＿＿＿＿＿＿＿＿＿＿

投标人:＿＿＿＿＿＿＿＿＿＿＿＿

地址:＿＿＿＿＿＿＿＿＿＿＿＿＿

电话:＿＿＿＿＿＿＿＿＿＿＿＿＿

邮编:＿＿＿＿＿＿＿＿＿＿＿＿＿

投标书封套口要加盖投标单位公章,并注明"开标时间以前不得开封"字样。

(3)如果内、外层包封没有按上述规定密封并加写标志,招标单位将不承担投标文件错放或提前开封的责任,由此造成的提前开封的投标文件将予以拒绝,并返还给投标单位。

10.投标截止期

(1)投标单位应在＿＿＿年＿＿＿月＿＿＿日＿＿＿时＿＿＿分将投标文件(一式三份)密封送到,逾期不予受理。

(2)招标单位可以补充通知的方式,酌情延长递交投标文件的截止日期。在上述情况下,招标单位与投标单位以前的投标截止期方面的全部权利、责任和义务,将适用于延长后新的投标截止期。

11.投标单位必须参加招标单位安排的各项招标活动,开标时每个投标单位到会人数不得超过 3 人。

12.评标工作由有关专家和有关方面代表组成评标委员会进行公开评标。如投标方认为评委中有与本次投标存在利害关系人员，可当场提出，由招标领导小组核实情况后，决定其是否回避。

13.中标标准

(1)投标文件符合招标文件要求。

(2)报价合理。

(3)优惠比率合理。

(4)具有履行合同能力，并提供最佳服务。

14.开标

(1)招标单位将于______年______月______日上午______时______分在________________举行开标会议，参加开标的投标单位代表应签名报到，以证明其出席开标会议。投标单位法定代表人持《法定代表人资格证明书》、本人身份证和投标保证金收据复印件参加，授权委托人持《法定代表人资格证明书》《授权委托书》、本人身份证和投标保证金收据复印件参加。

(2)开标会议在有关纪检、监察部门的监督下，由招标单位组织并主持。对投标文件进行检查，确定它们是否完整，是否按要求提供了投标保证金，文件签署是否正确，以及是否按顺序编制。但按规定提交合格“撤回通知”的投标文件不予开封。

15.评标内容的保密

(1)公开开标后，直到宣布授予中标单位合同为止，凡属于审查、澄清、评价和比较投标的所有资料，有关授予合同的信息，都不应向投标单位或与评标无关的其他人泄露。

(2)在对投标文件审查、澄清、评价和比较以及授予合同的过程中，投标单位对招标单位和评标委员会成员施加影响的任何行为，都将导致取消其投标资格。

16.投标文件的澄清：

为了有助于投标文件的审查、评价和比较，评标委员会可以个别地要求投标单位澄清其投标文件。有关澄清的要求与答复，应以书面形式进行，但不允许更改投标报价或投标的实质性内容。但是按照本招标文件校核而发现的算术错误不在此列。

17.如果投标文件实质上不响应招标文件的要求，招标单位将予以拒绝，并且不允许通过修正或撤销其不符合要求的差异或保留，使之成为具有响应性的投标。

18.合同协议书的签署

中标单位应按中标通知书中规定的日期、时间和地点，由法定代表人或授权代表前往与招标单位招标负责人签订合同。

19.履约担保

(1)中标的投标单位应在签订合同时向招标单位提交履约担保。可以现金、现金支票的形式提交履约保证金。履约保证金为人民币__________元，中标单位亦可将投标保证金转为履约保证金。

(2)如中标单位不按本须知第18条或第19条(1)的规定执行，招标单位将有充分的理由废除授标，并没收其投标保证金。

20.出现下列情况之一的，投标书无效(即废标)：

(1)投标书未密封，未盖单位公章和法定代表人(或法定代表人的代理人)印鉴的。

(2)投标书内容不全、字迹模糊、难以辨认，或未按规定格式填写的。

(3)投标书逾期送达的。

(4)投标企业法人代表或授权代表人未参加开标会的。

(5)参加开标会议，迟到15分钟以上的。

(6)扰乱会场秩序，经劝阻仍无理取闹的。

(7)投标报价低于标的的。

(8)投标报价超过招标文件规定的报价范围的。

21. 投标人有下列行为之一的，投标无效，给招标人、招标机构或其他投标人造成损失的，应当承担赔偿责任；情节严重的，禁止其三年内参加政府采购的招投标活动。

(1)隐瞒投标真实情况或故意进行无效投标的。

(2)在投标人之间串通，事先商定投标价格或合谋使特定人中标的。

(3)采用不正当手段妨碍、抑制其他投标人的。

(4)向招标人行贿或者提供其他不正当利益的。

(5)与招标人串通投标的。

(6)其他严重违反招投标程序的行为。

22. 评标根据投标单位现行定价水平、投标报价优惠比率、企业经济实力与履约能力、质量承诺、服务承诺等采用百分制打分法确定中标单位。

23. 本次招标费用__________元(包括公证费、公告费、宣传费、评审费用、场地租用费等)由中标单位平均分摊。

24. 本招标文件为合同附件，与合同有同等效力。

四、公务车辆定点维修合同书

本合同由某市政府采购办公室与____________________于______年______月______日商定并签署。

鉴于某市政府采购办公室关于公务车辆定点修理项目公开招标工作已定标，并通过______年______月______日的中标通知书接受了你单位在维修、维护、保养收费发票总金额基础上，以__________%的优惠比率，配件以__________%的优惠比率投标，双方达成如下协议：

1. 本合同中的所用术语与以下提到的合同条款中相应术语的含义相同。

2. 下列文件应作为本合同的组成部分：

(1)本合同。

(2)合同协议条款。

(3)中标通知书。

(4)投标书。

(5)有关标准、规范。

(6)双方同意的变更纪要、协议。

(7)其他有关文件。

3. 上述文件应互为补充和解释，如有不清或互相矛盾之处，以上面所列顺序在前的为准。

4. 考虑到招标单位及采购人(送修车主)将按下款条件付款给中标单位，中标单位特立约，保证按合同规定的方式、时间和质量要求提供机动车辆维修、维护、保养服务。

5. 考虑到中标单位的资金周转，招标单位特立约，管理规范采购人按合同规定的时间、方式付款给中标单位。

为此，双方代表在此签字并加盖公章。

招标单位代表：________________________	中标单位代表：________________________
招 标 单 位：________________________	中 标 单 位：________________________
地　　　址：________________________	地　　　址：________________________
法定代表人：________________________	法定代表人：________________________
委托代理人：________________________	委托代理人：________________________
开 户 银 行：________________________	开 户 银 行：________________________

账　　号：________________	账　　号：________________
电　　话：________________	电　　话：________________
电　　传：________________	电　　传：________________
邮政编码：________________	邮政编码：________________
____年____月____日	____年____月____日

五、合同协议条款

本合同招标单位为：____________________

本合同中标单位为：____________________

1.合同文件

(1)项目名称：机动车辆定点维修。

(2)项目范围：车辆维修、维护保养，包括车辆大修、中小修、专项修理以及维护保养。

(3)质量与技术要求：各项质量、技术要求符合汽车维修技术国家标准和行业标准以及汽车维修相关标准。

(4)结算方式：由采购人直接结算。

(5)资金来源：________________。

(6)定点范围：__________市城区。

(7)定点时间：____年____月____日至____年____月____日。

(8)招标方式：公开招标。

2.双方一般责任

(1)招标单位对中标单位提供的机动车辆维修、维护、保养服务的质量、收费、服务方式等相关事项进行管理和监督，对采购人(送修车主)的送修业务程序进行规范。

(2)中标单位负责对采购人(送修车主)送修的车辆进行相应的维修维护保养，保证质量，并按规定提供保修服务，接受招标单位监督。

(3)定点汽车维修厂应做到以下几点：

①热情承接采购人的机动车辆维修维护保养任务，认真做到四优，即时间优先、质量优良、服务优秀、价格优惠。各项收费计价在国家规定标准基础上，凭市政府采购办公室颁发的采购证给予不低于投标报价的优惠。

②严格按国家、省、市规定的工时定额和收费标准计算工时费用，绝不擅自提价和虚算工时。如发现多收费问题，无条件接受物价管理部门处罚。及时提供有关厂商关于各类零部件的报价单，由政府采购办公室指定专家审查。修车更换下来的旧件要退还采购人(送修车主)，并在委托维修单上认真填写车辆维修的具体部位和消耗材料、部件及计价情况，注明优惠事宜，以利监督。

③严格执行国家关于机动车辆维修技术管理的各项法规制度、标准。建立定点维修机动车辆维修维护档案，实行维修合同制，使用交通部统一样式(当地交通主管部门监制的维修合同书)，并实行上线检测制度，出厂合格证制度和质量保证期制度，认真记录车辆维修情况。

④认真遵守职业道德和行业规范，坚决杜绝送礼品、给回扣、报销费用等一切不正当竞争行为。

⑤指定1～2名熟练业务人员作为政府采购联络员，负责定期向政府采购办公室提供有关资料，并经常与采购人(送修车主)、招标单位联系，及时处理好与定点维修维护相关的事项。

3.履约保证金

(1)中标单位必须按招标书的规定提交履约保证金，履约保证金为人民币__________元，可采用现金、支票。

(2)招标单位必须按时收取中标单位的履约保证金,在收到履约保证金后 3 日内退还中标单位的投标保证金。

4.质量与验收

中标单位必须按国家规定的标准提供维修维护保养服务。招标单位除指定维修行业主管部门对中标单位提供的服务质量进行检查、鉴定外,还将通过定期或不定期的方式对中标单位提供的服务进行全面质量检查,对于未按规定标准提供服务,发生因维修质量问题引起机械事故或交通事故的,招标单位有权从中标单位履约保证金中扣除等额的补偿费(不足以补偿部分由定点维修厂以现金或支票补足),并限期整改。履约保证金扣除部分由定点修理厂在 3 日内补足,否则,取消定点资格。

5.结算规定

(1)中标单位的各项车辆维修、维护、保养收费应执行国家、省、市规定的工时定额和收费标准,但不应高于投标书中的报价。项目结算按定点维修合同及实际发生的维修作业项目计算出发票总额(配件价格按各汽车厂及各供应商最新报价计算),按优惠比率计算出实交金额,经验收人员检验合格后,由招标单位和采购人按规定分别进行结算。

(2)没有相应标准的车型,结算时按相近的车型计算。

(3)无相应标准的特殊结构作业项目以及在交通事故中损坏较严重的车辆,维修费用按保险公司或招标单位鉴定项目并签订的维修合同进行结算。

(4)大修中凡需要更换总成的,则该项维修工时定额按该项总成大修工时定额的 30%计算,更换下来的总成归送修车主。

(5)维修企业进行汽车整车大修和二级维护竣工后,必须出具由交通主管部门统一印制的竣工出厂合格证并进行竣工检测(其检测费用已包括在整车大修和二级维护工时费中,维修企业不得再收取检测费用)。如企业不具备竣工检测能力,其竣工检测由维修企业委托道路运输管理机构认定的汽车综合性能检测站进行竣工检测,检测费用由委托检测的维修企业负担,检测不合格的车辆返修及调试费用由委托检测的维修企业负担,送修车主只负担一次修理及维护费用。

(6)送修车主自备材料时,维修企业不得收取其材料管理费。

(7)修复的旧件(不含正常修理、加工的部件),其质量应符合要求,费用按现行市场价格的 40%收取。

6.合同价款与支付

(1)收费标准调整:由于规定的作业工时定额或收费标准调整,中标单位要将调整的原因、金额以书面形式报送招标单位,中标单位可在征得招标单位同意基础上对维修维护的收费进行调整,但必须按照合同规定的优惠比率予以优惠。否则,招标单位有权取消其定点资格。

(2)价款支付:各行政事业单位车辆经费安排的修理费用,由各单位在维修维护检验合格并签字验收确认后直接支付;市财政统一安排资金的大修理项目,在大修竣工检验合格并经政府采购办公室指定专家审核鉴定后,由指定专家与采购人(送修车主)同时签字确认验收合格,再由市政府采购办公室按月向定点修理厂支付价款。

7.保修服务

中标单位必须按规定为采购人(送修车主)提供保修服务,所有更换零配件保修期不少于 1 年或行驶 5 万公里。保修期内,在正常使用情况下,出现维修质量问题由定点维修厂负责包修包换及赔偿损失(出现维修质量争议,可委托维修质量纠纷仲裁小组进行调解、裁决)。

8.定点清算

定点时间结束后,中标单位向招标单位提交定点维修情况报告,报告中对全年完成的定点维修维护量、维修维护总价值、优惠价值要附有详细说明。同时要向政府采购办公室列报各采购人车辆修理情况明细表(报表内容包括送修单位名称、车辆名称、型号、维修项目、总修理费用、优惠后修理费用等)。招标单位在认真审核并确认的基础上,按合同履行情况,在 15 日内将履约保证金退还中标单位(具体数额依合同履行情况确定)。

9.争议、违约与索赔

(1)争议:如招标单位和中标单位因履行合同而发生争议时,中标单位首先应以书面形式就争议内容提交招标单位负责人,招标单位在收到信件后7天内必须将其决定通知中标单位。如中标单位对招标单位的决定不满意,则在接到招标单位决定的14天内或招标单位在接到信件7天内未予答复的,可提交政府采购主管部门调解。如中标单位在收到招标单位所作的决定14天内未提出异议,则视为招标单位做出的决定即为最终决定,并对双方单位均具有约束力。只要合同未终止,中标单位在各种情况下都应继续认真完成合同约定内容。

(2)违约责任:如中标单位未按合同约定的时间、方式、质量、优惠条件以及其他条款提供维修、维护服务,未认真履行合同的,合同到期时无权请求返还履约保证金;给采购人、招标人造成损失的,应当承担相应的赔偿责任。招标单位不履行合同的,应承担相应的违约责任。

(3)其他:在合同履行中,由于不可抗力造成双方都无法控制的情况,而不能履行合同责任,可在结清已发生采购行为的情况下终止合同。

10.合同生效

(1)本合同自双方签订并提交履约保证金之后生效。

(2)本合同正本两份,具有同等效力,由招标单位和中标单位分别保存。

(3)本合同副本两份,投标单位和中标单位各一份。

11.补充条款

中标单位不能将维修业务转包其他非定点单位。

第二部分 投标文件

投标单位的投标文件应包括下列内容：

1.投标书及附件。

2.投标保证金(交款收据复印件)。

3.法定代表人资格证明书。

4.授权委托书(当法定代表人参加和签署文件时，不需提供)。

5.辅助资料：

(1)企业营业执照、资质等级证书。

(2)列报企业主要业绩资料。

(3)列报企业基本情况表、主要生产设备明细表。

(4)其他资料。

第三部分 投标书

招标单位：______________________________

根据已收到的招标编号为________________________号的公务车辆定点维修项目的招标文件，遵照文件内容的规定，我单位经考察和研究上述项目招标文件的投标须知、合同条款和其他文件后，我方愿在维修、维护、保养收费发票总金额基础上，以__________%的优惠比率，配件以__________%的优惠比率作为投标报价，按上述合同条件，承包上述项目，并按经济合同法履行自己的全部责任。各种常用维修配件价格和工时价格报价见附件二。

一旦我方中标，我方保证从______年______月______日开始，至______年______月______日结束，按要求保证采购人需要。为确保服务质量，我们特作出如下承诺并提出具体保证措施。

1.如果我方中标，我方将按照规定提交人民币__________元的履约保证金。

2.我方同意所递交的投标文件在招标文件规定的投标有效期内有效，在此期间内我方的投标有可能中标，我方将受此约束。

3.除非另外达成协议并生效，你方的招标文件和中标通知书以及本投标文件将构成约束我们双方的合同。

4.我方金额为人民币__________元的投标保证金将作为完成本次投标的保证。

招 标 单 位：(盖章)________________________________

法 定 代 表 人：________________________________

单 位 地 址：________________________________

邮 政 编 码：________________________________

传　　　　真：________________________________

电　　　　话：________________________________

开户银行名称：________________________________

银 行 账 号：________________________________

电　　　　话：________________________________

______年______月______日

第四部分 法定代表人资格证明书

单位名称：______________________

地　　址：______________________

姓　　名：______________________

性　　别：______________________

年　　龄：______________________

职　　务：______________________

____________________系______________________的法定代表人。负责我单位参加公务车辆定点维修项目的投标活动，签署上述项目的投标文件、进行合同的谈判、签署和处理与之有关的一切事务。

特此证明。

投标单位：__________________________　　上级主管部门：______________________

_____年_____月_____日　　_____年_____月_____日

第五部分 授权委托书

本授权委托书声明：

我__________(姓名)系________________________(投标单位名称)的法定代表人，现授权委托__________(姓名)为我公司代理人，以本公司的名义参加________________________(招标单位)的________________________项目的招标活动。代理人在开标、评标、合同谈判项目中所签署的一切文件和处理与之有关的一切事务，我均予以承认。

代理人无转委权。特此委托。

代理人：__________ 性别：__________ 年龄：__________

单 位：__________ 部门：__________ 职务：__________

投标单位：____

法定代表人：______________________________________

______年______月______日

第六部分　附件

附件一

质量服务承诺及具体质量服务保证措施

单 位 盖 章：______________________

授权代表签字：______________________

______年______月______日

附件二

公务车辆定点维修报价表

序号	项目类别	投标报价优惠率%	备注
1	工时收费		
2	配件		

投标单位：______________法定代表人：______________授权代表：______________

______年______月______日

服 务 编

3 聘用服务合同范本

聘用服务合同范本

目 录

第七条 通用条款
  7.1 适用法律
  7.2 雇主的财产权
  7.3 雇主的控制与批准
  7.4 保险
  7.5 变化
  7.6 合同期限
  7.7 延误的通知
  7.8 审计
  7.9 所有先前的协议与谈判的统一
  7.10 完成证书
  7.11 保证
第八条 纠纷、仲裁和终止合同
  8.1 纠纷
  8.2 仲裁
  8.3 强制执行
  8.4 继续执行的义务
  8.5 暂停付款
  8.6 终止合同
  8.7 终止程序
  8.8 不可抗拒力
第九条 防止营私舞弊
  9.1 营私舞弊的定义
  9.2 对营私舞弊的惩罚
第十条 执行
  10.1 生效
  10.2 开始日期
  10.3 通知与地址
  10.4 修改
  10.5 合同副本

聘用服务合同范本

在＿＿＿＿＿＿＿＿＿＿(雇主姓名)为一方(以下称雇主)与＿＿＿＿＿＿＿＿＿＿＿＿(服务承包者姓名)为另一方(以下称服务承包者)之间于＿＿＿年＿＿＿月＿＿＿日达成本合同＿＿＿＿＿＿＿＿＿＿(连同＿＿＿＿＿份所附的并构成本合同一部分的附件)。

鉴于雇主依据本合同要求服务承包者提供服务(以下称服务)和服务承包者同意按在本合同中所规定的条款和条件提供服务,现双方达成如下协议。

第一条　总则

1.1　定义

除非上下文另有要求,下列词汇,一旦用在本合同中,具有下列含义:

(1)"合同"是指由雇主和服务承包者签订的合同,按由双方签字的合同格式加以记载,其中包括全部附件和附录以及以参考资料形式列入的全部文件。

(2)"服务承包者"是指其执行服务的建议已被雇主接受的人或公司。

(3)"雇主"是指其雇用服务承包者执行服务的一方。

(4)"由雇主提供的支持"是指由雇主免费为服务承包者执行合同项下的服务而提供的数据、服务、设备以及便利。

(5)"一方"是指雇主或服务承包者,视情况而定,而"双方"是指他们二者。

(6)"人月"是指相当于一(1)个日历月期限的服务,其以在176个工作小时提供这样的服务的人为依据。

(7)"人员"是指作为雇员由服务承包者或其分包者所雇用并被分配执行服务或其任何部分的人员。

(8)"服务"是指由服务承包者根据合同所实施的工作。

第二条　服务

2.1　服务的范围

服务承包者将依据在附件＿＿＿＿＿中所阐明的职责范围(TOR)/工作说明(SOW)的最终条款和本合同所有其他要求执行服务。

2.2　服务的标准

服务承包者将利用其专门的技术完成他在本合同项下的义务,并依据在TOR/SOW里所规定的或在中华人民共和国普遍适用于合同所要求服务类型的最高职业、技术和质量标准提供服务。服务承包者将认真负责地履行其义务,并将时时刻刻为雇主的利益而工作。为了达到这些目的,经雇主的同意,服务承包者将应提供具有充分素质和经验的人员并为圆满完成服务提供所需的人数。关键人员的简历作为附件＿＿的附录附上并构成本合同的一部分。

2.3　估计的人月数

双方同意服务承包者将依照作为附件＿＿＿＿＿附于合同的工作计划执行服务。为了执行他在本合同项下的义务,服务承包者将提供总人月数为＿＿＿＿＿的服务。除非经双方另行同意,服务承包者将没有义务提供超过上述总人月数的服务。

2.4　附加的服务

附加的服务是指已达成协议,雇主可以在本合同项下不断分配在合同总范围以内的其他有关工作给服务承包者去完成。执行这种附加服务的期限和条件应经雇主和服务承包者相互达成一致意见。

第三条 人员

3.1 关键人员

服务将由在附件__________中所指定的人员并在所示的各自期限内完成。经雇主事先同意，服务承包者可以在适当时对这样的期限进行调整，以确保有效地执行服务，不过这样的调整将不使在合同项下的付款超过在4.2条所提到的上限金额。

3.2 关键人员的变更

除非服务承包者会另行书面同意，关键人员将由在附件__________中所列那些人组成，而且将不得改变。

3.2.1 在有任何关键人员在完成他的服务合同之前由于超出了服务承包者所能控制范围的情况，又未经雇主许可而辞职、被解职或被撤走的情况下，服务承包者将不给雇主造成费用而提供一个资质相当或更好，且雇主可以接受的人，而且报酬不超过他所代替的人所得到的报酬。

3.2.2 雇主可以以类似的方式给服务承包者发出书面指令，说明理由，指示他更换他的任何被雇主发现不合格、没有能力或因他故而不希望要的关键人员。

3.3 组长

服务承包者将保证由一位经雇主书面批准的组长在执行服务期间的所有时间都对在现作业负责并负责服务承包者与雇主之间的联络。

3.4 身体健康

服务承包者负责确保其所有关键人员都身体健康，能够提供在合同项下的服务。

第四条 对服务承包者的付款

4.1 对费用的估计

在附件__________中列出了对费用的估计。

在此拨出一项用于应急的预算金额________________________(以文字和数字表示金额)。

4.2 上限金额

在本合同项下的付款将不超过________________________(以文字和数字表示金额)。

4.3 由雇主提供的支持的费用

所规定的上限金额已经明确，雇主将免费向服务承包者提供在5.1款中所规定的支持。如果不及时提供任何由雇主提供的支持，服务承包者可以征得雇主的批准，自行购买所需项目，费用从合同出并相应调整上限金额。

4.4 应急金额的使用

在超过估算的费用方面的付款可以从应急金额列支，只要这样的费用在发生之前经雇主书面批准，而且如果有绝对必要并符合在合同中所规定的收费率(如有的话)，方可使用应急资金。

4.5 付款货币

除非另经雇主同意，全部付款都以人民币支付。

4.6 付款方式

在随合同所附的并构成本合同一部分的附件__________中规定了对服务承包者要提供的服务付款的方法和金额，以及服务承包者可以报销的开支类型。

4.7 付款程序

以下列方式开服务账单和付款：

4.7.1 雇主应在本合同签字后三十(30)天内向服务承包者支付金额为__________的款，作为启动工作的开支，但需要服务承包者提交一份可接受的、由一家在中华人民共和国营业的银行出具或确认的预付款担保，其金额等于预付款额。预付款金额由雇主冲账，方式是从服务承包者的付款发票面额中扣去百分之二十

(20%),直到全额收回为止。但是预付款收回期不应超过合同期的一半。

4.7.2 服务承包者将向雇主提交所提供服务的和可报销费用的月度发票,附上由雇主合理要求的这类的凭证。付款发票应按要求由雇主授权的一位官员会签和按本合同条款核实所要求的金额是应付的和可付的。雇主应在收到付款发票和凭证后三十(30)天内向服务承包者付款。

4.7.3 如果任何付款发票有任何错误或包含有任何没有证据的或不符合条件的费用,雇主将从付款发票上进行适当的扣除并通知服务承包者。将对没有争议的发票余额进行付款,不得延误。服务承包者可以在随后的付款发票中附上补充凭证,重新提交任何有争议的扣除部分。

4.8 因不满意进展而停止付款

一旦服务承包者的工作进程以雇主的意见是由于服务承包者可以控制或合理预见的情况而落后于所批准的工作计划百分之二十(20%)以上,则雇主可以扣压对服务承包者发票的全部或部分的付款直到起码补到那个进度的百分之二十(20%)为止。在因服务承包者之故使工作出现重大延误的情况下,对活动计划的任何变动绝不能包含为弥补延误给服务承包者的追加付款而造成的超支。

4.9 涨价

因涨价而对收费率进行调整,一年不得多于一次,签合同后过十二(12)个月方可进行第一次调整。呈交所有所建议的收费调整应附上说明主要理由的文件和凭证。服务承包者应呈交经审计的财务报表或其他任何相当的文件,令雇主信服地证明其公司的平均工资增长至少等于所要求的价格调高的百分比。价格调高应取得雇主的批准,而且无论如何不得超过由下列公式所计算出来的调整率:

$$调整率=协议调整率+[协议调整率\times(I-I_0)/I_0]$$

式中 I——调整时的价格指数;

I_0——签合同前一个月的价格指数。

对任何一个调整期收费率的调整将不超过百分之十(10%)。

4.10 最终付款

在服务完成时,服务承包者应迅速提供最终账单。只有在由雇主授权的官员发了完成证书并由服务承包者与其发票一起呈交了完成证书之后才能进行最终的付款。服务承包者在收到最终付款时应提供签字的清账单。

第五条 雇主的义务

5.1 由雇主提供的支持

雇主应以在本合同所附的并构成本合同一部分的附件__________中所列的设施、设备、数据以及服务的形式免费向服务承包者和其人员提供。

5.2 雇主给服务承包者配备的人员

雇主应分配其人员与服务承包者一起工作。这样的人员将受服务承包者指挥和监督,不过,他们依然是雇主的雇员,而且他们的工资以及其他费用将由雇主承担。这样的人员名单与所安排的期限将在合同所附的并构成本合同一部分的附件__________中进行介绍。

5.3 进入服务地点和现场的权利

雇主要保证使服务承包者有权进入为有效执行服务而需要进入的全部地点和现场,只要服务承包者和其人员满足所规定的安全批准要求。服务承包者对这样的土地或财产由于这样的进入而造成的任何损失将负责任,只要这样的损失是由于服务承包者或其人员的有意过失或疏忽所造成的。

5.4 雇主的其他义务

雇主有及时出证明和按发票付款的附带义务,有义务合作而不是妨碍服务的执行和不是无理扣压或推迟在合同中所规定的批准或同意。

第六条 服务承包者的义务

6.1 服务承包者的责任

6.1.1 服务承包者应：

(1)以正确的判断和最高的职业、技术和质量标准，遵照所有有关法律和规定提供服务，以确保使结果为雇主带来最大的好处。

(2)接受对本合同项下要执行服务的全部责任，其是服务承包者对雇主的义务。

(3)以高效而勤奋的态度进行工作并尽其最大努力将可报销的费用降到最低限度，而不使所提供的服务质量受影响。

(4)服务承包者应依照并严格遵守任何关于工人健康和安全、工人福利、伤亡补偿、最低工资、劳动时间的法律以及环境、税和其他法律。

6.2 服务承包者的义务

6.2.1 服务承包者应对其所提供的服务质量负责。雇主所进行的任何审查或批准将不能卸去服务承包者的责任。

6.2.2 一旦雇主单方面所进行的任何重大变化会对服务承包者提供服务的能力有负面影响，则服务承包者可以要求发一书面免除责任书，免掉其因雇主单方面所进行的重大变化对其服务质量造成影响而选择的责任。

6.3 档案

服务承包者应：

6.3.1 在服务方面保存准确而系统的档案和账目，在形式和细节上要符合通常的习惯做法并足以准确地确定所要求的费用和开支都是正当发生的并已付了款的。

6.3.2 允许雇主按要求授权的代表随时检查其档案和账目并审计之。

6.4 信息和进展报告

服务承包者应向雇主提供月度进展报告以及按雇主随时提出的合理书面要求的形式和内容提供与服务有关的其他这类信息。

6.5 转让任务和/或分包合同

6.5.1 除按在最终的 TOR/SOW 里所阐述的情况或随后经雇主书面批准的情况外，服务承包者不得将在本合同项下要执行的服务的任何部分分配给或分包给其他任何人或公司。

6.5.2 雇主对将服务的任何部分分配他人做，或由服务承包者聘用分包者执行服务的任何部分的任何批准将不得解除服务承包者在本合同项下的任何义务。

6.6 避免利益冲突

6.6.1 服务承包者同意他在本合同执行期间或结束或终止之后的作用仅限于提供在本合同项下的服务，而且他自己和他的合伙人或下属都失去竞争与上述服务有关的任何合同的资格，或以其他方式建立或保持任何财务利益，或会造成实际或潜在利益冲突的关系的资格，但雇主可以以书面形式另行同意的情况除外。

6.6.2 任何现有的合同、财务利益或按上述规定认为会构成利益冲突的关系都应在合同谈判期间向雇主透露。任何可能在合同签订以后出现的冲突将应立即报告雇主，请求就采取适当的措施作出指示。

6.7 保密

除事先经雇主书面同意外，服务承包者和其人员不得在任何时间将为服务的目的而透露给他们的任何信息告诉给任何人或单位，不管是服务承包者，还是其人员，也不得公开在服务过程中所产生的或作为服务结果的任何信息或者使用这样的信息于执行服务以外的任何其他目的。

6.8 雇主与服务承包者之间的关系

在合同中所包含的没有什么东西可以解释为在雇主与服务承包者之间建立主与仆或委托人与代理人之间的关系；其可以理解为服务承包者的地位就是一个独立承包者，而不是雇员的地位。

6.9 赔偿

服务承包者同意赔偿、保护以及自负费用为雇主与其代理人辩护，使其免受和不受由服务承包者和其人员在实施其服务中的所作所为，其中包括而不限于使用或侵犯任何版权和专利，所引起的诉讼、索赔以及责任。

第七条 通用条款

7.1 适用法律

本合同的适用法律将是中华人民共和国的法律。服务承包者和其人员将遵守中华人民共和国的全部适用法律并将迅速对要他们注意的任何违反采取改正措施。

7.2 雇主的财产权

7.2.1 档案和其他文件的归属：在执行服务过程中所编纂或准备的报告、全部有关资料以及其他辅助记录或材料将都是雇主的绝对财产，而且不经雇主事先的书面批准，将不得由服务承包者用于与本合同无关的目的。

7.2.2 下列设备将依然是雇主的财产：由雇主为服务承包者实施其服务而提供的，以及为执行本合同项下的服务的目的由雇主购买的或由服务承包者代表雇主所购买的。

7.3 雇主的控制与批准

雇主将以书面形式任命一位官员监督执行本合同项下的服务，并经授权就所有有关事宜作出决定和给予批准。服务承包者应按合同所要求的限度在就本合同项下服务的有关重大事宜采取行动之前先与雇主或其授权官员进行磋商并取得其批准。

7.4 保险

7.4.1 服务承包者应负责对为执行本合同项下的服务所购买设备进行保险，以防备其受损失或破坏。

7.4.2 除了可视情况和要求所投的任何其他职业责任保险外，服务承包者应负责为其执行服务的人员进行人身、健康、事故、旅行以及其他风险投保并维持保险。

7.5 变化

雇主可以在任何时候以向服务承包者发书面通知的方式追发指令，要求额外的服务，下令删去本合同所涵盖的服务或在合同的总范围内进行更改和修改。除事先取得雇主的书面批准外，服务承包者将不得进行任何增补、变动、修改以及删除。

7.6 合同期限

对本合同而言，估计从服务开始到完成为止所需要的期限约为______日历月。

7.7 延误的通知

服务承包者在其执行本合同项下的服务中遇到延误的情况下应迅速以书面形式将这样的延误通知雇主并可要求适当延长完成服务的时间。只要能够确定服务执行延误的原因不是由于服务承包者的过失，可以延长时间。

7.8 审计

服务承包者应保存对全部账目、开支、工资以及费用的清晰而有条理的记录。由服务承包者提交的月度付款发票应经雇主对照服务承包者的记录进行审查或核实。与这样的审查或核实相联系的开支应由雇主负担。

7.9 所有先前的协议与谈判的统一

都同意本合同表达了双方的全部理解、承诺和特别条款并统一、综合，以及取代从前的全部谈判、理解和协议，不管是书面的还是口头的。

7.10 完成证书

当本合同项下的服务完成而又令雇主满意时，应由雇主发给服务承包者一完成证书。发证书不应无理扣压或拖延。

7.11 保证

服务承包者要保证它没有为取得本合同而给雇主的任何官员或人员任何金钱、礼品或其他好处，而且将不在合同期的任何时间给或承诺给这样的人员任何金钱、礼品或其他好处。对本保证的任何违反在适当的情况下将构成终止本合同的充分依据。

第八条 纠纷、仲裁和终止合同

8.1 纠纷

由执行合同或与合同相联系而产生的任何纠纷都应通过双方的友好协商求得解决。在这样的协商开始后三十(30)天内尚不能解决,合同双方应将纠纷呈交有关监督机构和国家发展计划委员会调解。如果纠纷在提交监督机构和国家发展计划委员会后三十(30)天内仍然不能解决,其应提交仲裁。

8.2 仲裁

8.2.1 仲裁应以下列方式进行:

(1)在雇主和本国服务承包者之间出现争议的情况下,应向互相同意的在合同中所规定的本国仲裁委员会申请立案仲裁。

(2)在雇主和外国服务承包者之间出现争议的情况下,应按在合同中所作的规定或以另行同意的方式申请立案仲裁。

8.2.2 仲裁裁决是最终的裁决并对双方都有约束力,除非在收到仲裁裁决后六十(60)天内向人民法院起诉。

8.3 强制执行

由仲裁做出的决定可以在中国任何合法辖区的法院强制由本合同双方中的一方执行。在由此引起的诉讼的情况下,合同有关方会特地提交上述法院裁定。

8.4 继续执行的义务

在雇主与服务承包者之间出现纠纷期间,后者应继续认真执行本合同项下的服务。

8.5 暂停付款

如果在下列事件中有任何事件发生并继续下去,雇主可以以向服务承包者发书面通知的形式全部或部分地暂停对服务承包者的付款:

(1)在服务承包者执行服务方面的过失、未能或拒绝以与合同相一致的方式执行服务。

(2)在接到要求其纠正缺陷的书面通知后的三十(30)天内没有按本合同的规定去做。

8.6 终止合同

8.6.1 在不损害在法律上享有的这种其他权利和补救措施的情况下,雇主可以在任何时间终止整个合同或不断分步终止合同,情况如下:

(1)如果在本条8.5款中所提到的条件中有任何条件在接到停止向服务承包者付款的书面通知后继续为期三十(30)天,雇主可以以向服务承包者发书面通知的形式终止合同。

(2)在任何情况下,雇主可以为方便而在服务承包者接到书面通知后六十(60)天后终止合同。

8.6.2 由服务承包者终止合同:

服务承包者应以书面形式向雇主通报在其能合理控制范围之外所发生的任何情况或事件,其会使他无法执行他在本合同项下的义务。在由雇主以书面形式确认所存在这种情况或其未能在自接到这样的通知起十五(15)天内对通知做出反应时,服务承包者可以据此在雇主接到这样的书面通知三十(30)天后终止合同。

8.7 终止程序

8.7.1 一接到终止本合同的通知,服务承包者应立即采取措施以迅速而有序的方式使服务结束并使开支减到最低限度。

8.7.2 在本合同终止时,除非本合同终止是由服务承包者的过失所引起的,服务承包者有权全部收到对这样的终止所花的费用和与有序撤销其服务相伴随的合理费用的补偿。

8.8 不可抗拒力

8.8.1 如果任何一方由于不可抗拒力而不能履行在本合同项下的任何义务,而且如果这样的一方在事件发生后的十四(14)天之内给另一方一书面通知,说明事件发生的情况,只要无法履约的情况继续多久,该方这样的义务就停止多久。

8.8.2 任何一方都不对由于不可抗拒力的原因或这样的事件引起的延误而给另一方所造成的损失承担义务。

8.8.3 这里所用的"不可抗拒力"一词应指罢工、封闭工厂或其他工业动乱、公敌的行动、战争、封锁、起义、动乱、流行病、滑坡、地震、风暴、闪电、水灾、道路冲毁、国内动乱、爆炸以及其他任何类似事件,都不在任何一方的控制范围内,都不是双方的责任,而且即使任何一方尽了应有的努力,也都无法克服之。

第九条 防止营私舞弊

9.1 营私舞弊的定义

服务承包者必须勤勤恳恳和兢兢业业地履行其职责。它的人员必须时刻遵守和执行本合同的规定并保持最高标准的公正性和道德规范。对任何渎职、对规定的任何违反、对任何欺诈、对任何腐败都将进行诉讼。为此目的,现将这类犯罪界定如下:

"渎职"是指服务承包者和/或其人员未认真、负责并在职业上尽其所能履行其职责。

"违反规定"是指在执行本合同中基本没有按照任何适用的规定的要求做,从而构成无视或回避这样的要求。

"欺诈"是指掩盖事实真相,以不正当的手段影响合同的执行,从而对雇主造成损害,而且包括与其他方面进行勾结,以图获得不公平的好处,进而剥夺雇主正当执行合同的好处。

"腐败"是指建议给、给、接受或索要任何价值的东西,以影响政府官员或雇主的职工在与执行合同有关的任何事情上的行为。

9.2 对营私舞弊的惩罚

9.2.1 一旦服务承包者和/或其人员未认真、负责并在职业上尽其所能履行其职责,将给予他以书面警告。

9.2.2 服务承包者的任何人员犯有如上面所界定的违反规定罪,将被撤出项目现场并被禁止做这类工作,为期三(3)年。

9.2.3 如果服务承包者参与任何欺诈活动,本合同将失效,而且将禁止服务承包者以及其犯罪的人员参与竞争任何合同,为期五(5)年。

9.2.4 如果服务承包者参与任何腐败活动,本合同将失效,而且将向警察局报案,依法处理。一经判罪,除由人民法院所给的惩罚外,服务承包者以及其犯罪的人员还将被永远禁止参与竞争任何将来的合同。

第十条 执行

10.1 生效

服务承包者一收到雇主所发的进行工作的通知,本合同便将生效并对双方都有约束力。

10.2 开始日期

服务承包者在收到雇主所发的进行工作的通知后__________天以内[不得晚于三十(30)天]开始服务,而且为自实际开始之日起的服务向服务承包者付款。

10.3 通知与地址

本合同条款所要求或联系本合同所规定的全部通知将仅在其按下列地址的所致收件方收到之时才能生效:

给雇主的通知要致:______________________________。

给服务承包者的通知要致:__________________________。

全部这样的通知都将采用以中文写的挂号信形式。紧急通知也可以用电报、电传或传真发出,但随后必须用信加以确认。上面所提供的发通知的地址可以被任何一方改变,方式是向对方发一书面通知。

10.4　修改

对本合同的条款和条件仅可以书面的形式进行修改，明确指出如此的修改并编序号，由双方签字。

10.5　合同副本

本合同一式两(2)份进行签字和交换，一(1)份给雇主，一(1)份给服务承包者，每一份都作为原件。

本合同以双方于最前面所写的日期和地点签字为证。

聘用服务

示范格式

A. 示范格式清单

(1)建议格式。

(2)合同书格式。

(3)预付款担保书格式。

B. 示范格式使用的说明

在 RFP 中列出示范格式,以确保服务承包者承诺的统一性和可以接受性。只有建议格式需要服务承包者填写并与建议一起提交,而仅仅要求被选中的服务承包者填写合同格式和预付款担保格式。

聘用服务

建议格式

致：＿＿＿＿＿＿＿＿＿＿（雇主名称和地址）

关于：＿＿＿＿＿＿＿＿＿＿［项目名称和地点（如果适用）］＿＿＿＿＿＿＿＿＿＿（RFP 编号和标题）

经审查上述项目的征集建议书，其中包括职责范围（TOR）/工作说明（SOW），我们作为在后面签字的人，愿提供所要求的服务，其符合所说的 RFP，其中包含编号为＿＿＿＿＿＿（填入号码）的附件，金额为＿＿＿＿＿＿＿＿（以文字和数字表示的总建议金额）或按可以由所附的并作为本标书的一部分的收费率所确定的其他这样的金额。

如果我们的建议被接受，我们保证自合同签字之日算起＿＿＿＿（数字）天内开始并在＿＿＿＿（数字）月＿＿＿＿周＿＿＿＿日内完成在合同中所规定的全部服务。

我们同意自提交建议截止之日起受本建议书的约束，为期＿＿＿＿（数字）天。

兹证明我们没有并将不会给任何人任何金钱，以取得帮助，以通过不正当影响而得到合同或争取合同或执行合同。不过，所提供的、合理付费的合法服务除外，如果要求我们提供其全部详细情况，我们保证这样做。

我们理解，你们没有义务接受任何建议，也没有义务授予合同。

载明日期为＿＿＿年＿＿＿月＿＿＿日。

签　　字：＿＿＿＿＿＿＿＿（姓名）

被合法授权代表＿＿＿＿＿＿＿＿（服务承包者姓名和地址）签署建议书

证　人　签　字：＿＿＿＿＿＿＿＿（姓名和地址）

聘用服务

合同书格式

在____________________(雇主名称)，____________________(雇主城市和国家)(以下称“雇主”)与____________________(服务承包者名称)，____________________(服务承包者城市和国家)(以下简称“服务承包者”)之间于______年______月______日达成本合同。

鉴于雇主希望由服务承包者执行某服务即____________________(简介服务)(以下简称“服务”)并接受服务承包者关于提供所说的服务的建议，其金额为____________________(以文字和数字表示的合同价)(以下简称合同价)。

本合同现作如下证明：

1.本合同的组成有：按要求完成的服务合同书与所提到的全部附件和如雇主和服务承包者在__________(日期)举行的谈判结束时所达成的最终职责范围/工作说明。

本合同阐明合同双方就提供在此所描述的服务所达成的全部合同和协议并取代先期的任何或全部的口头或书面协议。

2.考虑到雇主如下所述向服务承包者所付的款，服务承包者向雇主特此立下提供在各方面都符合合同规定的服务的契约。

3.雇主特此保证根据服务的执行、合同价或按合同规定应付的其他款项遵照合同规定的时间和方式向服务承包者付款。

4.在本合同下的任何通知应采用信函、传真、电传或电报的形式。给对方的通知应发至对方不断以书面通知所指定的地址。在没有这样的通知给对方的情况下，给雇主的通知应准确发至：____________________________________(雇主的地址和电子传输号码)；而给服务承包者的通知应准确发至：____(服务承包者的地址和电子传输号码)。

通知应在送到时或在通知规定生效日期生效，以较晚的日期为准。

特此为证，合同双方按照所有适用的法律于本合同上面最先写明的日期签字。

__________________________(雇主的签字)

____________________(服务承包者的签字)

在________________在场的情况下由上述________________(代表雇主)签字、盖章和提交。

在________________在场的情况下由上述________________(代表服务承包者)签字、盖章和提交。

聘用服务

预付款担保书格式

致：＿＿＿＿＿＿＿＿＿＿（雇主名称）

关于：＿＿＿＿＿＿＿＿＿＿＿＿＿＿＿＿＿＿（合同名称、编号和日期）

根据在标题所述合同中所列的规定了预付款的付款规定，＿＿＿＿＿＿＿＿＿＿＿＿（服务承包者姓名和地址）（以下称“服务承包者”）应向雇主提交一份金额为＿＿＿＿＿＿＿＿＿＿＿＿（以数字和文字表示的担保金额）的银行担保，以担保其认真而忠实地履行所说合同条款下的义务。

我们，作为受服务承包者委托的＿＿＿＿＿＿＿＿＿＿＿＿（银行或金融机构的名称），同意作为直接债务人而不是单纯作为担保人，凭其第一次付款要求无条件和不可撤销地向雇主付款，其金额不超过＿＿＿＿＿＿＿＿＿＿＿＿（以数字和文字表示的担保金额），在我们方面无任何拒付的权利，而且不需要其首先向服务承包者索赔。

我们进一步同意在雇主与服务承包者之间可能对在执行的合同条款或任何合同文件作的更改或增补或其他修改绝不能以任何方式解除我们在本担保下的任何义务并且我们在此放弃要求通报任何这类更改、增补或修改的权利。

本担保将从服务承包者按合同收到预付款之日起完全生效并将其有效期保持到雇主从服务承包者全部收回同样的金额为止，但这样的金额应逐渐减去所说的服务承包者不断偿还的金额到还完为止。

担保人签字和盖章：＿＿＿＿＿＿＿＿＿＿＿＿＿＿＿＿

银行或金融机构的名称：＿＿＿＿＿＿＿＿＿＿＿＿＿＿＿＿

地　　址：＿＿＿＿＿＿＿＿＿＿＿＿＿＿＿＿

日　　期：＿＿＿＿＿＿＿＿＿＿＿＿＿＿＿＿

服 务 编

4 建设监理招标文件范本

建设监理招标文件范本

目　录

______________________工程

监理招标文件

招标编号：__________

招标人或招标代理机构(章)：________________________

法 定 代 表 人 (章)：________________________

发 放 时 间：______年______月______日

第一部分 投标须知

前附表

序号	内容规定
1	工程名称： 建设地点： 工程规模： 工程要求工期：____年____月____日开工，____年____月____日竣工，工期____天
2	委托监理范围：
3	标段划分内容及合同编号：
4	资金来源： 招标方式： 投标保证金数额：(银行保函或现金) 履约保函金额：(银行保函或现金)
5	投标有效期：投标截止日后______日内有效 投标文件份数：正本______份，副本______份，共______份
6	投标文件递交：南京市建设工程交易中心(广州路183号)二楼第____会议室 投标截止时间：____年____月____日____时
7	开标时间：____年____月____日____时 开标地点：______市建设工程交易中心第______会议室 招标人或招标代理机构经办人联系电话：__________

一、总则

（一）监理工程概况

1.本工程监理招标范围。

2.本工程已经＿＿＿＿＿＿＿＿＿部门项目审批，获批准文号＿＿＿＿＿已落实资金＿＿＿＿＿＿＿＿，由＿＿＿＿＿＿＿＿银行出具保函。

3.工程基本情况（包括招标项目的技术质量要求施工现场场地条件以及三通一平）：

3.1　现场条件。

3.2　工程规模。

3.3　本工程质量要求。

4.业主提供的现场办公条件（包括交通、通讯、住宿等）。

（二）投标单位条件

1.监理单位资质及要求

具有＿＿＿＿＿＿＿＿＿＿＿（国务院建设行政主管）部门核发的＿＿＿＿＿级监理资质等级证书，持有工商行政管理部门核发的营业执照并取得法人资格的监理单位。对本地区或本系统以外的监理单位同时要求，具有市建委核发的建设监理企业档案管理手册。

以联合体参加投标的，联合体各方均应具备＿＿＿＿＿级监理资质等级，取得工商执照及法人资格。由同一专业的单位组成的联合体，按照资质等级较低的单位确定资质等级，联合体各方应当签订共同投标协议，明确约定各方拟承担的工作和责任，并将共同投档协议连同投标文件一并提交招标人。联合体中标的，联合体各方应当共同与招标人签订合同，就中标项目向招标人承担连带责任。参加联合体的各成员不得再以自己的名义单独投标，也不得同时参加两个和两个以上的联合体投标。

2.拟派驻的总监资质要求及其他要求

总监必须具有＿＿＿＿＿＿＿＿＿＿＿＿＿＿＿＿＿＿＿＿［国家注册（或）省级注册的监理工程师岗位证书。］

其他要求：＿＿＿＿＿＿＿＿＿＿＿＿＿＿＿＿＿＿＿＿。

3.监理机构人员配备要求

施工阶段监理单位派驻到现场的监理人员（含总监）总人数应符合下表要求：

岗位	人员要求	持证上岗要求
总监工程师	名	
总监代表	名	
岩土专业	名	
土建专业	名	
测量专业	名	
造价、概预算	名	
试验专业	名	
合同、信息管理	名	
设备专业	名	
道桥专业	名	
其他	名	
总计	名	

注：表中所列人员配备为最低限度要求，中标单位可根据实际工作需要及时投入人员，所有监理人员均须身体健康，年龄不得超过65岁。［注：表中人员可（否）兼职］

（三）投标费用

投标单位应承担其编制投标文件以及递交投标文件所涉及的一切费用，无论投标结果如何，招标单位对上述费用不负任何责任。

（四）现场考察及答疑

1. 投标人可对工程现场和周围环境进行考察，以获取需投标人负责的有关投标准备和签署合同所需的材料，考察现场的费用由投标人自负。招标单位对投标人进行的现场考察给予必要的协助和配合。

2. 投标单位需要招标单位解答的问题，对招标文件有疑问需要澄清的，应当以书面形式向招标人提出。

二、招标文件内容、澄清及修改

（五）招标文件的组成

1. 招标文件包括本文件及所有按第（七）条发出的修改澄清通知。

2. 投标人应认真审阅招标文件所有的内容，如果投标人的投标文件不能实质性地响应招标文件要求，将作废处理。

（六）招标文件的澄清

1. 要求澄清招标文件的投标人，最迟应在投标截止日期前__________天以书面或传真的方式向招标单位提出要求澄清的问题。招标单位在不迟于投标截止日前__________天以书面形式予以解答，此书面答复（包括对询问的解释，但不说明询问来源）将以补充书面文件形式发送所有投标人，由此而产生的对招标文件内容的修改，将均以书面修改通知的方式发出。

2. 投标单位对招标单位提供的招标文件所做的推证、解释和结论，招标单位概不负责，投标单位由于对招标文件的任何推证和误解以及招标单位对有关问题的口头解释所造成的后果，均由投标单位自负。投标单位应认真检查招标文件是否齐全，如有遗漏，请于__________日内向招标单位索取，否则责任自负。

（七）招标文件的修改

1. 在投标截止日期 15 天前，招标人都可能会以书面通知的方式修改招标文件，修改通知作为招标文件的组成部分，对投标人起同等约束作用。

2. 投标人在收到招标文件修改通知后应立即以电话、电报、电传或传真告知招标单位予以确认。

3. 为使投标人有合理的时间将修改通知内容考虑进去，招标人可以酌情延长递交投标文件的截止日期，具体时间将在修改通知中写明。当招标文件、修改通知内容相互矛盾时，以最后发出的书面通知为准。

三、投标报价

（八）投标报价应包括完成招标文件所确定的委托监理的范围和监理业务所需的全部费用。

（九）投标单位应根据本工程的造价和监理工作量，在国家规定的相应监理费取费标准范围内报价。

四、投标文件

（十）投标文件包括下列各项内容

1. 投标函。

2. 法人资格证明书或法人授权委托书（如果授权）。

3. 投标保证金（如果有）。

4. 监理取费。

5. 投标人情况介绍（含企业简介、业绩证明材料等）。

6. 监理人员一览表（含性别、年龄、职务、职称、专业以及持上岗、执业资格证情况等）。

7. 监理规划或监理大纲，包括针对本工程技术难点的处理方法等。

8. 用于本工程的检测设备、仪器一览表或委托有关单位进行检测的协议，通信、信息设备、交通工具等。

9. 近三年来监理工程一览表和《监理业务手册》复印件。

10. 监理人员的学历证书、职称证书、岗位证书及总监理工程师资格证书、注册监理工程师证书复印件，须带原件备查。

11. 有关业绩方面的有效证明材料。

（十一）投标文件表式

投标人应当使用本招标文件提供的投标文件表式，表式可以按同样格式进行扩展。

（十二）投标担保

1. 投标担保方式采用：____________________。

2. 投标保证金采用：_____________________。

3. 投标人应当按照招标文件的方式和金额，将投标保函或者投标保证金按以下第__________方式提交：（招标人不要求提交投标保证金的除外）

（1）密封在投标文件正本内随投标文件提交招标人。

（2）在获取招标文件的同时提交招标人。

4. 对于未能按要求提交投标保证金的投标书，将被视为不合格而予以拒绝。

5. 未中标投标人保证金最迟不超过投标有效期后______天内无息退还。

6. 中标人不与招标人订立合同的，投标保证金不予退还并取消其中标资格。

（十三）投标文件的份数和签署

1. 投标人应按本招标文件的规定，向招标单位提交一式五份投标文件，其中一份正本，四份副本，并在封袋上注明“正本”或“副本”字样。当正本与副本有不一致时，以正本为准。

2. 投标文件正、副本均应使用 A4 纸统一装订，且均应使用不能擦去的墨水书写或打印，按要求由投标人加盖公章和法定代表人或法定代表人委托的代理人印鉴或签字。

3. 全套投标文件应无修改和行间插字，除非这些修改是根据“招标文件修改通知”的要求进行的，或者是投标人明显笔误必须修改的。不论何种原因造成的涂改、插字和删除，都应由投标文件签署人加盖印鉴。

五、投标文件的递交

（十四）投标文件的密封与标志

1. 投标文件中监理大纲为暗标，应单独封装，一式__________份，密封在一个封袋内，并在封袋上标明“监理大纲”字样和写上监理单位名称。封袋内的“监理大纲”不能在任何地方出现或暗示反映单位名称的标志（包括不能加盖正、副本字样），统一用__________（A4）纸打印，字体统一用四号宋体字打印，不得有任何加粗、斜体、下划线、边框、阴影等标记。

2. 除监理大纲外的所有投标文件为明标，应将投标文件的正本和副本分别密封，并在封袋上正确注明“正本”和“副本”字样。所有封袋上都应写明招标单位名称、工程名称，并在封袋骑缝处加盖投标单位公章。

（十五）投标截止期

1. 投标人应在投标须知中规定的时间之前将投标文件递交到指定地点。招标人在接到投标文件时将在投标文件上注明收到的日期和时间。

2. 招标人可以按本文件第（七）条规定以修改通知的方式，酌情延长递交投标文件的截止日期。在上述情况下，招标人与投标人以前的投标截止期方面的全部权力、责任和义务，将适用于延长后新的投标截止期。

3. 超过投标截止期送达的投标文件将被拒绝并原封退给投标人。

4. 提交投标文件的投标人少于三个的，招标人将依法重新招标。

（十六）投标文件的修改与撤回

1. 投标人可以在递交投标文件以后，在规定的投标截止期之前，以书面形式向招标人递交修改或撤回其投标文件的通知。在投标截止期以后，不得更改投标文件。

2. 投标人的修改或撤回通知，应按本文件第（十三）、（十四）条规定的要求编制、密封、标志和递交（密封袋上应标明“修改”或“撤回”字样）。

3.投标截止以后，在投标有效期内，投标人不得撤回投标文件，否则其投标保证金将被没收。

六、开标、评标、定标

（十七）开标

1.开标由招标人主持，邀请所有投标人参加。

2.开标时，由投标人推选的代表或招标人委托的公证机构检查投标文件的密封情况，经确认无误后，由工作人员当众拆封，宣读投标人名称、监理取费、总监姓名和其他招标人认为有必要的内容。投标文件未按照招标文件的要求予以密封的，将作为无效投标文件，退回投标人。

3.招标人在招标文件要求提交投标文件的截止时间前收到的所有投标文件，开标时都将当众予以拆封、宣读、记录。

4.唱标顺序按各投标人送达投标文件时间先后的逆顺序进行。

5.在开标时，投标文件出现下列情况之一的，将作为无效投标文件，不得进入评标：

(1)投标文件未按照招标文件的要求予以密封和标志的。

(2)投标文件中的投标函未加盖投标人的企业或企业法定代表人印章的，或者企业法定代表人委托代理人没有合法、有效的委托书(原件)及委托代理人印章的。

(3)投标文件的关键内容字迹模糊、无法辨认的。

(4)投标人未按照招标文件的要求提供投标保函或者投标保证金的。

(5)组成联合体投标的，投标文件未附联合体各方共同投标协议的。

（十八）评标

1.评标工作

评标工作在南京市建委招标投标管理处的监督下，由招标人依法组建的评标委员会在南京市建设工程交易中心组织进行。

2.评标标准与方法

本工程采用综合评估法，以计分的方法衡量投标文件是否最大限度地满足招标文件中规定的各项评价标准。评标将对投标单位投标文件中的监理大纲或监理规划、人员素质、监理费、监理检测设备、监理业绩信誉、总监答辩等方面的内容进行量化，以每位评委的单项评分去掉一个最高分和最低分后的各项得分的平均分累加，按照得分高低依次推荐1～3名中标候选人，以得分最高者推荐为第一中标候选人。具体的评分分值和办法详见评标办法和评标细则。

（十九）投标文件的澄清

1.为了有助于投标文件的审查、评价和比较，评标委员会可以书面方式要求投标人对投标文件中含义不明确、对同类问题表述不一致或者有明显文字和计算错误的内容作必要的澄清、说明或者补正。投标人的澄清、说明或者补正应以书面方式进行，并不得超出投标文件的范围或者改变投标文件的实质性内容。

2.投标文件中的大写金额和小写金额不一致，以大写金额为准；总价金额与单价金额不一致，以单价金额为准，但单价金额小数点有明显错误的除外；对不同文字文本投标文件的解释发生异议的，以中文文本为准。

（二十）在评标过程中，评标委员会若发现投标人以他人的名义投标、串通投标、以行贿手段谋取中标或者以其他弄虚作假方式投标的，该投标人的投标将作废标处理。

（二十一）投标人资格条件不符合国家有关规定和招标文件要求的，或者拒不按照要求对投标文件进行澄清、说明或者补正的，评标委员会可以否决其投标。

（二十二）评标委员会将审查每一投标文件是否对招标文件提出的所有实质性要求和条件做出响应。未能在实质上响应的投标，将作废标处理。

（二十三）投标文件有下述情形之一的，属于重大偏差，视为未能对招标文件做出实质性响应，并按前条规定作废标处理。

1.没有按照招标文件要求提供投标担保或者所提供的投标担保有瑕疵。

2.投标文件没有投标企业单位公章也没有投标人法定代表人或授权代表签字或印章的。

3.投标文件载明的招标项目完成期限超过招标文件规定的期限。

4.明显不符合技术规格、技术标准的要求。

5.投标文件载明的检验标准和方法等不符合招标文件的要求。

6.投标文件附有招标人不能接受的条件。

7.不符合招标文件中规定的其他实质性要求。

评标委员会根据规定否决不合格投标或者界定为废标后，因有效投标不足三个使得投标明显缺乏竞争的，评标委员会可以否决全部投标。所有投标被否决的，招标人依法重新招标。

（二十四）评标和定标将在投标有效期结束日 30 个工作日前完成。不能在投标有效期结束日 30 个工作日前完成评标和定标的，招标人将通知所有投标人延长投标有效期。拒绝延长投标有效期的投标人有权收回投标保证金。同意延长投标有效期的投标人应当相应延长其投标担保的有效期，但不得修改投标文件的实质性内容。因延长投标有效期造成投标人损失的，招标人将给予补偿，但因不可抗力需延长投标有效期的除外。

七、授予合同

（二十五）中标

1.确定中标单位后，招标人向中标单位发出中标通知书，并同时将中标结果通知所有未中标的投标人，中标通知书将成为合同的组成部分。

2.中标单位收到中标通知书后，应在__________日内与招标人签订监理合同。中标人不与招标人订立合同的，投标保证金不予退还并取消其中标资格，给招标人造成的损失超过投标保证金数额的，应当对超过部分予以赔偿；没有提交投标保证金的，应当对招标人的损失承担赔偿责任。

（二十六）合同签订

招标人与中标人将根据《中华人民共和国合同法》的规定，依据招标文件和投标文件签订监理合同。合同签订后 7 日内，由招标人或中标人将合同副本原件一份送市建委招标处备案。

第二部分 拟签订的合同条款

一、建设工程委托监理合同

委托人__________与监理人__________经双方协商一致，签订本合同。

1.委托人委托监理人监理的工程(以下简称“本工程”)概况如下：

工程名称：__________

工程地点：__________

工程规模：__________

总投资：__________

工程造价：__________

2.本合同中的有关词语含义与本合同的“标准条件”中赋予它们的定义相同。

3.下列文件均为本合同的组成部分：

①监理投标书或中标通知书。

②本合同标准条件。

③本合同专用条件。

④在实施过程中双方共同签署的补充与修正文件。

4.监理人向委托人承诺，按照本合同的规定，承担本合同专用条件中议定范围内的监理业务。

5.委托人向监理人承诺按照本合同注明的期限、方式、币种，向监理人支付报酬。

本合同自____年____月____日开始实施，至____年____月____日完成。

本合同一式____份，具有同等法律效力，双方各执____份。

委托人：__________(签章)	监理人：__________(签章)
住所：__________	住所：__________
法定代表人：__________(签章)	法定代表人：__________(签章)
开户银行：__________	开户银行：__________
账号：__________	账号：__________
邮编：__________	邮编：__________
电话：__________	电话：__________

本合同签订于：____年____月____日

二、标准条件

词语定义、适用范围和法规

第一条 下列名词和用语，除上下文另有规定外，有如下含义：

(1)“工程”是指委托人委托实施监理的工程。

(2)“委托人”是指承担直接投资责任和委托监理业务的一方以及其合法继承人。

(3)“监理人”是指承担监理业务和监理责任的一方，以及其合法继承人。

(4)“监理机构”是指监理人派驻本工程现场实施监理业务的组织。

(5)“总监理工程师”是指经委托人同意，监理人派到监理机构全面履行本合同的全权负责人。

(6)“承包人”是指除监理人以外，委托人就工程建设有关事宜签订合同的当事人。

(7)“工程监理的正常工作”是指双方在专用条件中约定，委托人委托的监理工作范围和内容。

(8)“工程监理的附加工作”是指：①委托人委托监理范围以外，通过双方书面协议另外增加的工作内容；②由于委托人或承包人原因，使监理工作受到阻碍或延误，因增加工作量或持续时间而增加的工作。

(9)“工程监理的额外工作”是指正常工作和附加工作以外，根据第三十八条规定监理人必须完成的工作，或非监理人自己的原因而暂停或终止监理业务，其善后工作及恢复监理业务的工作。

(10)“日”是指任何一天零时至第二天零时的时间段。

(11)“月”是指根据公历从一个月份中任何一天开始到下一个月相应日期的前一天的时间段。

第二条 建设工程委托监理合同适用的法律是指国家的法律、行政法规，以及专用条件中议定的部门规章或工程所在地的地方法规、地方规章。

第三条 本合同文件使用汉语语言文字书写、解释和说明。如专用条件约定使用两种以上(含两种)语言文字时，汉语应为解释和说明本合同的标准语言文字。

监理人义务

第四条 监理人按合同约定派出监理工作需要的监理机构及监理人员，向委托人报送委派的总监理工程师及其监理机构主要成员名单、监理规划，完成监理合同专用条件中约定的监理工程范围内的监理业务。在履行合同义务期间，应按合同约定定期向委托人报告监理工作。

第五条 监理人在履行本合同的义务期间，应认真、勤奋地工作，为委托人提供与其水平相适应的咨询意见，公正维护各方面的合法权益。

第六条 监理人使用委托人提供的设施和物品属委托人的财产。在监理工作完成或中止时，应将其设施和剩余的物品按合同约定的时间和方式移交给委托人。

第七条 在合同期内或合同终止后，未征得有关方同意，不得泄露与本工程、本合同业务有关的保密资料。

委托人义务

第八条 委托人在监理人开展监理业务之前应向监理人支付预付款。

第九条 委托人应当负责工程建设的所有外部关系的协调，为监理工作提供外部条件。根据需要，如将部分或全部协调工作委托监理人承担，则应在专用条件中明确委托的工作和相应的报酬。

第十条 委托人应当在双方约定的时间内免费向监理人提供与工程有关的为监理工作所需要的工程资料。

第十一条 委托人应当在专用条款约定的时间内就监理人书面提交并要求作出决定的一切事宜作出书面决定。

第十二条 委托人应当授权一名熟悉工程情况、能在规定时间内作出决定的常驻代表(在专用条款中约定)，负责与监理人联系。更换常驻代表，要提前通知监理人。

第十三条 委托人应当将授予监理人的监理权利，以及监理人主要成员的职能分工、监理权限及时书面通知已选定的承包合同的承包人，并在与第三人签订的合同中予以明确。

第十四条 委托人应在不影响监理人开展监理工作的时间内提供如下资料：

(1)与本工程合作的原材料、构配件、机械设备等生产厂家名录。

(2)提供与本工程有关的协作单位、配合单位的名录。

第十五条 委托人应免费向监理人提供办公用房、通讯设施、监理人员工地住房及合同专用条件约定的设施，对监理人自备的设施给予合理的经济补偿(补偿金额＝设施在工程使用时间占折旧年限的比例×设施原值＋管理费)。

第十六条 根据情况需要,如果双方约定,由委托人免费向监理人提供其他人员,应在监理合同专用条件中予以明确。

监理人权利

第十七条 监理人在委托人委托的工程范围内,享有以下权利:

(1)选择工程总承包人的建议权。

(2)选择工程分包人的认可权。

(3)对工程建设有关事项包括工程规模、设计标准、规划设计、生产工艺设计和使用功能要求,向委托人的建议权。

(4)对工程设计中的技术问题,按照安全和优化的原则,向设计人提出建议;如果拟提出的建议可能会提高工程造价,或延长工期,应当事先征得委托人的同意。当发现工程设计不符合国家颁布的建设工程质量标准或设计合同约定的质量标准时,监理人应当书面报告委托人并要求设计人更正。

(5)审批工程施工组织设计和技术方案,按照保质量、保工期和降低成本的原则,向承包人提出建议,并向委托人提出书面报告。

(6)主持工程建设有关协作单位的组织协调,重要协调事项应当事先向委托人报告。

(7)征得委托人同意,监理人有权发布开工令、停工令、复工令,但应当事先向委托人报告。如在紧急情况下未能事先报告时,则应在24小时内向委托人作出书面报告。

(8)工程上使用的材料和施工质量的检验权。对于不符合设计要求和合同约定及国家质量标准的材料、构配件、设备,有权通知承包人停止使用;对于不符合规范和质量标准的工序、分部分项工程和不安全施工作业,有权通知承包人停工整改、返工。承包人得到监理机构复工令后才能复工。

(9)工程施工进度的检查、监督权,以及工程实际竣工日期提前或超过工程施工合同规定的竣工期限的签认权。

(10)在工程施工合同约定的工程价格范围内,工程款支付的审核和签认权,以及工程结算的复核确认权与否决权。未经总监理工程师签字确认,委托人不支付工程款。

第十八条 监理人在委托人授权下,可对任何承包人合同规定的义务提出变更。如果由此严重影响了工程费用或质量、或进度,则这种变更须经委托人事先批准。在紧急情况下未能事先报委托人批准时,监理人所做的变更也应尽快通知委托人。在监理过程中如发现工程承包人人员工作不力,监理机构可要求承包人调换有关人员。

第十九条 在委托的工程范围内,委托人或承包人对对方的任何意见和要求(包括索赔要求),均必须首先向监理机构提出,由监理机构研究处置意见,再同双方协商确定。当委托人和承包人发生争议时,监理机构应根据自己的职能,以独立的身份判断,公正地进行调解。当双方的争议由政府建设行政主管部门调解或仲裁机关仲裁时,应当提供作证的事实材料。

委托人权利

第二十条 委托人有选定工程总承包人,以及与其订立合同的权利。

第二十一条 委托人有对工程规模、设计标准、规划设计、生产工艺设计和设计使用功能要求的认定权,以及对工程设计变更的审批权。

第二十二条 监理人调换总监理工程师须事先经委托人同意。

第二十三条 委托人有权要求监理人提交监理工作月报及监理业务范围内的专项报告。

第二十四条 当委托人发现监理人员不按监理合同履行监理职责,或与承包人串通给委托人或工程造成损失的,委托人有权要求监理人更换监理人员,直到终止合同并要求监理人承担相应的赔偿责任或连带赔偿责任。

监理人责任

第二十五条 监理人的责任期即委托监理合同有效期。在监理过程中,如果因工程建设进度的推迟或延误而超过书面约定的日期,双方应进一步约定相应延长的合同期。

第二十六条 监理人在责任期内,应当履行约定的义务,如果因监理人过失而造成了委托人的经济损失,应当向委托人赔偿。累计赔偿总额(除本合同第二十四条规定以外)不应超过监理报酬总额(除去税金)。

第二十七条 监理人对承包人违反合同规定的质量要求和完工(交图、交货)时限,不承担责任。因不可抗力导致委托监理合同不能全部或部分履行,监理人不承担责任。但对违反第五条规定引起的与之有关的事宜,向委托人承担赔偿责任。

第二十八条 监理人向委托人提出赔偿要求不能成立时,监理人应当补偿由于该索赔所导致委托人的各种费用支出。

委托人责任

第二十九条 委托人应当履行委托监理合同约定的义务,如有违反则应当承担违约责任,赔偿给监理人造成的经济损失。

监理人处理委托业务时,因非监理人原因的事由受到损失的,可以向委托人要求补偿损失。

第三十条 委托人如果向监理人提出赔偿的要求不能成立,则应当补偿由该索赔所引起的监理人的各种费用支出。

合同生效、变更与终止

第三十一条 由于委托人或承包人的原因使监理工作受到阻碍或延误,以致发生了附加工作或延长了持续时间,则监理人应当将此情况与可能产生的影响及时通知委托人。完成监理业务的时间相应延长,并得到附加工作的报酬。

第三十二条 在委托监理合同签订后,实际情况发生变化,使得监理人不能全部或部分执行监理业务时,监理人应当立即通知委托人。该监理业务的完成时间应予延长。当恢复执行监理业务时,应当增加不超过42日的时间用于恢复执行监理业务,并按双方约定的数量支付监理报酬。

第三十三条 监理人向委托人办理完竣工验收或工程移交手续,承包人和委托人已签订工程保修责任书,监理人收到监理报酬尾款,本合同即终止。保修期间的责任,双方在专用条款中约定。

第三十四条 当事人一方要求变更或解除合同时,应当在42日前通知对方,因解除合同使一方遭受损失的,除依法可以免除责任的外,应由责任方负责赔偿。

变更或解除合同的通知或协议必须采取书面形式,协议未达成之前,原合同仍然有效。

第三十五条 监理人在应当获得监理报酬之日起30日内仍未收到支付单据,而委托人又未对监理人提出任何书面解释时,或根据第三十三条及第三十四条已暂停执行监理业务时限超过六个月的,监理人可向委托人发出终止合同的通知,发出通知后14日内仍未得到委托人答复,可进一步发出终止合同的通知,如果第二份通知发出后42日内仍未得到委托人答复,可终止合同或自行暂停或继续暂停执行全部或部分监理业务。委托人承担违约责任。

第三十六条 监理人由于非自己的原因而暂停或终止执行监理业务,其善后工作以及恢复执行监理业务的工作,应当视为额外工作,有权得到额外的报酬。

第三十七条 当委托人认为监理人无正当理由而又未履行监理义务时,可向监理人发出指明其未履行义务的通知。若委托人发出通知后21日内没有收到答复,可在第一个通知发出后35日内发出终止委托监理合同的通知,合同即行终止。监理人承担违约责任。

第三十八条 合同协议的终止并不影响各方应有的权利和应当承担的责任。

监理报酬

第三十九条　正常的监理工作、附加工作和额外工作的报酬，按照监理合同专用条件中第四十条的方法计算，并按约定的时间和数额支付。

第四十条　如果委托人在规定的支付期限内未支付监理报酬，自规定之日起，还应向监理人支付滞纳金。滞纳金从规定支付期限最后一日起计算。

第四十一条　支付监理报酬所采取的货币币种、汇率由合同专用条件约定。

第四十二条　如果委托人对监理人提交的支付通知中报酬或部分报酬项目提出异议，应当在收到支付通知书24小时内向监理人发出表示异议的通知，但委托人不得拖延其他无异议报酬项目的支付。

其他

第四十三条　委托的建设工程监理所必要的监理人员出外考察、材料设备复试，其费用支出经委托人同意的，在预算范围内向委托人实报实销。

第四十四条　在监理业务范围内，如需聘用专家咨询或协助，由监理人聘用的，其费用由监理人承担；由委托人聘用的，其费用由委托人承担。

第四十五条　监理人在监理工作过程中提出的合理化建议，使委托人得到了经济效益，委托人应按专用条件中的约定给予经济奖励。

第四十六条　监理人驻地监理机构及其职员不得接受监理工程项目施工承包人的任何报酬或者经济利益。监理人不得参与可能与合同规定的与委托人的利益相冲突的任何活动。

第四十七条　监理人在监理过程中，不得泄露委托人申明的秘密，监理人亦不得泄露设计人、承包人等提供并申明的秘密。

第四十八条　监理人对于由其编制的所有文件拥有版权，委托人仅有权为本工程使用或复制此类文件。

争议的解决

第四十九条　因违反或终止合同而引起的对对方损失和损害的赔偿，双方应当协商解决，如未能达成一致，可提交主管部门协调，如仍未能达成一致时，根据双方约定提交仲裁机关仲裁，或向人民法院起诉。

三、专用条件

第二条　本合同适用的法律及监理依据：

第四条　监理范围和监理工作内容：

第九条　外部条件包括：

第十条　委托人应提供的工程资料及提供时间：

第十一条　委托人应在__________天内对监理人书面提交并要求作出决定的事宜作出书面答复。

第十二条　委托人的常驻代表为____________________。

第十五条　委托人免费向监理机构提供如下设施：

监理人自备的、委托人给予补偿的设施如下：补偿金额＝

第十六条　在监理期间，委托人免费向监理机构提供__________名工作人员，由总监理工程师安排其工作，凡涉及服务时，此类职员只应从总监理工程师处接受指示，并免费提供__________名服务人员。监理机构应与此类服务的提供者合作，但不对此类人员及其行为负责。

第二十六条　监理人在责任期内如果失职，同意按以下办法承担责任，赔偿损失。[累计赔偿额不超过监理报酬总数(扣税)]：

赔偿金＝直接经济损失×报酬比率(扣除税金)

第三十九条　委托人同意按以下的计算方法、支付时间与金额，支付监理人的报酬：

委托人同意按以下的计算方法、支付时间与金额，支付附加工作报酬：（报酬＝附加工作日数×合同报酬/监理服务日）

委托人同意按以下的计算方法、支付时间与金额，支付额外工作报酬：________________

第四十一条 双方同意用________________支付报酬，按________________汇率计付。

第四十五条 奖励办法：

奖励金额＝工程费用节省额×报酬比率

第四十九条 本合同在履行过程中发生争议时，当事人双方应及时协商解决。协商不成时，双方同意由________仲裁委员会仲裁（当事人双方不在本合同中约定仲裁机构，事后又未达成书面仲裁协议的，可向人民法院起诉）。

附加协议条款：____

第三部分 设计采用的主要技术标准、规范、规程

（略）

第四部分 图纸和技术资料

（略）

第五部分 投标文件格式

一、投标书

________________________：(招标单位名称)

(一)根据已收到的________________________工程建设监理的招标文件，我单位经研究招标文件和有关资料后，做出监理费报价为该工程造价的__________%。总额______________万元(大写)。

(二)我单位将严格按照监理人员执业守则，按照国家相关法规、规范及我方制定的监理大纲、实施细则进行监理，在保证质量、安全的前提下，确保工程按期交付。

(三)贵单位的招标文件、中标通知书和本投标文件将构成约束我们双方的合同。

投标单位(法人盖章)：___________________________________

法定代表人或授权委托人(签字或盖章)____________________

______年______月______日

二、授权委托书

本授权委托书声明：

我_______________(姓名)系________________(投标单位)的法定代表人，现授权委托________________________(单位名称)(姓名)为我的授权代理人，以本公司的名义参加________________(招标)单位名称的________________________工程的监理投标，授权委托人所签署的一切文件和处理与有关的一切事务，我均予以承认。

授权委托人无转让权、特此委托。

授权委托人：________________性别：________年龄：_________

单　　位：________________部门：________职务：_________

投标单位：(盖法人章)_________________________________

法定代表：(签字或盖章)_______________________________

______年______月______日

三、本工程拟用监理人员一览表

岗位	姓名	性别	年龄	职称	职务	学历	专业	监理业绩	资格证编号

四、用于本工程的检测设备、仪器一览表

序号	设备或仪器名称	型号规格	数量	国别产地	备注

五、近三年监理工程一览表

序号	工程名称	面积 （万平方米）	规模	工程投资 （万元）	委托单位	工期	监理成果或 目前进度

第六部分 工程监理招标评标、定标办法(基本原则)

本工程根据《中华人民共和国招标投标法》及七部委令《评标委员会和评标方法暂行规定》的有关规定，评标委员会对各潜在投标人的监理大纲、监理取费、总监及监理人员素质(总监答辩如果有)、企业业绩、企业资质、信誉等内容进行综合评分，以得分最高者推荐为第一中标候选人。(注:单项计分时应去掉一个最高分和一个最低分后计算平均值)

评分项目名称：

①监理大纲或监理规划	20～30分
②人员素质	
总监人选，包括总监答辩(如果有)	15～25分
专业配套	5～10分
职称、年龄结构	5～10分
岗位证书	5分
③监理费	5～10分
④监理检测设备	5～10分
⑤监理业绩	5～10分
⑥企业社会信誉	5～10分

总分值以100分计。

各投标人提供的资料必须真实有效，评标委员会在评标中如发现有弄虚作假行为，将取消其投标资格，骗取中标的，将取消其中标资格，并将提交建设行政主管部门依法处理。

工　程　编

工 程 编

目 录

工　程　编

1 《标准施工招标资格预审文件》和《标准施工招标文件》

中华人民共和国
标准施工招标资格预审文件

（2007 年版）

使用说明

一、《标准施工招标资格预审文件》(以下简称《标准资格预审文件》)用相同序号标示的章、节、条、款、项、目，供招标人和投标人选择使用；《标准资格预审文件》以空格标示的由招标人填写的内容，招标人应根据招标项目具体特点和实际需要具体化，确实没有需要填写的，在空格中用"/"标示。

二、招标人按照《标准资格预审文件》第一章"资格预审公告"的格式发布资格预审公告后，将实际发布的资格预审公告编入出售的资格预审文件中，作为资格预审邀请。资格预审公告应同时注明发布所在的所有媒介名称。

三、《标准资格预审文件》第三章"资格审查办法"分别规定合格制和有限数量制两种资格审查方法，供招标人根据招标项目具体特点和实际需要选择适用。如无特殊情况，鼓励招标人采用合格制。第三章"资格审查办法"前附表应按试行规定要求列明全部审查因素和审查标准，并在本章(前附表及正文)标明申请人不满足其要求即不能通过资格预审的全部条款。

四、《标准资格预审文件》为 2007 年版，将根据实际执行过程中出现的问题及时进行修改。各使用单位或个人对《标准资格预审文件》的修改意见和建议，可向编制工作小组反映。

联系电话：____________________

________（项目名称）________标段施工招标

资 格 预 审 文 件

招标文件

招标人：______________（盖单位章）

____年____月____日

标准施工招标资格预审文件

目 录

第一章 资格预审公告

＿＿＿＿＿＿＿＿（项目名称）标段施工招标

资格预审公告（代招标公告）

1.招标条件

本招标项目＿＿＿＿＿＿＿＿＿＿＿＿（项目名称）已由＿＿＿＿＿＿＿＿＿＿＿＿（项目审批、核准或备案机关名称）以＿＿＿＿＿＿＿＿＿＿（批文名称及编号）批准建设，项目业主为＿＿＿＿＿＿＿＿＿＿，建设资金来自＿＿＿＿＿＿＿＿＿＿（资金来源），项目出资比例为，招标人为＿＿＿＿＿＿＿＿＿＿＿＿。项目已具备招标条件，现进行公开招标，特邀请有兴趣的潜在投标人（以下简称申请人）提出资格预审申请。

2.项目概况与招标范围

＿＿＿＿＿＿＿＿＿＿（说明本次招标项目的建设地点、规模、计划工期、招标范围、标段划分等）。

3.申请人资格要求

3.1 本次资格预审要求申请人具备＿＿＿＿＿＿＿＿＿＿资质、＿＿＿＿＿＿＿＿＿＿业绩，并在人员、设备、资金等方面具备相应的施工能力。

3.2 本次资格预审＿＿＿＿＿＿＿＿＿＿＿＿（接受或不接受）联合体资格预审申请。联合体申请资格预审的，应满足下列要求：＿＿＿＿＿＿＿＿＿＿＿＿

3.3 各申请人可就上述标段中的＿＿＿＿＿＿（具体数量）个标段提出资格预审申请。

4.资格预审方法

本次资格预审采用＿＿＿＿＿＿＿＿＿＿＿＿（合格制/有限数量制）。

5.资格预审文件的获取

5.1 请申请人于＿＿＿年＿＿＿月＿＿＿日至＿＿＿年＿＿＿月＿＿＿日（法定公休日、法定节假日除外），每日上午＿＿＿时至＿＿＿时，下午＿＿＿时至＿＿＿时（北京时间，下同），在＿＿＿＿＿＿＿＿＿＿＿＿（详细地址）持单位介绍信购买资格预审文件。

5.2 资格预审文件每套售价＿＿＿＿＿＿元，售后不退。

5.3 邮购资格预审文件的，需另加手续费（含邮费）＿＿＿＿＿＿元。招标人在收到单位介绍信和邮购款（含手续费）后＿＿＿＿＿＿日内寄送。

6.资格预审申请文件的递交

6.1 递交资格预审申请文件截止时间（申请截止时间，下同）为＿＿＿＿年＿＿＿＿月＿＿＿＿日＿＿＿＿时＿＿＿＿＿＿分，地点为＿＿＿＿＿＿＿＿＿＿。

6.2 逾期送达或者未送达指定地点的资格预审申请文件，招标人不予受理。

7.发布公告的媒介

本次资格预审公告同时在＿＿＿＿＿＿＿＿＿＿＿＿（发布公告的媒介名称）上发布。

8.联系方式

招 标 人:______________	招标代理机构:______________
地　　址:______________	地　　　　址:______________
邮　　编:______________	邮　　　　编:______________
联 系 人:______________	联　系　人:______________
电　　话:______________	电　　　　话:______________
传　　真:______________	传　　　　真:______________
电子邮件:______________	电 子 邮 件:______________
网　　址:______________	网　　　　址:______________
开户银行:______________	开 户 银 行:______________
账　　号:______________	账　　　　号:______________

______年______月______日

第二章　申请人须知

申请人须知前附表

条款号	条款名称	编列内容
1.1.2	招标人	名称： 地址： 联系人： 电话：
1.1.3	招标代理机构	名称： 地址： 联系人： 电话：
1.1.4	项目名称	
1.1.5	建设地点	
1.2.1	资金来源	
1.2.2	出资比例	
1.2.3	资金落实情况	
1.3.1	招标范围	
1.3.2	计划工期	计划工期：＿＿＿＿日历天 计划开工日期：＿＿＿年＿＿＿月＿＿＿日 计划竣工日期：＿＿＿年＿＿＿月＿＿＿日
1.3.3	质量要求	
1.4.1	申请人资质条件、能力和信誉	资质条件： 财务要求： 业绩要求： 信誉要求： 项目经理(建造师，下同)资格： 其他要求：
1.4.2	是否接受联合体资格预审申请	□不接受 □接受，应满足下列要求：
2.2.1	申请人要求澄清资格预审文件的截止时间	
2.2.2	招标人澄清资格预审文件的截止时间	
2.2.3	申请人确认收到资格预审文件澄清的时间	
2.3.1	招标人修改资格预审文件的截止时间	
2.3.2	申请人确认收到资格预审文件修改的时间	

(续表)

条款号	条款名称	编列内容
3.1.1	申请人需补充的其他材料	
3.2.4	近年财务状况的年份要求	____年
3.2.5	近年完成的类似项目的年份要求	____年
3.2.7	近年发生的诉讼及仲裁情况的年份要求	____年
3.3.1	签字或盖章要求	
3.3.2	资格预审申请文件副本份数	____份
3.3.3	资格预审申请文件的装订要求	
4.1.2	封套上写明	招标人的地址：________ 招标人全称：________(项目名称)________标段施工招标资格预审申请文件在____年____月____日____时____分前不得开启
4.2.1	申请截止时间	____年____月____日____时____分
4.2.2	递交资格预审申请文件的地点	
4.2.3	是否退还资格预审申请文件	
5.1.2	审查委员会人数	
5.2	资格审查方法	
6.1	资格预审结果的通知时间	
6.3	资格预审结果的确认时间	
9	需要补充的其他内容	
……	……	

1. 总则

1.1 项目概况

1.1.1 根据《中华人民共和国招标投标法》等有关法律、法规和规章的规定，本招标项目已具备招标条件，现进行公开招标，特邀请有兴趣承担本标段的申请人提出资格预审申请。

1.1.2 本招标项目招标人：见申请人须知前附表。

1.1.3 本标段招标代理机构：见申请人须知前附表。

1.1.4 本招标项目名称：见申请人须知前附表。

1.1.5 本标段建设地点：见申请人须知前附表。

1.2 资金来源和落实情况

1.2.1 本招标项目的资金来源：见申请人须知前附表。

1.2.2 本招标项目的出资比例：见申请人须知前附表。

1.2.3 本招标项目的资金落实情况：见申请人须知前附表。

1.3 招标范围、计划工期和质量要求

1.3.1 本次招标范围:见申请人须知前附表。

1.3.2 本标段的计划工期:见申请人须知前附表。

1.3.3 本标段的质量要求:见申请人须知前附表。

1.4 申请人资格要求

1.4.1 申请人应具备承担本标段施工的资质条件、能力和信誉。

(1)资质条件:见申请人须知前附表。

(2)财务要求:见申请人须知前附表。

(3)业绩要求:见申请人须知前附表。

(4)信誉要求:见申请人须知前附表。

(5)项目经理资格:见申请人须知前附表。

(6)其他要求:见申请人须知前附表。

1.4.2 申请人须知前附表规定接受联合体申请资格预审的,联合体申请人除应符合本章第1.4.1项和申请人须知前附表的要求外,还应遵守以下规定:

(1)联合体各方必须按资格预审文件提供的格式签订联合体协议书,明确联合体牵头人和各方的权利义务。

(2)由同一专业的单位组成的联合体,按照资质等级较低的单位确定资质等级。

(3)通过资格预审的联合体,其各方组成结构或职责,以及财务能力、信誉情况等资格条件不得改变。

(4)联合体各方不得再以自己名义单独或加入其他联合体在同一标段中参加资格预审。

1.4.3 申请人不得存在下列情形之一:

(1)为招标人不具有独立法人资格的附属机构(单位)。

(2)为本标段前期准备提供设计或咨询服务的,但设计施工总承包的除外。

(3)为本标段的监理人。

(4)为本标段的代建人。

(5)为本标段提供招标代理服务的。

(6)与本标段的监理人或代建人或招标代理机构同为一个法定代表人的。

(7)与本标段的监理人或代建人或招标代理机构相互控股或参股的。

(8)与本标段的监理人或代建人或招标代理机构相互任职或工作的。

(9)被责令停业的。

(10)被暂停或取消投标资格的。

(11)财产被接管或冻结的。

(12)在最近三年内有骗取中标或严重违约或重大工程质量问题的。

1.5 语言文字

除专用术语外,来往文件均使用中文。必要时专用术语应附有中文注释。

1.6 费用承担

申请人准备和参加资格预审发生的费用自理。

2.资格预审文件

2.1 资格预审文件的组成

2.1.1 本次资格预审文件包括资格预审公告、申请人须知、资格审查办法、资格预审申请文件格式、项目建设概况,以及根据本章第2.2款对资格预审文件的澄清和第2.3款对资格预审文件的修改。

2.1.2 当资格预审文件、资格预审文件的澄清或修改等在同一内容的表述上不一致时,以最后发出的书面文件为准。

2.2 资格预审文件的澄清

2.2.1 申请人应仔细阅读和检查资格预审文件的全部内容。如有疑问,应在申请人须知前附表规定的时间前以书面形式(包括信函、电报、传真等可以有形表现所载内容的形式,下同),要求招标人对资格预审文件进行澄清。

2.2.2 招标人应在申请人须知前附表规定的时间前,以书面形式将澄清内容发给所有购买资格预审文件的申请人,但不指明澄清问题的来源。

2.2.3 申请人收到澄清后,应在申请人须知前附表规定的时间内以书面形式通知招标人,确认已收到该澄清。

2.3 资格预审文件的修改

2.3.1 在申请人须知前附表规定的时间前,招标人可以书面形式通知申请人修改资格预审文件。在申请人须知前附表规定的时间后修改资格预审文件的,招标人应相应顺延申请截止时间。

2.3.2 申请人收到修改的内容后,应在申请人须知前附表规定的时间内以书面形式通知招标人,确认已收到该修改。

3. 资格预审申请文件的编制

3.1 资格预审申请文件的组成

3.1.1 资格预审申请文件应包括下列内容:

(1)资格预审申请函。

(2)法定代表人身份证明或附有法定代表人身份证明的授权委托书。

(3)联合体协议书。

(4)申请人基本情况表。

(5)近年财务状况表。

(6)近年完成的类似项目情况表。

(7)正在施工和新承接的项目情况表。

(8)近年发生的诉讼及仲裁情况。

(9)其他材料:见申请人须知前附表。

3.1.2 申请人须知前附表规定不接受联合体资格预审申请的或申请人没有组成联合体的,资格预审申请文件不包括本章第3.1.1(3)目所指的联合体协议书。

3.2 资格预审申请文件的编制要求

3.2.1 资格预审申请文件应按第四章"资格预审申请文件格式"进行编写,如有必要,可以增加附页,并作为资格预审申请文件的组成部分。申请人须知前附表规定接受联合体资格预审申请的,本章第3.2.3项至第3.2.7项规定的表格和资料应包括联合体各方相关情况。

3.2.2 法定代表人授权委托书必须由法定代表人签署。

3.2.3 "申请人基本情况表"应附申请人营业执照副本及其年检合格的证明材料、资质证书副本和安全生产许可证等材料的复印件。

3.2.4 "近年财务状况表"应附经会计师事务所或审计机构审计的财务会计报表,包括资产负债表、现金流量表、利润表和财务情况说明书的复印件,具体年份要求见申请人须知前附表。

3.2.5 "近年完成的类似项目情况表"应附中标通知书和(或)合同协议书、工程接收证书(工程竣工验收证书)的复印件,具体年份要求见申请人须知前附表。每张表格只填写一个项目,并标明序号。

3.2.6 "正在施工和新承接的项目情况表"应附中标通知书和(或)合同协议书复印件。每张表格只填写一个项目,并标明序号。

3.2.7 "近年发生的诉讼及仲裁情况"应说明相关情况,并附法院或仲裁机构作出的判决、裁决等有关法律文书复印件,具体年份要求见申请人须知前附表。

3.3 资格预审申请文件的装订、签字

3.3.1 申请人应按本章第3.1款和第3.2款的要求,编制完整的资格预审申请文件,用不褪色的材料书写或打印,并由申请人的法定代表人或其委托代理人签字或盖单位章。资格预审申请文件中的任何改动之处应加盖单位章或由申请人的法定代表人或其委托代理人签字确认。签字或盖章的具体要求见申请人须知前附表。

3.3.2 资格预审申请文件正本一份，副本份数见申请人须知前附表。正本和副本的封面上应清楚地标记"正本"或"副本"字样。当正本和副本不一致时，以正本为准。

3.3.3 资格预审申请文件正本与副本应分别装订成册，并编制目录，具体装订要求见申请人须知前附表。

4. 资格预审申请文件的递交

4.1 资格预审申请文件的密封和标识

4.1.1 资格预审申请文件的正本与副本应分开包装，加贴封条，并在封套的封口处加盖申请人单位章。

4.1.2 在资格预审申请文件的封套上应清楚地标记"正本"或"副本"字样，封套还应写明的其他内容见申请人须知前附表。

4.1.3 未按本章第4.1.1项或第4.1.2项要求密封和加写标记的资格预审申请文件，招标人不予受理。

4.2 资格预审申请文件的递交

4.2.1 申请截止时间：见申请人须知前附表。

4.2.2 申请人递交资格预审申请文件的地点：见申请人须知前附表。

4.2.3 除申请人须知前附表另有规定外，申请人所递交的资格预审申请文件不予退还。

4.2.4 逾期送达或者未送达指定地点的资格预审申请文件，招标人不予受理。

5. 资格预审申请文件的审查

5.1 审查委员会

5.1.1 资格预审申请文件由招标人组建的审查委员会负责审查。审查委员会参照《中华人民共和国招标投标法》第三十七条规定组建。

5.1.2 审查委员会人数：见申请人须知前附表。

5.2 资格审查

审查委员会根据申请人须知前附表规定的方法和第三章"资格审查办法"中规定的审查标准，对所有已受理的资格预审申请文件进行审查。没有规定的方法和标准不得作为审查依据。

6. 通知和确认

6.1 通知

招标人在申请人须知前附表规定的时间内以书面形式将资格预审结果通知申请人，并向通过资格预审的申请人发出投标邀请书。

6.2 解释

应申请人书面要求，招标人应对资格预审结果作出解释，但不保证申请人对解释内容满意。

6.3 确认

通过资格预审的申请人收到投标邀请书后，应在申请人须知前附表规定的时间内以书面形式明确表示是否参加投标。在申请人须知前附表规定时间内未表示是否参加投标或明确表示不参加投标的，不得再参加投标。因此造成潜在投标人数量不足3个的，招标人重新组织资格预审或不再组织资格预审而直接招标。

7. 申请人的资格改变

通过资格预审的申请人组织机构、财务能力、信誉情况等资格条件发生变化，使其不再实质上满足第三章"资格审查办法"规定标准的，其投标不被接受。

8. 纪律与监督

8.1 严禁贿赂

严禁申请人向招标人、审查委员会成员和与审查活动有关的其他工作人员行贿。在资格预审期间，不得邀请招标人、审查委员会成员以及与审查活动有关的其他工作人员到申请人单位参观考察，或出席申请人主办、赞助的任何活动。

8.2 不得干扰资格审查工作

申请人不得以任何方式干扰、影响资格预审的审查工作，否则将导致其不能通过资格预审。

8.3 保密

招标人、审查委员会成员，以及与审查活动有关的其他工作人员应对资格预审申请文件的审查、比较进行保密，不得在资格预审结果公布前透露资格预审结果，不得向他人透露可能影响公平竞争的有关情况。

8.4 投诉

申请人和其他利害关系人认为本次资格预审活动违反法律、法规和规章规定的，有权向有关行政监督部门投诉。

9. 需要补充的其他内容

需要补充的其他内容，见申请人须知前附表。

第三章 资格审查办法(合格制)

资格审查办法前附表

条款号		审查因素	审查标准
2.1	初步审查标准	申请人名称	与营业执照、资质证书、安全生产许可证一致
		申请函签字盖章	有法定代表人或其委托代理人签字或加盖单位章
		申请文件格式	符合第四章“资格预审申请文件格式”的要求
		联合体申请人	提交联合体协议书,并明确联合体牵头人(如有)
		……	……
2.2	详细审查标准	营业执照	具备有效的营业执照
		安全生产许可证	具备有效的安全生产许可证
		资质等级	符合第二章“申请人须知”第 1.4.1 项规定
		财务状况	符合第二章“申请人须知”第 1.4.1 项规定
		类似项目业绩	符合第二章“申请人须知”第 1.4.1 项规定
		信誉	符合第二章“申请人须知”第 1.4.1 项规定
		项目经理资格	符合第二章“申请人须知”第 1.4.1 项规定
		其他要求	符合第二章“申请人须知”第 1.4.1 项规定
		联合体申请人	符合第二章“申请人须知”第 1.4.2 项规定
		……	……

1. 审查方法

本次资格预审采用合格制。凡符合本章第 2.1 款和第 2.2 款规定审查标准的申请人均通过资格预审。

2. 审查标准

2.1 初步审查标准

初步审查标准:见资格审查办法前附表。

2.2 详细审查标准

详细审查标准:见资格审查办法前附表。

3. 审查程序

3.1 初步审查

3.1.1 审查委员会依据本章第 2.1 款规定的标准,对资格预审申请文件进行初步审查。有一项因素不符合审查标准的,不能通过资格预审。

3.1.2 审查委员会可以要求申请人提交第二章"申请人须知"第 3.2.3 项至第 3.2.7 项规定的有关证明和证件的原件,以便核验。

3.2 详细审查

3.2.1 审查委员会依据本章第 2.2 款规定的标准,对通过初步审查的资格预审申请文件进行详细审查。有一项因素不符合审查标准的,不能通过资格预审。

3.2.2 通过资格预审的申请人除应满足本章第 2.1 款、第 2.2 款规定的审查标准外,还不得存在下列任何一种情形:

(1)不按审查委员会要求澄清或说明的。

(2)有第二章"申请人须知"第 1.4.3 项规定的任何一种情形的。

(3)在资格预审过程中弄虚作假、行贿或有其他违法违规行为的。

3.3 资格预审申请文件的澄清

在审查过程中,审查委员会可以书面形式,要求申请人对所提交的资格预审申请文件中不明确的内容进行必要的澄清或说明。申请人的澄清或说明应采用书面形式,并不得改变资格预审申请文件的实质性内容。申请人的澄清和说明内容属于资格预审申请文件的组成部分。招标人和审查委员会不接受申请人主动提出的澄清或说明。

4. 审查结果

4.1 提交审查报告

审查委员会按照本章第 3 条规定的程序对资格预审申请文件完成审查后,确定通过资格预审的申请人名单,并向招标人提交书面审查报告。

4.2 重新进行资格预审或招标

通过资格预审申请人的数量不足 3 个的,招标人重新组织资格预审或不再组织资格预审而直接招标。

第三章 资格审查办法(有限数量制)

资格审查办法前附表

条款号		条款名称	编列内容
1		通过资格预审的人数	
2		审查因素	审查标准
2.1	初步审查标准	申请人名称	与营业执照、资质证书、安全生产许可证一致
		申请函签字盖章	有法定代表人或其委托代理人签字或加盖单位章
		申请文件格式	符合第四章“资格预审申请文件格式”的要求
		联合体申请人	提交联合体协议书,并明确联合体牵头人(如有)
		……	……
2.2	详细审查标准	营业执照	具备有效的营业执照
		安全生产许可证	具备有效的安全生产许可证
		资质等级	符合第二章“申请人须知”第 1.4.1 项规定
		财务状况	符合第二章“申请人须知”第 1.4.1 项规定
		类似项目业绩	符合第二章“申请人须知”第 1.4.1 项规定
		信誉	符合第二章“申请人须知”第 1.4.1 项规定
		项目经理资格	符合第二章“申请人须知”第 1.4.1 项规定
		其他要求	符合第二章“申请人须知”第 1.4.1 项规定
		联合体申请人	符合第二章“申请人须知”第 1.4.2 项规定
		……	……
2.3	评分标准	评分因素	评分标准
		财务状况	……
		类似项目业绩	……
		信誉	……
		认证体系	……
		……	……

1. 审查方法

本次资格预审采用有限数量制。审查委员会依据本章规定的审查标准和程序，对通过初步审查和详细审查的资格预审申请文件进行量化打分，按得分由高到低的顺序确定通过资格预审的申请人。通过资格预审的申请人不超过资格审查办法前附表规定的数量。

2. 审查标准

2.1 初步审查标准

初步审查标准：见资格审查办法前附表。

2.2 详细审查标准

详细审查标准：见资格审查办法前附表。

2.3 评分标准

评分标准：见资格审查办法前附表。

3. 审查程序

3.1 初步审查

3.1.1 审查委员会依据本章第2.1款规定的标准，对资格预审申请文件进行初步审查。有一项因素不符合审查标准的，不能通过资格预审。

3.1.2 审查委员会可以要求申请人提交第二章“申请人须知”第3.2.3项至第3.2.7项规定的有关证明和证件的原件，以便核验。

3.2 详细审查

3.2.1 审查委员会依据本章第2.2款规定的标准，对通过初步审查的资格预审申请文件进行详细审查。有一项因素不符合审查标准的，不能通过资格预审。

3.2.2 通过详细审查的申请人，除应满足本章第2.1款、第2.2款规定的审查标准外，还不得存在下列任何一种情形：

(1)不按审查委员会要求澄清或说明的。

(2)有第二章“申请人须知”第1.4.3项规定的任何--种情形的。

(3)在资格预审过程中弄虚作假、行贿或有其他违法违规行为的。

3.3 资格预审申请文件的澄清

在审查过程中，审查委员会可以书面形式，要求申请人对所提交的资格预审申请文件中不明确的内容进行必要的澄清或说明。申请人的澄清或说明采用书面形式，并不得改变资格预审申请文件的实质性内容。申请人的澄清和说明内容属于资格预审申请文件的组成部分。招标人和审查委员会不接受申请人主动提出的澄清或说明。

3.4 评分

3.4.1 通过详细审查的申请人不少于3个且没有超过本章第1条规定数量的，均通过资格预审，不再进行评分。

3.4.2 通过详细审查的申请人数量超过本章第1条规定数量的，审查委员会依据本章第2.3款评分标准进行评分，按得分由高到低的顺序进行排序。

4. 审查结果

4.1 提交审查报告

审查委员会按照本章第3条规定的程序对资格预审申请文件完成审查后，确定通过资格预审的申请人名单，并向招标人提交书面审查报告。

4.2 重新进行资格预审或招标

通过详细审查申请人的数量不足3个的，招标人重新组织资格预审或不再组织资格预审而直接招标。

第四章 资格预审申请文件格式

________（项目名称）________标段施工招标

资格预审申请文件

申请人：____________________（盖单位章）

法定代表人或其委托代理人：____________（签字）

_______年_______月_______日

资格预审申请文件格式

目 录

一、资格预审申请函

______________(招标人名称)：

1.按照资格预审文件的要求，我方(申请人)递交的资格预审申请文件及有关资料，用于你方(招标人)审查我方参加(项目名称)标段施工招标的投标资格。

2.我方的资格预审申请文件包含第二章"申请人须知"第3.1.1项规定的全部内容。

3.我方接受你方的授权代表进行调查，以审核我方提交的文件和资料，并通过我方的客户，澄清资格预审申请文件中有关财务和技术方面的情况。

4.你方授权代表可通过(联系人及联系方式)得到进一步的资料。

5.我方在此声明，所递交的资格预审申请文件及有关资料内容完整、真实和准确，且不存在第二章"申请人须知"第1.4.3项规定的任何一种情形。

申　　请　　人：______________(盖单位章)

法定代表人或其委托代理人：______________(签字)

传　　　　真：______________

电　　　　传：______________

申 请 人 地 址：______________

邮　政　编　码：______________

______年______月______日

二、法定代表人身份证明

申请人名称：________________________

单位性质：________________________

成立时间：_____年_____月_____日

经营期限：________________________

姓名：__________性别：________年龄：________

职务：____________

系__________(申请人名称)的法定代表人。

特此证明。

申请人：______________________________(盖单位章)

_____年_____月_____日

三、授权委托书

本人________（姓名）系____________（申请人名称）的法定代表人，现委托________（姓名）为我方代理人。代理人根据授权，以我方名义签署、澄清、递交、撤回、修改____________（项目名称）________标段施工招标资格预审申请文件，其法律后果由我方承担。

委托期限：________。

代理人无转委托权。

附：法定代表人身份证明

申　请　人：________________（盖单位章）

法定代表人：________________（签字）

身份证号码：________________

委托代理人：________________（签字）

身份证号码：________________

____年____月____日

四、联合体协议书

________________(所有成员单位名称)自愿组成__________(联合体名称)联合体,共同参加________________(项目名称)______________标段施工招标资格预审和投标。现就联合体投标事宜订立如下协议。

1. ________(某成员单位名称)为________(联合体名称)牵头人。

2. 联合体牵头人合法代表联合体各成员负责本标段施工招标项目资格预审申请文件、投标文件编制和合同谈判活动,代表联合体提交和接收相关的资料、信息及指示,处理与之有关的一切事务,并负责合同实施阶段的主办、组织和协调工作。

3. 联合体将严格按照资格预审文件和招标文件的各项要求,递交资格预审申请文件和投标文件,履行合同,并对外承担连带责任。

4. 联合体各成员单位内部的职责分工如下:________________。

5. 本协议书自签署之日起生效,合同履行完毕后自动失效。

6. 本协议书一式________份,联合体成员和招标人各执一份。

注:本协议书由委托代理人签字的,应附法定代表人签字的授权委托书。

牵 头 人 名 称:________________(盖单位章)

法定代表人或其委托代理人:____________________(签字)

成 员 一 名 称:________________(盖单位章)

法定代表人或其委托代理人:____________________(签字)

成 员 二 名 称:________________(盖单位章)

法定代表人或其委托代理人:____________________(签字)

_____年_____月_____日

五、申请人基本情况表

<table>
<tr><td>申请人名</td><td colspan="6"></td></tr>
<tr><td>注册地址</td><td colspan="3"></td><td>邮政编码</td><td colspan="2"></td></tr>
<tr><td rowspan="2">联系方式</td><td>联系人</td><td colspan="2"></td><td>电话</td><td colspan="2"></td></tr>
<tr><td>传真</td><td colspan="2"></td><td>网址</td><td colspan="2"></td></tr>
<tr><td>组织结构</td><td colspan="6"></td></tr>
<tr><td>法定代表人</td><td>姓名</td><td></td><td>技术职称</td><td></td><td>电话</td><td></td></tr>
<tr><td>技术负责人</td><td>姓名</td><td></td><td>技术职称</td><td></td><td>电话</td><td></td></tr>
<tr><td>成立时间</td><td colspan="2"></td><td colspan="4">员工总人数</td></tr>
<tr><td>企业资质等级</td><td colspan="2"></td><td rowspan="5">其中</td><td>项目经理</td><td colspan="2"></td></tr>
<tr><td>营业执照号</td><td colspan="2"></td><td>高级职称人员</td><td colspan="2"></td></tr>
<tr><td>注册资金</td><td colspan="2"></td><td>中级职称人员</td><td colspan="2"></td></tr>
<tr><td>开户银行</td><td colspan="2"></td><td>初级职称人员</td><td colspan="2"></td></tr>
<tr><td>账号</td><td colspan="2"></td><td>技工</td><td colspan="2"></td></tr>
<tr><td>经营范围</td><td colspan="6"></td></tr>
<tr><td>备注</td><td colspan="6"></td></tr>
</table>

附:项目经理简历表

项目经理应附项目经理证、身份证、职称证、学历证、养老保险复印件,管理过的项目业绩须附合同协议书复印件。

<table>
<tr><td>姓名</td><td></td><td>年龄</td><td></td><td>学历</td><td></td></tr>
<tr><td>职称</td><td></td><td>职务</td><td></td><td>拟在本合同任职</td><td></td></tr>
<tr><td>毕业学校</td><td colspan="5">______年毕业于__________学校__________专业</td></tr>
<tr><td colspan="6">主要工作经历</td></tr>
</table>

时间	参加过的类似项目	担任职务	发包人及联系电话

六、近年财务状况表

（略）

七、近年完成的类似项目情况表

项目名称	
项目所在地	
发包人名称	
发包人地址	
发包人电话	
合同价格	
开工日期	
竣工日期	
承担的工作	
工程质量	
项目经理	
技术负责人	
总监理工程师及电话	
项目描述	
备注	

八、正在施工的和新承接的项目情况表

项目名称	
项目所在地	
发包人名称	
发包人地址	
发包人电话	
合同价格	
开工日期	
竣工日期	
承担的工作	
工程质量	
项目经理	
技术负责人	
总监理工程师及电话	
项目描述	
备注	

九、近年发生的诉讼及仲裁情况

十、其他材料

第五章　项目建设概况

一、项目说明
二、建设条件
三、建设要求
四、其他需要说明的情况

中华人民共和国
标准施工招标文件
（2007 年版）

使用说明

一、《标准施工招标文件》适用于一定规模以上，且设计和施工不是由同一承包商承担的工程施工招标。

二、《标准施工招标文件》用相同序号标示的章、节、条、款、项、目，供招标人和投标人选择使用；以空格标示的由招标人填写的内容，招标人应根据招标项目具体特点和实际需要具体化，确实没有需要填写的，在空格中用“/”标示。

三、招标人按照《标准施工招标文件》第一章的格式发布招标公告或发出投标邀请书后，将实际发布的招标公告或实际发出的投标邀请书编入出售的招标文件中，作为投标邀请。其中，招标公告应同时注明发布所在的所有媒介名称。

四、《标准施工招标文件》第三章“评标办法”分别规定经评审的最低投标价法和综合评估法两种评标方法，供招标人根据招标项目具体特点和实际需要选择适用。招标人选择适用综合评估法的，各评审因素的评审标准、分值和权重等由招标人自主确定。国务院有关部门对各评审因素的评审标准、分值和权重等有规定的，从其规定。第三章“评标办法”前附表应按试行规定要求列明全部评审因素和评审标准，并在本章（前附表及正文）标明投标人不满足其要求即导致废标的全部条款。

五、《标准施工招标文件》第五章“工程量清单”由招标人根据工程量清单的国家标准、行业标准，以及行业标准施工招标文件（如有）、招标项目具体特点和实际需要编制，并与“投标人须知”“通用合同条款”“专用合同条款”“技术标准和要求”“图纸”相衔接。本章所附表格可根据有关规定作相应的调整和补充。

六、《标准施工招标文件》第六章“图纸”由招标人根据行业标准施工招标文件（如有）、招标项目具体特点和实际需要编制，并与“投标人须知”“通用合同条款”“专用合同条款”“技术标准和要求”相衔接。

七、《标准施工招标文件》第七章“技术标准和要求”由招标人根据行业标准施工招标文件（如有）、招标项目具体特点和实际需要编制。“技术标准和要求”中的各项技术标准应符合国家强制性标准，不得要求或标明某一特定的专利、商标、名称、设计、原产地或生产供应者，不得含有倾向或者排斥潜在投标人的其他内容。如果必须引用某一生产供应者的技术标准才能准确或清楚地说明拟招标项目的技术标准时，则应当在参照后面加上“或相当于”字样。

八、《标准施工招标文件》为2007年版，将根据实际执行过程中出现的问题及时进行修改。各使用单位或个人对《标准施工招标文件》的修改意见和建议，可向编制工作小组反映。

联系电话：(010)68502510

________(项目名称)________标段施工招标

招标文件

招标人:________________(盖单位章)

____年____月____日

标准施工招标文件

目 录

1.评标方法
2.评审标准
3.评标程序
第三章 评标办法(综合评估法)
评标办法前附表
1.评标方法
2.评审标准
3.评标程序
第四章 合同条款及格式
第一节 通用合同条款
1.一般约定
2.发包人义务
3.监理人
4.承包人
5.材料和工程设备
6.施工设备和临时设施
7.交通运输
8.测量放线
9.施工安全、治安保卫和环境保护
10.进度计划
11.开工和竣工
12.暂停施工
13.工程质量
14.试验和检验
15.变更
16.价格调整
17.计量与支付
18.竣工验收
19.缺陷责任与保修责任
20.保险
21.不可抗力
22.违约
23.索赔
24.争议的解决
第二节 专用合同条款
第三节 合同附件格式
附件一:合同协议书格式
附件二:履约担保格式
附件三:预付款担保格式
第五章 工程量清单
1.工程量清单说明
2.投标报价说明
3.其他说明
4.工程量清单

第二卷

第六章　图纸

1.图纸目录

2.图纸

第三卷

第七章　技术标准和要求

第四卷

第八章　投标文件格式

一、投标函及投标函附录

二、法定代表人身份证明

三、授权委托书

四、联合体协议书

五、投标保证金

六、已标价工程量清单

七、施工组织设计

附表一:拟投入本标段的主要施工设备表

附表二:拟配备本标段的试验和检测仪器设备表

附表三:劳动力计划表

附表四:计划开、竣工日期和施工进度网络图

附表五:施工总平面图

附表六:临时用地表

八、项目管理机构

九、拟分包项目情况表

十、资格审查资料

十一、其他材料

第一卷

第一章 招标公告(未进行资格预审)

__________(项目名称)__________标段施工招标公告

1.招标条件

本招标项目__________(项目名称)已由__________(项目审批、核准或备案机关名称)以__________(批文名称及编号)批准建设,项目业主为__________,建设资金来自__________(资金来源),项目出资比例为__________,招标人为__________。项目已具备招标条件,现对该项目的施工进行公开招标。

2.项目概况与招标范围

__________(说明本次招标项目的建设地点、规模、计划工期、招标范围、标段划分等)。

3.投标人资格要求

3.1 本次招标要求投标人须具备__________资质、__________业绩,并在人员、设备、资金等方面具有相应的施工能力。

3.2 本次招标__________(接受或不接受)联合体投标。联合体投标的,应满足下列要求:__________。

3.3 各投标人均可就上述标段中的(具体数量)个标段投标。

4.招标文件的获取

4.1 凡有意参加投标者,请于____年____月____日至____年____月____日(法定公休日、法定节假日除外),每日上午____时至____时,下午____时至____时(北京时间,下同),在__________(详细地址)持单位介绍信购买招标文件。

4.2 招标文件每套售价__________元,售后不退。图纸押金__________元,在退还图纸时退还(不计利息)。

4.3 邮购招标文件的,需另加手续费(含邮费)__________元。招标人在收到单位介绍信和邮购款(含手续费)后__________日内寄送。

5.投标文件的递交

5.1 投标文件递交的截止时间(投标截止时间,下同)为____年____月____日____时____分,地点为__________。

5.2 逾期送达的或者未送达指定地点的投标文件,招标人不予受理。

6.发布公告的媒介

本次招标公告同时在__________(发布公告的媒介名称)上发布。

7.联系方式

招 标 人:__________	招标代理机构:__________
地 址:__________	地 址:__________
邮 编:__________	邮 编:__________
联 系 人:__________	联 系 人:__________

电　　话：__________________	电　　话：__________________
传　　真：__________________	传　　真：__________________
电子邮件：__________________	电子邮件：__________________
网　　址：__________________	网　　址：__________________
开户银行：__________________	开户银行：__________________
账　　号：__________________	账　　号：__________________

____年____月____日

第一章 投标邀请书(适用于邀请招标)

________________(项目名称)________________标段施工投标邀请书

________________(被邀请单位名称):

1.招标条件

本招标项目________________(项目名称)已由________________(项目审批、核准或备案机关名称)以____________(批文名称及编号)批准建设,项目业主为________________,建设资金来自________________(资金来源),出资比例为____________,招标人为____________。项目已具备招标条件,现邀请你单位参加__________________(项目名称)__________________标段施工投标。

2.项目概况与招标范围

________________________(说明本次招标项目的建设地点、规模、计划工期、招标范围、标段划分等)。

3.投标人资格要求

3.1 本次招标要求投标人具备__________________资质、__________________业绩,并在人员、设备、资金等方面具有承担本标段施工的能力。

3.2 你单位________(可以或不可以)组成联合体投标。联合体投标的,应满足下列要求:________________________。

4.招标文件的获取

4.1 请于____年____月____日至____年____月____日(法定公休日、法定节假日除外),每日上午___时至___时,下午___时至___时(北京时间,下同),在________________________(详细地址)持本投标邀请书购买招标文件。

4.2 招标文件每套售价____元,售后不退。图纸押金________元,在退还图纸时退还(不计利息)。

4.3 邮购招标文件的,需另加手续费(含邮费)________元。招标人在收到邮购款(含手续费)后___日内寄送。

5.投标文件的递交

5.1 投标文件递交的截止时间(投标截止时间,下同)为____年____月____日____时____分,地点为__________________。

5.2 逾期送达的或者未送达指定地点的投标文件,招标人不予受理。

6.确认

你单位收到本投标邀请书后,请于__________________(具体时间)前以传真或快递方式予以确认。

7.联系方式

招 标 人:________________	招标代理机构:________________
地 址:________________	地 址:________________
邮 编:________________	邮 编:________________
联 系 人:________________	联 系 人:________________

电　　话：________________	电　　　　话：________________
传　　真：________________	传　　　　真：________________
电子邮件：________________	电 子 邮 件：________________
网　　址：________________	网　　　　址：________________
开户银行：________________	开 户 银 行：________________
账　　号：________________	账　　　　号：________________

______年______月______日

第一章 投标邀请书(代资格预审通过通知书)

____________________(项目名称)________________标段施工投标邀请书

____________________(被邀请单位名称):

你单位已通过资格预审,现邀请你单位按招标文件规定的内容,参加________________(项目名称)________________标段施工投标。

请你单位于______年______月______日至______年______月______日(法定公休日、法定节假日除外),每日上午______时至______时,下午______时至______时(北京时间,下同),在______________________________(详细地址)持本投标邀请书购买招标文件。

招标文件每套售价为__________元,售后不退。图纸押金__________元,在退还图纸时退还(不计利息)。邮购招标文件的,需另加手续费(含邮费)__________元。招标人在收到邮购款(含手续费)后__________日内寄送。

递交投标文件的截止时间(投标截止时间,下同)为______年______月______日______时______分,地点为________________________。

逾期送达的或者未送达指定地点的投标文件,招标人不予受理。

你单位收到本投标邀请书后,请于________________________(具体时间)前以传真或快递方式予以确认。

招标人:____________________	招标代理机构:____________________
地址:____________________	地址:____________________
邮编:____________________	邮编:____________________
联系人:____________________	联系人:____________________
电话:____________________	电话:____________________
传真:____________________	传真:____________________
电子邮件:____________________	电子邮件:____________________
网址:____________________	网址:____________________
开户银行:____________________	开户银行:____________________
账号:____________________	账号:____________________

______年______月______日

第二章 投标人须知

投标人须知前附表

条款号	条款名称	编列内容
1.1.2	招标人	名称： 地址： 联系人： 电话：
1.1.3	招标代理机构	名称： 地址： 联系人： 电话：
1.1.4	项目名称	
1.1.5	建设地点	
1.2.1	资金来源	
1.2.2	出资比例	
1.2.3	资金落实情况	
1.3.2	计划工期	计划工期：____日历天 计划开工日期：____年___月___日 计划竣工日期：____年___月___日
1.3.3	质量要求	
1.4.1	投标人资质条件、能力和信誉	资质条件： 财务要求： 业绩要求： 信誉要求： 项目经理（建造师，下同）资格： 其他要求：
1.4.2	是否接受联合体投标	□ 不接受 □ 接受，应满足下列要求：
1.9.1	踏勘现场	□ 不组织 □ 组织，踏勘时间： 踏勘集中地点：

（续表）

条款号	条款名称	编列内容
1.10.1	投标预备会	□ 不召开 □ 召开，召开时间： 召开地点：
1.10.2	投标人提出问题的截止时间	
1.10.3	招标人书面澄清的时间	
1.11	分包	□ 不允许 □ 允许，分包内容要求： 分包金额要求： 接受分包的第三资质要求：
1.12	偏离	□ 不允许 □ 允许
2.1	构成招标文件的其他材料	
2.2.1	投标人要求澄清招标文件的截止时间	
2.2.2	投标截止时间	______年______月______日______时____分
2.2.3	投标人确认收到招标文件澄清的时间	
2.3.2	投标人确认收到招标文件修改的时间	
3.1.1	构成投标文件的其他材料	
3.3.1	投标有效期	
3.4.1	投标保证金	投标保证金的形式： 投标保证金的金额：
3.5.2	近年财务状况的年份要求	________年
3.5.3	近年完成的类似项目的年份要求	________年
3.5.5	近年发生的诉讼及仲裁情况的年份要求	________年
3.6	是否允许递交备选投标方案	□ 不允许 □ 允许
3.7.3	签字或盖章要求	
3.7.4	投标文件副本份数	________份
4.1.2	封套上写明	招标人的地址： 招标人名称： ________（项目名称）______标段投标文件 在______年______月______日______时 ______分前不得开启
4.2.2	递交投标文件地点	

（续表）

条款号	条 款 名 称	编 列 内 容
4.2.3	是否退还投标文件	□ 否 □ 是
5.1	开标时间和地点	开标时间：同投标截止时间 开标地点：
5.2	开标程序	(4)密封情况检查： (5)开标顺序：
6.1.1	评标委员会的组建	评标委员会构成：______人，其中招标人代表______人，专家______人； 评标专家确定方式：
7.1	是否授权评标委员会确定中标人	□ 是 □ 否，推荐的中标候选人数：
7.3.1	履约担保	履约担保的形式： 履约担保的金额：
10	需要补充的其他内容	

1. 总则

1.1 项目概况

1.1.1 根据《中华人民共和国招标投标法》等有关法律、法规和规章的规定，本招标项目已具备招标条件，现对本标段施工进行招标。

1.1.2 本招标项目招标人：见投标人须知前附表。

1.1.3 本标段招标代理机构：见投标人须知前附表。

1.1.4 本招标项目名称：见投标人须知前附表。

1.1.5 本标段建设地点：见投标人须知前附表。

1.2 资金来源和落实情况

1.2.1 本招标项目的资金来源：见投标人须知前附表。

1.2.2 本招标项目的出资比例：见投标人须知前附表。

1.2.3 本招标项目的资金落实情况：见投标人须知前附表。

1.3 招标范围、计划工期和质量要求

1.3.1 本次招标范围：见投标人须知前附表。

1.3.2 本标段的计划工期：见投标人须知前附表。

1.3.3 本标段的质量要求：见投标人须知前附表。

1.4 投标人资格要求(适用于已进行资格预审的)

投标人应是收到招标人发出投标邀请书的单位。

1.4 投标人资格要求(适用于未进行资格预审的)

1.4.1 投标人应具备承担本标段施工的资质条件、能力和信誉。

(1)资质条件：见投标人须知前附表。

(2)财务要求：见投标人须知前附表。

(3)业绩要求：见投标人须知前附表。

(4)信誉要求：见投标人须知前附表。

(5)项目经理资格：见投标人须知前附表。

(6)其他要求：见投标人须知前附表。

1.4.2 投标人须知前附表规定接受联合体投标的，除应符合本章第1.4.1项和投标人须知前附表的要求外，还应遵守以下规定：

(1)联合体各方应按招标文件提供的格式签订联合体协议书，明确联合体牵头人和各方权利义务。

(2)由同一专业的单位组成的联合体，按照资质等级较低的单位确定资质等级。

(3)联合体各方不得再以自己名义单独或参加其他联合体在同一标段中投标。

1.4.3 投标人不得存在下列情形之一：

(1)为招标人不具有独立法人资格的附属机构(单位)。

(2)为本标段前期准备提供设计或咨询服务的，但设计施工总承包的除外。

(3)为本标段的监理人。

(4)为本标段的代建人。

(5)为本标段提供招标代理服务的。

(6)与本标段的监理人或代建人或招标代理机构同为一个法定代表人的。

(7)与本标段的监理人或代建人或招标代理机构相互控股或参股的。

(8)与本标段的监理人或代建人或招标代理机构相互任职或工作的。

(9)被责令停业的。

(10)被暂停或取消投标资格的。

(11)财产被接管或冻结的。

(12)在最近三年内有骗取中标或严重违约或重大工程质量问题的。

1.5 费用承担

投标人准备和参加投标活动发生的费用自理。

1.6 保密

参与招标投标活动的各方应对招标文件和投标文件中的商业和技术等秘密保密,违者应对由此造成的后果承担法律责任。

1.7 语言文字

除专用术语外,与招标投标有关的语言均使用中文。必要时专用术语应附有中文注释。

1.8 计量单位

所有计量均采用中华人民共和国法定计量单位。

1.9 踏勘现场

1.9.1 投标人须知前附表规定组织踏勘现场的,招标人按投标人须知前附表规定的时间、地点组织投标人踏勘项目现场。

1.9.2 投标人踏勘现场发生的费用自理。

1.9.3 除招标人的原因外,投标人自行负责在踏勘现场中所发生的人员伤亡和财产损失。

1.9.4 招标人在踏勘现场中介绍的工程场地和相关的周边环境情况,供投标人在编制投标文件时参考,招标人不对投标人据此作出的判断和决策负责。

1.10 投标预备会

1.10.1 投标人须知前附表规定召开投标预备会的,招标人按投标人须知前附表规定的时间和地点召开投标预备会,澄清投标人提出的问题。

1.10.2 投标人应在投标人须知前附表规定的时间前,以书面形式将提出的问题送达招标人,以便招标人在会议期间澄清。

1.10.3 投标预备会后,招标人在投标人须知前附表规定的时间内,将对投标人所提问题的澄清,以书面方式通知所有购买招标文件的投标人。该澄清内容为招标文件的组成部分。

1.11 分包

投标人拟在中标后将中标项目的部分非主体、非关键性工作进行分包的,应符合投标人须知前附表规定的分包内容、分包金额和接受分包的第三人资质要求等限制性条件。

1.12 偏离

投标人须知前附表允许投标文件偏离招标文件某些要求的,偏离应当符合招标文件规定的偏离范围和幅度。

2. 招标文件

2.1 招标文件的组成

本招标文件包括:

(1)招标公告(或投标邀请书)。

(2)投标人须知。

(3)评标办法。

(4)合同条款及格式。

(5)工程量清单。

(6)图纸。

(7)技术标准和要求。

(8)投标文件格式。

(9)投标人须知前附表规定的其他材料。

根据本章第1.1款、第2.2款和第2.3款对招标文件所作的澄清、修改,构成招标文件的组成部分。

2.2 招标文件的澄清

2.2.1 投标人应仔细阅读和检查招标文件的全部内容。如发现缺页或附件不全，应及时向招标人提出，以便补齐。如有疑问，应在投标人须知前附表规定的时间前以书面形式(包括信函、电报、传真等可以有形地表现所载内容的形式，下同)，要求招标人对招标文件予以澄清。

2.2.2 招标文件的澄清将在投标人须知前附表规定的投标截止时间15天前以书面形式发给所有购买招标文件的投标人，但不指明澄清问题的来源。如果澄清发出的时间距投标截止时间不足15天，相应延长投标截止时间。

2.2.3 投标人在收到澄清后，应在投标人须知前附表规定的时间内以书面形式通知招标人，确认已收到该澄清。

2.3 招标文件的修改

2.3.1 在投标截止时间15天前，招标人可以书面形式修改招标文件，并通知所有已购买招标文件的投标人。如果修改招标文件的时间距投标截止时间不足15天，相应延长投标截止时间。

2.3.2 投标人收到修改内容后，应在投标人须知前附表规定的时间内以书面形式通知招标人，确认已收到该修改。

3. 投标文件

3.1 投标文件的组成

3.1.1 投标文件应包括下列内容：

(1)投标函及投标函附录。

(2)法定代表人身份证明或附有法定代表人身份证明的授权委托书。

(3)联合体协议书。

(4)投标保证金。

(5)已标价工程量清单。

(6)施工组织设计。

(7)项目管理机构。

(8)拟分包项目情况表。

(9)资格审查资料。

(10)投标人须知前附表规定的其他材料。

3.1.2 投标人须知前附表规定不接受联合体投标的，或投标人没有组成联合体的，投标文件不包括本章第3.1.1(3)目所指的联合体协议书。

3.2 投标报价

3.2.1 投标人应按第五章“工程量清单”的要求填写相应表格。

3.2.2 投标人在投标截止时间前修改投标函中的投标总报价，应同时修改第五章“工程量清单”中的相应报价。此修改须符合本章第4.3款的有关要求。

3.3 投标有效期

3.3.1 在投标人须知前附表规定的投标有效期内，投标人不得要求撤销或修改其投标文件。

3.3.2 出现特殊情况需要延长投标有效期的，招标人以书面形式通知所有投标人延长投标有效期。投标人同意延长的，应相应延长其投标保证金的有效期，但不得要求或被允许修改或撤销其投标文件；投标人拒绝延长的，其投标失效，但投标人有权收回其投标保证金。

3.4 投标保证金

3.4.1 投标人在递交投标文件的同时，应按投标人须知前附表规定的金额、担保形式和第八章“投标文件格式”规定的投标保证金格式递交投标保证金，并作为其投标文件的组成部分。联合体投标的，其投标保证金由牵头人递交，并应符合投标人须知前附表的规定。

3.4.2 投标人不按本章第3.4.1项要求提交投标保证金的，其投标文件作废标处理。

3.4.3 招标人与中标人签订合同后5个工作日内，向未中标的投标人和中标人退还投标保证金。

3.4.4 有下列情形之一的，投标保证金将不予退还：

(1)投标人在规定的投标有效期内撤销或修改其投标文件。

(2)中标人在收到中标通知书后，无正当理由拒签合同协议书或未按招标文件规定提交履约担保。

3.5 资格审查资料(适用于已进行资格预审的)

投标人在编制投标文件时，应按新情况更新或补充其在申请资格预审时提供的资料，以证实其各项资格条件仍能继续满足资格预审文件的要求，具备承担本标段施工的资质条件、能力和信誉。

3.5 资格审查资料(适用于未进行资格预审的)

3.5.1 “投标人基本情况表”应附投标人营业执照副本及其年检合格的证明材料、资质证书副本和安全生产许可证等材料的复印件。

3.5.2 “近年财务状况表”应附经会计师事务所或审计机构审计的财务会计报表，包括资产负债表、现金流量表、利润表和财务情况说明书的复印件，具体年份要求见投标人须知前附表。

3.5.3 “近年完成的类似项目情况表”应附中标通知书和(或)合同协议书、工程接收证书(工程竣工验收证书)的复印件，具体年份要求见投标人须知前附表。每张表格只填写一个项目，并标明序号。

3.5.4 “正在施工和新承接的项目情况表”应附中标通知书和(或)合同协议书复印件。每张表格只填写一个项目，并标明序号。

3.5.5 “近年发生的诉讼及仲裁情况”应说明相关情况，并附法院或仲裁机构作出的判决、裁决等有关法律文书复印件，具体年份要求见投标人须知前附表。

3.5.6 投标人须知前附表规定接受联合体投标的，本章第3.5.1项至第3.5.5项规定的表格和资料应包括联合体各方相关情况。

3.6 备选投标方案

除投标人须知前附表另有规定外，投标人不得递交备选投标方案。允许投标人递交备选投标方案的，只有中标人所递交的备选投标方案方可予以考虑。评标委员会认为中标人的备选投标方案优于其按照招标文件要求编制的投标方案的，招标人可以接受该备选投标方案。

3.7 投标文件的编制

3.7.1 投标文件应按第八章“投标文件格式”进行编写，如有必要，可以增加附页，作为投标文件的组成部分。其中，投标函附录在满足招标文件实质性要求的基础上，可以提出比招标文件要求更有利于招标人的承诺。

3.7.2 投标文件应当对招标文件有关工期、投标有效期、质量要求、技术标准和要求、招标范围等实质性内容作出响应。

3.7.3 投标文件应用不褪色的材料书写或打印，并由投标人的法定代表人或其委托代理人签字或盖单位章。委托代理人签字的，投标文件应附法定代表人签署的授权委托书。投标文件应尽量避免涂改、行间插字或删除。如果出现上述情况，改动之处应加盖单位章或由投标人的法定代表人或其授权的代理人签字确认。签字或盖章的具体要求见投标人须知前附表。

3.7.4 投标文件正本一份，副本份数见投标人须知前附表。正本和副本的封面上应清楚地标记“正本”或“副本”的字样。当副本和正本不一致时，以正本为准。

3.7.5 投标文件的正本与副本应分别装订成册，并编制目录，具体装订要求见投标人须知前附表规定。

4. 投标

4.1 投标文件的密封和标记

4.1.1 投标文件的正本与副本应分开包装，加贴封条，并在封套的封口处加盖投标人单位章。

4.1.2 投标文件的封套上应清楚地标记“正本”或“副本”字样，封套上应写明的其他内容见投标人须知前附表。

4.1.3 未按本章第4.1.1项或第4.1.2项要求密封和加写标记的投标文件，招标人不予受理。

4.2 投标文件的递交

4.2.1 投标人应在本章第 2.2.2 项规定的投标截止时间前递交投标文件。

4.2.2 投标人递交投标文件的地点:见投标人须知前附表。

4.2.3 除投标人须知前附表另有规定外,投标人所递交的投标文件不予退还。

4.2.4 招标人收到投标文件后,向投标人出具签收凭证。

4.2.5 逾期送达的或者未送达指定地点的投标文件,招标人不予受理。

4.3 投标文件的修改与撤回

4.3.1 在本章第 2.2.2 项规定的投标截止时间前,投标人可以修改或撤回已递交的投标文件,但应以书面形式通知招标人。

4.3.2 投标人修改或撤回已递交投标文件的书面通知应按照本章第 3.7.3 项的要求签字或盖章。招标人收到书面通知后,向投标人出具签收凭证。

4.3.3 修改的内容为投标文件的组成部分。修改的投标文件应按照本章第 3 条、第 4 条规定进行编制、密封、标记和递交,并标明“修改”字样。

5. 开标

5.1 开标时间和地点

招标人在本章第 2.2.2 项规定的投标截止时间(开标时间)和投标人须知前附表规定的地点公开开标,并邀请所有投标人的法定代表人或其委托代理人准时参加。

5.2 开标程序

主持人按下列程序进行开标:

(1)宣布开标纪律。

(2)公布在投标截止时间前递交投标文件的投标人名称,并点名确认投标人是否派人到场。

(3)宣布开标人、唱标人、记录人、监标人等有关人员姓名。

(4)按照投标人须知前附表规定检查投标文件的密封情况。

(5)按照投标人须知前附表的规定确定并宣布投标文件开标顺序。

(6)设有标底的,公布标底。

(7)按照宣布的开标顺序当众开标,公布投标人名称、标段名称、投标保证金的递交情况、投标报价、质量目标、工期及其他内容,并记录在案。

(8)投标人代表、招标人代表、监标人、记录人等有关人员在开标记录上签字确认。

(9)开标结束。

6. 评标

6.1 评标委员会

6.1.1 评标由招标人依法组建的评标委员会负责。评标委员会由招标人或其委托的招标代理机构熟悉相关业务的代表,以及有关技术、经济等方面的专家组成。评标委员会成员人数以及技术、经济等方面专家的确定方式见投标人须知前附表。

6.1.2 评标委员会成员有下列情形之一的,应当回避:

(1)招标人或投标人的主要负责人的近亲属。

(2)项目主管部门或者行政监督部门的人员。

(3)与投标人有经济利益关系,可能影响对投标公正评审的。

(4)曾因在招标、评标以及其他与招标投标有关活动中从事违法行为而受过行政处罚或刑事处罚的。

6.2 评标原则

评标活动遵循公平、公正、科学和择优的原则。

6.3 评标

评标委员会按照第三章“评标办法”规定的方法、评审因素、标准和程序对投标文件进行评审。第三章

“评标办法”没有规定的方法、评审因素和标准，不作为评标依据。

7. 合同授予

7.1 定标方式

除投标人须知前附表规定评标委员会直接确定中标人外，招标人依据评标委员会推荐的中标候选人确定中标人，评标委员会推荐中标候选人的人数见投标人须知前附表。

7.2 中标通知

在本章第 3.3 款规定的投标有效期内，招标人以书面形式向中标人发出中标通知书，同时将中标结果通知未中标的投标人。

7.3 履约担保

7.3.1 在签订合同前，中标人应按投标人须知前附表规定的金额、担保形式和招标文件第四章“合同条款及格式”规定的履约担保格式向招标人提交履约担保。联合体中标的，其履约担保由牵头人递交，并应符合投标人须知前附表规定的金额、担保形式和招标文件第四章“合同条款及格式”规定的履约担保格式要求。

7.3.2 中标人不能按本章第 7.3.1 项要求提交履约担保的，视为放弃中标，其投标保证金不予退还，给招标人造成的损失超过投标保证金数额的，中标人还应当对超过部分予以赔偿。

7.4 签订合同

7.4.1 招标人和中标人应当自中标通知书发出之日起 30 天内，根据招标文件和中标人的投标文件订立书面合同。中标人无正当理由拒签合同的，招标人取消其中标资格，其投标保证金不予退还；给招标人造成的损失超过投标保证金数额的，中标人还应当对超过部分予以赔偿。

7.4.2 发出中标通知书后，招标人无正当理由拒签合同的，招标人向中标人退还投标保证金；给中标人造成损失的，还应当赔偿损失。

8. 重新招标和不再招标

8.1 重新招标

有下列情形之一的，招标人将重新招标：

(1)投标截止时间止，投标人少于 3 个的。

(2)经评标委员会评审后否决所有投标的。

8.2 不再招标

重新招标后投标人仍少于 3 个或者所有投标被否决的，属于必须审批或核准的工程建设项目，经原审批或核准部门批准后不再进行招标。

9. 纪律和监督

9.1 对招标人的纪律要求

招标人不得泄漏招标投标活动中应当保密的情况和资料，不得与投标人串通损害国家利益、社会公共利益或者他人合法权益。

9.2 对投标人的纪律要求

投标人不得相互串通投标或者与招标人串通投标，不得向招标人或者评标委员会成员行贿谋取中标，不得以他人名义投标或者以其他方式弄虚作假骗取中标；投标人不得以任何方式干扰、影响评标工作。

9.3 对评标委员会成员的纪律要求

评标委员会成员不得收受他人的财物或者其他好处，不得向他人透漏对投标文件的评审和比较、中标候选人的推荐情况以及评标有关的其他情况。在评标活动中，评标委员会成员不得擅离职守，影响评标程序正常进行，不得使用第三章“评标办法”没有规定的评审因素和标准进行评标。

9.4 对与评标活动有关的工作人员的纪律要求

与评标活动有关的工作人员不得收受他人的财物或者其他好处，不得向他人透漏对投标文件的评审和比较、中标候选人的推荐情况以及与评标有关的其他情况。在评标活动中，与评标活动有关的工作人员不得擅离职守，影响评标程序正常进行。

9.5 投诉

投标人和其他利害关系人认为本次招标活动违反法律、法规和规章规定的，有权向有关行政监督部门投诉。

10. 需要补充的其他内容

需要补充的其他内容：见本章的投标人须知前附表及附表一到附表六。

附表一 开标记录表

______(项目名称)______标段施工开标记录表

开标时间：____年____月____日____时____分

序号	投标人	密封情况	投标保证金	投标报价(元)	质量目标	工期	备注	签名
招标人编制的标底								

招标人代表：______ 记录人：______ 监标人：______

____年____月____日

附表二 问题澄清通知

问题澄清

编号：____________________

____________________（投标人名称）：

____________________（项目名称）________________标段施工招标的评标委员会，对你方的投标文件进行了仔细的审查，现需你方对下列问题以书面形式予以澄清：

1.

2.

…

请将上述问题的澄清于______年______月______日______时前递交至____________________（详细地址）或传真至____________________（传真号码）。采用传真方式的，应在______年______月______日______时前将原件递交至____________________（详细地址）。

评标工作组负责人：__________（签字）

______年______月______日

附表三 问题的澄清

问题的澄清

编号：____________________

____________________（项目名称）____________________标段施工招标评标委员会：

问题澄清通知________________（编号）已收悉，现澄清如下：

1.

2.

…

投标人：____________________（盖单位章）

法定代表人或其委托代理人：______________（签字）

______年______月______日

附表四 中标通知书

中标通知书

__________________(中标人名称)：

你方于______________(投标日期)所递交的__________________(项目名称)__________________标段施工投标文件已被我方接受，被确定为中标人。

中标价：______________________元。

工期：______________________日历天。

工程质量：符合________________标准。

项目经理：_________________(姓名)。

请你方在接到本通知书后的_________日内到__________________(指定地点)与我方签订施工承包合同，在此之前按招标文件第二章“投标人须知”第 7.3 款规定向我方提交履约担保。

特此通知。

招标人：__________________(盖单位章)

法定代表人：__________________(签字)

_____年_____月_____日

附表五　中标结果通知书

中标结果通知书

__________________(未中标人名称)：

我方已接受__________________(中标人名称)于______________(投标日期)所递交的__________________(项目名称)__________________标段施工投标文件，确定______________(中标人名称)为中标人。

感谢你单位对我们工作的大力支持！

招标人：__________________(盖单位章)

法定代表人：__________________(签字)

_____年_____月_____日

附表六 确认通知

确认通知

____________________(招标人名称)：

我方已接到你方______年______月______日发出的____________________(项目名称)____________________标段施工招标关于____________________的通知，我方已于______年______月______日收到。

特此确认。

投标人：____________________(盖单位章)

______年______月______日

第三章 评标办法(经评审的最低投标价法)

评标办法前附表

条款号		评审因素	评审标准
2.1.1	形式评审标准	投标人名称	与营业执照、资质证书、安全生产许可证一致
		投标函签字盖章	有法定代表人或其委托代理人签字或加盖单位章
		投标文件格式	符合第八章"投标文件格式"的要求
		联合体投标人	提交联合体协议书,并明确联合体牵头人(如有)
		报价唯一	只能有一个有效报价
		……	……
2.1.2	资格评审标准	营业执照	具备有效的营业执照
		安全生产许可证	具备有效的安全生产许可证
		资质等级	符合第二章"投标人须知"第1.4.1项规定
		财务状况	符合第二章"投标人须知"第1.4.1项规定
		类似项目业绩	符合第二章"投标人须知"第1.4.1项规定
		信誉	符合第二章"投标人须知"第1.4.1项规定
		项目经理	符合第二章"投标人须知"第1.4.1项规定
		其他要求	符合第二章"投标人须知"第1.4.1项规定
		联合体投标人	符合第二章"投标人须知"第1.4.2项规定(如有)
		……	……
2.1.3	响应性评审标准	投标内容	符合第二章"投标人须知"第1.3.1项规定
		工期	符合第二章"投标人须知"第1.3.2项规定
		工程质量	符合第二章"投标人须知"第1.3.3项规定
		投标有效期	符合第二章"投标人须知"第3.3.1项规定
		投标保证金	符合第二章"投标人须知"第3.4.1项规定
		权利义务	符合第四章"合同条款及格式"规定
		已标价工程量清单	符合第五章"工程量清单"给出的范围及数量
		技术标准和要求	符合第七章"技术标准和要求"规定
		……	……

（续表）

条款号		评审因素	评审标准
2.1.4	施工组织设计和项目管理机构评审标准	施工方案与技术措施	……
		质量管理体系与措施	……
		安全管理体系与措施	……
		环境保护管理体系与措施	……
		工程进度计划与措施	……
		资源配备计划	……
		技术负责人	……
		其他主要人员	……
		施工设备	……
		试验、检测仪器设备	……
		……	……
条款号		量化因素	量化标准
2.2	详细评审标准	单价遗漏	……
		付款条件	……
		……	……

1. 评标方法

本次评标采用经评审的最低投标价法。评标委员会对满足招标文件实质要求的投标文件，根据本章第2.2款规定的量化因素及量化标准进行价格折算，按照经评审的投标价由低到高的顺序推荐中标候选人，或根据招标人授权直接确定中标人，但投标报价低于其成本的除外。经评审的投标价相等时，投标报价低的优先；投标报价也相等的，由招标人自行确定。

2. 评审标准

2.1 初步评审标准

2.1.1 形式评审标准：见评标办法前附表。

2.1.2 资格评审标准：见评标办法前附表（适用于未进行资格预审的），同时见资格预审文件第三章“资格审查办法”详细审查标准（适用于已进行资格预审的）。

2.1.3 响应性评审标准：见评标办法前附表。

2.1.4 施工组织设计和项目管理机构评审标准：见评标办法前附表。

2.2 详细评审标准

详细评审标准：见评标办法前附表。

3. 评标程序

3.1 初步评审

3.1.1 评标委员会可以要求投标人提交第二章“投标人须知”第3.5.1项至第3.5.5项规定的有关证明和证件的原件，以便核验。评标委员会依据本章第2.1款规定的标准对投标文件进行初步评审。有一项不符合评审标准的，作废标处理。（适用于未进行资格预审的）评标委员会依据本章第2.1.1项、第2.1.3

项、第2.1.4项规定的标准对投标文件进行初步评审。有一项不符合评审标准的，作废标处理。当投标人资格预审申请文件的内容发生重大变化时，评标委员会依据本章第2.1.2项规定的标准对其更新资料进行评审。（适用于已进行资格预审的）

3.1.2 投标人有以下情形之一的，其投标作废标处理：

（1）第二章“投标人须知”第1.4.3项规定的任何一种情形的。

（2）串通投标或弄虚作假或有其他违法行为的。

（3）不按评标委员会要求澄清、说明或补正的。

3.1.3 投标报价有算术错误的，评标委员会按以下原则对投标报价进行修正，修正的价格经投标人书面确认后具有约束力。投标人不接受修正价格的，其投标作废标处理。

（1）投标文件中的大写金额与小写金额不一致的，以大写金额为准。

（2）总价金额与依据单价计算出的结果不一致的，以单价金额为准修正总价，但单价金额小数点有明显错误的除外。

3.2 详细评审

3.2.1 评标委员会按本章第2.2款规定的量化因素和标准进行价格折算，计算出评标价，并编制价格比较一览表。

3.2.2 评标委员会发现投标人的报价明显低于其他投标报价，或者在设有标底时明显低于标底，使得其投标报价可能低于其成本的，应当要求该投标人作出书面说明并提供相应的证明材料。投标人不能合理说明或者不能提供相应证明材料的，由评标委员会认定该投标人以低于成本报价竞标，其投标作废标处理。

3.3 投标文件的澄清和补正

3.3.1 在评标过程中，评标委员会可以书面形式要求投标人对所提交的投标文件中不明确的内容进行书面澄清或说明，或者对细微偏差进行补正。评标委员会不接受投标人主动提出的澄清、说明或补正。

3.3.2 澄清、说明和补正不得改变投标文件的实质性内容（算术性错误修正的除外）。投标人的书面澄清、说明和补正属于投标文件的组成部分。

3.3.3 评标委员会对投标人提交的澄清、说明或补正有疑问的，可以要求投标人进一步澄清、说明或补正，直至满足评标委员会的要求。

3.4 评标结果

3.4.1 除第二章“投标人须知”前附表授权直接确定中标人外，评标委员会按照经评审的价格由低到高的顺序推荐中标候选人。

3.4.2 评标委员会完成评标后，应当向招标人提交书面评标报告。

第三章　评标办法(综合评估法)

评标办法前附表

条款号		评审因素	评审标准
2.1.1	形式评审标准	投标人名称	与营业执照、资质证书、安全生产许可证一致
		投标函签字盖章	有法定代表人或其委托代理人签字或加盖单位章
		投标文件格式	符合第八章“投标文件格式”的要求
		联合体投标人	提交联合体协议书,并明确联合体牵头人(如有)
		报价唯一	只能有一个有效报价
		……	……
2.1.2	资格评审标准	营业执照	具备有效的营业执照
		安全生产许可证	具备有效的安全生产许可证
		资质等级	符合第二章“投标人须知”第 1.4.1 项规定
		财务状况	符合第二章“投标人须知”第 1.4.1 项规定
		类似项目业绩	符合第二章“投标人须知”第 1.4.1 项规定
		信誉	符合第二章“投标人须知”第 1.4.1 项规定
		项目经理	符合第二章“投标人须知”第 1.4.1 项规定
		其他要求	符合第二章“投标人须知”第 1.4.1 项规定
		联合体投标人	符合第二章“投标人须知”第 1.4.2 项规定(如有)
		……	……
2.1.3	响应性评审标准	投标内容	符合第二章“投标人须知”第 1.3.1 项规定
		工期	符合第二章“投标人须知”第 1.3.2 项规定
		工程质量	符合第二章“投标人须知”第 1.3.3 项规定
		投标有效期	符合第二章“投标人须知”第 3.3.1 项规定
		投标保证金	符合第二章“投标人须知”第 3.4.1 项规定
		权利义务	符合第四章“合同条款及格式”规定
		已标价工程量清单	符合第五章“工程量清单”给出的范围及数量
		技术标准和要求	符合第七章“技术标准和要求”规定
		……	……

（续表）

<table>
<tr><th colspan="2">条款号</th><th>评审因素</th><th>评审标准</th></tr>
<tr><td colspan="2">2.2.1</td><td>分值构成
（总分100分）</td><td>施工组织设计：______分
项目管理机构：______分
投 标 报 价：______分
其他评分因素：______分</td></tr>
<tr><td colspan="2">2.2.2</td><td>评标其准价计算方法</td><td></td></tr>
<tr><td colspan="2">2.2.3</td><td>投标报价的偏差率计算公式</td><td>偏差率＝100％×（投标人报价－评标基准价）/评标基准价</td></tr>
<tr><td colspan="2">条款号</td><td>评分因素</td><td>评分标准</td></tr>
<tr><td rowspan="8">2.2.4(1)</td><td rowspan="8">施工组织设计评分标准</td><td>内容完整性和编制水平</td><td>……</td></tr>
<tr><td>施工方案与技术措施</td><td>……</td></tr>
<tr><td>质量管理体系与措施</td><td>……</td></tr>
<tr><td>安全管理体系与措施</td><td>……</td></tr>
<tr><td>环境保护管理体系与措施</td><td>……</td></tr>
<tr><td>工程进度计划与措施</td><td>……</td></tr>
<tr><td>资源配备计划</td><td>……</td></tr>
<tr><td>……</td><td>……</td></tr>
<tr><td rowspan="4">2.2.4(2)</td><td rowspan="4">项目管理机构评分标准</td><td>项目经理任职资格与业绩</td><td>……</td></tr>
<tr><td>技术负责人任职资历格与业绩</td><td>……</td></tr>
<tr><td>其他主要人员</td><td>……</td></tr>
<tr><td></td><td>……</td></tr>
<tr><td rowspan="2">2.2.4(3)</td><td rowspan="2">投标报价评分标准</td><td></td><td></td></tr>
<tr><td></td><td></td></tr>
<tr><td>2.2.4(4)</td><td>其他因素评分标准</td><td></td><td></td></tr>
</table>

1. 评标方法

本次评标采用综合评估法。评标委员会对满足招标文件实质性要求的投标文件，按照本章第2.2款规定的评分标准进行打分，并按得分由高到低顺序推荐中标候选人，或根据招标人授权直接确定中标人，但投标报价低于其成本的除外。综合评分相等时，以投标报价低的优先；投标报价也相等的，由招标人自行确定。

2. 评审标准

2.1 初步评审标准

2.1.1 形式评审标准：见评标办法前附表。

2.1.2　资格评审标准：见评标办法前附表（适用于未进行资格预审的），同时见资格预审文件第三章“资格审查办法”详细审查标准（适用于已进行资格预审的）。

2.1.3　响应性评审标准：见评标办法前附表。

2.2　分值构成与评分标准

2.2.1　分值构成：

(1)施工组织设计：见评标办法前附表。

(2)项目管理机构：见评标办法前附表。

(3)投标报价：见评标办法前附表。

(4)其他评分因素：见评标办法前附表。

2.2.2　评标基准价计算：评标基准价计算方法，见评标办法前附表。

2.2.3　投标报价的偏差率计算：投标报价的偏差率计算公式，见评标办法前附表。

2.2.4　评分标准：

(1)施工组织设计评分标准：见评标办法前附表。

(2)项目管理机构评分标准：见评标办法前附表。

(3)投标报价评分标准：见评标办法前附表。

(4)其他因素评分标准：见评标办法前附表。

3. 评标程序

3.1　初步评审

3.1.1　评标委员会可以要求投标人提交第二章“投标人须知”第3.5.1项至第3.5.5项规定的有关证明和证件的原件，以便核验。评标委员会依据本章第2.1款规定的标准对投标文件进行初步评审。有一项不符合评审标准的，作废标处理。（适用于未进行资格预审的）评标委员会依据本章第2.1.1项、第2.1.3项规定的评审标准对投标文件进行初步评审。有一项不符合评审标准的，作废标处理。当投标人资格预审申请文件的内容发生重大变化时，评标委员会依据本章第2.1.2项规定的标准对其更新资料进行评审（适用于已进行资格预审的）。

3.1.2　投标人有以下情形之一的，其投标作废标处理：

(1)第二章“投标人须知”第1.4.3项规定的任何一种情形的。

(2)串通投标或弄虚作假或有其他违法行为的。

(3)不按评标委员会要求澄清、说明或补正的。

3.1.3　投标报价有算术错误的，评标委员会按以下原则对投标报价进行修正，修正的价格经投标人书面确认后具有约束力。投标人不接受修正价格的，其投标作废标处理。

(1)投标文件中的大写金额与小写金额不一致的，以大写金额为准。

(2)总价金额与依据单价计算出的结果不一致的，以单价金额为准修正总价，但单价金额小数点有明显错误的除外。

3.2　详细评审

3.2.1　评标委员会按本章第2.2款规定的量化因素和分值进行打分，并计算出综合评估得分。

(1)按本章第2.2.4(1)目规定的评审因素和分值对施工组织设计计算出得分A。

(2)按本章第2.2.4(2)目规定的评审因素和分值对项目管理机构计算出得分B。

(3)按本章第2.2.4(3)目规定的评审因素和分值对投标报价计算出得分C。

(4)按本章第2.2.4(4)目规定的评审因素和分值对其他部分计算出得分D。

3.2.2　评分分值计算保留小数点后两位，小数点后第三位“四舍五入”。

3.2.3　投标人得分＝A＋B＋C＋D。

3.2.4　评标委员会发现投标人的报价明显低于其他投标报价，或者在设有标底时明显低于标底，使得其投标报价可能低于其个别成本的，应当要求该投标人作出书面说明并提供相应的证明材料。投标人不能合理说明或者不能提供相应证明材料的，由评标委员会认定该投标人以低于成本报价竞标，其投标作废标处理。

3.3 投标文件的澄清和补正

3.3.1 在评标过程中，评标委员会可以书面形式要求投标人对所提交投标文件中不明确的内容进行书面澄清或说明，或者对细微偏差进行补正。评标委员会不接受投标人主动提出的澄清、说明或补正。

3.3.2 澄清、说明和补正不得改变投标文件的实质性内容（算术性错误修正的除外）。投标人的书面澄清、说明和补正属于投标文件的组成部分。

3.3.3 评标委员会对投标人提交的澄清、说明或补正有疑问的，可以要求投标人进一步澄清、说明或补正，直至满足评标委员会的要求。

3.4 评标结果

3.4.1 除第二章“投标人须知”前附表授权直接确定中标人外，评标委员会按照得分高到低的顺序推荐中标候选人。

3.4.2 评标委员会完成评标后，应当向招标人提交书面评标报告。

第四章 合同条款及格式

第一节 通用合同条款

1. 一般约定

1.1 词语定义

通用合同条款、专用合同条款中的下列词语应具有本款所赋予的含义。

1.1.1 合同

1.1.1.1 合同文件(或称合同):指合同协议书、中标通知书、投标函及投标函附录、专用合同条款、通用合同条款、技术标准和要求、图纸、已标价工程量清单,以及其他合同文件。

1.1.1.2 合同协议书:指第 1.5 款所指的合同协议书。

1.1.1.3 中标通知书:指发包人通知承包人中标的函件。

1.1.1.4 投标函:指构成合同文件组成部分的由承包人填写并签署的投标函。

1.1.1.5 投标函附录:指附在投标函后构成合同文件的投标函附录。

1.1.1.6 技术标准和要求:指构成合同文件组成部分的名为技术标准和要求的文件,包括合同双方当事人约定对其所作的修改或补充。

1.1.1.7 图纸:指包含在合同中的工程图纸,以及由发包人按合同约定提供的任何补充和修改的图纸,包括配套的说明。

1.1.1.8 已标价工程量清单:指构成合同文件组成部分的由承包人按照规定的格式和要求填写并标明价格的工程量清单。

1.1.1.9 其他合同文件:指经合同双方当事人确认构成合同文件的其他文件。

1.1.2 合同当事人和人员

1.1.2.1 合同当事人:指发包人和(或)承包人。

1.1.2.2 发包人:指专用合同条款中指明并与承包人在合同协议书中签字的当事人。

1.1.2.3 承包人:指与发包人签订合同协议书的当事人。

1.1.2.4 承包人项目经理:指承包人派驻施工场地的全权负责人。

1.1.2.5 分包人:指从承包人处分包合同中某一部分工程,并与其签订分包合同的分包人。

1.1.2.6 监理人:指在专用合同条款中指明的,受发包人委托对合同履行实施管理的法人或其他组织。

1.1.2.7 总监理工程师(总监):指由监理人委派常驻施工场地对合同履行实施管理的全权负责人。

1.1.3 工程和设备

1.1.3.1 工程:指永久工程和(或)临时工程。

1.1.3.2 永久工程:指按合同约定建造并移交给发包人的工程,包括工程设备。

1.1.3.3 临时工程:指为完成合同约定的永久工程所修建的各类临时性工程,不包括施工设备。

1.1.3.4 单位工程:指专用合同条款中指明特定范围的永久工程。

1.1.3.5 工程设备:指构成或计划构成永久工程一部分的机电设备、金属结构设备、仪器装置及其他类似的设备和装置。

1.1.3.6 施工设备:指为完成合同约定的各项工作所需的设备、器具和其他物品,不包括临时工程和材料。

1.1.3.7 临时设施:指为完成合同约定的各项工作所服务的临时性生产和生活设施。

1.1.3.8 承包人设备:指承包人自带的施工设备。

1.1.3.9 施工场地(或称工地、现场):指用于合同工程施工的场所,以及在合同中指定作为施工场地组成部分的其他场所,包括永久占地和临时占地。

1.1.3.10 永久占地:指专用合同条款中指明为实施合同工程需永久占用的土地。

1.1.3.11 临时占地:指专用合同条款中指明为实施合同工程需临时占用的土地。

1.1.4 日期

1.1.4.1 开工通知:指监理人按第11.1款通知承包人开工的函件。

1.1.4.2 开工日期:指监理人按第11.1款发出的开工通知中写明的开工日期。

1.1.4.3 工期:指承包人在投标函中承诺的完成合同工程所需的期限,包括按第11.3款、第11.4款和第11.6款约定所作的变更。

1.1.4.4 竣工日期:指第1.1.4.3目约定工期届满时的日期。实际竣工日期以工程接收证书中写明的日期为准。

1.1.4.5 缺陷责任期:指履行第19.2款约定的缺陷责任的期限,具体期限由专用合同条款约定,包括根据第19.3款约定所作的延长。

1.1.4.6 基准日期:指投标截止时间前28天的日期。

1.1.4.7 天:除特别指明外,指日历天。合同中按天计算时间的,开始当天不计入,从次日开始计算。期限最后一天的截止时间为当天的24:00。

1.1.5 合同价格和费用

1.1.5.1 签约合同价:指签订合同时合同协议书中写明的,包括了暂列金额、暂估价的合同总金额。

1.1.5.2 合同价格:指承包人按合同约定完成了包括缺陷责任期内的全部承包工作后,发包人应付给承包人的金额,包括在履行合同过程中按合同约定进行的变更和调整。

1.1.5.3 费用:指为履行合同所发生的或将要发生的所有合理开支,包括管理费和应分摊的其他费用,但不包括利润。

1.1.5.4 暂列金额:指已标价工程量清单中所列的暂列金额,用于在签订协议书时尚未确定或不可预见变更的施工及其所需材料、工程设备、服务等的金额,包括以计日工方式支付的金额。

1.1.5.5 暂估价:指发包人在工程量清单中给定的用于支付必然发生但暂时不能确定价格的材料、设备以及专业工程的金额。

1.1.5.6 计日工:指对零星工作采取的一种计价方式,按合同中的计日工子目及其单价计价付款。

1.1.5.7 质量保证金(或称保留金):指按第17.4.1项约定用于保证在缺陷责任期内履行缺陷修复义务的金额。

1.1.6 其他

1.1.6.1 书面形式:指合同文件、信函、电报、传真等可以有形地表现所载内容的形式。

1.2 语言文字

除专用术语外,合同使用的语言文字为中文。必要时专用术语应附有中文注释。

1.3 法律

适用于合同的法律包括中华人民共和国法律、行政法规、部门规章,以及工程所在地的地方法规、自治条例、单行条例和地方政府规章。

1.4 合同文件的优先顺序

组成合同的各项文件应互相解释,互为说明。除专用合同条款另有约定外,解释合同文件的优先顺序如下:

(1)合同协议书。

(2)中标通知书。

(3)投标函及投标函附录。

(4)专用合同条款。

(5)通用合同条款。

(6)技术标准和要求。

(7)图纸。

(8)已标价工程量清单。

(9)其他合同文件。

1.5 合同协议书

承包人按中标通知书规定的时间与发包人签订合同协议书。除法律另有规定或合同另有约定外,发包人和承包人的法定代表人或其委托代理人在合同协议书上签字并盖单位章后,合同生效。

1.6 图纸和承包人文件

1.6.1 图纸的提供

除专用合同条款另有约定外,图纸应在合理的期限内按照合同约定的数量提供给承包人。由于发包人未按时提供图纸造成工期延误的,按第 11.3 款的约定办理。

1.6.2 承包人提供的文件

按专用合同条款约定由承包人提供的文件,包括部分工程的大样图、加工图等,承包人应按约定的数量和期限报送监理人。监理人应在专用合同条款约定的期限内批复。

1.6.3 图纸的修改

图纸需要修改和补充的,应由监理人取得发包人同意后,在该工程或工程相应部位施工前的合理期限内签发图纸修改图给承包人,具体签发期限在专用合同条款中约定。承包人应按修改后的图纸施工。

1.6.4 图纸的错误

承包人发现发包人提供的图纸存在明显错误或疏忽,应及时通知监理人。

1.6.5 图纸和承包人文件的保管

监理人和承包人均应在施工场地各保存一套完整的包含第 1.6.1 项、第 1.6.2 项、第 1.6.3 项约定内容的图纸和承包人文件。

1.7 联络

1.7.1 与合同有关的通知、批准、证明、证书、指示、要求、请求、同意、意见、确定和决定等,均应采用书面形式。

1.7.2 第 1.7.1 项中的通知、批准、证明、证书、指示、要求、请求、同意、意见、确定和决定等来往函件,均应在合同约定的期限内送达指定地点和接收人,并办理签收手续。

1.8 转让

除合同另有约定外,未经对方当事人同意,一方当事人不得将合同权利全部或部分转让给第三人,也不得全部或部分转移合同义务。

1.9 严禁贿赂

合同双方当事人不得以贿赂或变相贿赂的方式,谋取不当利益或损害对方权益。因贿赂造成对方损失的,行为人应赔偿损失,并承担相应的法律责任。

1.10 化石、文物

1.10.1 在施工场地发掘的所有文物、古迹以及具有地质研究或考古价值的其他遗迹、化石、钱币或物品属于国家所有。一旦发现上述文物,承包人应采取有效合理的保护措施,防止任何人员移动或损坏上述物品,并立即报告当地文物行政部门,同时通知监理人。发包人、监理人和承包人应按文物行政部门要求采取妥善保护措施,由此导致费用增加和(或)工期延误由发包人承担。

1.10.2 承包人发现文物后不及时报告或隐瞒不报,致使文物丢失或损坏的,应赔偿损失,并承担相应的法律责任。

1.11 专利技术

1.11.1 承包人在使用任何材料、承包人设备、工程设备或采用施工工艺时,因侵犯专利权或其他知识产权所引起的责任,由承包人承担,但由于遵照发包人提供的设计或技术标准和要求引起的除外。

1.11.2 承包人在投标文件中采用专利技术的，专利技术的使用费包含在投标报价内。

1.11.3 承包人的技术秘密和声明需要保密的资料和信息，发包人和监理人不得为合同以外的目的泄露给他人。

1.12 图纸和文件的保密

1.12.1 发包人提供的图纸和文件，未经发包人同意，承包人不得为合同以外的目的泄露给他人或公开发表与引用。

1.12.2 承包人提供的文件，未经承包人同意，发包人和监理人不得为合同以外的目的泄露给他人或公开发表与引用。

2. 发包人义务

2.1 遵守法律

发包人在履行合同过程中应遵守法律，并保证承包人免于承担因发包人违反法律而引起的任何责任。

2.2 发出开工通知

发包人应委托监理人按第11.1款的约定向承包人发出开工通知。

2.3 提供施工场地

发包人应按专用合同条款约定向承包人提供施工场地，以及施工场地内地下管线和地下设施等有关资料，并保证资料的真实、准确、完整。

2.4 协助承包人办理证件和批件

发包人应协助承包人办理法律规定的有关施工证件和批件。

2.5 组织设计交底

发包人应根据合同进度计划，组织设计单位向承包人进行设计交底。

2.6 支付合同价款

发包人应按合同约定向承包人及时支付合同价款。

2.7 组织竣工验收

发包人应按合同约定及时组织竣工验收。

2.8 其他义务

发包人应履行合同约定的其他义务。

3. 监理人

3.1 监理人的职责和权力

3.1.1 监理人受发包人委托，享有合同约定的权力。监理人在行使某项权力前需要经发包人事先批准而通用合同条款没有指明的，应在专用合同条款中指明。

3.1.2 监理人发出的任何指示应视为已得到发包人的批准，但监理人无权免除或变更合同约定的发包人和承包人的权利、义务和责任。

3.1.3 合同约定应由承包人承担的义务和责任，不因监理人对承包人提交文件的审查或批准，对工程、材料和设备的检查和检验，以及为实施监理作出的指示等职务行为而减轻或解除。

3.2 总监理工程师

发包人应在发出开工通知前将总监理工程师的任命通知承包人。总监理工程师更换时，应在调离14天前通知承包人。总监理工程师短期离开施工场地的，应委派代表代行其职责，并通知承包人。

3.3 监理人员

3.3.1 总监理工程师可以授权其他监理人员负责执行其指派的一项或多项监理工作。总监理工程师应将被授权监理人员的姓名及其授权范围通知承包人。被授权的监理人员在授权范围内发出的指示视为已得到总监理工程师的同意，与总监理工程师发出的指示具有同等效力。总监理工程师撤销某项授权时，应将撤销授权的决定及时通知承包人。

3.3.2 监理人员对承包人的任何工作、工程或其采用的材料和工程设备未在约定的或合理的期限内提出否定意见的，视为已获批准，但不影响监理人在以后拒绝该项工作、工程、材料或工程设备的权利。

3.3.3 承包人对总监理工程师授权的监理人员发出的指示有疑问的，可向总监理工程师提出书面异议，总监理工程师应在48小时内对该指示予以确认、更改或撤销。

3.3.4 除专用合同条款另有约定外，总监理工程师不应将第3.5款约定应由总监理工程师作出确定的权力授权或委托给其他监理人员。

3.4 监理人的指示

3.4.1 监理人应按第3.1款的约定向承包人发出指示，监理人的指示应盖有监理人授权的施工场地机构章，并由总监理工程师或总监理工程师按第3.3.1项约定授权的监理人员签字。

3.4.2 承包人收到监理人按第3.4.1项作出的指示后应遵照执行。指示构成变更的，应按第15条处理。

3.4.3 在紧急情况下，总监理工程师或被授权的监理人员可以当场签发临时书面指示，承包人应遵照执行。承包人应在收到上述临时书面指示后24小时内，向监理人发出书面确认函。监理人在收到书面确认函后24小时内未予答复的，该书面确认函应被视为监理人的正式指示。

3.4.4 除合同另有约定外，承包人只从总监理工程师或按第3.3.1项被授权的监理人员处取得指示。

3.4.5 由于监理人未能按合同约定发出指示、指示延误或指示错误而导致承包人费用增加和(或)工期延误的，由发包人承担赔偿责任。

3.5 商定或确定

3.5.1 合同约定总监理工程师应按照本款对任何事项进行商定或确定时，总监理工程师应与合同当事人协商，尽量达成一致。不能达成一致的，总监理工程师应认真研究后审慎确定。

3.5.2 总监理工程师应将商定或确定的事项通知合同当事人，并附详细依据。对总监理工程师的确定有异议的，构成争议，按照第24条的约定处理。在争议解决前，双方应暂按总监理工程师的确定执行，按照第24条的约定对总监理工程师的确定作出修改的，按修改后的结果执行。

4.承包人

4.1 承包人的一般义务

4.1.1 遵守法律

承包人在履行合同过程中应遵守法律，并保证发包人免于承担因承包人违反法律而引起的任何责任。

4.1.2 依法纳税

承包人应按有关法律规定纳税，应缴纳的税金包括在合同价格内。

4.1.3 完成各项承包工作

承包人应按合同约定以及监理人根据第3.4款作出的指示，实施、完成全部工程，并修补工程中的任何缺陷。除专用合同条款另有约定外，承包人应提供为完成合同工作所需的劳务、材料、施工设备、工程设备和其他物品，并按合同约定负责临时设施的设计、建造、运行、维护、管理和拆除。

4.1.4 对施工作业和施工方法的完备性负责

承包人应按合同约定的工作内容和施工进度要求，编制施工组织设计和施工措施计划，并对所有施工作业和施工方法的完备性和安全可靠性负责。

4.1.5 保证工程施工和人员的安全

承包人应按第9.2款约定采取施工安全措施，确保工程及其人员、材料、设备和设施的安全，防止因工程施工造成的人身伤害和财产损失。

4.1.6 负责施工场地及其周边环境与生态的保护工作

承包人应按照第9.4款约定负责施工场地及其周边环境与生态的保护工作。

4.1.7 避免施工对公众与他人的利益造成损害

承包人在进行合同约定的各项工作时，不得侵害发包人与他人使用公用道路、水源、市政管网等公共设施的权利，避免对邻近的公共设施产生干扰。承包人占用或使用他人的施工场地，影响他人作业或生活的，应承担相应责任。

4.1.8 为他人提供方便

承包人应按监理人的指示为他人在施工场地或附近实施与工程有关的其他各项工作提供可能的条件。除合同另有约定外，提供有关条件的内容和可能发生的费用，由监理人按第3.5款商定或确定。

4.1.9 工程的维护和照管

工程接收证书颁发前，承包人应负责照管和维护工程。工程接收证书颁发时尚有部分未竣工工程的，承包人还应负责该未竣工工程的照管和维护工作，直至竣工后移交给发包人为止。

4.1.10 其他义务

承包人应履行合同约定的其他义务。

4.2 履约担保

承包人应保证其履约担保在发包人颁发工程接收证书前一直有效。发包人应在工程接收证书颁发后28天内把履约担保退还给承包人。

4.3 分包

4.3.1 承包人不得将其承包的全部工程转包给第三人，或将其承包的全部工程肢解后以分包的名义转包给第三人。

4.3.2 承包人不得将工程主体、关键性工作分包给第三人。除专用合同条款另有约定外，未经发包人同意，承包人不得将工程的其他部分或工作分包给第三人。

4.3.3 分包人的资格能力应与其分包工程的标准和规模相适应。

4.3.4 按投标函附录约定分包工程的，承包人应向发包人和监理人提交分包合同副本。

4.3.5 承包人应与分包人就分包工程向发包人承担连带责任。

4.4 联合体

4.4.1 联合体各方应共同与发包人签订合同协议书。联合体各方应为履行合同承担连带责任。

4.4.2 联合体协议经发包人确认后作为合同附件。在履行合同过程中，未经发包人同意，不得修改联合体协议。

4.4.3 联合体牵头人负责与发包人和监理人联系，并接受指示，负责组织联合体各成员全面履行合同。

4.5 承包人项目经理

4.5.1 承包人应按合同约定指派项目经理，并在约定的期限内到职。承包人更换项目经理应事先征得发包人同意，并应在更换14天前通知发包人和监理人。承包人项目经理短期离开施工场地，应事先征得监理人同意，并委派代表代行其职责。

4.5.2 承包人项目经理应按合同约定以及监理人按第3.4款作出的指示，负责组织合同工程的实施。在情况紧急且无法与监理人取得联系时，可采取保证工程和人员生命财产安全的紧急措施，并在采取措施后24小时内向监理人提交书面报告。

4.5.3 承包人为履行合同发出的一切函件均应盖有承包人授权的施工场地管理机构章，并由承包人项目经理或其授权代表签字。

4.5.4 承包人项目经理可以授权其下属人员履行其某项职责，但事先应将这些人员的姓名和授权范围通知监理人。

4.6 承包人人员的管理

4.6.1 承包人应在接到开工通知后28天内，向监理人提交承包人在施工场地的管理机构以及人员安排的报告，其内容应包括管理机构的设置、各主要岗位的技术和管理人员名单及其资格，以及各工种技术工人的安排状况。承包人应向监理人提交施工场地人员变动情况的报告。

4.6.2 为完成合同约定的各项工作，承包人应向施工场地派遣或雇佣足够数量的下列人员：

(1)具有相应资格的专业技工和合格的普工。

(2)具有相应施工经验的技术人员。

(3)具有相应岗位资格的各级管理人员。

4.6.3 承包人安排在施工场地的主要管理人员和技术骨干应相对稳定。承包人更换主要管理人员和技术骨干时，应取得监理人的同意。

4.6.4 特殊岗位的工作人员均应持有相应的资格证明，监理人有权随时检查。监理人认为有必要时，可进行现场考核。

4.7 撤换承包人项目经理和其他人员

承包人应对其项目经理和其他人员进行有效管理。监理人要求撤换不能胜任本职工作、行为不端或玩忽职守的承包人项目经理和其他人员的，承包人应予以撤换。

4.8 保障承包人人员的合法权益

4.8.1 承包人应与其雇佣的人员签订劳动合同，并按时发放工资。

4.8.2 承包人应按劳动法的规定安排工作时间，保证其雇佣人员享有休息和休假的权利。因工程施工的特殊需要占用休假日或延长工作时间的，应不超过法律规定的限度，并按法律规定给予补休或付酬。

4.8.3 承包人应为其雇佣人员提供必要的食宿条件，以及符合环境保护和卫生要求的生活环境，在远离城镇的施工场地，还应配备必要的伤病防治和急救的医务人员与医疗设施。

4.8.4 承包人应按国家有关劳动保护的规定，采取有效的防止粉尘、降低噪声、控制有害气体和保障高温、高寒、高空作业安全等劳动保护措施。其雇佣人员在施工中受到伤害的，承包人应立即采取有效措施进行抢救和治疗。

4.8.5 承包人应按有关法律规定和合同约定，为其雇佣人员办理保险。

4.8.6 承包人应负责处理其雇佣人员因工伤亡事故的善后事宜。

4.9 工程价款应专款专用

发包人按合同约定支付给承包人的各项价款应专用于合同工程。

4.10 承包人现场查勘

4.10.1 发包人应将其持有的现场地质勘探资料、水文气象资料提供给承包人，并对其准确性负责。但承包人应对其阅读上述有关资料后所作出的解释和推断负责。

4.10.2 承包人应对施工场地和周围环境进行查勘，并收集有关地质、水文、气象条件、交通条件、风俗习惯以及其他为完成合同工作有关的当地资料。在全部合同工作中，应视为承包人已充分估计了应承担的责任和风险。

4.11 不利物质条件

4.11.1 不利物质条件，除专用合同条款另有约定外，是指承包人在施工场地遇到的不可预见的自然物质条件、非自然的物质障碍和污染物，包括地下和水文条件，但不包括气候条件。

4.11.2 承包人遇到不利物质条件时，应采取适应不利物质条件的合理措施继续施工，并及时通知监理人。监理人应当及时发出指示，指示构成变更的，按第15条约定办理。监理人没有发出指示的，承包人因采取合理措施而增加的费用和(或)工期延误，由发包人承担。

5. 材料和工程设备

5.1 承包人提供的材料和工程设备

5.1.1 除专用合同条款另有约定外，承包人提供的材料和工程设备均由承包人负责采购、运输和保管。承包人应对其采购的材料和工程设备负责。

5.1.2 承包人应按专用合同条款的约定，将各项材料和工程设备的供货人及品种、规格、数量和供货时间等报送监理人审批。承包人应向监理人提交其负责提供的材料和工程设备的质量证明文件，并满足合同约定的质量标准。

5.1.3 对承包人提供的材料和工程设备，承包人应会同监理人进行检验和交货验收，查验材料合格证明和产品合格证书，并按合同约定和监理人指示，进行材料的抽样检验和工程设备的检验测试，检验和测试结果应提交监理人,所需费用由承包人承担。

5.2 发包人提供的材料和工程设备

5.2.1 发包人提供的材料和工程设备,应在专用合同条款中写明材料和工程设备的名称、规格、数量、价格、交货方式、交货地点和计划交货日期等。

5.2.2 承包人应根据合同进度计划的安排,向监理人报送要求发包人交货的日期计划。发包人应按照监理人与合同双方当事人商定的交货日期,向承包人提交材料和工程设备。

5.2.3 发包人应在材料和工程设备到货7天前通知承包人,承包人应会同监理人在约定的时间内,赴交货地点共同进行验收。除专用合同条款另有约定外,发包人提供的材料和工程设备验收后,由承包人负责接收、运输和保管。

5.2.4 发包人要求向承包人提前交货的,承包人不得拒绝,但发包人应承担承包人由此增加的费用。

5.2.5 承包人要求更改交货日期或地点的,应事先报请监理人批准。由于承包人要求更改交货时间或地点所增加的费用和(或)工期延误由承包人承担。

5.2.6 发包人提供的材料和工程设备的规格、数量或质量不符合合同要求,或由于发包人原因发生交货日期延误及交货地点变更等情况的,发包人应承担由此增加的费用和(或)工期延误,并向承包人支付合理利润。

5.3 材料和工程设备专用于合同工程

5.3.1 运入施工场地的材料、工程设备,包括备品备件、安装专用工器具与随机资料,必须专用于合同工程,未经监理人同意,承包人不得运出施工场地或挪作他用。

5.3.2 随同工程设备运入施工场地的备品备件、专用工器具与随机资料,应由承包人会同监理人按供货人的装箱单清点后共同封存,未经监理人同意不得启用。承包人因合同工作需要使用上述物品时,应向监理人提出申请。

5.4 禁止使用不合格的材料和工程设备

5.4.1 监理人有权拒绝承包人提供的不合格材料或工程设备,并要求承包人立即进行更换。监理人应在更换后再次进行检查和检验,由此增加的费用和(或)工期延误由承包人承担。

5.4.2 监理人发现承包人使用了不合格的材料和工程设备,应即时发出指示要求承包人立即改正,并禁止在工程中继续使用不合格的材料和工程设备。

5.4.3 发包人提供的材料或工程设备不符合合同要求的,承包人有权拒绝,并可要求发包人更换,由此增加的费用和(或)工期延误由发包人承担。

6. 施工设备和临时设施

6.1 承包人提供的施工设备和临时设施

6.1.1 承包人应按合同进度计划的要求,及时配置施工设备和修建临时设施。进入施工场地的承包人设备需经监理人核查后才能投入使用。承包人更换合同约定的承包人设备的,应报监理人批准。

6.1.2 除专用合同条款另有约定外,承包人应自行承担修建临时设施的费用,需要临时占地的,应由发包人办理申请手续并承担相应费用。

6.2 发包人提供的施工设备和临时设施

发包人提供的施工设备或临时设施在专用合同条款中约定。

6.3 要求承包人增加或更换施工设备

承包人使用的施工设备不能满足合同进度计划和(或)质量要求时,监理人有权要求承包人增加或更换施工设备,承包人应及时增加或更换,由此增加的费用和(或)工期延误由承包人承担。

6.4 施工设备和临时设施专用于合同工程

6.4.1 除合同另有约定外,运入施工场地的所有施工设备以及在施工场地建设的临时设施应专用于合同工程。未经监理人同意,不得将上述施工设备和临时设施中的任何部分运出施工场地或挪作他用。

6.4.2 经监理人同意,承包人可根据合同进度计划撤走闲置的施工设备。

7. 交通运输

7.1 道路通行权和场外设施

除专用合同条款另有约定外，发包人应根据合同工程的施工需要，负责办理取得出入施工场地的专用和临时道路的通行权，以及取得为工程建设所需修建场外设施的权利，并承担有关费用。承包人应协助发包人办理上述手续。

7.2 场内施工道路

7.2.1 除专用合同条款另有约定外，承包人应负责修建、维修、养护和管理施工所需的临时道路和交通设施，包括维修、养护和管理发包人提供的道路和交通设施，并承担相应费用。

7.2.2 除专用合同条款另有约定外，承包人修建的临时道路和交通设施应免费提供发包人和监理人使用。

7.3 场外交通

7.3.1 承包人车辆外出行驶所需的场外公共道路的通行费、养路费和税款等由承包人承担。

7.3.2 承包人应遵守有关交通法规，严格按照道路和桥梁的限制荷重安全行驶，并服从交通管理部门的检查和监督。

7.4 超大件和超重件的运输

由承包人负责运输的超大件或超重件，应由承包人负责向交通管理部门办理申请手续，发包人给予协助。运输超大件或超重件所需的道路和桥梁临时加固改造费用和其他有关费用，由承包人承担，但专用合同条款另有约定除外。

7.5 道路和桥梁的损坏责任

因承包人运输造成施工场地内外公共道路和桥梁损坏的，由承包人承担修复损坏的全部费用和可能引起的赔偿。

7.6 水路和航空运输

本条上述各款的内容适用于水路运输和航空运输，其中“道路”一词的含义包括河道、航线、船闸、机场、码头、堤防以及水路或航空运输中其他相似结构物；“车辆”一词的含义包括船舶和飞机等。

8. 测量放线

8.1 施工控制网

8.1.1 发包人应在专用合同条款约定的期限内，通过监理人向承包人提供测量基准点、基准线和水准点及其书面资料。除专用合同条款另有约定外，承包人应根据国家测绘基准、测绘系统和工程测量技术规范，按上述基准点(线)以及合同工程精度要求，测设施工控制网，并在专用合同条款约定的期限内，将施工控制网资料报送监理人审批。

8.1.2 承包人应负责管理施工控制网点。施工控制网点丢失或损坏的，承包人应及时修复。承包人应承担施工控制网点的管理与修复费用，并在工程竣工后将施工控制网点移交发包人。

8.2 施工测量

8.2.1 承包人应负责施工过程中的全部施工测量放线工作，并配置合格的人员、仪器、设备和其他物品。

8.2.2 监理人可以指示承包人进行抽样复测，当复测中发现错误或出现超过合同约定的误差时，承包人应按监理人指示进行修正或补测，并承担相应的复测费用。

8.3 基准资料错误的责任

发包人应对其提供的测量基准点、基准线和水准点及其书面资料的真实性、准确性和完整性负责。发包人提供上述基准资料错误导致承包人测量放线工作的返工或造成工程损失的，发包人应当承担由此增加的费用和(或)工期延误，并向承包人支付合理利润。承包人发现发包人提供的上述基准资料存在明显错误或疏忽的，应及时通知监理人。

8.4 监理人使用施工控制网

监理人需要使用施工控制网的，承包人应提供必要的协助，发包人不再为此支付费用。

9. 施工安全、治安保卫和环境保护

9.1 发包人的施工安全责任

9.1.1 发包人应按合同约定履行安全职责，授权监理人按合同约定的安全工作内容监督、检查承包人安全工作的实施，组织承包人和有关单位进行安全检查。

9.1.2 发包人应对其现场机构雇佣的全部人员的工伤事故承担责任，但由于承包人原因造成发包人人员工伤的，应由承包人承担责任。

9.1.3 发包人应负责赔偿以下各种情况造成的第三者人身伤亡和财产损失：

(1)工程或工程的任何部分对土地的占用所造成的第三者财产损失。

(2)由于发包人原因在施工场地及其毗邻地带造成的第三者人身伤亡和财产损失。

9.2 承包人的施工安全责任

9.2.1 承包人应按合同约定履行安全职责，执行监理人有关安全工作的指示，并在专用合同条款约定的期限内，按合同约定的安全工作内容，编制施工安全措施计划报送监理人审批。

9.2.2 承包人应加强施工作业安全管理，特别应加强易燃、易爆材料、火工器材、有毒与腐蚀性材料和其他危险品的管理，以及对爆破作业和地下工程施工等危险作业的管理。

9.2.3 承包人应严格按照国家安全标准制定施工安全操作规程，配备必要的安全生产和劳动保护设施，加强对承包人人员的安全教育，并发放安全工作手册和劳动保护用具。

9.2.4 承包人应按监理人的指示制定应对灾害的紧急预案，报送监理人审批。承包人还应按预案做好安全检查，配置必要的救助物资和器材，切实保护好有关人员的人身和财产安全。

9.2.5 合同约定的安全作业环境及安全施工措施所需费用应遵守有关规定，并包括在相关工作的合同价格中。因采取合同未约定的安全作业环境及安全施工措施增加的费用，由监理人按第3.5款商定或确定。

9.2.6 承包人应对其履行合同所雇佣的全部人员，包括分包人人员的工伤事故承担责任，但由于发包人原因造成承包人人员工伤事故的，应由发包人承担责任。

9.2.7 由于承包人原因在施工场地内及其毗邻地带造成的第三者人员伤亡和财产损失，由承包人负责赔偿。

9.3 治安保卫

9.3.1 除合同另有约定外，发包人应与当地公安部门协商，在现场建立治安管理机构或联防组织，统一管理施工场地的治安保卫事项，履行合同工程的治安保卫职责。

9.3.2 发包人和承包人除应协助现场治安管理机构或联防组织维护施工场地的社会治安外，还应做好包括生活区在内的各自管辖区的治安保卫工作。

9.3.3 除合同另有约定外，发包人和承包人应在工程开工后，共同编制施工场地治安管理计划，并制定应对突发治安事件的紧急预案。在工程施工过程中，发生暴乱、爆炸等恐怖事件，以及群殴、械斗等群体性突发治安事件的，发包人和承包人应立即向当地政府报告。发包人和承包人应积极协助当地有关部门采取措施平息事态，防止事态扩大，尽量减少财产损失和避免人员伤亡。

9.4 环境保护

9.4.1 承包人在施工过程中，应遵守有关环境保护的法律，履行合同约定的环境保护义务，并对违反法律和合同约定义务所造成的环境破坏、人身伤害和财产损失负责。

9.4.2 承包人应按合同约定的环保工作内容，编制施工环保措施计划，报送监理人审批。

9.4.3 承包人应按照批准的施工环保措施计划有序地堆放和处理施工废弃物，避免对环境造成破坏。因承包人任意堆放或弃置施工废弃物造成妨碍公共交通、影响城镇居民生活、降低河流行洪能力、危及居民安全、破坏周边环境，或者影响其他承包人施工等后果的，承包人应承担责任。

9.4.4 承包人应按合同约定采取有效措施，对施工开挖的边坡及时进行支护，维护排水设施，并进行水土保护，避免因施工造成的地质灾害。

9.4.5 承包人应按国家饮用水管理标准定期对饮用水源进行监测，防止施工活动污染饮用水源。

9.4.6 承包人应按合同约定，加强对噪声、粉尘、废气、废水和废油的控制，努力降低噪声，控制粉尘和废气浓度，做好废水和废油的治理和排放。

9.5 事故处理

工程施工过程中发生事故的，承包人应立即通知监理人，监理人应立即通知发包人。发包人和承包人应立即组织人员和设备进行紧急抢救和抢修，减少人员伤亡和财产损失，防止事故扩大，并保护事故现场。需要移动现场物品时，应作出标记和书面记录，妥善保管有关证据。发包人和承包人应按国家有关规定，及时如实地向有关部门报告事故发生的情况，以及正在采取的紧急措施等。

10. 进度计划

10.1 合同进度计划

承包人应按专用合同条款约定的内容和期限，编制详细的施工进度计划和施工方案说明报送监理人。监理人应在专用合同条款约定的期限内批复或提出修改意见，否则该进度计划视为已得到批准。经监理人批准的施工进度计划称合同进度计划，是控制合同工程进度的依据。承包人还应根据合同进度计划，编制更为详细的分阶段或分项进度计划，报监理人审批。

10.2 合同进度计划的修订

不论何种原因造成工程的实际进度与第10.1款的合同进度计划不符时，承包人可以在专用合同条款约定的期限内向监理人提交修订合同进度计划的申请报告，并附有关措施和相关资料，报监理人审批；监理人也可以直接向承包人作出修订合同进度计划的指示，承包人应按该指示修订合同进度计划，报监理人审批。监理人应在专用合同条款约定的期限内批复。监理人在批复前应获得发包人同意。

11. 开工和竣工

11.1 开工

11.1.1 监理人应在开工日期7天前向承包人发出开工通知。监理人在发出开工通知前应获得发包人同意。工期自监理人发出的开工通知中载明的开工日期起计算。承包人应在开工日期后尽快施工。

11.1.2 承包人应按第10.1款约定的合同进度计划，向监理人提交工程开工报审表，经监理人审批后执行。开工报审表应详细说明按合同进度计划正常施工所需的施工道路、临时设施、材料设备、施工人员等施工组织措施的落实情况以及工程的进度安排。

11.2 竣工

承包人应在第1.1.4.3目约定的期限内完成合同工程。实际竣工日期在接收证书中写明。

11.3 发包人的工期延误

在履行合同过程中，由于发包人的下列原因造成工期延误的，承包人有权要求发包人延长工期和(或)增加费用，并支付合理利润。需要修订合同进度计划的，按照第10.2款的约定办理。

(1)增加合同工作内容。

(2)改变合同中任何一项工作的质量要求或其他特性。

(3)发包人迟延提供材料、工程设备或变更交货地点的。

(4)因发包人原因导致的暂停施工。

(5)提供图纸延误。

(6)未按合同约定及时支付预付款、进度款。

(7)发包人造成工期延误的其他原因。

11.4 异常恶劣的气候条件

由于出现专用合同条款规定的异常恶劣气候的条件导致工期延误的，承包人有权要求发包人延长工期。

11.5 承包人的工期延误

由于承包人原因，未能按合同进度计划完成工作，或监理人认为承包人施工进度不能满足合同工期要求的,承包人应采取措施加快进度,并承担加快进度所增加的费用。由于承包人原因造成工期延误,承包人应支付逾期竣工违约金。逾期竣工违约金的计算方法在专用合同条款中约定。承包人支付逾期竣工违约金,不免除承包人完成工程及修补缺陷的义务。

11.6 工期提前

发包人要求承包人提前竣工,或承包人提出提前竣工的建议能够给发包人带来效益的,应由监理人与承包人共同协商采取加快工程进度的措施和修订合同进度计划。发包人应承担承包人由此增加的费用,并向承包人支付专用合同条款约定的相应奖金。

12. 暂停施工

12.1 承包人暂停施工的责任

因下列暂停施工增加的费用和(或)工期延误由承包人承担:

(1)承包人违约引起的暂停施工。

(2)由于承包人原因为工程合理施工和安全保障所必需的暂停施工。

(3)承包人擅自暂停施工。

(4)承包人其他原因引起的暂停施工。

(5)专用合同条款约定由承包人承担的其他暂停施工。

12.2 发包人暂停施工的责任

由于发包人原因引起的暂停施工造成工期延误的,承包人有权要求发包人延长工期和(或)增加费用,并支付合理利润。

12.3 监理人暂停施工指示

12.3.1 监理人认为有必要时,可向承包人作出暂停施工的指示,承包人应按监理人指示暂停施工。不论由于何种原因引起的暂停施工,暂停施工期间承包人应负责妥善保护工程并提供安全保障。

12.3.2 由于发包人的原因发生暂停施工的紧急情况,且监理人未及时下达暂停施工指示的,承包人可先暂停施工,并及时向监理人提出暂停施工的书面请求。监理人应在接到书面请求后的 24 小时内予以答复,逾期未答复的,视为同意承包人的暂停施工请求。

12.4 暂停施工后的复工

12.4.1 暂停施工后,监理人应与发包人和承包人协商,采取有效措施积极消除暂停施工的影响。当工程具备复工条件时,监理人应立即向承包人发出复工通知。承包人收到复工通知后,应在监理人指定的期限内复工。

12.4.2 承包人无故拖延和拒绝复工的,由此增加的费用和工期延误由承包人承担;因发包人原因无法按时复工的,承包人有权要求发包人延长工期和(或)增加费用,并支付合理利润。

12.5 暂停施工持续 56 天以上

12.5.1 监理人发出暂停施工指示后 56 天内未向承包人发出复工通知,除了该项停工属于第 12.1 款的情况外,承包人可向监理人提交书面通知,要求监理人在收到书面通知后 28 天内准许已暂停施工的工程或其中一部分工程继续施工。如监理人逾期不予批准,则承包人可以通知监理人,将工程受影响的部分视为按第 15.1(1)项的可取消工作。如暂停施工影响到整个工程,可视为发包人违约,应按第 22.2 款的规定办理。

12.5.2 由于承包人责任引起的暂停施工,如承包人在收到监理人暂停施工指示后 56 天内不认真采取有效的复工措施,造成工期延误,可视为承包人违约,应按第 22.1 款的规定办理。

13. 工程质量

13.1 工程质量要求

13.1.1 工程质量验收按合同约定验收标准执行。

13.1.2 因承包人原因造成工程质量达不到合同约定验收标准的,监理人有权要求承包人返工直至符合合同要求为止，由此造成的费用增加和(或)工期延误由承包人承担。

13.1.3 因发包人原因造成工程质量达不到合同约定验收标准的，发包人应承担由于承包人返工造成的费用增加和(或)工期延误，并支付承包人合理利润。

13.2 承包人的质量管理

13.2.1 承包人应在施工场地设置专门的质量检查机构，配备专职质量检查人员，建立完善的质量检查制度。承包人应在合同约定的期限内，提交工程质量保证措施文件，包括质量检查机构的组织和岗位责任、质检人员的组成、质量检查程序和实施细则等，报送监理人审批。

13.2.2 承包人应加强对施工人员的质量教育和技术培训，定期考核施工人员的劳动技能，严格执行规范和操作规程。

13.3 承包人的质量检查

承包人应按合同约定对材料、工程设备以及工程的所有部位及其施工工艺进行全过程的质量检查和检验，并作详细记录，编制工程质量报表，报送监理人审查。

13.4 监理人的质量检查

监理人有权对工程的所有部位及其施工工艺、材料和工程设备进行检查和检验。承包人应为监理人的检查和检验提供方便，包括监理人到施工场地，或制造、加工地点，或合同约定的其他地方进行察看和查阅施工原始记录。承包人还应按监理人指示，进行施工场地取样试验、工程复核测量和设备性能检测，提供试验样品、提交试验报告和测量成果以及监理人要求进行的其他工作。监理人的检查和检验，不免除承包人按合同约定应负的责任。

13.5 工程隐蔽部位覆盖前的检查

13.5.1 通知监理人检查

经承包人自检确认的工程隐蔽部位具备覆盖条件后，承包人应通知监理人在约定的期限内检查。承包人的通知应附有自检记录和必要的检查资料。监理人应按时到场检查。经监理人检查确认质量符合隐蔽要求，并在检查记录上签字后，承包人才能进行覆盖。监理人检查确认质量不合格的，承包人应在监理人指示的时间内修整返工后，由监理人重新检查。

13.5.2 监理人未到场检查

监理人未按第13.5.1项约定的时间进行检查的，除监理人另有指示外，承包人可自行完成覆盖工作，并作相应记录报送监理人，监理人应签字确认。监理人事后对检查记录有疑问的，可按第13.5.3项的约定重新检查。

13.5.3 监理人重新检查

承包人按第13.5.1项或第13.5.2项覆盖工程隐蔽部位后，监理人对质量有疑问的，可要求承包人对已覆盖的部位进行钻孔探测或揭开重新检验，承包人应遵照执行，并在检验后重新覆盖恢复原状。经检验证明工程质量符合合同要求的，由发包人承担由此增加的费用和(或)工期延误，并支付承包人合理利润；经检验证明工程质量不符合合同要求的，由此增加的费用和(或)工期延误由承包人承担。

13.5.4 承包人私自覆盖

承包人未通知监理人到场检查，私自将工程隐蔽部位覆盖的，监理人有权指示承包人钻孔探测或揭开检查，由此增加的费用和(或)工期延误由承包人承担。

13.6 清除不合格工程

13.6.1 承包人使用不合格材料、工程设备，或采用不适当的施工工艺，或施工不当，造成工程不合格的，监理人可以随时发出指示，要求承包人立即采取措施进行补救，直至达到合同要求的质量标准，由此增加的费用和(或)工期延误由承包人承担。

13.6.2 由于发包人提供的材料或工程设备不合格造成的工程不合格，需要承包人采取措施补救的，发包人应承担由此增加的费用和(或)工期延误，并支付承包人合理利润。

14. 试验和检验

14.1 材料、工程设备和工程的试验和检验

14.1.1 承包人应按合同约定进行材料、工程设备和工程的试验和检验，并为监理人对上述材料、工程设备和工程的质量检查提供必要的试验资料和原始记录。按合同约定应由监理人与承包人共同进行试验和检验的，由承包人负责提供必要的试验资料和原始记录。

14.1.2 监理人未按合同约定派员参加试验和检验的，除监理人另有指示外，承包人可自行试验和检验，并应立即将试验和检验结果报送监理人，监理人应签字确认。

14.1.3 监理人对承包人的试验和检验结果有疑问的，或为查清承包人试验和检验成果的可靠性要求承包人重新试验和检验的，可按合同约定由监理人与承包人共同进行。重新试验和检验的结果证明该项材料、工程设备或工程的质量不符合合同要求的，由此增加的费用和(或)工期延误由承包人承担；重新试验和检验结果证明该项材料、工程设备和工程符合合同要求，由发包人承担由此增加的费用和(或)工期延误，并支付承包人合理利润。

14.2 现场材料试验

14.2.1 承包人根据合同约定或监理人指示进行的现场材料试验，应由承包人提供试验场所、试验人员、试验设备器材以及其他必要的试验条件。

14.2.2 监理人在必要时可以使用承包人的试验场所、试验设备器材以及其他试验条件，进行以工程质量检查为目的的复核性材料试验，承包人应予以协助。

14.3 现场工艺试验

承包人应按合同约定或监理人指示进行现场工艺试验。对大型的现场工艺试验，监理人认为必要时，应由承包人根据监理人提出的工艺试验要求，编制工艺试验措施计划，报送监理人审批。

15. 变更

15.1 变更的范围和内容

除专用合同条款另有约定外，在履行合同中发生以下情形之一，应按照本条规定进行变更。

(1)取消合同中任何一项工作，但被取消的工作不能转由发包人或其他人实施。

(2)改变合同中任何一项工作的质量或其他特性。

(3)改变合同工程的基线、标高、位置或尺寸。

(4)改变合同中任何一项工作的施工时间或改变已批准的施工工艺或顺序。

(5)为完成工程需要追加的额外工作。

15.2 变更权

在履行合同过程中，经发包人同意，监理人可按第15.3款约定的变更程序向承包人作出变更指示，承包人应遵照执行。没有监理人的变更指示，承包人不得擅自变更。

15.3 变更程序

15.3.1 变更的提出

(1)在合同履行过程中，可能发生第15.1款约定情形的，监理人可向承包人发出变更意向书。变更意向书应说明变更的具体内容和发包人对变更的时间要求，并附必要的图纸和相关资料。变更意向书应要求承包人提交包括拟实施变更工作的计划、措施和竣工时间等内容的实施方案。发包人同意承包人根据变更意向书要求提交的变更实施方案的，由监理人按第15.3.3项约定发出变更指示。

(2)在合同履行过程中，发生第15.1款约定情形的，监理人应按照第15.3.3项约定向承包人发出变更指示。

(3)承包人收到监理人按合同约定发出的图纸和文件，经检查认为其中存在第15.1款约定情形的，可向监理人提出书面变更建议。变更建议应阐明要求变更的依据，并附必要的图纸和说明。监理人收到承包人书面建议后，应与发包人共同研究，确认存在变更的，应在收到承包人书面建议后的14天内作出变更指示。经研究后不同意作为变更的，应由监理人书面答复承包人。

(4)若承包人收到监理人的变更意向书后认为难以实施此项变更,应立即通知监理人,说明原因并附详细依据。监理人与承包人和发包人协商后确定撤销、改变或不改变原变更意向书。

15.3.2 变更估价

(1)除专用合同条款对期限另有约定外,承包人应在收到变更指示或变更意向书后的14天内,向监理人提交变更报价书,报价内容应根据第15.4款约定的估价原则,详细开列变更工作的价格组成及其依据,并附必要的施工方法说明和有关图纸。

(2)变更工作影响工期的,承包人应提出调整工期的具体细节。监理人认为有必要时,可要求承包人提交要求提前或延长工期的施工进度计划及相应施工措施等详细资料。

(3)除专用合同条款对期限另有约定外,监理人收到承包人变更报价书后的14天内,根据第15.4款约定的估价原则,按照第3.5款商定或确定变更价格。

15.3.3 变更指示

(1)变更指示只能由监理人发出。

(2)变更指示应说明变更的目的、范围、变更内容以及变更的工程量及其进度和技术要求,并附有关图纸和文件。承包人收到变更指示后,应按变更指示进行变更工作。

15.4 变更的估价原则

除专用合同条款另有约定外,因变更引起的价格调整按照本款约定处理。

15.4.1 已标价工程量清单中有适用于变更工作的子目的,采用该子目的单价。

15.4.2 已标价工程量清单中无适用于变更工作的子目,但有类似子目的,可在合理范围内参照类似子目的单价,由监理人按第3.5款商定或确定变更工作的单价。

15.4.3 已标价工程量清单中无适用或类似子目的单价,可按照成本加利润的原则,由监理人按第3.5款商定或确定变更工作的单价。

15.5 承包人的合理化建议

15.5.1 在履行合同过程中,承包人对发包人提供的图纸、技术要求以及其他方面提出的合理化建议,均应以书面形式提交监理人。合理化建议书的内容应包括建议工作的详细说明、进度计划和效益以及与其他工作的协调等,并附必要的设计文件。监理人应与发包人协商是否采纳建议。建议被采纳并构成变更的,应按第15.3.3项约定向承包人发出变更指示。

15.5.2 承包人提出的合理化建议降低了合同价格、缩短了工期或者提高了工程经济效益的,发包人可按国家有关规定在专用合同条款中约定给予奖励。

15.6 暂列金额

暂列金额只能按照监理人的指示使用,并对合同价格进行相应调整。

15.7 计日工

15.7.1 发包人认为有必要时,由监理人通知承包人以计日工方式实施变更的零星工作。其价款按列入已标价工程量清单中的计日工计价子目及其单价进行计算。

15.7.2 采用计日工计价的任何一项变更工作,应从暂列金额中支付,承包人应在该项变更的实施过程中,每天提交以下报表和有关凭证报送监理人审批:

(1)工作名称、内容和数量。

(2)投入该工作所有人员的姓名、工种、级别和耗用工时。

(3)投入该工作的材料类别和数量。

(4)投入该工作的施工设备型号、台数和耗用台时。

(5)监理人要求提交的其他资料和凭证。

15.7.3 计日工由承包人汇总后,按第17.3.2项的约定列入进度付款申请单,由监理人复核并经发包人同意后列入进度付款。

15.8 暂估价

15.8.1 发包人在工程量清单中给定暂估价的材料、工程设备和专业工程属于依法必须招标的范围并达到规定的规模标准的，由发包人和承包人以招标的方式选择供应商或分包人。发包人和承包人的权利义务关系在专用合同条款中约定。中标金额与工程量清单中所列的暂估价的金额差以及相应的税金等其他费用列入合同价格。

15.8.2 发包人在工程量清单中给定暂估价的材料和工程设备不属于依法必须招标的范围或未达到规定的规模标准的，应由承包人按第5.1款的约定提供。经监理人确认的材料、工程设备的价格与工程量清单中所列的暂估价的金额差以及相应的税金等其他费用列入合同价格。

15.8.3 发包人在工程量清单中给定暂估价的专业工程不属于依法必须招标的范围或未达到规定的规模标准的，由监理人按照第15.4款进行估价，但专用合同条款另有约定的除外。经估价的专业工程与工程量清单中所列的暂估价的金额差以及相应的税金等其他费用列入合同价格。

16. 价格调整

16.1 物价波动引起的价格调整

除专用合同条款另有约定外，因物价波动引起的价格调整按照本款约定处理。

16.1.1 采用价格指数调整价格差额

16.1.1.1 价格调整公式

因人工、材料和设备等价格波动影响合同价格时，根据投标函附录中的价格指数和权重表约定的数据，按以下公式计算差额并调整合同价格。

$$\triangle P=P_0\left[A+\left(B_1\times\frac{F_{t1}}{F_{01}}+B_2\times\frac{F_{t2}}{F_{02}}+B_3\times\frac{F_{t3}}{F_{03}}+\cdots+B_n\times\frac{F_{tn}}{F_{04}}\right)-1\right]$$

式中 $\triangle P$——需调整的价格差额；

P_0——第17.3.3项、第17.5.2项和第17.6.2项约定的付款证书中承包人应得到的已完成工程量的金额，此项金额应不包括价格调整、质量保证金的扣留和支付、预付款的支付和扣回，第15条约定的变更及其他金额已按现行价格计价的，也不计在内；

A——定值权重(即不调部分的权重)；

$B_1,B_2,B_3,\cdots,B_n$——各可调因子的变值权重(即可调部分的权重)为各可调因子在投标函投标总报价中所占的比例；

$F_{t1},F_{t2},F_{t3},\cdots,F_{tn}$——各可调因子的现行价格指数，指第17.3.3项、第17.5.2项和第17.6.2项约定的付款证书相关周期最后一天的前42天的各可调因子的价格指数；

$F_{01},F_{02},F_{03},\cdots,F_{0n}$——各可调因子的基本价格指数，指基准日期的各可调因子的价格指数。

以上价格调整公式中的各可调因子、定值和变值权重，以及基本价格指数及其来源在投标函附录价格指数和权重表中约定。价格指数应首先采用有关部门提供的价格指数，缺乏上述价格指数时，可采用有关部门提供的价格代替。

16.1.1.2 暂时确定调整差额

在计算调整差额时得不到现行价格指数的，可暂用上一次价格指数计算，并在以后的付款中再按实际价格指数进行调整。

16.1.1.3 权重的调整

按第15.1款约定的变更导致原定合同中的权重不合理时，由监理人与承包人和发包人协商后进行调整。

16.1.1.4 承包人工期延误后的价格调整

由于承包人原因未在约定的工期内竣工的，则对原约定竣工日期后继续施工的工程，在使用第16.1.1.1目价格调整公式时，应采用原约定竣工日期与实际竣工日期的两个价格指数中较低的一个作为现行价格指数。

16.1.2 采用造价信息调整价格差额

施工期内，因人工、材料、设备和机械台班价格波动影响合同价格时，人工、机械使用费按照国家或省、自治区、直辖市建设行政管理部门、行业建设管理部门或其授权的工程造价管理机构发布的人工成本信息、机械台班单价或机械使用费系数进行调整；需要进行价格调整的材料，其单价和采购数应由监理人复核，监理人确认需调整的材料单价及数量，作为调整工程合同价格差额的依据。

16.2 法律变化引起的价格调整

在基准日后，因法律变化导致承包人在合同履行中所需要的工程费用发生除第16.1款约定以外的增减时，监理人应根据法律、国家或省、自治区、直辖市有关部门的规定，按第3.5款商定或确定需调整的合同价款。

17. 计量与支付

17.1 计量

17.1.1 计量单位

计量采用国家法定的计量单位。

17.1.2 计量方法

工程量清单中的工程量计算规则应按有关国家标准、行业标准的规定，并在合同中约定执行。

17.1.3 计量周期

除专用合同条款另有约定外，单价子目已完成工程量按月计量，总价子目的计量周期按批准的支付分解报告确定。

17.1.4 单价子目的计量

(1)已标价工程量清单中的单价子目工程量为估算工程量。结算工程量是承包人实际完成的，并按合同约定的计量方法进行计量的工程量。

(2)承包人对已完成的工程进行计量，向监理人提交进度付款申请单、已完成工程量报表和有关计量资料。

(3)监理人对承包人提交的工程量报表进行复核，以确定实际完成的工程量。对数量有异议的，可要求承包人按第8.2款约定进行共同复核和抽样复测。承包人应协助监理人进行复核并按监理人要求提供补充计量资料。承包人未按监理人要求参加复核，监理人复核或修正的工程量视为承包人实际完成的工程量。

(4)监理人认为有必要时，可通知承包人共同进行联合测量、计量，承包人应遵照执行。

(5)承包人完成工程量清单中每个子目的工程量后，监理人应要求承包人派员共同对每个子目的历次计量报表进行汇总，以核实最终结算工程量。监理人可要求承包人提供补充计量资料，以确定最后一次进度付款的准确工程量。承包人未按监理人要求派员参加的，监理人最终核实的工程量视为承包人完成该子目的准确工程量。

(6)监理人应在收到承包人提交的工程量报表后的7天内进行复核，监理人未在约定时间内复核的，承包人提交的工程量报表中的工程量视为承包人实际完成的工程量，据此计算工程价款。

17.1.5 总价子目的计量

除专用合同条款另有约定外，总价子目的分解和计量按照下述约定进行：

(1)总价子目的计量和支付应以总价为基础，不因第16.1款中的因素而进行调整。承包人实际完成的工程量，是进行工程目标管理和控制进度支付的依据。

(2)承包人在合同约定的每个计量周期内，对已完成的工程进行计量，并向监理人提交进度付款申请单、专用合同条款约定的合同总价支付分解表所表示的阶段性或分项计量的支持性资料，以及所达到工程形象目标或分阶段需完成的工程量和有关计量资料。

(3)监理人对承包人提交的上述资料进行复核，以确定分阶段实际完成的工程量和工程形象目标。对其有异议的，可要求承包人按第8.2款约定进行共同复核和抽样复测。

(4)除按照第15条约定的变更外，总价子目的工程量是承包人用于结算的最终工程量。

17.2 预付款

17.2.1 预付款

预付款用于承包人为合同工程施工购置材料、工程设备、施工设备、修建临时设施以及组织施工队伍进场等。预付款的额度和预付办法在专用合同条款中约定。预付款必须专用于合同工程。

17.2.2 预付款保函

除专用合同条款另有约定外，承包人应在收到预付款的同时向发包人提交预付款保函，预付款保函的担保金额应与预付款金额相同。保函的担保金额可根据预付款扣回的金额相应递减。

17.2.3 预付款的扣回与还清

预付款在进度付款中扣回，扣回办法在专用合同条款中约定。在颁发工程接收证书前，由于不可抗力或其他原因解除合同时，预付款尚未扣清的，尚未扣清的预付款余额应作为承包人的到期应付款。

17.3 工程进度付款

17.3.1 付款周期

付款周期同计量周期。

17.3.2 进度付款申请单

承包人应在每个付款周期末，按监理人批准的格式和专用合同条款约定的份数，向监理人提交进度付款申请单，并附相应的支持性证明文件。除专用合同条款另有约定外，进度付款申请单应包括下列内容：

(1)截至本次付款周期末已实施工程的价款。

(2)根据第 15 条应增加和扣减的变更金额。

(3)根据第 23 条应增加和扣减的索赔金额。

(4)根据第 17.2 款约定应支付的预付款和扣减的返还预付款。

(5)根据第 17.4.1 项约定应扣减的质量保证金。

(6)根据合同应增加和扣减的其他金额。

17.3.3 进度付款证书和支付时间

(1)监理人在收到承包人进度付款申请单以及相应的支持性证明文件后的 14 天内完成核查，提出发包人到期应支付给承包人的金额以及相应的支持性材料，经发包人审查同意后，由监理人向承包人出具经发包人签认的进度付款证书。监理人有权扣发承包人未能按照合同要求履行任何工作或义务的相应金额。

(2)发包人应在监理人收到进度付款申请单后的 28 天内，将进度应付款支付给承包人。发包人不按期支付的，按专用合同条款的约定支付逾期付款违约金。

(3)监理人出具进度付款证书，不应视为监理人已同意、批准或接受了承包人完成的该部分工作。

(4)进度付款涉及政府投资资金的，按照国库集中支付等国家相关规定和专用合同条款的约定办理。

17.3.4 工程进度付款的修正

在对以往历次已签发的进度付款证书进行汇总和复核中发现错、漏或重复的，监理人有权予以修正，承包人也有权提出修正申请。经双方复核同意的修正，应在本次进度付款中支付或扣除。

17.4 质量保证金

17.4.1 监理人应从第一个付款周期开始，在发包人的进度付款中，按专用合同条款的约定扣留质量保证金，直至扣留的质量保证金总额达到专用合同条款约定的金额或比例为止。质量保证金的计算额度不包括预付款的支付、扣回以及价格调整的金额。

17.4.2 在第 1.1.4.5 目约定的缺陷责任期满时，承包人向发包人申请到期应返还承包人剩余的质量保证金金额，发包人应在 14 天内会同承包人按照合同约定的内容核实承包人是否完成缺陷责任。如无异议，发包人应当在核实后将剩余保证金返还承包人。

17.4.3 在第 1.1.4.5 目约定的缺陷责任期满时，承包人没有完成缺陷责任的，发包人有权扣留与未履行责任剩余工作所需金额相应的质量保证金余额，并有权根据第 19.3 款约定要求延长缺陷责任期，直至完成剩余工作为止。

17.5 竣工结算

17.5.1 竣工付款申请单

(1)工程接收证书颁发后,承包人应按专用合同条款约定的份数和期限向监理人提交竣工付款申请单,并提供相关证明材料。除专用合同条款另有约定外,竣工付款申请单应包括下列内容:竣工结算合同总价、发包人已支付承包人的工程价款、应扣留的质量保证金、应支付的竣工付款金额。

(2)监理人对竣工付款申请单有异议的,有权要求承包人进行修正和提供补充资料。经监理人和承包人协商后,由承包人向监理人提交修正后的竣工付款申请单。

17.5.2 竣工付款证书及支付时间

(1)监理人在收到承包人提交的竣工付款申请单后的14天内完成核查,提出发包人到期应支付给承包人的价款送发包人审核并抄送承包人。发包人应在收到后14天内审核完毕,由监理人向承包人出具经发包人签认的竣工付款证书。监理人未在约定时间内核查,又未提出具体意见的,视为承包人提交的竣工付款申请单已经监理人核查同意;发包人未在约定时间内审核又未提出具体意见的,监理人提出发包人到期应支付给承包人的价款视为已经发包人同意。

(2)发包人应在监理人出具竣工付款证书后的14天内,将应支付款支付给承包人。发包人不按期支付的,按第17.3.3(2)目的约定,将逾期付款违约金支付给承包人。

(3)承包人对发包人签认的竣工付款证书有异议的,发包人可出具竣工付款申请单中承包人已同意部分的临时付款证书。存在争议的部分,按第24条的约定办理。

(4)竣工付款涉及政府投资资金的,按第17.3.3(4)目的约定办理。

17.6 最终结清

17.6.1 最终结清申请单

(1)缺陷责任期终止证书签发后,承包人可按专用合同条款约定的份数和期限向监理人提交最终结清申请单,并提供相关证明材料。

(2)发包人对最终结清申请单内容有异议的,有权要求承包人进行修正和提供补充资料,由承包人向监理人提交修正后的最终结清申请单。

17.6.2 最终结清证书和支付时间

(1)监理人收到承包人提交的最终结清申请单后的14天内,提出发包人应支付给承包人的价款送发包人审核并抄送承包人。发包人应在收到后14天内审核完毕,由监理人向承包人出具经发包人签认的最终结清证书。监理人未在约定时间内核查,又未提出具体意见的,视为承包人提交的最终结清申请已经监理人核查同意;发包人未在约定时间内审核又未提出具体意见的,监理人提出应支付给承包人的价款视为已经发包人同意。

(2)发包人应在监理人出具最终结清证书后的14天内,将应支付款支付给承包人。发包人不按期支付的,按第17.3.3(2)目的约定,将逾期付款违约金支付给承包人。

(3)承包人对发包人签认的最终结清证书有异议的,按第24条的约定办理。

(4)最终结清付款涉及政府投资资金的,按第17.3.3(4)目的约定办理。

18. 竣工验收

18.1 竣工验收的含义

18.1.1 竣工验收指承包人完成了全部合同工作后,发包人按合同要求进行的验收。

18.1.2 国家验收是政府有关部门根据法律、规范、规程和政策要求,针对发包人全面组织实施的整个工程正式交付投运前的验收。

18.1.3 需要进行国家验收的,竣工验收是国家验收的一部分。竣工验收所采用的各项验收和评定标准应符合国家验收标准。发包人和承包人为竣工验收提供的各项竣工验收资料应符合国家验收的要求。

18.2 竣工验收申请报告

当工程具备以下条件时,承包人即可向监理人报送竣工验收申请报告:

(1)除监理人同意列入缺陷责任期内完成的尾工(甩项)工程和缺陷修补工作外,合同范围内的全部单位工程以及有关工作，包括合同要求的试验、试运行以及检验和验收均已完成，并符合合同要求。

(2)已按合同约定的内容和份数备齐了符合要求的竣工资料。

(3)已按监理人的要求编制了在缺陷责任期内完成的尾工(甩项)工程和缺陷修补工作清单以及相应施工计划。

(4)监理人要求在竣工验收前应完成的其他工作。

(5)监理人要求提交的竣工验收资料清单。

18.3 验收

监理人收到承包人按第18.2款约定提交的竣工验收申请报告后，应审查申请报告的各项内容，并按以下不同情况进行处理。

18.3.1 监理人审查后认为尚不具备竣工验收条件的，应在收到竣工验收申请报告后的28天内通知承包人，指出在颁发接收证书前承包人还需进行的工作内容。承包人完成监理人通知的全部工作内容后，应再次提交竣工验收申请报告，直至监理人同意为止。

18.3.2 监理人审查后认为已具备竣工验收条件的，应在收到竣工验收申请报告后的28天内提请发包人进行工程验收。

18.3.3 发包人经过验收后同意接受工程的，应在监理人收到竣工验收申请报告后的56天内，由监理人向承包人出具经发包人签认的工程接收证书。发包人验收后同意接收工程但提出整修和完善要求的，限期修好，并缓发工程接收证书。整修和完善工作完成后，监理人复查达到要求的，经发包人同意后，再向承包人出具工程接收证书。

18.3.4 发包人验收后不同意接收工程的，监理人应按照发包人的验收意见发出指示，要求承包人对不合格工程认真返工重作或进行补救处理，并承担由此产生的费用。承包人在完成不合格工程的返工重作或补救工作后，应重新提交竣工验收申请报告，按第18.3.1项、第18.3.2项和第18.3.3项的约定进行。

18.3.5 除专用合同条款另有约定外，经验收合格工程的实际竣工日期，以提交竣工验收申请报告的日期为准，并在工程接收证书中写明。

18.3.6 发包人在收到承包人竣工验收申请报告56天后未进行验收的，视为验收合格，实际竣工日期以提交竣工验收申请报告的日期为准，但发包人由于不可抗力不能进行验收的除外。

18.4 单位工程验收

18.4.1 发包人根据合同进度计划安排，在全部工程竣工前需要使用已经竣工的单位工程时，或承包人提出经发包人同意时，可进行单位工程验收。验收的程序可参照第18.2款与第18.3款的约定进行。验收合格后，由监理人向承包人出具经发包人签认的单位工程验收证书。已签发单位工程接收证书的单位工程由发包人负责照管。单位工程的验收成果和结论作为全部工程竣工验收申请报告的附件。

18.4.2 发包人在全部工程竣工前，使用已接收的单位工程导致承包人费用增加的，发包人应承担由此增加的费用和(或)工期延误，并支付承包人合理利润。

18.5 施工期运行

18.5.1 施工期运行是指合同工程尚未全部竣工，其中某项或某几项单位工程或工程设备安装已竣工，根据专用合同条款约定，需要投入施工期运行的，经发包人按第18.4款的约定验收合格，证明能确保安全后，才能在施工期投入运行。

18.5.2 在施工期运行中发现工程或工程设备损坏或存在缺陷的，由承包人按第19.2款约定进行修复。

18.6 试运行

18.6.1 除专用合同条款另有约定外，承包人应按专用合同条款约定进行工程及工程设备试运行，负责提供试运行所需的人员、器材和必要的条件，并承担全部试运行费用。

18.6.2 由于承包人的原因导致试运行失败的，承包人应采取措施保证试运行合格，并承担相应费用。由于发包人的原因导致试运行失败的，承包人应当采取措施保证试运行合格，发包人应承担由此产生的费用，并支付承包人合理利润。

18.7 竣工清场

18.7.1 除合同另有约定外，工程接收证书颁发后，承包人应按以下要求对施工场地进行清理，直至监理人检验合格为止。竣工清场费用由承包人承担。

(1)施工场地内残留的垃圾已全部清除出场。

(2)临时工程已拆除，场地已按合同要求进行清理、平整或复原。

(3)按合同约定应撤离的承包人设备和剩余的材料，包括废弃的施工设备和材料，已按计划撤离施工场地。

(4)工程建筑物周边及其附近道路、河道的施工堆积物，已按监理人指示全部清理。

(5)监理人指示的其他场地清理工作已全部完成。

18.7.2 承包人未按监理人的要求恢复临时占地，或者场地清理未达到合同约定的，发包人有权委托其他人恢复或清理，所发生的金额从拟支付给承包人的款项中扣除。

18.8 施工队伍的撤离

工程接收证书颁发后的56天内，除了经监理人同意需在缺陷责任期内继续工作和使用的人员、施工设备和临时工程外，其余的人员、施工设备和临时工程均应撤离施工场地或拆除。除合同另有约定外，缺陷责任期满时，承包人的人员和施工设备应全部撤离施工场地。

19. 缺陷责任与保修责任

19.1 缺陷责任期的起算时间

缺陷责任期自实际竣工日期起计算。在全部工程竣工验收前，已经发包人提前验收的单位工程，其缺陷责任期的起算日期相应提前。

19.2 缺陷责任

19.2.1 承包人应在缺陷责任期内对已交付使用的工程承担缺陷责任。

19.2.2 缺陷责任期内，发包人对已接收使用的工程负责日常维护工作。发包人在使用过程中，发现已接收的工程存在新的缺陷或已修复的缺陷部位或部件又遭损坏的，承包人应负责修复，直至检验合格为止。

19.2.3 监理人和承包人应共同查清缺陷和(或)损坏的原因。经查明属承包人原因造成的，应由承包人承担修复和查验的费用。经查验属发包人原因造成的，发包人应承担修复和查验的费用，并支付承包人合理利润。

19.2.4 承包人不能在合理时间内修复缺陷的，发包人可自行修复或委托其他人修复，所需费用和利润的承担，按第19.2.3项约定办理。

19.3 缺陷责任期的延长

由于承包人原因造成某项缺陷或损坏使某项工程或工程设备不能按原定目标使用而需要再次检查、检验和修复的，发包人有权要求承包人相应延长缺陷责任期，但缺陷责任期最长不超过2年。

19.4 进一步试验和试运行

任何一项缺陷或损坏修复后，经检查证明其影响了工程或工程设备的使用性能，承包人应重新进行合同约定的试验和试运行，试验和试运行的全部费用应由责任方承担。

19.5 承包人的进入权

缺陷责任期内承包人为缺陷修复工作需要，有权进入工程现场，但应遵守发包人的保安和保密规定。

19.6 缺陷责任期终止证书

在第1.1.4.5目约定的缺陷责任期，包括根据第19.3款延长的期限终止后14天内，由监理人向承包人出具经发包人签认的缺陷责任期终止证书，并退还剩余的质量保证金。

19.7 保修责任

合同当事人根据有关法律规定，在专用合同条款中约定工程质量保修范围、期限和责任。保修期自实际竣工日期起计算。在全部工程竣工验收前，已经发包人提前验收的单位工程，其保修期的起算日期相应提前。

20. 保险

20.1 工程保险

除专用合同条款另有约定外，承包人应以发包人和承包人的共同名义向双方同意的保险人投保建筑工程一切险、安装工程一切险。其具体的投保内容、保险金额、保险费率、保险期限等有关内容在专用合同条款中约定。

20.2 人员工伤事故的保险

20.2.1 承包人员工伤事故的保险

承包人应依照有关法律规定参加工伤保险，为其履行合同所雇佣的全部人员，缴纳工伤保险费，并要求其分包人也进行此项保险。

20.2.2 发包人员工伤事故的保险

发包人应依照有关法律规定参加工伤保险，为其现场机构雇佣的全部人员，缴纳工伤保险费，并要求其监理人也进行此项保险。

20.3 人身意外伤害险

20.3.1 发包人应在整个施工期间为其现场机构雇用的全部人员，投保人身意外伤害险，缴纳保险费，并要求其监理人也进行此项保险。

20.3.2 承包人应在整个施工期间为其现场机构雇用的全部人员，投保人身意外伤害险，缴纳保险费，并要求其分包人也进行此项保险。

20.4 第三者责任险

20.4.1 第三者责任系指在保险期内，对因工程意外事故造成的、依法应由被保险人负责的工地上及毗邻地区的第三者人身伤亡、疾病或财产损失（本工程除外），以及被保险人因此而支付的诉讼费用和事先经保险人书面同意支付的其他费用等赔偿责任。

20.4.2 在缺陷责任期终止证书颁发前，承包人应以承包人和发包人的共同名义，投保第20.4.1项约定的第三者责任险，其保险费率、保险金额等有关内容在专用合同条款中约定。

20.5 其他保险

除专用合同条款另有约定外，承包人应为其施工设备、进场的材料和工程设备等办理保险。

20.6 对各项保险的一般要求

20.6.1 保险凭证

承包人应在专用合同条款约定的期限内向发包人提交各项保险生效的证据和保险单副本，保险单必须与专用合同条款约定的条件保持一致。

20.6.2 保险合同条款的变动

承包人需要变动保险合同条款时，应事先征得发包人同意，并通知监理人。保险人作出变动的，承包人应在收到保险人通知后立即通知发包人和监理人。

20.6.3 持续保险

承包人应与保险人保持联系，使保险人能够随时了解工程实施中的变动，并确保按保险合同条款要求持续保险。

20.6.4 保险金不足的补偿

保险金不足以补偿损失的，应由承包人和（或）发包人按合同约定负责补偿。

20.6.5 未按约定投保的补救

（1）由于负有投保义务的一方当事人未按合同约定办理保险，或未能使保险持续有效的，另一方当事人可代为办理，所需费用由对方当事人承担。

（2）由于负有投保义务的一方当事人未按合同约定办理某项保险，导致受益人未能得到保险人的赔偿，原应从该项保险得到的保险金应由负有投保义务的一方当事人支付。

20.6.6　报告义务

当保险事故发生时，投保人应按照保险单规定的条件和期限及时向保险人报告。

21. 不可抗力

21.1　不可抗力的确认

21.1.1　不可抗力是指承包人和发包人在订立合同时不可预见，在工程施工过程中不可避免发生并不能克服的自然灾害和社会性突发事件，如地震、海啸、瘟疫、水灾、骚乱、暴动、战争和专用合同条款约定的其他情形。

21.1.2　不可抗力发生后，发包人和承包人应及时认真统计所造成的损失，收集不可抗力造成损失的证据。合同双方对是否属于不可抗力或其损失的意见不一致的，由监理人按第 3.5 款商定或确定。发生争议时，按第 24 条的约定办理。

21.2　不可抗力的通知

21.2.1　合同一方当事人遇到不可抗力事件，使其履行合同义务受到阻碍时，应立即通知合同另一方当事人和监理人，书面说明不可抗力和受阻碍的详细情况，并提供必要的证明。

21.2.2　如不可抗力持续发生，合同一方当事人应及时向合同另一方当事人和监理人提交中间报告，说明不可抗力和履行合同受阻的情况，并于不可抗力事件结束后 28 天内提交最终报告及有关资料。

21.3　不可抗力后果及其处理

21.3.1　不可抗力造成损害的责任

除专用合同条款另有约定外，不可抗力导致的人员伤亡、财产损失、费用增加和(或)工期延误等后果，由合同双方按以下原则承担：

(1)永久工程，包括已运至施工场地的材料和工程设备的损害，以及因工程损害造成的第三者人员伤亡和财产损失由发包人承担。

(2)承包人设备的损坏由承包人承担。

(3)发包人和承包人各自承担其人员伤亡和其他财产损失及其相关费用。

(4)承包人的停工损失由承包人承担，但停工期间应监理人要求照管工程和清理、修复工程的金额由发包人承担。

(5)不能按期竣工的，应合理延长工期，承包人不需支付逾期竣工违约金。发包人要求赶工的，承包人应采取赶工措施，赶工费用由发包人承担。

21.3.2　延迟履行期间发生的不可抗力

合同一方当事人延迟履行，在延迟履行期间发生不可抗力的，不免除其责任。

21.3.3　避免和减少不可抗力损失

不可抗力发生后，发包人和承包人均应采取措施尽量避免和减少损失的扩大，任何一方没有采取有效措施导致损失扩大的，应对扩大的损失承担责任。

21.3.4　因不可抗力解除合同

合同一方当事人因不可抗力不能履行合同的，应当及时通知对方解除合同。合同解除后，承包人应按照第 22.2.5 项约定撤离施工场地。已经订货的材料、设备由订货方负责退货或解除订货合同，不能退还的货款和因退货、解除订货合同发生的费用，由发包人承担，因未及时退货造成的损失由责任方承担。合同解除后的付款，参照第 22.2.4 项约定，由监理人按第 3.5 款商定或确定。

22. 违约

22.1　承包人违约

22.1.1　承包人违约的情形

在履行合同过程中发生的下列情况属承包人违约：

(1)承包人违反第 1.8 款或第 4.3 款的约定，私自将合同的全部或部分权利转让给其他人，或私自将合同的全部或部分义务转移给其他人。

(2)承包人违反第5.3款或第6.4款的约定，未经监理人批准，私自将已按合同约定进入施工场地的施工设备、临时设施或材料撤离施工场地。

(3)承包人违反第5.4款的约定使用了不合格材料或工程设备，工程质量达不到标准要求，又拒绝清除不合格工程。

(4)承包人未能按合同进度计划及时完成合同约定的工作，已造成或预期造成工期延误。

(5)承包人在缺陷责任期内，未能对工程接收证书所列的缺陷清单的内容或缺陷责任期内发生的缺陷进行修复，而又拒绝按监理人指示再进行修补。

(6)承包人无法继续履行或明确表示不履行或实质上已停止履行合同。

(7)承包人不按合同约定履行义务的其他情况。

22.1.2 对承包人违约的处理

(1)承包人发生第22.1.1(6)目约定的违约情况时，发包人可通知承包人立即解除合同，并按有关法律处理。

(2)承包人发生除第22.1.1(6)目约定以外的其他违约情况时，监理人可向承包人发出整改通知，要求其在指定的期限内改正。承包人应承担其违约所引起的费用增加和(或)工期延误。

(3)经检查证明承包人已采取了有效措施纠正违约行为，具备复工条件的，可由监理人签发复工通知复工。

22.1.3 承包人违约解除合同

监理人发出整改通知28天后，承包人仍不纠正违约行为的，发包人可向承包人发出解除合同通知。合同解除后，发包人可派员进驻施工场地，另行组织人员或委托其他承包人施工。发包人因继续完成该工程的需要，有权扣留使用承包人在现场的材料、设备和临时设施。但发包人的这一行动不免除承包人应承担的违约责任，也不影响发包人根据合同约定享有的索赔权利。

22.1.4 合同解除后的估价、付款和结清

(1)合同解除后，监理人按第3.5款商定或确定承包人实际完成工作的价值，以及承包人已提供的材料、施工设备、工程设备和临时工程等的价值。

(2)合同解除后，发包人应暂停对承包人的一切付款，查清各项付款和已扣款金额，包括承包人应支付的违约金。

(3)合同解除后，发包人应按第23.4款的约定向承包人索赔由于解除合同给发包人造成的损失。

(4)合同双方确认上述往来款项后，出具最终结清付款证书，结清全部合同款项。

(5)发包人和承包人未能就解除合同后的结清达成一致而形成争议的，按第24条的约定办理。

22.1.5 协议利益的转让

因承包人违约解除合同的，发包人有权要求承包人将其为实施合同而签订的材料和设备的订货协议或任何服务协议利益转让给发包人，并在解除合同后的14天内，依法办理转让手续。

22.1.6 紧急情况下无能力或不愿进行抢救

在工程实施期间或缺陷责任期内发生危及工程安全的事件，监理人通知承包人进行抢救，承包人声明无能力或不愿立即执行的，发包人有权雇佣其他人员进行抢救。此类抢救按合同约定属于承包人义务的，由此发生的金额和(或)工期延误由承包人承担。

22.2 发包人违约

22.2.1 发包人违约的情形

在履行合同过程中发生的下列情形，属发包人违约：

(1)发包人未能按合同约定支付预付款或合同价款，或拖延、拒绝批准付款申请和支付凭证，导致付款延误的。

(2)发包人原因造成停工的。

(3)监理人无正当理由没有在约定期限内发出复工指示,导致承包人无法复工的。

(4)发包人无法继续履行或明确表示不履行或实质上已停止履行合同的。

(5)发包人不履行合同约定其他义务的。

22.2.2　承包人有权暂停施工

发包人发生除第22.2.1(4)目以外的违约情况时,承包人可向发包人发出通知,要求发包人采取有效措施纠正违约行为。发包人收到承包人通知后的28天内仍不履行合同义务,承包人有权暂停施工,并通知监理人,发包人应承担由此增加的费用和(或)工期延误,并支付承包人合理利润。

22.2.3　发包人违约解除合同

(1)发生第22.2.1(4)目的违约情况时,承包人可书面通知发包人解除合同。

(2)承包人按22.2.2项暂停施工28天后,发包人仍不纠正违约行为的,承包人可向发包人发出解除合同通知。但承包人的这一行动不免除发包人承担的违约责任,也不影响承包人根据合同约定享有的索赔权利。

22.2.4　解除合同后的付款

因发包人违约解除合同的,发包人应在解除合同后28天内向承包人支付下列金额,承包人应在此期限内及时向发包人提交要求支付下列金额的有关资料和凭证:

(1)合同解除日以前所完成工作的价款。

(2)承包人为该工程施工订购并已付款的材料、工程设备和其他物品的金额,发包人付还后,该材料、工程设备和其他物品归发包人所有。

(3)承包人为完成工程所发生的,而发包人未支付的金额。

(4)承包人撤离施工场地以及遣散承包人人员的金额。

(5)由于解除合同应赔偿的承包人损失。

(6)按合同约定在合同解除日前应支付给承包人的其他金额。

发包人应按本项约定支付上述金额并退还质量保证金和履约担保,但有权要求承包人支付应偿还给发包人的各项金额。

22.2.5　解除合同后的承包人撤离

因发包人违约而解除合同后,承包人应妥善做好已竣工工程和已购材料、设备的保护和移交工作,按发包人要求将承包人设备和人员撤出施工场地。承包人撤出施工场地应遵守第18.7.1项的约定,发包人应为承包人撤出提供必要条件。

22.3　第三人造成的违约

在履行合同过程中,一方当事人因第三人的原因造成违约的,应当向对方当事人承担违约责任。一方当事人和第三人之间的纠纷,依照法律规定或者按照约定解决。

23. 索赔

23.1　承包人索赔的提出

根据合同约定,承包人认为有权得到追加付款和(或)延长工期的,应按以下程序向发包人提出索赔:

(1)承包人应在知道或应当知道索赔事件发生后28天内,向监理人递交索赔意向通知书,并说明发生索赔事件的事由。承包人未在前述28天内发出索赔意向通知书的,丧失要求追加付款和(或)延长工期的权利。

(2)承包人应在发出索赔意向通知书后28天内,向监理人正式递交索赔通知书。索赔通知书应详细说明索赔理由以及要求追加的付款金额和(或)延长的工期,并附必要的记录和证明材料。

(3)索赔事件具有连续影响的,承包人应按合理时间间隔继续递交延续索赔通知,说明连续影响的实际情况和记录,列出累计的追加付款金额和(或)工期延长天数。

(4)在索赔事件影响结束后的28天内,承包人应向监理人递交最终索赔通知书,说明最终要求索赔的追加付款金额和延长的工期,并附必要的记录和证明材料。

23.2 承包人索赔处理程序

(1)监理人收到承包人提交的索赔通知书后,应及时审查索赔通知书的内容、查验承包人的记录和证明材料,必要时监理人可要求承包人提交全部原始记录副本。

(2)监理人应按第3.5款商定或确定追加的付款和(或)延长的工期,并在收到上述索赔通知书或有关索赔的进一步证明材料后的42天内,将索赔处理结果答复承包人。

(3)承包人接受索赔处理结果的,发包人应在作出索赔处理结果答复后28天内完成赔付。承包人不接受索赔处理结果的,按第24条的约定办理。

23.3 承包人提出索赔的期限

23.3.1 承包人按第17.5款的约定接受了竣工付款证书后,应被认为已无权再提出在合同工程接收证书颁发前所发生的任何索赔。

23.3.2 承包人按第17.6款的约定提交的最终结清申请单中,只限于提出工程接收证书颁发后发生的索赔。提出索赔的期限自接受最终结清证书时终止。

23.4 发包人的索赔

23.4.1 发生索赔事件后,监理人应及时书面通知承包人,详细说明发包人有权得到的索赔金额和(或)延长缺陷责任期的细节和依据。发包人提出索赔的期限和要求与第23.3款的约定相同,延长缺陷责任期的通知应在缺陷责任期届满前发出。

23.4.2 监理人按第3.5款商定或确定发包人从承包人处得到赔付的金额和(或)缺陷责任期的延长期。承包人应付给发包人的金额可从拟支付给承包人的合同价款中扣除,或由承包人以其他方式支付给发包人。

24. 争议的解决

24.1 争议的解决方式

发包人和承包人在履行合同中发生争议的,可以友好协商解决或者提请争议评审组评审。合同当事人友好协商解决不成、不愿提请争议评审或者不接受争议评审组意见的,可在专用合同条款中约定下列一种方式解决:

(1)向约定的仲裁委员会申请仲裁。

(2)向有管辖权的人民法院提起诉讼。

24.2 友好解决

在提请争议评审、仲裁或者诉讼前,以及在争议评审、仲裁或诉讼过程中,发包人和承包人均可共同努力友好协商解决争议。

24.3 争议评审

24.3.1 采用争议评审的,发包人和承包人应在开工日后的28天内或在争议发生后,协商成立争议评审组。争议评审组由有合同管理和工程实践经验的专家组成。

24.3.2 合同双方的争议,应首先由申请人向争议评审组提交一份详细的评审申请报告,并附必要的文件、图纸和证明材料,申请人还应将上述报告的副本同时提交给被申请人和监理人。

24.3.3 被申请人在收到申请人评审申请报告副本后的28天内,向争议评审组提交一份答辩报告,并附证明材料。被申请人应将答辩报告的副本同时提交给申请人和监理人。

24.3.4 除专用合同条款另有约定外,争议评审组在收到合同双方报告后的14天内,邀请双方代表和有关人员举行调查会,向双方调查争议细节;必要时争议评审组可要求双方进一步提供补充材料。

24.3.5 除专用合同条款另有约定外,在调查会结束后的14天内,争议评审组应在不受任何干扰的情况下进行独立、公正的评审,作出书面评审意见,并说明理由。在争议评审期间,争议双方暂按总监理工程师的确定执行。

24.3.6 发包人和承包人接受评审意见的,由监理人根据评审意见拟定执行协议,经争议双方签字后作为合同的补充文件,并遵照执行。

24.3.7 发包人或承包人不接受评审意见,并要求提交仲裁或提起诉讼的,应在收到评审意见后的 14 天内将仲裁或起诉意向书面通知另一方,并抄送监理人,但在仲裁或诉讼结束前应暂按总监理工程师的确定执行。

第二节 专用合同条款

第三节 合同附件格式

附件一 合同协议书格式

合同协议书

__________________(发包人名称,以下简称"发包人")为实施__________________(项目名称),已接受__________________(承包人名称,以下简称"承包人")对该项目__________________标段施工的投标。发包人和承包人共同达成如下协议。

1.本协议书与下列文件一起构成合同文件:

(1)中标通知书。

(2)投标函及投标函附录。

(3)专用合同条款。

(4)通用合同条款。

(5)技术标准和要求。

(6)图纸。

(7)已标价工程量清单。

(8)其他合同文件。

2.上述文件互相补充和解释,如有不明确或不一致之处,以合同约定次序在先者为准。

3.签约合同价:人民币(大写)__________________元(¥______________)。

4.承包人项目经理:__________________。

5.工程质量符合__________________标准。

6.承包人承诺按合同约定承担工程的实施、完成及缺陷修复。

7.发包人承诺按合同约定的条件、时间和方式向承包人支付合同价款。

8.承包人应按照监理人指示开工,工期为__________日历天。

9.本协议书一式__________份,合同双方各执一份。

10.合同未尽事宜,双方另行签订补充协议。补充协议是合同的组成部分。

发包人:__________________(盖单位章)　　承包人:__________________(盖单位章)

法定代表人或其委托代理人:______(签字)　　法定代表人或其委托代理人:______(签字)

______年______月______日　　______年______月______日

附件二　履约担保格式

履约担保

________________(发包人名称)：

鉴于________________(发包人名称,以下简称"发包人")接受____________(承包人名称)(以下称"承包人")于____年____月____日参加________________(项目名称)________________标段施工的投标。我方愿意无条件地、不可撤销地就承包人履行与你方订立的合同,向你方提供担保。

1.担保金额人民币(大写)____________元(¥________________)。

2.担保有效期自发包人与承包人签订的合同生效之日起至发包人签发工程接收证书之日止。

3.在本担保有效期内,因承包人违反合同约定的义务给你方造成经济损失时,我方在收到你方以书面形式提出的在担保金额内的赔偿要求后,在7天内无条件支付。

4.发包人和承包人按《通用合同条款》第15条变更合同时,我方承担本担保规定的义务不变。

担　　保　　人：________________(盖单位章)

法定代表人或其委托代理人：________________(签字)

地　　　　址：________________________

邮　政　编　码：________________________

电　　　　话：________________________

传　　　　真：________________________

____年____月____日

附件三 预付款担保格式

预付款担保

____________________（发包人名称）：

根据____________________（承包人名称）（以下称“承包人”）与________________（发包人名称）（以下简称“发包人”）于____年____月____日签订的______________（项目名称）________________________标段施工承包合同，承包人按约定的金额向发包人提交一份预付款担保，即有权得到发包人支付相等金额的预付款。我方愿意就你方提供给承包人的预付款提供担保。

1. 担保金额人民币（大写）________________元（¥________________）。

2. 担保有效期自预付款支付给承包人起生效，至发包人签发的进度付款证书说明已完全扣清止。

3. 在本保函有效期内，因承包人违反合同约定的义务而要求收回预付款时，我方在收到你方的书面通知后，在7天内无条件支付。但本保函的担保金额，在任何时候不应超过预付款金额减去发包人按合同约定在向承包人签发的进度付款证书中扣除的金额。

4. 发包人和承包人按《通用合同条款》第15条变更合同时，我方承担本保函规定的义务不变。

担　　保　　人：____________________（盖单位章）

法定代表人或其委托代理人：______________________（签字）

地　　　　址：______________________________

邮　政　编　码：______________________________

电　　　　话：______________________________

传　　　　真：______________________________

______年______月______日

第五章 工程量清单

1. 工程量清单说明

1.1 本工程量清单是根据招标文件中包括的、有合同约束力的图纸以及有关工程量清单的国家标准、行业标准、合同条款中约定的工程量计算规则编制。约定计量规则中没有的子目，其工程量按照有合同约束力的图纸所标示尺寸的理论净量计算。计量采用中华人民共和国法定计量单位。

1.2 本工程量清单应与招标文件中的投标人须知、通用合同条款、专用合同条款、技术标准和要求及图纸等一起阅读和理解。

1.3 本工程量清单仅是投标报价的共同基础，实际工程计量和工程价款的支付应遵循合同条款的约定和第六章“技术标准和要求”的有关规定。

1.4 补充子目工程量计算规则及子目工作内容说明：____________________________________。

2. 投标报价说明

2.1 工程量清单中的每一子目须填入单价或价格，且只允许有一个报价。

2.2 工程量清单中标价的单价或金额，应包括所需人工费、施工机械使用费、材料费、其他（运杂费、质检费、安装费、缺陷修复费、保险费，以及合同明示或暗示的风险、责任和义务等），以及管理费、利润等。

2.3 工程量清单中投标人没有填入单价或价格的子目，其费用视为已分摊在工程量清单中其他相关子目的单价或价格之中。

2.4 暂列金额的数量及拟用子目的说明：____________________。

2.5 暂估价的数量及拟用子目的说明：______________________。

3. 其他说明

4. 工程量清单

4.1 工程量清单表

序号	编码	子目名称	内容描述	单位	数量	单价	合价
本页报价合计：							

4.2 计日工表

4.2.1 劳务

编号	子目名称	单位	暂定数量	单价	合价
劳务小计金额：________ （计入“计日工汇总表”）					

4.2.2 材料

编号	子目名称	单位	暂定数量	单价	合价
材料小计金额：________ （计入“计日工汇总表”）					

4.2.3 施工机械

编号	子目名称	单位	暂定数量	单价	合价
施工机械小计金额：________ （计入“计日工汇总表”）					

4.2.4 计日工汇总表

名称	金额	备注
劳务		
材料		
施工机械		
计日工总计：________ （计入“投标报价汇总表”）		

4.3 暂估价表

4.3.1 材料暂估价表

序号	名称	单位	数量	单价	合价	备注

4.3.2 工程设备暂估价表

序号	名称	单位	数量	单价	合价	备注

4.3.3 专业工程暂估价表

序号	专业工程名称	工程内容	金额
小计：			

4.4 投标报价汇总表

________________(项目名称)________________标段

汇总内容	金额	备注
…… …… …… …… …… …… …… …… …… …… …… …… …… 清单小计 A		
包含在清单小计中的材料、工程设备暂估价 B 专业工程暂估价 C 暂列金额 E 包含在暂列金额中的计日工 D 暂估价:$F=B+C$ 规费 G 税金 H 投标报价:$P=A+C+E+G+H$		

4.5 工程量清单单价分析表

序号	编码	子目名称	人工费			材料费						机械使用费	其他	管理费	利润	单价
			工日	单价	金额	主材				辅材费	金额					
						主材耗量	单位	单价	主材费							

第二卷

第六章　图纸

1. 图纸目录

序号	图名	图号	版本	出图日期	备注

2. 图纸

第三卷

第七章 技术标准和要求

第四卷

第八章 投标文件格式

______（项目名称）______标段施工招标

投 标 文 件

投标人：________________________（盖单位章）

法定代表人或其委托代理人：__________（签字）

______年______月______日

投标文件格式

目 录

一、投标函及投标函附录

(一)投标函

____________________(招标人名称):

1.我方已仔细研究了____________________(项目名称)________标段施工招标文件的全部内容,愿意以人民币(大写)________________元(¥__________)的投标总报价,工期________日历天,按合同约定实施和完成承包工程,修补工程中的任何缺陷,工程质量达到____________________。

2.我方承诺在投标有效期内不修改、撤销投标文件。

3.随同本投标函提交投标保证金一份,金额为人民币(大写)____________元(¥_______________)。

4.如我方中标:

(1)我方承诺在收到中标通知书后,在中标通知书规定的期限内与你方签订合同。

(2)随同本投标函递交的投标函附录属于合同文件的组成部分。

(3)我方承诺按照招标文件规定向你方递交履约担保。

(4)我方承诺在合同约定的期限内完成并移交全部合同工程。

5.我方在此声明,所递交的投标文件及有关资料内容完整、真实和准确,且不存在第二章"投标人须知"第1.4.3项规定的任何一种情形。

6.________________________(其他补充说明)。

投标人:____________________(盖单位章)

法定代表人或其委托代理人:________________________(签字)

地址:______________________________

网址:______________________________

电话:______________________________

传真:______________________________

邮政编码:______________________________

______年______月______日

(二)投标函附录

序号	条款名称	合同条款号	约定内容	备注
1	项目经理	1.1.2.4	姓名:________	
2	工期	1.1.4.3	天数:______日历天	
3	缺陷责任期	1.1.4.5		
4	分包	4.3.4		
5	价格调整的差额计算	16.1.1	见价格指数权重表	
…	…	…		
…	…	…		

价格指数权重表

名称		基本价格指数		权重			价格指数来源
		代号	指数值	代号	允许范围	投标人建议值	
定值部分				A			
变值部分	人工费	F_{01}		B_1	____至____		
	钢材	F_{02}		B_2	____至____		
	水泥	F_{03}		B_3	____至____		
	……	…		…	……		
合计						1.00	

二、法定代表人身份证明

投标人名称：____________________________________
单位性质：______________________________________
地址：____
成立时间：______年______月______日
经营期限：____________________
姓名：__________性别：__________年龄：__________职务：__________
系____________________(投标人名称)的法定代表人。
特此证明。

投标人：______________________________________(盖单位章)

______年______月______日

三、授权委托书

本人__________(姓名)系__________(投标人名称)的法定代表人，现委托__________(姓名)为我方代理人。代理人根据授权，以我方名义签署、澄清、说明、补正、递交、撤回、修改__________(项目名称)__________标段施工投标文件、签订合同和处理有关事宜，其法律后果由我方承担。

委托期限：__________

代理人无转委托权。

附：法定代表人身份证明

投　标　人：__________(盖单位章)

法定代表人：__________(签字)

身份证号码：__________

委托代理人：__________(签字)

身份证号码：__________

____年____月____日

四、联合体协议书

______________(所有成员单位名称)自愿组成________________________(联合体名称)联合体，共同参加________________________(项目名称)________________________标段施工投标。现就联合体投标事宜订立如下协议。

1.________________________(某成员单位名称)为________________________(联合体名称)牵头人。

2.联合体牵头人合法代表联合体各成员负责本招标项目投标文件编制和合同谈判活动，并代表联合体提交和接收相关的资料、信息及指示，并处理与之有关的一切事务，负责合同实施阶段的主办、组织和协调工作。

3.联合体将严格按照招标文件的各项要求，递交投标文件，履行合同，并对外承担连带责任。

4.联合体各成员单位内部的职责分工如下：________________________。

5.本协议书自签署之日起生效，合同履行完毕后自动失效。

6.本协议书一式__________份，联合体成员和招标人各执一份。

注：本协议书由委托代理人签字的，应附法定代表人签字的授权委托书。

牵 头 人 名 称：____________________(盖单位章)

法定代表人或其委托代理人：________________________(签字)

成 员 一 名 称：____________________(盖单位章)

法定代表人或其委托代理人：________________________(签字)

成 员 二 名 称：____________________(盖单位章)

法定代表人或其委托代理人：________________________(签字)

______年______月______日

五、投标保证金

____________________(招标人名称):

鉴于________________________(投标人名称)(以下称“投标人”)于______年______月______日参加________________________(项目名称)________________________标段施工的投标,______(担保人名称,以下简称“我方”)无条件地、不可撤销地保证:投标人在规定的投标文件有效期内撤销或修改其投标文件的,或者投标人在收到中标通知书后无正当理由拒签合同或拒交规定履约担保的,我方承担保证责任。收到你方书面通知后,在7日内无条件向你方支付人民币(大写)__________元。

本保函在投标有效期内保持有效。要求我方承担保证责任的通知应在投标有效期内送达我方。

担　保　人　名　称:____________________(盖单位章)

法定代表人或其委托代理人:________________________(签字)

地　　　　　址:______________________________

邮　政　编　码:______________________________

电　　　　　话:______________________________

传　　　　　真:______________________________

______年______月______日

六、已标价工程量清单

七、施工组织设计

1.投标人编制施工组织设计的要求:编制时应采用文字并结合图表形式说明施工方法;拟投入本标段的主要施工设备情况、拟配备本标段的试验和检测仪器设备情况、劳动力计划等;结合工程特点提出切实可行的工程质量、安全生产、文明施工、工程进度、技术组织措施,同时应对关键工序、复杂环节重点提出相应技术措施,如冬雨季施工技术、减少噪音、降低环境污染、地下管线及其他地上地下设施的保护加固措施等。

2.施工组织设计除采用文字表述外可附下列图表,图表及格式要求附后。

附表一:拟投入本标段的主要施工设备表。

附表二:拟配备本标段的试验和检测仪器设备表。

附表三:劳动力计划表。

附表四:计划开、竣工日期和施工进度网络图。

附表五:施工总平面图。

附表六:临时用地表。

附表一：拟投入本标段的主要施工设备表

序号	设备名称	型号规格	数量	国别产地	制造年份	额定功率（千瓦）	生产能力	用于施工部位	备注

附表二：拟配备本标段的试验和检测仪器设备表

序号	仪器设备名称	型号规格	数量	国别产地	制造年份	已使用台时数	用途	备注

附表三:劳动力计划表

单位:(人)

工种	按工程施工阶段投入劳动力情况						

附表四：计划开、竣工日期和施工进度网络图

1. 投标人应递交施工进度网络图或施工进度表，说明按招标文件要求的计划工期进行施工的各个关键日期。

2. 施工进度表可采用网络图（或横道图）表示。

附表五:施工总平面图

投标人应递交一份施工总平面图,绘出现场临时设施布置图表并附文字说明,说明临时设施、加工车间、现场办公、设备及仓储、供电、供水、卫生、生活、道路、消防等设施的情况和布置。

附表六：临时用地表

用途	面积(平方米)	位置	需用时间

八、项目管理机构

(一)项目管理机构组成表

职务	姓名	职称	执业或职业资格证明					备注
			证书名称	级别	证号	专业	养老保险	

（二）主要人员简历表

“主要人员简历表”中的项目经理应附项目经理证、身份证、职称证、学历证、养老保险复印件，管理过的项目业绩须附合同协议书复印件；技术负责人应附身份证、职称证、学历证、养老保险复印件，管理过的项目业绩须附证明其所任技术职务的企业文件或用户证明；其他主要人员应附职称证（执业证或上岗证书）、养老保险复印件。

姓名		年龄		学历	
职称		职务		拟在本合同任职	
毕业学校	年毕业于 学校 专业				
主要工作经历					

时间	参加过的类似项目	担任职务	发包人及联系电话

九、拟分包项目情况表

分包人名称		地址	
法定代表人		电话	
营业执照号		资质等级	
拟分包的工程项目	主要内容	预计造价（万元）	已做过的类似工程

十、资格审查资料

(一)投标人基本情况表

<table>
<tr><td>投标人名称</td><td colspan="6"></td></tr>
<tr><td>注册地址</td><td colspan="3"></td><td>邮政编码</td><td colspan="2"></td></tr>
<tr><td rowspan="2">联系方式</td><td>联系人</td><td colspan="2"></td><td>电话</td><td colspan="2"></td></tr>
<tr><td>传真</td><td colspan="2"></td><td>网址</td><td colspan="2"></td></tr>
<tr><td>组织结构</td><td colspan="6"></td></tr>
<tr><td>法定代表人</td><td>姓名</td><td></td><td>技术职称</td><td></td><td>电话</td><td></td></tr>
<tr><td>技术负责人</td><td>姓名</td><td></td><td>技术职称</td><td></td><td>电话</td><td></td></tr>
<tr><td>成立时间</td><td colspan="2"></td><td colspan="4">员工总人数：</td></tr>
<tr><td>企业资质等级</td><td colspan="2"></td><td rowspan="5">其中</td><td>项目经理</td><td colspan="2"></td></tr>
<tr><td>营业执照号</td><td colspan="2"></td><td>高级职称人员</td><td colspan="2"></td></tr>
<tr><td>注册资金</td><td colspan="2"></td><td>中级职称人员</td><td colspan="2"></td></tr>
<tr><td>开户银行</td><td colspan="2"></td><td>初级职称人员</td><td colspan="2"></td></tr>
<tr><td>账号</td><td colspan="2"></td><td>技工</td><td colspan="2"></td></tr>
<tr><td>经营范围备注</td><td colspan="6"></td></tr>
</table>

(二)近年财务状况表

(三)近年完成的类似项目情况表

项目名称	
项目所在地	
发包人名称	
发包人地址	
发包人电话	
合同价格	
开工日期	
竣工日期	
承担的工作	
工程质量	
项目经理	
技术负责人	
总监理工程师及电话	
项目描述	
备注	

（四）正在施工的和新承接的项目情况表

项目名称	
项目所在地	
发包人名称	
发包人地址	
发包人电话	
签约合同价	
开工日期	
计划竣工日期	
承担的工作	
工程质量	
项目经理	
技术负责人	
总监理工程师及电话	
项目描述	
备注	

（五）近年发生的诉讼及仲裁情况

十一、其他材料

工　程　编

2　建设工程施工投标范本

建设工程施工投标范本

目 录

第一部分 投标函件

投标函件封面(1)

项 目 名 称：______________________________

项 目 地 址：______________________________

投 标 单 位：__________________________(公章)

法定代表人：______________(签章)电话：________

授 权 代 表：______________(签章)电话：________

(投标函件为明标，此页粘贴于投标函件密封封装表面)

投标函件封面(2)

项 目 名 称：____

项 目 地 址：____

投 标 单 位：___________________________________(公章)

法定代表人：___________________(签章)电话：___________

授 权 代 表：___________________(签章)电话：___________

(投标函件为明标，此页粘贴于投标函件封面)

投标函件内容

一、营业执照(复印件)
二、资质证书(复印件)
三、项目经理证书(复印件)
四、法定代表人身份证明(工商行政管理部门印制标准法定代表人身份证明)
五、法定代表人授权文件(工商行政管理部门印制标准法定代表人授权委托书)
六、授权代表身份证明(复印件)
七、投标承诺书
八、投标保证(投标保证若采用银行保函方式,则具体格式由担保银行提供)
九、投标函

七、投标承诺书

项目名称：________________________________

本单位已详细阅读上述工程之招标文件，现自愿就参加上述工程投标有关事项向招标单位郑重承诺如下：

1.遵守中华人民共和国有关招标投标的法律法规规定，自觉维护建筑市场正常秩序。若有违反，同意被废除投标资格并接受处罚。

2.遵守工程所在地建设工程交易中心各项管理制度，自觉维护交易中心正常工作秩序。若有违反，同意被废除投标资格并接受处罚。

3.服从招标有关议程事项安排，服从招标有关会议现场纪律。若有违反，同意被废除投标资格并接受处罚。

4.接受招标文件全部条款及内容，未经招标单位允许，不对招标文件条款及内容提出异议。若有违反，同意被废除投标资格并接受处罚。

5.保证投标文件内容无任何虚假。若评标过程中查有虚假，同意作无效投标文件处理并被没收投标保证，若中标之后查有虚假，同意被废除授标并被没收投标保证。

6.保证投标文件不存在低于成本的恶意报价行为。

7.保证无论中标与否，均不向招标单位查询追问原因。

8.保证按照招标文件及中标通知书规定商签施工合同及提交履约保证。如有违反，同意接受招标单位违约处罚并被没收投标保证。

9.保证按照施工合同约定完成施工合同范围内的全部内容，履行保修责任。如有违反，同意接受建设单位违约处罚并被没收履约保证。

10.保证中标之后不转包及使用挂靠施工队伍，若有分包将征得建设单位同意。

11.保证中标之后按照投标文件承诺派驻管理人员及投入机械设备，如有违反，同意接受建设单位违约处罚并被没收履约保证。

12.保证中标之后密切配合建设单位及监理单位开展工作，服从建设单位驻现场代表及现场监理人员的管理。

13.保证按照招标文件及施工合同约定原则处理造价调整事宜，不会发生签署施工合同之后恶意提高造价的行为。

投标单位(公章)：____________________

法定代表人(签名)：____________________

______年______月______日

九、投 标 函

致招标单位：______________________

一、本单位自愿以人民币______________________（大写）______________（小写）元总价，按照招标文件及施工合同、设计图纸、工程量清单、技术规范承接____________________________________工程的施工、竣工、保修任务。

二、本单位自愿在__________天（日历天）内按照招标文件及施工合同、设计图纸、工程量清单、技术规范完成施工任务，竣工并向招标单位移交整个工程。

三、本单位所递交的投标文件在规定的投标有效期限内有效，在此期间本单位的投标如中标，将受此约束。

投标单位（公章）：______________________

法定代表人（签名）：____________________

______年______月______日

第二部分 建设工程施工投标文件(技术标书)

投标函件封面(1)

项 目 名 称:________________________________

项 目 地 址:________________________________

投 标 单 位:________________________________(公章)

法定代表人:________________(签章)电话:__________

授 权 代 表:________________(签章)电话:__________

(技术标书为暗标,此页粘贴于技术标书密封封装表面)

技术标书封面(2)

项目名称：____

项目地址：____

（技术标书为暗标，此页为技术标书封面）

技术标书内容

一、施工组织设计
二、项目管理机构
三、拟分包项目情况

一、施工组织设计

1.施工组织设计编制要求

(1)采用文字并结合图表形式说明各分部分项工程的施工方法。

(2)拟投入的主要施工机械设备、劳动力计划等。

(3)结合工程特点提出切实可行的工程质量、安全生产、文明施工、工程进度、技术组织措施,同时应对关键工序、复杂环节重点提出相应技术措施,如冬雨季施工技术措施、减少扰民噪音、降低环境污染技术措施、地下管线及其他地上地下设施的保护加固措施等。

2.施工组织设计的图表要求

施工组织设计除采用文字表述外,还应附下列图表,图表及格式要求附后。

(1)拟投入的主要施工机械设备及技术装备表。

(2)劳动力计划表。

(3)计划开工、竣工日期及施工进度网络图。

(4)施工总平面图。

(5)临时用地表。

(1)拟投入的主要施工机械设备及技术装备表

序号	设备名称	型号规格	数量	国别产地	制造年份	额定功率(千瓦)	生产能力	用于施工部位	备注

(2)劳动力计划表

工种	按工程施工阶段投入劳动力情况						

注:①计划须包括分包单位在内。

②计划须以每班八小时工作制为基础编制。

③计量单位:人。

(3)计划开工、竣工日期及施工进度网络图

注:①施工进度网络图或施工进度表应说明按招标文件要求的工期进行施工的各个关键日期,中标单位还应按施工合同条件有关条款的要求提交详细的施工进度计划。

②施工进度表可采用网络图(或横道图)表示,应说明计划开工日期和各分项工程各阶段的完工日期以及分包合同签订的日期。

③施工进度计划应与施工组织设计相适应。

(4)施工总平面图

注:施工总平面图应绘出现场临时设施布置图并附文字说明,说明临时设施、加工车间、现场办公、设备及仓储、供电、供水、卫生等设施的情况和布置。

(5)临时用地表

用途	面积(平方米)	位置	需用时间

注:投标单位应逐项填写本表,指出全部临时设施用地面积以及详细用途。

二、项目管理机构

该项附有项目管理机构配备情况表和项目管理机构配备情况辅助说明资料。

项目管理机构配备情况表

职务	职称	执业或职业资格证明				已承担在建工程	
		证书名称	级别	证号	专业	项目数量	项目名称

注:项目管理机构设置、职责分工等情况另附资料说明。

项目管理机构配备情况辅助说明资料

注:①辅助说明资料主要包括管理机构的机构设置、职责分工、有关复印证明资料以及投标单位认为有必要提供的资料。

②辅助说明资料格式不作统一规定,由投标单位自行设计另附(与投标文件一起装订)。

三、拟分包项目情况

拟分包项目	主要内容	预计造价（万元）

第三部分　建设工程施工投标文件(业绩标书)

业绩标书封面(1)

项 目 名 称：____

项 目 地 址：____

投 标 单 位：__________________________________(公章)

法定代表人：__________________(签章)电话：___________

授 权 代 表：__________________(签章)电话：___________

(业绩标书为明标，此页粘贴于业绩标书密封封装的表面)

业绩标书封面(2)

项 目 名 称:____

项 目 地 址:____

投 标 单 位:__________________________________(公章)

法定代表人:__________________(签章)电话:___________

授 权 代 表:__________________(签章)电话:___________

(业绩标书为明标,此页为业绩标书封面)

业绩标书内容

一、类似工程业绩
二、类似工程业绩证明文件
三、项目经理业绩
四、项目经理业绩证明文件
五、技术负责人业绩
六、技术负责人业绩证明文件

一、类似工程业绩

单位名称	
1	合同编号：
	合同名称：
	工程地址：
2	建设单位名称：
3	建设单位地址：（请详细说明发包人联系电话及联系人）
4	与申请单位所申请的合同相类似的工程性质和特点：（请详细说明所承担的合同工程内容，如长度、高度、桩基工程、基层/底基层工程、土方、石方、地下挖方、混凝土浇筑量等）
5	合同身份：（注明其中之一） □独立承包单位 □分包人单位 □联合体成员
6	合同总价：
7	合同授予时间：
8	合同工期：
9	竣工时间：
10	质量等级：
11	其他说明：（如施工经验、技术措施、安全措施、所获奖项等）

注：各类似工程须单独具表并附竣工验收证明及获奖文件，无相关证明文件在评审时将不予确认。

三、项目经理业绩

<table>
<tr><td>姓名</td><td></td><td>性别</td><td></td><td>年龄</td><td></td></tr>
<tr><td>职务</td><td></td><td>职称</td><td></td><td>学历</td><td></td></tr>
<tr><td>参加工作时间</td><td></td><td>担任项目
经理年限</td><td></td><td>项目经理
资格证书编号</td><td></td></tr>
<tr><td colspan="6">在建及已竣工项目情况</td></tr>
<tr><td>建设单位</td><td>项目名称</td><td>建设规模</td><td>开、竣工日期</td><td>在建/竣工</td><td>质量等级</td></tr>
<tr><td></td><td></td><td></td><td></td><td></td><td></td></tr>
<tr><td></td><td></td><td></td><td></td><td></td><td></td></tr>
<tr><td></td><td></td><td></td><td></td><td></td><td></td></tr>
<tr><td></td><td></td><td></td><td></td><td></td><td></td></tr>
<tr><td></td><td></td><td></td><td></td><td></td><td></td></tr>
<tr><td></td><td></td><td></td><td></td><td></td><td></td></tr>
<tr><td></td><td></td><td></td><td></td><td></td><td></td></tr>
<tr><td></td><td></td><td></td><td></td><td></td><td></td></tr>
<tr><td></td><td></td><td></td><td></td><td></td><td></td></tr>
<tr><td></td><td></td><td></td><td></td><td></td><td></td></tr>
<tr><td></td><td></td><td></td><td></td><td></td><td></td></tr>
<tr><td></td><td></td><td></td><td></td><td></td><td></td></tr>
<tr><td></td><td></td><td></td><td></td><td></td><td></td></tr>
</table>

注：附竣工验收证明及获奖文件，无相关证明文件在评审时将不予确认。

五、技术负责人业绩

姓名		性别		年龄	
职务		职称		学历	
参加工作时间		担任技术 负责人年限		资格/职称 证书编号	
在建及已竣工项目情况					
建设单位	项目名称	建设规模	开、竣工日期	在建/竣工	质量等级

注：附竣工验收证明及获奖文件，无相关证明文件在评审时将不予确认。

第四部分 建设工程施工投标文件(经济标书)

经济标书封面(1)

项 目 名 称：________________________________

项 目 地 址：________________________________

投 标 单 位：____________________________(公章)

法定代表人：______________(签章)电话：________

授 权 代 表：______________(签章)电话：________

(经济标书为明标,此页粘贴于经济标书密封封装表面)

经济标书封面(2)

项 目 名 称：____________________________________

项 目 地 址：____________________________________

投 标 单 位：________________________________(公章)

法定代表人：________________(签章)电话：__________

授 权 代 表：________________(签章)电话：__________

(经济标书为明标，此页为经济标书封面)

经济标书内容

投标报价书

国　际　编

国　际　编

目　录

国 际 编

1 货物采购国际竞争性招标文件

世界银行贷款项目招标文件范本

货物采购
国际竞争性招标文件

中华人民共和国财政部 编

一九九六年十二月

世界银行贷款项目招标文件范本

目 录

第一章 招标邀请书

招标邀请书

日期：________________

贷款/信贷号：________________

招标编号：________________

1. ________________(借款人名称)已向/从国际复兴开发银行和/或国际开发协会(以下简称世界银行)申请/获得一笔以多种货币计算的贷款/信贷，用于支付________________项目的费用，并计划将一部分贷款/信贷用于________________合同项下的合格支付。

2. ________________(采购代理名称)受________________(项目单位名称)(买方)委托，邀请合格投标人就下列货物和有关服务提交密封投标：________________

3. 有兴趣的合格投标人可在下述办公室________________(采购代理名称)(发售招标文件和询问有关招标文件事项的办公室的通讯地址、电报、电传和/或传真号码)得到进一步的信息和查阅招标文件。

4. 有兴趣的投标人可从____年____月____日起每天(节假日除外)上/下午______时(北京时间)在下述地址购买招标文件，本招标文件每套售价为______元人民币或______美元，售后不退。

5. 投标人须知和通用合同条款中的条文是世界银行标准货物采购招标文件中的条文。

6. 所有投标书应于____年____月____日北京时间______时之前递交到上述地址，并须附有______(固定金额或投标金额的某一百分比)的投标保证金。

7. 兹定于____年____月____日北京时间______时，在________________(地点)公开开标。届时请参加投标的代表出席开标仪式。

采购代理名称：________________

详 细 地 址：________________

电　　　传：________________

电　　　话：________________

传　　　真：________________

注：招标单位必须填完本招标邀请书的全部空格。

第二章　投标人须知

目　录

33. 中标通知书
34. 签订合同
35. 履约保证金
36. 腐败及欺诈行为

投标人须知

一、总　则

1. 资金来源

1.1　"投标资料表"中所述的借款人已向/从国际复兴开发银行或国际开发协会(在投标资料表中说明，以下均称为"世界银行")申请或获得一笔以多种货币计算的相当于"投标资料表"中所述美元金额的贷款/信贷，用于支付"投标资料表"中所述项目的费用，借款人计划将一部分贷款/信贷的资金用于支付本次招标后所签订的合同项下的合格款项。

1.2　只有借款人提出申请，经世界银行批准，并且各个方面都符合贷款/信贷协定的条款和条件，世界银行才会根据贷款/信贷协定的条款和条件支付该款项，如果就世界银行所知，对某人或某实体的付款或进口某种货物是联合国安理会根据联合国宪章第七章的规定所禁止的，则贷款/信贷协定禁止从贷款/信贷账户中提款用于支付该款项或禁止进口。除借款人以外，任何其他方均不得从贷款/信贷协定中取得任何权力或对贷款/信贷资金提出任何要求。

2. 合格的投标人

2.1　除非下文另有规定，凡是来自 1995 年元月出版的《世界银行采购指南》(以下称"采购指南")规定的合格来源国的投标人均可投标。

2.2　投标人不得直接或间接地与买方为采购本招标邀请书所述的货物进行设计、编制规范和其他文件而雇佣的咨询公司或其附属机构过去有过或现在还有任何联系。

2.3　买方所在国的政府所拥有的企业只有在法律上和财务上独立，并且按照商业法运作并独立于买方机构才能参加投标。

2.4　投标人不应被世界银行根据第 36.1 条的规定因腐败和欺诈行为而宣布为不合格。

3. 合格的货物和服务

3.1　合同中提供的所有货物及其有关服务，均应来自"采购指南"规定的合格来源国，本合同的支付也仅限于这些货物和服务。

3.2　本款所述的"来源地"是指货物开采、生长或生产或提供有关服务的来源地。所述的货物是指制造、加工或实质上装配了主要部件而形成的货物，商业上公认的产品是指在基本特征、性能或功能上与部件有着实质性区别的产品。

3.3　货物和服务的来源地有别于投标人的国籍。

4. 投标费用

4.1　投标人应承担所有与编写和提交投标书有关的费用，不论投标的结果如何，"投标资料表"中所述的买方(以下称为买方)在任何情况下均无义务和责任承担这些费用。

二、招标文件

5. 招标文件构成

5.1　要求提供的货物、招标过程和合同条件在招标文件中均有说明。除了招标邀请书以外，招标文件还包括：

(1)投标人须知。

(2)投标资料表。

(3)通用合同条款。

(4)专用合同条款及资料表。

(5)货物需求一览表。

(6)技术规格。

(7)投标函格式和投标报价表。

(8)投标保证金格式。

(9)合同格式。

(10)履约保证金格式。

(11)预付款银行保函格式。

(12)制造厂家授权书格式。

(13)资格文件。

(14)买方开具的信用证样本。

5.2 投标人应认真阅读招标文件中所有的事项、格式、条款和规范等要求。投标人没有按照招标文件要求提交全部资料或者投标书没有对招标文件在各方面都作出实质性响应是投标人的风险,没有实质上响应招标文件要求的投标将被拒绝。

6. 招标文件的澄清

6.1 任何要求对招标文件进行澄清的投标人,均应按"投标人须知"第 19.1 条中的地址以书面形式或用电报(以下提到电报均包括电传、传真)通知买方,买方对其在"投标资料表"中所述投标截止期 30 天以前收到的对招标文件的澄清要求将以书面形式予以答复,同时将书面答复寄送给每个购买招标文件的投标人(答复中包括所问问题,但不包括问题的来源)。

7. 招标文件的修改

7.1 在投标截止期前的任何时候,无论出于何种原因,买方可主动地或在解答投标人提出的澄清问题时对招标文件进行修改。

7.2 招标文件的修改将以书面形式或电报,通知所有购买招标文件的投标人,并对其具有约束力。

7.3 为使投标人编写投标书时有充分时间对招标文件的修改部分进行研究,买方可以自行决定,酌情延长投标截止日期。

三、投标书的编制

8. 投标书的语言

8.1 投标人提交的投标书以及投标人与买方就有关投标的所有来往函电均应使用"投标资料表"中规定的语言书写。投标人提交的支持文件和印制的文献可以用另一种语言,但相应内容应附有"投标资料表"中规定语言的翻译本,在解释投标书时,以翻译本为准。

9. 投标书构成

9.1 投标人编写的投标书应包括下列部分:

(1)按照投标人须知第 10.11 和 12 条要求填写投标函、投标报价表。

(2)按照投标人须知第 13 条要求出具的资格证明文件,证明投标人是合格的,而且中标后有能力履行合同。

(3)按照第 14 条要求出具的证明文件,证明投标人提供的货物及其辅助服务是合格的货物和服务,且符合招标文件规定。

(4)按照第 15 条规定提交投标保证金。

10. 投标函格式

10.1 投标人应完整地填写招标文件中提供的投标函和投标报价表,说明所提供的货物、货物简介、来源、数量及价格。

10.2 为了便于给予国内优惠,投标书被分为以下三类:

A 类：投标书提供的货物在买方本国制造，其中(i)来自于买方本国劳务、原材料、部件的费用占出厂价的 30%以上；(ii)制造和组装该货物的生产设施至少从递交投标书之日起已开始制造或组装该类货物。

B 类：所有其他的从买方本国供货的投标。

C 类：提供要由买方从国外直接进口或通过卖方的当地代理进口的外国货物。

10.3 为了便于买方进行以上分类，投标人应填写招标文件中提供的相应组别的投标报价表，如果投标人填写的投标报价表不是相应组别的投标报价表，其投标书不会被拒绝，但是买方将把其投标书归入相应类别的投标组别中。

11. 投标报价

11.1 投标人应在适当的投标报价表上标明，本合同拟提供货物的单价(适用时)和总价。

11.2 投标报价表上的价格应按下列方式分开填写。

(a)从买方本国供应的货物：

(i)报所供货物的出厂价(工厂交货价、仓库交货价、展室交货价或货架交货价)，包括对以下 a、b 两项已缴纳或应缴纳的全部关税、销售税和其他税：

a. 报出厂价的货物在制造或组装时使用的部件和原材料；或

b. 报仓库交货价、展室交货价或货架交货价以前从国外进口的货物。

(ii)如果授予合同，将要缴纳买方国内的销售税和其他税。

(iii)如果"投标资料表"中有规定，货物运至最终目的地的内陆运输、保险和其他当地发生的伴随费用。

(iv)如果"投标资料表"有规定，投标资料表中列出的其他服务(伴随服务)的费用。

(b)从国外供应的货物：

(i)按照"投标资料表"中的规定，报指定目的港的到岸价(CIF)，或"运费、保险付至边境口岸价"(CIP)，或"运费、保险付至指定目的地价"(CIP)。报价时投标人可以自由选择任何在合格来源国注册的交通工具进行运输。同样，投标人可以从任何合格来源国取得保险服务。

(ii)如果"投标资料表"中有规定，报离岸价(FOB)[或适用"货交承运人价"(FCA)]。

(iii)如果"投标资料表"中有规定，报"成本运费价"(CFR)[或适用"报运费付至目的港价"(CPT)]。

(iv)如果"投标资料表"中有规定，货物从进口口岸运至最终目的地的内陆运输、保险和其他当地发生的伴随费用。

(v)如果有的话，"投标资料表"中列出的其他服务(伴随服务)费用。

11.3 出厂价(EXW)、到岸价(CIF)和"运费、保险付至……"价(CIP)等术语应根据巴黎国际商会的目前版本的"国际贸易惯例术语解释通则"(Incoterm)的规定来解释。

11.4 投标人根据上述投标人须知第 11.2 条的规定将投标价分成几部分，只是为了方便买方对投标书进行比较，并不限制买方以上述任何条件订立合同的权力。

11.5 除非"投标资料表"中另有规定，否则投标人所报的投标价在合同执行过程中是固定不变的，不得以任何理由予以变更。根据投标人须知第 24 条的规定，以可调整的价格提交的投标书将作为非响应性投标而予以拒绝。但是，如果"投标资料表"中规定，投标人所报的投标价在合同执行过程中可以调整，以固定不变价提供的报价将不被拒绝，只是将价格调整作为零处理。

12. 投标货币

12.1 投标应用以下货币报价：

(a)除非"投标资料表"中另有规定，否则投标人从买方本国提供的货物和服务应该用买方国家的货币报价。

(b)投标人从买方本国境外提供的货物和服务可以用任何世界银行成员国的货币报价。如果投标人希望得到不同货币的支付，可用相应货币报价，但外币种类不能多于三种。对本条而言，欧洲货币单位(ECU)也是一种合格货币。

13. 证明投标人合格和资格的文件

13.1 按照投标人须知第9条规定，投标人应提交证明其有资格参加投标和中标后有能力履行合同的文件，并作为其投标书的一部分。

13.2 投标人提交的合格性的证明文件应使买方满意，投标人在投标时应是来自投标人须知第2条定义的合格来源国。

13.3 投标人提交的中标后履行合同的资格证明文件应使买方满意：

(1)如果投标人按照合同提供的货物不是投标人自己制造的，投标人应得到货物制造厂家同意其在买方本国提供该货物的正式授权。

(2)投标人已具备履行合同所需的财务、技术和生产能力。

(3)如果投标人在买方本国没有营业，投标人应由或将由(如果中标的话)一家在买方本国营业的机构代理，该代理机构应有装备，并有能力履行合同条款中和/或技术规格中规定的卖方所承担的维修、保养、修理和备件储存的义务。

(4)投标人满足“投标资料表”中列出的资格标准。

14. 证明货物的合格性和符合招标文件规定的文件

14.1 按照“投标人须知”第9条规定，投标人应提交证明其拟供的合同项下的货物和服务的合格性符合招标文件规定的文件，并作为其投标书的一部分。

14.2 货物和服务合格性的证明文件应包括投标报价表中对货物和服务来源地的说明，并由装运货物时出具的原产地证书证实。

14.3 证明货物和服务与招标文件的要求相一致的文件可以是文字资料、图纸和数据，包括：

(1)货物主要技术指标和性能的详细说明。

(2)应提供货物从买方开始使用至“投标资料表”中规定的期间正常、连续地使用所需的完整的备件和特种工具等清单，包括备件和特种工具的货源及现行价格。

(3)逐条对买方要求的技术规格进行评议，说明所提供货物和服务已对买方的技术规格做出了实质性的响应，或说明与技术规格条文的偏差和例外。

14.4 投标人在阐述上述第14.3(3)时应注意：买方在技术规格中指出的工艺、材料和设备的标准以及参照的牌号或分类号仅起说明作用，并没有任何限制性，投标人在投标中可以选用替代标准，牌号或分类号，但这些替代要实质上相当于技术规格的要求，并且使买方满意。

15. 投标保证金

15.1 根据“投标人须知”第9条的规定，投标人应提交“投标资料表”规定金额的投标保证金，并作为其投标书的一部分。

15.2 投标保证金是为了保护买方免遭因投标人的行为而蒙受的损失，买方在因投标人的行为受到损害时可根据投标人须知第15.7条的规定没收投标人的投标保证金。

15.3 投标保证金应用投标货币或另一种可以自由兑换的货币表示，并采用下列任何一种形式：

(a)由一家在买方本国的或国外的信誉好的银行用招标文件提供的格式或买方接受的其他格式出具的银行保函或不可撤销的信用证，其有效期应超过投标有效期30天；或

(b)银行本票、保付支票。

15.4 凡没有根据“投标人须知”第15.1和15.3条的规定，随附投标保证金的投标，应按投标人须知第24条的规定视为非响应性投标予以拒绝。

15.5 未中标人的投标保证金，将按照投标人须知第16条中买方规定的投标有效期期满后30天内尽快退还。

15.6 中标人的投标保证金，在中标人按投标人须知第34条规定签订合同并按“投标人须知”第35条规定交纳了要求的履约保证金后予以退还。

15.7　下列任何情况发生时，投标保证金将被没收：

(1)投标人在投标函格式中规定的投标有效期内撤回其投标；或

(2)中标人在规定期限内未能：

(a)根据“投标人须知”第34条规定签订合同；或根据第24.2条规定接受对错误的修正。

(b)根据“投标人须知”第35条规定提交履约保证金。

16. 投标有效期

16.1　根据“投标人须知”第19条规定，投标书应在买方规定的开标日后的“投标资料表”中所述时期内保持有效。投标有效期比规定短的将被视为非响应标而予以拒绝。

16.2　在特殊情况下，买方可征求投标人同意延长投标有效期。这种要求与答复均应以书面形式(或电报)提交。根据“投标人须知”第15条规定，投标有效期也应相应延长。投标人可以拒绝买方的这种要求，但其投标保证金不被没收。除了投标人须知第16.3条规定的情况以外，既不能要求也不允许同意延长投标人修改其投标书。

16.3　在固定价格合同的情况下，如果授标(授予合同)的时间延误，超过原定的投标有效期56天以上，合同价格将按照延期通知书中规定的一个系数进行调整。

17. 投标书的式样和签署

17.1　投标人应准备一份投标书正本和“投标资料表”中规定数目的副本，每套投标书须清楚地标明“投标书正本”或“投标书副本”。一旦正本和副本不符，以正本为准。

17.2　投标书的正本和所有的副本均需打印或用不退色墨水书写，并由投标人或经正式授权并对投标人有约束力的代表签字。授权代表须将以书面形式出具的“授权证书”附在投标书中。除没有修改过的印刷文献外，投标书的每一页都应由投标人或其授权代表用姓或首字母签字。

17.3　任何行间插字、涂改和增删必须由投标书签字人用姓或首字母在旁边签字才有效。

17.4　投标人应按投标函中的说明，提供与本投标和中标后合同实施有关的已支付或要支付给代理机构的佣金或报酬的情况。

四、投标书的递交

18. 投标书的密封和标记

18.1　投标人应将投标书正本和所有的副本分开密封装在单独的信封中，且在信封上标明“正本”“副本”字样，然后再将所有信封封装在一个外层信封中。

18.2　内外层封套均应：

(a)按“投标资料表”中注明的地址发至买方。

(b)注明“投标资料表”中标明的项目名称，投标邀请书的标题和编号，注明“在之前不得启封”的字样并根据“投标人须知”第22条的规定填入“投标资料表”中规定的日期和时间。内层信封应写明投标人名称和地址，以便如果其投标被宣布为“迟到”投标时，能原封退回。

18.3　如果外层信封未按投标人须知第18.2条要求密封和加写标记，买方对误投或过早启封概不负责。

19. 投标截止日期

19.1　买方在“投标人须知”第18.2条规定的地址收到投标书的时间不得迟于“投标资料表”中规定的截止日期和时间。

19.2　买方可以按“投标人须知”第7条规定，通过修改招标文件自行决定酌情延长投标截止期。在此情况下，买方和投标人受投标截止期制约的所有权利和义务均应延长至新的截止日期。

20. 迟交的投标书

20.1　按照投标人须知第19条规定，买方将拒绝并原封退回在其规定的截止期后收到的任何投标书。

21. 投标书的修改和撤回

21.1 投标人在递交投标书后，可以修改或撤回其投标书，但买方必须在规定的投标截止期之前，收到修改包括替代或撤回的书面通知。

21.2 投标人的修改或撤回通知书应按“投标人须知”第18条规定编制、密封、标记和发送，撤回通知书也可以用电报传递，但随后要用经过签字的信件确认，其邮戳时间不得迟于投标截止时间。

21.3 在投标截止期之后，投标人不得对其投标书做任何修改。

21.4 从投标截止期至投标人在投标函格式中确定的投标有效期期满之间的这段时间内，投标人不得撤回其投标，否则其投标保证金将按照“投标人须知”第15.7条的规定被没收。

五、开标与评标

22. 买方开标

22.1 买方将在“投标资料表”中规定的日期、时间和地点在有投标人代表在场的场合组织公开开标，参加开标的代表应签名报到以证明其出席。

22.2 开标时，买方将当众宣读投标人名称、修改和撤回投标的通知、投标价格、折扣、是否提交了投标保证金，以及买方认为合适的其他内容，除了按照“投标人须知”第20条规定原封退回迟到的投标之外，开标时将不得拒绝任何投标书。

22.3 在开标时没有启封和读出的投标书(包括按照“投标人须知”第21.2条递交的修改书)在评标时将不予考虑。撤回的投标书将原封退回原投标人。

22.4 买方将做开标记录。

23. 投标书的澄清以及与买方的联系

23.1 在评标期间，买方可自行要求投标人对其投标书进行澄清，有关澄清的要求和答复应以书面形式提交，但不得寻求，提供或允许对投标价格或实质性内容做任何更改。

23.2 除了“投标人须知”第23.1条的规定外，从开标后至授予合同期间，任何投标人均不得就与其投标书有关的任何问题与买方进行联系。如果投标人希望递交其他资料给买方以引起买方的注意，则应以书面的形式提交。

23.3 投标人对买方的评标过程或合同授予决定施加影响的任何行动都可能导致其投标书被拒绝。

24. 投标书的初审

24.1 买方将审查投标书是否完整，有无计算上的错误，是否提交了投标保证金，文件签署是否合格，投标书的总体编排是否有序。

24.2 算术错误将按以下方法更正。如果单价与数量乘单价的积得到的总价不一致，以单价为准，修改总价；如果投标人不接受对其错误的更正，其投标书将被拒绝，其投标保证金将被没收；如果用文字表示的数值与用数字表示的数值不一致，以文字表示的值为准。

24.3 对于投标书中不构成实质性偏差的小的不正规、不一致或不规则，买方可以接受，但这种接受不能损害或影响任何投标人的相对排序。

24.4 在详细评标之前，根据“投标人须知”第26条的规定，买方要审查每份投标书是否实质上响应了招标文件的要求。实质上响应的投标应该是与招标文件要求的全部条款、条件和规格相符，没有重大偏离的投标。对关键条文的偏离、保留或反对，如关于投标保证金(“投标人须知”第15条)、适用法律(通用合同条款第30条)和税及关税(通用合同条款第32条)的偏离将被认为是实质上的偏离。买方决定投标书的响应性只根据投标书本身的内容，而不寻求外部的证据。

24.5 如果投标书实质上没有响应招标文件的要求，买方将予以拒绝，投标人不得通过修正或撤销不合要求的偏离或保留从而使其投标成为实质上响应的投标。

25. 转换为单一货币

25.1 为了便于评标和比较，买方将把用各种货币表示和支付的投标价转换为：

(a)按照买方本国中央银行或一家商业银行为类似交易所确定的卖出汇率转换成买方本国的货币。

(b)对于用外币支付的部分按照国际出版物公布的卖出汇率和对于用买方本国货币支付的部分按照买方本国中央银行为类似交易所确定的卖出汇率转换为一种国际贸易广泛使用的货币，如美元。

25.2 为了将投标价转换至同一基础进行评标而选择的货币以及所用的汇率的来源和日期在“投标资料表”中加以规定。

26. 投标书的评价和比较

26.1 买方将按照投标人须知第 24 条规定只对确定为实质上响应招标文件要求的投标进行评价和比较。

26.2 买方在评标时将不包括和不考虑：

(1)如果投标人中标，对其在买方本国制造的货物和已经在买方本国的外国货物将要征收的销售税或其他税。

(2)如果投标人中标，对其从国外供货的外国货物将要征收的关税或其他类似进口税。

(3)如果投标书中有的话，在合同实施期间的价格调整。

26.3 对于从买方本国提供的货物，评标时比较出厂价，包括全部成本和为已经组装成货物或将要组装成货物的部件和原材料已经支付的或将要支付的关税和其他税；对于从买方境外提供的货物，评标时比较指定目的港到岸价(CIF)或“运费、保险付至边境口岸价”(CIP)，或“运费、保险付至指定目的地价”(CIP)。

26.4 买方在评标时，除根据投标人须知第 11.2 条的规定考虑投标人的报价之外，还要考虑按照“投标资料表”中所规定的以及按照“投标人须知”第 26.5 条所量化的以下因素：

(1)在买方本国所发生的内陆运费、保险费及其将货物运至最终目的地的伴随服务费用。

(2)投标书中报的交货期。

(3)与专用合同条款规定的付款条件的偏差。

(4)所投货物部件、必须备件和服务的费用。

(5)在买方本国得到投标设备的备件和售后服务的可能性。

(6)投标设备在使用周期内预计的运营费和维护费。

(7)投标设备的性能和生产率。

(8)“投标资料表”和/或技术规格所列的其他具体标准。

26.5 根据“投标人须知”第 26.4 条的规定，对“投标资料表”中的因素采用以下“投标资料表”中详细说明的量化方法进行评定。

(a)货物从出厂地/到货港口/边境口岸开始的内陆运费、保险费及其他伴随服务的费用。

买方将按照铁路/公路等交通部门、保险公司和/或其他有关机构发布的收费标准计算货物从出厂地/进口港/边境口岸运抵“投标资料表”所指明的项目现场所发生的内陆运费、保险及其他伴随服务的费用。为便于计算，投标人应在投标书中提供估计的货物尺寸、装运重量和每个合同包的估计出厂价(EXW)/到岸价(CIF)或“运费、保险付至边境口岸价”(CIP)的价值。买方将把上述费用加到出厂价(EXW)/到岸价(CIF)/“运费、保险付至边境口岸价”(CIP)上。

(b)交货时间表。

(i)买方要求本招标邀请书项下的货物按照货物需求一览表规定的时间交货(启运)。对每一份投标书都要考虑合理的国际和本国运输时间来计算货物抵达项目现场的估计时间，以上述到达时间为基础，每超过基础时间一周，其评标价将在投标价的基础上增加“投标资料表”中规定的出厂价(EXW)/到岸价(CIF)/“运费、保险付至边境口岸价”(CIP)的某一百分比来考虑。提前交货不考虑降低评标价。

(ii)本招标邀请书项下的货物按照货物需求一览表规定的可接受的几周时间范围内交货(启运)。提前交货不考虑降低评标价，晚于交货时间范围供货的投标将被视为非响应性投标。在这段可接受的时间范围内，每超过货物需求一览表中规定的最早交货时间一周，其评标价将在投标价的基础上增加“投标资料表”中规定的某一百分比来考虑。

(iii)本招标邀请书项下的货物按照货物需求一览表规定的分批装运交货(启运)。提前交货或者推迟交货的投标将调整其评标价，方法是每超过规定的交货时间一周，其评标价将在投标价的基础上增加“投标资料表”中规定的出厂价(EXW)/到岸价(CIF)/“运费、保险付至边境口岸价”(CIP)的某一百分比。

(c)付款计划的偏离。

(i)投标人应按照专用合同条款上所列的付款计划进行报价，评标时以此基本报价为基础，但投标人可提出替代的付款计划并说明采用该替代的付款计划投标价可以降低多少。买方可以考虑中标的投标人的替代的付款计划。

(ii)专用合同条款中规定了买方提出的付款计划。如果投标书对此有偏离但又属买方可以接受的，评标时将按“投标资料表”所述的利率计算提前支付所产生的利息，并将其计入其评标价中。

(d)备件的价格。

(i)将主要组件、部件及在“投标资料表”中规定的运行初期可能需要的可选择的备件的名称和数量清单附在技术规格中。按每份投标书中所报的单价来计算的这些项目的总价，并将其计入投标价中。

(ii)买方将开列经常使用的价值高的部件和备件清单，以及在“投标资料表”中所规定的运行初期所需要的数量，按投标书中所报的备件单价计算这些项目和数量的总价，并将其计入投标价中。

(iii)买方将根据每一投标人提供的信息以及买方过去的经验或其他购买人的经验来估算在“投标资料表”中所规定的运行初期所需要的备件的费用，这笔费用将加在投标价上进行评标。

(e)买方国内的备件和售后服务设施。

根据招标文件或“投标资料表”中或招标文件其他地方的规定，买方建立最起码的维修服务设施和零部件库存所需的费用，如果是单独报价的话，评标时应加在投标价上。

(f)运行和维护费用。

由于所采购的货物的运行和维护费用构成设备使用周期成本的一个主要部分，这些费用将根据“投标资料表”或技术规格中规定的标准进行评价。

(g)设备的性能和生产率。

(i)投标人应响应技术规格中的规定，说明保证达到的性能和效率，低于标准性能或效率100的，每低一个点，投标价将增加“投标资料表”中规定的调整金额，采用“投标资料表”或技术规格中规定的方法，代表设备在使用年限中的运行成本所额外增加的费用。

(ii)所提供的货物必须具备技术规格中相应条文所规定的最低生产率才能被认为是具有响应性。评标将以投标货物实际生产率的单位成本为基础，采用“投标资料表”或技术规格中规定的方法，在投标价上增加调整的金额。

(h)其他额外的评标标准将在“投标资料表”和/或技术规格中详细规定。

26.6 优点打分法。

如果上述投标人须知第26.5条规定的评标方法没有在“投标资料表”中说明，可用下述评标因素加权的优点打分法。“投标资料表”中应规定分配给一个加权因素的分值。在“投标资料表”和下列范围中选择：

货物的评标价：60～90

共用清单备件的费用：0～20

技术性能，维护和运行费用：0～20

可得到的服务和备件：0～20

标准化：0～20

合计：100

得分最高的投标书将被认为是最低评标价的投标书。

27. 国内优惠

27.1　如果“投标资料表”中有规定，投标人能满足“投标人须知”第 10.2A 类条的标准并使买方和世界银行满意，为了评标，买方将按照下述程序给予在买方国内制造的货物享受评标国内优惠。

(1)首先，买方将根据“投标人须知”第 10 条和第 11 条的规定对投标人在其投标函格式和投标报价表中对其投标的分组进行审查和确认，以及在必要时进行调整。

(2)然后，每一小组内的评标价先在本小组内比较以得出各小组的最低评标价。然后各小组的最低评标价再互相比较，如果比较的结果是 A 类或 B 类的评标价最低，则该投标人中标。

(3)如果上述比较的结果是 C 类的评标价最低，为了进行进一步比较，所有 C 类的进口货物的评标价中将增加以下费用：

(a)C 组投标书中的非免税进口人进口该类货物必须缴纳的关税或其他进口税。

(b)如果关税和其他进口税超过进口货物到岸价(CIF)[或“运费、保险付至边境口岸价”(CIP)或“运费、保险付至目的地价”(CIP)]的百分之十五(15%)，则为进口货物到岸价(CIF)[或“运费、保险付至边境口岸价”(CIP)或“运费、保险付至目的地价”(CIP)]的百分之十五(15%)。

在进一步的比较中，如果 A 类的评标价是最低的，则该投标人中标，如果根据上述“投标人须知”第 27.3 条规定进行比较的结果，最低评标价的投标是来自 C 类，则来自 C 类的该投标人应该中标。

28. 与买方接触

28.1　除“投标人须知”第 23 条的规定外，从开标之日起至授予合同期间，投标人不得就与其投标书有关的事项与买方联系。

28.2　投标人试图对买方的评标、比较或授予合同的决定进行影响，都可能导致其投标书被拒绝。

六、授予合同

29. 资格后审

29.1　如果没有进行资格预审，买方将根据“投标人须知”第 13.3 条列出的标准确定最低评标价的投标人是否有能力满意地履行合同义务。

29.2　授标决定将考虑投标人的财务、技术和生产能力，其基础是审查投标人按照投标人须知第 13.3 条规定提交的资格证明文件和其他买方认为必要的、合适的资料。

29.3　如果审查通过，则将合同授予该投标人；如果审查没有通过，则拒绝其投标。在此情况下，买方将对下一个最低评标价的投标人能否满意地履行合同义务作类似的审查。

30. 合同授予标准

30.1　除第 32 条的规定之外，买方将把合同授予被确定为实质上响应招标文件要求的最低评标价的投标人，但前提条件是该投标人必须能够满意地履行合同义务。

31. 买方授标时更改采购货物数量的权利

31.1　买方在授予合同时有权在“投标资料表”规定的百分比幅度内对“货物需求一览表”中规定的货物数量和服务予以增加或减少，但不得对单价或其他的条款和条件做任何改变。

32. 买方接受和拒绝任何或所有投标的权利

32.1　买方保留在授标之前任何时候接受或拒绝任何投标，以及宣布招标程序无效或拒绝所有投标的权利，对受影响的投标人不承担任何责任，也无义务向受影响的投标人解释采取这一行动的理由。

33. 中标通知书

33.1　在投标有效期期满之前，买方将用挂号信或电报书面通知中标人中标。如果用电报，随后应以挂号信书面确认。

33.2　中标通知书将是合同的一个组成部分。

33.3 在中标人按照投标人须知第35条的规定提交履约保证金后，买方将迅速通知其他未中标的投标人，并按照“投标人须知”第15条的规定退还其投标保证金。

34. 签订合同

34.1 买方在发中标通知书的同时，将把招标文件中提供的合同格式连同双方达成的协议寄给中标人。

34.2 中标人在收到合同格式后30天内，应在合同上签字并注明日期退给买方。

35. 履约保证金

35.1 中标人在收到买方的中标通知书后30天内，应按照合同条款的规定，采用招标文件中提供的履约保证金格式或买方可以接受的其他格式向买方提交履约保证金。

35.2 如果中标人没有按照上述第35.1条或第34条规定执行，买方将有充分理由取消该中标决定，并没收其投标保证金。在此情况下买方可将标授予下一个最低评标价的投标人，或重新招标。

36. 腐败及欺诈行为

36.1 世界银行要求借款人(包括世行贷款的受益人)以及世行贷款合同项下的买方和卖方在合同采购和实施过程中应遵守最高的道德标准。

(a)根据本政策，世界银行将为此目的，定义下述条件：

(i)“腐败行为”是指提供、给予、接受或索取任何有价值的东西来影响公共官员在采购过程或合同实施过程中的行为。

(ii)“欺诈行为”是指为了影响采购过程或合同实施过程而谎报事实，损害借款人的利益，包括投标人之间串通投标(递交投标书之前和之后)，人为地使投标丧失竞争性，剥夺借款人从自由公开竞争所能获得的权益。

(b)如果世界银行认为所建议的中标人在本合同的竞争中有腐败或欺诈行为，则拒绝该授标建议。

(c)如果世界银行在任何时候认为某公司在世界银行贷款合同的竞争和实施过程中有腐败或欺诈行为，则该公司在世界银行贷款合同中永远不能中标或在一段时间内不能中标。

36.2 此外，投标人应该清楚地知道“投标人须知”第5.4条和通用合同条款第24.1条的规定。

第三章　投标资料表

投标资料表

下述关于要采购的货物的具体资料是对投标人须知的具体补充和修改，如果有矛盾的话，应以本资料表为准。

条款号	内　　容
	总则
1.1	借款人名称：
1.1	贷款/信贷号：__________ 贷款/信贷金额：__________ (如适用)
1.1	项目名称：__________
1.1	合同名称： 如果需求一览表中对设备的要求是类似的而设备是可以单独分开的，可以分成几个供选择的合同包，投标人应能自行选择投单独的合同包或一组类似的合同包。在这里应该说明合同包评标和授予的标准
4.1	买方名称：__________ 采购代理名称：__________
6.1	买方地址、电话、电传、传真号：__________ 采购代理地址、电话、电传、传真号：__________
8.1	投标语言：(插入“英语”“法语”或“西班牙语”)
	投标报价和货币
11.2(a)(iii)、(iv) (可选项)	投标报价为： 规定报出厂价，以及说明是否在出厂价之外还要报内陆运输费和伴随服务费
11.2(b) (i) (ii)、(iii) (可选项) (iv)、(v) (可选项)	投标报价为： 根据货物需求一览表选择指明目的港到岸价或指明口岸CIP价或指明目的地CIP价 根据“投标人须知”11.2(b)(ii)或(iii)条规定，说明是否要报离岸价(FOB)或FCA价，或其他价，如CFR价或CPT价 根据投标人须知11.2(b)(iv)和(v)条规定，说明是否在到岸价(CIF)或CIP价之外还要报内陆运输费和伴随服务费
11.5	投标报价为固定价或可调整价(删去不适用的选择)
12.1(a)	对从买方国内提供的货物和服务，如果投标人可以用外币报价和支付，删除12.1(a)条，并说明如下： 12.1(a)不适用，12.1(b)适用于所有货物和服务，“从买方国外”这几个字不适用

（续表）

编制和递交投标书	
13.3(4)	资格要求： 规定制造本招标邀请书所要求提供的类似货物的最低的经验要求。可做如下规定： 如果一家代理公司代表一家以上的制造厂投标，除非每一份投标书都带有单独的投标函、投标保证金（要求时）和相应的制造厂授权书，所有这些投标书将作为非响应性投标而被拒绝
14.3(2)	运行______年所需的备件
15.1	投标保证金金额： 如果采购的金额不大，投标保证金不重要，可以免交。如果免交，仍保留15.1条，但注明“不要求”字样。在所有其他情况下，投标保证金可以是一笔固定金额或不少于投标价的某一百分数，最好采用前者（固定金额）。投标保证金一般为报价的2%，任何情况下都不应超过5% 投标保证金应在投标有效期截止日后三十(30)天内保持有效
16.1	投标有效期：__________天 投标有效期应留有足够的时间完成评标，世界银行审查授标建议（如果要求的话），取得批准和授标。有效期一般为90天，如果是简单的货物（如材料）可以短一些。为了避免延期，有效期应规定得现实一点
17.1	副本的份数：__________
18.2(a)	投标书递交至：____
18.2(b)	招标邀请书的标题和编号：____
19.1	投标截止期：____________________
22.1	开标日期：____________________时间：____________________ 地点：____ 日期应与上述19.1条规定的递交投标书的截止日期相同，时间应与上述19.1条规定的递交投标书的截止时间相同，或者紧随其后
评标	
25.2	为了转换为一种统一货币而选择的货币（规定当地货币或一种可转换的货币，如美元） 汇率来源：中国人民银行 汇率日期：____________________ 选定的日期应不早于投标人须知第22.1条规定的原定投标截止期前4周，但不迟于“投标人须知”第16.1条规定的原定投标有效期截止日
26.4	评标标准：____________________ 从“投标人须知”第26.4条[如26.4(b)和(c)条]所列出的标准中选择适当的标准，但要参照“投标人须知”第26.5条，只保留适用的评标方法和相应的标准、参数[如26.5(b)、(i)和(c)、(ii)]

（续表）

26.5(a)	从出厂地点/进口口岸/边境地点至（项目现场名称）的内陆运输，保险和伴随服务。投标人应提供： * 每件包装箱的估计尺寸和运输重量。 * 每件包装箱的出厂价（EXW），到岸价（CIF），“运费、保险付至……价”（CIP）。 如果投标书是根据投标人须知第 11.2(a)(iii)或第 11.2(b)(iv)条规定提交的，本条可以不填写
26.5(b) 方案(i) 方案(ii) 方案(iii)	交货计划 所选方案的相应参数：＿＿＿＿＿＿＿＿ 按百分比来调整；或 按评标货币的某一数量来调整；或 按某一百分比来调整。 每周百分之零点五（0.5%）的费率比较合理。专用合同条款中规定的误期赔偿费的百分比应该高一些
26.5(c)(ii)	付款计划偏差 年利率：＿＿＿＿＿＿＿＿
26.5(d)	备件费用： 规定适用的方法——(i)、(ii)或(iii)——及系数（如年数），根据要求，可参考技术规范的附录
26.5(e)	买方国内的备件和售后服务设施 （规定最少的服务设施和部件库存或参考技术规范）
26.5(f)	决定运行和维护费用 计算使用寿命成本的因素： (i)使用寿命的年数（建议使用寿命不超过计划的货物大修前的使用时间）； (ii)运行费（如燃料和/或其他投入，单位成本，和每年的及总的运行要求）； (iii)维护费[如备件——不重复上述 26.5(d)条的要求——和/或其他投入]；和 (iv)用于将上述(ii)和(iii)条计算的全部未来每年费用贴现至现值的百分率；或 参考技术规范或招标文件的其他部分规定的方法 （合同专用条款中规定的合同误期赔偿费应高于这里所述的评标优点）
26.5(g)	设备性能和生产率： 规定适用程序和调整系数（用评标使用的货币）。调整系数应乘以应使用的定额，可在技术规格中规定，或者是投标书中承诺的最好的性能和生产率的相应值；合同专用条款中规定的合同误期赔偿费应高于这里所述的评标优点
26.5(h)	详细的评标方法或参照技术规格
26.5 备选方案	规定评标因素： 因为采购金额小，详细的量化评标显得不实际或不合适时才使用这种方法
27	适用国内优惠 或 国内优惠不适用 （删去不适用的选择）

（续表）

授予合同	
31.1	数量增减变更：__________________% 只有在适当的情况下才使用选择性条款。一般不超过百分之十五(15%)
仲裁	(a)国内投标人——按中国仲裁法进行仲裁。买方建议的仲裁委员会是：__________，除非卖方建议另外的仲裁机构并为买方所接受。 (b)外国投标人——除非投标时要求按联合国国际贸易法委员会的仲裁条例(UNCITRAL)仲裁，一般应按中国的仲裁法进行仲裁

适用于本合同的额外增加的变动：

（买方应填完本表的全部空格，每一栏括号中的说明仅供填写投标资料表时参考）

第四章 通用合同条款

目 录

通用合同条款

1. 定义

本合同下列术语应解释为如下内容：

(1)“合同”系指买卖双方签署的、合同格式中载明的、买卖双方所达成的协议，包括所有的附件、附录和上述文件所提到的构成合同的所有文件。

(2)“合同价”系指根据合同规定卖方在正确地完全履行合同义务后买方应支付给卖方的价格。

(3)“货物”系指卖方根据合同规定须向买方提供的一切设备、机械和/或其他材料。

(4)“服务”系指根据合同规定卖方承担与供货有关的辅助服务，如运输、保险以及其他的伴随服务，如安装、调试、提供技术援助、培训和合同中规定卖方应承担的其他义务。

(5)“通用条款”指本章通用合同条款。

(6)“专用条款”指专用合同条款。

(7)“买方”指专用条款中所述购买货物的单位。

(8)“买方国家”指专用条款所述的国家。

(9)“卖方”指为本合同提供货物和服务的公司或实体。

(10)“世界银行”指国际复兴开发银行(IBRD)或国际开发协会(IDA)。

(11)“项目现场”指专用条款中指明的地点，如适用的话。

(12)“天”指日历天数。

2. 适用性

2.1 本通用合同条款适用于没有被本合同其他部分的条款所取代的范围。

3. 来源地

3.1 本合同项下所提供的货物及服务均应来自于“世界银行指南”规定的合格的国家和地区，在专用条款中有进一步的说明。

3.2 本条所述的“来源地”系指货物开采、生长，生产地或提供服务的来源地。经过制造、加工的产品或经过实质上组装主要元部件而形成的产品均可称为货物，商业上公认的新产品是指在基本特征、目的或功能上与元部件有实质性区别的产品。

3.3 货物和服务的来源地有别于卖方的国籍。

4. 标准

4.1 本合同下交付的货物应符合技术规格所述的标准，如果没有提及适用标准，则应符合货物来源国适用的官方标准。这些标准必须是有关机构发布的最新版本的标准。

5. 使用合同文件和资料、世界银行的检查和审计

5.1 没有买方事先书面同意，卖方不得将由买方或代表买方提供的有关合同或任何合同条文、规格、计划、图纸、模型、样品或资料提供给卖方雇佣于履行本合同以外的任何其他人。即使向本合同的雇员提供，也应注意保密并限于履行合同必须的范围。

5.2 没有买方事先书面同意，除了履行本合同之外，卖方不应使用通用条款第5.1条所列举的任何文件和资料。

5.3 除了合同本身以外，通用条款第5.1条所列举的任何文件是买方的财产。如果买方有要求，卖方在完成合同后应将这些文件(全部拷贝)还给买方。

5.4 如果世界银行要求，卖方应允许世界银行检查卖方与实施本合同有关的账户和记录，并由世界银行指定的审计人员对其进行审计。

6. 专利权

6.1　卖方应保证买方在其本国使用该货物或货物的任何一部分时免受第三方提出的侵犯其专利权、商标权或工业设计权的起诉。

7. 履约保证金

7.1　卖方应在收到中标通告书后30天内，向买方提交专用条款规定金额的履约保证金。

7.2　履约保证金的金额应能补偿买方因卖方不能完成其合同义务而蒙受的损失。

7.3　履约保证金应用本合同货币或买方可以接受的一种可自由兑换的货币采用下述方式之一提交：

(a)由买方接受的买方国内或国外的一家信誉好的银行，用招标文件提供的格式或其他买方接受的格式提交的银行保函或不可撤销的信用证。

(b)银行本票或保付汇票。

7.4　除非专用条款另有规定，在卖方完成其合同义务包括任何保证义务后30天内，买方将把履约保证金退还卖方。

8. 检验和测试

8.1　买方或其代表应有权检验和/或测试货物，以确认货物能符合合同规格的要求，并且不承担额外的费用。专用条款和技术规格将说明买方要求进行的检验和测试，以及在何处进行这些检验和测试。买方将及时以书面形式把进行检验和/或测试的代表的身份情况通知卖方。

8.2　检验和测试可以在卖方或其分包人的驻地、交货地点和/或货物的最终目的地进行。如果在卖方或其分包人的驻地进行，检察员应能得到全部合理的设施和协助，买方不应承担费用。

8.3　如果任何被检验或测试的货物不能满足规格的要求，买方可以拒绝接受该货物，卖方应更换被拒绝的货物，或者免费进行必要的修改以满足规格的要求。

8.4　买方在货物到达买方国家后对货物进行检验、测试及必要时拒绝接受货物的权力将不会因为货物在从来源国启运前通过了买方或其代表的检验、测试和认可而受到限制或放弃。

8.5　通用条款第8条的规定无论如何也不能免除卖方在本合同项下的保证义务或其他义务。

9. 包装

9.1　卖方应提供货物运至合同规定的最终目的地所需要的包装，以防止货物在转运中损坏或变质。这类包装应足以承受但不限于承受转运过程中的野蛮装卸，暴露于恶劣气温、盐分大和降雨环境，以及露天存放。包装箱的尺寸及重量应考虑货物最终目的地的偏远程度以及在所有转运地点缺乏重型装卸设施的情况。

9.2　包装、标记和包装箱内外的单据应严格符合合同的这种特殊要求，包括专用条款规定的要求以及买方后来发出的指示。

10. 交货和单据

10.1　卖方应按照"货物需求一览表"规定的条件交货。卖方应提供装运的细节和/或其他单据在专用条款中有具体规定。

10.2　本合同下的"出厂价(EXW)""离岸价(FOB)""货交承运人价(FCA)""到岸价(CIF)""运费、保险付至……价(CIP)"及其他用于说明各方责任的贸易术语应按照巴黎国际商会出版的目前版本的国际贸易惯例术语解释通则(Incoterms)来解释。

10.3　卖方应提交的单据在专用条款中有具体规定。

11. 保险

11.1　本合同下提供的货物应对其在制造、购置、运输、存放及交货过程中的丢失或损坏按专用条款规定的方式，用一种可以自由兑换的货币进行全面保险。

11.2 如果买方要求按到岸价(CIF)或运费、保险付至……价(CIP)交货,其货物保险将由卖方办理、支付,并以买方为受益人。如果按离岸价(FOB)或货交承运人价(FCA)交货,则保险是买方的责任。

12. 运输

12.1 如果合同要求卖方以离岸价(FOB)交货,卖方应负责办理、支付直至和包括将货物在指定的装船港装上船的一切事项,有关费用包括在合同价中。如果合同要求卖方以货交承运人(FCA)价交货,卖方应负责办理、支付将货物在买方指定地点或其他同意的地点交由承运方保管的一切事项,有关费用应包括在合同价中。

12.2 如果合同要求卖方以到岸价(CIF)或运费、保险付至……价(CIP)交货,卖方应负责办理、支付将货物运至目的港或本合同中指定的买方国内的其他目的地的一切事项,有关费用应包括在合同价中。

12.3 如果合同要求卖方将货物运至买方国内指定的目的地——项目现场,卖方应负责办理货物运至买方国内指定目的地,包括合同规定的保险和储存在内的一切事项,有关费用应包括在合同价中。

12.4 如果合同要求卖方以到岸价(CIF)或运费、保险付至……价(CIP)交货,选择承运人应不受到限制。如果合同要求卖方(a)以离岸价(FOB)或货交承运人价(FCA)交货,和(b)替买方和由买方承担费用使用指定的船只或挂买方国家国旗的船只来安排国际运输,而指定的船只或挂买方国家国旗的船只不能在合同规定的时间内用于运输货物,卖方应用别的船只安排运输。

13. 伴随服务

13.1 卖方可能被要求提供下列服务中的任一或所有服务,包括专用条款规定的附加服务(如果有的话):

(1)实施或监督所供货物的现场组装和/或启动。

(2)提供货物组装和/或维修所需的工具。

(3)为所供货物的每一适当的单台设备提供详细的操作和维护手册。

(4)在双方商定的一定期限内对所供货物实施运行、监督、维护、修理,但前提条件是该服务并不能免除卖方在合同保证期内所承担的义务。

(5)在卖方厂家和/或在项目现场就所供货物的组装、启动,运行、维护和/或修理对买方人员进行培训。

13.2 如果卖方提供的伴随服务的费用没含在货物的合同价中,双方应事先就其达成协议,但其费用单价不应超过卖方向其他人提供类似服务所收取的现行单价。

14. 备件

14.1 正如专用条款所规定,卖方可能被要求提供下列任一和全部卖方制造或分配的与备件有关的材料、通知和资料。

(1)买方从卖方选购的备件,但前提条件是该选择并不能免除卖方在合同保证期内所承担的义务。

(2)在备件停止生产的情况下:

(i)事先将要停止生产的计划通知买方,使买方有足够的时间采购所需的备件。

(ii)在停止生产后,如果买方要求,卖方应免费向买方提供备件的蓝图、图纸和规格。

15. 保证

15.1 卖方应保证合同项下所供货物是全新的、未使用过的,是最新或目前的型号,除非合同另有规定,货物应含有设计上和材料的全部最新改进。卖方进一步保证,合同项下提供的全部货物没有设计、材料或工艺上的缺陷(买方的规格要求的设计和/或材料的情况除外),或者没有因卖方的行动或疏忽而产生的缺陷,这些缺陷是所供货物在最终目的地国家现行条件下正常使用可能产生的。

15.2 除非专用条款另有规定,本保证在货物或其中任一部分(适用时)交运到合同指明的最终目的地并验收后的十二(12)个月内有效,或在货物从货源国装运口岸或地点启运日期后十八(18)个月内有效,以上哪一种情况早发生就以哪一种情况为准。

15.3 买方应尽快以书面形式向卖方提出本保证期内所产生的索赔。

15.4 卖方收到通知后应在专用条款规定的时间内以合理的速度免费维修或更换有缺陷的货物或部件，被修理或更换的货物或部件从出厂地或进口港/地至最终目的地的内陆运费由买方承担。

15.5 如果卖方收到通知后在专用条款规定的时间内没有以合理的速度弥补缺陷，买方可采取必要的补救措施，但其风险和费用将由卖方承担，买方根据合同规定对卖方行使的其他权力不受影响。

16. 付款

16.1 本合同给卖方付款的方法和条件在专用条款中规定。

16.2 卖方应书面向买方提出付款要求，并附上对已递交的货物和已履行的服务的发票和通用条款第10条规定的单证，以及合同规定的其他义务已经履行的证明。

16.3 买方应及时进行支付，任何情况下都不得晚于卖方提交发票或提出要求后60天内。

16.4 本合同对卖方支付的货币在专用条款中规定，但要服从以下的一般原则：将用卖方在投标书中要求的货币进行支付。

17. 价格

17.1 除了专用条款中允许的价格调整之外或者在卖方要求延长投标有效期的情况下，卖方在本合同项下提交货物和履行服务收取的价格应该是卖方在投标书中所报的价格。

18. 变更指令

18.1 根据通用条款第31条的规定，买方可以在任何时候书面向卖方发出指令，在本合同的一般范围内变更下述一项或几项：

(1)本合同项下提供的货物是专为买方制造时，变更图纸、设计或规格。

(2)运输或包装的方法。

(3)交货地点。

(4)卖方提供的服务。

18.2 如果上述变更使卖方履行合同义务的费用或时间增加或减少，合同价或交货时间或两者将进行公平的调整，同时相应修改合同。卖方根据本条进行调整的要求必须在收到买方的变更指令后三十天内提出。

19. 合同修改

19.1 除了通用条款第18条的规定外，任何对合同条件的变更或修改均须双方签订书面的修改书。

20. 转让

20.1 除买方事先书面同意外，卖方不得部分转让或全部转让其应履行的合同义务。

21. 分包

21.1 如投标书中没有明确分包合同，卖方应书面通知买方其在本合同中所分包的全部分包合同，无论是原投标书的还是后来的分包通知中均不能解除卖方履行本合同的责任和义务。

21.2 分包合同必须符合通用条款第3条的规定。

22. 卖方履约延误

22.1 卖方应按照“货物需求一览表”中买方规定的时间表交货和提供服务。

22.2 在履行合同过程中，如果卖方及其分包人遇到妨碍按时交货和提供服务的情况时，应及时以书面形式将拖延的事实、可能拖延的时间和原因通知买方。买方在收到卖方通知后，应尽快对情况进行评价，并确定是否酌情延长交货时间以及是否收取误期赔偿费。延期应通过修改合同的方式由双方认可。

22.3 除了通用条款第25条的情况外，除非延期是根据通用条款第22.2条的规定取得同意而不收取误期赔偿费之外，卖方拖延交货，将按通用条款第23条的规定被收取误期赔偿费。

23. 误期赔偿费

23.1 除通用条款第25条规定的情况外，如果卖方没有按照合同规定的时间交货和提供服务，买方应在不影响合同项下的其他补救措施的情况下，从合同价中扣除误期赔偿费。每延误一周，赔偿费按迟交货物交货价或未提供服务的服务费用的百分比计收，直至交货或提供服务为止。误期赔偿费的百分比和最高限额在专用条款中有规定。一旦达到误期赔偿费的最高限额，买方可考虑根据通用条款第 24 条的规定终止合同。

24. 违约终止合同

24.1 在买方对卖方违约而采取的任何补救措施不受影响的情况下，买方可向卖方发出书面违约通知书，提出终止部分或全部合同。

(1)如果卖方未能在合同规定的限期或买方根据通用条款第 22 条的规定同意延长的限期内提供部分或全部货物。

(2)如果卖方未能履行合同规定的其他任何义务。

(3)如果买方认为卖方在本合同的竞争和实施过程中有腐败和欺诈行为。

为此目的，定义下述条件：

(i)“腐败行为”是指提供、给予、接受或索取任何有价值的东西来影响公共官员在采购过程或合同实施过程中的行为。

(ii)“欺诈行为”是指为了影响采购过程或合同实施过程而谎报事实，损害借款人的利益，包括投标人之间串通投标(递交投标书之前和之后)，人为地使各投标价丧失竞争性，剥夺借款人从自由公开竞争所能获得的权益。

24.2 如果买方根据上述第 24.1 条的规定，终止了全部或部分合同，买方可以依其认为适当的条件和方法购买与未交货物类似的货物，卖方应对购买类似货物所超出的那部分费用负责。但是，卖方应继续执行合同中未终止的部分。

25. 不可抗力

25.1 尽管有通用条款第 22 条、23 条和 24 条的规定，如果卖方因不可抗力而导致合同实施延误或不能履行其他的合同义务的话，卖方的履约保证金不能被没收，卖方也不应该承担误期赔偿或终止合同的责任。

25.2 本条所述的“不可抗力”系指那些卖方无法控制，不可预见的事件，但不包括卖方的违约或疏忽。不可抗力事件包括，但不限于：买方在自己主权范围内的行动、战争、火灾、洪水、流行病防疫限制和禁运等情况。

25.3 在不可抗力事件发生时，卖方应尽快以书面形式将不可抗力的情况和原因通知买方。除买方书面另行要求外，卖方应尽实际可能继续履行合同义务，以及寻求采取合理的方案履行不受不可抗力影响的其他事项。

26. 因破产而终止合同

26.1 如果卖方破产或无清偿能力，买方可在任何时候以书面形式通知卖方，提出终止合同而不给卖方补偿。该终止合同将不损害或影响买方已经采取或将要采取的任何行动或补救措施的权力。

27. 因买方的便利而终止合同

27.1 买方可在任何时候出于自身的便利向卖方发出书面通知终止全部或部分合同，终止通知应明确该终止合同是出于买方的便利、合同终止的程度，以及终止的生效日期。

27.2 对卖方在收到终止通知后 30 天内已完成并准备装运的货物，买方应按原合同价格和条款予以接收，对于剩下的货物，买方可：

(1)让任一部分按照原来的合同价格和条款来完成交货。

(2)取消该剩下的货物，并按双方商定的金额向卖方支付部分完成的货物、服务以及卖方以前已采购的材料和部件的费用。

28. 争端的解决

28.1 买卖双方应通过直接的非正式协商，友好解决在执行本合同中所发生的或与本合同有关的一切争端。

28.2 如从该非正式协商开始后30天内买方和卖方仍不能友好解决合同争端，合同双方中的任一方可要求将争端提交专用条款中指定的正式途径寻求解决的办法。这些途径包括但不限于第三方调解、在双方同意的国内或国际的论坛裁决和/或国际仲裁。

29. 主导语言

29.1 本合同应用专用条款中规定的语言书就，除通用条款第30条的规定之外，用规定语言书就的合同版本应为主导版本。双方交换的与合同有关的信件和其他文件应用主导语言书写。

30. 适用法律

30.1 除非专用条款另有规定，本合同应按照买方国家的法律进行解释。

31. 通知

31.1 本合同一方给对方的通知应用书面形式或电报、电传或传真送到专用条款中规定的对方地址，电报、电传或传真要经书面确认。

31.2 通知以送到日期或通知书的生效日期为生效日期，两者中以较晚的一个日期为准。

32. 税和关税

32.1 外国的卖方应对买方国家以外征收的一切税、印花税、许可证费和其他税费负全部责任。

32.2 国内的卖方应对合同货物递交给买方以前所征收的一切税、关税、许可证费等负全部责任。

第五章 专用合同条款及资料表

目 录

专用合同条款及资料表

下述专用合同条款是对通用合同条款的补充。如果专用合同条款与通用合同条款有矛盾的话，下述规定将取代通用合同条款的规定。相应的通用条款和新的专用条款的编号在括号中指明。

1. 定义(通用条款第1条)

通用条款(7)、(8)、(9)、(11)被取代为：

(7)买方名称在专用条款资料表中指明。

(8)买方国家是中华人民共和国。

(9)卖方名称在专用条款资料表中指明。

(11)本项目现场名称在专用条款资料表中指明。

2. 来源国(通用条款第3条)

在通用合同条款第3条中增加了一项新的条款：3.4. 招标文件第9章"为世界银行贷款采购提供货物、工程和服务的合格性"中指明的一切国家和地区。

3. 履约保证金(通用条款第7条)

通用条款第7条修改如下：

(1)通用合同条款第7.1和7.3条所述的货币及金额列在专用条款资料表中。

(2)通用合同条款第7.3(a)条所述的信誉好的银行是指：

①在中华人民共和国注册和营业的银行。

②买方可接受的外国银行通过在中华人民共和国注册和营业的银行。

(3)删除通用合同条款第7.4条中的"除非专用合同条款另有规定，包括任何保证义务"，新增加的7.5条如下：

7.5 如果货物有保证责任，则在货物递交和验收后，履约保证金应减至合同价的百分之五(5%)。如果保证期长于一年，则履约保证金应在第一年的保证期结束时减至合同价的百分之二(2%)，以保证卖方履行通用条款第15条和专用条款第12条规定的保证义务。

4. 检验和测试(通用条款第8条)

在通用条款第8条中增加以下内容：

8.6 在交货前，卖方应让制造厂家对货物的质量、规格、性能、数量和重量等进行详细而全面的检验，并出具一份证明货物符合合同规定的检验证书，检验证书是付款时提交给议付行的文件的一个组成部分，但不能作为有关质量、规格、性能、数量或重量的最终检验。制造厂家检验的结果和细节应附在质量检验证书后面。

8.7 货物抵达目的港和/或现场后，买方应向中华人民共和国进出口商品检验局(以下称为商检局)申请对货物的质量、规格、数量和重量进行检验，并出具交货后检验证书。如果商检局发现规格或数量或两者有不一致的地方，买方有权在货物到达现场后90天内向卖方提出索赔。

8.8 如果在专用条款第12条规定的保证期内，根据商检局检验的结果，发现货物的质量或规格与合同要求不符，或货物被证实有缺陷，包括潜在的缺陷或使用不合适的材料，买方应及时向卖方提出索赔。

5. 装运标记(新的专用条款第5条)

5.1 卖方应在每一包装箱相邻的四面用不可擦除的油漆和明显的英语字样做出以下标记：

A. 收货人。

B. 合同号。

C. 发货标记(唛头)。

D. 收货人编号。

E. 目的港。

F. 货物名称、品目号和箱号。

G. 毛重/净重(公斤)。

H. 尺寸[长×宽×高(厘米)]。

5.2 如果单件包装箱的重量在 2 吨或 2 吨以上,卖方应在包装箱两侧用英语和国际贸易通用的运输标记标注“重心”和“起吊点”以便装、卸和搬运。根据货物的特点和运输的不同要求,卖方应在包装箱上清楚地标注“小心轻放”“此端朝上,请勿倒置”“保持干燥”等字样和其他国际贸易中使用的适当的标记。

6. 装运条件(新的专用条款第 6 条)

6.1 如果是与外国卖方签订的到岸价(CIF)/“运费和保险付至……”价(CIP)的合同:

6.1.1 卖方应负责安排订舱位、运输和支付运费,以确保按照合同规定的交货期交货。

6.1.2 提单/空运提单日期应视为实际交货日期。

6.1.3 除非另行同意,货物不能放在甲板上运输,也不能从货物来源国转运。

6.1.4 承运的船只应来自世界银行采购指南中规定的合格国家,或通过航运公会,但航运公会的大多数航运公司应来自上述合格国家。

6.1.5 目的港/项目现场在专用条款资料表中有规定。

6.2 如果是与国内卖方签订出厂价(EXW)合同:

6.2.1 卖方应负责安排内陆运输,但由买方支付运费。

6.2.2 有关运输部门出具的收据的日期应视为交货日期。

6.3 卖方装运的货物不应超过合同规定的数量或重量,否则,买方对超运数量或重量而产生的一切费用和后果不承担责任。

7. 装运通知(新的专用条款第 7 条)

7.1 如果是与外国卖方签订的到岸价(CIF)/“运费和保险付至……”价(CIP)的合同:

7.1.1 卖方应在合同规定的装运日期之前,即海运前 30 天或空运前 14 天内以电报、电传或传真形式将合同号、货物名称、数量、箱数、总毛重、总体积(立方米)和在装运口岸备妥待运日期通知买方,同时,卖方应用航空信把详细的货物清单一式五份,包括合同号、货物名称、规格、数量、总体积(立方米)、每箱尺寸(长×宽×高),单价、总金额、启运口岸、备妥待运日期和货物在运输、储存中的特殊要求和注意事项等寄给买方。

7.1.2 卖方应在货物装船完成后 24 小时之内以电报、电传或传真形式将合同号、货物名称、数量、毛重、体积(立方米)、发票金额、运输工具名称及启运日期通知买方。如果每个包装箱的重量超过 20 吨或体积达到或超过长 12 米、宽 2.7 米和高 3 米,卖方应将每个包装箱的重量和体积通知买方,易燃品或危险品的细节还应另行注明。

7.2 如果是与国内卖方签订出厂价(EXW)合同:

7.2.1 卖方应在合同规定的铁路/公路/水运装运日期之前 30 天内或空运装运日期之前 14 天内以电报、电传或传真形式将合同号、货物名称、数量、箱数、总毛重、总体积(立方米)和备妥待运的日期通知买方,同时,卖方应用挂号信把详细的货物清单一式五份,包括合同号、货物名称、规格、数量、总毛重、总体积(立方米)、每箱尺寸(长×宽×高)、单价、总金额、启运口岸,备妥待运日期和货物在运输、储存中的特殊要求和注意事项等通知买方。

7.2.2 卖方应在货物装完后 24 小时之内以电报、电传或传真形式将合同号、货物名称、数量、总毛重、体积(立方米)、发票金额、运输工具名称及启运日期通知买方。如果每个包装箱的重量超过 20 吨或体积达到或超过长 12 米、宽 2.7 米和高 3 米,卖方应将每个包装箱的重量和体积通知买方,易燃品或危险品的细节还应另行注明。

7.2.3 在出厂价合同项下，如果是因为卖方延误不能用电报或电传或传真形式将上述内容通知买方，使买方不能及时办理保险，由此而造成的全部损失应由卖方负责。

8. 单据(通用条款第 10 条)

通用条款第 10.3 条被替换为如下内容。

10.3 对从国外供应的货物。

(1)卖方应在货物装完启运后以电报或电传的形式将全部装运细节，包括合同号、货物说明、数量、运输工具名称、提单号码及日期，装货口岸、启运日期、卸货口岸等通知买方和保险公司。卖方应将下列单据寄给买方，并拷贝一份给保险公司：

①标有“运费已付”的已装船清洁提单三份正本，两份副本。

②表明货物品名、数量、单价和总价的卖方发票一式五份。

③标明每箱内容的装箱单一式五份。

④以买方为受益人，以发票价格百分之一百一十(110%)投保一切险的保险单一份正本，四份副本。

⑤制造厂家出具的质量证书一式五份。

⑥以买方为抬头开给买方银行的已交货的合同货款的即期汇票一式二份。

⑦卖方出具的证明运输工具名称和国籍的证明书一式五份。

⑧卖方有关机构出具的来源国证书一式五份。

买方必须在货物到达目的港/目的地之前至少一周内收到上述单据。如果未能收到，卖方应承担后来产生的任何费用。

(2)对从国内供应的货物：

①说明货物品名、数量、单价和总价的卖方发票一式五份。

②买方出具的证明已收到相应货物的证书一式五份。

③详细的装箱单一式五份。

④制造厂家出具的质量证书一式五份。

⑤以买方为抬头开给买方银行的已交货价格的即期汇票一式二份。

⑥交货收据/铁路收据/货车收据一式五份。

⑦货物来源地证书一式五份。

9. 保险(通用条款第 11 条)

通用条款第 11 条中增加了第 11.3 条：

11.3 如果是出厂价(EXW)合同，装货后的保险应由买方办理。如果是到岸价(CIF)/“运费、保险付至……”价(CIP)合同，卖方应用一种可以自由兑换的货币办理以发票金额百分之一百一十(110%)投保的一切险。

10. 伴随服务(通用条款第 13 条)

在通用合同条款第 13 条中增加第 13.3 条：

13.3 卖方应提供专用条款资料表/技术规格中规定的所有服务。为履行要求的伴随服务的报价或双方商定的费用应包括在合同价中。

11. 备件(通用条款第 14 条)

在通用合同条款第 14 条中增加一条新的第 14.2 条：

14.2 卖方应按照专用条款资料表/技术规格中的规定提供所需的备件。

12. 保证(通用条款第 15 条)

通用条款第 15.2 条被替换为如下内容。

15.2 保证应在专用条款资料表规定的货物最终验收后的月份内有效；或者在专用条款资料表中规定

的货物到达目的港/目的地后的月份内有效，以两者中期限较短者为准。

13. 索赔（新增专用条款第 13 条）

13.1 如果卖方对偏差负有责任而买方在专用条款第 12 条或合同的其他地方规定的检验、安装、调试、验收和质量保证期内提出了索赔，卖方应按照买方同意的下列一种或几种方式结合起来解决索赔事宜：

(a)卖方同意退货并用合同规定的货币将货款退还给买方，并承担由此发生的一切损失和费用，包括利息、银行手续费、运费、保险费、检验费、仓储费、装卸费以及为看管和保护退回货物所需的其他必要费用。

(b)根据货物低劣程度、损坏程度以及买方所遭受损失的金额，经买卖双方商定降低货物的价格。

(c)用符合合同规定的规格、质量和性能要求的新零件、部件和/或设备来更换有缺陷的部分和/或修补缺陷部分，卖方应承担一切费用和风险并负担买方蒙受的全部直接损失费用。同时，卖方应按专用条款第 12 条规定，相应延长所更换货物的质量保证期。

13.2 如果在买方发出索赔通知后 30 天内，卖方未作答复，上述索赔应视为已被卖方接受。如卖方未能在买方发出索赔通知后 30 天内或买方同意的延长期限内，按照买方同意的上述规定的任何一种方法解决索赔事宜，买方将从议付货款或从卖方开具的履约保证金中扣回索赔金额。

14. 付款（通用条款第 16 条）

通用条款第 16.1 条被替换为如下内容：

16.1 本合同项下的付款方法和条件在专用条款资料表中有规定。

15. 价格（通用条款第 17 条）

在通用合同条款第 17 条中增加下列第 17.2 条：

17.2 如果适用的话，价格将根据专用条款附件的规定进行调整。

16. 误期赔偿费（通用条款第 23 条）

通用条款第 23 条增加下列规定：

适用费率每周为合同价的百分之零点五（0.5%），限额是合同价的百分之十（10%）。

17. 不可抗力（通用条款第 25 条）

通用条款第 25.1～25.3 条的内容被替代为如下内容：

25.1 尽管有通用条款第 22 条、23 条和 24 条的规定，如果卖方因不可抗力而导致合同实施延误或不能履行合同义务的话，在不可抗力影响的范围内不应该被没收履约保证金，也不应该承担误期赔偿或终止合同的责任。

25.2 本条所述的“不可抗力”系指那些卖方无法控制，不可预见的事件，但不包括卖方的违约或疏忽。这些事件包括但不限于战争、严重火灾、洪水、台风、地震及其他双方同意的情况。

25.3 在不可抗力事件发生后，卖方应尽快以书面形式将不可抗力的情况和原因通知买方，除买方书面另行要求外，卖方应尽实际可能继续履行合同义务，以及寻求采取合理的方案履行不受不可抗力影响的其他事项。如果不可抗力事件影响延续超过 120 天，双方应通过友好协商在合理的时间内就进一步实施合同达成协议。

18. 争端的解决（通用条款第 28 条）

通用条款第 28.1、28.2 条的内容被替代为如下内容：

28.1 合同实施或与合同有关的一切争端应通过双方友好协商解决。如果友好协商开始后 60 天还不能解决，争端应提交仲裁。

28.2 如果争端的双方是买方与中国的卖方，仲裁应由双方商定的国内仲裁委员会根据其仲裁法则和程序进行仲裁。

28.3 如果争端的双方是买方与外国的卖方，除非卖方在投标时要求采用联合国国际贸易法委员会(UNICITRAL)仲裁法则，仲裁应由中国国际经济贸易仲裁委员会(CIETAC)按其仲裁规则/程序在北京或中国的其他地点进行。除非双方另行同意,仲裁的官方语言应为英语。

28.4 仲裁裁决应为最终裁决,对双方均具有约束力。

28.5 仲裁费除仲裁机关另有裁决外均应由败诉方负担。

28.6 在仲裁期间,除正在进行仲裁的部分外,本合同其他部分应继续执行。

19. 主导语言(通用条款第 29 条)

通用条款第 29.1 条所述的语言是英语。

20. 适用法律(通用条款第 30 条)

通用条款第 30.1 条被替代为如下内容:

30.1 本合同应按照中华人民共和国的现行法律进行解释。

21. 通知(通用条款第 31 条)

通用条款第 31 条增加以下内容:

合同双方的地址在专用条款资料表中规定。

22. 税费(通用条款第 32 条)

通用条款第 32.1、32.2 条的内容被替代为如下内容:

32.1 中国政府根据现行税法对买方征收的与本合同有关的一切税费均应由买方负担。

32.2 如果本合同是授予中国国内的卖方,则中国政府根据现行税法对中国国内的卖方征收的与本合同有关的一切税费均应由该国内卖方负担。如果合同是授予中国国外的卖方,要求外国卖方在中国境内实施与本合同有关的伴随服务,则中国政府根据现行税法规定和专用条款资料表中所述的协议(如果有此协议的话)对国外卖方征收的实施伴随服务有关的一切税费均应由外国卖方负担。

32.3 在中国境外发生的与本合同执行有关的一切税费均应由卖方负担。

23. 合同生效及其他(新增专用条款第 23 条)

23.1 本合同应在双方签字和买方收到卖方提交的履约保证金后生效。

23.2 如果本合同的货物在其所在国需要出口许可证的话,卖方应负责办理出口许可证,费用自理。

专用合同条款资料表

条款号	内容
1	买方名称、地址： 卖方名称、地址： 项目现场名称：
3	履约保证金金额： 货币：
10	应提供的伴随服务有：
11	要求的备件有：
12	货物最终验收后的质量保证期为______月，货物抵达目的港/指定目的地后为______月
14	付款方法和条件为：
15	合同价和分项价格： 价格调整： （“适用”或“不适用”，如果适用的话，应按照专用条款资料表附件中的规定进行价格调整）
18	选择联合国国际贸易法委员会仲裁法则（UNCITRAL）
22	互惠协议的标题是“中华人民共和国政府和政府关于所得税和财产税避免双重征税和防止偷漏税的协定”

适用于本合同的额外变动：

注：①卖方的名称和地址应在合同签字时填入。

②买方应重新打印本表并填写全部空格。

专用条款资料表附件:调价公式范例

根据合同规定,给卖方的付款在合同实施期间应按照以下公式调整,以反映劳务和材料的成本变化:

$$P_1 = P_0 \times (a + bL_1/L_0 + cM_1/M_0) - P_0$$

式中 P_1——应付给卖方的调价金额;

P_0——合同价(基本价);

a——代表包括在合同价中的不变部分－利润和管理费,一般在百分之五(5%)至百分之十五(15%)之间;

b——估算的合同价中的劳务费所占的比例;

c——估算的合同价中的材料费所占的比例;

L_0,L_1——分别代表基本日期和调整日期的来源国有关产业的劳务价格指数;

M_0,M_1——分别代表基本日期和调整日期的来源国主要原材料的价格指数。

买方应在招标文件中规定系数 a、b 和 c 的值,公式中的三个系数之和均应为 1。

投标人应在投标书中说明指数的来源和基本日期指数。

基本日期＝投标截止日期前 30 天。

调整日期＝启运前__________周(为制造期的中点)。

各方在应用上述调价公式时还要服从以下条件:

(1)只有合同价增减超过百分之二(2%)时才进行调价。

(2)除非在延期信中明确规定,原定交货日期之后不允许调价。作为一条规则,在纯属卖方的责任而造成的延误期内不调价。但买方有权减少可调价货物和服务的价格。

(3)本条款下的全部调价限于合同价增减的百分之十(10%)以内。

(4)如果代表合同价 P_0 的货币与劳务和材料指数来源的货币不同,将应用一个校正系数来避免不正确地调整合同价。校正系数应对应于两种货币在上述定义的基本日期和调价日期之间的汇率。

(5)合同价中作为预付款支付给卖方的部分不予调价。

第六章 货物需求一览表

用周/月表示的交货计划时间表中的交货日期是指在以下地点的交货日期：①出厂价合同在制造厂家交货；或②离岸价(FOB)或到岸价(CIF)合同在启运港交给承运人；或③(FCA)或“运费和保险费付至……”价(CIP)合同交给承运人。为了决定下表中的正确的交货时间，买方考虑了货物经国际或国内转运至项目现场或另一普通地点的附加时间。

序号	货物名称	数量	交货期 从________起________周/月

第七章 技术规格

第八章 格式范例

目 录

一、投标函格式和投标报价表

日期：________________________

贷款号：________________________

招标编号：________________________

致：________________________________（买方名称和地址）

先生们和/或女士们：

在审阅了招标文件包括确已收到的__________补遗（编号），我方下述签字人，将按照招标文件的规定提供总价______________（用文字和数字表示的投标总价）或者按照作为本合同一部分的投标报价表确定的其他金额的______________（货物和服务说明）。

如果我们中标，我们将按照货物需求一览表中规定的交货期交货。

如果我们中标，为了履行合同，我们将用买方所规定的格式办理总额相当于合同价百分之______的履约保证金银行保函。

我们同意本投标书在投标人须知第22条规定的开标日期起______天有效，并对我方具有约束力。我方投标在有效期期满之前均有可能中标。

根据投标人须知第2条规定，我方承诺，在过去或现在与买方聘请的为此项目提供咨询服务的公司及任何附属机构均无联系，我方不是买方的附属机构。

在正式合同准备好和签字前，本投标书及贵方的书面中标通知书将构成约束我们双方的合同。我方为本投标和中标后的合同实施已付和要付给代理机构的佣金和报酬如下（如果有的话）：

代理机构的名称和地址	数量和货币	佣金或报酬的目的
______________	______________	______________
______________	______________	______________

（如果没有，则注明“无”）

我们完全理解贵方不一定要接受最低报价的投标或收到的任何投标。

出具日期：______________________________

签字：______________职务：______________

代表：____________________________（卖方）

公章：______________________________

国外供货的投标报价表

（C组投标书）

投标人名称：________________招标编号：____________第______页 共______页

1	2	3	4	5	6	7	8
品目号	货物名称	原产国	数量	装货港或地点（注明口岸和地点）（FOB）或（FCA）单价	进口港（注明口岸）（CIF）或指明地点（注明边境口岸或目的地）（CIP）单价	每项（CIF）或（CIP）总价（4×6）	至最终目的地内陆交货单价和其他伴随服务单价

投标人签字：________________

注：如果单价和总价不符时，以单价为准。

中国国内供货的投标报价表

（A组和B组投标书）

投标人名称：＿＿＿＿＿＿招标编号：＿＿＿＿第＿＿＿页 共＿＿＿页

1	2	3	4	5	6	7	8	9
品目号	货物名称	原产国	数量	每项出厂价单价	当地劳务、原材料和部件费用	每项出厂价(EXW)总价(4×5)	每项最终目的地交货单价和其他伴随服务单价	中标后应付销售税或其他税

投标人签字：＿＿＿＿＿＿＿＿

注：如果单价和总价不符时，以单价为准。

二、投标保证金格式

鉴于____________________(投标人名称)(以下简称投标人)于______________(递交投标书日期)递交了提供____________________(货物名称和/或说明)的投标书(以下简称投标书)。

在________________(国家名称)_________________(银行地址)注册的_________________(银行名称)(以下简称本行)于_____年_____月_____日在此盖章声明,保证并约束本行及其后继者承担向_____________________(买方名称)(以下简称买方)支付总额_________________元的责任。

本支付责任的条件如下。

(1)如果投标人在其投标函中所述投标有效期内撤回其投标。

(2)投标人在投标有效期内收到买方发出的中标通知书后:

(a)未能或拒绝与买方签订合同,如果要求签合同的话。

(b)未能或拒绝按照投标人须知的规定提交履约保证金。

在收到买方第一次书面要求后,只要买方说明要求支付的原因是上述两个条件中的一条或两条,并说明出现的情况而不需要证明,本行就向买方支付上述金额。

本保函自开标之日起到投标有效期满后30天有效,有关上述支付的要求必须在上述截止日期前送达本行。

银行签字:_________________

公章:____________________

三、合同格式

本合同于______年______月______日由______________(买方国家)的______________(买方名称)(以下简称“买方”)为一方和______________(卖方国家和城市)的______________(卖方名称)(以下简称“卖方”)为另一方按下述条款和条件签署。

鉴于买方为获得以下货物和伴随服务,即(货物和服务简介)而邀请投标,并接受了卖方以总金额______________(用文字和数字表示的合同价)(以下简称“合同价”)提供上述货物和服务的投标。

本协议在此声明如下:

1.本协议中的词语和术语的含义与合同条款中定义的相同。

2.下述文件是本协议的一部分,并与本协议一起阅读和解释:

(1)投标人提交的投标函和投标报价表。

(2)货物需求一览表。

(3)技术规格。

(4)通用合同条款。

(5)专用合同条款包括资料表。

(6)买方的中标通知书。

3.考虑到买方将按照本规定向卖方支付,卖方在此保证全部按照合同的规定向买方提供货物和服务,并修补缺陷。

4.考虑到卖方提供的货物和服务,并修补缺陷。买方在此保证按照合同规定的时间和方式向卖方支付合同价或其他按合同规定应支付的金额。

双方在上述日期根据各自的法律签署本协议。

买方签字、盖章:______________(买方受权代表姓名)

卖方签字、盖章:______________(卖方受权代表姓名)

买方证明人:______________(买方证明人姓名)

卖方证明人:______________(证明人姓名)

四、履约保证金格式

致：______________________(买方名称)

鉴于______________(卖方名称)(以下简称“卖方”)根据____年____月____日签订的______号合同向买方提供______________(货物和服务描述)(以下称为“合同”)。

根据贵方在合同中规定卖方应向贵方提交由一家信誉良好的银行出具的在合同中规定的金额的银行保函作为卖方履行合同义务的保证金。

我行同意为卖方出具此保函：

我行特此承诺，我行作为保证人并以卖方的名义向贵方出具总额为______________(以文字和数字表示的保证金金额)的保函。我行在收到贵方第一次书面宣布卖方违反了合同规定后，就不争辩地、无条件地向贵方支付保函限额之内的一笔或数笔款项，而贵方无需证明或说明要求的原因、理由。

本保函在_____年_____月_____日前一直有效。

银行签字、盖章：______________________

日期：______________________

地址：______________________

五、预付款银行保函格式

致：__________________________________(买方名称)

____________________________________(合同名称)

先生们和/或女士们：

根据修正通用合同条款第16条的专用合同条款中的支付规定，__________________(卖方名称、地址)(以下简称"卖方")要得到预付款，必须向买方提交总额为__________________(以文字和数字表示的保证金金额)的银行保函，以保证其正确和忠实地履行所述的合同条款。

我行__________________(银行名称)根据卖方的要求，无条件地和不可撤销地同意作为主要责任人而不仅仅作为保证人，保证在收到买方的第一次要求就支付给买方不超过__________________(以文字和数字表示的保证金金额)的金额，我行无权反对和不需要先向卖方索赔。

我行进而同意，要履行的合同条件或买卖双方签署的其他合同文件的改变、增加或修改，无论如何均不能免除我行在本保函下的任何责任。我行在此表示不要求接到上述改变、增加或修改的通知。

本保函从卖方收到合同预付款起直至_____年____月____日前一直有效。

保证人签字、盖章：__________________________

银行名称：__________________________

地址：__________________________

日期：__________________________

六、制造厂家授权书格式

［见投标人须知第 13.3(a)条］

致：__________________(买方名称)

位于__________________(制造厂家地址)的__________________(制造厂家名称)是有声望的制造__________________(货物名称和描述)的制造者，在此授权__________________(代理机构名称和地址)就第______号招标(见招标邀请书)用我厂制造的货物递交投标书，与你方进行后续合同谈判和签订合同。

我方在此保证为上述公司响应本次招标而提供的货物按照通用合同条款第 15 条和专用合同条款第 12 条的规定提供全部质量保证。

(制造厂家代表签字)：__________________

注：本授权书应打印在制造厂家信签纸上，并由有能力和权力代表制造厂家的人签字。投标人的投标书中应包括本授权书。

七、资格证明文件

目 录

投标人资格声明

申请人须知

1. 制造厂家作为申请人应填写和提交下述规定的格式一、格式二和格式四，以及其他有关资料。贸易公司（作为代理）作为申请人应填写和提交下述规定的全部格式以及其他有关资料。

2. 所附表格中要求回答的全部问题和/或信息都必须正面回答。

3. 本资格声明的签字人应保证全部声明和问题的回答是真实的和准确的。

4. 买方将应用申请人提交的资料根据自己的判断和考虑决定投标人履行合同的合格性及能力。

5. 申请人提交的材料将被保密，但不退还。

6. 全部文件应用英语书就，一式四份，一份原本，三份副本。

格式一 资格声明

致：______________________

资格声明

亲爱的__________先生：

为响应你方______年______月______日的第__________号招标邀请书，下述签字人愿参与投标，提供货物需求一览表中规定的______________________（货物品目号和名称），提交下述文件并证明全部说明是真实的和正确的。

（1）由________________（制造厂家名称）为提供__________________（货物品目号和名称）的授权书一份正本，三份副本，我方代表该制造厂家并受其约束（投标人是作为代理的贸易公司时）。

（2）我方和制造厂家的资格声明，各有一份正本，三份副本。

（3）下述签字人在证书中证明本资格文件中的内容是真实的和正确的，同时附上我方银行__________（银行名称）出具的资信证明。

制造厂家或贸易公司的名称和地址：__________________

授权签署本资格文件的授权人的签字

姓名：______________ 打印的姓名：______________

地址：______________ 职务：________________

电传/传真号：________ 电话号码：______________

格式二 制造厂家资格声明

1.名称及其他情况

(1)制造厂家名称：____________________

(2)总部地址：____________________

电传/传真/电话号码：____________________

(3)成立和/或注册日期：____________________

(4)实收资本：____________________

(5)近期资产负债表(到______年______月______日止)

①固定资产：____________________

②流动资金：____________________

③长期负债：____________________

④短期负债：____________________

⑤净值：____________________

(6)主要负责人姓名：(可选填)____________________

(7)制造厂家在中国的代表的姓名和地址(如有的话)____________________

2.(1)关于制造投标货物的设施及其他情况

工厂名称地址	生产的项目	年生产能力	职工人数
______	______	______	______
______	______	______	______

(2)本制造厂家不生产，而需从其他制造厂家购买的主要零部件：

制造厂家名称和地址	主要零部件名称
______	______
______	______

3.制造厂家生产此投标货物的经验(年数)(包括项目业主、额定容量、系统电压，初始商业运行的日期等)

____

____

4.近三年该货物主要销售给国内、外主要客户的名称地址

(1)出口销售

名称和地址	销售项目
______	______
______	______
______	______

(2)国内销售

名称和地区	销售项目
______	______
______	______
______	______

5. 近三年的年营业额

年份	国内	出口	总额
______	______	______	______
______	______	______	______
______	______	______	______

6. 易损件供应商的名称和地址

部件名称	供应商
________	________
________	________

7. 最近三年直接或通过贸易公司向中国提供的投标货物

合同编号：________

签字日期：________

项目名称：________

数量：________

合同金额：________

8. 有关开户银行的名称和地址：________

9. 制造厂家所属的集团公司(如有的话)：________

10. 其他情况：________

兹证明上述声明是真实、正确的，并提供了全部能提供的资料和数据，我们同意遵照贵方要求出示有关证明文件。

制造商名称：________

授权代表签字：________

授权代表的职务：________

日　　期：______年______月______日

电 传 号：________

传 真 号：________

电 话 号：________

格式三 贸易公司(作为代理)的资格声明

1. 名称及其他情况

(1)投标人名称:____________________

(2)总部地址:____________________

电传/传真/电话号码:____________________

(3)成立和/或注册日期:____________________

(4)实收资本:____________________

(5)近期资产负债表(到______年______月______日止)

①固定资产:____________________

②流动资金:____________________

③长期负债:____________________

④短期负债:____________________

⑤净值:____________________

(6)主要负责人姓名:(可选填)____________________

(7)制造厂家在中国的代表的姓名和地址(如有的话):____________________

2. 近三年的年营业额

年份	国内	出口	总额

3. 近三年该货物主要销售给国内、外主要客户的名称和地址

(1)出口销售

名称和地址	销售项目

(2)国内销售

名称和地区	销售项目

4. 同意为投标人制造货物的制造厂家(附制造厂家资格声明)

5. 由其他制造厂家提供和制造的货物部件,如有的话

制造厂家名称和地址	制造的部件

6. 过去三年向中国公司提供的投标货物(如有的话)

合同编号:____________________

签字日期：____________

项目名称：____________

数量：____________

合同金额：____________

7.有关开户银行的名称和地址：____________

8.其他制造厂家所属的集团公司(如有的话)____________

9.其他情况：____________

兹证明上述声明是真实、正确的，并提供了全部能提供的资料和数据，我们同意遵照贵方要求出示有关证明文件。

授权代表签字：____________

打印的授权代表：____________

授权代表的职务：____________

日　　期：______年______月______日

电　传　号：____________

传　真　号：____________

电　话　号：____________

格式四　证书

下述签字人证明本资格文件和要求的格式中的说明是真实的和正确的。

下述签字人在此授权并要求任一银行提供买方要求的任何有关资料，买方认为这些资料对验证本声明或我方能力及一般信誉是必要的，同时附上从我方银行__________________（银行名称）出具的资信证明。

下述签字人知道，买方可能要求提供进一步的资格材料并同意按买方要求提交。

制造厂家或贸易公司的名称和地址：__________________

授权签署本资格文件的授权人的签字

姓名：______________　打印的姓名：______________

地址：______________　职务：______________

电传/传真号：________　电话号码：______________

八、买方开具的信用证样本

方案A(一次支付100%的情况)

日期:____________________

致:____________________

本信用证通过____________________转递。

我方应____________________(买方名称)要求为贵方开具__________号不可撤销的信用证,付款人__________,限于__________(金额)。贵方可凭100%的发票金额开具以________________(买方名称)为付款人的即期汇票,并附以下单据:

1.签字的商业发票四份(应注明有关的合同编号)。

2.标有“运费已付”的全套已装船清洁海运提单,按顺序理好,空白背书,并通知目的港________________。

3.装箱单和/或重量单四份,说明每一包装箱的数量、毛重和净重。

4.制造厂家出具的质量证书四份。

5.你方出具的一封信函证实额外的单据已按照合同条件发送。

6.你方在启运后48小时发送的通知船名、数量、重量、金额和启运日期的电报复印件一份。

7.你方证实承运船只的国籍已经买方批准的信函。

8.按发票金额百分之一百一十(110%)投保的运输一切险保险单或保险证明。

9.来源国证书一式五份。

10.以买方为抬头的____________________即期汇票。

证实合同号________________的货物已启运。

价格条件________________。

要求你方自己出具额外的证明,确认本信用证下提交的全部单据的内容符合上述合同条件。

从________________启运至____________________。

不迟于________________。

部分装运________________允许,转运________________允许。

本证书直至__________在__________有效,(包括)和全部汇票必须标注是在本信用证下出具的。

我方在此承诺:根据下述特别说明的第1条和第2条,按照本信用证下出具的符合本信用证条件的汇票和装运单据予以议付。

特别说明:

1.本信用证在________________和________________之间签订的第__________号贷款框架下开具。所以,只有________________向所述通知行作出特别承诺时,本信用证才能生效。

2.本信用证下的汇票议付只限于上述通知行__________。在议付时,议付行须以电报向__________要求报账,但前提条件是在此规定的条件和条款要得到满足,同时,议付行还应将一套完整的单据按一类邮件航空邮寄我方。

3.中华人民共和国境外发生的全部银行手续费和利息均由受益人承担。

方案B(分期付款的情况)

日期：________________

致：__________________

本信用证通过____________________转递。

我方应____________________(买方名称)要求为贵方开具__________号不可撤销的信用证，付款人__________限于__________(金额)，贵方可开具以__________(买方名称)为付款人的即期汇票，并按以下方法支付：

1.提交下列单据后支付合同价的__________%。

(1)卖方国家有关当局出具的出口许可证复印件，允许卖方出口合同项下的货物或由卖方出具的证书。

(2)卖方银行以买方为抬头的不可撤销的担保函，金额为合同价的_________%。

(3)金额为合同总价的形式发票一式五份。

(4)以买方为抬头的__________即期汇票。

(5)商业发票一式五份。

2.提交下列单据后按合同总价的__________%支付每次启运货价。

(1)对于到岸价(CIF)合同，标有“运费已付”的全套已装船清洁海运提单三份正本和二份副本，按顺序理好，空白背书，通知目的港________________。

(2)金额为有关合同货物交货价的_________%的商业发票一式五份。

(3)详细的装箱单五份。

(4)制造厂家出具的质量证书五份。

(5)以买方为抬头________________的即期汇票。

(6)根据本合同专用条款第7条的规定通知启运的电传复印件。

(7)你方证实承运船只的名称和国籍已经买方批准的信函。

(8)按发票金额百分之一百一十(110%)投保的以买方为受益人的运输一切险保险单一份正本，四份副本。

(9)卖方出具的来源国证书五份。

3.合同货物验收后提交下列单据支付合同总价的__________%。

(1)商业发票五份。

(2)由买方和卖方签署的合同货物验收证书五份。

(3)以买方为抬头_________的即期汇票。

证实合同号__________的货物已启运。

价格条件__________。

要求你方自己出具额外证明，证实本信用证下提交的全部单据的细节符合上述合同条件。

从________________启运至________________。

不迟于________________。

部分装运________________允许，转运________________允许。

本证书直至________________在________________有效，(包括)和全部汇票必须标注是在本信用证下出具的。

我方在此承诺：根据下述特别说明的第1条和第2条，按照本信用证下出具的符合本信用证条件的汇票和装运单据予以议付。

特别说明：

1.本信用证是在＿＿＿＿＿＿＿和＿＿＿＿＿＿＿之间签订的第一号贷款的框架下开具的。所以，只有在＿＿＿＿＿＿＿向所述通知行作出特别承诺时，本信用证才能生效。

2.本信用证下的汇票议付只限于上述通知行＿＿＿＿＿＿＿。在议付时，议付行须用电报向＿＿＿＿＿＿＿要求报账，但前提条件是本条的全部条件和条款已得到满足，同时，议付行还应将一套完整的单据按一类邮件航空邮递我方。

3.中华人民共和国境外发生的全部银行手续费和利息应由受益人承担。

第九章 世界银行贷款项目采购提供货物、工程和服务的合格性

世界银行贷款项目采购提供货物、工程和服务的合格性

供借款人和投标人参考，按照一九九五年元月国际复兴开发银行和国际开发协会采购指南 1.6 段脚注 9 的说明，下列国家为世界银行贷款采购提供的货物、工程和服务属于不合格：

- 安道尔
- 古巴
- 朝鲜民主主义人民共和国
- 列支敦士登
- 摩纳哥
- 瑙鲁
- 圣马力诺
- 图瓦卢
- 此外，按照国际复兴开发银行和国际开发协会采购指南 1.8(a)的说明，如果借款人国家的法律、官方条例或法规规定从某些国家或地区提供的货物、工程和服务是不合格的，则通过招标文件的条文规定，宣布这些国家或地区是不合格的。

如果就世界银行所知，对某人或某实体的付款或进口某种货物是联合国安理会根据联合国宪章第七章的规定所禁止的，则贷款/信贷协定禁止从贷款/信贷账户中提款用于支付该款项或禁止进口。目前本禁止适用于：

- 伊拉克
- 利比亚

国际编

2 货物采购国内竞争性招标文件

世界银行贷款项目招标文件范本

货物采购
国内竞争性招标文件

中华人民共和国财政部 编

一九九六年十一月

货物国内竞争性招标采购(NCB)

目　录

招 标 邀 请 书

日期：____________________

贷款/信贷号：____________________

招标编号：____________________

1. 中华人民共和国已向/从世界银行申请/获得一笔以多种货币计算的贷款/信贷，用于支付____________________项目的费用，并计划将一部分贷款/信贷的资金支付本次招标后所签订的____________________合同。所有符合世界银行采购指南规定的投标人均可参加投标。

2. ________________（买方）兹邀请合格投标人就下列货物提交密封投标：

____

____

____

有兴趣的合格投标人可从以下地址得到进一步的信息和查看招标文件。

3. 招标文件从_____年_____月_____日起每天（公休日除外）_______时在下述地址公开出售。本招标文件每套_______元人民币/_______美元，售后不退。如欲邮购，请按下述地址汇款，我们将以快件邮寄，邮费每套_______元人民币/_______美元。

4. 所有投标书都应附有_______（固定金额或投标金额的某一百分比）的投标保证金，并于_____年_____月_____日北京时间_______时前递交到__________（地址）。

5. 兹定于_____年_____月_____日北京时间_____时，在____________（地点）公开开标。届时请参加投标的代表出席开标仪式。

买　　方：______________________________

详细地址：______________________________

邮政编码：______________________________

电　　传：______________________________

电　　话：______________________________

电报挂号：______________________________

传　　真：______________________________

联 系 人：______________________________

房 间 号：______________________________

第一章　投标人须知及前附表

目　录

投标人须知及前附表

序号	条款号	内　容
1	1.1	项目名称：________ 贷款/信贷号：________ 贷款/信贷金额(美元)：________
2	3.1	买方名称：________ 买方地址：________
3	14.1	投标保证金金额不少于________元人民币，或总投标价的________% 投标保证金应在投标有效期截止日后二十八(28)天内保持有效
4	15.1	投标有效期：开标后________天
5	16.1	副本的份数：________
6	17.2	投标书递交至：________ 投标项目名称：________ 招标编号：________
7	21.1	开标日期：________时间：________ 地点：________
8	25.3	其他的评标因素和评标方法：________ 交货地点：________
9	25.4	年利率：________
10	28.1	数量变更：________%
11	31.2	合同签字地点：________

适用于本合同的额外的修改

编号	条款号	列出的修改内容

投标人须知

一、总则

1. 资金来源

1.1 中华人民共和国(以下简称中国)已从世界银行获得一笔以多种货币计算的相当于“投标人须知前附表”第1项所述美元金额的贷款/信贷,用于支付“投标人须知前附表”第1项所述项目的费用,并计划将一部分贷款/信贷的资金用于支付本次招标后所签订的合同项下的合格款项。只有中国提出申请,经世界银行批准,并且各个方面都符合贷款/信贷协定的条款和条件,世界银行才会根据贷款/信贷协定的条款和条件支付该款项,除非世界银行另行同意,除中国以外,任何其他方均不得从贷款/信贷协定中取得任何权利或对贷款/信贷资金提出任何要求。

2. 合格的投标人、合格的货物和服务

2.1 凡是符合世界银行现行采购指南规定的所有合格投标人均可投标。

2.2 投标人在过去和现在都不应与为买方在本投标邀请下拟采购的货物从事设计、编制技术规格和其他文件提供咨询服务的公司及其附属机构有任何直接和间接的联系。

2.3 中华人民共和国政府拥有的企业只有在法律上和财务上独立,根据商业法规运营,并不是买方的附属机构才可以参与本合同的投标。

2.4 投标人不应因腐败和欺诈行为而被世界银行根据第33.1条的规定宣布为不合格。

2.5 合同中提供的所有货物及其辅助服务,其来源均应为符合世界银行现行采购指南规定的合格来源国,本合同的支付也仅限于这些货物和服务。

2.6 本款所述的“来源地”是指货物开采、生产或提供辅助服务的来源地。所述的货物是指制造、加工或使用重要的和主要的部件装配而成的货物,在商业上公认的产品是指其基本特征、性能或功能与部件有着实质性区别的产品。

2.7 货物和服务的来源地有别于投标人的国籍。

3. 投标费用

3.1 投标人应承担所有与编写和提交投标书有关的费用,不论投标的结果如何,买方在任何情况下均无义务和责任承担这些费用。

二、招标文件

4. 招标文件构成

4.1 招标文件包括如下内容:

招标邀请书

(1)投标人须知,包括前附表

(2)合同条款,包括前附表

(3)合同格式和履约保证金格式

(4)货物需求一览表

(5)技术规格

附件一:图纸

(6)投标函格式和投标保证金格式

(7)投标报价表

附件一:规格响应表

(8)资格证明文件

4.2 投标人应认真阅读招标文件中所有的事项、格式、条款和规范等要求。如果投标人没有按照招标文件要求提交全部资料或者投标书没有对招标文件在各方面都作出实质性响应，是投标人的风险。根据24.3条的规定，没有实质上响应招标文件要求的投标将被拒绝。

5. 招标文件的澄清

5.1 任何要求对招标文件进行澄清的投标人，均应在投标截止期14天以前按招标邀请书中的通讯地址以书面形式如电传、电报、传真等通知买方，买方对投标截止期14天以前收到的任何澄清要求将以书面形式予以答复，同时将书面答复寄送给每个购买招标文件的投标人，答复中包括所问问题，但不包括问题的来源。

6. 招标文件的修改

6.1 在投标截止期前的任何时候，无论出于何种原因，买方可主动地或在解答投标人提出的澄清问题时对招标文件进行修改。

6.2 招标文件的修改将以书面形式，通过传真和电传等方式，通知所有购买招标文件的投标人，并对其具有约束力。投标人应立即以电报、电传、传真形式确认已收到的修改文件。

6.3 为使投标人编写投标书时有充分时间对招标文件的修改部分进行研究，买方可以自行决定，酌情延长投标截止日期。

三、投标书的编制

7. 投标的语言

7.1 投标人提交的投标书以及投标人与买方就有关投标的所有来往函电均应使用中文。投标人可以提交用其他语言打印的资料，但有关的段落必须翻译成中文，在有差异和矛盾时以中文为准。

8. 投标书构成

8.1 投标人编写的投标书应包括下列部分：

(1)按照第9.10和11条要求填写的投标函格式、投标报价表。

(2)按照第12条要求出具的资格证明文件，证明投标人是合格的，中标后有能力履行合同。

(3)按照第13条要求出具的证明文件，证明投标人提供的货物及其辅助服务是合格的货物和服务且符合招标文件规定。

(4)按照第14条规定要求提交的投标保证金。

9. 投标函格式

9.1 投标人应完整地填写招标文件中的投标函格式和投标报价表，说明所提供的货物、货物简介、来源、数量及价格。

10. 投标报价

10.1 投标人应在投标书中的投标报价表上标明本合同拟提供货物的单价和总价。任何有选择的报价将不予接受，每种货物只允许有一个报价。

10.2 投标报价表上的价格应按下列方式分开填写。

(1)国内供应的货物报工厂交货价、仓库交货价或货架交货价；国外供应的货物报CIF到岸价或CIP价即运费保险付至____________________(指定目的地)，无论采用哪种方式报价都必须包括制造和装配货物所使用的材料、部件及货物本身已支付或将支付的进口税、产品税、销售税和其他税费。

(2)技术规格中特别要求的备件价格。

(3)合同条款前附表上所列的所有伴随服务的费用。

10.3 投标人按照上述第10.2条要求分类报价，其目的是便于买方评标，但在任何情况下并不限制买方以任何条款签订合同的权利。

10.4 投标报价表中标明的价格在合同执行过程中是固定不变的，不得以任何理由予以变更。以可调整的价格提交的投标将按第24条规定作为非响应性投标而予以拒绝。

11. 投标货币

11.1 投标应以人民币报价。

12. 证明投标人合格和资格的文件

12.1 按照第8条规定，投标人应提交证明其有资格参加投标和中标后有能力履行合同的文件，并作为其投标书的一部分。

12.2 投标人提交的合格性的证明文件应使买方满意。投标人在投标时应是来自符合世界银行现行采购指南规定的合格来源国。

12.3 投标人提交的中标后履行合同的资格证明文件应使买方满意：

(1)如果投标人按照合同提供的货物不是投标人自己制造的，投标人应得到货物制造厂家同意其在中国提供该货物的正式授权。

(2)投标人必须具备履行合同所需的财务、技术和生产能力。

(3)如果投标人在中国没有营业地点，投标人应由或将由(如果中标的话)一家在中国营业的机构代理。该代理机构应有装备，并有能力履行合同条款中和/或技术规格中规定的卖方所承担的维修、保养、修理和备件储存的义务。

12.4 投标人应填写并提交招标文件上所附的“资格证明文件”。

13. 证明货物的合格性和符合招标文件规定的文件

13.1 按照第8条规定，投标人应提交根据合同要求提供的所有货物及其服务的合格性以及符合招标文件规定的证明文件，并作为其投标书的一部分。

13.2 货物和服务合格性的证明文件应包括投标报价表中对货物和服务来源地的声明，并要由装运时出具的来源地证书证实。

13.3 证明货物和服务与招标文件的要求相一致的文件可以是文字资料、图纸和数据，投标人应提供：

(1)货物主要技术指标和运行性能的详细说明。

(2)为使货物正常、连续地使用，应提供货物从买方开始使用两年期间所需的完整的备件和特种工具等清单，包括备件和特种工具的货源及现行价格。

(3)逐条对买方要求的技术规格进行评议，指出自己提供货物和服务是否做出实质性的响应，或逐条填报投标报价表附件一规格响应表。

13.4 投标人在阐述上述第13.3(3)条时应注意：买方在技术规格中指出的工艺、材料和设备的标准以及参照的牌号或分类号仅起说明作用，并没有任何限制性，投标人在投标中可以选用替代标准、牌号或分类号，但这些替代要实质上优于或相当于技术规格的要求，并且使买方满意。

14. 投标保证金

14.1 投标人应以人民币提交一笔不少于“投标人须知前附表”第3项规定的人民币金额的投标保证金，并作为其投标的一部分。

投标保证金是为了保护买方免遭因投标人的行为而蒙受的损失，买方在因投标人的行为受到损害时可根据第14.6条的规定没收投标人的投标保证金。

14.2 投标保证金应用人民币，并采取下列任何一种形式。

(1)由下列银行出具的银行保函：

①中国的任何一家银行。

②在投标前由买方认可的任何一家外国银行。

(2)银行本票、保付支票或现金。

14.3 在开标时，凡没有随附投标保证金的投标，应视为非响应性，投标予以拒绝。

14.4　未中标人的投标保证金，将在按照第15条买方规定的投标有效期内或在经投标人同意延长的投标有效期期满后28天内予以退还，不计利息。

14.5　中标人的投标保证金，在中标人按第31条规定签订合同并按第32条规定交纳了要求的履约保证金后予以退还，不计利息。

14.6　下列任何情况发生时，投标保证金将被没收：

(1)投标人在投标函格式中规定的投标有效期内撤回其投标。

(2)中标人在规定期限内未能：

①根据第31条规定签订合同。

②根据第32条规定提交履约保证金。

15. 投标有效期

15.1　所投的标应从第21条规定的开标之日起，在“投标人须知前附表”第4项所规定的以日历天计算的投标有效期内有效。投标有效期比规定短的可以视为非响应标而予以拒绝。

15.2　在特殊情况下，在原投标有效期期满之前，买方可征得投标人同意延长投标有效期。这种要求与答复均应为书面形式如电传、传真等。投标人可以拒绝买方的这种要求但不被没收投标保证金。同意延长的投标人既不能被要求也不允许修改其投标书，但要相应延长其投标保证金的有效期。

15.3　如果是固定价合同而授标的时间又超过原来的投标有效期56天，合同价将按“延长投标有效期通知”中所述的系数进行调整。

16. 投标书的式样和签署

16.1　投标人应按照投标人须知第8.1条的要求，准备一份投标书正本和“投标人须知前附表”第5项规定数目的副本，每套投标书须清楚地标明“正本”或“副本”。一旦正本和副本不符，以正本为准。

16.2　投标书的正本和所有的副本均需打印或用不退色墨水书写，并由投标人或经正式授权对投标人有约束力的代表签字。授权代表须将以书面形式出具的“授权证书”附在投标书中。除没有修改过的印刷文献外，投标书的每一页都应由投标人或其授权代表用姓或首字母签字。

16.3　除投标人对错处做必要修改外，投标书不得行间插字、涂改和增删，如有修改错漏处，必须由投标人或其授权代表签字和盖章。

16.4　投标人应按投标函中的说明，提供与本投标和中标后合同实施有关的已支付和要支付给代理机构的佣金或报酬的情况。

四、投标书的递交

17. 投标书的密封和标记

17.1　投标人应将投标书正本和所有的副本用单独的信封密封，且在信封上标明“正本”“副本”字样，这些信封再封装在一个外信封中。

17.2　内外层封套均应：

①按“投标人须知前附表”第6项注明的地址发至买方。

②注明“投标人须知前附表”第6项注明的标志字样，以及注明“根据第21条规定的时间和日期之前不得启封”的字样。

17.3　内层封套应写明投标人名称和地址，以便如果投标书被宣布为“迟到”投标时，能原封退回。

17.4　如果外层信封未按第17.2条要求密封和加写标记，买方对误投或过早启封概不负责。对由此造成提前开封的投标书，买方将予以拒绝，并退回投标人。

18. 投标截止日期

18.1　买方收到投标书的时间不得迟于招标邀请书中规定的截止时间。

18.2　买方可以按第6条规定，通过修改招标文件自行决定酌情延长投标截止期。在此情况下，买方和投标人受投标截止期制约的所有权利和义务均应延长至新的截止日期。

19. 迟交的投标书

19.1 按照第 18 条规定，买方将拒绝并原封退回在其规定的截止期后收到的任何投标书。

20. 投标书的修改和撤回

20.1 投标人在递交投标书后，可以修改或撤回其投标书，但买方必须在规定的投标截止期之前收到书面通知。

20.2 投标人的修改或撤回通知书应按第 17 条规定编制、密封、标记和发送，并应在内层封套上加注“修改”或“撤回”字样。

20.3 在投标截止期之后，投标人不得对其投标书做任何修改。

20.4 根据第 14.6 条规定，在投标截止期(第 18 条)至买方在第 15 条规定的投标有效期期满之间的这段时间内，投标人不得撤回其投标，否则其投标保证金将被没收。

五、开标与评标

21. 开标

21.1 买方将在“投标人须知前附表”第 7 项规定的时间和地点组织公开开标。投标人可委派代表参加，参加开标的代表应签名报到以证明其出席。

21.2 按照第 20 条规定，提交了可接受的“撤回”通知的投标将不予开封。

21.3 开标时，买方将当众宣读投标人名称、投标价格、折扣、书面修改和撤回投标的通知、是否提交投标保证金，以及买方认为合适宣读的其他内容，只有在开标时唱出的折扣评标时才能考虑。

21.4 买方将作开标记录，开标记录包括第 21.3 条规定在开标时宣读的全部内容。

22. 评标过程的保密性

22.1 公开开标后，直至向中标的投标人授予合同时止，凡与审查、澄清、评价和比较投标的有关资料以及授标意见等，均不得向投标人及与评标无关的其他人透露。

22.2 在评标过程中，如果投标人试图在投标书审查、澄清、比较及授予合同方面向买方施加任何影响，其投标将被拒绝。

23. 投标书的澄清

23.1 为有助于对投标书的审查、评价和比较，买方可分别要求投标人对其投标书进行澄清，有关澄清的要求和答复应以书面形式包括电传、传真提交，但不得寻求、提供或允许对投标价格或实质性内容做任何更改。

24. 投标书的初审

24.1 开标后，买方将审查投标书是否完整，有无计算上的错误，是否提交了投标保证金，文件签署是否合格，投标书是否大体编排有序。

24.2 在详细评标之前，买方要审查每份投标书是否实质上响应了招标文件的要求。实质上响应的投标应该是与招标文件要求的全部条款、条件和规格相符，没有重大偏离或保留的投标。所谓重大偏离或保留是指实质上影响合同的供货范围、质量和性能；或者实质上与招标文件不一致，而且限制了合同中买方的权利或投标人的义务。纠正这些偏离或保留将会对其他实质上响应要求的投标人的竞争地位产生不公正的影响。买方决定投标书的响应性只根据投标书本身的内容，而不寻求外部的证据。

24.3 如果投标书实质上没有响应招标文件的要求，买方将予以拒绝，投标人不得通过修正或撤销不合要求的偏离或保留从而使其投标成为实质上响应的投标。

24.4 买方将对确定为实质上响应的投标进行审核，看其是否有计算上和累加上的算术错误，修正错误的原则如下：

(1)如果用数字表示的金额和用文字表示的金额不一致,应以文字表示的金额为准。

(2)当单价与数量的乘积和总价不一致时,以单价为准,并修正总价。

24.5　买方将按上述修正错误的方法调整投标书中的投标报价,调整后的价格应对投标人具有约束力。如果投标人不接受修正后的价格,则其投标将被拒绝,其投标保证金将被没收。

24.6　买方将允许修正投标书中不构成重大偏离的、微小的、非正规的、不一致的或不规则的地方,但这些修正不能影响任何投标人相应的名次排列。

25. 投标书的评价和比较

25.1　买方将按照本章第24条规定只对确定为实质上响应招标文件要求的投标进行评价和比较。

25.2　评标的基础应是投标人须知第10条规定的投标价。

25.3　买方在评标时,除考虑投标人的报价之外,还要按照第25.4条和技术规格规定的方法考虑下列因素:

(1)投标书中报的交货期。

(2)与合同条款规定的付款条件的偏差。

(3)所投货物备件和提供售后服务的情况。

(4)货物从出厂地/到货港口运抵投标人须知前附表第8项指明的项目指定现场所发生的内陆运费、保险及其他伴随服务的费用。

(5)"投标人须知"前附表第8项所列的其他因素。

25.4　按照本章第25.3条规定,将采用下列评标方法:

(1)交货期

货物应按照"货物需求一览表"规定的时间范围内交货,提前交货并不加分,交货超过买方可接受的时间范围的投标将视为非响应性投标。若交货在可接受的时间范围内的,评标时将按每超出"货物需求一览表"规定的最早交货期一周,其评标价增加投标价的0.5%的比例来考虑。

(2)付款条件的偏差

投标人应按照合同条款上所列的付款计划进行报价,如果投标书对此有偏离但又属可以接受的话,评标时将按"投标人须知"前附表第9项所列的利率对提前支付计算所产生的利息,并将其计入其评标价中。

(3)备件和售后服务

买方建立最起码的服务设施和备件库存所需的费用,按合同条款规定,如果是单独报价的话,评标时应计入评标价。

(4)内陆运费、保险及其他费用

货物从出厂地/到货港运抵指定交货地点所发生的内陆运费、保险费及其他相关费用的计算将按照铁路/公路等交通部门、保险公司和/或其他官方机构发布的计算标准进行计算,并计入评标价。为便于计算,投标人应提供货物尺寸、装运重量和每个包的出厂价/CIF到岸价/CIP运费保险费付至(目的地)的金额。

六、授予合同

26. 合同授予标准

26.1　除第29条规定之外,买方应将合同授予被确定为实质上响应招标文件要求的,能够满意地履行合同义务的最低评标价的投标人。

27. 资格后审

27.1　如果没有进行资格预审,买方将对最低评标价的投标人是否有能力履行合同义务进行审查。

27.2　审查将根据投标人按照第12条规定提交的资格证明文件和买方认为其他必要的、合适的资料,对投标人的财务、技术和生产能力等进行审查。

27.3　如果审查通过,则将合同授予该投标人;如果审查没有通过,则拒绝其投标。在此情况下,买方将对下一个最低评标价的投标人的能力作类似的审查。

28. 买方授标时更改采购货物数量的权利

28.1 买方在授予合同时有权在“投标人须知”前附表第10项规定的幅度内对“货物需求一览表”中规定的货物数量和服务予以增加或减少，但不得对单价或其他的条款和条件做任何改变。

29. 买方接受和拒绝任何或所有投标的权利

29.1 买方保留在授标之前任何时候接受或拒绝任何投标，宣布招标程序无效或拒绝所有投标的权利，对受影响的投标人不承担任何责任，也无义务向受影响的投标人解释采取这一行动的理由。

30. 中标通知书

30.1 在投标有效期期满之前，买方将书面通知中标人中标。

30.2 中标通知书将是合同的一个组成部分。

30.3 在中标人按照第32条规定提交履约保证金后，买方将迅速通知其他未中标的投标人，并按照第14条规定退还其投标保证金。

31. 签订合同

31.1 买方在发出中标通知书的同时，将把招标文件中提供的合同格式连同双方达成的协议寄给中标人。

31.2 中标人在收到中标通知书和合同格式28天内，应派授权代表前往“投标人须知”前附表第11项注明的地点签订合同。

31.3 中标人在收到合同格式28天内，在合同上签字并注明日期后退给买方。

32. 履约保证金

32.1 中标人在收到中标通知书后28天内，应按照合同条款的规定，向买方提交履约保证金，其格式为招标文件中提供的或其他买方接受的格式。

32.2 如果中标人没有按照上述第32.1或31条规定执行，买方将有充分理由取消该中标决定，并没收其投标保证金。在此情况下买方可将标授予下一个最低评标价的投标人，或重新招标。

33. 腐败和欺诈行为

33.1 世界银行要求借款人(包括世行贷款的受益人)以及世行贷款合同项下的买方和卖方在合同采购和实施过程中应遵守最高的道德标准。

(a)根据本政策，世界银行将为此目的，定义下述条件：

ⓘ“腐败行为”是指提供、给予、接受或索取任何有价值的东西来影响公共官员在采购过程或合同实施过程中的行为。

ⓘⓘ“欺诈行为”是指为了影响采购过程或合同实施过程而谎报事实，损害借款人的利益，包括投标人之间串通投标(递交投标书之前和之后)，人为地使投标丧失竞争性，剥夺借款人从自由公开竞争所能获得的权益。

(b)如果世界银行认为所建议的中标人在本合同的竞争中有腐败和欺诈行为，则拒绝接受该授标建议。

(c)如果世界银行在任何时候认为某公司在世界银行贷款合同的竞争和实施过程中有腐败和欺诈行为，则该公司在世界银行贷款合同中永远不能中标或在一段时间内不能中标。

33.2 此外，投标人应该清楚地知道合同条款第29条和第21.1条的规定。

第二章 合同条款及前附表

目 录

合同条款前附表

序号	条款号	内 容
	10.4	付款应按下列条件进行： (1)预付款，在签订合同和收到收据及相等金额的银行保函后28天内支付合同总价的______%。 (2)交货付款，收到货物并按照10.2条规定提交所需单据后支付合同价的______%。 (3)最终验收付款，相应交货的最终验收合格证发出后28天支付剩余合同价的______%的货款

合同条款

1. 定义

本合同中下列术语应解释为如下内容：

(1)“合同”系指买卖双方签署的、合同格式中载明的、买卖双方所达成的协议，包括所有的附件、附录和上述文件所提到的构成合同的所有文件。

(2)“合同价”系指根据合同规定卖方在正确地完全履行合同义务后买方应支付给卖方的价格。

(3)“货物”系指卖方根据合同规定须向买方提供的一切材料、设备、机械、仪表、备件、工具和/或其他材料。

(4)“服务”系指根据合同规定卖方承担与供货有关的辅助服务，如运输、保险以及其他的伴随服务，如安装、调试、提供技术援助、培训和合同中规定卖方应承担的其他义务。

(5)“买方”系指前附表中所述购买货物和服务的单位。

(6)“卖方”系指前附表中所述提供货物和服务的公司或实体。

(7)“项目现场”系指合同条款前附表中指明的地点。

(8)“天”指日历天数。

2. 来源地

2.1 本合同项下所提供的货物及服务均应来自于“世界银行采购指南”规定的合格的国家和地区。

2.2 本条所述的“来源地”系指货物开采、生长、生产地或提供服务的来源地。经过制造、加工的产品或经过实质上组装主要元部件而形成的产品均可称为货物，商业上公认的新产品是指在基本特征、目的或功能上与元部件有实质性区别的产品。

2.3 货物和服务的来源地有别于卖方的国籍。

3. 技术规格

3.1 交付的货物的技术规格应与招标文件规定的技术规格以及所附的技术规格响应表(如果有的话)相一致。

3.2 除技术规格另有规定外，计量单位应该使用公制。

4. 专利权

4.1 卖方应保证买方在使用该货物或其任何一部分时免受第三方提出侵犯其专利权、商标权或工业设计权的起诉。

5. 包装要求

5.1 除合同另有规定外，卖方提供的全部货物均应按标准保护措施进行包装，这类包装应适应于远距离运输、防潮、防震、防锈和防野蛮装卸，以确保货物安全无损运抵指定现场。

5.2 每一个包装箱内应附一份详细的装箱单和质量证书。

6. 包装标志

6.1 卖方应在每一包装箱的相邻四侧用不褪色的油漆以醒目的中文字样做出下列标记。

(a)收货人：________________

(b)合同号：________________

(c)唛头：________________

(d)收货人代号：________________

(e)目的地：________________

(f)货物名称、品目号和箱号：________________

(g)毛重/净重：____公斤

(h)尺寸(长×宽×高，以厘米计)：____________________________

6.2 如果每件包装箱重量在2吨或2吨以上，卖方应在每件包装箱的两侧用中文和适当的运输标记，标明"重心"和"吊装点"，以便装卸和搬运。根据货物的特点和运输的不同要求，卖方应在包装箱上清楚地标注"小心轻放"、"请勿倒置"、"防潮"等字样和其他适当的标志。

7. 装运条件

7.1 如果是从国外供应的货物：

7.1.1 卖方应负责安排订舱位、运输和支付运费，以确保按照合同规定的交货期交货。

7.1.2 提单日期应视为实际交货日期。

7.1.3 承运的船只应来自世界银行采购指南中规定的合格国家，或通过航运公会，但航运公会的大多数航运公司应来自上述合格国家。

7.1.4 目的港/项目现场在合同条款前附表中有规定。

7.2 如果是从国内供应的货物：

7.2.1 卖方应负责安排内陆运输，但买方支付运费。

7.2.2 有关运输部门出具的收据的日期应视为交货日期。

7.3 卖方装运的货物不应超过合同规定的数量或重量。否则，卖方应对超交数量或重量而产生的一切后果负责。

8. 装运通知

8.1 如果是从国外供应的货物：

8.1.1 卖方应在合同规定的装运日期之前，即海运前28天或空运前14天之内以电报、电传或传真的形式将合同号、货物名称、数量、箱数、总毛重、总净重、总体积(立方米)和在装运口岸备妥待运日期通知买方，同时，卖方应用航空挂号信把详细的货物清单一式五份，包括合同号、货物名称、规格、数量、总毛重、总净重、总体积(立方米)、每箱尺寸(长×宽×高)、单价、总金额、启运口岸、备妥待运日期和货物在运输、储存中的特殊要求和注意事项等寄给买方。

8.1.2 卖方应在货物装船完成后24小时之内以电报、电传或传真的形式将合同号、货物名称、数量、总毛重、总体积(立方米)、发票金额、运输工具名称及启运日期通知买方。如果每个包装箱的重量超过20吨或体积达到或超过长12米、宽2.7米和高3米，卖方应将每个包装箱的重量和体积通知买方，易燃品或危险品的细节还应另行注明。

8.2 如果是从国内供应的货物：

8.2.1 卖方应在合同规定的装运日期之前14天内以电报、电传或传真形式将合同号、货物名称、数量、箱数、总毛重、总体积(立方米)和备妥待运的日期通知买方，同时，卖方应用挂号信把详细的货物清单一式四份，包括合同号、货物名称、规格、数量、箱数、总毛重、总净重、总体积(立方米)、每箱尺寸(长×宽×高)、单价、总金额、启运口岸、备妥待运日期和货物在运输、储存中的特殊要求和注意事项等通知买方。

8.2.2 卖方应在货物装完后24小时之内以电报或电传或传真形式将合同号、货物名称、数量、毛重、体积(立方米)、发票金额、运输工具名称及启运日期通知买方。如果每个包装箱的重量超过20吨或体积达到或超过长12米、宽2.7米和高3米，卖方应将每个包装箱的重量和体积通知买方，易燃品或危险品的细节还应另行注明。

8.2.3 在出厂价合同项下，如果是因为卖方延误不能将上述内容通知买方，使买方不能及时办理保险，由此而造成的全部损失应由卖方负责。

9. 保险

9.1 以出厂价、仓库交货价或货架交货价签订的国内供货合同，其保险将由买方办理，保险范围应包括卖方装运的全部货物；所有其他情况将由卖方办理货物在运抵目的港/项目现场途中的保险，保险应以人民币按照发票金额的110%办理“一切险”。

10. 付款

10.1 本合同以人民币付款。

10.2 卖方应按照双方签订的合同规定交货。交货后卖方应把下列单据提交给买方,买方按合同规定审核后付款:

①有关运输部门出具的收据。

②发票。

③装箱单。

④制造厂家出具的质量检验证书和数量证明书。

⑤验收证书。

10.3 卖方应在每批货物装运完毕后48小时内,将上述10.2条除第5项外的单据航寄给买方。

10.4 买方将按“合同条款前附表”规定的付款计划安排付款。

11. 伴随服务

11.1 除合同条款前附表中另有规定外,只应要求卖方提交所供货物的技术文件。应包括相应的每一套设备和仪器的中文的技术文件,如产品目录、图纸、操作手册、使用说明、维护手册和/或服务指南。这些文件应在合同生效后56天内寄给买方。另外一套完整的上述资料应包装好随同每批货物一起发运。

11.2 如果合同条款前附表中有具体规定,卖方还应提供下列服务:

(1)货物的现场安装和启动监督。

(2)提供货物组装和维修所需的工具。

(3)在双方商定的一定期限内对所供货物实施运行监督、维修,但前提条件是该服务并不能免除卖方在质量保证期内所承担的义务。

(4)在厂家和/或在项目现场就货物的安装、启动、运营,维护,对买方人员进行培训。

11.3 除合同条款前附表中另有规定外,伴随服务的费用应含在合同价中,不单独进行支付。

12. 质量保证

12.1 卖方应保证所供货物是全新的、未使用过的,是最新或最流行的型号和用一流的工艺生产的,并完全符合合同规定的质量、规格和性能的要求。卖方应保证其货物在正确安装、正常使用和保养条件下,在其使用寿命期内应具有满意的性能。在货物最终验收后的12个月的质量保证期内,卖方应对由于设计、工艺或材料的缺陷而产生的故障负责。

12.2 根据当地商检局或有关部门检验结果或者在质量保证期内,如果货物的数量、质量或规格与合同不符,或证实货物是有缺陷的,包括潜在的缺陷或使用不符合要求的材料等,买方应尽快以书面形式向卖方提出本保证下的索赔。

12.3 卖方在收到通知后28天内应免费维修或更换有缺陷的货物或部件。

12.4 如果卖方在收到通知后28天内没有弥补缺陷,买方可采取必要的补救措施,但其风险和费用将由卖方承担,买方根据合同规定对卖方行使的其他权力不受影响。

13. 检验

13.1 在交货前,制造商应对货物的质量、规格、性能、数量和重量等进行详细而全面的检验,并出具一份证明货物符合合同规定的检验证书,检验证书是付款时所需要的文件的组成部分,但不能作为有关质量、规格、数量或重量的最终检验。制造商检验的结果和细节应附在检验证书后面。

13.2 货物运抵现场后,买方应向当地的商检局或有关部门申请对货物的质量、规格、数量和重量进行检验,并出具检验证书。

14. 索赔

14.1 买方有权根据当地商检局或有关部门出具的检验证书向卖方提出索赔,但责任由保险公司或运输部门承担的除外。

14.2 在合同第12条规定的检验期和质量保证期内,如果卖方对差异负有责任而买方提出索赔,卖方应按照买方同意的下列一种或多种方式解决索赔事宜:

(1)卖方同意退货并用合同规定的货币将货款退还给买方,并承担由此发生的一切损失和费用,包括利息、银行手续费、运费、保险费、检验费、仓储费、装卸费以及为保护退回货物所需的其他必要费用。

(2)根据货物低劣程度、损坏程度以及买方所遭受损失的金额,经买卖双方商定降低货物的价格。

(3)用符合合同规定的规格、质量和性能要求的新零件、部件和/或设备来更换有缺陷的部分和/或修补缺陷部分,卖方应承担一切费用和风险并负担买方蒙受的全部直接损失费用。同时,卖方应按合同第12条规定,相应延长修补和/或更换件的质量保证期。

14.3 如果在买方发出索赔通知后28天内,卖方未作答复,上述索赔应视为已被卖方接受。如卖方未能在买方发出索赔通知后28天内或买方同意的延长期限内,按照本合同第14.2条规定的任何一种方法解决索赔事宜并征得买方同意,买方将从议付货款或从卖方开具的履约保证金中扣回索赔金额。

15. 卖方履约延误

15.1 卖方应按照"货物需求一览表"中买方规定的时间表交货和提供服务。

15.2 如卖方无正当理由而拖延交货,将受到以下制裁:没收履约保证金,加收误期赔偿和/或违约终止合同。

15.3 在履行合同过程中,如果卖方可能遇到妨碍按时交货和提供服务的情况时,应及时以书面形式将拖延的事实、可能拖延的期限和理由通知买方。买方在收到卖方通知后,应尽快对情况进行评价,并确定是否通过修改合同,酌情延长交货时间。

16. 误期赔偿

16.1 除合同第17条规定外,如果卖方没有按照合同规定的时间交货和提供服务,买方应从货款中扣除误期赔偿费而不影响合同项下的其他补救方法,赔偿费按每周迟交货物交货价或未提供服务费用的0.5%计收,直至交货或提供服务为止。但误期赔偿费的最高限额不超过误期货物或服务合同价的5%。一周按七天计算,不足七天按一周计算。一旦达到误期赔偿的最高限额,买方可考虑终止合同。

17. 不可抗力

17.1 尽管有合同条款第15条、16条和21条的规定,如果卖方因不可抗力而导致合同实施延误或不能履行合同义务的话,不应该被没收履约保证金,也不应该承担误期赔偿或终止合同的责任。

17.2 本条所述的"不可抗力"系指那些卖方无法控制、不可预见的事件,但不包括卖方的违约或疏忽。这些事件包括但不限于:战争、严重火灾、洪水、台风、地震以及其他双方商定的事件。

17.3 在不可抗力事件发生后,卖方应尽快以书面形式将不可抗力的情况和原因通知买方。除买方书面另行要求外,卖方应尽实际可能继续履行合同义务,以及寻求采取合理的方案履行不受不可抗力影响的其他事项。如果不可抗力事件影响持续超过126天,双方应通过友好协商在合理的时间内达成进一步履行合同的协议。

18. 税费

18.1 中国政府根据现行税法规定对买方征收的与本合同有关的一切税费均应由买方负担。

18.2 中国政府根据现行税法规定对卖方征收的与本合同有关的一切税费均应由卖方负担。

18.3 在中国境外发生的与本合同执行有关的一切税费均应由卖方负担。

19. 履约保证金

19.1 卖方应在收到中标通告书后28天内,通过中国的一家银行或买方可接受的外国银行,以银行保函的形式向买方提供相当于合同总价10%的履约保证金。履约保证金的有效期到货物保证期期满时止。

19.2 卖方提供的履约保证金应按招标文件所附的格式或买方可接受的其他格式提供,与此有关的费用均由卖方负担。

19.3　如卖方未能履行合同规定的任何义务，买方有权从履约保证金中得到补偿。

20. 争端的解决

20.1　买卖双方应通过友好协商，解决在执行本合同中所发生的或与本合同有关的一切争端。如从协商开始28天内仍不能解决，双方应将争端提交有关省、市人民政府或行业主管部委寻求可能解决的办法。如果提交有关省市人民政府或行业主管部委后28天内仍得不到解决，则应提请仲裁。

20.2　仲裁应按照下列程序进行：

(1)如果是国内合同(即买方与国内卖方签订的合同)，仲裁应由双方商定的仲裁委员会根据其仲裁程序进行仲裁。

(2)如果是涉外合同(即买方与国外卖方签订的合同)，仲裁应由中国国际经济贸易仲裁委员会按其规则进行仲裁。

20.3　仲裁裁决应为最终裁决，对双方均具有约束力。

20.4　仲裁费除仲裁机关另有裁决外均应由败诉方负担。

20.5　在仲裁期间，除正在进行仲裁的部分外，本合同的其他部分应继续执行。

21. 违约终止合同

21.1　在买方对卖方违约而采取的任何补救措施不受影响的情况下，买方可向卖方发出书面通知书，提出终止部分或全部合同。

(1)卖方未能在合同规定的限期或买方同意延长的限期内提供部分或全部货物。

(2)卖方未能履行合同规定的其他任何义务。

(3)买方认为卖方在本合同的竞争或实施中有腐败和欺诈行为。

为此定义如下术语：

"腐败行为"是指提供、给予、接受或索取任何有价值的东西来影响公共官员在采购过程或合同实施过程中的行为。

"欺诈行为"指为了影响采购过程或合同实施过程而谎报事实，损害买方的利益，包括投标人之间串通投标(递交投标书之前和之后)，人为地使投标丧失竞争性，剥夺买方从自由的公开竞争所能获得的权益。

21.2　如果买方根据上述第21.1条的规定，终止了全部或部分合同，买方可以依其认为适当的条件和方法购买与未交货物类似的货物，卖方应对购买类似货物所超出的那部分费用负责。但是，卖方应继续执行合同中未终止的部分。

22. 破产终止合同

22.1　如果卖方破产或无清偿能力，买方可在任何时候以书面形式通知卖方终止合同而不给卖方补偿。该终止合同将不损害或影响买方已经采取或将要采取的任何行动或补救措施的权力。

23. 便利终止合同

23.1　买方可在任何时候出于自身的便利向卖方发出书面通知全部或部分终止合同，终止通知应明确该终止合同是出于买方的便利，合同终止的程度，以及终止的生效日期。

23.2　对卖方在收到终止通知后28天内已完成并准备装运的货物，买方应按原合同价格和条款予以接收。对于剩下的货物，买方可：

(1)让任一部分按照原来的合同价格和条款来完成和交货。

(2)取消该剩下的货物，并按双方商定的金额向卖方支付部分完成的货物和服务以及卖方以前已采购的材料和部件的费用。

24. 转让和分包

24.1　除买方事先书面同意外，卖方不得部分转让或全部转让其应履行的合同义务。

24.2 如投标书中没有明确分包合同，在本合同签约前，卖方应书面通知买方其在本合同中所分包的全部分包合同，无论原投标书或后来的分包通知均不能解除卖方履行本合同的责任和义务。

25. 适用法律

25.1 本合同应按照中华人民共和国的现行法律进行解释。

26. 合同生效

26.1 本合同应在双方签字和买方收到卖方提供的履约保证金后生效。

27. 主导语言

27.1 本合同一式两份，以中文书就，双方各执一份。

28. 合同修改

28.1 除了双方签署书面修改协议，并成为本合同不可分割的一部分的情况之外，本合同的条件不得有任何变化或修改。

29. 世界银行的检查和审计

29.1 如果世界银行要求，卖方应允许世界银行检查卖方与实施本合同有关的账户和记录，并由世界银行指定的审计人员对其进行审计。

第三章　合同格式和履约保证金格式

合同格式

______________________________（以下简称“买方”）为一方和______________________（以下简称“卖方”）为另一方同意按下述条款和条件签署本合同（以下简称“合同”）：

1.合同文件

本合同所附下列文件是构成本合同不可分割的部分：

(1)合同条款包括前附表。

(2)投标人提交的投标函和投标报价表。

(3)货物需求一览表。

(4)技术规格(包括图纸，如果有的话)。

(5)规格响应表(如果有的话)。

(6)中标通知书。

2.合同范围和条件

本合同的范围和条件应与上述合同文件的规定相一致。

3.货物及数量

本合同所提供的货物及数量详见“货物需求一览表”。

4.合同金额

根据上述合同文件要求，合同的总金额为______________元人民币，分项价格在投标报价表中有明确规定。

5.付款条件

本合同货物的付款条件在合同条款中有明确规定。

6.交货时间和交货地点

本合同货物的交付时间和交货地点在“货物需求一览表”中有明确规定。

7.合同生效

本合同经双方授权代表签字盖章并在买方收到卖方提交的履约保证金后生效。

买方(买方名称)：______________	卖方(卖方名称)：______________
地　　点：______________	地　　点：______________
日　　期：______________	日　　期：______________
盖章(签字)：______________	盖章(签字)：______________

履约保证金

银行保函格式

致：________________________(买方名称)

鉴于________________________(卖方名称)(以下简称“卖方”)根据_____年____月____日签订的________________号合同向买方提供________________(货物和服务描述)(以下称为“合同”)。

根据贵方在合同中规定卖方应向贵方提交由一家信誉良好的银行出具的在合同中规定的金额的银行保函作为卖方履行合同义务的保证金。

我行同意为卖方出具此保函。

我行特此承诺，我行作为保证人并以卖方的名义向贵方出具总额为____________(以大写和数字表示的保证金金额)的保函。我行在收到贵方第一次书面宣布卖方违反了合同规定后，就无条件地向贵方支付保函限额之内的一笔或数笔款项，而贵方无须证明或说明要求的原因和理由。

本保函在_____年_____月_____日前一直有效。

银行签字(盖章)：________________________

日　　　　期：________________________

地　　　　址：________________________

第四章　货物需求一览表

货物需求一览表

序号	货物名称	数　量	交货期	交货地点	指定到货港

投标人签字：____________

第五章 技术规格

技术规格

附件一 图纸(如果有的话)

第六章 投标函格式和投标保证金格式

投标函格式

致：______________________________

根据贵方______________________________项目招标采购的_______________货物的招标邀请书_______________（编号），正式授权的下述签字人_______________（姓名和职务）代表投标人_______________________（投标人的名称），提交下述文件正本一份，副本______份。

1.投标报价表。

2.货物需求一览表。

3.规格响应表。

4.资格证明文件。

5.由_______________银行开具的金额为_______________的投标保证金。

6.投标人须知第12条和第13条要求投标人提交的全部文件。

据此函，签字人兹宣布同意如下内容。

(1)按招标文件规定提供交付的货物的投标总价为(大写)_______________元人民币。

(2)我们承担根据招标文件的规定，完成合同的责任和义务。

(3)我们已详细审核全部招标文件，包括招标文件修改书(如果有的话)，参考资料及有关附件，我们知道必须放弃提出含糊不清或误解的问题的权利。

(4)我们同意从投标人须知第21条规定的开标日期起遵循本投标书，并在投标人须知第15条规定的投标有效期满之前均具有约束力，并有可能中标。

(5)如果在开标后规定的投标有效期内撤回投标，我们的投标保证金可被贵方没收。

(6)同意向贵方提供贵方可能要求的与本投标有关的任何证据或资料。

(7)我们完全理解贵方不一定要接受最低报价的投标或收到的任何投标。

(8)我方为本投标和中标后的合同实施已付和要付给代理的佣金和报酬如下(如果有的话)：

代理的名称和地址	数量和货币	佣金或报酬的目的
_______________	_______________	_______________
_______________	_______________	_______________

(如果没有，则注明“无”)

与本投标有关的正式通讯地址如下。

地　　　　址：_________________________

电话、电报、传真或电传：_________________________

邮　政　编　码：_________________________

投标人代表姓名：_________________________

地　　　　址：_________________________

公　　　　章：_________________________

日　　　　期：_________________________

投标保证金

银行保函格式

致：________________________________

本保函作为________________________________（投标人名称、地址）（以下简称投标人）对________________（买方名称）第________号招标邀请书，关于提供____________（货物名称）的投标保证金。

________________________________（银行名称）无条件地、不可撤销地保证并约束本行及其后继者，一旦收到贵方提出下列任何一种情况的书面通知后不管投标人如何反对，立即无追索权地向贵方支付总额________________元人民币：

(1)投标人在开标后至投标有效期期满前撤回其投标。

(2)投标人在收到中标通知书后28天内，未能和贵方签订合同。

(3)投标人在收到中标通知书后28天内，未能提交可接受的履约保证金。

除贵方提前终止或解除本保函外，本保函自开标之日起到投标有效期满后28天有效，以及贵方和投标人同意延长的并通知本行的期限内继续有效。

开证行名称：________________________________

正式授权代表本行的代表的姓名和职务（打印和签字）：________________

公　　章：________________________________

出具日期：________________________________

第七章　投标报价表

投标报价表

1	2	3	4	5	6
品目号	货物名称	数量	原产地	CIF/CIP单价或出厂价单价；仓库交货价或展室交货价的单价	总价(3×5)

投标人签字：________________

注：①所有价格系用人民币表示。

②第5栏的单价应包括全部安装、调试、培训、技术服务、必不可少的部件、标准备件、专用工具等费用。

③如果单价和总价不符时，以单价为准。

④价格应按照“投标人须知”第10条的要求报价。

附件一 规格响应表

品目号	参考规格[1]	投标规格[2]	备注

投标人签字：______________

(1)由买方填写。

(2)由投标人填写。

第八章 资格证明文件

目 录

格式一 营业执照

（影印件）

格式二 法人代表授权书

本授权书声明：注册于__________的__________公司的在下面签字的__________(法人代表姓名、职务)代表本公司授权__________(单位)的在下面签字的__________(被授权人的姓名、职务)为本公司的合法代理人，就__________项目的__________合同投标及合同的执行、完成和保修，以本公司名义处理一切与之有关的事务。

本授权书于______年______月______日签字生效，特此声明。

授权代表签字(盖章)：__________

代理人(被授权人)签字(盖章)：__________

见证人签字(盖章)：__________

职务：__________

单位名称：__________

地址：__________

格式三　制造厂家的授权书

致：________________________________（买方名称）

作为设在________________________________（制造厂家地址）的制造/生产________________（货物名称和/或描述）的________________（制造厂家名称）在此以制造厂的名义授权________________________________（代理公司名称和地址）用我厂制造的上述货物就第________号招标邀请书递交投标书并进行后续的合同谈判和签署合同。

根据合同条款第12条规定，我们在此保证为上述公司就此次招标而提交的货物承担全部质量保证责任。

出具授权书的制造厂家名称：________________________

公章：________________________

日期：________________________

格式四　银行出具的资信证明

格式五　产品鉴定证书

（复印件）

格式六 生产许可证

（复印件）

格式七 制造厂家资格声明

1. 名称及其他情况

(1)制造厂家名称：______________________

(2)地址：______________________

(3)成立和/或注册日期：______________________

(4)主管部门：______________________

(5)企业性质：______________________

(6)职员人数：______________________

一般工人：______________________

技术人员：______________________

(7)近期资产负债表(到________年______月______日止)

①固定资产：______________________

原值：______________________

净值：______________________

②流动资金：______________________

③长期负债：______________________

④短期负债：______________________

⑤资金来源：

自有资金：______________________

银行贷款：______________________

⑥资金类型：

生产资金：______________________

非生产资金：______________________

2. (1)关于制造投标货物的设施及其他情况

工厂名称地址	生产的项目	年生产能力	职工人数
________	________	________	________
________	________	________	________

(2)本制造厂不生产，而需从其他制造厂购买的主要零部件

制造厂家名称和地址	主要零部件名称
________	________
________	________

3. 制造厂家生产此投标货物的历史(年数)

____

____

4. 近三年该货物主要销售给国内、外主要客户的名称地址

名称和地址	销售项目
________	________
________	________

出口销售额：________________

5.近三年的年营业额

年份	国内	出口	总额

6.易损件供应商的名称和地址

部件名称	供应商

7.有关开户银行的名称和地址：________________

8.其他情况：________________

兹证明上述声明是真实、正确的，并提供了全部能提供的资料和数据，我们同意遵照贵方要求出示有关证明文件。

日　　期：____年____月____日　　制造商名称：________________

授权代表签字：________________　　电　话　号：________________

授权代表的职务：________________　　电　传　号：________________

公　　章：________________　　传　真　号：________________

格式八 贸易公司(作为代理)的资格声明

1.名称及其他情况

(1)投标人名称：______

(2)地址：______

(3)成立和注册日期：______

(4)上级主管部门：______

(5)公司性质：______

(6)主要负责人：______

(7)职员人数：______

(8)近期资产负债表(到______年______月______日止)

①固定资产：

原值：______

净值：______

②流动资金：______

③长期负债：______

④短期负债：______

⑤资金来源：

自有资金：______

银行贷款：______

⑥资金类型：

商业性：______

非商业性：______

2.最近三年的年度总营业额

年份	国内	出口	总额
______	______	______	______
______	______	______	______
______	______	______	______

3.最近三年投标货物主要销售给国内及国外用户的名称及地址

(1)出口销售

名称和地址	销售项目和数量
______	______
______	______
______	______

(2)国内销售

名称和地址	销售项目和数量
______	______
______	______
______	______

4.同意为投标人制造投标货物制造厂并附有制造厂的资格声明

制造厂名称和地址	制造项目和数量
________________	________________
________________	________________

5.需由其他制造厂家供应和制造的部件(如果有的话)

制造厂名称和地址	制造项目
________________	________________
________________	________________

6.最近三年中与各贸易公司成交的此种投标货物(如果有的话)

合同号:________________

签字日期:________________

产品名称:________________

数量:________________

合同金额:________________

7.有关开户银行的名称和地址:________________

8.投标人认为需要声明的其他情况

兹证明上述声明是真实、正确的,并提供了全部能提供的资料和数据,我们同意遵照贵方要求出示有关证明文件。

日　　期:________________

授权代表签字:________________

授权代表的职务:________________

电　话　号:________________

电　传　号:________________

传　真　号:________________

公　　章:________________

格式九 其他

最近三年本公司牵涉的主要诉讼案件

国际编

3 亚洲开发银行贷款采购指南

亚洲开发银行贷款

采购指南

适用于亚行普通资金贷款和特别基金贷款

亚洲开发银行

一九九九年二月

声明

为扩大读者范围，特将该文件由英文翻译为中文。英语是亚洲开发银行的官方语言，因此，该文件的英文原版为唯一具有权威性的文本。任何对该文件内容的引用，必须以其英文原版内容为准。

亚洲开发银行贷款采购指南

目 录

1. 导言

(1)目的

1.01　本指南旨在向亚洲开发银行(以下简称亚行)的借款人以及供货商和承包商介绍,在进行亚行资助项目的货物与工程的采购中应遵循的一般原则和程序,亚行另行同意的特殊程序除外。本指南适用于亚行普通资金贷款和特别基金贷款下的采购。但特别基金贷款下的采购只限于对该基金捐款的发达成员国以及所有发展中成员国。

1.02　亚行与借款人之间达成的其他任何有关贷款资金的使用安排,可以在贷款协定中视具体情况而进行规定。借款人与货物或工程的提供者之间的关系取决于借款人发布的招标文件,以及借款人与货物或工程的提供者之间签订的合同。这些合同和文件应依照本指南以及贷款协定来制订。

(2)一般考虑因素

1.03　尽管采购项目所需的货物与工程的最终责任在借款人,然而亚行方面有义务确保其贷款资金的使用能够充分注意经济和效率。鉴于此,亚行贷款下的采购强调四条基本原则:

(a)根据 1.01 段中关于特别基金贷款下的采购所要求的资格,除董事会根据亚行章程第 14 条第 9 款另行规定外,贷款资金只能用于采购亚行成员国提供或生产的货物和工程。

(b)为使采购达到经济和效率,亚行要求其借款人通过国际竞争的方法来采购货物与工程。除非在特殊情况下,亚行和借款人都已同意使用其他更合适的方法。

(c)作为一个国际合作机构,亚行给予所有成员国向其贷款项目提供货物与工程的机会。

(d)为达到经济和效率,以及抵制欺诈与腐败,在采购过程中必须具有透明度。

(3)指南的适用性

1.04　如果项目包含几个合同,其中的一个或多个的执行不涉及到使用亚行的贷款资金,借款人可以对这些合同采用它自己的采购程序。但是借款人应使亚行相信所采用的这些程序将有助于借款人履行其基本义务,使项目得以勤奋、高效地实施,并符合工程技术要求或其他有关惯例。如果合同全部或部分使用亚行贷款资金,那么必须遵循亚行的采购程序。

1.05　本指南的第二部分和第四部分别阐述了确保有效的国际竞争性招标所需要采取的程序;第三部分说明了在某些情况下,为了经济和效率,可使用的其他非国际竞争性招标的方法。项目贷款协定中通常要对使用何种方法给予规定。

(4)欺诈与腐败

1.06　亚行政策要求借款人(包括亚行贷款的受益人)以及亚行资助合同下的投标商/供货商/承包商在采购和执行合同的过程中,要遵守最高的伦理标准。为遵循该政策,亚行制定了如下内容。

(a)为本条款定义所使用的术语,具体如下:

①“腐败行为”是指在公共部门或私人部门的部分官员滥用职权,不正当地和非法地掠富或使其亲属暴富,或引诱他人如此去做。这其中包括献礼、赠予、收受或索取任何有价物,以影响该官员在采购过程中或合同执行过程中的行为。

②“欺诈行为”是指编造事实,企图影响采购过程或合同的执行,进而损害借款人的利益。这包括投标商(在提交投标书之前或之后)暗中串通,人为地、非竞争地制定标价,剥夺了借款人的自由和公开竞争的利益。

(b)拒绝授标建议,如果亚行确信拟予授标的投标商在竞争目前合同的过程中有腐败或欺诈行为。

(c)取消分配给该货物或工程合同的贷款金额,如果亚行在任何时候确认借款人或贷款受益人的代表在采购过程中或合同执行中有腐败或欺诈行为,而借款人又没有及时采取令亚行满意的适当行动来补救这一局面。

(d)宣布该公司无限期地或在规定的期限内没有资格被授予亚行资助的合同,如果亚行在任何时候确认公司在竞争或执行亚行资助的合同中有腐败或欺诈行为。

(e)有权要求在亚行贷款资助的合同中写入要求供货商和承包商允许亚行检查其与执行合同有关的账目和记录并由亚行指定的审计师进行审计的条款。

1.07 经亚行特别同意，对于亚行贷款的大型合同的投标邀请，借款人可以在招标文件中写明投标商在竞争和执行合同过程中，要遵守借款国关于反欺诈和反腐败(包括贿赂)法律的条款。在招标文件中的上述条款处还要加脚注，说明这一条款是应借款人要求写入的。

1.08 对于由亚行全部或部分提供资金的合同，合同文件须包含要求合同承包方在有关采购或执行合同的过程中，除了其投标书载明的之外，没有赠予或收取费用、小费、回扣、礼品、手续费或其他款项的条款。

2. 国际竞争性招标

(1)总则

2.01 国际竞争性招标旨在向借款人提供广泛的机会，从相互竞争的供货商、承包商中选择最佳投标，并向所有来自合格国家的有意参加亚行贷款采购货物和工程投标的投标商提供充分、公平和平等的机会。为此，亚行要求借款人在准备招标文件和合同文件时遵守特定的指南，并按照特定的程序进行刊登投标邀请广告、受标、开标和评标。此外，草拟的招标文件、评标报告以及拟定的授标合同，都需按照本指南第四部分的规定，事先要经亚行审核并批准。

合同的类型与规模

2.02 可按单价(对于承担的工程或提供的货物)或一次性总付价授予合同，或根据合同中货物或工程的特点对不同的部分采用上述两种付价授予合同，应当早在招标文件中就明确规定授予合同的方式。

2.03 在采购工作中，应尽可能使每个标包或合同的规模达到足以吸引国际竞争性投标。单个合同的规模和范围将取决于项目的大小、特点及位置。

2.04 对于既需要土建工程又需要供应和安装设备的项目，通常对各部分分别授予合同。如果项目含有许多类似的但又是独立分开的土建工程或设备品目，邀请投标时可提供几种合同方案选择，允许大小承包商或供货商按他们的选择对单个合同或一组类似的合同进行投标。应同时对所有单项投标书和组合投标书进行评估，以确定最佳投标书或最佳组合投标书。

2.05 在适当情况下，如涉及特殊工艺或紧密结合的制造方式，亚行可以允许采用交钥匙合同，整个工厂的工程技术、设备供应和施工都通过一个合同来提供。对于交钥匙合同或大型综合工业项目合同，最好使用两步法招标程序(见2.47款)。

广告和通告

2.06 应以适当的方式将投标机会告知亚行所有合格成员国。投标邀请广告应刊登在借款国全国发行的一种报纸上(如果有的话，至少应刊登在一种英语报刊上)以及亚行的《亚行商业机会》刊物上。根据贷款协定的条款，投标邀请书的复印件应提交给亚行批准并刊登在《亚行商业机会》刊物上。

2.07 对于大额的或专业化的合同，亚行可另外要求在有名的技术杂志、贸易出版物或国际上广泛发行的报刊上刊登投标邀请或采购通告。应留出足够的时间使预期的投标商能够准备和提交投标书。

投标商资格预审

2.08 对于大多数土建工程合同、交钥匙合同以及昂贵的、技术上复杂的设备供货合同，要求对投标商进行资格预审，以确保只有在技术和财务上都有能力的公司才能应邀投标。资格预审应完全以有意投标的公司能令人满意地承担特定工作的能力为基础，具体包括：①相关经验和以往业绩；②人员、设备和厂房等方面的能力；③财务状况。

2.09 应按照2.06款和2.07款规定的程序刊登广告和通知资格预审邀请。应向所有表示希望参加资格预审的公司提供工程的范围、简要的技术规格和明确的资格预审要求。一般应至少给予60天的时间递交资格预审申请书。不应限制参加资格预审公司的数量。根据批准的资格预审标准，所有审定有能力胜任工作的公司，都将有资格应邀投标。

2.10　如果投标商通过了资格预审，投标邀请书和招标文件将直接发送给资格预审合格的投标商。

提前采购活动

2.11　在某些情况下，如果很显然及早签订货物或工程的合同对于项目的按期完工起到十分关键的作用，可允许在亚行批准贷款项目之前，只要经过亚行事先同意就可发出投标邀请或资格预审邀请。在这种情况下，亚行要求招标文件或资格预审文件在发出之前，其草案要报送亚行批准，并要求遵循第2.06款和第2.07款的规定，公开刊登投标邀请或资格预审邀请的广告和通告。这种提前采购活动不表示亚行承诺随后会批准该贷款项目。

(2)招标文件

总则

2.12　(a)招标文件应包括适合于实行本指南要求的规定，在亚行与借款人双方同意的情况下，可以有一些特别的变动。

(b)招标文件必须向投标商提供其准备响应性投标书所必需的全部信息。尽管招标文件的细节和复杂程度视采购的货物种类及合同的规模而不同，但通常应包括以下各项：投标邀请；投标商须知；投标书格式；合同条款，包括一般条款和特别条款、技术规格、数量清单与图纸、价格表，以及必要的附件、投标保证金和履约保证金函的格式。

(c)借款人应使用亚行发布的合适的标准招标文件。为解决具体国家和具体项目的特殊问题，可允许对标准招标文件有最小限度的特别变动。这些变动应符合本指南的要求，并须经亚行的同意。任何此类变动只能放在投标商须知里和合同的特别条款或特别应用条款中。如果亚行没有发布相关的标准招标文件，借款人应使用亚行可接受的其他国际上认可的招标文件。这些招标文件应最大限度地符合亚行标准招标文件的要求。

对亚行的提法

2.13　如果合同将得到亚行全部或部分资助，在招标文件中对亚行的提法应使用以下语句：

“________________(借款人名称)已从亚行(普通资金或特别基金)中获得贷款，用于支付(项目名称)的费用。本投标邀请的合同费用计划将由上述贷款资金予以支付。因此，合同的条款和条件以及亚行的支付将完全遵循贷款协定的条款和条件，其中也包括《亚洲开发银行贷款采购指南》。除非亚行另行特别同意外，(借款人名称)以外任何其他方式都不能享有贷款协定赋予的任何权利或对贷款资金有任何要求。”

语言

2.14　按照亚行章程规定，亚行工作语言为英语。因此，招标文件和其他有关文件，包括广告，应用英语书写。在使用多种语言的情况下，应以英语版本为准。

招标文件的明晰度

2.15　为鼓励国际竞争性投标，招标文件应清晰、简明地阐述要承担的工程或要提供的货物、交货或安装的地点和期限、质量担保和维护要求，以及其他相关的条款。技术规格应说明所采购货物的全部基本特性，并且说明任何与其不符之处都将使投标书被判为实质上未响应。图纸应与技术规格的文本相符。如果可以接受选择性投标，应给予明确的说明。招标文件应说明在比较投标书的过程中拟考虑的因素以及评标的方法、条款和条件。

2.16　对招标文件的任何附加信息、澄清、纠错或变动都应通知给所有接到原来招标文件的投标商。如果招标文件有较大改动，应给予投标商足够的时间来根据招标文件发生的改动对其投标书作必要的修改。对于较大的改动，30天的时间被认为是足够的。

投标保证金

2.17　为确保在投标邀请书规定的期限内投标的有效性，可以要求投标商提供投标保证金。但是，保证金不应定得太高，否则会挫伤合适的投标商的积极性。保证金金额的确定应能合理地反映借款人在投标书被撤回或投标商拒绝签订合同的情况下将会遭受的损失。一般认为保证金金额为投标价格的2%比较公平合理。投标保证金可由投标商选择采用支票、信用证或由声誉好的银行出具担保等方式。一旦选定中标商，则应将投标保证金尽快退还给落选的投标商。

合同条款

2.18　合同应包含一般条款，其中特别要包括确定将承担的工程范围或供应的货物种类、借款人与承包商或供货商的权利及义务、借款人聘请的工程师或建筑师在管理该合同中的权限、付款条件（如果有的话，包括支付预付款）保证金条款、留存款项、价格调整条款、保险及违约赔偿等。除了惯例性的一般条款外，还应包含适合于货物、工程或项目特点的特别条款。

标准

2.19　如果已规定了设备或材料必须符合的特定标准，技术规格中应说明货物若满足同等或优于上述标准质量的其他权威性标准，也是可以接受的。

商标的使用

2.20　技术规格应以性能要求为依据，应避免提及商标名称、产品目录号或类似名称。除非认为必须如此以确保包含某些必要特性。在这种情况下，应在提到的有关商标名称或产品目录号后面加上“或相当于”的字样。技术规格应当允许提供其他可供选择的货物，只要这些货物在性能和质量上至少与所提到的货物相当。

采购来源

2.21　如果亚行贷款是普通资金，在招标文件中应指明贷款资金的支付将限于亚行成员国生产的货物和提供的服务。如果是特别基金贷款，在招标文件中则应指明贷款资金的支付将限于为基金捐款的亚行发达成员国和所有发展中成员国生产的货物和提供的服务。

报价

2.22　(a)邀请货物投标，对于海外提供的所有货物，应以到岸价(CIF)或运费保险付至(目的地)价(CIP)为基础；对于当地提供、制造或组装的货物，包括那些以前进口的货物，应以出厂价(EXW)为基础。如果要求投标商承担内陆运输、安装、调试或其他类似的服务，如同“供货和安装”合同情况下一样，应要求投标商对这些服务另外提出一个报价。

(b)如果借款人希望将进口货物的运输和保险交由国内公司或其他指定的机构来承担，则应要求投标商在报出上面(a)提到的到岸价(CIF)或运费保险付至(目的地)价(CIP)之外，还要报出离岸价(FOB)或成本加运费价(CFR)。最低评标价的选择应以到岸价(CIF)或运费保险付至(目的地)价(CIP)为基础，但是借款人可以签署基于离岸价(FOB)或成本加运费价(CFR)条款的合同，并自行安排运输和保险。

2.23　在交钥匙合同情况下，应要求投标商报出现场安装完毕的工厂价格，其中包括以下方面的所有费用：设备供应、海上和当地运输及保险、安装和调试，以及包含在合同范围内的配套工程和所有其他服务，如设计、运行和维护。除非在招标文件中另行规定，否则交钥匙价格应包含全部关税、税费以及其他征收费用。

2.24　对于土建工程合同的投标商，应要求其报出承担该工程的单价或一次性总付价。该报价应包括全部关税、税费以及其他征收费用。应允许投标商从任何合格的来源获得所有的投入物，以使其能够提供最具竞争力的投标。

货币规定

2.25　投标货币：

(a)应在招标文件中说明投标报价可以使用的一种或几种货币。在通常情况下，招标文件应要求投标商按其本国货币或招标文件中规定的某一种国际贸易货币来报价。

(b)如果投标商预计在生产所提供的货物过程中需要一些非本国货币用于某些开支，投标价格可部分地使用这些货币来反映所估算的将以这些货币支付的费用。

(c)如果合同中的一些费用将在借款国发生,估算的这部分费用在投标价中应以借款国的货币来表示。

(d)对于土建工程,招标文件可要求投标商完全以借款国的货币来报价。在这种情况下,应允许投标商注明其投标价中所需要的外汇比例。

2.26 进行投标书比较的货币:

(a)为了比较投标书,每个投标书的标价都应换算为借款人所选定的并在招标文件中规定的一种货币。换算用的汇率应为官方对类似交易所公布的那些货币的卖出价。在招标文件中应按下面(b)款的规定注明汇率日期。如果没有这种官方汇率,则将由借款人与亚行商讨后确定使用的汇率。

(b)根据上面(a)款的规定进行投标书比较而在招标文件中设定的日期不能早于递交投标书截止日之前30天,也不能晚于原定的投标有效期期满日。

2.27 付款货币和汇率风险:

(a)除非在招标文件中对其他安排作了充分说明,通常应以中标商投标时报价的一种或几种货币支付合同下的费用。

(b)凡投标价全部或部分地使用投标货币以外的一种或几种货币支付时,承包商或供货商不应承担汇率风险。为此,合同应规定用这些非投标货币支付的金额须按招标文件中为此规定的这些货币之间的汇率进行计算。对于那些完全以借款人本国货币作标价的土建工程合同[见 2.25(d)款]也应作出类似的规定,并且标价中的这部分其他货币费用要以这些相应的货币支付。

付款条件和方法

2.28 付款条件通常与标准的国际商业惯例相一致,贷款资金的拨付应遵循亚行的《贷款支付手册》(该手册会经常进行修订)中规定的程序。

价格调整条款

2.29 招标文件应明确指出,如果构成合同的主要费用部分(如劳务、设备及材料)发生了承包商无法控制的变动,是否允许进行价格调整。对于短期内交货的简单供货合同,不需要价格调整条款。但是,对于交货或完工期长的合同(通常超过12个月),包括大型土建工程合同,应当有价格调整条款。如果合同含有短期内价格可能会大幅度变动的大宗商品,合同则应包含使借款人或承包商在价格发生突然变动时免受损失的价格升降条款。

2.30 价格调整的金额应根据合同主要部分的费用的变动而定。应在招标文件中说明价格调整的方法,可规定按承包商提供的书面依据或按价格调整公式计算进行调整。

投标书价格的比较应只根据基础价格进行。

预先付款

2.31 施工合同可预先付款,以用于支付动员费和交运到现场用于工程的材料费。招标文件应说明:确定各种预付款金额的基础、支付时间和方法、要求的保证金种类,以及承包商偿还的方式。对于动员预付款,应在数量单中说明所需动员的名目,预付款的支付仅限于这些名目。

履约保证金与留存款项

2.32 为便于确保在承包商不能履行合同的情况下使工程得以完成,在招标文件中应要求有某种形式的担保。对于土建工程,应要求承包商以银行担保或现金存款的方式提供履约保证金。履约保证金应在整个合同期内有效。保证金的金额将取决于所承担工程的类型和规模。通常情况下,取合同金额的10%应当足以使借款人得到保护。此外,为确保承包商履行其质量保证或维修义务,借款人可要求扣留不超过合同支付费用10%的留存款项。这笔留存款项将一直被扣留到质量保证或维修期满为止。在工程完工后至质量保证或维修期满之前,可以根据借款人的选择,用适当的银行担保或其他合适的保证金代替留存款项。

2.33 对于供货合同,为确保设备性能在保证期内符合技术规格要求,可以要求银行担保形式的履约保证金或留存款项。保证金数额应取决于具体类型货物的市场情况和商业惯例,但大多数情况下取合同金额的5%～10%被认为是合适的。

保险和运输

2.34 招标文件应明确地规定投标商须提供的保险形式，并应指出所投保风险的种类、责任范围以及保险期限。对于基于到岸价(CIF)和运费保险付至(目的地)价(CIP)的供货合同，货物保险和运输作为合同的一部分由供货商安排。在货物按离岸价(FOB)或成本加运费价(CFR)提供并且货物保险和/或运输由借款人另行安排的情况下，如果保险和运输费用需用亚行资金支付，那么亚行将要求借款人满足以下条件：不得对购买保险和运输附加不适当的限制，而且要充分地考虑到经济与效率。如果借款人不希望从市场上得到保险，则应向亚行证明其自有资金可随时通过自由兑换来补偿受损的货物。

违约赔偿

2.35 招标文件应规定通常不超过合同金额10%的违约赔偿或类似的赔偿，以便当工程竣工延期或交货拖延而使借款人增加额外支出、损失收益或其他利益时，向借款人提供补偿。还可以规定承包商提前完成合同规定的工程并使借款人因此而受益时，向承包商发放奖励。对于亚行资助的合同，不允许承包商或借款人要求另一方补偿其间接或必然的损失。

不可抗力

2.36 招标文件中的合同条款应规定，合同的一方若因合同中定义的不可抗力而未能履行其合同下的任何义务，不应被视作是违约。

争端的解决

2.37 合同条款中应尽量包括解决争端的有关调解机制和适用法律的规定。解决货物和工程采购合同的争端，国际商务仲裁通常具有优势。但是，不应要求亚行仲裁或被作为仲裁员，也不应要求亚行指定仲裁员。

(3)开标、评标和授予合同

邀请投标与递交投标书的时间间隔

2.38 投标书的准备和递交所允许的时间很大程度上取决于合同的大小和复杂性。项目特定的环境也应当考虑在内。通常情况下，供货合同应最少允许60天期限，土建工程和交钥匙合同，包括设计——建设合同，应至少允许90天的期限。当采用严格的地方竞争时(见3.04款)，可允许短一点的期限。若延长递交投标书的期限能促成更多的竞争，则可以给予延长。如果延长投标期限，应通知所有接到投标邀请书的单位。

开标程序

2.39 投标邀请中应注明最迟递交投标书和开标的日期、时间和地点。开标的时间应与递交投标书的截止时间相同或紧跟其后。借款人应在规定的时间和地点开启所有的投标书。投标书应当众打开，即应允许投标商和他们的代表出席。在规定时间之后递交的投标书，应原封退回。每个投标商的名称、投标总价(如果有的话，包括替代投标方案)，以及提供的任何折价，都应该大声宣读并作记录。开标记录的复印件应立即报送亚行。

投标有效期的延长

2.40 应尽力在投标有效期终止前完成评标，除非出现特殊情况并经亚行事先批准，投标有效期才能延长。如要延长投标有效期，则应要求所有投标商延长其投标有效期。同意延长投标有效期的投标商，不需要也不允许修改其投标书实质性内容。应将不愿延长投标有效期的投标商的投标保证金退还给他们。

投标书的澄清或修正

2.41 开标后，不允许投标商修改其投标书，但是不改变投标书实质性内容的一些澄清是可以接受的。借款人可以要求任何投标商对其投标书进行澄清，但不应要求其改变投标书的实质性内容。

程序的保密性

2.42　公开开标之后到宣布授予中标商合同之前，不得将有关投标书检查、澄清和评估以及授标建议的情况，透露给任何与这些程序无官方关系的人员。

投标书的检查

2.43　开标后，应检查投标书是否有计算上的重大错误；投标书是否对招标文件作出了实质性的响应；是否提供了所要求的保证金；文件是否得到了正确的签署；以及投标书是否在其他方面大体上符合要求。如果某投标书未能实质性地响应招标文件或带有不允许的保留意见，则应拒绝该标书。然后应该对作出响应的投标书进行技术分析，以评估并比较这些投标书。

投标书的评估与比较

2.44　符合技术规格并且对招标文件作出了实质性响应的投标书，将根据其评标价来进行比较。应选择最低评标价的投标授予合同，但最低评标价的投标书不一定就是报价最低的投标书。

2.45　(a)评标工作须按照招标文件中规定的方法、条款和条件进行。在确定最低评标价时，除了价格因素之外，其他相关因素也应根据招标文件中规定的方法尽可能地予以考虑，如设备的效率，包括其运行费用、完工或交货的时间、售后服务以及零配件的提供等。这些因素在招标文件的评标条款中，应尽量以货币形式来表示。投标书的比较应在基本价的基础上进行，不考虑价格调整条款。同样地，在比较供货投标时，应将进口货物的关税和进口税费排除在外。

(b)应借款国的要求，经亚行同意并在招标文件中作出规定，在国际竞争性招标中，可以对下列情况的投标书给予一定幅度的优惠：

①将在借款国制造的货物，在将其与进口货物的投标书比较时。

②将由借款国国内的合格承包商来承包土建工程，在将其投标书与国外承包商的投标书相比较时。

如果贷款协定中的条款允许给予国内货物或国内承包商优惠条件，在贷款协定中规定的评估和比较投标书的方法和步骤也应在招标文件中说明。

2.46　对于不需要根据2.08款要求进行资格预审的合同，可按需要在招标文件中要求提供有关投标商经验(销售记录)、财务状况、技术人员以及售后服务网络等的情况。

通常，在初审投标书时即考虑上述这些情况。对于未能满足这些要求的任何投标商的投标书将不再考虑评标。在任何情况下，借款人都应确保最低评标价的投标商有技术和财力能力胜任合同。如果投标商不能满足这些要求，其投标书应予以拒绝。

两步法招标程序

2.47　大型和复杂的合同可能会遇到投标书技术不一致的问题，为了充分竞争和便于评标，可以采用两步法招标程序。该程序首先要邀请投标商根据最低限度的运行和性能要求的技术规格，递交其不带报价的技术标(可附带其他的招标要求)。然后，借款人及其咨询专家(如果有的话)和每个投标商将对其无标价的技术标进行讨论，以达成一个所有投标都可接受的技术标准。讨论之后，将给投标商一个机会按所商定的技术标准修正或调整他们的技术标。第二步，邀请投标商递交其价格标，并对这些价格标书进行评估。对于某些型号的机器或设备，可能会有可选择的技术工序，其技术规格和价格建议可分开装在两个信封里同时递交。应首先打开技术标并审查其与技术规格是否相符，以及是否需要修改。在技术审查完成后，再打开价格标信封进行价格比较。但是，如果某个或某些技术标书需要作技术修改，其报价也将需要作调整。应将受到影响的价格标原封退还给相应投标商，并且要求其在指定的时间内重新递交。另外一种作法是，可以要求投标商提交一份补充信封，里面装有反映原技术标发生变化后的新报价。在这种情况下，原来的价格标信封和补充的新报价信封应同时打开。必须在亚行和借款人同意后，才能使用上述两步法招标程序。

拒绝所有投标书并重新招标

2.48　招标文件通常规定借款人可以拒绝所有投标书。只有在收到的所有投标书都未作出实质性响应，或明显缺乏竞争，或投标价格都大大超出了费用估算的情况下，才可正当地拒绝所有投标书。

2.49 当所有投标书被拒绝后，可要求重新招标。借款人应要求那些在第一次招标中接到招标文件的投标商递交新的投标书。但是，如果在最初的招标中有足够数量的投标，借款人可以考虑只邀请那些在上次招标中递交过投标书的投标商参加投标。如果是因为缺乏竞争或没有达到技术规格要求而拒绝了所有投标书，借款人应检查拒绝所有投标书的原因，并在重新招标之前，考虑修改技术规格或招标条款。如果所有投标书的价格都大大超出了费用估算，借款人可以不必重新招标，经与亚行商讨后，可与最低评标价的投标商协商降低标价。如果不能达成满意的合同并要重新招标，则应考虑修改合同的范围。

授予合同

2.50 合同应授予被确定为具有实质性响应的最低评标价的投标商，并且该投标商符合适当的能力和财务责任标准。不应以授予合同为条件，要求投标商承担未在技术规格中规定的职责或工作，或要求更改其投标书。

3. 其他采购方式

(1)引言

3.01 正如第一部分的引言所述，虽然亚行通常要求其借款人在国际竞争性招标的基础上采购货物和工程，但是，在某些特殊情况下，其他采购方式可能会更加经济有效。在项目评估期间，应审查使用任何其他采购方式的情况的合理性。每种采购方式所允许的适当程序、货物和工程的种类、单个合同的金额以及采购总额等都应反映在贷款文件中。应同国际竞争性招标一样，考虑透明、公正、机会均等、经济、效率等原则。通常考虑的其他采购方式和采用这些采购方式的情况将在下面给予说明。

(2)国际询价采购

3.02 当合同金额不足以吸引国外供货商和承包商参加国际竞争性招标过程时，可采用国际询价采购。当需要的某些特定货物只能从有限的几个供货商中得到，或者项目下的某些工程急需要提前交付时，也比较适合采用国际询价采购。

3.03 国际询价采购应遵循以下程序：

(a)合理的竞争。应向适当数量的承包商或供货商发出投标邀请。在可能的情况下，应不少于三家并且是来自于两个以上合格成员国。只要可行，应在借款人国内广泛发行的一种英文报纸上刊登投标邀请广告。同国际竞争性招标一样，将对收到的投标书或报价单进行公开开标、评估和比较。

(b)授予合同。一旦合同被授予，应立即向亚行提交下列内容的三份复印件：

①对所收到的投标书和报价单的概述和评估；②授予合同的简要理由(如果有的话，附上咨询专家的建议)；③签署的合同；④如果亚行要求的话，还应有该合同合格性的适当证明。

(3)国内竞争性招标

3.04 如果符合下列所有要求，亚行可以允许采用国内竞争性招标：

①国内能够提供费用合理、有效率的并交付迅速的产品或建筑设施。

②考虑到外国承包商和供货商可能对这类投标不感兴趣。

③亚行对拟采用的程序比较满意。

④借款人明确提出要求采用国内竞争性招标。

⑤国内竞争性招标不排除外国投标商的参与。

(4)直接采购/谈判或独家投标

3.05 直接采购/谈判或独家投标仅涉及某一特别供货商或是有限的几个供货商的情况，亚行允许可在以下任何一种情况下采用该方法：

①当购买小宗或货架商品时，其价值一般低于10万美元。

②标准化至关重要，并且改造或修理现有设备所需要的设备和零部件必须从原供货商处购买或从可提供相同货物的供货商处购买。

③设备属于专卖品，而且只能向一个供货商购买。

④关键部件只能从专业供货商处购买。

⑤所承担的土建工程是先前或正在进行的工作的自然延伸，聘用同一家承包商将会更经济，并可确保工作质量的一致性。

(5)有限招标或重复订货

3.06 项目原来预计的货物通过国际竞争性招标采购后，当急需要额外数量的同样货物以满足项目的要求，并且贷款为此目的也提供资金时，若采用国际竞争性招标无明显优势，则可通过有限招标来采购这些新增的货物。在这种方法下，只可邀请那些在先前采购中递交了实质性响应标书的投标商进行投标。如果这样的投标商较多的话，则可只邀请其中五家标价最低的投标商来投标。在特殊情况下，即先前采购中只有很少几家投标商具有实质性响应，且中标者不仅在价格方面，还在设备的可靠性、零部件的供应和售后服务、交货期等方面均明显优于其他投标，那么前面提到的那些需新增的货物就可以向先前供应同样货物的供货商重复定购。当然，前提是不可能会收到更好条件的供货，并且重复订货的价格不超过原先的价格。一般来说，重复订货应在原先订货之后的18个月内进行，并且新增数量不得超过原订购数量的30%。

(6)自营工程

3.07 自营工程涉及在土建工程中借款人使用了自己的劳动力、设备和其他资源。

当工程的规模、特点及位置都不适合采用竞争性招标，而且亚行认为借款人所使用的施工设备充足和有效，能以合理的费用迅速地完成工程时，可采用这种方法。

(7)为小型私营子借款人采购使用设备

3.08 当亚行贷款被中介机构(农业发展银行、合作社、渔业组织)转贷给农业或渔业部门中的小型私营子借款人用来采购机械和设备时，在适当情况下，可以根据私营子借款人的选择，既可以由私营子借款人以直接购买的方式采购机械设备，也可以通过中介机构进行集中采购。如果由私营子借款人直接采购，则应按照已有的商业惯例进行。如果采用集中采购，中介机构应按国际竞争性招标那样来邀请投标，并应允许任何感兴趣的供货商递交投标书。在这种情况下，开标以后，将要求私营子借款人在招标文件规定的范围内，从具有实质性响应的最低标价的投标中进行订货。

(8)贷给发展金融机构款项下的采购

3.09 在发展金融机构将亚行贷款转贷给子借款人的情况下，亚行不坚持要求采用国际竞争性招标程序进行采购。但是，基于发展金融机构承担了管理亚行贷款的职责(包括批准各子项目的转贷款)，亚行要求发展金融机构能够证明子借款人采用的采购程序在当时情况下是合适的，并应确保采购的货物适合于项目，所支付的价格是合理的，在选择供货商时也进行了公平的审查。此外，如果投资数额很大，而且从经济和效率上看采用国际竞争性招标更有利时，亚行将鼓励发展金融机构要求其子借款人采用国际竞争性招标方法。

(9)无政府担保的私营部门亚行贷款下的采购

3.10 对于向无政府担保的私营部门提供的贷款，亚行不坚持使用国际竞争性招标方法，但将要求借款人采用的采购程序在透明度方面要使亚行满意，最好是采用竞争性招标程序，采购的货物和工程应来自于合格成员国，并适合于项目。

3.11 如果亚行参与了BOO/BOT/BOOT或其他相似类型项目的融资，则下面两种方法都可以使用。

(a)对BOO/BOT/BOOT或相似类型项目的经营者的选择应具有透明度，最好采用亚行可接受的竞争性招标方式。为得到最经济和最有效的建议，该方式可能包括几个阶段，以达到评价标准的最佳组合。这些评价标准包括：所提供的设施的性能规格、向使用者或购买者收取的费用，以及设施的折旧期限等。按照这种方式选定的项目经营者接下来可自己采用合适的程序从合格的成员国采购建设这些设施所需要的货物和工程。

(b)如果项目经营者不是按上述(a)项所规定的方式选择的，设施所需的货物和工程如果要由亚行资助的话，则应通过亚行可接受的竞争性招标程序，以透明的方式从合格成员国进行采购。

(10)亚行补充融资及担保贷款下的采购

3.12 在亚行提供补充性融资框架下，以及亚行对某个或某些联合融资机构贷款的部分或全部债务提供担保时，该贷款下的货物和工程的采购应充分注意经济和效率。在这种情况下，应使亚行相信拟采用的程序能使项目勤奋有效地实施，并且拟采购的货物和工程：

(a)来自于合格成员国。

(b)质量合格并能与项目其他部分相匹配。

(c)能按时交货或完工。

(d)其定价不会对项目的经济和财务可行性造成负面影响。

(11)社区参与采购

3.13 当考虑到项目的可持续性，或为了要达到项目某些特定的社会目标，在选定的项目内容中最好能：①请当地社区和/或非政府组织参与；②增加当地技术和材料的使用；③使用劳动密集型的和其他合适的技术。如果这些都很有效的话，采购程序、技术规格和合同打包应作合适的调整，以反映这些考虑。建议使用的程序应在贷款协定中注明。

4.审核借款人的采购工作

4.01 下列条款规定了亚行审核借款人采购工作的标准安排。除非亚行另行同意，这些条款应适用于借款人采用国际竞争性招标进行货物或工程采购的所有情况。

(1)招标打包

4.02 采购开始前，借款人应向亚行呈报拟采购货物及货物分组清单，以及拟授予土建工程合同的数目和范围，以征得亚行的批准。

(2)资格预审程序

4.03 对投标商的资格预审应遵循下列程序：

(a)资格预审邀请书。资格预审邀请书和所有相关文件(包括拟采用的资格预审方法和标准)均应注明贷款号，并经亚行批准后方可发出。为此，应将资格预审邀请书草本和所有相关文件草本的三份复印件报送亚行审批。资格预审邀请书草本中应注明要求递交资格预审申请书的拟定时间以及是否会给予国内优惠。

(b)发出资格预审邀请。一旦资格预审邀请书按2.09款的要求登出广告和通告之后，应立即向亚行提交有关刊登广告和通告的程序的报告。报告应特别注明登载资格预审邀请书广告的报刊名称和刊登广告的日期。报告还应附有一份已发出的资格预审邀请书的副本和一份已刊发的报刊广告的复印件。

(c)资格预审建议。一旦资格预审申请书评估完毕，在将评估结果通知资格预审申请人之前，须得到亚行对评估结果的批复。为此，应在资格预审书评估结束后立即向亚行提交下列文件的三份复印件：①资格预审申请人的名单；②对申请书的概述及评估；③资格预审建议(如果有的话，也附上咨询专家的建议)。一旦亚行要求，应及时提供任何资格预审申请书和与申请书有关的资料的复印件。

(3)国际竞争性招标

4.04 国际竞争性招标应遵循下列程序：

(a)投标邀请书和招标文件。投标邀请书和所有相关的招标文件(包括投标须知和条件、技术规格、合同的格式与条款)均应注明贷款号，并经亚行批准后方可发出。为此，应向亚行提交投标邀请书和所有相关招标文件的三份复印件。拟提交亚行批准的招标文件草本应注明包括拟定的招标期限和递交投标书期限等内容的全部重要招标条款。

(b)发出投标邀请。一旦投标邀请书按2.06款的要求登出广告之后，应立即向亚行提交有关刊登广告的程序的报告。报告应特别注明登载投标邀请书的报刊名称和刊登广告的日期。另外，报告中还要列出招标文件发给了何人，如何发送（国内：亲手交送或普通邮寄；国外：航空邮寄）以及发送日期。报告还应附有一份已发出的投标邀请书的副本和一份已刊发的报刊广告的复印件。

(c)授标建议。一旦对接到的投标书评估完毕，在授予合同或发出授标意向信之前，应得到亚行对授予合同的建议的批准。为此，应在评标后且投标有效期期满日前至少30天内，速向亚行提交以下文件的三份复印件：①公开开标记录；②对投标书的概述和评估；③授标建议（如果有的话，也附上咨询专家的建议）；④如果原先向亚行提交过并已获批准的合同草本或接受函草本发生了很大改动，则应有新的合同草本或接受函草本；⑤如果亚行要求的话，还要有拟签合同合格性的适当证明。如果招标程序有多个步骤，每一步的评估结果都要报亚行批准后，方可将其通知给投标商。

(d)授予合同。合同授出后，应立即向亚行提交三份已签署的合同的副本。如果最终拟签合同与亚行以前已批准的合同草本有很大差异，或合同签署后拟做重大修改，则拟做的这些变动应提交亚行事先批准。

地　方　编

地 方 编

目 录

地　方　编

1　北京市政府采购货物招标文件

北京市政府采购货物招标文件

（北京市财政局）

目 录

第一章 投标人须知

一、说明

1. 招标采购单位及合格的投标人

招标采购单位系指采购人及其委托的采购代理机构。采购代理机构包括集中采购机构和依法经财政部门认定资格的其他采购代理机构。

满足以下条件的投标人是合格的投标人,可以参加本次投标。

在中华人民共和国境内注册,能够独立承担民事责任,有生产或供应能力的本国供应商,包括法人、其他组织、自然人及其联合体。

遵守国家有关法律、法规、规章和北京市政府采购有关的规章,具有良好的商业信誉和健全的财务会计制度。

凡受托为采购本次招标的货物进行设计、编制规范和其他文件的咨询公司,以及相关联的附属机构,不得参加投标。

投标人在投标过程中不得向招标采购单位提供、给予任何有价值的物品,影响其正常决策行为。一经发现,其投标人资格将被取消。

招标采购单位在任何时候发现投标人提交的投标文件内容有下列情形之一时,有权依法追究投标人的责任:

(1)提供虚假的资料。

(2)在实质性方面失实。

(3)政府采购当事人之间相互串通投标。

2. 资金来源

招标公告或投标邀请书中所述的采购人必须获得足以支付本次招标后所签订的合同项下的款项(包括财政性资金和自筹资金)。

3. 投标费用

投标人应承担所有与准备和参加投标有关的费用,不论投标的结果如何,招标采购单位均无承担的义务和责任。

二、招标文件

4. 招标文件构成

4.1 要求提供货物的内容及详细技术需求、投标须知和合同条件等在招标文件中均有说明。

招标文件共八章,分装两册。各册的内容如下:

第一册

第一章 投标人须知

第二章 同一般条款

第三章 合同格式

第四章 附件——投标文件格式

第二册

第五章 投标邀请书

第六章 投标人须知资料表

第七章 合同特殊条款

第八章 货物需求一览表及技术规格

4.2 投标人应认真阅读招标文件所有的事项、格式、条款和技术规范等。如投标人没有按照招标文件要求提交全部资料,或者投标文件没有对招标文件在各方面都做出实质性响应,投标人应自行承担风险,并可能导致其投标被拒绝。

5. 招标文件的澄清

5.1 任何要求对招标文件进行澄清的投标人,均应以书面形式通知招标采购单位。

招标采购单位对在投标截止期十五日以前收到的澄清要求应以书面形式予以答复,并将书面答复发给每个购买招标文件的投标人(答复中不包括问题的来源)。

6 招标文件的修改

6.1 在投标截止期十五日前,招标采购单位可主动地或在解答投标人提出的澄清问题时对招标文件进行修改。

6.2 招标文件的修改应以书面形式通知所有购买招标文件的投标人,并对其具有约束力。投标人在收到上述通知后,应立即向招标采购单位回函确认。

6.3 为使投标人准备投标时有足够的时间对招标文件的修改部分进行研究,招标采购单位有权决定是否延长投标截止期。

三、投标文件的编制

7. 投标范围及投标文件中计量单位的使用

7.1 投标人可对招标文件中“货物需求一览表”所列的所有货物进行投标,也可只对其中一包或几包货物进行投标,但不得将一包中的内容拆开投标。

7.2 投标文件中所使用的计量单位,除招标文件中有特殊要求外,应采用中华人民共和国法定计量单位。

8. 投标文件构成

8.1 投标人应完整地按招标文件提供的投标文件格式填写投标文件,投标文件应包括以下内容:

附件1:投标书(格式)。

附件2:投标一览表(格式)。

附件3:投标分项报价表(格式)。

附件4:货物说明一览表(格式)。

附件5:技术规格偏离表(格式)。

附件6:商务条款偏离表(格式)。

附件7:资格证明文件包括:

7-1 法人营业执照的复印件(须加盖本单位公章)。

7-2 税务登记证书复印件(须加盖本单位公章)。

7-3 法定代表人授权书(格式)。

7-4 制造厂家的资格声明(格式)。

7-5 经销商(作为代理)的资格声明(格式)。

7-6 制造厂家的授权书(格式)。

7-7 投标人的资信证明(会计师事务所出具的上一年度财务审计报告或银行出具的资信证明)。

7-8 社会保障资金缴纳记录(复印件加盖公章)。

7-9 招标文件要求的其他资格证明文件。

附件8:履约保证金保函(格式)(中标后开具)。

8.2　除上述 8.1 条外，投标文件还应包括本须知第 9 条的所有文件。

9. 证明货物的合格性和符合招标文件规定的文件

9.1　投标人应提交证明文件，证明其拟供的合同项下的货物和服务的合格性符合招标文件规定。该证明文件是投标文件的一部分。

9.2　上款所述的证明文件，可以是文字资料、图纸和数据，它包括：

9.2.1 货物主要技术指标和性能的详细说明。

9.2.2 货物从买方开始使用至招标文件规定的保质期内正常、连续地使用所必需的备件和专用工具清单，包括备件和专用工具的货源及现行价格。

9.2.3 对照招标文件技术规格，逐条说明所提供货物和服务已对招标文件的技术规格做出了实质性的响应，或申明与技术规格条文的偏差和例外。

9.3　投标人应注意买方在技术规格中指出的工艺、材料和设备的标准，以及参照的牌号或分类号仅起说明作用，并没有任何限制性。投标人在投标中可以选用替代标准、牌号或分类号，但这些替代要实质上相当于技术规格的要求。

10. 投标报价

10.1　所有投标均以人民币报价。投标人的投标报价应遵守“中华人民共和国价格法”。

10.2　投标人应在投标分项报价表（附件 3）上标明投标货物及相关服务的单价（如适用）和总价，并由法定代表人或其授权代表签署。

10.3　投标分项报价表上的价格应按下列方式填写：

10.3.1　投标货物包括标准附件、备品备件、专用工具等的出厂价（包括已在中国国内的进口货物完税后的仓库交货价、展室交货价或货架交货价），投标货物安装、调试、检验、技术服务和培训费用。

10.3.2　货物运至最终目的地的运输和保险费用。

10.4　为了方便招标人对投标文件运行比较，投标人可根据本须知第 10.3 条的规定将投标价分成几部分，并不限制买方以上述任何条件订立合同的权利。

10.5　投标人所报的各分项投标单价在合同履行过程中固定不变的，不得以任何理由予以变更。任何包含价格调整要求的投标，依据本须知第 19.5 条规定，将被认为是非响应性投标而予以拒绝。

10.6　每种货物只能有一个投标报价。

11. 投标保证金

11.1　投标人应提供________________的投标保证金，并作为其投标的一部分。

11.2　投标保证金是为了保护招标采购单位免遭因投标人的行为蒙受损失而要求的。

下列任何情况发生，投标保证金将被没收：

(1)在开标之日后到投标有效期满前，投标人擅自撤回投标的。

(2)中标人不按本须知第 27 条的规定与买方签订合同的。

(3)中标人不按本须知第 28 条的规定提交履约保证金的。

11.3　投标保证金可采用下列形式之一：北京地区采用支票、现金、招标采购单位可接受的银行保函，外埠采用汇票、现金、招标采购单位可接受的银行保函。

11.4　凡没有根据本须知第 11.1 条和第 11.3 条的规定，随附投标保证金的投标，将被视为非响应性投标而予以拒绝。联合体投标的，可以由联合体中的一方或者共同提交投标保证金，以一方名义提交投标保证金的，对联合体各方均具有约束力。

11.5　中标人的投标保证金，在与买方签订合同后 5 个工作日内办理无息退还手续。

未中标的投标人的投标保证金将于中标通知书发出之日起 5 个工作日内无息退还投标人。

11.6　招标采购单位逾期退还投标保证金的，除应当退还投标保证金本金外，还应当按商业银行同期贷款利率上浮 20%后的利率支付资金占用费。

12. 投标有效期

12.1 投标应在规定的开标日后的__________天内保持有效，投标有效期不满足要求的投标将被视为非响应性投标而予以拒绝。

12.2 招标采购单位可根据实际情况，在原投标有效期截止之前，要求投标人同意延长投标文件的有效期。接受该要求的投标人将不会被要求和允许修正其投标，且本须知中有关投标保证金的要求将在延长了的有效期内继续有效。投标人也可以拒绝招标采购单位的这种要求，其投标保证金将不会被没收。上述要求和答复都应以书面形式提交。

13. 投标文件的签署及规定

13.1 投标人应准备投标文件正本1份和副本________份，每份投标文件须清楚地标明“正本”或“副本”。若正本和副本不符，以正本为准。

13.2 投标文件的正本需打印或用不退色墨水书写，并由投标人的法定代表人或经其正式授权的代表在投标文件上签字并加盖单位印章。授权代表须持有书面的“法定代表人授权书”(标准格式附后)，并将其附在投标文件中。如对投标文件进行了修改，则应由投标人的法定代表人或经其正式授权的代表在修改的每一页上签字。投标文件的副本可采用正本的复印件。

13.3 任何行间插字、涂改和增删，必须由投标文件签字人签字或盖章后才有效。

13.4 投标文件因字迹潦草或表达不清所引起的后果由投标人负责。

四、投标文件的递交

14. 投标文件的密封和标记

14.1 投标时，投标人应将投标文件正本和所有的副本分开密封装在单独的信封中，且在信封正面标明“正本”“副本”字样。

14.2 为方便开标唱标，投标人应将“投标一览表”单独密封，并在信封上标明“投标一览表”字样，在投标时单独递交。

14.3 为方便核查投标保证金，投标人应将“投标保证金”单独密封，并在信封上标明“投标保证金”字样，在投标时单独递交。

14.4 所有信封上均应符合以下要求：

(1)清楚标明递交至招标公告或投标邀请书中指明的地址。

(2)注明招标公告或投标邀请书中指明的货物名称、招标编号和“在(开标日期、时间)之前不得启封”的字样。

(3)在信封的封装处加盖投标人公章。

14.5 所有信封上还应写明投标人名称和地址，以便若其投标被宣布为“迟到”投标时，能原封退回。

14.6 如果投标人未按上述要求密封及加写标记，招标采购单位对投标文件的误投或过早启封概不负责。

15. 投标截止期

15.1 投标人应在招标公告或投标邀请书中规定的截止日期和时间内，将投标文件递交招标采购单位，递交地点应是招标公告或投标邀请书中规定的地址。

15.2 招标采购单位有权按本须知的规定，通过修改招标文件延长投标截止期。在此情况下，招标采购单位和投标人受投标截止期制约的所有权利和义务均应延长至新的截止期。

15.3 招标采购单位将拒绝并原封退回在本须知规定的投标截止期后收到的任何投标文件。

16. 投标文件的修改与撤回

16.1 投标以后，如果投标人提出书面修改或撤标要求，在投标截止时间前送达招标采购单位者，招标采购单位将予以接受。

16.2　投标人对投标文件的修改或撤回通知应按本须知规定编制、密封、标记和发送。

16.3　在投标截止期之后，投标人不得对其投标文件做任何修改。

16.4　从投标截止期至投标人在投标书格式中确定的投标有效期之间，投标人不得撤回其投标，否则其投标保证金将按照本须知的规定不予退回。

五、开标及评标

17. 开标

17.1　招标采购单位应当按招标公告或投标邀请书的规定，在投标截止时间的同一时间和招标公告或投标邀请书预先确定的地点组织公开开标。开标时邀请所有投标人代表、采购人和有关方面代表参加。参加开标的代表应签名报到以证明其出席。

17.2　开标时，由投标人或其推选的代表检查投标文件的密封情况，经确认无误后，由招标采购单位当众宣读投标人名称、投标价格、价格折扣、书面修改和撤回投标的通知、是否提交了投标保证金等。对于投标人在投标截止期前递交的投标声明，在开标时当众宣读，评标时有效。未宣读的投标价格、价格折扣等实质内容，评标时不予承认。

17.3　除了按照本须知的规定原封退回迟到的投标文件之外，开标时将不得拒绝任何投标。

17.4　招标采购单位将对唱标内容做开标记录，由投标人代表签字确认。

18. 组建评标委员会

评标委员会根据招标采购货物的特点进行组建，并负责评标工作。

19. 投标文件的初审与澄清

19.1　投标文件的初审分为资格性检查和符合性检查。

19.1.1　资格性检查指依据法律、法规和招标文件的规定，对投标文件中的资格证明、投标保证金等进行审查，以确定投标供应商是否具备投标资格。

19.1.2　符合性检查依据招标文件的规定，从投标文件的有效性、完整性和对招标文件的响应程度进行审查，以确定是否对招标文件的实质性要求作出响应。

19.2　投标文件的澄清

19.2.1　在评标期间，评标委员会有权以书面方式要求投标人对其投标文件中含义不明确、对同类问题表述不一致或者有明显文字和计算错误的内容作必要的澄清。投标人澄清应在评标委员会规定的时间内以书面方式进行，并不得超出投标文件范围或者改变投标文件的实质性内容。

19.2.2　澄清文件将作为投标文件内容的一部分。

19.2.3　算术错误将按以下方法更正：开标时，投标文件中“开标一览表”(报价表)内容与投标文件中明细表内容不一致的，以“开标一览表”(报价表)为准；若单价计算的结果与总价不一致，以单价为准修改总价；若用文字表示的数值与数字表示的数值不一致，以文字表示的数值为准。对不同文字文本投标文件的解释发生异议的，以中文文本为准。如果投标人不接受对其错误的更改，其投标将被拒绝。

20. 投标偏离与非实质性响应

20.1　对于投标文件中不构成实质性偏差的不正规、不一致或不规则，评标委员会可以接受，但这种接受不能损坏或影响任何投标人的相对排序。

20.2　在比较与评价之前，根据本须知的规定，评标委员会要审查每份投标文件是否实质上响应了招标文件的要求。实质上响应的投标应该是与招标文件要求的全部条款、条件和规格相符，没有重大偏离的投标。对关键条款，例如关于投标保证金、适用法律、缴税等内容的偏离、保留和反对，将被认为是实质上的偏离。评标委员会决定投标的响应性只根据投标文件本身的内容，而不寻求外部的证据。

20.3　实质上没有响应招标文件要求的投标将被拒绝。投标人不得通过修正或撤销不符合要求的偏离或保留从而使其投标成为实质上响应的投标。如发现下列情况之一的，其投标将被拒绝：

(1)应交未交或未足额交纳投标保证金的。

(2)未按照招标文件规定要求密封、签署、盖章的。

(3)不具备招标文件中规定资格要求的。

(4)不符合法律、法规和招标文件中规定的其他实质性要求的。

21. 比较与评价

21.1 经初审合格的投标文件,评标委员会将根据招标文件确定的评标标准和方法,对其技术部分和商务部分作进一步的比较和评价。

21.2 评标严格按照招标文件的要求和条件进行。比较报价,同时考虑以下因素:

(1)商务条款有无偏离。

(2)技术规格有无偏离。

(3)设计方案先进、合理。

(4)产品的性能、互换性及标准。

(5)产品的先进性、可靠性。

(6)产品的寿命、经营成本。

(7)维修服务、备件供应。

(8)运输条件、交货时间和安装竣工时间。

(9)经营信誉、售后服务和质量保证等。

21.3 根据实际情况,可以分别采用下列评标方法:

(1)性价比法。指按照要求对投标文件进行评审后,计算出每个有效投标人除价格因素以外的其他各项评分因素的汇总得分,并除以该投标人的投标报价,以商数最高的投标人作为中标候选供应商或中标供应商的评标方法。

(2)最低评标价法。指以价格为主要因素确定中标候选供应商的评标方法,即在全部满足招标文件实质性响应要求的前提下,依据统一的价格要素评定最低报价,以提出最低报价的投标人作为中标候选供应商或中标供应商的评标方法。

(3)综合评分法。即指在最大限度地满足招标文件实质性要求的前提下,按照招标文件中规定的各项因素进行综合评审后,以评标总得分最高的投标人作为中标候选供应商或中标供应商的评标方法。

22. 评标过程及保密原则

22.1 开标之后,直到授予中标人合同止,凡与本次招标有关人员对属于审查、澄清、评价和比较投标的有关资料以及授标意向等,均不得向投标人或其他无关的人员透露。

22.2 在评标期间,投标人试图影响招标采购单位和评标委员会的任何活动,将导致其投标被拒绝,并承担相应的法律责任。

六、确定中标

23. 中标候选人的确定原则及标准

23.1 除第25条规定外,确定实质上响应招标文件且满足下列条件之一者为中标候选人。

(1)如果采用性价比法,按商数得分由高到低顺序排列,商数得分相同的,按投标报价由低到高顺序排列。商数得分且投标报价均相同的,按技术指标优劣顺序排列。

(2)如果采用最低评标价法,按评审后得分由高到低顺序排列。得分相同的,按投标报价由低到高排列,得分与报价均相同的,按技术指标优劣排列。

(3)如果采用综合评分法,按评审后得分由高到低顺序排列。得分相同的,按投标报价由低到高顺序排列,得分与投标报价均相同的,按技术指标优劣排列。

24. 确定中标人

24.1 评标委员会将根据评标标准，推荐评标排序，或根据采购人的委托，直接确定中标供应商。

24.2 审查将根据投标人按照本须知规定递交的资格证明文件和评标委员会认为其他必要的、合适的资料，对投标人的财务、技术和生产能力等进行审查。

24.3 如果审查未通过，采购人将拒绝其中标候选人资格，并按顺序对下一个中标候选人进行能否满意地履行合同作类似的审查。

25. 接受和拒绝任何或所有投标的权利

25.1 为维护国家和社会公共利益，采购人保留在授标之前任何时候接受或拒绝任何投标人中标的权利，且对受影响的投标人不承担任何责任。

25.2 因不可抗力或中标供应商不能履约等情形，采购人保留与其他候选供应商签订合同的权利。

26. 中标通知书

26.1 在投标有效期内，中标人确定后，招标采购单位以书面形式向中标人发出中标通知书。

26.2 中标通知书是合同的组成部分。

27. 签订合同

27.1 中标人应当自收到中标通知书之日起 30 天内，与买方签订合同，否则按开标后撤回投标处理。

27.2 招标文件、中标人的投标文件及其澄清文件等，均为签订合同的依据。

28. 履约保证金

28.1 中标人在签订合同后＿＿＿＿＿天内，按招标文件中提供的履约保证金保函格式或买方可以接受的其他形式向买方提交合同总价＿＿＿＿＿＿＿＿（不超过 5%）的履约保证金。

28.2 如果中标人没有按照上述第 27 条或第 28.1 条的规定执行，采购人将取消该中标决定，在此情况下，招标采购单位可选下一个中标候选人。

第二章 合同一般条款

1. 定义

本合同中的下列术语解释：

1.1 “合同”系指买卖双方签署的、合同格式中载明的买卖双方所达成的协议，包括所有的附件、附录和构成合同的其他文件。

1.2 “合同价”系指根据合同约定，卖方在完全履行合同义务后买方应付给卖方的价格。

1.3 “货物”系指卖方根据合同约定须向买方提供的一切设备、机械、仪表、备件，包括工具、手册等其他相关资料。

1.4 “服务”系指根据合同约定卖方承担与供货有关的辅助服务，如运输、保险及安装、调试、提供技术援助、培训和其他类似的服务。

1.5 “买方”系指与中标人签署供货合同的单位(含最终用户)。

1.6 “卖方”系指根据合同约定提供货物及相关服务的中标人。

1.7 “现场”系指合同约定货物将要运至和安装的地点。

1.8 “验收”系指合同双方依据强制性的国家技术质量规范和合同约定，确认合同项下的货物符合合同规定的活动。

2. 技术规范

2.1 提交货物的技术规范应与招标文件规定的技术规范和技术规范附件(如果有的话)及其投标文件的技术规范偏差表(如果被买方接受的话)相一致。若技术规范中无相应说明，则以国家有关部门最新颁布的相应标准及规范为准。

3. 知识产权

3.1 卖方应保证买方在使用该货物或其任何一部分时不受第三方提出的侵犯专利权、著作权、商标权和工业设计权等的起诉。如果任何第三方提出侵权指控，卖方须与第三方交涉并承担由此发生的一切责任、费用和经济赔偿。

4. 包装要求

4.1 除合同另有约定外，卖方提供的全部货物，均应采用本行业通用的方式进行包装，且该包装应符合国家有关包装的法律、法规的规定。包装应适应于远距离运输，防潮、防震、防锈和防粗暴装卸，确保货物安全无损，运抵现场。由于包装不善所引起的货物锈蚀、损坏和损失均由卖方承担。

4.2 每件包装箱内应附一份详细装箱单和质量合格证。

5. 装运标志

5.1 卖方应在每一包装箱的四面用不褪色的油漆以醒目的中文字样做出下列标记。

CE：

收货人：______________________________

合同号：______________________________

装运标志：____________________________

收货人代号：__________________________

目的地：______________________________

货物名称、品目号和箱号：______________

毛重/净重：___________________________

尺寸(长×宽×高，以厘米计)：____________

5.2 如果货物单件重量在2吨或2吨以上，卖方应在每件包装箱的两侧用中文和适当的运输标记，标明“重心”和“吊装点”，以便装卸和搬运。根据货物的特点和运输的不同要求，卖方应在包装箱上清楚地标有“小心轻放”“防潮”“勿倒置”等字样和其他适当的标志。

6. 交货方式

6.1　交货方式一般为下列其中一种，具体在合同特殊条款中规定。

6.1.1　现场交货：卖方负责办理运输和保险，将货物运抵现场。有关运输和保险的一切费用由卖方承担。所有货物运抵现场的日期为交货日期。

6.1.2　工厂交货：由卖方负责代办运输和保险事宜。运输费和保险费由买方承担。

6.2　卖方应在合同规定的交货期__________天以前以电报或传真形式将合同号、货物名称、数量、包装箱件数、总毛重、总体积（立方米）和备妥交货日期通知买方。同时卖方应用挂号信将详细交货清单一式六份包括合同号、货物名称、规格、数量、总毛重、总体积（立方米）、包装箱件数和每个包装箱的尺寸（长×宽×高）、货物总价和备妥待交日期以及对货物在运输和仓储的特殊要求和注意事项通知买方。

6.3　在现场交货和工厂交货条件下，卖方装运的货物不应超过合同规定的数量或重量。否则，卖方应对超运部分引起的一切后果负责。

7. 装运通知

7.1　在现场交货和工厂交货条件下的货物，卖方通知买方货物已备妥待运输后24小时之内，应将合同号、货名、数量、毛重、总体积（立方米）、发票金额、运输工具名称及装运日期，以电报或传真通知买方。

7.2　如因卖方延误将上述内容用电报或传真通知买方，由此引起的一切后果损失应由卖方负责。

8. 付款条件

付款条件见第二册第七章“合同特殊条款”。

9. 技术资料

9.1　合同项下技术资料（除合同特殊条款规定外）将以下列方式交付：

合同生效后__________天之内，卖方应将每台设备和仪器的中文技术资料一套，如目录索引、图纸、操作手册、使用指南、维修指南和/或服务手册和示意图寄给买方。

9.2　另外一套完整的上述资料应包装好随同每批货物一起发运。

9.3　如果买方确认卖方提供的技术资料不完整或在运输过程中丢失，卖方将在收到买方通知后__________天内将这些资料免费寄给买方。

10. 质量保证

10.1　卖方须保证货物是全新、未使用过的，并完全符合强制性的国家技术质量规范和合同规定的质量、规格、性能和技术规范等的要求。

运输部门出具收据的日期为交货日期。

10.2　卖方须保证所提供的货物经正确安装、正常运转和保养，在其使用寿命期内须具有符合质量要求和产品说明书的性能。在货物质量保证期之内，卖方须对由于设计、工艺或材料的缺陷而发生的任何不足或故障负责。

10.3　根据买方按检验标准自己检验结果或委托有资质的相关质检机构的检验结果，发现货物的数量、质量、规格与合同不符；或者在质量保证期内，证实货物存在缺陷，包括潜在的缺陷或使用不符合要求的材料等，买方应尽快以书面形式通知卖方。卖方在收到通知后__________天内应免费维修或更换有缺陷的货物或部件。

10.4　如果卖方在收到通知后__________天内没有弥补缺陷，买方可采取必要的补救措施，但由此引发的风险和费用将由卖方承担。

10.5　除“合同特殊条款”规定外，合同项下货物的质量保证期为自货物通过最终验收起12个月。

11. 检验和验收

11.1 在交货前,中标人应对货物的质量、规格、性能、数量和重量等进行详细而全面的检验,并出具证明货物符合合同规定的文件。该文件将作为申请付款单据的一部分,但有关质量、规格、性能、数量或重量的检验不应视为最终检验。

11.2 货物运抵现场后,买方应在__________日内组织验收,并制作验收备忘录,签署验收意见。

11.3 买方有在货物制造过程中派员监造的权利,卖方有义务为买方监造人员行使该权利提供方便。

11.4 制造厂对所供货物进行机械运转试验和性能试验时,中标人必须提前通知买方。

12. 索赔

12.1 如果货物的质量、规格、数量、重量等与合同不符,或在第 10.5 条规定的质量保证期内证实货物存有缺陷,包括潜在的缺陷或使用不符合要求的材料等,买方有权根据有资质的权威质检机构的检验结果向卖方提出索赔(但责任应由保险公司或运输部门承担的除外)。

12.2 在根据合同第 10 条和第 11 条规定的检验期和质量保证期内,如果卖方对买方提出的索赔负有责任,卖方应按照买方同意的下列一种或多种方式解决索赔事宜。

12.2.1 在法定的退货期内,卖方应按合同规定将货款退还给买方,并承担由此发生的一切损失和费用,包括利息、银行手续费、运费、保险费、检验费、仓储费、装卸费以及为保护退回货物所需的其他必要费用。如已超过退货期,但卖方同意退货,可比照上述办法办理,或由双方协商处理。

12.2.2 根据货物低劣程度、损坏程度以及买方所遭受损失的数额,经买卖双方商定降低货物的价格,或由有权的部门评估,以降低后的价格或评估价格为准。

12.2.3 用符合规格、质量和性能要求的新零件、部件或货物来更换有缺陷的部分或/和修补缺陷部分,卖方应承担一切费用和风险并负担买方所发生的一切直接费用。同时,卖方应按合同第 10 条规定,相应延长修补或更换件的质量保证期。

12.3 如果在买方发出索赔通知后__________天内,卖方未作答复,上述索赔应视为已被卖方接受。如卖方未能在买方提出索赔通知后__________天内或买方同意的更长时间内,按照本合同第 12.2 条规定的任何一种方法解决索赔事宜,买方将从合同款或从卖方开具的履约保证金保函中扣回索赔金额。如果这些金额不足以补偿索赔金额,买方有权向卖方提出不足部分的补偿。

13. 延迟交货

13.1 卖方应按照“货物需求一览表及技术规格”中买方规定的时间表交货和提供服务。

13.2 如果卖方无正当理由迟延交货,买方有权提出违约损失赔偿或解除合同。

13.3 在履行合同过程中,如果卖方遇到不能按时交货和提供服务的情况,应及时以书面形式将不能按时交货的理由、预期延误时间通知买方。买方收到卖方通知后,认为其理由正当的,可酌情延长交货时间。

14. 违约赔偿

14.1 除合同第 15 条规定外,如果卖方没有按照合同规定的时间交货和提供服务,买方可要求卖方支付违约金。违约金按每周迟交货物或未提供服务交货价的 0.5%计收。但违约金的最高限额为迟交货物或没有提供服务的合同价的 5%。一周按 7 天计算,不足 7 天按一周计算。如果达到最高限额,买方有权解除合同。

15. 不可抗力

15.1 如果双方中任何一方遭遇法律规定的不可抗力,致使合同履行受阻时,履行合同的期限应予延长,延长的期限应相当于不可抗力所影响的时间。

15.2 受事故影响的一方应在不可抗力的事故发生后尽快书面形式通知另一方,并在事故发生后__________天内,将有关部门出具的证明文件送达另一方。

15.3 不可抗力使合同的某些内容有变更必要的,双方应通过协商在__________日内达成进一步履行合同的协议,因不可抗力致使合同不能履行的,合同终止。

16. 税费

16.1　与本合同有关的一切税费均适用中华人民共和国法律的相关规定。

17. 合同争议的解决

17.1　因合同履行中发生的争议，合同当事人双方可通过协商解决。协商不成的，可提请北京市仲裁委员会仲裁或向人民法院提起诉讼。

17.2　仲裁裁决应为最终裁决，当事人一方在规定时间内不履行仲裁机构裁决的，另一方可以申请人民法院强制执行。

17.3　仲裁费用和诉讼费用除仲裁机构另有裁决外，应由败诉方负担。

18. 违约解除合同

18.1　在卖方违约的情况下，买方经同级政府采购监督管理机关审批后，可向卖方发出书面通知，部分或全部终止合同，同时保留向卖方追诉的权利。

(1)卖方未能在合同规定的限期或买方同意延长的限期内，提供全部或部分货物，按合同第 14.1 条的规定可以解除合同的。

(2)卖方未能履行合同规定的其他主要义务的。

(3)在本合同履行过程中有腐败和欺诈行为的。"腐败行为"和"欺诈行为"定义如下：

"腐败行为"是指提供/给予/接受或索取任何有价值的东西来影响买方在合同签订、履行过程中的行为。

"欺诈行为"是指为了影响合同签订、履行过程，以谎报事实的方法，损害买方的利益的行为。

18.2　在买方根据上述第 18.1 条规定，全部或部分解除合同之后，应当遵循诚实信用原则，以政府采购监督管理部门同意的方式全部或部分购买与未交付的货物类似的货物或服务，卖方应承担买方购买类似货物或服务而产生的额外支出。部分解除合同的，卖方应继续履行合同中未解除的部分。

19. 破产终止合同

19.1　如果卖方破产导致合同无法履行时，买方经报同级政府采购监督管理部门审批后，买方可以书面形式通知卖方，单方终止合同而不给卖方补偿。该合同的终止将不损害或不影响买方已经采取或将要采取的任何行动或补救措施的权利。

20. 转让和分包

20.1　政府采购合同不能转让。

20.2　经买方和同级政府采购监督管理部门事先书面同意，卖方可以将合同项下非主体、非关键性工作分包给他人完成。接受分包的人应当具备相应的资格条件，并不得再次分包。分包后不能解除卖方履行本合同的责任和义务，接受分包的人与卖方共同对买方连带承担合同的责任和义务。

21. 合同修改

21.1　买方和卖方都不得擅自变更本合同，但合同继续履行将损害国家和社会公共利益的除外。如必须对合同条款进行改动时，当事人双方须共同签署书面文件，作为合同的补充，并报同级政府采购监督管理部门备案。

22. 通知

22.1　本合同任何一方给另一方的通知，都应以书面形式发送，而另一方也应以书面形式确认并发送到对方明确的地址。

23. 计量单位

23.1　除技术规范中另有规定外，计量单位均使用国家法定计量单位。

24. 适用法律

24.1　本合同应按照中华人民共和国的法律进行解释。

25. 履约保证金

25.1　卖方应在合同签订后__________天内，按约定的方式向买方提交合同总价(不超过5%)的履约保证金。

25.2　履约保证金用于补偿买方因卖方不能履行其合同义务而蒙受的损失。

25.3　履约保证金应使用本合同货币，按下述方式之一提交：

(1)买方可接受的在中华人民共和国注册和营业的银行，按招标文件提供的格式(附件8)，或其他买方可接受的格式。

(2)支票、汇票或现金。

25.4　履约保证金在法定的货物质量保证期期满前应完全有效。

25.5　如果卖方未能按合同规定履行其义务，买方有权从履约保证金中取得补偿。质量保证期结束后三十(30)天内，买方将把履约保证金退还卖方。

26. 合同生效和其他

26.1　政府采购项目的采购合同内容的确定应以招标文件和投标文件为基础，不得违背其实质性内容。政府采购项目的采购合同自签订之日起7个工作日内，买方应当将合同副本报同级政府采购监督管理部门和有关部门备案。合同将在双方签字盖章并由卖方递交履约保证金后开始生效。

26.2　本合同一式__________份，具有同等法律效力。__________和__________各执__________份。

第三章　政府采购合同格式(货物类)

政府采购合同(货物类)______________________

合同编号:______________________

项目名称:______________________

货物名称:______________________

买　　方:______________________

卖　　方:______________________

签署日期:______________________

合　同　书

______________(买方)______________(项目名称)中所需______________(货物名称)经______________(招标采购单位)以一号招标文件在国内______________(公开/邀请)招标。经评标委员会评定______________(卖方)为中标人。买、卖双方同意按照下面的条款和条件,签署本合同。

1.合同文件

下列文件构成本合同的组成部分,应该认为是一个整体,彼此相互解释,相互补充。为便于解释,组成合同的多个文件的优先支配地位的次序如下:

a.本合同书。

b.中标通知书。

c.协议。

d.投标文件(含澄清文件)。

e.招标文件(含招标文件补充通知)。

2.货物和数量

本合同货物:______________________

数量:______________________

3.合同总价

本合同总价为:______________元人民币

分项价格:______________________

4.付款方式

本合同的付款方式为:______________________

5.本合同货物的交货时间及交货地点

交货时间:______________________

交货地点:______________________

6.合同的生效

本合同经双方全权代表签署、加盖单位印章并由卖方递交履约保证金后生效。

买　　方：________________	卖　　方：________________
名　　称：____________（印章）	名　　称：____________（印章）
____年____月____日	____年____月____日
授权代表（签字）：____________	授权代表（签字）：____________
地　　址：________________	地　　址：________________
邮政编码：________________	邮政编码：________________
电　　话：________________	电　　话：________________
开户银行：________________	开户银行：________________
账　　号：________________	账　　号：________________

第四章　附件——投标文件格式

目　录

附件1 投标书(格式)

致：____________________(招标采购代理单位)

根据贵方为____________________(项目名称)项目招标采购货物及服务的投标邀请____________________(招标编号)，签字代表____________________(姓名、职务)经正式授权并代表投标人____________________(投标人名称、地址)提交下述文件正本一份及副本__________份：

1. 投标一览表。
2. 投标分项报价表。
3. 货物说明一览表。
4. 技术规格偏离表。
5. 商务条款偏离表。
6. 资格证明文件。
7. 遵守国家有关法律、法规和规章，按招标文件中投标人须知和技术规格要求提供的有关文件。
8. 以____________________形式出具的投标保证金，金额为人民币__________元。

据此，签字代表宣布同意如下：

(1)附投标价格表中规定的应提交和交付的货物投标总价为人民币__________元。

(2)投标人将按招标文件的规定履行合同责任和义务。

(3)投标人已详细审查全部招标文件，包括第____________________号(招标编号、补充通知)(如果有的话)，我们完全理解并同意放弃对这方面有不明及误解的权力。

(4)本投标有效期为自开标日起__________个日历日。

(5)在规定的开标时间后，投标人保证遵守招标文件中有关保证金的规定。

(6)根据投标人须知第1条规定，我方承诺，与买方聘请的为此项目提供咨询服务的公司及任何附属机构均无关联，我方不是买方的附属机构。

(7)投标人同意提供按照贵方可能要求的与其投标有关的一切数据或资料，完全理解贵方不一定接受最低价的投标或收到的任何投标。

(8)与本投标有关的一切正式往来信函请寄：

地址：____________________ 传 真：____________________

电话：____________________ 电子函件：____________________

投标人授权代表签字：____________________

投标人名称(全称)：____________________

投标人开户银行(全称)：____________________

投标人银行账号：____________________

投标人公章：____________________

日 期：____________________

附件2　投标一览表(格式)

招标编号：__________　　　　项目名称：__________

包号	设备名称	投标总价（元）	投标保证金	交货期	交货地点	备注

招标人授权代表签字：__________

投标人盖章：__________

注：①此表应按投标人须知的规定密封标记并单独递交。

②此表中开包的投标总价应和附件3中的总价一致。

附件3 投标分项报价表(格式)

投标人名称:__________ 招标编号:__________ 包号:__________ 报价单位:人民币(元)

序号	名称	型号和规格	数量	原产地和制造商名称	单 价	总价	备注
1	主机和标准附件						
2	备品备件						
3	专用工具						
4	安装、调试、检验						
5	培训						
6	技术服务						
7	至最终目的地所用运保费						
总价							

投标人授权代表签字:______________________

投标人(盖章):______________________

注:①如果按单价计算的结果与总价不一致,以单价为准修正总价。

②如果不提供详细分项报价将视为没有实质性响应招标文件。

③上述各项的详细分项报价,应另页描述。

附件4　货物说明一览表(格式)

投标人名称：__________　招标编号：__________　包号：__________

序号	货物名称	主要规格	数量	交货期	交货地点	其他

投标人授权代表签字：______________________

投标人(盖章)：______________________

注:各项货物详细技术性能应另页描述。

附件5 技术规格偏离表(格式)

投标人名称：________ 招标编号：________ 包号：________

序号	货物名称	招标文件条款号	招标规格	投标规格	偏离	说明

投标人授权代表签字：________________

投标人(盖章)：________________

附件6 商务条款偏离表(格式)

投标人名称:________ 招标编号:________ 包号:________

序号	招标文件条款号	招标文件的商务条款	投标文件的商务条款	说明

投标人授权代表签字:____________

投标人(盖章):____________

附件7 资格证明文件(格式)

目 录

附件 7-1　法人营业执照的复印件

（须加盖本单位公章）

附件 7-2　税务登记证书复印件

（须加盖本单位公章）

附件 7-3 法定代表人授权书(格式)

本授权书声明:注册于________________(国家或地区的名称)的________________(公司名称)的在下面签字的________________(法人代表姓名、职务)代表本公司________________(授权单位名称)的在下面签字的________________(被授权人的姓名、职务)为本公司的合法代理人,就________________(项目名称)的________________(合同名称)投标,以本公司名义处理一切与之有关的事务。

本授权书于______年______月______日签字生效,特此声明。

法定代表人签字:________________________

被授权人签字:________________________

公司盖章:________________________

附

被授权人姓名:________________________

职务:________________________

详细通讯地址:________________________

邮政编码:________________________

传真:________________________

电话:________________________

附件7-4 制造厂家的资格声明(格式)

1.名称及概况

(1)制造厂家名称:____________________

(2)地址及邮编:____________________

(3)成立和注册日期:____________________

(4)主管部门:____________________

(5)企业性质:____________________

(6)法人代表:____________________

(7)职员人数:____________________

一般工人:____________________

技术人员:____________________

(8)近期资产负债表(到______年______月______日止)

①固定资产:____________________

原值:____________________

净值:____________________

②流动资金:____________________

③长期负债:____________________

④短期负债:____________________

⑤资金来源 ____________________

自有资金:____________________

银行贷款:____________________

⑥资金类型:____________________

生产资金:____________________

非生产资金:____________________

2.关于制造投标货物的设施及其他情况

(1)工厂名称地址:____________________

生产的项目:____________________

年生产能力:____________________

职工人数:____________________

(2)本制造厂不生产,而需从其他制造厂购买的主要零部件

制造厂家名称和地址:____________________

主要零部件名称:____________________

3.制造厂家生产此投标货物的历史(年数)

4.近三年该货物主要销售给国内、外主要客户的名称地址

名称和地址:____________________

销售项目和数量:____________________

出口销售额:____________________

5.近三年的年营业额

年份	国内	出口	总额
______	______	______	______
______	______	______	______
______	______	______	______

6.易损件供应商的名称和地址

部件名称	供应商
________	________
________	________

7.有关开户银行的名称和地址________

8.其他情况

兹证明上述声明是真实、正确的，并提供了全部能提供的资料和数据，我们同意遵照贵方要求出示有关证明文件。

日期：____年____月____日

制造商名称：________________

投标人授权代表(签字)：________________

投标人授权代表的职务：________________

电话号：________________

制造商盖章：________________

传真号：________________

附件7-5 经销商(作为代理)的资格声明(格式)

1.名称及概况

(1)投标人名称：________________

(2)地址及邮编：________________

(3)成立和注册日期：________________

(4)主管部门：________________

(5)公司性质：________________

(6)法人代表：________________

(7)职员人数：________________

(8)近期资产负债表(到____年____月____日止)

①固定资产：

原值：________________

净值：________________

②流动资金：________________

③长期负债：________________

④短期负债：________________

⑤资金来源：________________

自有资金：________________

银行贷款：________________

⑥资金类型：________________

商业性：________________

非商业性：________________

2.最近三年的年度总营业额

年份	国内	出口	总额

3.最近三年投标货物主要销售给国内及国外用户名称及地址

(1)出口销售

名称和地址	销售项目和数量

(2)国内销售

名称和地址	销售项目和数量

4.同意为投标人制造投标货物的制造厂并附有制造厂的资格声明

制造厂名称和地址 制造项目和数量

__________ __________

__________ __________

__________ __________

5.须由其他制造厂家供应和制造的部件(如果有的话)

制造厂名称和地址 制造项目

__________ __________

__________ __________

__________ __________

6.最近三年中与各经销商成交的此种投标货物(如果有的话)

合同号:__________

签字日期:__________

产品名称:__________

数量:__________

合同金额:__________

7.有关开户银行的名称和地址__________

8.投标人认为需要声明的其他情况

兹证明上述声明是真实、正确的,并提供了全部能提供的资料和数据,我们同意遵照贵方要求出示有关证明文件。

投标人授权代表(签字):__________

投标人授权代表的职务:__________

电 话 号:__________

传 真 号:__________

公 章:__________

____年____月____日

附件 7-6 制造厂家的授权书(格式)

致：__________________(招标采购单位)

我们__________________(制造商名称)是按__________________(国家名称)法律成立的一家制造商，主要营业地点设在__________________(制造商地址)。兹指派按__________________(国家名称)的法律正式成立的，主要营业地点设在__________________(经销商地址)的__________________(经销商名称)作为我方真正的合法的代理人进行下列有效的活动。

1.代表我方办理贵方第__________________(招标编号)号投标邀请要求提供的由我方制造的货物的有关事宜，并对我方具有约束力。

2.作为制造商，我方保证以投标合作者来约束自己，并对该投标共同和分别承担招标文件中所规定的义务。

3.我方兹授予__________________(经销商名称)全权办理和履行上述我方为完成上述各点所必需的事宜，具有替换或撤销的全权。兹确认(经销商名称)或其正式授权代表依此合法地办理一切事宜。

4.我方于_____年_____月_____日签署本文件，__________________(经销商名称)于_____年_____月_____日接受此件，以此为证。

制造商名称(盖章)：____________________________

签字人职务和部门：____________________________

签 字 人 姓 名：____________________________

签 字 人 签 名：____________________________

附件 7-7　投标人的资信证明

（会计师事务所出具的上一年度财务审计报告或银行出具的资信证明）

说明：

1.投标人在投标文件中，必须提供本单位上年度经会计师事务所出具的审计报告复印件并加盖本单位公章。

2.如投标人无法提供上年度审计报告，则需提供银行出具的资信证明。银行资信证明可提供原件，也可提供银行在开标日前三个月内开具资信证明的复印件。若提供的是复印件，招标采购单位保留审核原件的权利。

3.银行资信证明应能说明该投标人与银行之间业务往来正常、企业信誉良好等。银行出具的存款证明不能替代银行资信证明。

附件 7-8 社会保障资金缴纳记录

（复印件加盖公章）

附件 7-9 招标文件要求的其他资格证明文件

附件8 履约保证金保函(格式)

(中标后开具)

致：____________________(买方名称)

____________________号合同履约保函

本保函作为贵方与____________________(卖方名称)(以下简称卖方)于______年______月______日就____________________项目(以下简称项目)项下提供____________________(货物名称)(以下简称货物)签订的____________________(合同号)号合同的履约保函。

____________________(出具保函的银行名称)(以下简称银行)无条件地、不可撤销地具结保证本行、其继承人和受让人无追索地向贵方以____________________(货币名称)支付总额不超过____________________(货币数量)，即相当于合同价格的5%，并以此约定如下：

1.只要贵方确定卖方未能忠实地履行所有合同文件的规定和双方此后一致同意的修改、补充和变动，包括更改和/或修补贵方认为有缺陷的货物(以下简称违约)，无论卖方有任何反对，本行将凭贵方关于卖方违约说明的书面通知，立即按贵方提出的累计总额不超过上述金额的款项和按贵方通知规定的方式付给贵方。

2.本保函项下的任何支付应为免税和净值。对于现有或将来的税收、关税、收费、费用扣减或预提税款，不论这些款项是何种性质和由谁征收，都不应从本保函项下的支付中扣除。

3.本保函的条款构成本行无条件的、不可撤销的直接责任。对即将履行的合同条款的任何变更、贵方在时间上的宽限，或由贵方采取的如果没有本款可能免除本责任的任何其他行为，均不能解除或免除本行在本保函项下的责任。

4.本保函在本合同规定的保证期期满前完全有效。

谨启

出具保函银行名称：______________________________

签字人姓名和职务：______________________________

签 字 人 签 名：______________________________

公　　　　　章：______________________________

第五章 投标邀请

____________________(招标人)受____________________委托,对下述货物及服务进行国内____________________招标。现邀请合格的投标人前来投标。

1.招标编号:____________________

2.招标货物名称和数量:

货物名称:____________________

数量:____________________

3.招标文件售价:

每套人民币__________元;若邮购,每份加收人民币__________元。招标文件售后不退。

4.购买招标文件时间和地点:

时间:__________年__________月__________日至__________年__________月__________日(节假日除外),上午 9:00 至 11:00;下午 1:00 至 4:00(北京时间)。

地点:____

5.投标截止时间:__________年__________月__________日(北京时间),逾期收到或不符合规定的投标文件恕不接受。

6.开标时间:__________年__________月__________日(北京时间)。

7.投标、开标地点:____________________

8.凡对本次招标提出询问,请与____________________联系(技术方面的询问请以信函或传真的形式)。

____(招标人)盖章:

地　　址:____

邮　　编:____

电　　话:____

传　　真:____

电子信箱:____

联 系 人:____

开户名(全称):____

开户银行:____

账　　号:____

日　　期:____

第六章 投标人须知资料表

本表是关于要采购货物的具体资料，是对投标人须知的具体补充和修改，如有疑问，应以本资料表为准。

条款号	内容
1.1	招标人：__________ 地址：__________ 电话：__________
11	投标保证金：不少于投标总价的2%
12.1	投标有效期：__________
13.1	投标文件：正本_____份 副本_____份
15.1	投标截止期：__________
17.1	开标时间：__________ 开标地点：__________
21.3	评标方法：_____(适用) _____(不适用)
23.1	中标候选人：_____(适用) _____(不适用)
25.1	数量增减：__________(投标报价的10%)
29.1	提交履约保证金的时间：签订合同后_____天(不超过30天) 履约保证金金额：合同总价的_____(不超过5%)
适用于本投标人须知的格外增加的变动	

第七章 合同特殊条款

合同特殊条款是合同一般条款的补充和修改。如果两者之间有抵触,应以特殊条款为准。合同特殊条款的序号将与合同一般条款序号相对应。

1.定义

1.5 买方:本合同买方系指:____________________

1.6 卖方:本合同卖方系指:____________________

1.7 现场:本合同项下的货物安装和运行地点位于:____________________

6.交货方式

6.1 本合同项下的货物交货方式为:____________________

8.付款条件:____________________

9.技术资料:____________________

10.质量保证

10.3 卖方在收到通知后________天内应免费维修或更换有缺陷的货物或部件。

10.4 如果卖方在收到通知后________天内没有弥补缺陷,买方可采取必要的补救措施,但风险和费用将由卖方承担。

10.5 合同项下货物的质量保证期为自货物通过最终验收起__________个月(一般不超过12个月)。

11.检验后验收

12.索赔

12.3 索赔通知期限:__________天。

15.不可抗力

15.2 不可抗力通知送达时间:事故发生后__________天内。

25.提交履约保证金的时间:签订合同后__________天(不超过30天)。

履约保证金金额:合同总价的____________________(不超过5%)。

27.(增加)对于集中采购的招标项目,可以由采购人或委托采购机构与中标人签订采购总协议或承诺。最终用户根据总协议或承诺,与卖方签订具体供货合同。

最终用户与卖方所签订的供货合同应符合原有招标要求。

第八章 货物需求一览表及技术规格

第一部分 货物需求一览表

招标编号：________________

货物名称：________________ 数量：(台/套)

序号	货物名称	数量	主要技术规格
详见技术规格及要求			

第二部分　技术规格及要求

说明

1.招标人应对招标货物提出详细的技术规格及相关要求，同时应参考第一册“投标人须知”中所选用的评标原则。

2.本部分应包括如下主要内容：

(1)招标编号。

(2)货物名称。

(3)数量。

(4)交货期。

(5)货物用途。

(6)技术规格及参数要求。

(7)备品备件。

(8)安装调试。

(9)技术服务及培训。

(10)验收标准及方法。

(11)质量保证和售后服务要求。

3.根据货物特点，提出相应资格要求，如产品鉴定证书、生产许可证、销售许可证、质量安全证书和ISO9000论证等。

4.根据该类货物的国家规定和行业要求，投标人应提供相应的资格、资质等证明文件。

地　方　编

2　上海市浦东新区政府采购招标范本

浦东新区政府采购中心

招 标 文 件

上海市浦东新区__________政府采购项目

招标文件编号：__________

中国·上海

______年______月______日

上海市浦东新区政府采购招标范本

目 录

第一部分　投标邀请

上海市浦东新区政府采购中心拟对上海市浦东新区____________________政府采购项目进行邀请招标。

1.招标文件编号：____________________。

2.招标项目内容及要求：详见第三部分。

3.招标文件将在浦东新区政府采购中心领取。

领取时间：______年______月______日______时。

领取地点：________________________________

电　　话：________________________________

传　　真：________________________________

联 系 人：________________________________

邮　　编：________________________________

4.投标地点：上海市浦东新区政府采购中心________________________________。

5.投标截止时间：______年______月______日上午______时(北京时间)，逾期收到或不符合规定的投标文件恕不接受。

6.开标时间：______年______月______日______时。

7.开标地点：上海市浦东新区政府采购中心________________________________。

8.凡对本次招标提出询问，请在______年______月______日前与政府采购中心联系(技术方面询问请以信函或传真形式)。

浦东新区政府采购中心

______年______月______日

第二部分　投标方须知

一、总则

1.适用范围：本招标文件仅适用于本投标邀请中所叙述项目。

2.要求：

(1)投标方应仔细阅读招标文件的所有内容，按招标文件的要求提供投标方案设计，并保证所提供的全部材料的真实性，以确保投标对招标文件做出实质性响应。

(2)如投标方对招标文件提出澄清，应在投标截止时间前按招标邀请中载明的邮政地址以书面形式(包括信函、电传、电报或传真，下同)通知到招标方，投标截止期前招标方收到客户任何澄清要求时将以书面形式予以答复，如有必要将以不标明查询来源的书面形式答复已购买招标文件的每一投标方。

3.招标方在授予合同时有权对招标文件中规定的货物数量和服务予以增加或减少。

4.如果投标方投标标价及产品均不能满足招标方的标底，招标方有权拒绝全部投标，重新组织招标。

二、投标书的编制

1.投标方编制投标书，应按照招标文件所规定的格式、内容、逐项填写齐全，并提交全部资格证明文件，否则投标无效。

2.投标书应按照规定填写，一式伍份(分别标以正本一份，副本四份)，正本和副本如有差别，以正本为准。文字大写的数据与数字表示有差别，以大写为准；单价与总价如有出入，以单价为准。投标标书应装入同一档案袋内，密封后加盖公章和法人代表印章。

3.投标方必须按招标文件要求对计算机项目进行投标，并附必要的文字说明。

4.投标方对所投设备只能提出一个不变价格，招标方不接受任何选择价。

5.投标书需打印，且应字迹清楚、内容齐全、表达准确，不应有涂改增删处，如修改时，修改处须有法定代表人印章。

6.投标方对技术培训、质量保证措施售前售后服务等给设备使用方提供的优惠条件，应在文件中说明。

7.投标方应提供投标设备总报价2%的投标保证金：可以采取现金、保兑支票或汇票，与投标书正本、开标一览表装在同一信封内密封。

如发生下列情况之一投标保证金将被没收：

(1)投标方在有效期内自行撤销投标书。

(2)中标后不按规定签订合同。

8.投标有效期为开标之日后60天。

三、资格证明文件

1.投标方企业法人营业执照、税务登记证。

2.金融机构出具的资信证明。

3.法定代表人授权书。

4.产品代理证明。

5.产品样本、说明书等技术资料。

四、投标书的递交

1.投标方应把投标书装入信袋内加以密封，并在封签处加盖单位公章。

投标书信袋上应写明：

(1)项目名称。

(2)招标设备名称。

(3)招标文件编号。

(4)投标方名称。

2.投标方必须在______年______月______日______时前，将投标书送达到上海市浦东新区政府采购中心，逾期投标将不予受理。

3.投标方送达投标书以后，要求对投标书进行修改或撤回时，必须在投标截止日前以书面形式送交招标方，修改标书仍需按第1款规定进行。

4.有下列情况之一的，其投标书无效(即废标)。

(1)投标书未按规定密封。

(2)投标书未加盖单位公章和无法定代表人印章。

(3)投标书未按招标文件规定要求和格式编制填写，或内容不全、字迹模糊、难以辨认的。

(4)投标书逾期送达。

(5)投标方法定代表人或指定代表未参加开标会议(以法定代表人授权书为准)，或虽参加会议但无证件或授权书者。

(6)扰乱会场秩序，经劝阻仍无理取闹的。

(7)未缴纳投标保证金的。

(8)投标单位与被邀请单位不相符的。

五、开标与评标

1.招标方于______年______月______日______时，在上海市浦东新区政府采购中心进行公开开标。

2.为利于投标审查，招标方在开标后可随时请投标方对投标书进行澄清解答，解答时不得对投标书中实质性内容加以修改。重要澄清答复应是书面的。

六、评标原则

根据下述条件择优选择中标方：

1.投标书完整无缺，符合招标文件的规定、要求和格式。

2.满足招标设备的技术要求、保证质量、保证交货期、价格合理。

3.能提供最佳售后服务。

4.能提供备品备件和易损件。

5.评标组认为其能认真地履行合同义务。

6.其他要求。

七、中标通知

1.评标结束后，招标方将以书面形式发出“中标通知书”“中标通知书”一经发出即发生法律效力。

2.招标方在发出“中标通知书”的同时将向落标的投标方发出“落标通知书”并退还其投标保证金，但不解释落标原因。

3.“中标通知书”将是合同的一个组成部分。

八、签订合同

1.中标方收到“中标通知书”，按通知书规定的时间签订设备供货合同。在合同中具体明确购置价格的支付方式、交货方式、交货期及相应的违约条款，可提供的售后服务，验收方式的确定。

2.中标方的投标保证金，在合同全部履行完毕后，由招标方无息退还给中标方。

第三部分　招标要求

一、设备清单

序号	主要技术规格、性能要求	数量	备注

二、质量要求

1.所有产品均需符合国家产品的有关质量标准，是有品牌的整机产品。

2.符合产品厂家的出厂标准，并能提供原厂质保书、合格证、文档资料等有关文件。

三、交货地点

中标后，中标方在政府采购中心规定的时间内，须将产品送达浦东新区各预算单位。

四、交货期

自中标后起至______年______月______日前。

五、安装

所有产品，均需提供安装服务(派员到新区各基层单位进行安装)。

六、维修

1.所有产品均需提供一周 7 天，每天 12 小时的上门维护。

2.报修后，在 24 小时内响应，并上门解决问题。

3.若质保期内，产品严重故障，一时无法修复，需 24 小时内提供备用机，对故障产品进行更换，待维护好后再予以换回。

第四部分　合同条款

1. 技术规范

供货设备应与招标文件第三部分的要求相一致。

2. 技术资料

合同生效后7天内,供方应将有关设备的技术资料(如样本、操作手册、维修指南等)无偿提供给需方。另外一套完整的上述资料应包装好随机提供。

3. 材料

设备制造所需材料全部由供方提供。

4. 包装

4.1 设备包装应按国家标准或部(专业)标准规定执行。由于包装不善引起的货物锈蚀、损坏和损失均由供方承担。

4.2 包装费应在设备总价中包括,每件包装箱内应附一份详细装箱单和质量合格证。

4.3 包装箱应有明显的包装编号和起吊部位标志,组装件应有明显的组对标志。

5. 交货

5.1 合同交货期应以招标文件中的交货期为准,实际交货时间,以最后一批货物到达指定到货地点为准。

5.2 供货方安排运输,运输费由供方承担。

6. 检验

6.1　设备运达到货地点后,需方负责清点接货,如因包装不当造成设备质量下降或破损、缺件等,供方承担质量责任,如为运输部门造成的破损、缺件等事故,由供方为主出面协调处理,需方协助解决。

6.2　设备全部到达现场后,供方应按需方安排的时间派人到现场进行开箱检验,如供方不能按时到达现场,又无函电通知时,需方有权开箱检验,并对缺件、质量损坏做出记录,供方应认可并负责处理。

7. 保险

货物装运后由供方办理保险,其费用由供方支付。

8. 价格与支付

8.1　合同价格,应按中标方的投标价格(单价和总价)执行。

8.2　设备的支付条件由投标厂商提供。

9. 质量

9.1　供方应确保产品质量,并且完全符合合同规定的质量、规格和性能的要求,同时保证产品是全新的、未使用过的。

9.2　供方保证设备经正确安装、正常运转和保养在其使用寿命内应具有满意的性能。

9.3　对设备质量应按有关质量标准或验收规范进行验收,设备到达现场后,供方负责调试工作,并要通过用户的最终验收。

9.4　在设备验收后的质量保证期内,如因需方使用不当和保管不善造成的问题,供方应配合解决,但费用由需方负担。

10. 现场服务

10.1　设备在安装调试阶段,根据需方要求,供方应及时派出现场服务人员处理有关设备质量问题。

10.2 现场服务人员食宿由供方自行解决，费用供方自理。

11. 索赔

质量保证期内如发生由于制造、工艺或材料缺陷而造成的质量问题，供方在接到需方通知5日内(以电报日期为准)给予答复，如果供方对需方提出的索赔负有责任，供方应负责修理、更换或退货，并承担由此发生的一切损失和费用。如逾期不予答复和处理，则视为上述索赔已被接受，供方应承担由此发生的一切损失和费用。

12. 违约责任

12.1 供方不能按合同规定的时间交货和提供服务时，除不可抗力外(指战争，严重火灾、水灾、台风和地震以及其他经双方同意属不可抗力的事故)，供方应向需方付延期违约金，每天按5‰计收，但最高限度为5%。

12.2 需方逾期付款时(正当拒付，供方同意延期付款时除外)，应向供方支付延期违约金，每天按5‰计收，但最高限为5%。

12.3 设备错发到货地点时，由供方负责解决并承担有关费用。

12.4 由于需方错填到货地点或临时改变运输方案造成的损失，由需方负责。

13. 合同的解除和变更

13.1 合同生效后，除不可抗力外，不得解除和无故变更，若因国家计划改变或设计变更确需解除或变更合同时，要求变更的一方应及时通知对方，对方在接到通知15日内给予答复，逾期未答复则视为已同意。

13.2 变更或解除合同，所造成的损失由提出方负责。

14. 合同生效及其他

14.1 合同生效后，供需双方都应严格履行合同，如出现问题应按照《经济合同法》等有关规定办理。

14.2 合同在执行过程中出现的未尽事宜，双方在不违背合同和招标文件的原则下，协商解决，协商结果以“纪要”形式作为合同的附件，与合同具有同等效力。

14.3 本合同正本一式两份，副本一式五份。双方各执正本一份，副本两份，鉴证方执副本一份。

15. 下列文件均为合同不可分割部分

15.1 招标文件。

15.2 投标书和开标一览表、投标报价表、交货一览表、售后服务表。

15.3 中标通知书。

第五部分 附件——投标文件格式

投标书

致：＿＿＿＿＿＿＿＿＿＿

根据贵方为＿＿＿＿＿＿＿＿项目招标采购货物及服务的投标邀请＿＿＿＿＿＿＿＿(招标编号)，签字代表＿＿＿＿＿(全名、职务)经正式授权并代表投标方＿＿＿＿＿＿＿＿＿＿(投标方名称、地址)提交下述文件正本一份，副本一式四份。文件包括：

1. 投标书。
2. 开标一览表。
3. 投标报价表。
4. 交货一览表。
5. 售后服务表。
6. 资格证明文件。

据此函，签字代表宣布同意如下：

1. 所附报价表中规定的应提供和交付的货物投标价为＿＿＿＿＿＿＿＿(注明货币)，即＿＿＿＿＿＿＿＿(文字表述)。

2. 投标方将按招标文件的规定履行合同责任和义务。

3. 投标方已详细审查全部招标文件，包括修改文件(如有的话)以及全部参考资料和有关附件。我们完全理解并同意放弃对这方面有不明及误解的权利。

4. 如果投标方在中标后未能按合同履行职责，其投标保证金将被贵方没收。

5. 投标方同意提供按照贵方可能要求的与其投标有关的一切数据或资料，完全理解贵方不一定要接受最低价的投标或收到的任何投标。

6. 与本投标有关的一切正式往来通讯请寄：

地　　址：＿＿＿＿＿＿＿＿＿＿＿＿　　邮　　编：＿＿＿＿＿＿＿＿＿＿＿＿

电　　话：＿＿＿＿＿＿＿＿＿＿＿＿　　传　　真：＿＿＿＿＿＿＿＿＿＿＿＿

电　　传：＿＿＿＿＿＿＿＿＿＿＿＿　　代表名称：＿＿＿＿＿＿＿＿＿＿＿＿

投标方名称：＿＿＿＿＿＿＿＿＿＿＿＿＿＿＿＿＿＿＿＿＿＿＿＿＿＿

地　　址：＿＿＿＿＿＿＿＿＿＿＿＿＿＿＿＿＿＿＿＿＿＿＿＿＿＿

（ 公 章 ）

附件1　开标一览表

投标方名称：________________

招标文件编号：________________

序号	货物名称规格	数量	产地及制造厂名	投标总价	交货期	交货地点
报价总计：						

投标方代表签字：________________

职务：________________

日期：________________

注：此表与投标书正本及投标保证金一同装在单独的信封内密封。

附件 2 投标报价表

招标文件编号：____________ 单位：人民币（元）

1	设备名称					
2	生产厂家					
3	数 量					
4	设备单价					
5	备品备件价					
6	易损件价					
7	专用工具价					
8	安装调试费					
9	运输费					
10	其 他					
11	投标总价					
12	报价总计	大写：			¥：	

投标方：（盖章）____________

全权代表人：（签字）____________

注：

①投标总价＝（栏目 4＋5＋6＋7＋8）×数量＋栏目 9 至 11 的各项费用。

②报价总计＝投标总价之和。

③选购件价不包括在本报价表内，应另附纸，分项单报（如有的话）。

④此表与投标书正本、投标保证金一同装在单独信封内密封。

附件3 交货一览表

招标文件编号：____________________

序号	设备名称及规格型号	单位	数量	产地及生产厂家	执行质量标准	交货期

投标方：(盖章)________________

全权代表人：(签字)____________

附件 4 售后服务表

招标文件编号：____________

可提供的优惠条件	1. ____________ 2. ____________ 3. ____________ 4. ____________
售后服务体系	1. ____________ 2. ____________ 3. ____________ 4. ____________

（若不够填写可附页）

投标单位：（盖章）____________

全权代表人：（签字）____________

____年____月____日

地 方 编

3 云南省政府采购标书范本

云南省省级政府采购

云南省某单位的局域网和路由器等项目招标文件

云南省政府采购标书范本

目 录

第一部分 投标邀请

我中心根据云南省政府采购制度有关文件规定，对云南省某单位的局域网和路由器等项目进行公开竞争性招标，欢迎已在我中心登记并具有相应供货或完成项目能力的供应商参加投标。此次招标活动由云南省公证处进行公证。

1. 招标编号：____________________

2. 招标内容：云南省某单位的局域网和路由器等项目。技术要求详见该标书第三部分及第四部分的“招(投)标分项一览表(附件一)”。

3. 发标起始时间：____________________

4. 标书费用：____________________

5. 索标方式：____________________

6. 投标时间：____________________

7. 投标地点：____________________

8. 开标时间：____________________

9. 开标地点：____________________

10. 招(投)标分项一览表应分别装订于正本与副本中，另外再连同电子版软盘封装一份在一个单独的信封内，标明“招(投)标分项一览表”字样，并封装在正本中，以便唱标时查找。

11. 提交投标保证金的有效凭据密封在一个单独的信封内，投标时单独递交(已预交投标保证金的供应商不再递交)。有效凭据——本地供应商提交进账单原件，外地供应商提交信汇/电汇单复印件。

12. 投标人在投标前务必认真阅读本招标文件全部内容；招标文件如有变更，将主要以网上公告形式发布，请在投标前经常访问“云南省政府采购网”以获取最新信息。

13. 标书制作：____________________

项目组织：____________________

联系电话：____________________

14. 项目实施单位技术问题咨询电话：____________________

第二部分 投标人须知

一、投标人

1. 合格投标人的范围

1.1 凡具有法人资格，有生产或供应能力的企事业单位均可参加投标（如果投标货物实行生产许可证制度，应有生产许可证）。

1.2 允许在中国注册的外国独资或中外合资、合作企业，以其在中国境内生产的产品参加投标。

1.3 投标人提供的设备或产品必须是原装全新、符合招标文件规定技术参数、具有中国有关部门注册或检验或商检及生产厂家质量合格证明的设备和产品。

1.4 投标人应有丰富的网络集成经验并完成过与本次项目相当或以上项目，同时应具备获得认证的C&T 高级技术或高级网络技术专家并提供其名单和成就。

1.5 投标人应遵守有关的国家法律、法令和条例。

2. 投标委托

2.1 如投标人代表不是法人代表，须持有"法人代表授权书"（原件，格式见附件七）。

3. 投标费用

3.1 无论投标过程中的作法和结果如何，投标人自行承担所有与参加投标有关的全部费用。

二、招标文件

4. 招标文件

4.1 招标文件由招标文件总目录所列内容组成。

4.2 投标人应详细阅读招标文件的全部内容，不按招标文件的要求提供的投标文件和资料，可能导致投标被拒绝。

5. 招标文件的澄清

5.1 投标人对招标文件如有疑点要求澄清，或认为有必要与招标人进行技术问题交流时，可用传真、电报、Email 等形式通知招标人，但通知不得迟于开标时间前 10 小时。

6. 招标文件的修改

6.1 在投标截止时间前，招标人无论出于自己的考虑，还是出于对投标人提问的澄清，均可对招标文件用补充文件的方式进行修改。

6.2 对招标文件的修改，招标人将主要以网上公告形式发布，请在投标前经常访问"云南省政府采购网(www.yngp.com.cn)"以获取最新信息。补充文件将作为招标文件的组成部分，对所有投标人有约束力。

6.3 为使投标人有足够的时间按招标文件的修改要求考虑修正投标文件，招标人可酌情推迟投标的截止日期和开标日期，并将此变更以网上公告形式通知投标人。

三、投标文件

7. 投标文件计量单位

7.1 投标文件中所使用的计量单位，除招标文件中有特殊要求外，应采用国家法定计量单位。

8. 投标文件的组成

8.1 投标文件应由投标书和资格证明文件两部分组成。

8.2 投标书部分应包括：

(1)投标书(附件二)。

(2)招(投)标分项一览表(附件一)。

(3)投标技术参数说明(附件三)。

(4)投标人售后服务承诺(附件四)。

(5)投标产品备件、耗材、选件价格表(附件五)。

(6)分项应答说明或解决方案说明(附件六)。

8.3 资格证明文件部分详见附件七。

9. 投标内容填写说明

9.1 投标文件按统一格式填写,装订成册。

9.2 招(投)标分项一览表为在开标仪式上唱标的内容,要求按格式填写,统一规范,不得自行增减内容。

9.3 投标人可对本招标文件"招(投)标分项一览表(附件一)"所列的其中一项、几项或全部产品或设备进行投标,但不得将一完整项目的内容拆开投标。

10. 投标人技术文件的编制及编目

10.1 投标人技术文件由投标人视需要自行编制,规格幅面应与正文一致,附于正文之后,与正文页码统一编目编码装订。

10.2 投标人技术文件可以包含以下内容:

(1)产品组成系统说明,产品主要技术数据和性能的详细描述及产品样本。

(2)关键元器件明细表(包括制造厂名和国别)。

(3)产品制造、安装、验收标准。

(4)详细的交货清单。

(5)特殊工具及备件清单。

(6)投标人推荐的供选择的配套货物表。

(7)投标人提出的合理化建议(如对招标货物的规格、性能、材质、配套货物提出更为合理的替代方案等)。

(8)产品的技术服务和售后服务的内容及措施。

(9)招标文件要求填写的各种表格。

11. 投标报价

11.1 所有投标均以人民币报价。

11.2 投标报价中所含的售后服务费统一规定按投标总价的固定比例的 2%计算(F001 标按 3%计算)。

11.3 投标人要按投标分项技术、价格参数表(统一格式)的内容填写。总价及其他事项,由法人代表或授权代表签署。

11.4 对于非标准货物的投标,还应填报报价明细表(表格式由投标人自行设计)。

11.5 投标人如需用外汇购入某些投标货物,须折合人民币计入总报价中。

11.6 如遇本须知第 10.2 条情况,引起价格变动时,应加以详细说明。除此以外,招标人不接受任何选择报价,对每一种货物只允许有一个报价。

11.7 最低报价不能作为中标的保证。

12. 投标保证金

12.1 投标人应提供不少于投标总价2%的投标保证金。

12.2 投标保证金有效凭据:本地供应商提交进账单原件,外地供应商提交信汇/电汇单复印件(不接受现金)。

12.3 未按第12.1条和第12.2条要求提交投标保证金的投标将被视为无效投标。

12.4 中标人的投标保证金在与使用单位签订了合同并提交了中标服务费后无息退还。

12.5 落标方的投标保证金将在使用单位与中标人签订的经济合同生效后10天内无息退还。

12.6 发生下列情况之一,保证金将被没收:

(1)开标后在投标有效期间,投标人撤回其投标书。

(2)中标人不按本须知第27条规定签约。

(3)中标人不按本须知第28条规定缴付中标服务费。

12.7 投标保证金的交付人和投标人的名称必须一致,否则将认为其投标无效。

13. 投标文件的有效期

13.1 自开标日起90日内,投标书应保持有效。有效期短于这个规定期限的投标,将被拒绝。

13.2 在特殊情况下,招标人可与投标人协商延长投标书的有效期。这种要求和答复都应以书面传真或电报的形式进行,按本须知第12条规定的投标保证金的有效期也相应延长。投标人可以拒绝接受延期要求而不致被没收保证金。同意延长有效期的投标人不能修改投标文件。

14. 投标文件的签署及规定

14.1 组成投标文件的各项资料(本须知第8条中所规定)均应遵守本条。

14.2 投标人应填写全称,同时加盖印章。

14.3 投标文件必须由法人代表或授权代表签署。

14.4 投标文件正本一份和副本四份(投标保证金仅需一份原件)。正本中除本须知第8.3条中(3)、(4)、(5)、(6)、(7)、(8)可用复印件外,其余内容均需用原件。副本可以用复印件。如果正本与副本不符,以正本为准。

14.5 投标文件的正本必须用不退色的墨水填写或打印,注明"正本"字样。

14.6 投标文件不得涂改和增删,如有修改错漏处,必须由同一签署人签字或盖章。

14.7 投标文件因字迹潦草或表达不清所引起的后果由投标人负责。

四、投标文件的递交

15. 投标文件的密封及标记

15.1 投标文件应按以下方法分别装袋密封。

15.1.1 投标文件密封袋内装投标文件正副本共5份。封口处应有投标全权代表的签字及投标单位公章。封皮上写明招标编号、招标项目名称、投标人名称,并注明"开标时启封"字样。

15.1.2 为方便开标唱标,投标分项一览表正本应单独放在一个密封信封中,封口处也应有投标全权代表的签字及投标单位公章。封皮上写明招标编号、招标项目名称、投标人名称,并注明"投标分项一览表"字样,放入投标文件正本袋内。

15.2 将全部投标文件[投标文件密封袋、"招(投)标分项一览表"密封袋及投标人认为有必要提交的其他资料,投标保证金除外]包装完好,封皮上写明招标人邮政编码、名称、地址、招标编号,投标人名称、地址、邮政编码、投寄人。

15.3 投标保证金的有关汇款单证单独封装在一个信封内,在投标时单独递交。

15.4 如果投标人未按上述要求密封及加写标记,招标人对投标文件的误投和提前启封概不负责。

16. 投标截止时间

16.1　投标文件必须在投标截止时间前邮寄到达或派人送达到指定的投标地点。

16.2　招标人推迟投标截止时间时，应以书面(或传真、电报)的形式，通知所有投标人。在这种情况下，招标人和投标人的权利和义务将受到新的截止期的约束。

16.3　招标人对投标文件在邮寄过程中的遗失或损坏不负责任。

16.4　在投标截止时间以后送达的投标文件，招标人拒绝接收。

17. 投标文件的修改和撤回

17.1　投标以后，如果投标人提出书面修改和撤标要求，在投标截止时间前送达招标人者，招标人可以予以接受，但不退还投标文件。

17.2　投标人修改投标文件的书面材料，须密封送达招标人，同时应在封套上标明“修改投标文件(并注明招标编号)”和“开标时启封”字样。

17.3　撤回投标应以书面(或传真、电报)的形式通知招标人。如采取电报或传真形式撤回投标，随后必须补充有法人代表或授权代表签署的要求撤回投标的正式文件。撤回投标的时间以送达招标人或邮电到达日戳为准。

17.4　开标后投标人不得撤回投标，否则投标保证金将被没收。

五、开标及评标

18. 开标

18.1　招标人按招标文件规定的时间、地点主持公开开标。开标仪式由招标人主持，评标委员会、委托方代表及有关工作人员参加，云南省公证处进行公证。

18.2　投标人派代表一名参加开标仪式。

18.3　开标时查验投标文件密封情况，确认无误后拆封唱标。

18.4　招标人在开标仪式上，将公布投标人的名称、投标货物名称、投标价格等，招标人将作唱标记录。

19. 对投标文件的初审

19.1　初审内容为投标文件是否符合招标文件的要求，内容是否完整，价格构成有无计算错误，文件签署是否齐全及验证保证金。

19.2　初审中，对价格的计算错误按下述原则修正：

(1)如果单价乘数量不等于总价，应以单价为准修正总价。

(2)如果以文字表示的数据与数字表示的有差别，应以文字为准修正数字。

(3)投标人不同意以上修正，则其投标将被拒绝。

19.3　与招标文件有重大偏离的投标文件将被拒绝。重大偏离系指投标货物的质量、数量及交货期明显不能满足招标文件的要求。这些偏离不允许在开标后修正，但招标人将允许修改投标中不构成重大偏离的、微小的、非正规的、不细致或不规则的地方。

19.4　招标人对投标文件的判定，只依据投标内容本身，不依靠开标后的任何外来证明。

20. 投标的澄清

20.1　招标人有权就投标文件中含混之处向投标人提出询问或澄清要求。投标人必须按照招标人通知的时间、地点派技术和商务人员进行答疑和澄清。

20.2　必要时招标人可要求投标人就澄清的问题作书面回答，该书面回答应有投标全权代表的签章，并将作为投标内容的一部分。

20.3　投标人对投标文件的澄清不得改变投标价格及实质内容。

21. 评标

21.1　招标人根据招标货物特点组建评标委员会，对具备实质性响应的投标文件进行评估和比较。评标委员会由招标人、货物需求方，技术、经济、法律专家和其他有关方面的代表组成。

21.2 评标原则

评标严格按照招标文件的要求和条件进行。比较报价，同时考虑以下因素：

(1)标书文件满足程度。

(2)产品的性能、互换性及标准。

(3)产品的先进性、可靠性。

(4)产品的寿命、经营成本。

(5)售后服务承诺、备件供应。

(6)交货时间、安装竣工时间。

(7)运输条件。

(8)经营信誉。

21.3 中标条件

中标条件如下：

(1)投标文件符合招标文件要求。

(2)综合评标价最低。

(3)有良好的执行合同能力和售后服务承诺。

22. 评标过程保密

22.1 从开标之日起，到授予投标人合同止，凡是属于审查、澄清、评价和比较投标的有关资料以及授标意向等，均不得向投标人或其他无关的人员透露。

22.2 在评标期间，投标人企图影响招标人的任何活动，将导致投标被拒绝，并承担相应的法律责任。

六、授予合同

23. 最终审查

23.1 最终审查的对象是招标项目的拟中标人，即意向授予合同的最低评标价标的投标人。

23.2 最终审查的内容是对拟中标人的产品进行产品性能、技术状况、生产条件、产品质量，投标人资格、信誉以及招标人认为有必要了解的其他问题作进一步的考察。

23.3 最终审查的方式：

(1)对拟中标人进行询问。

(2)对拟中标人进行实地考察。

(3)提供所需的有关资料。

24. 招标人在授标时有变更数量的权力

25. 招标人接受和拒绝任何或所有投标的权力

尽管有第21.3条规定，为维护国家利益，招标人在授予合同之前仍有选择或拒绝任何投标人中标的权力，并对所采取的行为不说明原因。

26. 中标通知

26.1 在投标有效期内，招标人以书面形式通知所选定的中标人。通知也可以电报、传真的形式，但需要随以书面确认。

26.2 当中标人按第27条规定与需求方：________________人签订中标经济合同后，招标人将向其他投标方发出落标通知，并退还投标保证金。招标人对落标的投标人不作落标退回的解释。

26.3 中标通知书将是合同的一个组成部分。

27. 签订合同

27.1 中标人应按中标通知书中规定的时间、地点与需求方：________________签订采购合同，否则按开标后撤回投标处理。

27.2　招标文件、中标人的投标文件及评标过程中有关澄清文件均应作为合同附件。

27.3　合同签订后，涉及免税的由需求方：____________________负责办理免税手续，由受委托的进出口公司办理产品进口证及报关等手续。

七、中标服务费

28. 中标服务费

28.1　中标人与需求方：____________________人签订经济合同后，招标人向中标人收取中标总金额2‰的中标服务费。

28.2　中标人与招标人结算合同事项时缴付中标服务费。

28.3　中标服务费只收现金、支票、汇票。

28.4　中标人如未按第28.1和第28.2条规定办理，招标人将没收其投标保证金。

第三部分 招标项目说明及要求

一、招标项目一般要求

1.此项目为云南省某单位的局域网和路由器等项目，采购资金由财政拨付资金和地县自筹资金组成，财政部分已落实，自筹部分明年1月底到账。送货地点为需求方指定的云南省昆明市范围内地点。

2.投标人务必认真选择设备品牌及型号，并提供有效的售后服务保障，并要求有相应的培训服务。

3.提供的产品必须是正规渠道全新的原装正品。

4.在满足招标文件要求的前提下，允许投不同品牌或型号的产品。

5.为保证本次采购项目的售后服务的质量，优先选择本地(在云南省有分公司的也可)公司的投标。

6.本次投标将考虑每一不可分割的标段由一家供应商中标。

二、招标项目分项要求

1.云南省某单位全省76家机关局域网建设招标要求

(1)本次招标的局域网络设备中，服务器与网络交换机之间的连接采用千兆连接。如果服务器的千兆网卡和网络交换机进行千兆连接时具有不同解决方案(例如光纤方式或双绞线方式)时，投标商几种方案都应投标并做详细说明，便于选择。

(2)本次招标设备中服务器标书除单台报价和总报价外，还应列明服务器所有配置的详细说明及各配置产品的具体价格。

(3)所有工作站预装的操作系统应作单独报价。

(4)本次招标所有设备投标价中包含的2%设备培训费用，应提交项目实施单位，由项目实施单位统一组织安排培训。

(5)本次招标的电源、电池投标时，必须提供详细的规格、型号、性能等说明。

(6)本次招标所有设备的交货地点为昆明，主要设备(如服务器、网络交换机、UPS、网络打印机)的中标方需派出技术人员到现场配合系统集成商对其设备进行安装调测。

(7)本次招标的所有设备必须提供一年现场免费维护、三年免费维护并注明维护的响应时间。

(8)本次招标设备的交货时间为签订合同后30天内。

2.云南省某单位广域网工程招标要求

(一)总则

1.1 概述

(1)本文件为云南省某单位广域网工程招标总体要求(路由接入设备)，对工程建设中网络业务功能、设备配置与能力、技术支持与服务等方面提出了具体要求，应作为项目实施单位编制方案书和报价的主要依据。

(2)本次广域网工程招标，主要解决全省检察机关语音、数据、视频三网合一功能，其中，近期先完成语音、数据传输功能，视频传送互联功能也应一并考虑并能实现，但具体实施将放在明年年中。

(3)投标方提供的云南省某单位广域网的路由接入设备在昆明统一交货验收，并派出专门技术人员配合系统集成商将路由接入设备安装开通于全省各地州所在地的某单位。

(4)投标方应提出完整的解决方案，不可遗漏，否则一旦中标将认为投标方认同遗漏部分并免费提供。

(5)项目实施单位有权在正式签订合同前，根据需要修改本要求，修改后的最终稿将作为合同附件。

(6)项目实施单位保留在任何时候对本文件的解释权。

(7)项目实施单位技术解释电话：________________。

(8)项目实施单位对所提供设备报价应包含3年现场免费服务。

(9)本次招标的路由接入设备的交货时间为签订合同后45天内。

1.2　对投标书的要求

(1)投标书中，投标方应根据本要求书中的要求提出完整的设备配置等。投标方应在标书中详细说明所提供设备的技术文件、技术支持、服务等内容的范围和程度。

(2)投标书中，投标方应对本要求中对路由器所提要求逐条逐项予以答复、说明和解释，包括能否满足以及满足的程度等。

(3)投标书中，投标方应对其建议采用的路由器进行说明，并提供其详细技术资料。

(4)投标书中，投标方应提供整体网络节点的网络拓扑图。

(5)投标书中，投标方应明确与国家检察一级专网的联网方案。省院目前有一台美国ACT的路由接入设备——SDM－9500(数据语音综合处理模块为SDM－9585，两块SDM-DSP1共8路话音)，应能够实现与高检院进行语音、数据、图像的互联。

(6)投标书中，投标方应对省某单位采用投标方的设备进行组网后网络的服务质量，即QOS做详细论述和承诺。

(7)投标书中，投标方对本次招标设备的报价应包含培训费用(设备总价的2%)在内，其费用由项目实施单位统一安排设备技术培训。

(8)若投标方认为有一种以上的合理方案，应在标书中分别予以说明、陈述，并针对不同的方案分别予以报价。

(9)投标方提交的方案必须符合有关标准(如ISO、ITU-T、IETF等)的，投标方应在方案书中具体说明，并附上相应的详细技术资料。若投标方建议的设备包含专用标准的，亦应在建议书中具体说明，并附上相应的详细技术资料。

(10)在中国广域网的组网中采用本次投标设备的主要实例，对本次所投的高端核心路由接入设备的组网实例必须予以说明。

(二)工程描述

1.1　概述

项目实施单位将新建云南省某单位广域网，本期工程将新建37个节点。云南省某单位广域网将拟采用帧中继传输网络资源(VPN)作为网络的传输通道，最终建设成覆盖全省检察系统的信息网络。

本期工程新建的网络节点设备为路由接入设备(包括路由器等)，要求路由接入设备具有支持E1等接入端口的能力。

本期工程的联网范围为，云南省某单位广域网及所属的36个州、市院及县级院节点。具体建设节点见附录。

1.2　网络业务功能

投标方将利用云南省某单位广域网开展省内检察系统的办公业务，实现数据交换、语音通信和电视会议，同时与国家检察一级专网互联。

1.3　网络组织结构

本期工程新建的37个网络节点分别是省院、17个州、市院及19个县级院，并在省某单位设立网管系统。本期工程中，上述的37个网络节点，以云南省某单位为中心，省院至17个州、市院的CIR值为1Mpbs，各州、市院至各区县某单位的CIR值为512kpbs，采用树型网络结构。

投标方所提供的路由接入设备，今后应能满足提速要求，至少应保证其CIR值为2Mpbs或更高。

(三)网络规模

本期工程将首先新建37个网络节点，云南省某单位广域网最后将建成覆盖全省149个各级某单位节点的综合信息网络，为全省检察系统的联网提供统一的网络平台。

投标方应结合本期工程规模和后期发展目标统筹考虑，以决定路由接入设备的选型，并体现在标书中。

由于网络规模较大，并且要在全网实现语音电话，投标方应充分考虑到以后网络维护的方便性，对网络管理和语音电话管理提出解决方案，并体现在标书和报价中。

（四）设备及系统配置

本工程中的主要设备及系统配置项目，投标方应就投标分项一览表的相关需求并参考这些项目提出详细的路由器设备方案及报价。

在配置项目清单的基础上，投标方可根据其建议的方案进行增加或删减，并予以具体解释。

投标方认为有多种可行配置方案的，应一并分别详细列出，供项目实施单位参考和选择。

投标方对必要的备品备件的数量进行建议，并进行报价。

（五）路由器技术要求

1.1 对设备的技术要求

路由器是构建信息网络的主要核心设备。投标方应结合所采用的技术，详细应对下列技术问题。如果投标方采用的技术不在上述范围内，请附上详细的技术资料。

(1)协议类型。本工程要求数据设备支持多协议，投标方需逐一回答是否支持下列协议，请详细说明。

网络协议：

TCP/IP

IEEE 802.3

HDLC

PPP

Frame Relay

路由器协议：

RIP/RIP2

OSPF

BGP4

IGRP

(2)接口类型。本工程要求省某单位路由接入设备支持155M ATM光纤接口、10/100M以太网接口、E1/CE1接口，支持中国一号信令、R2. DTMF、LOOP START、GROUND START等各种信令方式；州、市院路由接入设备支持10/100M以太网接口、E1/CE1接口、FXS/FXO/E&M/E1语音接口，支持中国一号信令、R2. DTMF、LOOP START、GROUND START等各种信令方式；区县路由接入设备支持10/100M以太网接口、E1/CE1接口、FXS/FXO语音接口，支持中国一号信令、R2. DTMF、LOOP START、GROUND START等各种信令方式。投标方需对以上接口的满足程度作详细说明，范围包括：

①接口速率。

②介质类型。

③接口类型。

④路由器的最大负载能力(最大可容纳模块数、端口数)。

⑤路由器各种接口的最大利用率。

(3)设备主要性能参数。投标方应就性能参数提出满足情况，有具体数值项必须说明具体数值。

(4)网络管理要求。设备应支持可与网管中心配合完成故障管理、日志管理、配置管理、性能管理和安全管理等。

(5)可靠性要求。投标方提供的设备的可靠性指标—MTBF(平均无故障时间)值、系统重启动时间。

(6)互通性要求。投标方应详细说明与其他厂家产品(路由器、以太网交换机)的互联、互通程度和能力，以及解决办法等。

1.2　IP 语音要求

本次工程要求省、分州市、区县各级某单位之间实现语音通信，投标方需详细介绍语音通信的解决方案，应尽可能地利用现有的电话通讯网络资源。现有的电话线路接口为 E1 中继、E&M 中继和环路中继。

(六)技术服务和技术培训

投标方应说明在国内的设备维护队伍和机构设置情况、服务模式。

1.1　技术服务

详细说明投标方的服务体系、支持程度、响应时间及相关费用。

1.2　技术培训

详细说明投标方的培训方式、支持力度及相关费用。

三、电话交换机招标基本要求

1.云南省某单位本次招标采购的电话交换机为程控数字交换机，参加投标的交换机应具有中华人民共和国信息产业部颁发的相关入网证书，应符合云南省电信公司关于程控电话交换机入网相关要求。

2.此次计划招标采购电话交换机共__________台，计__________线。

提供设备的厂商负责将该电话交换机安装开通于云南省某单位所属的 19 个某单位所在地。

3.对程控电话交换机的具体要求如下：

(1)每台交换机应具有 8 路模拟语音中继，保证在开通使用后既可用于与省检察系统的广域网(通过路由器)相连又可与市话公网相连。

(2)本次程控交换机应配置的用户板以附录说明各地要求的用户数为准。但应留有一定的扩容空间，以增加用户板的形式增加用户，最大容量不能低于 80 门。

(3)程控交换机安装开通后应具有告警功能、诊断功能和告警显示、灵活编号(1～5 位)、通过服务终端设置系统参数、路由选择、重选路由、音频(DTMF)和脉冲拨号及多方会议等功能。

(4)本交换机接入省检察系统的广域网互连后，可实现按照省某单位统一制定的编号规则进行编号，即五位区号加 3～5 位的分机号位。

4.参加程控交换机投标的总报价应包含主机及相配套的诸如模块电源、8 小时后备全免维蓄电池(100Ah)、维护终端、配线箱(100 回线)及其他程控交换机开通运行所必需的配套设备、分项报价及二年的现场维护费用。

5.本次程控交换机招标的中标方式为总体中标，由主机中标的厂商负责程控交换机开通运行的系统集成，并配合解决广域网接入设备的相关调测工作，但分项中标的设备仍由分项中标商运送到指定单位。

6.本次招标设备的报价应包含应用设备培训费用(设备总价的 2%)在内，其费用由甲方统一安排技术培训。

7.投标方应在投标书中注明设备现场维护的响应时间。

第四部分 附 件

附件一 招(投)标分项一览表

序号	项目	单位	数量	单价	总价	生产厂家	备注
1	设备总价						
其中	①设备价格						
	②配套设备专用工具						
	③随机备品备件						
	④进口件						
2	技术服务费						
3	运杂费						
4	其他						
合计							
另：______年备品配件							

附件二 投标书(样式)

投 标 书

(招标编号：)

致云南省政府采购中心：

______________(投标单位全称)授权______________(全权代表姓名)______________(职务、职称)为全权代表，参加贵方组织的______________(招标编号)标的招投标有关活动，并对其中的______________(具体标号)的货物进行投标。为此：

1. 提供投标须知规定的全部投标文件：包括正本1份，副本4份。
2. 投标货物的总投标价为(大写)：__________元人民币。
3. 保证遵守招标文件中的有关规定和收费标准。
4. 保证忠实地执行买卖双方所签经济合同，并承担合同规定的责任义务。
5. 愿意向贵方提供任何与该项投标有关的数据、情况和技术资料。
6. 本投标自开标之日起__________日内有效。
7. 与本投标有关的一切往来通讯请寄：

地　　址：______________________________

邮　　编：______________________________

电　　话：______________________________

传　　真：______________________________

投标单位(盖章)：______________________________

全权代表(签字)：______________________________

日　　期：______________________________

附件三 投标技术参数说明(样式)

投标技术参数说明

投标人名称(公章):________________ 招标编号:A

项目标号	原产地及制造厂名	技术指标参数	具体配置情况

投标人法定代表人或委托代理人签字:__________

日期:__________

附件四 投标人售后服务承诺(样式)

项目标号	名称	售后服务承诺	备注

附件五 投标产品备件、耗材、选件价格表(样式)

序号	项目	单位	数量	单价	总价	生产厂家	备注
1	备件						
2	耗材						
3	选件						

注:本次招标货物中,如果有些设备有备件、耗材和选件,请各投标厂商按设备分类,将备件、耗材和选件分项列表报价并做说明,以供招标人选购。

附件六　分项应答说明或解决方案说明

1. 按招标项目分项要求(第三部分第二条)的内容自定格式填报。

2. 投标人应有丰富的网络集成经验并完成过与本次项目相当或以上项目，同时应具备获得认证的C&T高级技术或高级网络技术专家并提供其名单和业绩。

附件七 资格证明文件(样式)

(一)法定代表人授权书

云南省政府采购中心：

____________(投标单位全称)法定代表人授权____________授权____________(全权代表姓名)为全权代表，参加贵处组织的____________项目(招标编号)招标活动，全权处理招标活动中的一切事宜。

法定代表人签字：____________

投标单位全称(公章)：____________

日　　期：____________

全权代表姓名：____________

职　　务：____________

详细通讯地址：____________

邮政编码：____________

传　　真：____________

电　　话：____________

说明：投标单位为经销商时，还要提供制造厂商产品经销授权书。格式可参照法人代表授权书的格式。

(二)营业执照(复印件)

(三)产品鉴定证书(复印件)

地　方　编

4　宁波市政府采购招标范本

宁波市政府采购

招 标 范 本

投 标 单 位（ 盖 章 ）：________________

政府采购货物报价清单：________________

采 购 编 号：________________

采 购 项 目：________________

宁波市政府采购中心

______年______月______日

报价须知

各投标商：

根据《宁波市政府采购管理试行办法》的有关规定，宁波市政府采购中心决定对市城建档案馆摄像及非编设备项目实施公开采购，为顺利实施本次公开政府采购，请各供应商仔细阅读“报价须知”和“采购货物报价清单”。

一、投标书投送时间：______年______月______日上午9:30前，以密封方式送达宁波市政府采购中心会议室(中山西路19号市财税大楼14楼)，逾期送达的恕不接受。

二、参加投标的供应商须认真阅读《政府采购货物报价清单》的有关栏目，必须在“投标响应”栏作出明确填报，与招标栏相同的须填写“符合”，有涂改的，须加盖公章，否则视为废标。

三、报价单均须写明交货期，并写明报价小计、合计。

四、投标报价单按原件规定格式填报并有法定代表人(或授权代表)签字和单位公章，否则视为废标。

五、参加报价的供应商以书面形式承诺优惠条件和售后服务。对未作出售后服务承诺的，将视为废标。

六、参加投标的供应商，在投标时须交纳5000元的投标保证金(现金、支票、汇票)，供应商中标后投标保证金自动转作履约保证金。

七、投标书一式5份，正本1份，副本4份。

八、合同签订：自“中标通知书”签发之日起7日内，由市政府采购中心与中标供应商签订合同；中标供应商必须严格按合同规定的规格、型号及技术指标提供货物。

九、供应商中标后，采购方可对各种货物在数量上有少量变动(不超过中标总价的10%)。

十、付款方式：中标供应商在规定时间内将货物交付使用单位，并由使用单位验收合格，在“商品交验单”上签字盖章后，由市财政国库部门一次性结清合同金额。

十一、市政府采购中心在______年______月______日前将中标情况以书面形式通知各供应商，未中标的供应商无息退还投标保证金。

十二、投标书的组成：

1.政府采购报价清单封面。

2.投标函(附件一)。

3.法定代表人授权书(附件二)。

4.营业执照复印件、税务登记证复印件(加盖公章)。

5.采购货物报价清单。

6.售后服务承诺(必须提供)。

十三、投标书附件资料资质证明材料等由投标商自行组织。

附：宁波市政府采购中心“采购货物报价清单”品目

采购货物报价清单

品目：1

采购编号：____________________

采购项目	
品牌	
采购要求	

（续表）

投标响应	
数量	
单价	
总价	
交货期	
型号及技术指标	
小计	

供应商（盖章）：宁波市政府采购中心

法定（或授权）代表人（签字）：________________

______年______月______日

采购货物报价清单

品目：2

采购编号：

采购项目	
品牌	
采购要求	
投标响应	
数量	
单价	
总价	
交货期	
型号及技术指标	
小计	

供应商（盖章）：宁波市政府采购中心

法定（或授权）代表人（签字）：________________

______年______月______日

附件一 投标函

__________________(投标单位全称)授权__________________(全权代表姓名)(职务、职称)为全权代表，参加贵方组织的__________________(招标编号、招标项目名称)招标的有关活动，并对货物进行投标。为此：

1.提供报价须知规定的全部投标文件：

a.投标书正本1份，副本4份。

b.投标书附件资料5份。

2.投标货物的总投标价为人民币(大写)：__________元整。

3.保证遵守报价须知中的有关规定和收费标准。

4.保证忠实地执行买卖双方所签署的经济合同，并承担合同规定的责任义务。

5.愿意向贵方提供任何与该项目投标有关的数据、情况和技术资料。

6.本投标自开标之日起30天内有效。

7.与本投标有关的一切往来通讯请寄：

地　　址：______________________________

邮　　编：______________________________

电　　话：______________________________

传　　真：______________________________

投标单位(盖章)：______________________________

全权代表(签字)：______________________________

日　　期：______________________________

附件二　法定代表人授权书

____________________(投标单位全称)法定代表人

授权____________________(全权代表姓名)为全权代表,参加贵处组织的项目____________________(招标编号)招标活动,全权处理招标活动中的一切事宜。

法定代表人(签字):____________________

投标单位全称(公章):____________________

日　　　　期:____________________

附:

全权代表姓名:____________________

职　　　　务:____________________

详细通讯地址:____________________

邮　政　编　码:____________________

传　　　　真:____________________

电　　　　话:____________________

图书在版编目(CIP)数据

政府采购招投标范本汇编/何红锋 主编.—武汉:华中科技大学出版社,2008.9
ISBN 978-7-5609-4747-1

Ⅰ.政… Ⅱ.何… Ⅲ.①政府采购—招标—范文—汇编 ②政府采购—投标—范文—汇编
Ⅳ.F810.2

中国版本图书馆 CIP 数据核字(2008)第 105923 号

政府采购招投标范本汇编 何红锋 主编

责任编辑:李文玲 封面设计:张 璐
责任校对:孙超慧 责任监印:张正林

出版发行:华中科技大学出版社(中国·武汉) 武昌喻家山 邮编:430074
销售电话:(022)60266190 (002)60266199(兼传真)
网 址:www.hustpas.com

录 排:河北香泉技术开发有限公司
印 刷:北京佳信达艺术印刷有限公司

开本:889 mm×1194 mm 1/16 印张:59.5 字数:1919 千字
版次:2008 年 9 月第 1 版 印次:2008 年 9 月第 1 次印刷 定价:360.00 元
ISBN 978-7-5609-4747-1/F·403